W0231765

Lehr- und Handbücher der Politikwissenschaft

Herausgegeben von

Dr. Arno Mohr

Zweite Kammern

Herausgegeben
von
Prof. Dr. Gisela Riescher
Dr. Sabine Ruß
Christoph M. Haas, M. A.

R. Oldenbourg Verlag München Wien

Die Deutsche Bibliothek - CIP-Einheitsaufnahme

Zweite Kammern / hrsg. von Gisela Riescher ... – München ; Wien :
Oldenbourg, 2000
   (Lehr- und Handbücher der Politikwissenschaft)
   ISBN 3-486-25089-2

© 2000 Oldenbourg Wissenschaftsverlag GmbH
Rosenheimer Straße 145, D-81671 München
Telefon: (089) 45051-0, Internet: http://www.oldenbourg.de

Gedruckt auf säure- und chlorfreiem Papier
Gesamtherstellung: Druckhaus „Thomas Müntzer" GmbH, Bad Langensalza

ISBN 3-486-25089-2

Inhalt

Vorwort

Zweite Kammern stehen in der Politik wie in der Politikwissenschaft im Schatten ihrer großen Schwestern, den demokratisch legitimierten Volksvertretungen, denen heute fast ausnahmslos das Prädikat „Erste Kammer" zukommt. Das mangelnde Interesse resultiert vorrangig aus den meist nachgeordneten Kompetenzen, dem hohen Legitimationsdruck und der oft negativen öffentlichen Meinung. Die Mitglieder der Zweiten Kammern gelten nicht selten als faul, teuer und überflüssig. Die wissenschaftliche Kritik nennt sie ebenso häufig ineffizient, dem demokratischen Prinzip entgegen stehend oder gar einen institutionellen Irrtum. Gleichsam in Antwort auf diese Kritik werden in diesem Sammelband die Funktionen Zweiter Kammern in modernen Demokratien differenziert erarbeitet. Denn, so die Ausgangsvermutung, es muß mehr Gründe als die Fortführung von Tradition oder die Kopie eines Institutionengefüges dafür geben, daß heute rund ein Drittel aller Staaten bikamerale Parlamente haben.

Die einzelnen Beiträge zeigen, daß bei länderspezifischer Betrachtung die Frage nach den Funktionen von Zweiten Kammern ein spannendes, für Studierende lehrreiches und für den wissenschaftlichen Diskurs anregendes Thema ist. Die Herausgeber haben deshalb den Autorinnen und Autoren der Einzelbeiträge zu danken, denen es gelungen ist, die vereinheitlichenden Strukturvorgaben zu übernehmen und dennoch mit einem erfreulichen Maß an individueller Darstellungskunst dem Einzelfall gerecht zu werden. Für die Analysen konnten durchweg Länderexpertinnen und -experten gewonnen werden und ihr Blick richtete sich trotz der Fokussierung auf den Untersuchungsgegenstand stets auch auf den Systemkontext, den Gesetzgebungsprozeß, die momentane Verfassungsdiskussion und die Themen der aktuellen Politik.

So konnte unter dem Titel „Zweite Kammern" ein Beitrag zur Komparatistik entstehen, der mehr bietet als nur die Analyse einer politischen Institution: Aus der Perspektive der Zweiten Kammer wird das ganze politische System beleuchtet, wodurch das „Lehr- und Handbuch" Studierenden zu Basis- und Hintergrundinformationen über die Funktionslogik bikameraler Systeme verhelfen, interessierten Leserinnen und Lesern einen Einblick in das Regierungssystem von 21 Ländern unter besonderer Berücksichtigung der Zweiten Kammer geben und vielleicht auch die politikwissenschaftliche Beschäftigung mit dem Thema wieder anregen kann.

Unser Dank geht an Christopher Haag für die kompetente redaktionelle Mitarbeit und graphische Ausgestaltung der Texte und an Christoph Timm für die Ausleuchtung der dunklen Pfade des Computerkosmos.

Dem Cheflektor des Oldenbourg-Verlages, Herrn Martin Weigert sei für die vertrauensvolle Zusammenarbeit gedankt, Herrn Arno Mohr für die Aufnahme der Zweiten Kammern in die Reihe „Lehr- und Handbücher der Politikwissenschaft".

Gisela Riescher, Sabine Ruß, Christoph M. Haas

Tabellenverzeichnis

Abbildungsverzeichnis

A. Einführung

Sein oder nicht sein: Bikameralismus und die Funktion Zweiter Kammern

Christoph M. Haas

Christoph M. Haas

Sein oder nicht sein:
Bikameralismus und die Funktion Zweiter Kammern

I.   Was sind und woher kommen Zweite Kammern?

1. Begriffsklärung

Die Verfassungen rund eines Drittels aller Staaten schreiben für die Ausformung ihres politischen Systems eine zweigliedrige Parlamentsstruktur vor. In diesen Fällen wird von Bikameralismus oder auch einem Zweikammersystem gesprochen. Da das Prinzip der Gewaltenteilung Parlamenten vornehmlich die Funktion der Gesetzgebung zuweist, findet häufig auch der Begriff der zweigeteilten Legislative Verwendung. Letzterer ist jedoch insofern problematisch, als er – unter Ausklammerung möglicher anderer Funktionen – eine gleichberechtigte Stellung beider Kammern innerhalb des Gesetzgebungsverfahrens vermuten läßt. Jedoch zeigt schon ein kurzer Blick auf die bikameralen Systeme, daß es von Land zu Land erhebliche Abweichungen bei der Kompetenzverteilung – und zwar nicht nur in bezug auf die Legislativfunktion – zwischen den jeweiligen Parlamentskammern geben kann.[1] Eine genauere Betrachtung macht deutlich, daß es die Zweiten Kammern sind, denen bis auf wenige Ausnahmen mindere Rechte und Kompetenzen innerhalb des politischen Prozesses zukommen.

Zweite Kammern werden die Kammern genannt, „die nicht die allgemeine Volksvertretung darstellen, auch wenn sie im innerstaatlichen Sprachgebrauch auf Grund der historischen Entwicklung (Herrenhaus, Oberhaus) als ‚Erste Kammer' bezeichnet werden"[2] [Schwarz-Liebermann von Wahlendorf 1958: V]. Der Bikameralismus und damit auch die Zweite Kammer finden nach der Definition eines Lexikons für Politik ihre „Rechtfertigung entw. in der Notwendigkeit, Gebietsgliederungen auf der Ebene der nat.-(föderal-)staatlichen Entscheidungsfindung zu repräsentieren oder ethnische, religiöse, soziale etc. Interessen in den Gesamtstaat zu integrieren" [Schüttemeyer 1998: 76-77]. Es ist die Art der Legitimationsgrundlage der Zweiten Kammer, die in der Regel ihre Stärke innerhalb des politischen Systems und den (Vehemenz-)Grad der Diskussion um ihre Existenz sowohl bei ihrer Entstehung als auch innerhalb der aktuellen Situation bestimmt. Diese Problematik und die Frage der Funktionalität bzw. Dysfunktionalität der Zweiten Kammer in ihrem jeweiligen Systemkontext sind Gegenstand des vorliegenden Bandes. Sie befassen sich einerseits nur mit einem Teilaspekt des Bikameralismus, wenn dieser in einem engeren Sinne als die Interaktion der beiden Parlamentskammern verstanden wird, untersuchen aber andererseits sein Herzstück, denn Bikameralismus ist selbstredend nur mit Zweiten Kammern denkbar.

---

[1] Nach Süsterhenn wäre in solchem Fall die Bezeichnung „unechtes" Zweikammersystem präziser, wenngleich er den Begriff auch ohne dieses Attribut für alle bikameralen Parlamente für gerechtfertigt hält [Süsterhenn 1957: 77]. Vgl. auch Hanf 1999: 22.

[2] Entgegen der Klassifizierung wird z.B. noch in den Niederlanden von der „Ersten Kammer" gesprochen. Vgl. den Beitrag von Uwe Berndt in diesem Band.

2. Die Existenzproblematik Zweiter Kammern

„To be or not to be, that is the question: / Whether 'tis nobler in the mind to suffer / the slings and arrows of outrageous Fortune, / Or to take arms against a sea of troubles, / And by opposing end them: to die to sleep."

[Shakespeare: Hamlet III.1]

William Shakespeares Worte können ohne weiteres als Leitmotiv für die wissenschaftliche Beschäftigung mit Zweiten Kammern dienen, dreht sich doch die entscheidende Frage immer wieder um deren Daseinsberechtigung. „Wozu Zweite Kammern?" fragen Suzanne Schüttemeyer und Roland Sturm [Schüttemeyer/Sturm 1992], William Riker gibt eine „Justification of Bicameralism" [Riker 1992], Donald Shell stellt die „Second Chamber Question" am aktuellen Beispiel des britischen Oberhauses [Shell 1998] und Ralf Dahrendorf als Mitglied dieser ehrwürdigen Einrichtung räsonniert darüber, warum eine Zweite Kammer, wenn schon nicht nötig, „zumindest nützlich" ist [Dahrendorf 1998: 150]. Ziemlich genau 130 Jahre zuvor hatte Walter Bagehot das *House of Lords* noch als äußerst nützliche („extremely useful") und durchaus notwendige („quite necessary") Einrichtung bezeichnet und zwar deswegen, weil das *House of Commons* nicht perfekt sei. Wäre dieses nämlich von idealem Zustand, wäre das Oberhaus nicht nur unnötig, sondern sogar gefährlich [Bagehot 1964: 134].

Bagehots Aussage ist generalisierbar, denn die Fehlerhaftigkeit der Ersten Kammer ist unabhängig vom britischen System sehr häufig im Kanon der Begründungen von Zweiten Kammern zu finden. Es bedarf, so die allgemeine Theorie, der Kontrolle, der Balance, der Reflexion und Revision. Allerdings besteht ein erhebliches Problem darin, so wiederum Bagehot, „to find a class of respected revisers", also eine Kammer einzurichten, die ebenso wie ihre Mitglieder akzeptiert und respektiert wird. In Bundesstaaten, Bagehot nennt die Schweiz und die Vereinigten Staaten, sei dies gegeben, denn: „A federal senate, a second House, which represents State unity, has this advantage; it embodies a feeling at the root of society – a feeling which is older than complicated politics, which is stronger a thousand times over than common political feelings – the *local* feelings." [Bagehot 1964: 137] Allerdings täuscht sich Bagehot, wenn er meint, daß in Bundesstaaten bei der Einrichtung einer Zweiten Kammer Konsens geherrscht hätte, und selbst wenn ihre Existenz nicht streitig war, so ist doch wenigstens die Frage ihrer Kompetenzausstattung auf das Heftigste diskutiert worden.[3] Ein Kernproblem bei der Begründung Zweiter Kammern ist nämlich in allen Fällen die Frage, inwiefern der durch die Erste Kammer repräsentierte allgemeine Volkswille – als solcher postuliert und in den modernen demokratischen Systemen als der Entscheid der Mehrheit verstanden – überhaupt zur Geltung kommt, wenn seine Umsetzung durch eine zweite parlamentarische Instanz verhindert werden kann. Dieser Sachverhalt ist es, der in der politischen Ideengeschichte durch die verschiedensten Epigramme und Metaphern kritisiert wird.

Benjamin Franklin spricht (1789) von der doppelköpfigen Schlange, die auf dem Weg zum Bach, um zu trinken, durch eine Hecke muß. Dort ist sie gezwungen, einen Zweig zu umgehen, und während der eine Kopf sich links orientiert, will der andere rechts vorbei. Die Entscheidung kostet Zeit und bevor sie getroffen ist, verdurstet die arme Schlange. Ein Zeitgenosse Franklins bemerkte (1788) unter dem Pseudonym Republicus zu den Inkonsistenzen zweier Kammern, von denen eine sagt, dies ist das Gesetz und die andere sagt, dies ist nicht das Gesetz: „It resembles a man putting forth his right hand to do some important business and then stretching forth his left hand to prevent it. [...] and all their

---

[3] Vgl. die Beiträge zu den föderalen Systemen in diesem Band.

mighty power of checking, is a mere farce." [Kurland 1987: 374] In einfachere Worte gekleidet ist das vielzitierte Diktum von Abbé Sieyès, der während der Verfassungsdiskussion zu Zeiten der französischen Revolution meinte, wenn die Zweite Kammer von der Ersten abweiche, sei sie schädlich und wenn sie mit ihr übereinstimme, sei sie überflüssig [Campion 1953/54: 17].

Die Worte der drei politischen Denker haben offensichtlich in etwa zwei Drittel der Staaten den politischen Präferenzen für ein Einkammersystem entsprochen. Und die Beispiele aus der jüngsten Geschichte zeigen, daß ihre Zahl eher wächst. Die neugestalteten politischen Systeme in Ost- und Mitteleuropa bzw. in den Grenzen der ehemaligen Sowjetunion haben sich in ihrer Mehrzahl für ein Einkammersystem[4] entschlossen [Ziemer 1996: 155] und schon zuvor hatten sich auch etablierte Demokratien wie Neuseeland (1950), Dänemark (1953), Schweden (1970) und Island (1991) nach mehr oder weniger heftigen Diskussionen von ihren Zweiten Kammern getrennt. Warum also gibt es sie, sollen sie nun sein oder nicht – ist es „ihr Schicksal zu sterben, um zu schlafen"? Es scheint angebracht, zunächst zu fragen, wie sich das Konzept des Bikameralismus aus der politischen Ideengeschichte herleitet und mit welchen generellen theoretischen Überlegungen Zweite Kammern gerechtfertigt werden.

3. Ideen- und entstehungsgeschichtlicher Kontext

Zweite Kammern sind vereinfacht gesagt auch heute noch ein sichtbares Zeichen der Verschmelzung des antiken Prinzips der Mischverfassung und der modernen Gewaltenteilung. Bis weit in die Neuzeit hinein galt eine Verfassung dann als ideal, wenn sie die reinen Verfassungstypen der Monarchie, der Aristokratie und der Demokratie – also die Herrschaft von Einem, von Wenigen und von den Vielen – miteinander verband [Marcic 1960: 141; Hofmann/Riescher 1999: 117-119]. Jeder dieser Formen wurde eine besondere Qualität zugesprochen: Für die Monarchie war es die Kraft zu handeln, für die Aristokratie die Weisheit und für die Demokratie die Rechtschaffenheit [Wood 1969: 198]. Das Mischverfassungsprinzip bedeutete zudem im wesentlichen die Verankerung der Stände in verschiedenen Institutionen, die wiederum an allen Aspekten der politischen Praxis beteiligt waren, wodurch eine stabile Regierungsform gewährleistet sein sollte. Über die Jahrhunderte entwickelte sich eine funktionale Teilung der Gewalten bei zunächst gleichzeitigem Erhalt des Prinzips der Mischverfassung, wonach alle gesellschaftlichen Gruppen innerhalb des Regierungssystems repräsentiert sein sollten. Die verschiedenen Gewalten bzw. Kompetenzen wurden nun mit den Gruppen verbunden. Der Eine sollte die Exekutive innehaben, während die Vielen die Funktion der Gesetzgebung übernehmen und die Wenigen das Gleichgewicht zwischen den beiden durch Beratung und Kontrolle halten, wenn man so will, also eine Art (Schieds-)Gerichtsbarkeit ausüben sollten. In den modernen demokratischen Systemen ist das Prinzip der Ständerepräsentation bis auf wenige Ausnahmen verschwunden, allerdings haben sich über die Zweiten Kammern gleichsam funktionale Äquivalente erhalten wie z.B. durch das Konzept der territorialen Repräsentation in föderalen Staaten [Wember 1977]. Bislang liegt keine umfassende Studie zur politischen Theorie bzw. der Ideengeschichte von Zweikammersystemen vor, und so sollen ohne Anspruch auf Vollständigkeit nur einige Beispiele zu dieser Thematik vorgestellt werden, die helfen, den Katalog der Funktionen, die Zweiten Kammern von der modernen Politikwissenschaft zugeschrieben werden, zu umreißen.

Das sichtbarste und zugleich stabilste Merkmal für die entstehungsgeschichtliche Herleitung der Zweiten Kammern aus der Antike ist ihre Bezeichnung. In ihrer überwiegenden Zahl werden sie heute Senat genannt und die meisten anderen führen das Wort

---

[4] Die Einordnung autokratischer oder gar totalitärer Systeme und die Frage, inwiefern in diesen überhaupt von wirkmächtigen Parlamenten gesprochen werden kann, ist generell problematisch.

‚Rat' im Namen [Patterson/Mughan 1999: 2]. Als klassisches Beispiel mag der römische Senat dienen, in dem die Aristokraten (Optimaten), die Noblen, die Weisen, etymologisch jedoch passend: die Ältesten ihren Platz haben sollten. Letzteres kommt im übrigen in sehr vielen Zweiten Kammern noch heute dadurch zum Ausdruck, daß das passive Wahlrecht ein höheres Alter als Qualifikationskriterium für ihre Mitglieder erfordert.

Die Funktion des römischen Senats bzw. die Aufgabe seiner Mitglieder war es, Rat zu geben, die maßvolle Mitte einzunehmen und hierdurch das Gemeinwesen zu bewahren, oder wie Cicero es formuliert:

> „So haben zwischen der Schwachheit des einzelnen und der Unbedachtheit der Menge die Optimaten [Aristokraten, C.H.] die Mitte eingenommen, das Maßvollste, was es gibt; wenn sie das Gemeinwesen schützen, müssen die Völker notwendig überaus glücklich sein, frei von aller Sorge und allem Nachdenken, da ihre Ruhe anderen übertragen ist, die sie schützen müssen und die es nicht dahin kommen lassen dürfen, daß das Volk glaubt, seine Belange würden von den führenden Männern nicht im Auge behalten." [Cicero 1979: 151 (Erstes Buch, Abs. 34)]

Die vollkommene Tüchtigkeit und Vorbildhaftigkeit sind nach Cicero der besondere Beitrag, den die Senatoren für das Gemeinwesen leisten. Die Betonung der positiven Wirkungen der senatorischen Weisheit ist immer wieder in den Debatten um bikamerale Parlamente zu finden und sogar zu einem eigenständigen Element bei der Begründung von Zweiten Kammern geworden und dies unabhängig davon, welche Interessen dort repräsentiert werden. Die Idee eines beratenden Organs, eines Senats, der die Effizienz der Regierungsgeschäfte durch seine Tätigkeit verbessert, begleitet die Diskussion um die institutionelle Gestaltung des Staates durch die gesamte Ideengeschichte hindurch [Tsebelis/Money 1997: 21]. Das Kernattribut eines solchen Rates, das ihm mit Blick auf den römischen Senat häufig zugeschrieben wird, ist die *auctoritas*, die im Gegensatz zur *potestas* anderer Organe – also der institutionalisierten Macht und Kompetenz zur Durchsetzung von Entscheidungen – ihre Wirkmächtigkeit durch Ansehen und Würde des Amtes und seiner Träger entfaltet [Marcic 1960: 141; Money/Tsebelis 1992: 25-29].

Die Entstehung von bikameralen Parlamenten ist als ein fließender Prozeß zu verstehen, und es ist nicht möglich, den Zeitpunkt exakt zu datieren, von dem an ihre Existenzform wenigstens in Grundzügen der heutigen entspräche. Die Wurzeln zu ihrer klareren Herausbildung sind auf das Mittelalter zurückzuführen, dessen Gesellschaften sich durch äußerste Vielschichtigkeit auszeichneten. In dieser Zeit bildeten der höhere und niedere Adel, die Geistlichkeit, die Bürger der Städte und die Bauern eigene Klassen bzw. Stände, die sich unabhängig voneinander zur Beratung (insbesondere über die Zahlungen in die Schatullen des Fürsten) trafen und mit unterschiedlichem Gewicht bei der Führung der Staatsgeschäfte mitwirken konnten [Marongiu 1968]. Die deutlichste Herleitung ist anhand der englischen Geschichte möglich. 1295 rief Edward I. die Barone, die Geistlichkeit und die nichtadligen Bürger zusammen, um ein Parlament zu bilden. Durch „a series of fortunate accidents", wie Marriott [1910: 6] es bezeichnete, geschah dies allerdings nicht in drei, sondern zwei Kammern. Während sich die niedere Geistlichkeit zurückzog, bildeten die Bischöfe und Äbte zusammen mit den Baronen das *House of Lords*, der niedere Adel zusammen mit den (stimmberechtigten) Bürgern das *House of Commons*. Ersteres rekrutierte seine Mitglieder bis zum *Life Peerages Act* von 1958 aus dem erblichen Adel, letzteres entwickelte sich zu einer gewählten Versammlung, deren Rechte bei der Gesetzgebung und der Regierungsbildung spätestens ab Mitte des 19. Jahrhundert die des *House of Lords* überragten. Insgesamt kann festgestellt werden, daß der englische Bikameralismus respektive Parlamentarismus, einen

großen Einfluß auf die folgenden institutionellen Entwicklungen in anderen Ländern ausübte
– zunächst in Europa und später im britischen Empire [Patterson/Mughan 1999: 2-3].

Wenngleich das Prinzip des englischen Zweikammersystems gleichsam als Modell für
andere Staaten und der theoretischen Betrachtung des Bikameralismus diente, wurde die
ständestaatliche Repräsentation im *House of Lords* in der Praxis kaum übernommen und von
der politischen Theorie kritisch beurteilt. Schon James Harrington hatte 1656 in seinem Werk
„The Commonwealth of Oceana" die erbliche Mitgliedschaft beanstandet und angeregt, den
Senat wählen zu lassen. Was dessen Zusammensetzung anbetrifft, so erinnert bei Harrington
vieles an Cicero, denn ebenso wie dieser sieht er im Senat die tugendhafte Autorität, in der die
Weisheit des Gemeinwesens versammelt ist, durch den die „natürliche Aristokratie"[5] führen,
aber nicht befehlen soll:

> „[..] the office of the senate is not to be commanders but counsellors of the
> people; and that which is proper unto counsellors is first to debate the business
> whereupon they are to give advice [...]; whence the decrees of the senate are never
> laws, nor so called, but *senatusconsulta*, and these, being maturely framed, it is
> their duty *ferre ad populum*, to propose in the case unto the people. Wherefore the
> senate is no more than the debate of the commonwealth." [Harrington 1977: 173]

Die Aufgabe des Senats liegt nach Harrington darin, Gesetzesvorschläge zu beraten und
auszuarbeiten, über die dann das Volk mittels des Repräsentantenhauses entscheiden soll.
Auch Harrington hilft sich mit einer Metapher, um dieses Prinzip zu erläutern: Wenn zweien
ein Kuchen gegeben ist, so sei es nämlich das beste, wenn von dem einem geteilt wird,
während der andere auswählt. Der Teilende werde sich bemühen, so gerecht wie möglich zu
sein, und der Wählende das in seinem Interesse liegende aussuchen. Beiden, im übertragenen
Sinne also der Gesamtheit des Volkes, sei dadurch gedient. „Dieses bikamerale System der
Entscheidungsfindung hält Harrington für die erprobte und theoretisch gebotene Antwort auf
die Frage, wie Macht, Autorität, Leidenschaft und Tugend, Privatvernunft und Gemein-
vernunft in einem institutionell organisierten Gleichgewicht gehalten werden können."
[Gebhardt 1997: 185]. Eine moderne Analogie zu Harringtons Vorschlag, wonach eine
Kammer die Gesetze ausarbeitet, über die die andere dann entscheidet, ist das Referendum
(wie es z.B. in der Schweiz praktiziert wird), wobei dem Volk die Gesetze direkt zur
Abstimmung vorgelegt werden. Diese Art der Entscheidungsfindung, so Walsh [1915: 330;
FN 3], mache eine Zweite Kammer zu einer überflüssigen Institution.

In ähnlicher Weise wie Harrington argumentiert Montesquieu bei seiner Erörterung des
englischen Systems der Gewaltenteilung (1748), wenn er wie jener der Zweiten Kammer das
Beschlußrecht bei der Gesetzgebung (insbesondere bei Finanzgesetzen) nicht zukommen
lassen will. Allerdings sieht Montesquieu diese Körperschaft nicht mit der Aufgabe betraut,
die Gesetze vorzuschlagen, sondern schreibt ihr nur das Vetorecht zu, d.h. die von der Ersten
Kammer gefaßten Entschließungen für nichtig erklären zu können. Die exekutive und
legislative Gewalt bedürften „einer ordnenden Macht, um sie zu mäßigen. Der aus dem Adel
zusammengesetzte Teil des gesetzgebenden Körpers ist sehr geeignet, diese Wirkung
hervorzubringen." [Montesquieu 1951: 220 (Buch XI, Kap. 6)]. Zum Adel gehören für

---

[5] „Twenty men, if they be not all idiots – perhaps if they be – can never come so together [to make a
commonwealth, C.H.], but there will be such difference in them that about a third will be wiser, or at least
less foolish, than all the rest. These upon acquaintance [...] will be discovered and (as stags that have the
largest heads) lead the herd; for while the six, discoursing and arguing one with another, show the
eminence of their parts, the fourteen discover things that they never have thought on [...], they hang upon
their lips as children upon their fathers, [...] this can be no other than a natural aristocracy." [Harrington
1977: 172-173]

Montesquieu „Leute, die durch Geburt, Reichtum oder Ehrenstellungen ausgezeichnet sind." Es sei wichtig, sie in einer eigenen Körperschaft an der Gesetzgebung teilhaben zu lassen, weil nur durch die Einbindung ihrer Interessen die Verteidigung der allgemeinen Freiheit von ihnen mitgetragen würde. Ihre Teilhabe am Gesetzgebungsprozeß ist also nach Montesquieu aus zwei Gründen wichtig: Erstens, damit sich der Adel (auf der Basis seines lokalen Führungsanspruchs) in Ermangelung von Mitwirkungsrechten nicht gegen die Gesamtheit wendet, und zweitens, um seine herausragenden Eigenschaften positiv für das Gemeinwesen zu nutzen. In Verbindung mit dem Vetorecht bedeutet dies auf moderne Begrifflichkeiten und Verhältnisse angewandt nichts anderes als die Vertretung von Minderheiten bzw. regionaler Eigenheiten im politischen System zur Herstellung eines breiten Konsenses, ohne den sich allerdings die Gefahr oder auch der Vorteil der Bewahrung des Status quo ergibt.

Die Positionen Montesquieus wurden rund hundert Jahre später von John Stuart Mill in seinen „Betrachtungen über die repräsentative Demokratie" (1861) pointierter zum Ausdruck gebracht:

> „Eine der unerläßlichsten Bedingungen politischer Praxis und namentlich für das Funktionieren freiheitlicher Institutionen ist die Fähigkeit zum Ausgleich: die Bereitschaft zum Kompromiß, der Wille, dem Opponenten Zugeständnisse zu machen und vernünftige Maßnahmen in eine Form zu bringen, die auch für Personen gegenteiliger Auffassung so wenig herausfordernd ist wie möglich. Und das Geben und Nehmen [...] zwischen zwei Häusern bedeutet eine fortwährende Übung in dieser heilsamen Gewohnheit [...]" [Mill 1971: 202 (13. Kapitel)]

Mill sieht ohne ein Zweikammersystem die Gefahr gegeben, daß eine Mehrheit leicht despotisch und anmaßend werden könne, wenn sie nicht darauf Rücksicht nehmen müsse, ob ein anderes Verfassungsorgan ihrem Vorgehen zustimmt. Er hält es für angebracht, daß es „in jeder politischen Ordnung einen legalen Ort des Widerstands gegen die der Verfassung zufolge vorherrschende Kraft geben sollte" [Mill 1971: 203], und da die demokratische Mehrheit ihre Dominanz mittels der Ersten Kammer zur Geltung bringt, ist sie es, die kontrolliert werden muß. Dies könne durch eine Zweite Kammer geschehen, wenn es allgemein akzeptiert werde. Allerdings sei diese Form der Kontrolle nicht notwendigerweise die beste, zumal wenn sie wie in England nur eine andere Klasse repräsentiere oder überhaupt keinen Repräsentativcharakter habe. An dieser Stelle zeigt sich, daß Mill gegenüber dem Zweikammersystem eine eher reservierte Haltung einnimmt, denn für die Kontrolle der Mehrheit in einer Demokratie sei nicht entscheidend, ob das Parlament aus zwei Häusern bestehe, sondern ob ein Gleichgewicht der Kräfte durch die Verfassung insgesamt hergestellt ist:

> „Ich persönlich messe der Kontrollfunktion, die eine zweite Kammer in einer Demokratie ausüben kann, in der anderweitige Kontrollen fehlen, nur geringe Bedeutung bei und neige der Ansicht zu, daß es unter der Voraussetzung einer zufriedenstellenden Regelung aller anderen Verfassungsfragen relativ unwichtig ist, ob das Parlament aus zwei Kammern oder nur aus einer besteht." [Mill 1971: 201]

4. Funktionen von Zweiten Kammern im Spiegel der neueren politischen Wissenschaft

Wenngleich also Mill einerseits eine gute Begründung für eine Zweite Kammer liefert, führt andererseits seine Aussage, daß die Mehrheit auch anderweitig kontrolliert werden könne, im Grunde wieder zu der Frage zurück, warum Zweite Kammern notwendig oder wenigstens nützlich sind. Entscheidend für die Antwort ist letztlich der empirische Befund aus den einzelnen Ländern, allerdings erlauben die von der neueren Politikwissenschaft zusammengestellten Funktionskataloge zumindest einen generellen Überblick. Auf der Grundlage der oben gegebenen Definition sowie der theoretischen Überlegungen und historischen Entwicklungen lassen sich die Hauptgründe für ein bikamerales System finden. Im wesentlichen ist dies unter dem Stichwort der Repräsentation entweder die Reflexion von territorialen Einheiten innerhalb des Landes oder ein Ausdruck der politischen Kultur, wobei das erste nicht das zweite ausschließt und umgekehrt. Unter politischer Kultur wird hierbei verstanden, daß die Notwendigkeit existiert, soziale und politische Strukturen der Gesellschaft institutionell widerzuspiegeln, mit anderen Worten, eine Institution einzurichten, die über die normale Repräsentation der Gesellschaft innerhalb der Ersten Kammer hinausgeht und Besonderheiten oder Minderheiten innerhalb des Landes eine Stimme verleiht. Ein Organ also zur Vertretung bestimmter Interessen oder Gruppen, die ansonsten an der Führung der Regierungsgeschäfte bzw. in der Gesetzgebung zu wenig oder nicht beteiligt gewesen wären. Es ließe sich hierbei durchaus von einer friedens- oder ordnungsstiftenden Maßnahme sprechen. Zusätzlich zu diesen beiden Grundkategorien der Repräsentation gibt es zudem die Überlegung, mittels der Zweiten Kammer eine zusätzliche Instanz innerhalb des gewaltenteiligen Systems zur Überprüfung anderer Verfassungsorgane einzurichten [Sharman 1987: 85; Schwarz-Liebermann 1958: 6-8]. Zweite Kammern haben also eine Repräsentationsfunktion und eine Kontrollfunktion. Beide zunächst im weitesten Sinne verstanden, denn aus ihnen leiten sich weitere Funktionen her, zu denen wiederum sie sich in engerer Definition addieren lassen.

Die Repräsentationsfunktion in ihrem engeren Sinne bedeutet im wesentlichen die Artikulation der Interessen, die durch die Zweite Kammer vertreten werden, also beispielsweise die Äußerung der Ansprüche der Gliedstaaten in einem föderalen System oder die Betonung von Minderheitenpositionen oder regionaler Eigenheiten sowohl in föderalen als auch in unitarischen Systemen. Eine Wirkung kann die Artikulation der Interessen durch die Beteiligung am Gesetzgebungsprozeß entfalten, wobei die Kompetenzausstattung der Zweiten Kammer die Durchsetzungsfähigkeit sehr stark beeinflußt. Gleiches gilt für die Kontrolle, die eine Zweite Kammer mittels dieser Gesetzgebungsfunktion ausüben kann: Ist die ‚Überwachung‘ beispielsweise durch ein Vetorecht rein negativer Art, oder ist die Zweite Kammer durch Initiativrechte innerhalb des legislativen Verfahrens gar in der Lage zu steuern? Die Kontrollfunktion in ihrer engeren Bedeutung meint dagegen spezifische Möglichkeiten der Überprüfung anderer Staatsorgane, z.B. durch Untersuchungsausschüsse, Fragestunden, Anfragen oder auch durch Zustimmungspflicht bei internationalen Verträgen. Kontrolle kann des weiteren durch die Herstellung von Öffentlichkeit über die Medien bzw. durch die Kommunikation mit der Bevölkerung erfolgen. Die Kommunikations-/ Öffentlichkeitsfunktion hat aber insofern einen eigenen Charakter, als sie der Herstellung von Transparenz und damit der Darstellung der Arbeit der eigenen Institution dient, wodurch zum einen eine legitimatorische Wirkung erzielt und zum anderen wiederum die repräsentative Aufgabe verdeutlicht werden kann. Auch in der Rekrutierungsfunktion der Zweiten Kammer kommen Merkmale der Repräsentation zur Geltung, wenn sie als Reservoir für Posten in der Exekutive genutzt wird, indem z.B. Minister aus ihren Reihen berufen werden, was auch den Zweck haben kann, für eine erleichterte Zustimmung bei Gesetzesvorhaben zu sorgen. Ansonsten kann die Mitgliedschaft in der Zweiten Kammer auch als ‚Sprungbrett‘ für andere Ämter dienen.

Aus der kurzen Beschreibung dieser Funktionen von Zweiten Kammern wird ersichtlich, daß sie sich bis hierhin mit den Funktionskatalogen decken, die Parlamenten im allgemeinen von der Politikwissenschaft zugewiesen werden. Schwieriger wird die Zuordnung bei der Wahlfunktion. In parlamentarischen (Zweikammer-)Systemen wird in der Regel die Wahl (und Abwahl) der Exekutive durch die Erste Kammer besorgt und – wenn überhaupt – ist ein

Einfluß der Zweiten Kammer höchstens durch informelle Wege gegeben.[6] Insoweit eine Wahlfunktion der Zweiten Kammer gegeben ist, wird sie in den folgenden Länderstudien von den Autoren beschrieben, allerdings erschien eine Aufnahme in den zusammenfassenden Funktionenkatalog im Anhang (III.) aufgrund ihrer relativen Bedeutungslosigkeit für Zweite Kammern nicht angebracht. Aufgenommen sind dagegen zwei weitere Funktionen, die im Zusammenhang mit Ersten Kammern eher selten genannt werden, die aber insbesondere verdeutlichen, daß die Aufgaben Zweiter Kammern in einigen Fällen weit über den parlamentarisch-legislativen Bereich hinausreichen, wie es Schwarz-Liebermann nicht müde wird zu betonen [Schwarz-Liebermann von Wahlendorf 1958: 5; 172 et passim]. Gemeint sind administrative und jurisdiktionale Aufgaben, die auch Klaus von Beyme [1974: 369] neben den bereits genannten in seinem Funktionskatalog[7] anführt, von denen es im übrigen für Zweite Kammern in expliziter Weise wenige gibt. Unter administrativen Funktionen sind u.a. Aufgaben zu verstehen, die in den exekutiven Bereich des Gesetzesvollzugs (hierbei wiederum kontrollierend) oder der Ämterbesetzung hineinreichen. Die Funktion der Jurisdiktion wird beispielsweise beim House of Lords mit der Institution der Law Lords[8] sichtbar oder erlangte über den US-Senat beim Amtsenthebungsverfahren gegen Präsident Bill Clinton 1999 besondere Beachtung.

Diese Funktionen gilt es an die verschiedenen Zweiten Kammern als systematisches Analyseraster anzulegen, um ihre Notwendigkeit oder Nützlichkeit zu überprüfen. Legitimatorische Defizite einer Zweiten Kammer, die sich z.B. durch eine unzureichend demokratische Grundlage oder durch eine Doppelung der Repräsentationsbasis mit der Ersten Kammer ergeben können, verschärfen sich, wenn durch überzeugende Funktionsargumente keine Kompensation erbracht wird [Schüttemeyer/Sturm 1992: 519]. Inwieweit dies den verschiedenen Zweiten Kammern innerhalb ihrer unterschiedlichen Systemkontexte gelingt bzw. aufgrund welcher Bedingungen sie unproblematisch erfolgt oder überhaupt nicht erforderlich ist, steht als Leitfrage über den Beiträgen dieses Bandes.

II.   Literaturlage und Länderauswahl

1.   Eine Stecknadel im Heuhaufen

Kurz und knapp: Parlamentsstudien gibt es unzählige, Untersuchungen über Zweite Kammern nur wenige, sie sind gleichsam Stecknadeln im Heuhaufen. Die Aussage ist mit Einschränkung zu verstehen, denn wie so oft kommt es auf den Einzelfall an. So ist die Literatursuche zum Deutschen Bundesrat oder dem US-Senat mit bedeutend weniger Schwierigkeiten verbunden als beispielsweise zum Irischen oder zum Indischen Senat. Vieles hängt hierbei von der Dichte der politikwissenschaftlichen Institute, von der Bedeutung des einzelnen Landes und von der Stellung der Zweiten Kammer innerhalb des politischen Systems ab. Im Rahmen von Parlamentsstudien wird der Zweiten Kammer dann größeres Augenmerk geschenkt, wenn sie z.B. im Gesetzgebungsprozeß eine starke Position einnimmt.

---

[6] Beispielsweise kann Australiens Senat durch fortwährende Vetopositionen in der Finanzgesetzgebung eine Auflösung beider Kammern und damit auch der Regierung erzwingen, was verdeutlicht, daß generalisierende Aussagen bezüglich dieser Funktion äußerst schwer zu treffen sind. In der systemisch schwer einzuordnenden Schweiz wählen beide Kammern als Vereinigte Bundesversammlung die siebenköpfige Regierung.

[7] Von Beyme nennt außerdem noch die Vermittlungsfunktion, worunter er die Regelung der Interaktion mit der Ersten Kammer versteht. Bezieht man sie in ein Analyseraster mit ein, so bedeutet dies eine Fokussierung der bikameralen Struktur und damit weg von der Zweiten Kammer hin zu einer Gesamtparlamentstudie. Das heißt nicht, daß sie in den Beiträgen nicht an Stellen angesprochen wurde, wo dies angebracht schien.

[8] Vgl. den Beitrag von Bernt Gebauer zum *House of Lords* in diesem Band.

Die vergleichende Bikameralismusforschung ist jedoch insgesamt vernachlässigt worden und in den wenigen Studien stehen weniger die Zweiten Kammern als Institutionen als vielmehr die Verfahren der Konfliktregelung im Zentrum. Diesem Thema haben sich in den letzten Jahren vor allem amerikanische Politikwissenschaftler gewidmet. Jeannette Money und George Tsebelis [1997] analysieren in ihrem Buch die Interaktion der jeweiligen Parlamentskammern anhand der Navetteverfahren (Hin- und Herpendeln der Gesetze zwischen den Kammern) bzw. der Vermittlungsausschüsse. William Riker [1992] und Saul Levmore [1992] untersuchen die Vorteile des Zweikammersystems unter dem Aspekt der Verhinderung der „Tyrannei der Mehrheit". Insbesondere Levmores Analyse ist sehr aufschlußreich, in der er die erhöhte Konsensfindung durch sogenannte *supermajorities* in unikameralen Systemen denjenigen im Bikameralismus als unterlegen bezeichnet.

Was Studien zu Zweiten Kammern im speziellen angeht, so liegt bislang mit der Untersuchung von Schwarz-Liebermann von Wahlendorf [1958] die einzige umfassende Sammeldarstellung in deutscher Sprache vor. Er behandelt insgesamt 16 Staaten, wobei mit Blick auf die seit dem Erscheinungsjahr vergangene Zeit selbstverständlich einige erhebliche Änderungen zu verzeichnen sind, die besonders an den Beispielen Schwedens und Südafrikas sichtbar werden. Vergleichende Monographien liegen des weiteren von Hartmut Gaa [1961] und Tobias Jaag [1976] vor, die sich allerdings beide auf Bundesstaaten beschränken. Die neue rechtsvergleichende Untersuchung von Dominik Hanf widmet sich dem Vergleich des deutschen Bundesrats mit den bisher kaum berücksichtigten Zweiten Kammern Belgiens und Spaniens [Hanf 1999]. Von den fremdsprachigen Studien neueren Datums wurde besonders der Band von Jean Mastias und Jean Grangé [1987] vielbeachtet, die aber wiederum nur die Zweiten Kammern westeuropäischer Länder in ihre Untersuchung einbeziehen. Daß die Thematik an Aktualität nicht entbehrt, zeigt das Erscheinen von zwei Sammelbänden zum Zeitpunkt der Schlußredaktion dieses Buches. Samuel C. Patterson und Anthony Mughan [1999] legen einen Band vor, der vier Einzelbeiträge zu Zweiten Kammern in föderalen Staaten (USA, Deutschland, Australien und Kanada) sowie fünf zu denen in unitarischen Systemen (Frankreich, Großbritannien, Italien, Spanien und Polen) enthält. Insgesamt zehn Zweite Kammern werden im Sammelband von Ulrich Karpen [1999] behandelt, darunter auch der bayerische Senat (außerdem: Österreich, Schweiz, Großbritannien, Frankreich, Deutschland, Portugal, Slowenien, USA, Polen), dessen vorgesehene Abschaffung die Frage nach Funktion und Existenzberechtigung Zweiter Kammern unter dem zusätzlichen Aspekt der subnationalen Ebene aufwirft. [9]

Von den ebenfalls wenigen vergleichenden Einzelbeiträgen bzw. Überblicks-darstellungen zu Zweiten Kammern in Sammelbänden oder Zeitschriften seien an dieser Stelle der bereits zitierte Beitrag von Klaus von Beyme [1974] genannt, der einen ausführlichen Funktionskatalog zur Verfügung stellt, sowie der Aufsatz von Campbell Sharman [1987], der sich auf Zweite Kammern in föderalen Systemen konzentriert. Besondere Erwähnung bedarf der Aufsatz von Suzanne S. Schüttemeyer und Roland Sturm [1992], der Zweite Kammern unter dem Aspekt der Repräsentationsfunktion untersucht und der abgesehen von der defizitären Literaturlage zu einem nicht unerheblichen Teil zur Initialzündung für das vorliegende Buch beigetragen hat.

---

[9] Aus Gründen der Vergleichbarkeit schien die Behandlung des bayerischen Senats in diesem Band nicht angebracht, denn unter komparativen Aspekten müßte dann eine Einbeziehung von Zweiten Kammern der Einzelstaaten in den USA oder Australiens erfolgen.

2. Zur Problematik der Länderauswahl

Schüttemeyer/Sturm weisen zurecht darauf hin, daß eine umfassende Bearbeitung aller Zweiten Kammern aufgrund der Disparität der Systeme zu unzureichenden Ergebnissen führt. Die Einschränkung auf eine Auswahl von westlichen Demokratien im Sinne des „most similar cases approach" scheint für eine vergleichende Gegenüberstellung daher unumgänglich [Schüttemeyer/Sturm 1992: 520]. Und selbst für diese Fälle läßt sich feststellen, daß generalisierende Aussagen über die formalen Kompetenzen von Zweiten Kammern nicht zu treffen sind [Blom 1992: 22]. Von den in Anhang I zusammengefaßten 193 Staaten haben 66 bikamerale Parlamente, von denen wiederum rund die Hälfte als stabile Demokratien „westlichen" Zuschnitts bezeichnet werden können. In diesem Band werden die Zweiten Kammern aus 18 Ländern behandelt, von denen sich drei in Transitionsphasen (Tschechien, Südafrika, Rußland) unterschiedlichen Fortschritts befinden. Als besonders problematisch für die Einbindung in den Kontext erscheint sicherlich Rußland, allerdings dürfte gerade die Neugründung einer Zweiten Kammer in den föderalen Strukturen des geographisch immer noch größten Landes der Erde, also die Konstituierung des Föderationsrats in einem sich demokratisierenden System von besonderem Interesse sein. Dies gilt insgesamt für neugegründete Zweite Kammern, weil sich in den Institutionalisierungsprozessen die Argumentationslinien für ihre Existenz unter völlig neuen Blickwinkeln, aber auf der Basis hergebrachter Konstellationen darstellen lassen.

Es wurde bereits erwähnt, daß die Art der Legitimationsgrundlage von großer Bedeutung für den Grad der Kritik an Zweiten Kammern ist. Die Beispiele Rußlands und Tschechiens machen dies sehr deutlich: Der russische Föderationsrat, in dem die gewählten Exekutivspitzen und Parlamentspräsidenten der 89 Föderationsmitglieder vertreten sind, soll die Gebietskörperschaften repräsentieren. In der Tschechischen Republik gibt es dagegen keine besonderen geographischen bzw. territorialen Strukturen, der Senat wurde aber als angemessene Einrichtung zur Kontrolle der Ersten Kammer angesehen. Die tschechischen Senatoren werden in eigens geschaffenen Wahlkreisen direkt gewählt, und die letzte Wahl zeichnete sich durch eine Wahlbeteiligung von weniger als 30 Prozent der wahlberechtigten Bürger aus. Der Russische Föderationsrat wird allseits akzeptiert und hat dazu beigetragen, das immer noch labile politische System zu stabilisieren, während der Tschechische Senat unter schwerem öffentlichem Beschuß steht und für seine Nutzlosigkeit heftig kritisiert wird, obwohl das tschechische System als eines der stabilsten unter den vormalig kommunistischen Regimen gilt. Die beiden Beispiele unterfüttern die Annahme, daß Zweite Kammern bzw. Bikameralismus in föderalen Staaten nicht in Frage gestellt wird, während sie in unitarischen Systemen sehr viel leichter unter den Druck geraten, ihre Existenz rechtfertigen zu müssen.

Als Vergleichsmaßstäbe zu den drei neueren bietet der Band die zehn westeuropäischen Zweiten Kammern, von denen die älteste, das *House of Lords*, unter größtem Reformdruck steht, sowie aus dem außereuropäischen Bereich die Fallstudien zum Oberhaus Japans, zur *Rajya Sabha* Indiens und zu den Senaten Australiens, Kanadas und der USA. Diese dürften ebenso wie die behandelten Systeme, die sich ihrer Zweiten Kammer entledigt haben (Dänemark, Schweden, Neuseeland) unter dem Gesichtspunkt des „most similar cases" nicht streitig sein. In diese Kategorie würden auch einige bikamerale Systeme Südamerikas fallen, zu denen im Rahmen dieses Buches leider keine Analysen angeboten werden können. Die Gründe hierfür sind vielschichtig: Die akademische Welt und ihre Arbeitsbedingungen sind nicht perfekt und für den Ausgleich defizitärer Literaturlagen braucht es Mittel und zudem Experten, die zum richtigen Zeitpunkt zur Verfügung stehen.

III.   Die Konzeption des Bandes

Angesichts der eher stiefmütterlichen Behandlung der Thematik, zumal in der deutsch-sprachigen Wissenschaft[10], schien es angebracht, einen ersten Versuch zu unternehmen, die bestehende Lücke durch einen einführenden Band zu schließen sowie einer vertiefenden Forschung eine Grundlage zu bieten und insbesondere überhaupt zur Weiterbeschäftigung mit Zweiten Kammern und Bikameralismus anzuregen. Aufgrund des geschilderten Mangels ergab sich die Problematik, welches Interesse von Seiten der Leserschaft vornehmlich bedient werden sollte; also entweder jeweils eine dezidierte, dem länderbezogenen Forschungsstand angepaßte Tiefenanalyse oder eine kompakte, Basiswissen vermittelnde Studie zu den ausgewählten Zweiten Kammern zu präsentieren. Ohne ersteres ganz vernachlässigen zu wollen, legte die Erfahrung aus der Lehre es nahe, primär letzteres anzustreben. Um den Lehr- und Handbuchcharakter zu unterstreichen und zugleich den Vergleich der einzelnen Länder zu erleichtern, folgen die einzelnen Artikel einem einheitlichen Aufbau mit inhaltlichen Vorgaben. Innerhalb dieses Rahmens blieb die Ausgestaltung zur notwendigen Schwerpunkt-setzung den Autoren überlassen. Hieraus ergibt sich zum einen für den Überblick ein etwa gleiches Informationsniveau zu den einzelnen Zweiten Kammern und zum anderen eine z.T. erheblich unterschiedliche Dichte bei der Behandlung der vorgegebenen Themenfelder. Es dürfte unmittelbar einleuchten, daß z.B. die Reformansätze bezüglich des *House of Lords* mehr Raum in Anspruch nehmen als die des Schweizerischen Ständerats.

Das Grundkonzept des Bandes ist denkbar einfach. Jeder Beitrag ist in sechs Kapitel gegliedert, die sich in festgeschriebener Folge inhaltlich jeweils mit derselben Thematik auseinandersetzen. Nach einleitenden Worten (I.), die die länderspezifische Problematik und Situation der Zweiten Kammer erläutern, wird die historische Entwicklung und verfassungs-rechtliche Stellung (II.) beschrieben. Letztere beinhaltet die Einordnung der Kammer in den Gesamtkontext des jeweiligen Regierungssystems und bezieht sich zunächst vor allem auf den durch die Verfassung vorgegebenen Soll-Zustand. Anschließend wird die Zusammensetzung (III.) der Zweiten Kammer unter den Aspekten des Wahl- bzw. Bestellungsmodus, der parteipolitischen Konstellation und der Sozialstruktur behandelt. Ein Kapitel zur Arbeitsweise und Geschäftsordnung (IV.), in dem z.B. auf das Ausschußwesen eingegangen wird, rundet den – konzeptionell gesehen – eher deskriptiven Teil der einzelnen Artikel ab. Das jeweilige fünfte Kapitel ist den politischen Funktionen der Zweiten Kammer gewidmet und soll die verfassungsrechtliche Stellung auf ihren Ist-Zustand hin überprüfen. Die Analyse der Verfassungspraxis vor allem mit Blick auf die ausgeübten Funktionen der Zweiten Kammern soll dabei u.a. klären, mit welchen Mitteln gegebenenfalls verfassungsrechtliche Dysfunktionalität, respektive Kompetenzmangel, ausgeglichen wird, und insgesamt die Stellung der Zweiten Kammer im jeweiligen politischen System bewerten (V.).[11] Jeder Beitrag schließt mit einem Blick auf Reformansätze und auf in Zukunft eventuell zu erwartende Probleme (VI.) sowie mit einer Auswahlbibliographie (VII.). Am Ende des

---

[10] Patterson/Mughan [1999: 21, 334-335] kommen für die englischsprachige Literatur zu demselben Schluß, stellt man diese jedoch der deutschen gegenüber, so zeigt sich m.E. ein erhebliches Ungleichgewicht.

[11] Inhaltlich folgen die Kapitel II.-V. dabei den klassischen Analysekonzepten für Parlamentsstudien. Vgl. stellv. für andere die Vorgaben von Hague/Harrop, die den Zugang aus vier Perspektiven empfehlen: „First, historical study is necessary to understand legislative growth, evolution and (sometimes) decay. [...]Second, assemblies must be studied institutionally, as organisations of often intricate complexity [...]. Third[...], [i]n sociological terms, what is the social composition of the legislature, the balance of party affiliation within it and the pattern of division and cohesion within the parties? [...]Finally, the assemblies must be examined in relation to other branches of government. [...]What functions does the assembly perform in the political system and how do these vary from one society to another?" [Hague/Harrop 1982: 134].

Buches findet sich ein umfangreicher Anhang, der einen zusammenfassenden Überblick sowohl über die Zusammensetzung als auch über die Funktionen der in diesem Band behandelten Zweiten Kammern sowie ein Glossar bietet.

Die Gliederung des Bandes und die Einordnung der einzelnen Länder erfolgte primär nach dem Kriterium des Staatsaufbaus: Ist die Zweite Kammer in ein föderales oder ein unitarisches Umfeld eingebunden (Abschnitte B. und C.)? Das sekundäre Gliederungsmerkmal ist der Bestellmodus der Zweiten Kammer: Werden ihre Mitglieder[12] direkt oder indirekt gewählt oder von anderen Staatsorganen nominiert [Abb. A-1]?

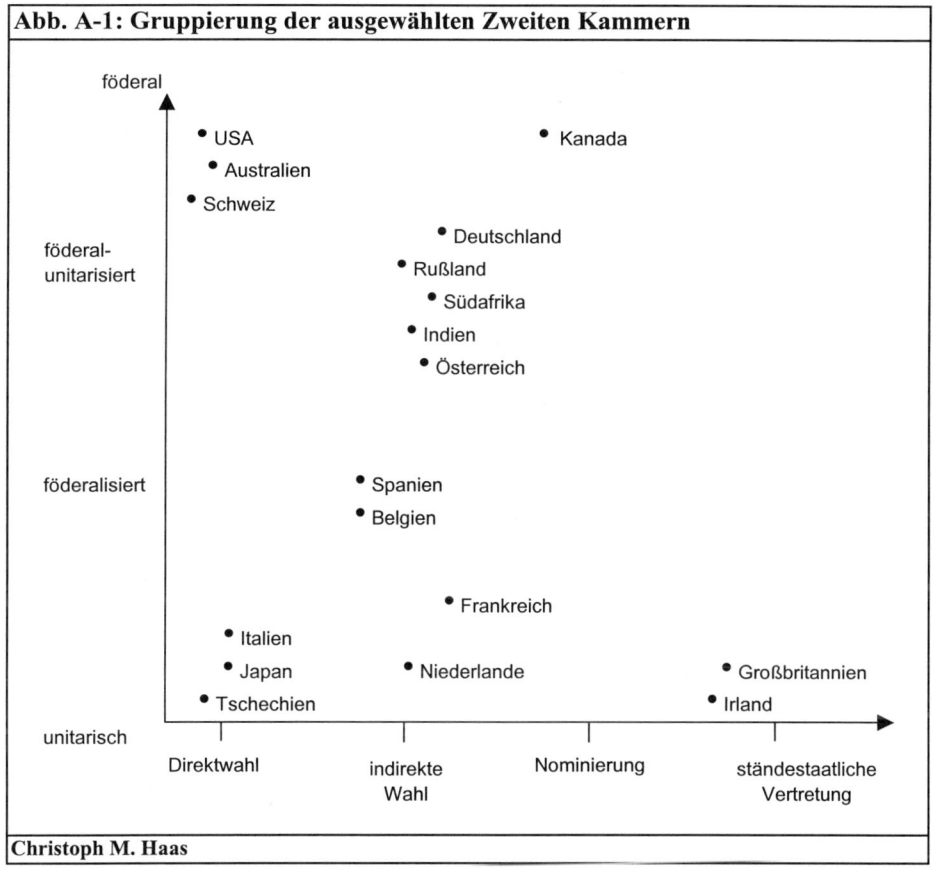

Abb. A-1: Gruppierung der ausgewählten Zweiten Kammern

Christoph M. Haas

Diese sekundäre Strukturierung drängt sich aus zweierlei Gründen auf. Erstens lassen sich hierdurch klare Zuordnungen vornehmen und eindeutige Cluster bilden, die bei einer Sortierung nach dem Systemtyp (parlamentarisch, präsidentiell) unverhältnismäßig ausgefallen wären und nicht ohne definitorische Schwierigkeiten hätten erfolgen können. Zudem hätte eine differenziertere Untergliederung, beispielsweise durch eine Klassifizierung als Westminstermodell, diese Definitionsproblematik noch verschärft. Zweitens, und dies ist entscheidender, liegt hierdurch insgesamt eine Gruppierung vor, die auf der Basis der zwei stets genannten Punkte bei der Beurteilung der Legitimationsstärken bzw. -defizite Zweiter

---

[12] Der Kürze halber benutzen wir im Folgenden den abstrakten Sammelbegriff um weibliche wie männliche Personen zu bezeichnen. *Die Herausgeber.*

Kammern erfolgt, also der Rechtfertigung durch territoriale und/oder den Grad der demokratischen Repräsentation.

Es ergibt sich demnach folgende Typologie: die Gruppe der föderalen, direkt gewählten Zweiten Kammern (Australien, Schweiz, USA), die föderalen, indirekt gewählten (Deutschland, Indien, Österreich, Südafrika) sowie die föderalen, nominierten (Kanada). Da es sich bei Belgien und Spanien um neue föderalisierte Systeme handelt und ihre Wahlmodi zu den Zweiten Kammern jeweils eine kombinierte Form darstellen, schien es angebracht, sie gesondert einzuordnen. Parallel dazu erfolgt die Einteilung in unitarisch, direkt gewählte Zweite Kammern (Italien, Japan), unitarisch-indirekt gewählte (Frankreich, Niederlande) und unitarisch, nominierte (die wir in diesem Band nicht behandeln[13], s.o.). Eine eigenständige Kategorie stellen in der Gruppe unitarischer Staaten die ständestaatlichen Repräsentations-formen im britischen *House of Lords* und im irischen Senat dar. Im Sinne des „most similar cases approach" stellen diese in Abb. A-2 veranschaulichten – und um die im Band nicht behandelten Länder ergänzten – Kategorien eine mögliche Basis für eine tiefergehende, vergleichende Forschung dar.

Ein eigener Abschnitt (D.) ist den beiden Beispielen ehemals kommunistischer Systeme gewidmet (Tschechien, Rußland), die sich auch in die beiden vorangehenden Gruppen einbeziehen ließen. Allerdings rechtfertigte das erst kurze Bestehen eine verbundene Gegen-überstellung, zumal sich gerade in den noch fließenden Institutionenbildungs- bzw. Stabilisierungsprozessen der beiden Staaten sehr gut die Orientierung an den hergebrachten Formen erkennen läßt. Ein besonderes Augenmerk verdient zudem Abschnitt E., in dem in drei Beiträgen die Abschaffung von Zweiten Kammern thematisiert wird. Hier zeigt sich, welchen Überlegungen und politischen Kräften Zweite Kammern zum Opfer fielen und welche Legitimationsdefizite die Prozesse ihrer Auflösung förderten. Erst mit dieser Gegenüberstellung scheint der Frage nach der Existenzberechtigung und Funktionalität Zweiter Kammern zu einer wenigstens ausreichend generalisierbaren Antwort ein Tor geöffnet und zur Formulierung möglicher weiterer forschungsleitender Fragen die Grundlage gegeben, wozu Gisela Riescher und Sabine Ruß abschließend von verschiedenen Blickwinkeln her anregen.

---

[13] Den größten Anteil in dieser Gruppe machen die ehemals britischen Kolonien in der Karibik aus. Die Länder in dieser Kategorie werden in der vergleichenden Systemforschung (leider) generell nicht berücksichtigt, was sicherlich in ihrer Größe und mangelnden internationalen Bedeutung begründet liegt.

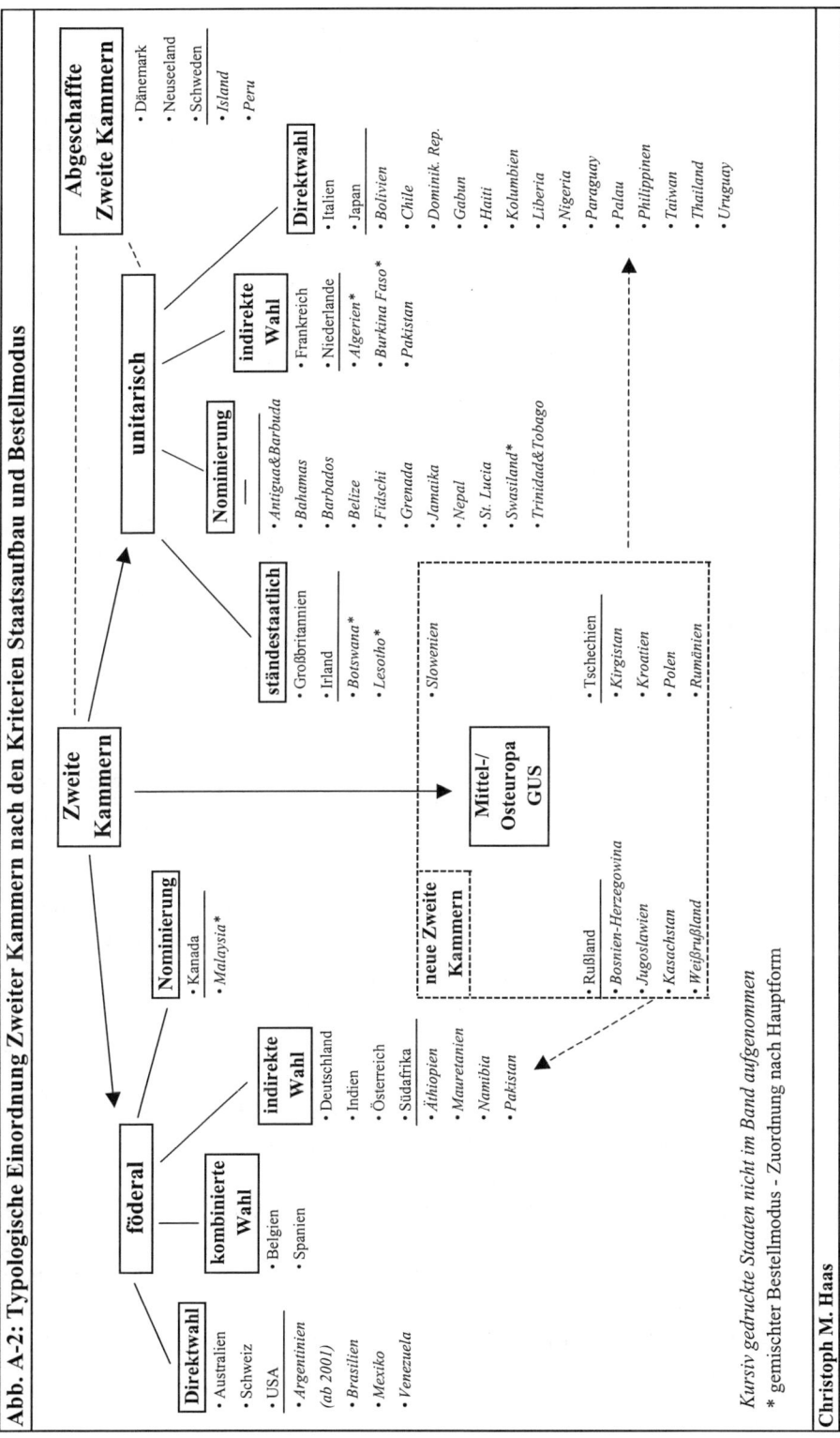

Abb. A-2: Typologische Einordnung Zweiter Kammern nach den Kriterien Staatsaufbau und Bestellmodus

Kursiv gedruckte Staaten nicht im Band aufgenommen
* gemischter Bestellmodus - Zuordnung nach Hauptform

Christoph M. Haas

IV. Auswahlbibliographie

Bagehot, Walter, 1964 [EA 1867]: The English Constitution, London.

Beyme, Klaus von, 1974: Die Funktionen des Bundesrats. Ein Vergleich mit Zweikammersystemen im Ausland, in: Der Bundesrat als Verfassungsorgan und politische Kraft, hrsg. v. Bundesrat, Darmstadt, S. 365-393.

Blom, Hans W., 1992: Bicameralism – history – theory – problems, in: **Blom**, Hans W./ **Blockmans**, Willem P./**Scheper**, Hugo de (Hrsg.), Bicameralisme. Tweekamerstelsel vroeger en nu. Handelingen van de Internationale Conferentie ter gelegenheid van het 175-jarig bestaan van de Eerste Kamer der Staten-Generaal in de Nederlanden, 's Gravenhage, S. 19-32.

Brennan, Geoffrey/**Hamlin**, Alan, 1990: Bicameralism and Stability, Southampton.

Campion, Lord, 1953/54: Second Chambers in Theory and Practice, in: Parliamentary Affairs, Vol. 7, S. 17-32.

Carmichael, Paul, 1997: Second Chambers. A Comparative Perspective, University of Ulster, School of Public Policy, Economics and Law.

Cicero, Marcus Tullius, 1979: De re publica. Vom Gemeinwesen, übers. und hrsg. v. Karl Büchner, Stuttgart.

Dahrendorf, Ralf, 1998: Politik. Eine Kolumne. Vom Nutzen und Nachteil Zweiter Kammern, in: Merkur, 52. Jg., No. 2, S. 149-153.

Foehr, Eugen, 1914: Die Rechtfertigung des Zweikammersystems, Heidelberg.

Gaa, Hartmut G., 1961: Die Stellung einer Zweiten Kammer in Bundesstaaten: eine rechtsvergleichende Studie, Köln.

Gebhardt, Jürgen, 1997: James Harrington, in: **Stammen**, Theo/**Riescher**, Gisela/**Hofmann**, Wilhelm (Hrsg.), Hauptwerke der politischen Theorie, Stuttgart, S. 181-187.

Hague, Rod/**Harrop**, Martin, 1982: Comparative Government. An Introduction, London/Basingstoke.

Hanf, Dominik, 1999: Bundesstaat ohne Bundesrat? Die Mitwirkung der Glieder und die Rolle Zweiter Kammern in evolutiven und devolutiven Bundesstaaten, Baden-Baden.

Harrington, James, 1977 [EA 1656], The Commonwealth of Oceana, in: **Pocock**, J.G.A. (Hrsg.), The Political Works of James Harrington, Cambridge, S. 155-359.

Hofmann, Wilhelm/**Riescher**, Gisela, 1999: Einführung in die Parlamentarismustheorie, Darmstadt.

Jaag, Tobias, 1976: Die Zweite Kammer im Bundesstaat. Funktion und Stellung des schweizerischen Ständerats, des deutschen Bundesrates und des amerikanischen Senats, Zürich.

Karpen Ulrich (Hrsg.), 1999: Role and Function of the Second Chamber. Proceedings of the Third Congress of the European Association of Legislation (EAL), Baden-Baden.

Kurland, Philip B./**Lerner**, Ralph, 1987: The Founder's Constitution. Volume One. Major Themes, Chicago/London.

Levmore, Saul, 1992: Bicameralism: When Are Two Decisions Better than One?, in: International Review of Law and Economics, Vol. 12, No. 2, S. 145-162

Longley, Lawrence D. (Hrsg.), 1991: Two Into One: the Politics and Processes of National Legislative Cameral Change, Boulder.

Marcic, René, 1960: Die Stellung der Zweiten Kammer in den modernen Bundesstaaten, in: Juristische Blätter, Jg. 82, No. 6, S. 139-146.

Marriott, Sir John Arthur Ransome, 1927: Second Chambers. An Inductive Study in Political Science, Oxford.

Marongiu, Antonio, 1968: Medieval Parliaments: A Comparative Study, London.

Mastias, Jean/**Grangé**, Jean, 1987: Les secondes chambres du parlement en Europe occidentale, Paris.

Mill, John Stuart, 1971 [EA 1861]: Betrachtungen über die repräsentative Demokratie, hrsg. v. Kurt Shell, Paderborn.

Money, Jeannette/**Tsebelis**, George, 1992: Cicero's Puzzle: Upper House Power in Comparative Perspective, in: International Science Review, Vol. 13, No. 1, S. 25-43.

Montesquieu, 1951 [EA 1748]: Vom Geist der Gesetze. Erster Band, hrsg. v. Ernst Forsthoff, Tübingen.

Patterson, Samuel C./**Mughan**, Anthony (Hrsg.), 1999: Senates: Bicameralism in the Contemporary World, Columbus.

Riker, William H., 1992: The Justification of Bicameralism, in: International Political Science Review, Vol. 13, No. 1, S. 101-116.

Schüttemeyer, Suzanne S./**Sturm**, Roland, 1992: Wozu Zweite Kammern? Zur Repräsentation und Funktionalität Zweiter Kammern in westlichen Demokratien, in: Zeitschrift für Parlamentsfragen, 23. Jg., No. 3, S. 517-536.

Schüttemeyer, Suzanne S., 1998: Bikameralismus, in: **Nohlen**, Dieter u.a. (Hrsg.), Lexikon der Politik. Band 7: Politische Begriffe, München, S. 76-77.

Schwarz-Liebermann von Wahlendorf, 1958: Struktur und Funktion der sogenannten Zweiten Kammer. Eine Studie zum Problem der Gewaltenteilung, Tübingen.

Sharman, Campbell, 1987: Second Chambers, in: **Bakvis**, Herman/**Chandler**, William M. (Hrsg.), Federalism and the Role of the State, Toronto, S. 82-100.

Shell, Donald, 1998: The Second Chamber Question, in: Journal of Legislative Studies, Vol. 4, No. 2, S. 17-32.

Süsterhenn, Adolf, 1957: Senats- oder Bundesratssystem? Zum Problem der Gewaltenteilung innerhalb der Legislative, in: Staats- und Verwaltungswissenschaftliche Beiträge, hrsg. von der Hochschule für Verwaltungswissenschaften Speyer, Stuttgart.

Tsebelis, George/**Money**, Jeannette, 1997: Bicameralism, Cambridge.

Walsh, Correa Moylan, 1915: The Political Science of John Adams. A Study in the Theory of Mixed Government and the Bicameral System, Freeport.

Wember, Viktor, 1977: Verfassungsmischung und Verfassungsmitte. Moderne Formen gemischter Verfassung in der politischen Theorie des beginnenden Zeitalters der Gleichheit, Berlin.

Wood, Gordon S., 1969: The Creation of the American Republic 1776-1787, New York.

Ziemer, Klaus, 1996: Struktur- und Funktionsprobleme der Parlamente, in: **Luchterhandt**, Otto (Hrsg.): Neue Regierungssysteme in Osteuropa und der GUS: Probleme der Ausbildung stabiler Machtinstitutionen, Berlin, S. 151-180.

B. Zweite Kammern in föderalen Systemen

I.   Direkt gewählte Zweite Kammern

II.   Indirekt gewählte Zweite Kammern

IIIa. Kombiniert gewählte Zweite Kammern in neuen föderalisierten Systemen

IIIb. Nominierte Zweite Kammern

I.   Direkt gewählte Zweite Kammern

Christoph M. Haas

Zweite Kammer erster Klasse: der US-Senat[*]

I. Einleitung

„There is probably no legislative body on earth, whose duties are more various, and interesting, and important to the public welfare; and none, which calls for higher talents, and more comprehensive attainments, and more untiring industry, and integrity." [Story 1833: 186]

Als Joseph Story diese Bewertung des US-Senats vornahm, war die Verfassung der Vereinigten Staaten nicht einmal 50 Jahre alt. Dem Senat, neben dem Repräsentantenhaus die Zweite Kammer des US-Kongresses, wurde von den Zeitgenossen offenbar schon damals größte Hochachtung entgegengebracht. Heute, im dritten Jahrhundert des Bestehens der Verfassung, scheint Storys Einschätzung immer noch Gültigkeit zu besitzen, denn der US-Senat wird stets an prominenter Stelle genannt, wenn eine Betrachtung Zweiter Kammern vorgenommen wird. Dies liegt wohl vor allem daran, daß ihm nicht nur innerhalb des Gesetzgebungsprozesses, sondern insgesamt weitreichende Kompetenzen zukommen, die in vergleichender Perspektive ihresgleichen suchen [Haynes 1960: vii].

Als im Jahre 1787 Delegationen aus den Einzelstaaten zur Revision der bestehenden Verfassung (*Articles of Confederation*) in Philadelphia zusammentrafen, befand sich der während des Unabhängigkeitskrieges (1776-1783) begründete Staatenbund (1781) in einer institutionellen Krise. Die Zentralregierung war nur unzureichend mit Kompetenzen ausgestattet, um der Problematik der durch den Krieg entstandenen Auslandsverschuldung sowie den Zoll- und Handelsstreitigkeiten zwischen den Gliedstaaten Herr zu werden. Sehr schnell entstand bei den Delegierten des Verfassungskonvents ein Konsens darüber, daß allein eine neue Verfassung und die Einrichtung einer stärkeren Bundesgewalt der Situation Abhilfe verschaffen würde. Für eine Ratifizierung des zu erarbeitenden Verfassungsvorschlags war jedoch die Zustimmung in den Einzelstaaten erforderlich. Diese war jedoch nur zu gewinnen, wenn die *state governments* auf Bundesebene eine angemessene Vertretung erhalten würden. Seinen institutionellen Ausdruck fand dies schließlich im Senat, der als föderale Komponente im Regierungssystem des neuen Bundesstaates über die Wahrung der gliedstaatlichen Interessen wachen sollte. Die Funktion des Senats sollte demnach nicht allein die territoriale Repräsentation sein, sondern vielmehr auch in der Ausübung umfangreicher Gesetzgebungs- und Kontrollaufgaben bestehen. Sowohl aus verfassungstheoretischer als auch -praktischer Perspektive sind letztere in der Tat von erheblich größerer Bedeutung. In der Kontrollfunktion des Senats manifestiert sich zudem das Prinzip der Gewaltenverschränkung am deutlichsten, da seine Machtfülle nicht allein aus seinen legislativen Kompetenzen erwächst, vielmehr durch exekutive und judikative noch erweitert wird.

In dieser Hinsicht scheint sich aus der Analyse des US-Senats zu ergeben, daß sich mit zunehmender Kompetenzfülle eine Zweite Kammer umso weniger aus einem System wegdenken oder zur Disposition stellen läßt. Und in der Tat stand im Laufe der über zweihundertjährigen Geschichte der US-Verfassung der Senat (wie insgesamt das Institutionengefüge) niemals ernsthaft zur Debatte. Aufgrund des komplexen Verfahrens sind Verfassungsergänzungen bzw. -änderungen in den USA selten und bislang betraf nur eine den Senat. Diese bestand in der Änderung seiner Legitimationsbasis, als 1913 der 17. Verfassungszusatz in Kraft trat. Seither werden die jeweils zwei Senatoren nicht mehr durch die einzelstaatlichen Parlamente, sondern mittels Direktwahl durch die Bevölkerung des

---

[*] Besonderer Dank für die freundliche Unterstützung in Washington, D.C. gilt Julie Dammann, Chief of Staff und Legislative Director bei US-Senator Christopher S. Bond, Missouri.

jeweiligen Einzelstaates bestimmt. Die Frage, inwieweit sich durch den anderen Wahlmodus die durch die Verfassungsväter zugedachte Funktion der Repräsentation der Einzelstaaten auf nationaler Ebene verändert hat, steht im Folgenden ebenso im Mittelpunkt wie die Erläuterung der institutionellen Stellung und Stärke des US-Senats.

II. Historische Entwicklung und verfassungsrechtliche Stellung

1. Verfassungsgebung und die Stellung des Senats im Regierungssystem

Der britischen Tradition folgend existierten in den amerikanischen Kolonien bereits vor dem Unabhängigkeitskrieg geteilte Legislativen. Es gab jedoch Stimmen, die für die Stärkung der Ersten Kammer eintraten oder gar eine Einkammerlegislative forderten. Dies entsprang der Überzeugung, daß ein Regierungssystem vor allem durch seinen demokratischen Charakter gekennzeichnet sein sollte, weshalb *the popular branch of government*, d.h. die durch das Volk direkt gewählte (Erste) Kammer die dominante Rolle spielen sollte. Die Befürworter dieser Option, als prominentester unter ihnen Benjamin Franklin, konnten sich bei der Verfassungsgebung aber nicht durchsetzen. Zum einen lag das an der Umsetzung einer föderalen Ordnung, die das Regierungssystem widerspiegeln sollte, und zum anderen an der skeptischen Haltung der Mehrheit der politischen Elite gegenüber einer unkontrollierbaren Volksherrschaft.

Gemäß der ersten nationalen Verfassung, den *Articles of Confederation* (1781-1789), war der Konföderationskongreß zugleich Exekutiv- und Legislativorgan des neuen Staatenbundes – allerdings mit äußerst beschränkten Kompetenzen. Seine Mitglieder wurden von den Legislativen der dreizehn, nun unabhängigen und souveränen Einzelstaaten gewählt und entsandt. Entscheidungen des Kongresses mußten mit einem Quorum von neun Stimmen gefällt werden, wobei die jeweilige einzelstaatliche Delegation jeweils eine Stimme hatte und faktisch an die Instruktion ihres Staates gebunden war [Art. V. Articles of Confederation].[1] Das Prinzip des Stimmengleichgewichts aller Staaten setzte sich als konstitutives Merkmal auch für den US-Senat durch. Insofern ähnelte er am ehesten dem Konföderationskongreß. Gerade aber die Konstruktion des Senats war einer der umstrittensten Punkte bei der Verfassungsfindung auf dem Konvent von Philadelphia.

Im wesentlichen standen sich dort in der Debatte zwei Entwürfe gegenüber, die von einer grundsätzlich verschiedenen Struktur des Regierungssystems ausgingen. Während der *Virginia Plan* ein parlamentarisches Regierungssystem mit zwei gleichberechtigten Kammern als Legislativorgan vorsah, von denen die Erste durch Volkswahl, die Mitglieder der Zweiten dann durch die Erste bestellt werden sollten, beschränkte sich der *New Jersey Plan* auf die Modifizierung der *Articles of Confederation*. Hierin war die Erweiterung der Kompetenzen des bestehenden Einkammerkongresses sowie die Einrichtung eigenständiger Exekutiv- und Judikativorgane zwar vorgesehen, prinzipiell sollte aber am bestehenden System des Staatenbundes und damit am Stimmengleichgewicht der Einzelstaaten im Kongreß festgehalten werden. Einer der Anhänger dieser Option, William Paterson, wies darauf hin, daß zwei Kammern im Rahmen der Legislative, wenngleich in den Einzelstaaten zum Ausgleich und zur gegenseitigen Kontrolle widersprüchlicher Interessen durchaus notwendig, auf Bundesebene nicht nötig sei, da die verschiedenen einzelstaatlichen Delegationen sich ausreichend kontrollieren würden. Im Gegensatz hierzu sah James Wilson, strenger Verfechter des *Virginia Plan*, die Gefahr des legislativen Despotismus in einem unikameralen System und entgegnete Paterson, daß die gesetzgebende Gewalt nur beschränkt werden könne, wenn sie in sich selbst geteilt sei. In einer Einkammerlegislative gebe es nur eine nicht

---

[1] Die Delegierten konnten jederzeit abberufen und durch neue ersetzt werden, wodurch sich faktisch ein imperatives Mandat ergab.

ausreichende Kontrolle durch die Tugend und den guten Willen ihrer Mitglieder [Ketcham 1986: 66-67]. Wilsons Position war die der Mehrheit der Konventmitglieder, und James Madison brachte sie rund ein halbes Jahr nach dem Ende der verfassungsgebenden Versammlung in seinem berühmten 51. Artikel der *Federalist Papers* noch einmal auf den Punkt:

> „In einem republikanischen Regierungssystem dominiert notwendig die Legislative. Eine mögliche Abhilfe für dieses Problem ist es, die Legislative in unterschiedliche Kammern aufzuteilen und deren Gemeinsamkeiten durch einen unterschiedlichen Wahlmodus und unterschiedliche Grundsätze für ihre Tätigkeit so weit zu reduzieren, wie es das Wesen ihrer gemeinsamen Abhängigkeit von der Gesellschaft zuläßt." [Hamilton/Madison/Jay 1994: 315]

Eine der zentralen Funktionen des Senats sollte demnach die Mäßigung einer impulsiven Gesetzgebung durch das Repräsentantenhaus sein. Besonders bildhaft läßt sich dies durch die häufig erwähnte Anekdote machen, die von George Washingtons Begegnung mit Thomas Jefferson nach dessen Rückkehr aus Frankreich erzählt wird. Demnach habe Jefferson sich bei Washington über die Einrichtung zweier Kammern beschwert, worauf dieser ihn fragte, warum er seinen heißen Kaffee in die Untertasse schütte. „Um ihn zu kühlen", antwortete Jefferson. „Genau das", so Washington, „tun wir mit den Gesetzen, wir lassen sie im Senat abkühlen." [Farrand 1913: 74]

Was den Wahlmodus der beiden Parlamentskammern anging, so war man sich in Philadelphia schnell darüber einig, daß die Mitglieder des Repräsentantenhauses mittels Direktwahl durch das Volk bestimmt werden sollten und die Zahl der Abgeordneten pro Einzelstaat sich nach dessen Bevölkerungszahl richten, jeder Staat aber wenigstens einen Vertreter in dieser Ersten Kammer haben sollte. Ganz anders stellte sich die Situation hinsichtlich der Bestimmung der Senatoren dar. Fünf Varianten wurden vorgeschlagen [Haynes 1960: 11-14]: Erstens die Wahl der Senatoren durch das Repräsentantenhaus gemäß dem Entwurf des *Virginia Plan*: „[...] the members of the second branch ought to be elected of those of the first, out of a proper number of persons nominated by the individual legislatures." [Kurland 1987b: 183] Diese Möglichkeit wurde recht schnell verworfen, weil dadurch der Gedanke der Teilung der Legislative zur gegenseitigen Kontrolle in gewisser Hinsicht ad absurdum geführt worden wäre, da eine direkte Abhängigkeit der Zweiten von der Ersten Kammer entstanden wäre. Zweitens wurde die Ernennung durch die Bundesexekutive in Erwägung gezogen, was einen Schritt hin zur Monarchie bedeutet hätte, wie Elbridge Gerry meinte, und deshalb nur wenige ernsthaft darüber nachdächten [Ketcham 1986: 56]. Drittens schlug Alexander Hamilton in einem eigenen Verfassungsentwurf die Wahl der Senatoren durch in eigenständigen Wahlkreisen gesondert zu wählende *special electors* vor, was allseits als zu kompliziert erachtet und deshalb nicht diskutiert wurde. Die vierte und fünfte Möglichkeit waren die tatsächlich umstrittenen. Der von James Wilson propagierte Vorschlag sah wie beim Repräsentantenhaus die Direktwahl durch die Bevölkerung vor, der andere die Wahl der Senatoren durch die einzelstaatlichen Legislativen. Diese beiden Optionen waren eng verknüpft mit der Frage, ob der Senat ebenfalls nach dem Bevölkerungsproporz besetzt werden oder vielmehr jeder Einzelstaat die gleiche Anzahl von Senatoren entsenden sollte. Im wesentlichen war dies also ein Konflikt zwischen den großen und den kleinen Staaten, der letztlich im sogenannten *Great Compromise* seine Lösung fand. Da den großen Staaten die Mehrzahl der Abgeordneten durch die Zuteilung der Sitze nach Bevölkerungszahl im Repräsentantenhaus sicher war[2], beschloß man für den Senat, daß jeder Staat die gleiche

---

[2] Zudem sollten Steuergesetze ihren Ursprung im Repräsentantenhaus haben [Art. I, Abschn. 7 US-Verf.].

Anzahl von (zwei) Senatoren haben sollte, was bedeutete, daß die kleinen Staaten zusammengenommen dort über die Mehrheit der Stimmen verfügten.

Die Frage nach der Wahl der Senatoren wurde zugunsten der einzelstaatlichen Legislativen entschieden, was verschiedentlich als natürlichste Entscheidung der verfassungsgebenden Versammlung angesehen wurde, da es die historische Praxis nahelegte: Von den Legislativen war der Widerstand gegen England formuliert und waren sowohl die Delegierten des Kontinentalkongresses als auch des Konföderationskongresses bestimmt worden [Haynes 1960: 14]. Zudem wurde hierdurch drei Aspekten Rechnung getragen: Der Senat legitimierte sich so durch eine unterschiedliche Quelle, wenngleich indirekt immer noch von der Bevölkerung her; es wurde dadurch außerdem ein zusätzlicher Filter eingebaut, der die Auswahl der fähigsten Köpfe für den Senat garantieren sollte [Baker 1988: 6]; und schließlich „[...] die Einzelstaaten an der Gestaltung des Regierungssystems des Bundes derart zu beteiligen, daß sie [die Wahl der Senatoren durch die einzelstaatlichen Legislativen, C.H.] die Autorität von ersteren festigt und ein gutes Verbindungsglied zwischen beiden Systemen [Bund und Einzelstaaten, C.H.] bildet." [Hamilton/Madison/Jay: 374]

Den Einfluß der Einzelstaaten auf die Regierungsgeschäfte des Bundes – und damit auch auf die Außenpolitik – ausreichend zu gewähren, sollte durch die Übertragung besonderer Kompetenzen an den Senat erreicht werden. Diese erweiterten Rechte gehören zum Kern dessen, was als *checks and balances* im amerikanischen Regierungssystem bezeichnet wird, und betreffen vor allem die Ernennungen durch den Präsidenten. Der Senat muß demnach den Nominierungen des Präsidenten für das Kabinett, für die Leitung der obersten Bundesbehörden, für die Botschaften, den Obersten Gerichtshof und für die Bundesgerichte mehrheitlich zustimmen [Abb. B I.1-1]. Für den Abschluß von internationalen Verträgen ist gar eine Zweidrittelmehrheit der anwesenden Senatoren erforderlich [Art. II, Abschn. 2 US-Verf.]. Ebenfalls mit Zweidrittelmehrheit kann der Senat bei Amtsanklagen durch das Repräsentantenhaus (*impeachment*) die Amtsenthebung von Regierungsmitgliedern und Bundesrichtern erwirken. Neben diesen nicht-legislativen Vollmachten hat der Senat im Gesetzgebungsprozeß eine dem Repräsentantenhaus gleichberechtigte Stellung, wodurch die beiden Elemente der einzelstaatlichen Einflußnahme sowie der Kontrolle der Ersten Kammer verbunden wurden, oder wie es Madison formulierte:

> „Ein weiterer Vorteil, der sich aus [...] der Verfassung des Senats ergibt, ist es, daß er fraglos eine zusätzliche Schwelle gegen fehlgeleitete Gesetzesvorhaben darstellen wird. Kein Gesetz und kein Beschluß kann ohne Zustimmung zunächst der Mehrheit des Volkes und anschließend der Mehrheit der Einzelstaaten verabschiedet werden." [Hamilton/Madison/Jay 1994: 375]

Madison erörtert im 62. bis 64. Artikel der *Federalist Papers* detailiert, welche Bedingungen für die Wirksamkeit dieser „Schwelle" gegeben sein müssen. Ganz zentral sei hierbei, daß die Senatoren entsprechende Qualifikationen mitbrächten. Auch bedürfe es für das Studium der Gesetze, der Politik und der Gesamtinteressen eines Landes, deren Kenntnis für die Vermeidung von Fehlentscheidungen von größter Bedeutung seien, einer ausgedehnten Amtsperiode, die zu einer verläßlichen Politik führe. Dies sei insbesondere für die Konstanz in den Beziehungen zu fremden Nationen von Bedeutung, deren Garant im Regierungssystem der USA der Senat sein werde. Häufige Wahlen würden dagegen dazu führen, daß die Mandatsträger in besonderer Weise dem Druck von unterschiedlichen Interessen ausgesetzt seien und durch ihren Austausch eine beständige, zielgerichtete Politik nach innen und außen nicht möglich sei [Hamilton/Madison/Jay: 373-394].

All dies macht deutlich, daß der Senat als stabilisierende Instanz konzipiert wurde, die innerhalb des Regierungssystems neben uneingeschränkten legislativen Kompetenzen durch die Mitwirkung bei der Ernennung der Regierungsmitglieder und der Bundesrichter sowie durch die richterliche Funktion bei Amtsenthebungsverfahren kontrollierenden Einfluß auf die Exekutive und Judikative ausübt. Als föderale Komponente im Regierungssystem sollte er nach den Vorstellungen der Verfassungsgeber zudem die Einzelstaaten repräsentieren.[3]

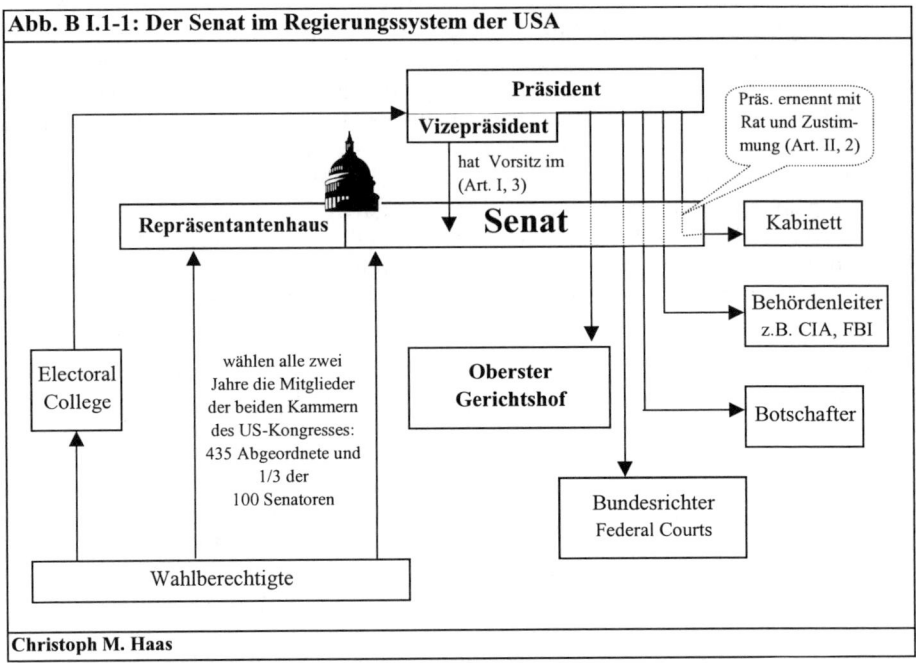

Abb. B I.1-1: Der Senat im Regierungssystem der USA

Christoph M. Haas

2. Instruktion, Destruktion und Neukonstruktion: der US-Senat bis 1917

Die Kritiker der neuen Verfassung (*Anti-Federalists*) hatten bereits in den Ratifizierungsdebatten im Anschluß an den Verfassungskonvent von Philadelphia bezweifelt, daß die Einzelstaaten im Senat repräsentiert würden [Main 1974: 137-138]. Anders als im Konföderationskongreß mußten die Senatoren eines Einzelstaates ihr Abstimmungsverhalten nicht koordinieren, denn nach der Verfassung hatte nun jeder Senator und nicht jeder Staat eine Stimme [Art. I, Abschn. 3 US-Verf.]. Aus dem imperativen war ein freies Mandat geworden. Noch vehementer wurde die fehlende Möglichkeit der Abberufung von Senatoren von den *Anti-Federalists* beanstandet (hier Melancton Smith): „I would observe that as the senators are the representatives of the state legislatures, it is reasonable and proper that they should be under their control. When a state sends an agent commissioned to transact any business, or perform any service, it certainly ought to have a power to recall him." [Ketcham 1986: 351] Der *Anti-Federalist* „Brutus"[4] befürchtete gar, daß die Senatoren mittels ihres

---

[3] Als Beispiel für diese Auffassung kommentierte *A Democratic Federalist*: „The federal Senate *are the representatives of the sovereignties of their respective states*. A second branch such constituted is a novelty in the history of the world. Instead of a hereditary upper house, the American Confederacy has created a body, the temporary representativs of their component sovereignties, dignified only by their being the immediate delegates and guardians of sovereign states selected from the body of the people for that purpose [...]." [Kurland 1987b: 210]

[4] Als wohl bedeutenster Kritiker der US-Verfassung schrieb unter diesem Synonym vermutlich der New Yorker Robert Yates eine Reihe von Artikeln im Diskurs mit dem affirmativen Verfassungskommentar (*Federalist Papers*) von Hamilton/Madison/Jay.

Amtes soviel Macht gewinnen würden, ihren Wählern in den einzelstaatlichen Legislativen den einen oder anderen Gefallen tun zu können und sich so deren Freundschaft und damit die eigene Wiederwahl zu sichern [Ketcham 1986: 334].

In der Tat zeigte sich, daß die *Anti-Federalists* mit ihren Befürchtungen in dieser Hinsicht weitestgehend Recht behalten sollten. Im Laufe der ersten Hälfte des 19. Jahrhundert gab es von einzelstaatlicher Seite häufig Versuche, die ‚eigenen‘ Senatoren für Abstimmungen zu instruieren und dies mit der Drohung der Nichtwiederwahl nach Ablauf der Amtszeit zu verbinden oder gar bei Nichteinhaltung den Rücktritt zu fordern. Wenngleich diese Instruktionspolitik in einigen Fällen, vor allem in den traditionalistischen Südstaaten, Erfolg hatte und rund zwanzig erzwungene Rücktritte von US-Senatoren zwischen 1808 und 1852 zur Folge hatte, so läßt sich doch feststellen, daß über den gleichen Zeitraum eine ganz andere Entwicklung einsetzte. Da die Amtszeiten der Abgeordneten in den einzelstaatlichen Legislativen kürzer waren, erhofften sie sich für ihre eigene Wiederwahl Hilfe von den einflußreichen US-Senatoren, wodurch diese sich wiederum die Unterstützung für eine weitere Wahlperiode sicherten [Riker 1955: 455-467].

Die umwälzende Veränderung der amerikanischen Gesellschaft durch die Industrialisierung und den wirtschaftlichen Boom nach dem Bürgerkrieg (1861-1865) hatte auch Auswirkungen auf den US-Senat. Kaum eine Methode der Beeinflussung der Politik war für die entstehende nationale Großindustrie so effektiv wie die Manipulation der Senatswahlen. Bestechungsgelder an die Abgeordneten der einzelstaatlichen Legislativen sollten unliebsame Kandidaten verhindern oder die gewünschten in das Amt bringen. Teilweise wochenlange Streitigkeiten um die Wahl eines Senators paralysierten die Parlamente und endeten im äußersten Fall damit, daß überhaupt kein Senator bestimmt wurde. So war z.B. Delaware zwischen 1901 und 1903 im US-Senat nicht vertreten, weil die dortige Legislative sich nicht einigen konnte. Von einer Auswahl der fähigsten Köpfe konnte in vielerlei Hinsicht nicht mehr gesprochen werden. Eine Studie von 1906 kam zu dem Schluß, daß fast jeder zweite Senator weder „high powers of leadership" noch „qualities of courage, intelligence and integrity" besaß. Jeder dritte Senator hätte dagegen seine Wahl seinem persönlichen Vermögen oder seiner „expertness in political manipulation" zu verdanken [Bernstein 1993: 123-125].

Zur Beendigung von Wahlmanipulationen und Korruption sahen Reformer die Einführung der Direktwahl der Senatoren durch die Bevölkerung als das geeignetste Mittel an. Da hierfür eine Verfassungsänderung nötig war und es für diese einer Zweidrittelmehrheit in beiden Kongreßkammern bedurfte, deren Zustandekommen im Senat äußerst unwahrscheinlich war, schlug man Wege ein, die schrittweise zum Ziel führen sollten. Die erste Innovation stellte die Einbindung der politischen Parteien in den Wahlprozeß dar. Die Mitglieder der jeweiligen Partei sollten ihren Senatskandidaten nominieren, auf dessen Wahl zugleich die Abgeordneten der Partei in den Legislativen verpflichtet wurden. Dieses Nominierungssystem wurde sehr bald durch die Einrichtung von Vorwahlen ausgeweitet, bei denen nun die Bevölkerung über die Kandidaten der einzelnen Parteien entscheiden konnte. Den einzelstaatlichen Parlamenten blieb in der Hauptwahl nur die Entscheidung zwischen den Gewinnern der Vorwahlen. Das in Oregon zwischen 1901 und 1904 zuerst eingeführte demokratisierte Verfahren wurde von anderen Einzelstaaten innerhalb kürzester Zeit übernommen, und bereits 1910 waren 14 der insgesamt 30 zu wählenden Senatoren über das Vorwahlverfahren ins Amt gelangt. Angesichts veränderter Stimmenverhältnisse im Senat und des großen Reformdrucks kam es schließlich 1913 zur Verabschiedung des 17. Zusatzartikels der Verfassung, der die Direktwahl der Senatoren vorschreibt. James Wilsons Vorschlag bei der Verfassungsgebung war also nach rund 130 Jahren nun doch Wirklichkeit geworden und die Einzelstaaten akzeptierten ihren Verlust der Kontrolle über die Senatswahlen ohne großen Widerstand [Bernstein 1993: 125-128].

III. Zusammensetzung

1. Wahlsystem und Wahlen zum Senat

Die US-Verfassung legt in Artikel I, Abschnitt 3 fest, daß der Senat sich aus zwei Senatoren aus jedem Einzelstaat zusammensetzt. Nach anfänglich 26 Senatoren aus den 13 Gründerstaaten zählt die Kammer seit der Aufnahme Alaskas und Hawaiis als 49. und 50. Bundesstaaten (1959) heute 100 Mitglieder. Eine weitere Erhöhung gilt zumindest für die nächsten Jahre als unwahrscheinlich. Allenfalls aussichtsreichster Kandidat für die Aufnahme in die Union ist das assoziierte Puerto Rico, dessen Bevölkerung aber erst im November 1998 für die Beibehaltung des Status quo[5] votierte und damit einen Antrag auf den Beitritt ablehnte. Bemühungen um die Anerkennung als Bundesstaat gibt es zudem in der Hauptstadt Washington, D.C. Der *District of Columbia* untersteht der direkten Jurisdiktion des US-Kongresses und ist ebenso wie Puerto Rico, American Samoa, Guam und die Virgin Islands nur im Repräsentantenhaus durch einen Delegierten vertreten, der allerdings kein Stimmrecht hat. Ebenfalls ohne Stimmrecht ist der Vizepräsident als Vorsitzender des Senats, es sei denn, es ergibt sich ein Abstimmungspatt, bei dem ihm dann die entscheidende Stimme zukommt [Art. I, Abschn. 3 US-Verf.]. Die *ex officio* Senatsangehörigkeit des Vizepräsidenten ist im übrigen die einzige Ausnahme vom Inkompatibilitätsgebot, d.h. dem Verbot der Zugehörigkeit zu mehr als einer der Regierungsgewalten, im präsidentiellen System der USA. Bei Abwesenheit des Vizepräsidenten hat der *President pro tempore* den Vorsitz im Senat. Er wird zu Beginn jeder Legislaturperiode gewählt und ist üblicherweise der dienstälteste Senator der Mehrheitspartei.

Der Senatswahlkreis entspricht geographisch dem Einzelstaat. Es gilt das Mehrheitsprinzip (*plurality vote*), d.h. gewählt ist, wer die meisten Stimmen auf sich vereint. Die Amtszeit der Senatoren beträgt sechs Jahre und beginnt, mit der Ausnahme von Nachwahlen, jeweils am 3. Januar nach der Hauptwahl. Senatswahlen finden alle zwei Jahre statt, wobei jeweils nur ein Drittel der Sitze zur Wahl ansteht. Dies ergibt sich aus der verfassungsrechtlichen Vorschrift [Art. I, Abschn. 3 US-Verf.], daß nach der ersten Senatswahl 1789 die Senatoren in drei möglichst gleich große Gruppen aufgeteilt wurden und die Amtszeit der ersten Gruppe bereits nach zwei und die der zweiten nach vier Jahren auslief. Allein die der dritten Gruppe zugewiesenen Senatoren übten nach der ersten Wahl die volle Amtszeit von sechs Jahren aus. Bei der Einteilung wurde darauf geachtet, daß die beiden Senatoren eines Staates verschiedenen Gruppen angehörten, also im weiteren niemals zum gleichen Zeitpunkt gewählt wurden. Dieses beschriebene Prinzip der Zuteilung zu einer Gruppe wurde ebenfalls auf die Senatoren eines neu beitretenden Einzelstaats angewandt, so daß gewahrt blieb, daß jeweils ein Drittel der Senatsitze im zweijährigen Turnus zur Wahl stand [Story 1833: 203]. Jeder Senatssitz ist also durch die Zugehörigkeit zu einer Gruppe klassifiziert. Wird ein Senatssitz durch Rücktritt oder Ableben frei, so bestimmt der Gouverneur des entsprechenden Staates einen Nachfolger.[6] Ein auf diese Art ernannter Senator muß sich spätestens nach zwei Jahren zur Wahl (*special election*) stellen und kann dann für die Zeit gewählt werden, die dem Sitz gemäß seiner Gruppenklassifizierung entspricht.[7] Im ungünstigsten Fall muß er also nach weiteren zwei Jahren nochmals zur Wahl antreten, um dann für sechs Jahre gewählt zu sein.

---

[5] Puerto Ricaner genießen ebenso wie die Einwohner der anderen assoziierten Territorien das amerikanische Staatsbürgerrecht, unterliegen aber beispielsweise nicht der Bundessteuergesetzgebung.

[6] Die Ernennung von Interimssenatoren ist durch einzelstaatliches Gesetz geregelt. In 49 Staaten wird dieses Recht dem Gouverneur zuerkannt. Die Verfassung Arizonas dagegen verlangt eine sofortige *special election*, um die Vakanz zu füllen [Coleman/Neale/Cantor 1995: 11].

[7] In diesem Fall kann es eintreten, daß zwei Senatoren in einem Einzelstaat zur Wahl stehen: Der eine für die volle Amtszeit von sechs Jahren, der andere je nach Gruppenklassifizierung für zwei bzw. vier Jahre.

Die Wahlen zum US-Senat finden, wie die zur Präsidentschaft und zum Repräsentantenhaus, jeweils am ersten Dienstag nach dem ersten Montag im November in Jahren mit gerader Jahreszahl statt. Zum Zeitpunkt der Wahl muß ein Senator 30 Jahre alt sein, mindestens neun Jahre die amerikanische Staatsbürgerschaft besitzen und Einwohner des Staates sein, in dem er sich zur Wahl stellt [Art. I, Abschn. 3 US-Verf.]. Eine Person gilt als Einwohner eines Staates, wenn sie dort als Wähler registriert ist. Die meisten Einzelstaaten sehen zur möglichen Wahlregistrierung eine Frist von 20 bis 30 Tagen der Wohnhaftigkeit vor [Bott 1990: 7-13, 57-62]. Generell kann jedoch von der Chancenlosigkeit eines Kandidaten gesprochen werden, wenn er nicht eine längere Zeit in dem entsprechenden Staat seinen Wohnsitz hat.

Eine Kandidatur für den Senat bedarf für die Bewerber neben der Erfüllung der genannten rechtlichen Kriterien strategischen Organisationstalents und vor allem ausreichend finanzieller Mittel[8], um schließlich von Erfolg gekrönt zu werden. Gegen einen Amtsinhaber zu kandidieren, ist statistisch gesehen nicht angeraten. In den letzten fünfzig Jahren lag die durchschnittliche Wiederwahlquote von Amtsinhabern (*incumbency rate*) bei 78,9 Prozent [Tab. B I.1-1]. Bessere Chancen bieten sich dagegen bei den sogenannten *open seat contests*, bei denen der Amtsinhaber nicht wieder antritt. Solche frei werdenden Sitze sind daher zumeist am stärksten umkämpft. Die Kandidaten rekrutieren sich in der überwiegenden Zahl aus anderen politischen Ämtern: So waren 1998 von den acht neu gewählten Senatoren vier ehemalige Abgeordnete des Repräsentantenhauses und zwei ehemalige Gouverneure.

Bevor die Kandidaten jedoch überhaupt zur Hauptwahl (*general election*) antreten können, müssen sie sich zunächst in den parteiinternen[9] Vorwahlen (*primaries*) durchsetzen. Auch hier genießen die Amtsinhaber einen Bonus, zumal sie sich sehr häufig nicht einmal einem Gegenkandidaten oder nur unbekannten Zählkandidaten stellen müssen. Ansonsten können Vorwahlen sehr umkämpft sein, da hier innerparteiliche Richtungsstreitigkeiten ausgetragen werden, die von außen durch Verbände oder Interessengruppen (z.B. durch Gewerkschaften bei den Demokraten oder christliche Organisationen bei den Republikanern) beeinflußt werden. Dies ist insofern von Bedeutung, als gerade bei Senatswahlen Kandidaten, die den moderaten Flügeln ihrer Parteien zuzurechnen sind, wesentliche größere Chancen auf Erfolg haben. Das kann für Kandidaten bedeuten, im Vorwahlkampf einen Spagat zwischen politischen Extrempositionen und möglichst gemäßigten Tönen im Hinblick auf die Hauptwahl vollziehen zu müssen. Generell kann jedoch konstatiert werden, daß der Einfluß der Parteien seit der Einführung der Vorwahlen und der Direktwahl der Senatoren (1913) erheblich zurückgegangen ist. Die einzelstaatliche Parteiorganisation spielt bei der Nominierung nur noch in den seltensten Fällen eine Rolle und ist bei den heute kandidatenzentrierten Wahlkämpfen (*candidate centered campaigns*) auf reine Wahlhelferfunktion begrenzt. Auf diese Unterstützung sind die Kandidaten allerdings immer noch angewiesen [Maisel/Gibson/Ivry 1998: 158-167].

---

[8] Der Senat ist oft auch als *millionaires' club* [Vile 1997: 201] bezeichnet worden, und tatsächlich erfüllen einige der Senatoren diesen Tatbestand. Nach Broder waren 1996 wenigstens 28 Senatoren Millionäre [Broder 1996: 9]. Das Jahreseinkommen eines Senators beträgt zur Zeit US-$ 136.700 und wird durch einen gesetzlich festgelegten Schlüssel von Legislaturperiode zu Legislaturperiode angepaßt. Der 27. Zusatzartikel der US-Verfassung verbietet das Inkrafttreten einer Erhöhung während der laufenden Legislaturperiode.

[9] Unter parteiintern ist hierbei nicht ein Ausleseverfahren im Sinne streng organisierter Nominierungsparteitage nach deutschem Muster zu verstehen. Vielmehr können sich registrierte Wähler relativ zwanglos zur Vorwahl bei einer Partei eintragen lassen. Die Vorwahlen zum Senat werden auf einzelstaatlicher Ebene zwei bis drei Monate vor der Hauptwahl durchgeführt.

Tab. B I.1-1: Wiederwahl von Amtsinhabern im US-Senat 1948-1998					
	zur Wiederwahl angetreten	in Vorwahl unterlegen	in Hauptwahl unterlegen	wiedergewählt	wiedergewählte Senatoren (in Prozent)
1948	25	2	8	15	60,0
1950	32	5	5	22	68,8
1952	31	2	9	20	64,5
1954	32	2	6	24	75,0
1956	29	-	4	25	86,2
1958	28	-	10	18	64,3
1960	29	-	1	28	96,6
1962	35	1	5	29	82,9
1964	33	1	4	28	84,8
1966	32	3	1	28	87,5
1968	28	4	4	20	71,4
1970	31	1	6	24	77,4
1972	27	2	5	20	74,1
1974	27	2	2	23	85,2
1976	25	-	9	16	64,0
1978	25	3	7	15	60,0
1980	29	4	9	16	55,2
1982	30	-	2	28	93,3
1984	29	-	3	26	89,6
1986	28	-	7	21	75,0
1988	27	-	4	23	85,2
1990	32	-	1	31	96,9
1992	28	1	4	23	82,1
1994	26	-	2	24	92,3
1996	21	1	1	19	90,5
1998	29	-	3	26	89,6
Durchschnittliche Wiederwahlquote (*incumbency rate*):					78,9
Quellen: Ornstein/Mann/Malbin 1998: 62; National Journal 1998: 2608-2609.					

Der bereits erwähnte *incumbency advantage* liegt in der hohen Wahrscheinlichkeit der Wiederwahl. Ein Bündel von Faktoren kommt den Amtsinhabern hierbei zugute. Zunächst liegt deren Bekanntheitsgrad zumeist erheblich über dem der Herausforderer, die eine *name recognition* durch verstärkte Presse- und Öffentlichkeitsarbeit mit hohem finanziellen Aufwand erst erlangen müssen. Die regionale Presse und lokale Fernsehsender berichten dagegen kontinuierlich von der Arbeit ‚ihres' Senators, der wiederum seinen politischen Einsatz für den Einzelstaat in Washington über die gesamte Amtszeit und besonders zu Wahlkampfzeiten bei jeder Gelegenheit hervorhebt. Gelingt es dem Herausforderer dagegen, ein negatives Bild des Amtsinhabers zu zeichnen, indem er auf ein bestimmtes, für den Einzelstaat ungünstiges Abstimmungsverhalten verweist oder die Passivität des Senators beim Einwerben bundesstaatlicher Investitionen herausstellt, kann der Ausgang der Wahlen etwas offener gestaltet werden. Hierfür ist allerdings eine gut gefüllte Wahlkampfkasse unabdingbar. Gerade aber was die finanzielle Unterstützung der Kandidaten angeht, greift wiederum der Amtsbonus in besonderer Weise. Über die Amtszeit hinweg werben die Senatoren beständig Spenden für die nächste Wahl ein und verfügen dann in der heißen Wahlkampfphase in der Regel über ein wesentlich größeres finanzielles Polster als ihre Herausforderer. Auch hier gilt statistisch gesehen: Wer die höheren Summen einsetzen kann, wird aus der Wahl als Sieger hervorgehen [Herrnson 1995: 205-224].

2. Parteizugehörigkeit und Sozialstruktur im US-Senat

Amerikanische Parteien sind anders als ihre europäischen Pendants nicht als Mitgliederparteien konzipiert. Sie zeichnen sich auch nicht durch einheitliche, bindende Programme aus, sondern sind lose Zusammenschlüsse, die sich im wesentlichen nur durch eine grobe ideologische Ausrichtung kategorisieren lassen. Einer Partei wird im Grunde nicht beigetreten. Die Zuordnung erfolgt vielmehr durch die Erklärung der Verbundenheit mit ihr und damit auch mit ihrer Grundausrichtung. Insofern ist der Begriff der Parteimitgliedschaft ungeeignet und es ist in diesem Zusammenhang besser von Parteizugehörigkeit zu sprechen.

Tab. B I.1-2: Zusammensetzung des US-Senats nach Parteizugehörigkeit 1949-1999								
	Demokraten	Republikaner	Sonstige	Veränderung in der Wahl	Amtsinhaber		offene Sitze	
					D=>R	R=>D	D=>R	R=>D
1949	54	42	-	n.v.	n.v.	n.v.	n.v.	n.v.
1951	48	47	1	n.v.	n.v.	n.v.	n.v.	n.v.
1953	46	48	2	n.v.	n.v.	n.v.	n.v.	n.v.
1955	48	47	1	8	2	4	1	1
1957	49	47	-	8	1	3	3	1
1959[a]	64	34	-	13	0	11	0	2
1961[b]	64	36	-	2	1	0	1	0
1963	67	33	-	8	2	3	0	3
1965	68	32	-	4	1	3	0	0
1967	64	36	-	3	1	0	2	0
1969	58	42	-	9	4	0	3	2
1971	54	44	2	6	3	2	1	0
1973	56	42	2	10	1	4	3	2
1975	61	37	2	6	0	2	1	3
1977	61	38	1	14	5	4	2	3
1979	58	41	1	13	5	2	3	3
1981	46	53	1	12	9	0	3	0
1983	46	54	-	4	1	1	1	1
1985	47	53	-	4	1	2	0	1
1987	55	45	-	10	0	7	1	2
1989	55	45	-	7	1	3	2	1
1991	56	44	-	1	0	1	0	0
1993[c]	57	43	-	4	2	2	0	0
1995	47	53[d]	-	8	2	0	6	0
1997	45	55	-	4	0	1	3	0
1999	45	55	-	6	1	2	2	1

[a] Durch die Anerkennung Alaskas als Staat (3. Jan 1959) stieg die Zahl der Senatoren auf 98.
[b] Seit dem 21. Aug. 1959 ist Hawaii der 50. Bundesstaat der USA, Zahl der Senatoren nun 100.
[c] In einer *special election* im Juni setzte sich die rep. Kandidatin (Hutchinson, Texas) durch => 56D/44R.
[d] Inkl. des Übertritts eines Demokraten (Shelby, Alabama) zu den Republikanern am Tag nach der Wahl.
n.v. = nicht verfügbar
Quellen: Ornstein/Mann/Malbin 1998: 42-43, 59; National Journal 1998: 2609

Die programmatische Offenheit sowie das Mehrheitswahlrecht haben, vereinfacht gesagt, auch dafür gesorgt, daß sich mit den Demokraten und den Republikanern ein Zweiparteiensystem etabliert hat. Dritte Parteien haben allenfalls regional oder zu Zeiten reformerischer Umbrüche auch national Erfolg, wie z.B. die *Populist Party* oder die *Progressive Party* zwischen 1880 und 1920, gehen dann allerdings wieder in den Strömungen der beiden großen Parteien auf. Für den US-Kongreß (Senat und Repräsentantenhaus) bedeutet dies, daß dort generell nur zwei Parteien agieren, die wiederum als Zusammenschlüsse von gewählten Personen mit demokratischem oder republikanischem ‚Label' zu verstehen sind. Für die Arbeitsorganisation des Kongresses spielt die Parteizugehörigkeit jedoch eine nicht unerhebliche Rolle, was sich z.B. dadurch äußert, daß die Mehrheitsgruppierung die Vorsitzenden der Ausschüsse stellt und dadurch auch den Gesetzgebungsprozeß kontrolliert.

Im US-Senat hatten in den letzten 50 Jahren überwiegend die Demokraten die Mehrheit [Tab. B I.1-2]. Mit Ausnahme eines zweijährigen Zwischenspiels (1953-55) konnten die Republikaner erst 1981, zeitgleich mit der Wahl Ronald Reagans zum US-Präsidenten (1981-89), die demokratische Dominanz für sechs Jahre brechen und kontrollieren nunmehr erneut seit der historischen Zwischenwahl von 1994[10] die Mehrzahl der Sitze. Im Gefolge dieser Wahl gab es auch Übertritte von zwei demokratischen Senatoren zu den Republikanern. Während der Parteiwechsel des konservativen Richard Shelby aus Alabama direkt nach der Wahl mit den republikanischen Zugewinnen im Süden korrespondierte, erfolgte ein paar Monate später der Übertritt von Ben Nighthorse Campbell aus Colorado, dem einzigen Senator indianischer Abstammung, dagegen für die meisten eher überraschend, zumal das demokratische ‚Label‘ stärker für die Vertretung von Minderheiteninteressen steht. Mit den beiden genannten Parteiwechseln richtet sich der Blick auf zwei weitere Bereiche, die die Zusammensetzung des Senats betreffen. Zum einen ist dies die Frage nach der regionalen Prägung des Senats hinsichtlich der Parteizugehörigkeit und zum anderen inwiefern sich in der sozio-strukturellen Komposition der Kammer auch die Gesellschaftsstruktur widerspiegelt.

Der Vergleich der beiden Wahljahre 1960 und 1998 zeigt, daß sich innerhalb eines Zeitraums von rund vier Jahrzehnten fundamentale Änderungen bezüglich der Parteizugehörigkeiten insbesondere der Senatoren aus dem Süden ergeben haben [Abb. B I.1-2]. Die Überlegenheit der demokratischen Partei in den Südstaaten ist mittlerweile einer deutlichen republikanischen Dominanz gewichen, die von den Demokraten nur durch Zugewinne in den nordöstlichen Regionen kompensiert werden konnte. Diese Entwicklung korrespondiert mit dem Abstimmungsverhalten im Senat. Während sich in früheren Jahren bei wichtigen Entscheidungen häufig Koalitionen über die Parteigrenzen hinweg gebildet haben, ist heutzutage ein geschlosseneres Abstimmungsverhalten entlang der Parteilinien zu beobachten. Die überwiegend konservativen demokratischen Senatoren aus dem Süden hatten früher mit dem Großteil der Republikaner abgestimmt [Key 1984: 355-359] und so trotz formaler Dominanz der Demokraten entsprechende Mehrheitskonstellationen zugunsten der republikanischen Richtung geschaffen (*conservative coalition*) [Keefe/Ogul 1993: 292-295]. Andererseits stimmten Republikaner aus dem Norden des öfteren mit den Demokraten. Dieses Abweichen von der Parteilinie hat deutlich abgenommen und läßt den Schluß zu, daß die Parteizugehörigkeit mittlerweile nach dem Motto „was draufsteht, ist auch drin“ mit den erwünschten Abstimmungsergebnissen der jeweiligen Parteiführer im Senat auch übereinstimmt [Ornstein/Peabody/Rohde 1997: 3-7].

Unter dem Aspekt der Vertretung einzelstaatlicher Interessen ist bemerkenswert, daß die Zahl der Staaten mit Senatoren unterschiedlicher Parteizugehörigkeit etwa konstant ein Drittel beträgt. Geht man davon aus, daß die Senatoren mit ihrer Partei stimmen, so kann daraus gefolgert werden, daß ein genuin einzelstaatliches Interesse schwer feststellbar ist. Selbst wenn beide Senatoren der gleichen Partei angehören, ist ein zuweilen unterschiedliches Stimmverhalten auch bei konkreter Betroffenheit eines Einzelstaates durch ein Gesetz zu beobachten. Dieses Phänomen tritt im übrigen nicht erst seit der Einführung der Direktwahl auf, so daß die Repräsentationsfrage, wie schon im historischen Abriß angedeutet, jedenfalls nicht eindeutig zugunsten der Einzelstaaten beantwortet werden kann.

Versteht man unter der Repräsentationsfunktion eines Parlaments in einem engeren Sinne die möglichst getreue Widerspiegelung gesamtgesellschaftlicher Strukturen, so schneidet der US-Senat denkbar ungünstig ab. Angesichts der kleinen Mitgliederzahl und des Wahlsystems ist dies auch nicht verwunderlich. Ethnischen Minderheiten zugehörige Senatoren gibt es (bis auf Ben Nighthorse Campbell) zur Zeit nicht, obwohl der Anteil der afro-amerikanischen, hispanischen und asiatischen Bevölkerung zusammengenommen etwa 25 Prozent der Gesamtbevölkerung (1996) ausmacht.

---

[10] Als historisch kann diese Wahl deshalb gelten, weil die Republikaner 1994 erstmals seit fünfzig Jahren auch die Mehrheit im Repräsentantenhaus erlangten und dort einen Zugewinn von über 50 Sitzen erzielten. Vgl. Haas/Welz 1995.

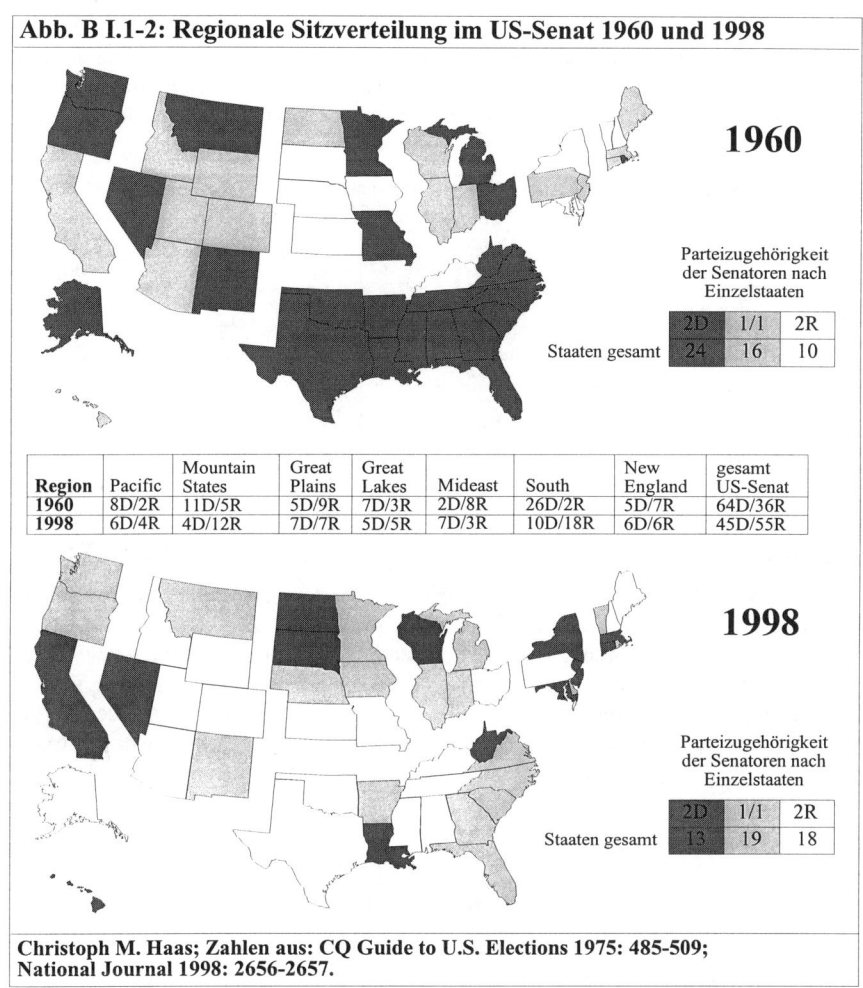

Abb. B I.1-2: Regionale Sitzverteilung im US-Senat 1960 und 1998

1960

Parteizugehörigkeit
der Senatoren nach
Einzelstaaten

	2D	1/1	2R
Staaten gesamt	24	16	10

Region	Pacific	Mountain States	Great Plains	Great Lakes	Mideast	South	New England	gesamt US-Senat
1960	8D/2R	11D/5R	5D/9R	7D/3R	2D/8R	26D/2R	5D/7R	64D/36R
1998	6D/4R	4D/12R	7D/7R	5D/5R	7D/3R	10D/18R	6D/6R	45D/55R

1998

Parteizugehörigkeit
der Senatoren nach
Einzelstaaten

	2D	1/1	2R
Staaten gesamt	13	19	18

**Christoph M. Haas; Zahlen aus: CQ Guide to U.S. Elections 1975: 485-509;
National Journal 1998: 2656-2657.**

Die Zahl der Senatorinnen hat sich in den letzten zehn Jahren zwar mehr als vervierfacht, mit 9 Prozent (Repräsentantenhaus: 13,3 Prozent) sind Frauen aber immer noch eklatant unterrepräsentiert. Kalifornien (2D) und Maine (2R) werden durch je zwei Senatorinnen vertreten. Vier weitere Senatorinnen kommen aus den Südstaaten.

Am ehesten werden die gesellschaftlichen Verhältnisse bei der Religionszugehörigkeit der Senatoren widergespiegelt. Betrachtet man die Religionszugehörigkeit unter dem Gesichtspunkt der jüngsten republikanischen Wahlerfolge, so zeigt sich, daß sich die Gewinne bei den protestantischen Konfessionen niederschlugen, während ein Großteil der Demokraten katholischen oder jüdischen Glaubens ist. Gemessen am Bevölkerungsanteil ist die Zahl der Senatoren jüdischen Glaubens überproportional groß, was u.a. auf die Arbeit ihrer ausgezeichnet organisierten Interessengruppen sowohl im Wahlkampf als auch beim Lobbying im Kongreß zurückzuführen sein dürfte [Tab. B I.1-3].

Unter geographischen Gesichtspunkten bemerkenswert ist die Unterrepräsentation von städtischen Gebieten im Senat, die ihre Ursache im Stimmengleichgewicht der Einzelstaaten hat. Die 26 kleinsten Staaten haben 52 Prozent der Stimmen im Senat, aber weniger als 20 Prozent Anteil an der Gesamtbevölkerung und nur rund 15 Prozent Anteil an der städtischen

Bevölkerung (*central-city population*). In den neun größten Staaten mit 18 Prozent der Stimmen im Senat leben hingegen über 50 Prozent der Gesamtbevölkerung und fast 60 Prozent der städtischen Bevölkerung. In den Kontext der Unterrepräsentation der Städte ist auch die der ethnischen Minderheiten einzuordnen, da diese vor allem in Großstädten leben [Stephens 1996: 405-407].

Tab. B I.1-3: Statistische Angaben zur Mitgliederstruktur des US-Senats

	Alters-schnitt	Frauen	Schwarze	Hisp.	Religionszugehörigkeit (Demokraten/Republikaner)						
					Kath.	Jüd.	Bapt.	Epis.	Meth.	Presby.	Andere
1969	56,6	1R	1R	1D	10/3	1/1	6/3	5/10	14/8	8/5	14/12
1973	55,3	1D	1R	1D	10/4	1/1	5/3	6/11	13/5	8/6	15/12
1977	54,7	-	1R	-	10/3	4/1	6/3	6/11	13/7	9/5	14/8
1981	52,5	2R	-	-	9/8	3/3	3/6	5/15	9/9	8/2	10/10
1985	54,2	2R	-	-	11/8	4/4	4/7	4/17	9/7	8/1	7/9
1989	55,6	1D/1R	-	-	12/7	5/3	4/8	7/13	9/4	7/2	11/8
1993	58,0	5D/1R	1D	-	15/8	9/1	4/7	4/11	7/5	5/3	13/8
1995	58,0	5D/3R	1D	-	12/8	8/1	3/7	4/10	5/6	4/4	11/17
1997	58,2	6D/3R	1D	-	15/9	9/1	2/7	2/9	5/8	2/8	10/13
1999	58,3	6D/3R	-	-	25*	11	8	13	12	7	24

*Hinsichtlich der Religionszugehörigkeit waren für 1999 nur die Gesamtzahlen zugänglich.

Quellen: Ornstein/Mann/Malbin 1990: 32-34; 1998: 36-40; CQ Weekly Rep. 1992: 10; eigene Recherchen.

Hinsichtlich der Berufstruktur kann festgehalten werden, daß ein Großteil der Senatoren aus der Jurisprudenz kommt. In der Wirtschaft und dem Bankwesen waren ebenfalls überproportional viele Senatoren vormals tätig, stark vertreten sind auch Verwaltungs- und Lehrberufe. Wenige Senatoren hingegen haben vor ihrer politischen Karriere ihr Geld als Arbeiter oder in gewerkschaftlichen Organisationen verdient. Die Verteilung der Berufe nach parteipolitischen Kriterien ergibt allein für den Bereich Wirtschaft/Bankwesen eine deutliche Dominanz bei den Republikanern, ansonsten sind die vormaligen Berufsfelder in beiden Parteien in etwa gleich stark vertreten.

IV.   Die innere Organisation des Senats

1.   Affektive Ordnung kontra effektive Arbeit

Da der Senat sich nie in seiner Gesamtheit auflöst und sich stets nur ein Drittel seiner Mitglieder für die nächste Legislaturperiode zur Wahl stellen muß, versteht er sich selbst als *continuing body* [Bach 1997: 1]. Dies kommt auch in Artikel V der Geschäftsordnung zum Ausdruck, der besagt, daß die „rules of the Senate shall continue from one Congress to the next unless they are changed [...]". Seit 1789 hat der Senat nur sieben substantielle Änderungen (*general revisions*) seiner Geschäftsordnung vorgenommen, wobei die letzte auf das Jahr 1979 datiert, die sechs vorhergehenden dagegen zwischen 1806 und 1884 vollzogen worden waren [Riddick/Frumin 1992: 1220]. Generell basiert das Selbstorganisationsrecht des Senats auf Art. I, Abschn. 5 der US-Verfassung, wo auch die wenigen, die Geschäftsordnung einschränkenden Vorschriften zu finden sind. Demnach ist der Senat nur beschlußfähig, wenn die Mehrheit seiner Mitglieder anwesend ist. Eine Minderheit kann unter Androhung von Strafen das Erscheinen der anderen Mitglieder erzwingen, und eine Vertagung des Senats von mehr als drei Tagen kann nur mit der Zustimmung des Repräsentantenhauses erfolgen.

Der Geschäftsordnung des Senats (*standing rules of the Senate*) liegen Prinzipien zugrunde, die ihn als die „mäßigende" Kammer in fundamentaler Weise charakterisieren. Diese sind zum einen die Betonung der Rechte und Handlungsmöglichkeiten des einzelnen Senators, zum anderen die Garantie ausführlicher Debatten und das Abwägen möglichst aller Aspekte einer Gesetzesvorlage bis zur endgültigen Abstimmung. Die Entscheidungsfindung des Senats ist also dadurch bestimmt, daß die Mehrheit traditionell das Recht einzelner

Mitglieder bzw. der Minderheit respektiert, ihre Argumente in aller Länge vorzutragen und zu versuchen, die Majorität von deren Richtigkeit zu überzeugen. Die formalen Regeln bringen damit zum Ausdruck, daß eine simple, automatische Mehrheitsentscheidung nicht notwendigerweise in vernünftige und dauerhafte Gesetze mündet. Sie bergen allerdings zugleich die Gefahr der Blockade wichtiger Gesetzesvorhaben, weshalb der Senat in solchem Fall als konservative Institution bezeichnet werden kann, die den Erhalt des Status quo begünstigt. Um diesem Sachverhalt entgegenzuwirken, hat der Senat über die Jahre eine Reihe von informalen Verfahrensregeln entwickelt, die die Entscheidungsfindung beschleunigen sollen, indem die Geschäftsordnung umgangen wird. Dies geschieht durch einstimmigen Beschluß der Senatoren, die sich damit für das konkrete Gesetz auch bestimmter Einzelrechte begeben [Bach 1997: 1-2]. Ihren stärksten Ausdruck finden die formalen Senatsregeln und damit auch die Rechte des einzelnen Senators in der Möglichkeit des *filibuster*, die informalen Prozeduren werden am ehesten in den *unanimous consent agreements* deutlich.

Das Wort *filibuster* bedeutet soviel wie Dauerreden. Die Möglichkeit der Dauerrede eines Senators oder einer Gruppe von Senatoren ergibt sich aus *Rule XIX* der Geschäftsordnung, in der festgelegt ist, daß ein Senator nach Erteilung des Rederechts durch den Vorsitzenden (*presiding officer*) in seinen Ausführungen nicht unterbrochen werden darf, es sei denn, er gibt hierzu seine Zustimmung.[11] Sein Rederecht verliert ein Senator nur, wenn er z.B. eine Ergänzung einer Gesetzesvorlage einbringt oder einen Antrag auf Beendigung der Debatte zu einer Gesetzeserweiterung (*motion to table*) stellt. Findet ein solcher Antrag keine Mehrheit, wird die Debatte fortgesetzt. Eine Gesetzesdebatte endet erst dann mit einer Abstimmung, wenn kein Senator mehr zu sprechen wünscht. Über was er spricht, ist ihm überlassen, er kann also auch Gedichte vortragen oder das Telefonbuch vorlesen. Der Bezug zum Inhalt (*germaneness*) eines Gesetzes oder einer Gesetzesergänzung ist nur während der ersten drei Stunden des Sitzungstages verlangt oder wenn der Senat für eine konkrete Gesetzesberatung Zeitlimitierungen festgelegt hat.

Solche zeitlichen Begrenzungen und der Zwang zur *germaneness* gelten, wenn ein entsprechender Antrag nach *Rule XXII* Erfolg hatte. Dieses als *cloture* bezeichnete Verfahren kommt in Gang, wenn 16 Senatoren es beantragen und Dreifünftel[12] der anwesenden Senatoren (mindestens 51) dem Antrag zustimmen. Sind alle Senatoren anwesend, bedarf es also 60 Stimmen, damit ein Gesetzesvorgang nach den *cloture* Regeln beraten wird. Ein Senator muß sich dann in einer Rede inhaltlich mit dem Vorgang befassen, seine Redezeit ist auf eine Stunde begrenzt und die endgültige Abstimmung erfolgt nach einer Gesamtdebattenzeit von maximal 30 Stunden. *Cloture* ist das einzige formale Verfahren, das ein *filibuster* zu einem Gesetz unterbrechen und den Senat zu einer abschließenden Entscheidung zwingen kann [Bach 1997: 3-7]. Aus diesem Grund wird unter parteipolitischen Gesichtspunkten bei den Senatswahlen eine Mehrheit von 60 Senatoren angestrebt (*filibuster proof majority*), weil sich dann bei geschlossenem Abstimmungsverhalten die eigenen Gesetzesvorhaben zumindest im Senat durchbringen lassen.

---

[11] Die längste Rede in der Senatsgeschichte ließe Fidel Castro vor Neid erblassen. Strom Thurmond sprach zwischen dem 28. und 29. August 1957 ununterbrochen 24 Stunden und 18 Minuten lang. Aber nicht nur hinsichtlich dieses Rekordes ist der Senator aus South Carolina erwähnenswert. 1948 trat er für die *States' Rights Party* gegen Harry S. Truman in der Präsidentschaftswahl an und erzielte immerhin 39 *electoral college* Stimmen. 1956 wurde er in den US-Senat gewählt und seitdem kontinuierlich im Amt bestätigt. Seit 1995 ist er *president pro tempore* und hat in dieser Funktion beim Amtsenthebungsverfahren gegen Bill Clinton den Eid von *Chief Justice* William Rehnquist entgegen genommen.

[12] Handelt es sich bei der behandelten Frage um die Änderung der Geschäftsordnung des Senats, ist sogar eine Zweidrittelmehrheit erforderlich.

Die Möglichkeit der ausführlichen, unlimitierten Debatte und die Schwierigkeit, diese durch *cloture* zu unterbinden[13], birgt die ständige Gefahr der Verfahrensverzögerung und damit des Ausbleibens gesetzgeberischer Entscheidungen. Würde jeder Senator die durch die *standing rules* garantierten Rechte in vollem Maße ausschöpfen, könnte der Senat als ganzes seine verfassungsrechtliche Aufgabe schwerlich in einem angemessenen und verantwortungsvollen Rahmen erfüllen. Insofern kann gewissermaßen affektives Handeln eines einzelnen Senators eine effektive Arbeit der Kammer verhindern. Es hat daher über die Jahrzehnte verschiedentlich Anstrengungen gegeben, die Geschäftsordnung zu ändern und die Möglichkeiten der Obstruktion einzuschränken. Es dauerte bis 1917, als der Senat nach dramatischen Ereignissen seine Geschäftsordnung überhaupt um die *cloture rule* ergänzte. Präsident Woodrow Wilson hatte in diesem Jahr ein Gesetz eingebracht, das die Bewaffnung von Handelsschiffen (*Armed Ship Bill*) erlauben sollte, nachdem kurz zuvor ein Frachter von der deutschen Marine versenkt worden war. Die Gesetzesvorlage wurde im Repräsentantenhaus schnell verabschiedet, im Senat aber von einer kleinen Gruppe anti-interventionistischer Senatoren durch ein *filibuster* zu Fall gebracht, worauf Wilson wütend erklärte: „The Senate of the United States is the only legislative body in the world which cannot act when its majority is ready for action. A little group of willful men, representing no opinion but their own, have rendered the Great Government of the United States helpless and contemptible." [Harris 1993: 23]. Die öffentliche Erregung über diese Blockade erzeugte schließlich einen solchen Druck, daß noch im selben Jahr *Rule XXII* verabschiedet wurde und nun wenigstens mittels einer Zweidrittelmehrheit (seit 1975 Dreifünftelmehrheit) *filibuster* unterbrochen und Debatten limitiert werden können [Baker 1988: 72-73].

Das Beispiel verdeutlicht zweierlei. Zum einen widerstrebt es dem Senat, seine Geschäftsordnung zu ändern und das Prinzip der ausführlichen Beratung und der Rechte der Minderheit dem Zwang zur schnellen Entscheidung und dem schieren numerischen Gewicht der Mehrheit zu opfern. Zum anderen existiert bei den Senatoren durchaus das Bewußtsein, daß ihre Einzelrechte aus pragmatischer Notwendigkeit eingeschränkt werden müssen, um überhaupt zu Entscheidungen zu kommen. Informale Regeln schlagen hierzu die Brücke, indem für die Arbeit an den einzelnen Gesetzen die formale Geschäftsordnung durch *unanimous consent agreements* umgangen wird. Vereinfacht ausgedrückt bedeutet dies nichts anderes als die Übereinstimmung aller Senatoren, für ein bestimmtes Gesetz oder einen konkreten Vorgang die Grundsätze des *cloture* anzuwenden. Es werden also zeitliche und inhaltliche Redebegrenzungen festgelegt und die Möglichkeiten zur Einbringung von Gesetzesergänzungen oder -änderungen beschränkt. Im Vorfeld erfordert diese Selbstrestriktion der Aushandlung, die vor allem von den Mehrheits- und Minderheitsführern sowie den Ausschußvorsitzenden bestimmt und koordiniert wird. Da ein einzelner Senator stets seine Rechte nach den *standing rules* wahrnehmen kann, gilt es insbesondere, die Interessenlage der Senatoren auszuloten und in das Verfahren zu integrieren, um einen störungsfreien Ablauf der Gesetzesbearbeitung nach den Maßgaben des jeweiligen *agreements* zu garantieren.

Wenngleich hier nur einige zentrale Merkmale der Geschäftsordnung angerissen wurden, so wird dennoch deutlich, daß die parlamentarische Praxis des Senats durch äußerst komplexe Strukturen gekennzeichnet ist. Insbesondere die informalen Regeln haben dazu beigetragen, daß unzählige Präzedenzfälle entstanden sind, an denen sich der Senat orientiert. Je nach Situation entscheidet sich, nach welcher Prozedur ein Gesetz behandelt wird und wie die Chancen einer möglichst zügigen Entscheidung stehen. Es gibt, selbst unter Senatoren, nur wenige, die die ganze Vielfalt der Geschäftsordnung kennen. Im Grunde entsteht hierdurch

---

[13] Z.B. waren in der 104. Legislaturperiode (1995-96) von 50 *cloture*-Abstimmungen nur neun erfolgreich [Ornstein/Mann/Malbin 1998: 171].

eine Unberechenbarkeit des Senats, deren Ursprung allerdings der Wunsch nach unabhängiger und ausführlicher Abwägung eines Gesetzes zum Schutz vor unbedachtsamen Entscheidungen ist.

2. Ausschußwesen und Arbeitsweise

Wie jedes Gesetzgebungsorgan ist auch der Senat in Ausschüssen organisiert, die die Entscheidungen des Plenums vorbereiten und inhaltliche Empfehlungen vorlegen. Nach der Geschäftsordnung gibt es im Senat zur Zeit 16 ständige Ausschüsse[14], die wiederum in insgesamt 68 Unterausschüsse gegliedert sind. Ebenso wie die Anzahl der Unterausschüsse variiert auch die Zahl der Ausschußmitglieder je nach der Bedeutung des Fachausschusses. Die Mitgliederzahl liegt zwischen 12 (*Veterans' Affairs*) und 28 (*Appropriations*) pro Ausschuß. Kein Senator darf mehr als zwei ständigen Ausschüssen bzw. deren zwei bis drei Unterausschüssen angehören sowie mehr als einen Vorsitz eines Ausschusses und eines Unterausschusses innehaben [*Rule XXV*].

Ausschüsse und deren Besetzung lassen sich aus drei verschiedenen Blickrichtungen analytisch ordnen [Deering/Smith 1997: 2-5]. Die interessendominierte Perspektive (*distributive committees perspective*) lenkt das Hauptaugenmerk darauf, ob die Senatoren Ausschüssen angehören, die ihren Spezialgebieten gerecht werden und in denen sie die Interessen ihres Wahlkreises in besonderer Weise vertreten können. Demnach werden z.B. Senatoren aus stark landwirtschaftlich geprägten Staaten versuchen, in den Agrarausschuß zu kommen. Als Ergebnis solcher Bestrebungen entstehen relativ autonome Ausschüsse, deren Politikvorgaben sich an den Präferenzen ihrer Mitglieder ausrichten und letztlich auch das Plenum dominieren können, dem dann als ganzes wenig Spielraum zur Politikgestaltung bleibt. Die parteiendominierte Perspektive (*party-dominated perspective*) konzentriert sich auf die Rolle der Parteien. Ausschußmitglieder werden hierbei vor allem als Vertreter ihrer Parteien gesehen, die die Besetzung der Ausschüsse kontrollieren. Zusätzlich bestimmen die Parteiführer die Tagesordnung des Plenums und inwieweit Gesetzesvorlagen aus den Ausschüssen zur Diskussion und Abstimmung gelangen. Faktisch unterliegen die Ausschüsse also dem Willen der Mehrheitspartei, durch die die Ausschußarbeit und deren Ergebnisse gesteuert wird. Die dritte Perspektive ist institutionellen Charakters, da hierbei Ausschüsse insbesondere in ihrer Funktion der Organisation der Kammer gesehen werden (*chamber-dominated perspective*). Die Aufgabe von Ausschüssen ist unter diesem Aspekt die effektive Arbeitsteilung bei der Ausarbeitung von Gesetzen. Das Plenum soll mittels der Expertise der Ausschüsse fundierte Entscheidungen treffen können. Insofern wird von den Ausschüssen verlangt, mögliche Reaktionen der Kammer zu antizipieren und mehrheitsfähige Vorlagen zu erstellen.

Auf die konkrete Senatspraxis umgelegt lassen sich diese drei Aspekte in den verschiedensten Facetten finden. Zu Beginn einer Legislaturperiode wählt jede der beiden Senatsparteien ihren Parteiführer (*majority* und *minority leader*), dessen erste Aufgabe es ist, die Verteilung der Ausschußsitze auszuhandeln. Die Zahl der Ausschußsitze, die jeder Partei zukommen, entspricht dabei prozentual dem Anteil der Partei an der Gesamtzahl der Senatssitze, wobei die Mehrheitspartei auch in jedem Ausschuß die Mehrheit sowie den

---

[14] (1) Agriculture, Nutrition, and Forestry, (2) Appropriations, (3) Armed Services, (4) Banking, Housing, and Urban Affairs, (5) Budget, (6) Commerce, Science, and Transportation, (7) Energy and Natural Resources, (8) Environment and Public Works, (9) Finance, (10) Foreign Relations, (11) Governmental Affairs, (12) Judiciary, (13) Labor and Human Resources, (14) Rules and Administration, (15) Small Business, (16) Veterans' Affairs. Neben diesen ständigen Ausschüssen gibt es noch Sonderausschüsse (Select oder Special Committees), deren Rolle für die Betrachtung des Senats hinsichtlich seiner Kompetenzen und Stellung im System von untergeordneter Bedeutung ist.

Vorsitzenden stellt. Die Besetzung der Ausschüsse wird dann in beiden Parteien von Parteikommissionen (*GOP[15] Committee on Committees* und *Democratic Steering Committee*) vorgenommen, denen die Präferenzen der einzelnen Senatoren vorliegen. Wenngleich versucht wird, diesen Wünschen nachzukommen, so spielt doch die Seniorität eines Senators und jahrelang aufgebaute Expertise eine nicht unbedeutende Rolle, weshalb erstmals gewählte Senatoren insbesondere bei der Vergabe der Ausschußvorsitze benachteiligt sind. Einen nicht unerheblichen Einfluß üben bei der Ausschußbesetzung auch die Parteiführer aus, die an einer möglichst konfliktfreien Verteilung interessiert sind, um bei der späteren Gesetzgebungsarbeit Störaktionen brüskierter Senatoren zu verhindern. Die von den Kommissionen ausgearbeiteten Vorschläge werden schließlich der jeweiligen Senatspartei (*Republican* und *Democratic Conference*) zur Abstimmung vorgelegt [Vincent 1996: 3-12].

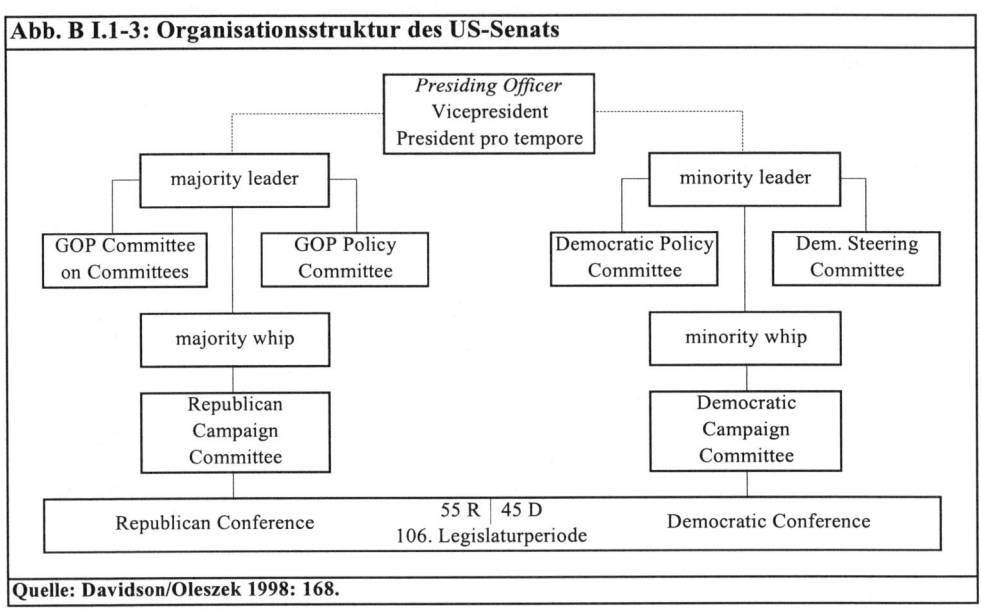

Abb. B I.1-3: Organisationsstruktur des US-Senats

Presiding Officer
Vicepresident
President pro tempore

majority leader — minority leader

| GOP Committee on Committees | GOP Policy Committee | Democratic Policy Committee | Dem. Steering Committee |

majority whip — minority whip

Republican Campaign Committee — Democratic Campaign Committee

Republican Conference — 55 R | 45 D
106. Legislaturperiode — Democratic Conference

Quelle: Davidson/Oleszek 1998: 168.

Die begehrtesten Ausschüsse sind die, in denen sich die verfassungsrechtlichen Kompetenzen des Senats am deutlichsten widerspiegeln und deren öffentliche Wahrnehmung am größten ist. Dies sind insbesondere die Haushaltsausschüsse (*Committee on Appropriations* und *Committee on Finance*) und der auswärtige Ausschuß (*Committee on Foreign Relations*). Letzterer verdankt seine herausragende Stellung zum einen der Tatsache, daß über ihn die meisten Nominierungsanhörungen (Außenminister und sämtliche Botschafter) laufen und zum anderen, weil er bei der Ausarbeitung von internationalen Verträgen der erste und zentrale Ansprechpartner des Präsidenten ist. Ernst Fraenkel kam gar zu dem Schluß, daß „[d]er Vorsitzende des Auswärtigen Ausschusses des Senats [..] einer der politisch führenden Männer der Welt [ist]" und spielte damit neben der besonderen Stellung dieses Ausschusses auch auf die Machtposition der Ausschußvorsitzenden generell an [Fraenkel 1962: 156]. Wegen der zusätzlichen, nicht-legislativen Tätigkeitsbereiche des auswärtigen Ausschusses zieht dessen Vorsitzender zwar ungleich größere Aufmerksamkeit auf sich, die Möglichkeiten seiner Pendants in den anderen Ausschüssen bei der prozeduralen Kontrolle aller Vorgänge sind aber nicht geringer. Ein Ausschußvorsitzender kann beispielsweise durch die Weigerung, eine Gesetzesvorlage in die Tagesordnung zu nehmen,

---

[15] *GOP* steht für *Grand Old Party* und ist das allgemein benutzte Kürzel der Republikanischen Partei.

das ganze Gesetz zu Fall bringen oder Ausschußsitzungen zu einer bestimmten Vorlage ansetzen, wenn deren Gegner wegen anderer dringlicher Geschäfte abwesend sind, und so die Empfehlung an das Plenum nach seinem Gusto gestalten [Davidson/Oleszek 1998: 206].

Eine Disziplinierung und Einbindung der Ausschußvorsitzenden sowie der Senatoren generell erfolgt durch die Partei und die institutionellen Anforderungen an den Senat. Beide Senatsparteien haben *Policy Committees* eingerichtet, die programmatische Grundsätze herausarbeiten und so eine gewisse einheitliche Parteilinie herstellen sollen. Neben den Parteiführern sind es insbesondere die *party whips* (Einpeitscher), die in wichtigen Fragen für ein geschlossenes Abstimmungsverhalten sorgen. Ein Druckmittel kann dabei auch der Grad der Unterstützung durch die *Campaign Committees* bei der nächsten Wahl sein. Auch die institutionelle Aufgabe des Senats zur Gesetzgebung zwingt die Senatoren zur Einordnung. Wer keine Kompromisse eingeht, wird sehr bald feststellen, daß er sich bei bloßer Obstruktion in der Partei und der Kammer isoliert und die eigenen Vorstellungen zwar einbringen, aber nicht umsetzen kann.

Kompromisse müssen bei der Verabschiedung von Gesetzen aber nicht nur im Senat selbst, sondern auch mit dem Repräsentantenhaus eingegangen werden. Ein Gesetz kann dem Präsidenten nur zur rechtskräftigen Unterzeichnung vorgelegt werden, wenn es in beiden Kammern mit demselben Wortlaut verabschiedet wurde. Zur Angleichung der verabschiedeten Entwürfe wird deswegen im Bedarfsfall ein Vermittlungsausschuß (*conference committee*) eingerichtet, der mit Abgeordneten und Senatoren besetzt ist, deren Zahl aber nicht übereinstimmen muß, zumal jede Kammerdelegation dort als eine Stimme gilt. Die Mitglieder der Vermittlungsausschüsse rekrutieren sich zumeist aus den Ausschüssen, die bei der Ausarbeitung der Gesetzesentwürfe federführend tätig waren. Sie werden formal von den beiden Kammervorsitzenden ernannt und sollten der jeweiligen Gesetzesfassung zugestimmt haben [Deering/Smith 1997: 215-225]. In der Literatur wird darauf hingewiesen, daß in den Vermittlungsausschüssen die Karten neu gemischt werden und ein Gesetz in möglicherweise sogar stark veränderter Form in den beiden Häusern erneut zur Abstimmung vorgelegt wird. Abgeordnete und Senatoren versuchen in gleicher Weise, ihre bisher nicht untergebrachten Vorstellungen nun hier umzusetzen. Aufgrund dieser Tatsache wird von den Vermittlungsausschüssen auch gern als „Dritter Kammer" gesprochen. Die immer wiederkehrende Frage, wer in den Vermittlungsausschüssen die Oberhand behält, das Repräsentantenhaus oder der Senat, ist überwiegend zugunsten des Senats beantwortet worden. Dies wird darauf zurückgeführt, daß der Senat bei den meisten Gesetzesvorlagen (insbesondere Haushaltsgesetzen) die reagierende Kammer ist und – nicht nur deswegen – seine verabschiedeten Fassungen längere und intensivere Beratungs- und Aushandlungsphasen durchlaufen haben. Die Frage der Organdominanz ist nicht abschließend zu beantworten, zumal hinter den Entscheidungen individuelle politische Interessen stehen. Es setzt sich der durch, der über das bessere strategische Geschick verfügt und ausgefeiltere Verhandlungstaktiken zu seinem Vorteil nutzen kann [Longley/Oleszek 1989: 77-87].

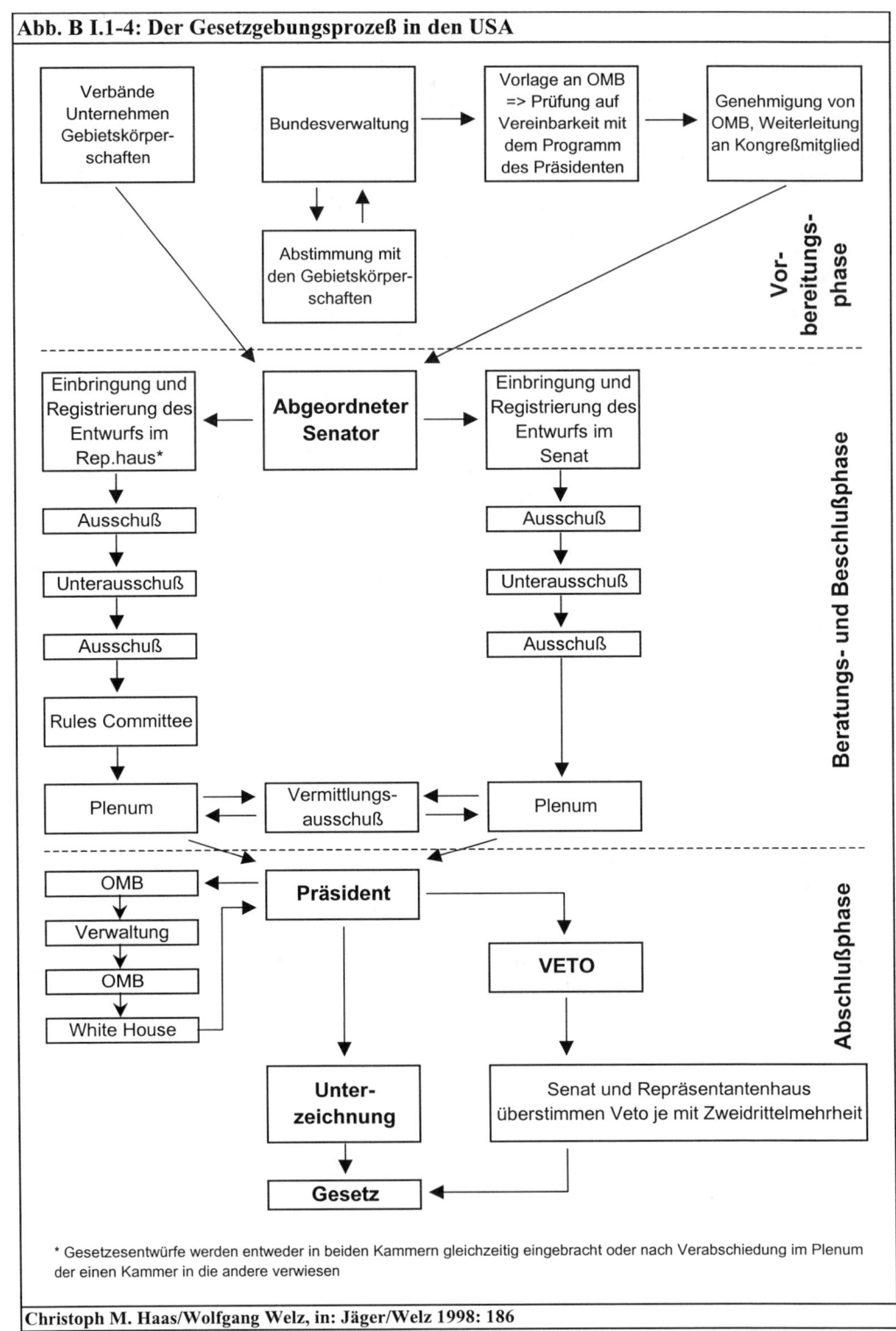

Abb. B I.1-4: Der Gesetzgebungsprozeß in den USA

* Gesetzesentwürfe werden entweder in beiden Kammern gleichzeitig eingebracht oder nach Verabschiedung im Plenum der einen Kammer in die andere verwiesen

Christoph M. Haas/Wolfgang Welz, in: Jäger/Welz 1998: 186

V.   Funktionen der Zweiten Kammer im politischen System

1. Gesetzgebungsfunktion

Wie bereits geschildert, sollte der Senat – in Washingtons Worten – ‚Gesetze abkühlen'. Das höhere passive Wahlalter (30 im Gegensatz zu 25 im Repräsentantenhaus), die längeren Amtszeiten, die kleinere Zahl der Senatoren und die (bis 1917) exklusivere Auswahl im Vergleich zum Repräsentantenhaus sollten den Senat mit der dafür erforderlichen ‚Weisheit' ausstatten. Es stellt sich die Frage, ob die Annahmen der Gründungsväter bestätigt werden können. Auch wenn sich der ‚Grad der Abkühlung', die ‚Entnahme der Schärfe' eines Gesetzes exakt messen ließe, so wäre die Antwort: nein. In der Tat ist es nämlich nicht das bloße Bestehen des Senats, das für eine wie auch immer geartete Mäßigung im Gesetzgebungsprozeß sorgt, sondern die Existenz zweier Kammern, deren verschiedene Wahlkontexte und deren durch die jeweilige Geschäftsordnung geprägte Arbeitsweise zu unterschiedlichem Verhalten führen. Deshalb meint Richard Fenno feststellen zu können: „The Senate is as likely to initiate heatedly as the House; the House is as likely to be the cooling saucer as the Senate." [Fenno 1982: 1-6; hier: 5]

Ein Blick auf die Zahlen der 90er Jahre verdeutlicht, daß die Unterschiede zwischen den beiden Kammern hinsichtlich der verabschiedeten Gesetze tatsächlich nicht so groß sind, daß für den Senat von einer reduzierten Gesetzgebungsaktivität gesprochen werden kann [Tab. B I.1-4]. Die Zahl der in den Kammern eingebrachten Gesetze suggeriert zwar eine erhöhte Initiativtätigkeit des Repräsentantenhauses, legt man jedoch diese Zahl auf die Mitglieder um, so ergibt sich, daß ein einzelner Abgeordneter im Repräsentantenhaus durchschnittlich nicht einmal halb so viele der Gesetze (1995/96: 10,4) einbringt wie ein Senator (1995/96: 22,7). Die Gesetzgebungsaktivität eines Senators ist also wesentlich höher als die eines Abgeordneten, wofür sich verschiedene Gründe anführen lassen. Zunächst einmal vertritt ein Senator die z.T. erheblich größere Wählerklientel[16], so daß allein deswegen auch die Erwartungshaltung größer ist. Zudem ist ein Senator länger im Amt, deswegen durch weniger Wahlkämpfe gefordert und kann sich stärker der legislativen Tätigkeit widmen. Hinzu kommt, daß ein Senator über einen größeren Mitarbeiterstab verfügt. Während ein Abgeordneter durchschnittlich zwischen 15 und 20 Mitarbeiter (1997: 16,7) hat, umfaßt der persönliche Stab eines Senators durchschnittlich über 40 Personen (1997: 44,1). Ein Blick auf die Mitarbeiterstäbe der Ausschüsse zeigt ein ähnliches Bild. Hier fallen auf einen Repräsentanten etwa drei, auf einen Senator dagegen zwölf Mitarbeiter.

Setzt man schließlich die Gesamtzahl der eingebrachten Gesetze in beiden Kammern in Relation zu den verabschiedeten, so zeigt sich, daß im Repräsentantenhaus der ‚Output' weniger als ein Siebtel, der im Senat dagegen fast ein Viertel beträgt. Dies liegt vor allem an den verschiedenen Geschäftsordnungen, die bedingen, daß sich ein einzelner Abgeordneter viel stärker dem Willen der Mehrheitspartei im Repräsentantenhaus beugen muß und so Gesetzesvorlagen dem viel restriktiverem Gesetzgebungsprozeß zum Opfer fallen, während sich der Senat viel stärker den Interessen eines einzelnen Senators anpaßt [Mulvihill 1997: 1].

Tab. B I.1-4: Eingebrachte und verabschiedete Gesetze in den USA 1991-1996				
Legislatur- periode	Eingebrachte Gesetze		Verabschiedete Gesetze pro Kammer		Von beiden Häusern verabschiedet
	Repräsentantenhaus	Senat	Repräsentantenhaus	Senat	
1991-1992	7.771	4.245	932	947	590
1993-1994	6.647	3.177	749	682	465
1995-1996	4.542	2.266	611	518	333
Quelle: Ornstein/Mann/Malbin 1998: 160-167.					

---

[16] Ausnahme hiervon sind die kleinen Staaten, die nur einen Vertreter ins Repräsentantenhaus entsenden.

Die verfassungsrechtlich garantierte Gleichstellung des Senats bei der Gesetzgebung ist in der politischen Praxis absolut gewahrt. Von einer einseitigen Kontrolle des Repräsentantenhauses durch den Senat im Sinne der Mäßigung von Gesetzen kann dagegen nicht die Rede sein, es sei denn, sie würde als Möglichkeit der Blockade durch einen einzelnen Senator gar gegen den Willen der Mehrheiten beider Kammern verstanden. Die Existenz zweier gleich starker Kammern im Gesetzgebungsprozeß bedingt dagegen eine gegenseitige Kontrolle und Ausbalancierung durch stetiges Verhandeln. Allein die Kompromißfindung in und zwischen den Kammern macht Gesetze erst möglich.

2. Exekutivfunktion

Der Begriff Exekutivfunktion wird an dieser Stelle für Kompetenzen des Senats verwendet, die von ihm in seiner Geschäftsordnung als *executive business* bezeichnet werden [*Rules XXIX-XXXII*]. Hierunter fallen zum einen die Bestätigung der Nominierungen des Präsidenten für sein Kabinett, verschiedener anderer Behördenleiter, der Botschafter sowie der Supreme Court- und Bundesrichter. Zum anderen gehört in diese Rubrik die Zustimmung zu internationalen Verträgen [Art. II, Abschn. 2 US-Verf.]. Für erstere genügt eine einfache Senatsmehrheit, letztere bedürfen einer Zweidrittelmehrheit. Die Nominierungen werden zur Beratung an die entsprechenden Fachausschüsse weitergeleitet, die gegebenenfalls Anhörungen durchführen und anschließend ihre Empfehlungen an das Plenum zur Abstimmung geben. Gleiches geschieht bei Verträgen, die vom *Committee on Foreign Affairs* begutachtet werden. Seit 1929 werden diese Verfahren in der Regel öffentlich abgehalten [Riddick/Frumin 1992: 832-842].

Üblicherweise gibt es bei den Kabinettsernennungen und Behördenbesetzungen kaum Ablehnungen durch den Senat. Insgesamt wurden bisher 97 Prozent der präsidentiellen Nominierungen im Exekutivbereich bestätigt. Auf der Ebene der Kabinettsposten hat der Senat in über 200 Jahren gar erst acht Kandidaten abgelehnt. Um Abstimmungsniederlagen bei den Ernennungen zu vermeiden, kommt es jedoch manchmal vor, daß ein umstrittener Kandidat von sich aus zurücktritt oder die Nominierung vom Präsidenten rechtzeitig vor dem Senatsentscheid zurückgezogen wird [O'Connor/Sabato 1997: 295-297]. Die Ernennungen für den Obersten Gerichtshof gestalten sich des öfteren langwieriger und schwieriger, da es hier nicht um Berufungen in die Exekutivdomäne geht. Vor 1900 lehnte der Senat rund ein Viertel der vorgeschlagenen Kandidaten ab. Von den letzten acht Nominierungen seit 1981 wurde eine nicht (Robert Bork, 1987) und eine (Clarence Thomas, 1991) nur mit einer äußerst knappen Mehrheit (52-48) bestätigt. Das mediale Interesse an den Nominierungen der Verfassungsrichter ist stark gewachsen. Die Nachforschungen und Kandidatenüberprüfungen durch das *Committee on the Judiciary* werden von den Medien und agitierenden Interessengruppen durchaus beeinflußt. Äußert sich der Justizausschuß ablehnend, wird sich der Senat dem anschließen. Aus Sicht der Senatoren sind die Berufungen an die Bundesgerichte von besonderem Interesse, weil der Präsident sich in diesen Fällen an die Senatoren (aus seiner Partei) wendet, die aus den entsprechenden Einzelstaaten kommen, um die Auswahl vorzunehmen. Dieser als *senatorial courtesy* bezeichnete Vorgang bietet für die Senatoren die Möglichkeit der Patronage, und der Justizausschuß wird keine Kandidaten weiterempfehlen, die nicht die Billigung der Senatoren aus den jeweiligen Heimatstaaten haben [O'Connor/Sabato 1997: 378-386].

Die Notwendigkeit von Zweidrittelmehrheiten für die Bestätigung von internationalen Verträgen hat dazu geführt, daß Präsidenten bereits im Vorfeld führende Senatoren konsultieren oder Mitglieder des auswärtigen Ausschusses in Verhandlungsdelegationen aufnehmen, weshalb in den letzten Jahren nur wenige Verträge abgelehnt wurden. Die sicherlich bekannteste Ablehnung in der Geschichte des Senats ist die Verweigerung der Zustimmung zum Vertrag von Versailles und damit der Mitgliedschaft im Völkerbund (1919).

Präsident Wilson glaubte sich im Besitz der nötigen Mehrheit und übersah die Skepsis des Senats in vielen Detailfragen und die starke anti-interventionistische Haltung, die ihm vom *filibuster* der *Armed Ship Bill* eigentlich noch bekannt gewesen sein sollte. Die rechtzeitige Absprache mit dem Senat hilft, solche Debakel zu vermeiden, und die Beteiligung von Senatoren an Vertragsverhandlungen mit fremden Nationen wird auch nicht im Widerspruch zur Inkompatibilitätsklausel gesehen. Seinen Ruf als ‚grave-yard of treaties' hat der Senat mittlerweile jedenfalls verloren [Henkin 1996: 176-184].

3. Judikativfunktion

Richterliche Funktion übt der Senat bei *impeachments* aus. Er hat in dieser Funktion im Falle der Anklage von obersten Bundesbeamten (im Grunde derer, zu deren Nominierung er zustimmen muß) oder des Präsidenten durch das Repräsentantenhaus über deren Amtsenthebung mit einer Zweidrittelmehrheit zu befinden. Die Anklage des Repräsentantenhauses kann wegen Hochverrats, Bestechung oder anderer schwerer Verbrechen und Vergehen erfolgen. Letztere Klausel erlaubt einen weiten Definitionsspielraum. Das Urteil des Senats kann nur auf Amtsenthebung oder Nichtenthebung lauten, was beides eine spätere strafrechtliche Verfolgung nicht ausschließt [Art. I, Abschn. 3; Art. II, Abschn. 4 US-Verf.]. In den letzten Jahren wurden lediglich drei Bundesrichter ihres Amtes enthoben, von denen einer wegen Meineids angeklagt war [Vile 1997: 34-35]. Dieser Tatbefund war auch Bestandteil der Anklage gegen Präsident Bill Clinton (1993-), dem neben Andrew Johnson (1865-69) bisher einzigen Präsidenten, der sich einem solchen Verfahren ausgesetzt sah.[17] Im Falle der Präsidentenanklage hat der oberste Richter des *Supreme Court* (*Chief Justice of the United States*) den Prozeßvorsitz, ansonsten übernimmt dies der Senatsvorsitzende. Die Anklage wird von Mitgliedern des Justizausschusses des Repräsentantenhauses vertreten, während die Senatoren gleichsam als Jury fungieren.

Das Verfahren gegen Bill Clinton (1998/99) war eine Lehrübung in Sachen Senatsregeln. Das Verfahrensprozedere wurde durch Senatsbeschluß festgelegt und Senator Robert Byrd hatte seine Kollegen eindringlich auf die Bedeutung des Senats als unparteiischer Einrichtung hingewiesen [Achenbach 1999]. Wenngleich das Verfahren deutlich gemäßigter ablief als die Anklageschritte im Repräsentantenhaus, so ließ doch die Abstimmung die Parteilinien erkennen. Anders als im Falle Johnsons, der mit nur einer Stimme der Amtsenthebung entging, kamen gegen Clinton in den beiden Anklagepunkten nicht einmal einfache Mehrheiten zustande, da einige Republikaner sich ihren Parteifreunden nicht anschlossen und mit den einmütig agierenden Demokraten stimmten. Insgesamt wurde das Verfahren im Senat für seine Sachlichkeit überwiegend gelobt. Allerdings ist eine Diskussion über die Berechtigung der Präsidentenanklage ausgebrochen. Kritiker dieser Verfassungsklausel halten es für falsch, eine demokratische Wahl durch ein solches Verfahren revidieren zu können, während die Traditionalisten durch den Prozeß gegen Bill Clinton bestätigt sehen, daß die Verfassungsvorgaben in der Praxis auch in einem solchen Ausnahmefall funktionieren.

4. Repräsentationsfunktion

Verschiedentlich wurde bereits die Problematik angesprochen, inwieweit der Senat die ihm von den Verfassungsväter zugedachte Funktion der Repräsentation der Einzelstaaten tatsächlich erfüllt. Das 17. Amendment und die Einrichtung der Direktwahl wird häufig deswegen kritisiert, weil es den Konnex zwischen Senat und föderaler Ordnung zerstört habe. Senatoren sähen sich seither weniger als Repräsentanten der Einzelstaaten im Sinne der

---

[17] Präsident Richard Nixon (1969-1974) war rechtzeitig vor der Anklage durch das Repräsentantenhaus von seinem Amt zurückgetreten.

Körperschaft, sondern als Vertreter der Bevölkerung des Einzelstaats [Vile 1997: 202]. In *Garcia vs. San Antonio Metropolitan Transit Authority* (1985) urteilte der *Supreme Court* lapidar, daß die Vertretung der einzelstaatlichen Interessen auf Bundesebene durch den Kongreß gegeben ist. Auch die Unveränderbarkeitsklausel der Verfassung, wonach keinem Staat „ohne seine Zustimmung das gleiche Stimmrecht im Senat entzogen werden darf" [Art. V US-Verf.], deutet klar daraufhin, daß der Senat die Einzelstaaten repräsentiert. Eine umfassende Studie zu dieser Frage steht aber noch aus.

5. Weitere Funktionen

Die Kontrollfunktion des Senats ergibt sich aus seinen Aufgaben im Bereich der Gesetzgebung gegenüber der ersten Kammer sowie durch die oben als Exekutiv- und Judikativfunktion bezeichneten Kompetenzen gegenüber der Exekutive und Judikative. Sie kann durch eine weitere, nämlich die der mitlaufenden Kontrolle beim Gesetzesvollzug, ergänzt werden. Repräsentantenhaus und Senat üben zusammen *legislative oversight* aus, indem sie überprüfen, inwiefern die Umsetzung der Gesetzesintention entspricht, um gegebenenfalls korrigierend zu reagieren [Oleszek 1996: 300-323]. Absprachen mit der Verwaltung sind hierbei durchaus üblich und insofern könnte man in Ansätzen von einer Administrativfunktion sprechen. Dieser Begriff bietet sich zudem für die Kongreßhoheit über den District of Columbia, also der Hauptstadt Washington, an. Wenngleich ihm weitestgehend Selbstverwaltungsrechte zukommen, so erlaubt doch die durch die Verfassung festgelegte alleinige Jurisdiktion durch den US-Kongreß jederzeit ein Eingreifen, wobei die jährlichen Bewilligungen ein wirkungsvolles Steuerungsinstrument darstellen. Eine Reservefunktion kommt dem Senat bei der Wahl des Vizepräsidenten zu, wenn sich im Wahlmännergremium (*electoral college*) für ihn keine absolute Mehrheit findet [Amendment XII, US-Verf.][18]. Dieser Fall trat bisher allerdings erst einmal (1837) ein [Coleman/Neale/Cantor 1995: 55]. Es scheint möglich, weitere Funktionen für den US-Senat auszumachen, so könnte z.B. vom US-Senat als Rekrutierungspool für Präsidentschaftskandidaten gesprochen werden, was aber aufgrund der Dominanz der anderen Funktionen und Kompetenzen eher müßig ist [Anhang III].

VI.   Reformansätze/Problemfelder

Eine Reformdiskussion um den US-Senat wird, was seine institutionelle Stellung und Kompetenzen angeht, nicht geführt. Die am Senat geäußerte Kritik ist zumeist akademischer Natur, insbesondere im Hinblick auf das angesprochene Repräsentationsdefizit, oder kommt aus den Senatsreihen selbst und betrifft die Stärkung der Mehrheitsrechte durch entsprechende Vereinfachung der *cloture*. In der Diskussion steht zudem eine striktere Regulierung der Wahlkampffinanzierung. Dies berührt aber die anderen Organe in gleicher Weise und stellt die Verfassungskonstruktion und damit auch den Senat nicht in Frage.

Als ein Verfassungsorgan, das in sich die Absicht zur intensiven und ausgedehnten Debatte der wichtigen Fragen und Probleme der Nation trägt, hat der Senat zweifelsfrei die Fähigkeit und rechtlichen Mittel, die öffentliche Aufmerksamkeit auf sich zu ziehen. In seiner Möglichkeit, zu verhindern und zu blockieren, liegen zugleich seine Vor- und Nachteile. Das *filibuster* läßt die demokratische Regel der Mehrheitsherrschaft wie ein Blatt im Wind erscheinen und strotzt dennoch wie ein Fels in der Brandung, um Minderheiten zu schützen. Der Präsident ist in vielerlei Hinsicht auf seine Mitarbeit und Zustimmung angewiesen und wird in seinem Tatendrang gebremst und kontrolliert. Finanzielle Bewilligungen werden

---

[18] Die Wahl des Präsidenten erfolgt bei fehlender Mehrheit im *electoral college* durch das Repräsentantenhaus. Der bisher einzige Fall datiert auf 1824, als sich John Quincy Adams gegen drei andere Kandidaten durchsetzte.

verweigert oder zusätzliche Gelder mittels Gesetzesergänzungen der eigenen Klientel zugeführt [Laski 1948: 86-87]. Reformen kommen manchmal spät, aber sie kommen, wenn auch der letzte Zweifel im Senat beseitigt ist. Für sein Handeln oder auch Nichthandeln sind der Senat und seine Mitglieder exquisit gerüstet: Wer in dieser Zweiten Kammer sitzt, fährt erster Klasse. Durchaus ist man geneigt, ihn als ‚Erste' Kammer zu bezeichnen und wenngleich Harold Laski vor 50 Jahren leicht überzeichnet hat, was heute moderater formuliert würde, so ist ihm dennoch auch jetzt noch darin zuzustimmen, daß „[...] despite all these grave faults in the functioning of the Senate, it remains without exception, the most successful second chamber in the world" [Laski 1948: 87].

VII. Auswahlbibliographie

Abramowitz, Alan I./**Segal**, Jeffrey A., 1992: Senate Elections, Ann Arbor.

Achenbach, Joel, 1999: The Proud Compromisers, in: Washington Post, 9. Januar, S. A1.

Bach, Stanley, 1997: Senate Floor Procedure: A Summary, CRS (*Congressional Research Service*) Report for Congress.

Baker, Richard Allen, 1988: The Senate of the United States. A Bicentennial History, Malabar.

Baker, Ross K., 1989: House and Senate, New York.

Bernstein, Richard B., 1993: Amending America: if we love the Constitution so much, why do we keep trying to change it?, New York.

Bernstein, Robert A., 1992: Determinants of Differences in Feelings Toward Senators Representing the Same State, in: Western Political Quarterly, Vol. 45, No. 3, S. 701-725.

Binder, Sarah, A./**Smith**, Steven S., 1996: Politics or Principle? Filibustering in the United States Senate, Washington, D.C.

Broder, David S., 1996: Outdated Rules Make Senate a Rich Man's Club, in: International Herald Tribune, 17. Januar, S. 9.

Coleman, Kevin J./**Neale**, Thomas H./**Cantor**, Joseph E., 1995: The Election Process in the United States, CRS Report for Congress.

Congressional Quarterly, 1975: Guide to U.S. Elections, Washington, D.C.

Congressional Quarterly Weekly Report, 1992: Vol. 50, Supplement No. 44.

Committee on Rules and Administration, 1985: Senate Cloture Rule, Washington [Senate Print 99-95]

Committee on Rules and Administration, 1995: Senate Manual, Washington [Senate Document 104-1].

Dahl, Robert A., 1967: Pluralist Democracy in the United States: Conflict and Consent, Chicago.

Davidson, Roger H./**Oleszek**, Walter J., 1998: Congress and Its Members, 6. Aufl., Washington, D.C.

Deering, Christopher J./**Smith**, Steven S., 1997: Committees in Congress, 3. Aufl., Washington, D.C.

Farrand, Max, 1913: The Framing of the Constitution of the United States, New Haven.

Fenno, Richard F., 1982: The United States Senate: A Bicameral Perspective, Washington, D.C.

Fraenkel, Ernst, 1962: Das amerikanische Regierungssystem. Eine politologische Analyse, 2. Aufl., Opladen.

Haas, Christoph/**Welz**, Wolfgang, 1995: Konservative Wende oder Protestwahl? Zum Ausgang der US-Kongreßwahlen 1994, in: Zeitschrift für Politik, Jg. 42, No. 4, S. 408-429.

Hamilton, Alexander/**Madison**, James/**Jay**, John 1994: Die Federalist-Artikel, hrsg. v. Angela Adams und Willi Paul Adams, Paderborn.

Harris, Fred R., 1993: Deadlock or Decision. The U.S. Senate and the Rise of National Politics, New York.

Haynes, George H., 1960: The Senate of the United States. Its History and Practice, Bd. I, New York.

Henkin, Louis, 1996: Foreign Affairs and the United States Constitution, 2. Aufl., Oxford.

Herrnson, Paul S., 1995: Congressional Elections. Campaigning at Home and in Washington, Washington, D.C.

Hoebeke, Christopher H., 1995: The Road to Mass Democracy. Original Intent and the Seventeenth Amendment, New Brunswick.

Jäger, Wolfgang/**Welz**, Wolfgang (Hrsg.), 1998: Regierungssystem der USA: Lehr- und Handbuch, 2. Aufl., München/Wien.

Keefe, William J./**Ogul**, Morris S., 1993: The American Legislative Process. Congress and the States, Englewood Cliffs.

Ketcham, Ralph (Hrsg.), 1986: The Anti-Federalist Papers and the Constitutional Convention Debates, New York.

Key, V.O., 1999 [EA 1949]: Southern Politics in State and Nation. A New Edition, Knoxville.

Krasno, Jonathan S., 1994: Challengers, Competition, and Reelection. Comparing Senate and House Elections, New Haven.

Kurland, Philip B./**Lerner**, Ralph (Hrsg.), 1987a: The Founders Constitution. Volume One: Major Themes, Chicago/London.

Kurland, Philip B./**Lerner**, Ralph B. (Hrsg.), 1987b: The Founders Constitution. Volume Two: Preamble Through Article 1, Section 8, Clause 4, Chicago/London.

Laski, Harold J., 1948: The American Democracy. A Commentary and Interpretation, New York.

Longley, Lawrence D./**Oleszek**, Walter J., 1989: Bicameral Politics. Conference Committees in Congress, New Haven.

Main, Jackson Turner, 1974: The Anti-Federalists. Critics of the Constitution 1781-1788, New York/London.

Maisel, Sandy L./**Gibson**, Cary T./**Ivry**, Elisabeth J., 1998: The Continuing Importance of the Rules of the Game: Subpresidential Nominations in 1994 and 1996, in: **Maisel**, Sandy L. (Hrsg.), The Parties Respond. Changes in American Parties and Campaigns, 3. Aufl., Boulder, S. 147-169.

Mulvihill, Mary E., 1997: House and Senate Rules of Procedure: A Comparison, CRS Report for Congress.

National Journal, 1998: Election 1998, Vol. 30, No. 45 vom 7. November.

O'Connor, Karen/**Sabato**, Larry J., 1997: American Government. Continuity and Change, Alternate Edition, Boston.

Oleszek, Walter J., 1992: House-Senate Relations: A Perspective on Bicameralism, in: **Davidson**, Roger H., The Postreform Congress, New York, S. 167-192.

Oleszek, Walter J., 1996: Congressional Procedures and the Policy Process, 4. Aufl., Washington, D.C.

Ornstein, Norman J./**Mann**, Thomas E./**Malbin**, Michael J., 1990: Vital Statistics on Congress 1989-1990, Washington, D.C.

Ornstein, Norman J./**Mann**, Thomas E./**Malbin**, Michael J., 1998: Vital Statistics on Congress 1997-1998, Washington, D.C.

Ornstein, Norman J./**Peabody**, Robert L./**Rohde**, David W., 1997: The U.S. Senate: Toward the Twenty-First Century, in: **Dodd**, Lawrence C./**Oppenheimer**, Bruce I. (Hrsg.): Congress Reconsidered, 6. Aufl., Washington, D.C., S. 1-28.

Riddick, Floyd M./**Frumin**, Alan S., 1992: Riddick's Senate Procedure. Precedents and Practices, Washington [Senate Document No. 101-28].

Riker, William H., 1955: The Senate and American Federalism, in: American Political Science Review, Jg. 49, S. 452-469.

Sinclair, Barbara, 1989: The Transformation of the U.S. Senate, Baltimore/London.

Sinclair, Barbara, 1999: Coequal Partner: The U.S. Senate, in: **Patterson**, Samuel C./ **Mughan**, Anthony (Hrsg.), Senates: Bicameralism in the Contemporary World, Columbus, S. 32-58.

Smith, Steven S., 1992: The Senate in the Postreform Era, in: **Davidson**, Roger H. (Hrsg.), The Postreform Congress, New York, S. 167-192.

Stephens, G. Ross, 1996: Urban Underrepresentation in the U.S. Senate, in: Urban Affairs Review, Vol. 31, No. 3, S. 404-418.

Story, Joseph, 1833: Commentaries on the Constitution of the United States. Volume II, Boston/Cambridge [republ. 1991].

Swift, Elaine, 1996: The Making of the American Senate, Ann Arbor.

Vile, John R., 1997: A Companion to the United States Constitution and its Amendments, 2. Aufl., Westport.

Vincent, Carol Hardy, 1996: Committee Assignment Process in the U.S. Senate, CRS Report for Congress.

Gisela Riescher

Der Schweizer Ständerat

I.   Einleitung

Die strukturellen Besonderheiten des politischen Systems der Schweiz, die weder den parlamentarischen noch zu den präsidentiellen Demokratien zuzurechnen sind, bilden die Rahmenbedingungen der eidgenössischen Zweiten Kammer. Die direkte Demokratie, der starke Föderalismus, die Konkordanzmechanismen und das Milizsystem beeinflussen die Funktionen und die Arbeitsweise des Ständerates. Gleichwohl trägt seine Stellung im politischen System mit zur Verstärkung jener genannten institutionellen Mechanismen bei, die der Schweiz eine Sonderrolle im Systemvergleich zuweisen:

-     Als föderatives Repräsentationsorgan beschränkt er die Macht der demokratischen Volksvertretung (Nationalrat) und sichert so den Kantonen einen bedeutenden Einfluß auf Bundesebene.

-     Die vor- und nachparlamentarisch wirkenden plebiszitären Elemente, die Volks-initiative und das Referendum, schwächen zwar den parlamentarischen Einfluß insgesamt, doch tragen die gleichberechtigten Gesetzesberatungen in beiden Kammern zu jenen „referendumsfesten" Absicherungen bei, die den Gesetzgebungsprozeß in der Schweiz prägen.

-     Damit wird der Ständerat zu einem Element des Konkordanzsystems, das vor und jenseits von Parteienkonkurrenz für einen Ausgleich der politischen Positionen und breit abgesicherte Kompromisse sorgt.

-     Das Milizsystem schließlich, die ehren- und nebenamtliche Wahrnehmung von öffent-lichen Ämtern und politischen Mandaten, prägt die Erste und die Zweite Kammer gleichermaßen: Die Räte tagen in nur vier dreiwöchigen Sessionen im Jahr, wobei die Arbeitsstunden des Ständerates im Mittel der letzten Jahre ungefähr 150 Stunden betrug[1].

II.   Historische Entwicklung und verfassungsrechtliche Stellung

Die Bezeichnung Ständerat für die Zweite Kammer der Schweiz verweist auf deren historische Wurzeln. Der Name steht nicht für Berufsstände oder Gesellschaftsschichten wie Adel, Bürgerstand oder Geistlichkeit, sondern geht zurück auf die Landstände der alten Eidgenossenschaft. Diese Vorläufergebiete der heutigen Kantone waren organisiert in einem System von Bündnissen. Ihr einziges gemeinsames Staatsorgan war die Tagsatzung, die in regelmäßigen Zusammenkünften an unterschiedlichen Orten (Vorort) die Verwaltung der Untertanengebiete und außenpolitische Belange beriet. Jeder Kanton (Ort) war auf der Tagsatzung gleichberechtigt mit einer Stimme vertreten. Die Abgesandten waren in ihrem Votum an die Vorgaben ihres Kantons gebunden.[2] Mit Ausnahme der Helvetik und der Mediationsverfassung (1798-1815), also der Zeit des napoleonischen Einflusses auf die

---

[1] Der Nationalrat tagte im Mittel etwa 300 Stunden; der Deutsche Bundestag um die 400 Stunden pro Jahr (exakte Zahlen in Schindler, Datenhandbuch zur Geschichte des Deutschen Bundestages 1980-1987, S. 993).

[2] Die Angaben darüber, ob die einzelnen Kantone gleichermaßen mit einem oder zwei Abgesandten vertreten waren, variieren; Heger spricht von einem [1990], Fahrni von zwei [1984]. Sicher ist allerdings, daß die Kantone eine (gemeinsame) Stimme hatten.

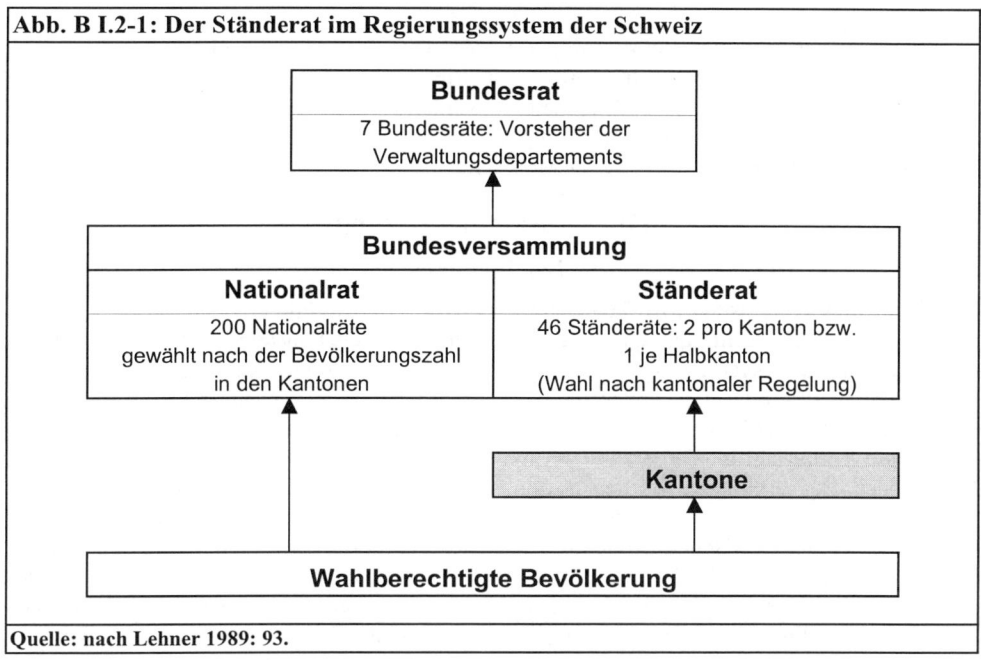

Abb. B I.2-1: Der Ständerat im Regierungssystem der Schweiz

Quelle: nach Lehner 1989: 93.

Schweiz[3], galt diese Repräsentationsform der souveränen Kantone vom späten Mittelalter bis zur Bundesverfassung von 1848.

Die liberalen Kräfte der Schweiz, die die Reform des Bundes und eine gemeinsame demokratische Verfassung befürworteten, sahen sich vor die Schwierigkeit gestellt, das Prinzip der Volkssouveränität mit den tradierten Rechten den Kantone zu verbinden. Rappard weist darauf hin, daß es wohl der Vertreter der Stadt Genf war, der die Übernahme des amerikanischen Modells empfahl [Rappard 1948: 150-152]. Damit wurden für die Schweizer Kantone, die nach dem Sonderbundskrieg in konservativ-katholische und liberale Kantone gespalten waren, jene Kompromißlösungen möglich, die die Verfassung und das politische System bis heute tragen. Denn obgleich man diesem ‚ausländischen' Modell mit gewissem Mißtrauen gegenüberstand und die hohen finanziellen und zeitlichen Kosten in die Diskussion einbrachte, sah man, daß das US-amerikanische Zweikammersystem geeignet war, die schweizerischen Problemlagen zwischen der nationalen Ebene und den subnationalen Ebenen, zwischen Einheit und Vielheit und zwischen Volk und Ständen zu lösen. Zudem konnten tradierte eidgenössische Elemente der Tagsatzung, wie die gleichmäßige Repräsentation der Landstände, erhalten bleiben.

Die erste Bundesverfassung von 1848 und die heute gültige Verfassung von 1874, die in ihren Verfassungsartikeln über den Ständerat [Art. 80-83 Bundesverfassung: BV] im wesentlichen unverändert geblieben sind, normieren ein Zweikammerparlament, bestehend aus dem Nationalrat, der Volkskammer, und dem Ständerat, der Vertretung der Kantone. Beide Kammern sind in ihren Kompetenzen voll gleichberechtigt und handeln gemeinsam in der Bundesversammlung [Art. 84-94 BV].

---

[3] Napoleon hatte in der République Helvétique (1798-1803) ein Zweikammerparlament nach französischem Vorbild eingerichtet. Beide Kammern, Senat (Kontrollfunktion) und Großer Rat, wurden in indirekter Wahl vom Kantonsvolk gewählt. Die Mediationsakte (1803) stellte die Tagsatzung wieder her. Allerdings waren nun bis 1815 die Kantone nicht mehr gleich, sondern gewichtet vertreten: Den sechs größten Kantonen kam eine zweite Stimme zu.

Der Ständerat besteht aus 46 Abgeordneten. Die Kantone sind nicht gewichtet nach Einwohnerzahlen, sondern nach dem Senatsprinzip gleich mit zwei Ständeräten auf Bundesebene vertreten. Die sechs Halbkantone wählen je einen Vertreter [Art. 80 BV]. Nach Art. 81 der Bundesverfassung können Mitglieder des Nationalrates oder der Regierung, des Bundesrates, nicht Mitglieder des Ständerates sein.

III.　Zusammensetzung

1.　Der Wahlmodus

Die Bundesverfassung trifft keine Regelung über den Bestellmodus der Ständeräte, dies bleibt kantonalem Recht und damit unterschiedlichen Regelungsmodi vorbehalten. Nach Annahme der Bundesverfassung wählten – wie damals im US-amerikanischen Vorbild – die Kantonsparlamente oder die Landsgemeinden die Ständeräte, erst nach und nach setzte sich die direkte Legitimation durch das Kantonsvolk durch. 1977 übernahm Bern als letzter Kanton die Volkswahl für den Ständerat. Inzwischen findet in fast allen Kantonen[4] die Wahl am gleichen Tag zusammen mit den Nationalratswahlen statt. Die verschieden lange Dauer der Legislaturperiode, die in manchen Kantonen das Mandat der Ständeräte auf ein Jahr begrenzte, wurde inzwischen einheitlich auf vier Jahre festgelegt. Hier übernahmen die Verfassungsväter von 1848 und 1874 interessanterweise nicht die Positionen des amerikanischen Vorbilds. Die lange Amtsdauer der US-Senatoren von 6 Jahren entsprach nicht den Vorstellungen eidgenössischer Volkssouveränität.

Die Ständeräte werden, mit Ausnahme des Kantons Jura, der das Proporzverfahren anwendet, nach dem Mehrheitswahlsystem gewählt. Jeder Bürger hat zwei Stimmen, gewählt ist – und dies gilt für die meisten Kantone – wer die absolute Mehrheit der gültigen Wahlstimmen auf sich vereinigt.[5]

2.　Die parteipolitische Zusammensetzung

Dieser Wahlmodus, der den Ständerat mit der gleichen direkt-demokratischen Legitimation ausstattet wie den Nationalrat, führt in der Schweiz allerdings nicht zur parteipolitischen Doppelung in den beiden Kammern. Das Gegenteil ist der Fall: Während im Nationalrat die Sozialdemokratische Partei (SPS) seit Jahrzehnten zusammen mit der FDP und der CVP ein annähernd gleiches Kräftepotential aufweist und ähnlich wie die beiden anderen ‚großen‘ Schweizer Parteien seit vielen Legislaturperioden[6] 20 bis 30 Prozent der Abgeordneten stellt, ist sie im Ständerat mit nur ungefähr zehn Prozent seit jeher drastisch unterrepräsentiert. Hier dominieren ebenfalls – seit Jahrzehnten – die bürgerlich-liberale FDP (Freisinn) und die katholisch-konservative CVP. Regelmäßig im Ständerat vertreten ist auch

---

[4] Ausnahmen sind die Landsgemeindekantone. In Appenzell/Innerrhoden, Appenzell/Außerrhoden und in Obwalden fanden die Ständeratswahlen bislang am Landgemeindesonntag per Akklamation unter freiem Himmel statt. In den Kantonen Zug und Graubünden sind die Ständeratswahlen ein Jahr vor den Nationalratswahlen.

[5] In Genf muß mindestens ein Drittel der gültigen Stimmen erreicht werden, in Solothurn ist die Zahl der Wählenden, nicht die der abgegebenen gültigen Stimmen die Grundlage des Mehrheitsentscheides. Ein anderes Auszählmodell kommt in den Kantonen Bern, Zürich, Glarus, Schaffhausen und Graubünden zur Anwendung: Die Mehrheit wird aufgrund aller eingegangenen Kandidatenstimmen errechnet. Dabei müssen die Kandidaten mindestens ein Viertel der gültigen Stimmen erreichen, in Graubünden ein Drittel (Informationsdienst der Parlamentsdienste, Bern).

[6] Die Bezeichnung Legislaturperiode ist für das politische System der Schweiz nicht ganz korrekt, denn die Gesetzgebungsprozesse enden nicht am Ende einer Wahlperiode, sondern laufen zeitlich unbegrenzt weiter. Richtig wäre es, angesichts dieser sachlichen Kontinuität von Wahlperioden zu sprechen [Riescher 1994: 132-135].

die vierte, traditionell zum Regierungsbündnis gehörende Partei, die Schweizer Volkspartei (SVP). Kleine und neue politische Parteien haben im Ständerat keine Chance. Die Grünen, die seit drei Legislaturperioden im Nationalrat mit 11 (1987), 14 (1991) und 10 (1995) Sitzen vertreten sind, konnten bislang keinen Ständeratssitz erreichen.

In absoluten Zahlen ergibt sich in der aktuellen Legislaturperiode (1995-1999) folgende Sitzverteilung im Nationalrat und im Ständerat:

Tab. B I.2-1: Sitzverteilung im schweizerischen Nationalrat und Ständerat (1995-1999)

Fraktion	Nationalrat	Ständerat
Sozialdemokratische Fraktion	58	5
Freisinnig-Demokratische Fraktion	44	17
Christlichdemokratische Fraktion	34	16
Fraktion der Schweizerischen Volkspartei	30	5
Grüne Fraktion	10	-
Liberale Fraktion	7	2
Fraktion der Freiheitspartei	6	-
LdU/EVP-Fraktion	5	1
Demokratische Fraktion	5	-
Quelle: Der Bund kurz erklärt 1998: 16.		

Die Überrepräsentation der CVP im Ständerat mit 34,8 Prozent der Sitze gegenüber dem Nationalrat mit 17 Prozent (1995-1999) liegt vor allem an der gleichgewichteten Vertretung der Kantone im Ständerat. Die katholisch-konservativen, bevölkerungsschwachen Kantone der Innerschweiz, sowie Fribourg oder Wallis sind im Ständerat genauso mit zwei Mandaten vertreten wie z.B. der Kanton Zürich, der allerdings aufgrund seiner Bevölkerungsgröße 34 Abgeordnete im Nationalrat stellt. Heger betont, daß damit im politischen System der Schweiz eine „zweite", katholisch-konservative Mehrheit gebildet wird, die entscheidend von den parteipolitischen Mehrheitsverhältnissen des gesamten Schweizer Volkes abweicht [Heger 1990: 86]. Würden allein parteipolitische *cleavages* die bundespolitischen Entscheidungen beeinflussen, könnte der Schweizer Ständerat ein konservatives Blockadeelement par excellence sein. Doch es ist nicht vorrangig der Ständerat, der diese Klaviatur spielt. Denn das politische System der Schweiz hat mit dem Vernehmlassungsverfahren [Art. 32 Abs. 2 BV] und dem Ständemehr [Art. 123 BV] weitere Instrumentarien institutionalisiert, um Bundesgesetze der Mitbestimmung und dem Votum der Kantone zu unterstellen. Zudem werden durch die Wirksamkeit weiterer *cleavages*, etwa der Konfessionen, der Sprachgruppen oder des Stadt-Land-Gegensatzes die parteipolitischen Kontroversen aufgebrochen, so daß die vom Nationalrat abweichende „zweite" Mehrheit verschiedene Gesichter haben kann. Die politisch-gesellschaftlichen Konfliktfelder überlagern oder verschieben sich (*Crosscutting*). Auch wenn der vielzitierte Röstigraben zwischen der deutsch- und der französischsprachigen Schweiz immer wieder aufbricht, so kann er bei aller politischen Bedeutsamkeit doch überlagert werden durch das kantonal-konfessionelle *cleavage* und durch die zu entscheidenden Policies. Dadurch bilden sich „sehr variable Mehr- und Minderheiten, damit sehr variable Spannungslinien", die die Bundespolitik beeinflussen [Heger 1990: 87]. Die parteipolitischen Mehrheiten sind deshalb weit weniger bedeutsam für die Durchsetzung von *policies* als in anderen politischen Systemen. Volk und Stände, also plebiszitäre und kantonale Entscheidungsstrukturen, nehmen der unterschiedlichen parteipolitischen Zusammensetzung der beiden Kammern ihre Brisanz und relativieren die konservative Dominanz des Ständerates.

3. Die Sozialstruktur

Die soziale Zusammensetzung des Ständerates zeigt eine deutliche Überrepräsentation höherer Berufe. Der Akademiker-Anteil liegt konstant bei etwa 80 Prozent, wobei die am stärksten vertretene Berufsgruppe die Juristen mit 14 von 46 Sitzen sind. Unterrepräsentiert sind traditionell Arbeiter und Angestellte.

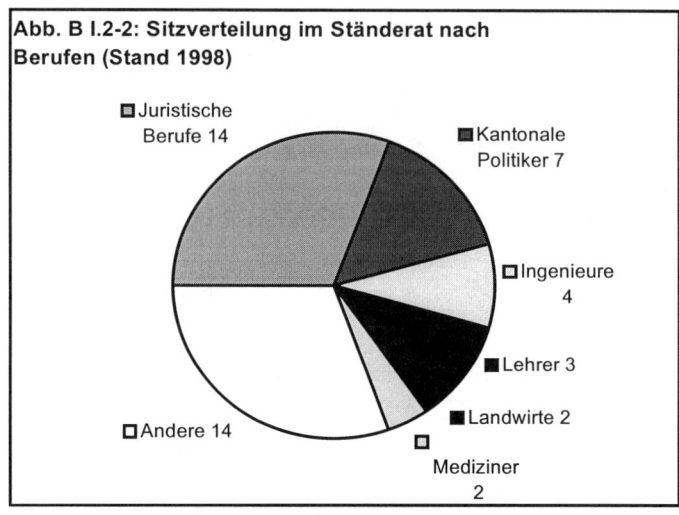

Abb. B I.2-2: Sitzverteilung im Ständerat nach Berufen (Stand 1998)

- Juristische Berufe 14
- Kantonale Politiker 7
- Ingenieure 4
- Lehrer 3
- Landwirte 2
- Mediziner 2
- Andere 14

Quelle: http://www.ipu.org/parline-e/reports/2306.htm

Eine besondere Diskussion wird in der Schweiz um jene Ständeräte geführt, die zugleich Mitglieder kantonaler Regierungen sind [Kamer 1953: 67; Jaag 1976: 105-107]. Im derzeitigen Ständerat ist dies mit sieben Abgeordneten die zweitgrößte Gruppe. Heger argumentiert, daß in kleinen Kantonen die dünne Personaldecke und der geringere Arbeitsaufwand die Verbindung eines kantonalen Amtes mit dem Ständeratsmandat rechtfertige. Die Entwicklung in den Kantonen gehe jedoch in eine andere Richtung: Nach Tessin, Graubünden, Jura und Schaffhausen beschloß 1987 auch der Kanton Bern eine Unvereinbarkeitsklausel [Heger 1990: 114-117]. Die Argumente verweisen durchgängig auf die Machtkonzentration bei personeller Ämterfülle und die Ungebundenheit des Mandates. Denn der Abgeordnete der Zweiten Kammer ist ein Mitglied der Bundesversammlung und kein Vertreter der kantonalen Ämter oder Behörden. Nach Art. 91 BV sind die Abgeordneten des Ständerates mit dem freien Mandat ausgestattet und den Weisungen ihres Kanton nicht unterworfen: „Ständerat und kantonale Behörden stehen so grundsätzlich nebeneinander." [Heger 1990: 114]

Die meisten Ständeräte (23) sind zwischen 51 und 60 Jahre alt. Zur Gruppe der 41 bis 50jährigen zählen zwölf, und älter als sechzig sind elf Mitglieder der Zweiten Kammer. Damit fehlt im Ständerat die Gruppe der 20 bis 40jährigen, die im Nationalrat mit immerhin 16 Abgeordneten vertreten ist.[7] Huber-Hotz verweist darauf, daß das Ständeratsmandat begehrter sei als das Nationalratsmandat. Während der Wechsel vom Nationalrat in den Ständerat sehr häufig sei – 1991 waren im Ständerat zwölf ehemalige Nationalräte –, sei der umgekehrte Vorgang so gut wie nie zu beobachten [Huber-Hotz 1991: 167].

---

[7] Glarus hat am 1. Mai 1988 eine Altersgrenze in die Kantonsverfassung aufgenommen, die vorsieht, daß Ständeräte nur bis zum 65. Lebensjahr wählbar sind [Aubert Kommentar zu Art. 80 BV].

Frauen sind in den Eidgenössischen Räten erst seit 1971 vertreten. Seit der Einführung des Frauenstimmrechts auf Bundesebene stieg der Frauenanteil im Ständerat stetig an [Riklin/Ochser 1984:103]. In der Legislaturperiode 1971 bis 1975 war eine einzige Frau vertreten, zwei Legislaturperioden später waren es drei (1979 bis 1983), und heute gibt es acht Ständerätinnen (17,39 Prozent). Interessant ist, daß in den großstädtischen Kantonen Genf und Zürich jeweils beide Ständeratsmandate in Frauenhänden sind.

IV. Arbeitsweise und Geschäftsordnung

Der Ständerat tagt wie der Nationalrat jeweils drei Wochen im März, im Juni, im September/Oktober und im November/Dezember. Die parallel stattfindenden Sessionen sind bedingt durch die gleichen, aber auch durch gemeinsame Aufgaben der beiden Räte. Gemeinsame Aufgaben wie Wahlen, Begnadigungen und Kompetenzstreitigkeiten werden von der Vereinigten Bundesversammlung wahrgenommen. Dazu begeben sich die Ständeräte in den Saal des Nationalrates, wo dessen Präsident die Sitzung leitet und der Ständerats-präsident als Vize fungiert. Bei den Abstimmungen in der Vereinigten Bundesversammlung sind die Ständeräte in der Minderheit, denn die Stimmen werden nicht nach Räten getrennt, sondern gesamt gezählt. Das Reglement der Vereinigten Bundesversammlung und das Geschäftsverkehrsgesetz regeln das Verfahren, die Koordinationskonferenz berät den Termin-plan und stimmt die Arbeitsprozesse der beiden Kammern aufeinander ab, gemeinsame Kommissionen, oft auch Delegationen genannt, bereiten die Arbeitsbereiche der Bundes-versammlung vor. Gemeinsame Verhandlungen sind allerdings die Ausnahme. In der Regel und für alle anderen außer den genannten Geschäften tagen die eidgenössischen Räte getrennt.

Zu Beginn jeder Wintersession wählt der Ständerat seinen Präsidenten, einen Vize-präsidenten und zwei (plus einen Ersatz-)Stimmzähler, die das ‚Büro' bilden. Bei der Wahl wird berücksichtigt, daß die Präsidenten und Vizepräsidenten nicht über zwei Wahlperioden aus dem gleichen Kanton kommen [Art. 82 BV und Art. 5 Geschäftsreglement des Stände-rates: GRS]. Der Präsident des Ständerates leitet die Verhandlungen, vertritt den Rat nach außen und gegenüber dem Nationalrat und dem Bundesrat. Bei Abstimmungen und Wahlen ist er stimmberechtigt und gibt bei Stimmengleichheit den Ausschlag [Art. 7 GRS].

Durch die Gleichberechtigung beider Kammern bei allen politischen Geschäften, ist es nicht weiter verwunderlich, daß beide Räte die gleichen ständigen Kommissionen eingerichtet haben.[8] Es sind dies nach Art. 10 GRS:

- Finanzkommission
- Geschäftsprüfungskommission
- Außenpolitische Kommission
- Kommission für Wissenschaft, Bildung und Kultur
- Kommission für soziale Sicherheit und Gesundheit
- Kommission für Umwelt, Raumplanung und Energie
- Sicherheitspolitische Kommission
- Kommission für Verkehr und Fernmeldewesen
- Kommission für Wirtschaft und Abgaben
- Staatspolitische Kommission
- Kommission für Rechtsfragen
- Kommission für öffentliche Bauten

---

[8] Die Kommissionen des Ständerates haben 13 Mitglieder. Bei deren Zusammensetzung nach Art. 8 des Geschäftsverkehrsgesetzes (GVG) sollen die Fraktionsstärken, die Amtssprachen und die Landesgegenden berücksichtigt sein.

Der Ständerat kann die ständigen Kommissionen ergänzen durch ad-hoc-Kommissionen, Spezialkommissionen und Subkommissionen. Für die Außenpolitische Kommission sieht Art 10a Abs. 2 GRS eine ständige Subkommission für Europafragen vor, die die Europapolitik und die Rechtsentwicklung in Europa verfolgt.

Die intensive Kommissionsarbeit im parlamentarischen Verfahren läßt für den Ständerat die Bezeichnung als Arbeitsparlament zutreffend erscheinen [Riklin/Ochsner 1984: 92-95]. Nahezu alle Aufgabenbereiche werden in den Kommissionen, deren Sitzungen nicht öffentlich sind, vorbereitet. Der Ständerat wird mündlich oder schriftlich von den Ergebnissen unterrichtet, und in der Regel folgt das Plenum den Entscheidungen der Kommission [Linder/Jegher 1998: 66-80].

Da beide Kammern gleichberechtigt an der Gesetzgebung beteiligt sind, kann der Ständerat nach Absprache mit dem Nationalrat Erst- oder Zweitrat sein. Für das formale Gesetzgebungsverfahren ist die Plazierung nicht weiter von Bedeutung, denn der Beratungsprozeß im Erstrat unterscheidet sich nicht von dem des Zweitrates.[9] In beiden Fällen durchläuft die Vorlage dieselben Stadien, und es muß Einigkeit zwischen den Räten hergestellt werden, bevor ein Gesetz verabschiedet werden kann [Riescher 1994: 177-180]. Bei unterschiedlichen Beschlüssen im National- und Ständerat wird ein Differenz-bereinigungsverfahren durchgeführt [Art. 16-21 GVG]. Dabei wird zunächst das Navette-verfahren, ein dreimaliges Hin- und Herpendeln zwischen den beiden Räten, angewendet. Bei weiterer Unstimmigkeit bilden je 13 Kommissionsmitglieder beider Räte, die mit den Vorlagen befaßt waren, die Einigungskonferenz. Bei Nichtannahme des Einigungsvorschlages durch einen der Räte ist der Gesetzentwurf im Parlament gescheitert. Die beiden Kammern des Schweizer Parlaments gelten allerdings als sehr kompromiß- und einigungfähig. Seit der Einführung der Einigungskonferenz 1902 kam dieses Verfahren nach Information der Parlamentsdienste erst 22mal zur Durchführung [Huber-Hotz 1991: 176; Linder/Jegher 1998: 61-63]. Gleichwohl wird aber damit für beide Kammern, vor allem aber auch für den Ständerat, die Möglichkeit ausgeschlossen, im Gesetzgebungsprozeß übergangen oder nach einer bestimmten Frist – wie in anderen Ländern – irrelevant zu werden.

V.   Funktionen im politischen System

Die Gleichsetzung der beiden Räte im Gesetzgebungsprozeß, die direkte Legitimation durch kantonale Mehrheitswahlen, das Senatsprinzip, das eine gleichgewichtete Vertretung der Kantone herstellt, und die dauerhaft unterschiedlichen parteipolitischen Mehrheiten in den beiden Kammern geben dem Schweizer Ständerat eine starke Stellung im politischen System. Denn über die formalen Parlamentsfunktionen – die Mitwahl des Bundesrates in der Vereinigten Bundesversammlung, die Gesetzgebung und die Regierungskontrolle – hinaus, trägt der Ständerat wesentlich zu Rationalisierung, Ausbalancierung und Kompromißfindung auf Bundesebene bei. Der Ständerat übernimmt damit wichtige Integrationsfunktionen für die heterogen strukturierte Schweizer Gesellschaft und stellt für das Konkordanzsystem und die Referendumsdemokratie die notwendige ausgleichende politische Institution dar. Die konservative Überrepräsentation im Ständerat verliert durch den Einfluß überlagernder *cleavages* und angesichts der nur schwach ausgeprägten institutionellen Parteienkonkurrenz an Gewicht [Schüttemeyer/Sturm 1992: 533].

---

[9] Das öffentliche Interesse gilt allerdings mehr den Verhandlungen des Erstrates, weil hier erste Verwerfungen und Veränderungen am Entwurf gemacht und parlamentarische Trends erkennbar werden. Der Zweitrat behandelt das Geschäft in der nächsten Session. Nur wenn der Bundesrat beschleunigte Beratungen beantragt, kann ein Entwurf in einer Session in beiden Kammern behandelt werden [Art. 11 GVG].

1. Reflexion, Rationalisierung oder konservatives Verzögerungselement?

Diese klassischen Funktionszuschreibungen, die von Befürwortern und Gegnern des Zweikammersystems seit jeher mit unterschiedlichen Konnotationen versehen werden [Stammen 1970: 544-547], erhalten heute in der Bewertung des Schweizer Ständerates eine durchweg positive Bedeutung. Selbst der Vorwurf des Konservativismus wird eingebettet in den Funktionszusammenhang von Minderheitenrepräsention und Herstellung des „helvetischen Kompromisses" [Heger 1990: 157]. Helvetischer Kompromiß meint die institutionelle Berücksichtigung und den Ausgleich territorial verorteter gesellschaftlicher Konfliktmuster wie Stadt-Land-Gegensätze, konfessionelle Unterschiede und kulturelle Spannungen. Der Ständerat kann hier wegen seiner gleichgewichteten Zusammensetzung und der überproportionalen Vertretung kleiner katholischer und französischsprachiger Kantone (Innerschweiz, Wallis, Freiburg) die deutsch-protestantische Mehrheit im Nationalrat korrigieren. Wird die CVP-Dominanz und die SPS-Unterrepräsention aus dieser Perspektive betrachtet, erscheinen die parteipolitischen Abweichungen vom Nationalrat geradezu als notwendiges politisches Korrektiv. Denn die Zusammensetzung des Ständerates ermöglicht „die Bildung einer zweiten, katholisch-konservativ geprägten Mehrheit, die entscheidend von derjenigen des ganzen Volkes abweichen kann. Sobald sich die drei großen Minderheiten der Schweiz, die katholisch-konservativen Kantone der Innerschweiz, die welschen Kantone und diejenigen der Ostschweiz zusammenschließen, verfügen sie über eine Mehrheit nach Kantonen, ohne eine solche in der Bevölkerung zu besitzen." [Heger 1990: 86-87] Bei einer rein proportionalen Volksvertretung könnten, so fährt Heger fort, die Mehrheitskantone in der Deutschschweiz die übrige Schweiz konstant majorisieren.

Untersucht man das Beratungs- und Abstimmungsverhalten des Ständerates, so erhält man, über die von Heger pointiert dargestellte Funktionszuschreibung hinaus, ein politisch differenzierteres Bild vom Ständerat. Linder/Jegher konnten in ihren Untersuchungen des Gesetzgebungsprozesses nachweisen, daß in der Bundesversammlung vor allem die Bundesratsvorlagen zur Sozial- und Wirtschaftspolitik, zu Infrastruktur und Finanzen verändert wurden [Linder/Jegher 1998: 77-78].[10] Dies sind die klassischen *policies*, in denen der Ständerat seit jeher die Unitarisierungsversuche und die bundespolitische Machtzunahme zu kontrollieren und zu bremsen versucht [Trivelli 1975: 285]. Die Bilanz des Ständerates ist beeindruckend. Im Ständerat werden proportional mehr Kommissions- und auch mehr Einzelanträge gestellt als im Nationalrat:

> „Daß der Ständerat mehr Einfluß auf die Ausgestaltung einer Vorlage hatte, gilt sowohl für seine Kommissionen wie auch für einzelne Ratsmitglieder. Wenn die ständerätliche Kammer Änderungen vornehmen wollte, war die Wahrscheinlichkeit, daß sie Erfolg hatte, größer als im Nationalrat und wenn es zum Differenzbereinigungsverfahren kam, standen die Chancen für die Durchsetzung der ständerätlichen Version besser als für den Nationalrat." [Linder/Jegher 1998: 85]

Die Übereinstimmung zwischen den Ständeräten ist über parteipolitische und kantonale *cleavages* hinaus sehr hoch, und die Beratungen werden sehr detailliert geführt [Linder/Jegher: 46]. Die Beratungszeit der beiden Kammern unterscheidet sich allerdings nicht. Sie ist abhängig von der Bedeutung der Vorlage [Huber-Hotz 1991: 177-179].

---

[10] Finanzen 60 Prozent, Wirtschaft 55,6 Prozent, Sozialpolitik 69,2 Prozent, Infrastruktur 70,6 Prozent; bei außenpolitischen Vorlagen lag die Veränderungsquote dagegen nur bei 4,5 Prozent [Linder/Jegher 1998: 77].

Der Ständerat übernimmt damit die Reflexion und Rationalisierung des Gesetzgebungsprozesses durch eine zweite gleichrangige Beratung (als Erst- oder Zweitrat) und die
Verbesserung der Parlamentsarbeit durch die Vertretung von föderalen Aspekten und
Minderheitenpositionen. Die Unabhängigkeit der Ständeräte von den Kantonsregierungen
durch die direkte Volkswahl und das freie Mandat sind dabei wesentliche Voraussetzung für
die Erfüllung dieser Reflexions- und Rationalisierungsfunktion.

2. Ausbalancierung, Gewaltenteilung und „helvetischer Kompromiß"

Die politisch-kulturellen, die sozialen und die ethnisch-territorialen Konfliktlinien der
Schweiz führen dazu, daß politische Entscheidungen in den meisten Fällen auf der Ebene
breiter Kompromisse gefunden werden müssen. Die direkte Demokratie verstärkt diese
Notwendigkeit, denn die Gesetze müssen „referendumsfest" vorbereitet und verabschiedet
werden. „Referendumsfest" heißt, all jene gesellschaftlich und politisch relevanten Gruppen,
die ein Referendum durchsetzen können, müssen im Gesetzgebungsprozeß mitbedacht und
mit einbezogen werden. Dem Ständerat wird im politischen System der Schweiz die Funktion
der Ausbalancierung heterogener Interessen, der Konfliktminderung und der Integration
zugeschrieben. Mindestens zwei Handlungsebenen des Ständerates weisen auf die Erfüllung
dieser Funktionen hin: 1. auf der Verfahrensebene des Regierungssystems die Beziehungen
zwischen Bundesrat und Ständerat und die Differenzbereinigung zwischen den Räten und 2.
auf gesamtpolitischer Ebene die Interessenrepräsentation territorialer, politischer und
ethnisch-kultureller Minderheiten.

1. Der Bundesrat weiß, daß er mit seinen Gesetzesvorlagen zwei parteipolitisch unterschiedlich zusammengesetzte Kammern, die unterschiedliche Interessen repräsentieren, überzeugen muß. Er wird, so argumentiert Heger, „bei der Ausarbeitung der Vorlagen die unterschiedliche Struktur beider Kammern und die damit verbundene andersartige Betrachtungsweise im Ständerat mit einbeziehen müssen" [Heger 1990: 157]. Dem Ständerat kommt damit
im Verhältnis Exekutive und Legislative eine die Gewaltenteilung unterstützende Funktion
zu.

Da zwischen den im Gesetzgebungsprozeß gleichberechtigten Räten eine Einigung
erreicht werden muß, müssen sich beide Räte gegebenenfalls im Differenzbereinigungsverfahren und in der Einigungskonferenz in ihren Positionen bis zum Gleichstand annähern.
Die Existenz der Zweiten Kammer führt somit zur innerparlamentarischen Ausbalancierung
der heterogen Interessenstrukturen.[11] Bluntschlis vielzitierter Satz, daß vier Augen mehr
sehen als zwei, wenn sie den gleichen Gegenstand von verschiedenen Standpunkten aus
betrachten, erfährt hier seine Gültigkeit. Und es ist wiederum der Ständerat, der sich im
Differenzbereinigungverfahren eher durchsetzt als der Nationalrat.

Die Untersuchung (Untersuchungszeitraum 1995 bis 1997) verdeutlicht, daß der
Nationalrat 13- bzw. siebenmal im Differenzbereinigungsverfahren (eher) von seiner Position
abweicht, der Ständerat in deutlich weniger Fällen, nämlich acht- bzw. fünfmal.

2. Die Relevanz der Einbindung von Minderheiten in den politischen Prozeß, die bei
einem Einkammerparlament der Gefahr ausgesetzt sind, auf Dauer majorisiert zu werden,
wurde bereits mehrfach deutlich. Mit der Möglichkeit, eine „zweite Mehrheit" zu bilden, wird
der Ständerat zu einem wesentlichen Faktor im Konkordanzsystem. Indem er der
französischen Schweiz und den katholischen Kantonen eine überproportionale Repräsentation
verschafft, setzt er ländliche, liberale und föderative Positionen gegen die eher urbanen,

---

[11] Außerparlamentarisch stehen ja im politischen System der Schweiz zusätzlich das Vernehmlassungsverfahren und das Referendum zur Verfügung. Unter dem Aspekt, Gesetzesvorlagen „refendumsfest" zu
machen, erfährt die ständerätliche Arbeit besondere Bedeutung.

sozialen und zur Zentralisierung neigenden Tendenzen des Nationalrates. Die Notwendigkeit des Kompromisses, die vom Referendum ausgeht, scheint dabei die konservative Abstimmungslinie des Ständerates zu verstärken [Heger 1990: 231-234]. Denn Kompromisse entfernen sich häufig nicht allzu weit vom gegenwärtigen Zustand. Daß dies den Konfliktregelungsmustern der Schweiz nicht unangemessen ist, betont auch Huber-Hotz nach quantitativen und qualitativen Analysen. Das Zweikammersystem, so ihr Ergebnis, ermöglicht „eine gründliche sowie eine die Vielfalt des Landes berücksichtigte Gesetzgebung. Dabei ergänzen sich die Räte auf eine durchaus flexible Weise" [Heger 1991: 179]. Die Voraussetzung für diesen „helvetischen Kompromiß" ist allerdings die gleichgewichtete Vertretung der Kantone im Ständerat, unter Inkaufnahme der überproportionalen Repräsention der CVP, die sich aus katholisch-ländlichen Kantonen speist.

Tab. B I.2-2: Resultat des Differenzbereinigungsverfahrens in der Schweiz (N=47)	
Nationalrat weicht ab	13
Nationalrat weicht eher ab	7
Ausgeglichen	14
Ständerat weicht eher ab	8
Ständerat weicht ab	5
Quelle: Linder/Jegher: 64.	

VI.   Reformansätze und Problemfelder

Leonhard Neidhart forderte zu Beginn der siebziger Jahre im Zusammenhang mit der Schweizer Verfassungsreformdiskussion und den politikwissenschaftlichen Unitarisierungsdebatten die Abschaffung des Ständerates als eigene Kammer. Zwar sollten auch weiterhin Ständeräte gewählt werden, sie sollten jedoch vollständig gemeinsam mit dem Nationalrat in eine monokamerale Bundesversammlung integriert sein. Neidhart folgt dem politischen und politikwissenschaftlichen Mainstream der siebziger Jahre, wenn er die gleichgestellte föderative Repräsentation als nicht mehr zeitgemäß und sozial ungerechtfertigt ansieht. Nicht die territoriale Zuordnung, sondern die soziale Integration in Parteien, Verbände und Interessengemeinschaften bestimme, so der Grundtenor Neidharts, die politische Identifikation der Bürger. Eine der Volksvertretung gleichgestellte territoriale Repräsentation verliert vor dieser Prämisse ihre Existenzberechtigung.

Heute argumentieren Föderalismustheoretiker wesentlich differenzierter [Schultze 1992: 95-110]. Auch die Vorschläge zur Reform der Schweizer Bundesverfassung und die zur Diskussion ausgearbeiteten Verfassungsentwürfe gehen auf die Auflösungsvorschläge nicht ein. Im Gegenteil: Der Schweizer Ständerat erscheint gefestigter denn je. Neue politikwissenschaftliche Analysen bestätigen seine wichtige Rolle im Institutionengefüge des Bundesstaates, und die Verfassungsentwürfe übernehmen die Ständeratsartikel der bislang gültigen Bundesverfassung. Diskutiert wurde zwar die stärkere Bindung der Ständeräte an ihre Kantone, aber die Aufhebung des freien Mandates zugunsten einer kantonalen Instruktionspolitik wurde schnell fallengelassen.

Größeren Raum nahmen die Überlegungen zur gleichen Repräsentation der Kantone ein. Den 16 größten Kantonen, so ein Vorschlag im Schlußbericht zur Totalrevision von 1973, sollte ein drittes Mandat zugestanden werden. Nicht nur die angemessenere Berücksichtigung von Bevölkerungszahlen spielte dabei eine Rolle, sondern auch die konservative Dominanz und die Unterrepräsentation der SPS im Ständerat. Mit der dritten Stimme sollte die politische Linke stärker zur Geltung kommen. Doch die aktuell diskutierte Botschaft zur Reform der

Bundesverfassung[12] behält die bislang gültige gleiche Vertretung der Kantone im Ständerat mit zwei Stimmen bei. Damit wird deutlich, daß der Ständerat im wesentlichen unverändert in die revidierte Bundesverfassung eingehen wird. Angesichts der differenzierten Strukturen, die den Schweizer Ständerat prägen, und in Anbetracht der komplexen Funktionen, die er im politischen System der Schweiz einnimmt, muß dies als angemessene Lösung erscheinen. Denn bereits kleine Veränderungen könnten den ausbalancierten helvetischen Kompromiß ins Schwanken bringen.

VII. Auswahlbibliographie

Aubert, Jean-François, 1996: Kommentar zur Bundesverfassung der schweizerischen Eidgenossenschaft vom 29. Mai 1874, Basel/Zürich/Bern.

Berchem, René von, 1924: De la chambre unique au système bicaméral, Genf.

Fahrni, Dieter, 1984: Schweizer Geschichte, Zürich.

Heger, Matthias, 1990: Deutscher Bundesrat und Schweizer Ständerat, Berlin.

Huber-Hotz, Annemarie, 1991: Das Zweikammersystem, in: **Parlamentsdienste** (Hrsg.): Das Parlament, Bern/Stuttgart, S. 165-182.

Jaag, Tobias, 1976: Die Zweite Kammer im Bundesstaat. Funktion und Stellung des schweizerischen Ständerates, des deutschen Bundesrates und des amerikanischen Senats, Zürich.

Jegher, Annina, 1996: Der Einfluß von National- und Ständerat auf den Gesetzgebungsprozess, Bern.

Kamer, Ulrich, 1953: Das Zweikammersystem im schweizerischen Bundesrecht, Baar.

Linder, Wolf/**Jegher**, Annina, 1998: Schweizerische Bundesversammlung: ein aktives Gesetzgebungsorgan. Eine empirische Untersuchung des Gesetzgebungsprozesses in den Jahren 1995-97, Bern.

Lüthi, Ruth, 1997: Die Legislativkommission der Schweizerischen Bundesversammlung, Bern.

Neidhart, Leonhard, 1992: Grundlagen und Besonderheiten des schweizerischen Regierungssystems, in: **Abromeit**, Heidrun/**Pommerehne**, Werner (Hrsg.): Staatstätigkeit in der Schweiz, Bern, S. 15-42.

Netzle, Simon, 1998: Die USA als Vorbild für einen schweizerischen Bundesstaat, in: **Ernst**, Andreas/**Tanner**, Albert/**Weishaupt**, Matthias (Hrsg.): Revolution und Innovation, Zürich, S. 49-60.

Rappard, William, 1948: Die Bundesverfassung der Schweizerischen Eidgenossenschaft 1848-1948. Vorgeschichte, Ausarbeitung, Weiterentwicklung, Zürich.

Riklin, Alois/**Ochsner**, Alois, 1984: Parlament, in: Handbuch Politisches System der Schweiz, Bd. 2, Strukturen und Prozesse, hrsg. von Ulrich **Klöti**, Bern/Stuttgart, S. 77-114.

Riescher, Gisela, 1994: Zeit und Politik. Zur institutionellen Bedeutung von Zeitstrukturen in parlamentarischen und präsidentiellen Regierungssystemen, Baden-Baden.

Schultze, Rainer-Olaf, 1992: Föderalismus, in: **Schmid**t, Manfred G. (Hrsg.): Die westlichen Länder (Lexikon der Politik Bd. 3), München.

---

[12] Botschaft des Bundesrates an die Eidgenössischen Räte vom 20.11.1996 mit dem Titel *Verfassungsentwurf 1996.*

Schweizerische Bundeskanzlei (Hrsg.), 1998: Der Bund kurz erklärt 1998, Bern.

Spenlé, Christoph A., 1998: Das Kräfteverhältnis der Gliedstaaten im Gesamtgefüge des Bundesstaates: unter besonderer Berücksichtigung des schweizerischen Zweikammersystems, Bern.

Stammen, Theo, 1970: Zweikammersystem, in: **Röhrich**, Hans-Helmut/**Sontheimer**, Kurt: Handbuch des Deutschen Parlamentarismus, München, S. 544-547.

Trivelli, Laurant, 1975: Le bicaméralisme, Lausanne.

Zehnder, Ernst, 1988: Die Gesetzesüberprüfung durch die Schweizerische Bundesversammlung, Entlebuch.

Christoph M. Haas

Australiens Senat im „*Washminster*"-System

I.   Einleitung

Ein Blick auf die Entstehungsdaten der heute gültigen Verfassungen aller Staaten offenbart, daß Australiens politisches System zu den ältesten und stabilsten gehört. Seit ihrer Einführung 1901 ist die australische Verfassung in ihrer staatsorganisatorischen Substanz nicht verändert worden, und diese Stabilität ist angesichts der damals geäußerten Skepsis durchaus überraschend. Waren doch hier zwei Systemtypen vermengt worden, deren reibungsloses Zusammenspiel der Theorie nach nicht garantiert werden konnte. Das britische Konzept des *responsible government*, also der Verantwortlichkeit der Regierung gegenüber dem Parlament, mit dem bundesstaatlichen Modell der USA ohne Parlamentssouveränität und mit Verfassungsgerichtsbarkeit zu verbinden, schien einigen Zeitgenossen ein Ding der Unmöglichkeit [Galligan/Uhr 1990: 325]. Im Zentrum dieser (vermeintlichen) Dichotomie stand und steht der Senat als Organ der Einzelstaaten, der anders als das *House of Lords*, aber ähnlich dem US-Senat mit umfassenden Kompetenzen ausgestattet ist. Exekutives Handeln auf der Basis der parlamentarischen Mehrheit in der Ersten Kammer wie in Großbritannien unterliegt in Australien der ständigen Kontrolle und dem möglichen Veto des Senats, so daß hier wie im amerikanischen Fall stets Mehrheiten für die Regierungspolitik gesucht werden müssen. Dies ist wiederum ähnlich wie in den USA je nach parteilicher Zusammensetzung mit unterschiedlicher Anstrengung verbunden und dennoch vergleichsweise leichter, weil die Parteien insgesamt – und daher auch Fraktionszwänge – stärker ausgebildet und hierin also eher dem britischen System verwandt sind. Es dürfte nicht verwundern, daß die an dieser Stelle sehr verkürzt dargestellten Anleihen aus dem Westministermodell Englands sowie bei den in Washington, D.C. versammelten Bundesorganen der USA der australischen Regierungsform die Charakterisierung als *Washminster*-System eintrugen [Thompson 1980]. Nirgends läßt sich die Richtigkeit dieser Beschreibung deutlicher zeigen als in einer vertiefteren Auseinandersetzung mit dem Senat des *Commonwealth of Australia*.

In einer durchaus nachvollziehbaren Selbsteinschätzung ordnet sich der australische Senat als die nach dem US-Senat „most powerful legislative upper chamber in the world" ein [Parliament 1998f: 1]. Dies dürfte in erster Linie darauf zurückzuführen sein, daß seine verfassungsrechtliche Stellung und seine Konstruktionsprinzipien dem amerikanischen Vorbild sehr eng nachempfunden sind. Die Parallelen enden aber an dem Punkt der Reformfrage, denn anders als der US-Senat stand und steht der australische Senat bei Bemühungen zu Verfassungsänderungen, die das institutionelle Gefüge betreffen, stets im Zentrum der Diskussion. Wenngleich die Kritik am Senat aus den Reihen der praktischen Politik mittlerweile deutlich abgenommen hat (und der Diskussion um die Einführung einer republikanischen Staatsform gewichen ist), so ist in der Forschung nach wie vor die bislang einzige Verfassungskrise von 1975 ein viel beachtetes Thema, und insbesondere Verfassungsrechtler treten immer wieder mit Vorschlägen zur Neugestaltung des Senats hervor [Galligan 1995: 69-74]. In der Tat sind die Ereignisse vor einem Vierteljahrhundert für die wissenschaftliche Beschäftigung von beträchtlichem Interesse, denn damals gelangte die oben geschilderte Dichotomie in eine kritische Verdichtung und führte die Problematik der australischen Verfassungskonstruktion eindrücklich vor Augen. Allerdings waren solche Verfassungskrisen von Skeptikern häufiger erwartet worden und daß sie enttäuscht wurden, zeigt die Anpassungsfähigkeit und ausreichende Variabilität des australischen politischen Systems und in ihm des Senats, der es immer wieder verstand, sich unter veränderten Bedingungen und Anforderungen angemessen zu positionieren.

II.   Historische Entwicklung und verfassungsrechtliche Stellung

1.   Die Entstehung der Verfassung und die Position des Senats

Zwei wesentliche Gründe förderten die Entstehung der australischen Verfassung und damit den Zusammenschluß der sechs Kolonien des Kontinents. Der erste ist außenpolitischer Natur und betrifft das britische Verteidigungskonzept zur Festigung der weltweiten Vormachtstellung im ausgehenden 19. Jahrhundert. Die imperialistischen Bestrebungen Deutschlands und Frankreichs im südostasiatischen Raum, den man in Australien als den eigenen Hinterhof betrachtete, ließen in den Kolonien die Einsicht wachsen, daß eine gemeinsame Verteidigung vonnöten war, zu der das Mutterland nicht nur riet, sondern mit Nachdruck auf eine „federation of the forces of the different colonies" drängte [Voigt 1988: 172, 175]. Der zweite Motivationsschub ist in engerem Sinne ebenfalls außenpolitischer Art, aus der Perspektive des Gesamtkontinents jedoch von innenpolitischer Gestalt. Die Problematik der Zölle sowie der Streit um Rohstoff- und Gewässernutzungsrechte zwischen den Kolonien verschärften sich mehr und mehr, so daß schließlich der Druck, koloniale Egoismen beiseite zu legen, und die Erkenntnis des Nutzens einer Unionsbildung zur Ausräumung derartiger Schwierigkeiten groß genug waren, um eine nationale Verfassungsgebung in Gang zu bringen.

Die Basisprämissen für die institutionelle Ausgestaltung der Bundesebene waren auf den verfassungsgebenden Versammlungen von 1891 und 1897/98 im wesentlichen unstreitig. Zum einen sollte nach dem Vorbild des Mutterlandes ein parlamentarisches Regierungssystem eingerichtet werden, wonach die Regierung aus der vom Gesamtvolk gewählten Kammer hervorgehen und gegenüber dieser verantwortlich sein sollte.[1] Zum anderen sollte der föderale Charakter in einer Zweiten Kammer zum Ausdruck kommen, in der die Einzelstaaten ihre – nach dem amerikanischen Vorbild gleichberechtigte – Vertretung haben sollten. Gleichberechtigt meint dabei einerseits die (weitestgehende) Kompetenz-gleichheit innerhalb des Gesetzgebungsprozesses, andererseits aber auch die Bestellung gleich großer Delegationen aus den verschiedenen Einzelstaaten [Jaensch 1997: 103-105]. Ohne eine Klausel zur *equal representation* hätte wie im amerikanischen Fall eine Zustimmung der kleinen, bevölkerungsschwächeren Kolonien zur Verfassung im übrigen nicht erreicht werden können.

Unumstritten war sowohl wegen der Orientierung an den beiden Vorbildern als auch wegen der eigenen Erfahrungen der Selbstregierung in den Kolonien das Prinzip des Bikameralismus. Alle sechs australischen Staaten hatten Zweite Kammern, von denen die meisten direkt gewählt wurden. Diese Oberhäuser waren dabei durch Zensusbestimmungen als Vertretung der besitzenden und daher eher konservativen Bevölkerungsgruppe konzipiert und mit starken Mitwirkungs- und Kontrollrechten ausgestattet worden, so daß den Australiern Dispute zwischen den beiden Häusern sowie lange Beratungs- und Aushandlungs-phasen nicht unbekannt waren [Sharman: 1988: 107]. Es spricht einiges dafür, daß dies der Grund dafür war, einen in seinen Kompetenzen dem Repräsentantenhaus weitestgehend

---

[1] Zum Prinzip des *responsible government* vgl. Hanks 1996: 192-198. Interessanterweise werden in der Verfassung sowohl der Premierminister als auch das Kabinett nicht erwähnt. Hier verließ man sich ganz auf die britische Konvention, die in der australischen Verfassung allerdings in Section 61 zum Ausdruck kommt: „The executive power of the Commonwealth is vested in the Queen and is exercisable by the Governor-General as the Queen's representative, and extends to the execution and maintenance of this constitution, and of the laws of the Commonwealth." Dies bedeutet nach englischer Praxis, daß die Königin einen Premierminister auf Wahl des Unterhauses hin (also den Führer der Mehrheitspartei) ernennt und ihn mit den Regierungsgeschäften betraut. Nach Section 64 ernennt der *Governor General* die Minister und betraut sie mit der Führung der Ministerien. In diesem Verfassungsabschnitt wird auch festgeschrieben, daß die Minister dem Parlament angehören müssen.

gleichgestellten Senat nicht zu fürchten. Ausgehend vom Beispiel des US-Senats war man sogar überzeugt, daß er eine starke Stellung haben mußte, um die Interessen der Einzelstaaten angemessen vertreten zu können. Hierunter ist in erster Linie die Vetoposition gemeint, d.h. die Möglichkeit zu jedem Zeitpunkt innerhalb des Gesetzesgebungsprozesses eine Gesetzesvorlage an das Repräsentantenhaus mit oder ohne Änderungswünsche[2] zurückzuverweisen. Die Vetoposition ist aber nicht nur als Einrichtung zum Schutz der Einzelstaaten zu verstehen, sondern generell als eine Kontrolle der Ersten Kammer. Es sollte keine uneingeschränkte Herrschaft der einfachen Mehrheit geben, und Minderheiten sollten sowohl aus gesamt- als auch aus einzelstaatlicher Sicht ausreichende Einflußmöglichkeiten haben [Jaensch 1997: 104; Galligan/Uhr 1990: 312].

Die stärkste Kraft entfaltet die Vetoposition des Senats durch die Möglichkeit der *double dissolution*. Nach Section 57 der Verfassung kann der *Governor General* beide Häuser des Parlaments gleichzeitig auflösen und Neuwahlen anberaumen, wenn der Senat ein Gesetz des Repräsentantenhauses zweimal zurückgewiesen oder Änderungen vorgenommen hat, die wiederum keine Zustimmung in der Abgeordnetenkammer finden. Wird dasselbe Gesetz nach Neuwahlen nochmals eingebracht und erneut nicht verabschiedet, so kann der *Governor General* eine gemeinsame Sitzung beider Häuser einberufen, in der das Repräsentantenhaus aufgrund der verfassungsrechtlich festgeschriebenen zweifachen Größe mitgliederstärker als der Senat ist.[3] Es wurde deshalb angenommen, daß sich in einem solchen Fall schließlich die Erste Kammer durchsetzt. Dies bestätigte sich in dem bisher einmaligen Fall im Jahre 1974, als die Regierungsmehrheit in beiden Häusern zusammengenommen groß genug war, um die sechs Gesetze, die vom Senat damals nicht verabschiedet wurden, nach der *double dissolution* schließlich durchzubringen [Parliament 1998f: 4]. Allerdings ist dieses einzige Beispiel einer *joint sitting* in der nunmehr einhundertjährigen Verfassungsgeschichte wenig repräsentativ genug, so daß die Vermutung einer Regierungsmehrheit in beiden Häusern auf der Basis parteipolitischer Zusammensetzungen eine – allerdings wahrscheinliche – rechnerische Annahme bleiben muß. Da nach britischer Konvention der Premierminister das Repräsentantenhaus jederzeit (über den *Governor General*) auflösen kann, hat es sich ebenfalls eingebürgert, daß eine *double dissolution* auf Vorschlag des Premiers erfolgt, der ansonsten keine Möglichkeiten besitzt, auf die feste Wahlperiode des Senats Einfluß zu nehmen. Während also der Premierminister mit der Auflösungsdrohung das Repräsentantenhaus disziplinieren kann, steht ihm diese Möglichkeit gegenüber dem Senat nur in einer Konfliktsituation offen, die dieser dann allerdings unter der Prämisse eventueller Neuwahlen erzwungen hat. Die Verfassungskonstruktion der *double dissolution* fördert demnach die Kompromißfindung, kann aber auch zur Blockade beziehungsweise zum Gesetzgebungsstillstand führen.

Zusammenfassend kann festgehalten werden, daß die Einrichtung einer Zweiten Kammer nach bundesstaatlichen Kriterien sowie die grundsätzliche Entscheidung für ein parlamentarisches System nach britischem Vorbild ohne größere theoretische Diskussion vonstatten ging. Die beiden Modellsysteme hatten die Grundlagen gelegt, auf die gerne und

---

[2] Finanzgesetze dürfen vom Senat nicht geändert werden und auch dort im Gegensatz zu allen anderen Gesetzen nach Section 53 der australischen Verfassung auch nicht ihren Ursprung haben: „Porposed laws appropriating revenue or moneys, or imposing taxation, shall not originate in the Senate. [...] The Senate may not amend proposed laws imposing taxation, or proposed laws appropriating revenues or moneys for the ordinary annual services of government."

[3] Es wird hierbei von der *nexus provision* gesprochen, die durch Section 24 der australischen Verfassung definiert wird: „The House of Representatives shall be composed of members directly chosen by the people of the Commonwealth, and the number of such members shall be as nearly as practicable, twice the number of the senators." Der Nexus verhindert, daß die Zahl der Mitglieder des Repräsentantenhauses disproportional zu hoch im Verhältnis zum Senat wird [Parliament 1998a: 3].

einheitlich zurückgegriffen wurde. Was den Senat anbelangte, war lediglich die Art der Bestellung seiner Mitglieder etwas kontrovers. Hatte ein erster Verfassungsentwurf noch die Wahl der Senatoren durch die einzelstaatlichen Legislativen nach amerikanischer Façon vorgesehen, wurde nach anhaltender Kritik der Modus der Direktwahl in die Verfassung aufgenommen, womit wenigstens in dieser Hinsicht eine amerikanische Entwicklung um zwölf Jahre vorweggenommen wurde. Der Verfassungsentwurf von 1897/98 wurde schließlich durch Referenden in den Kolonien jeweils mit klaren Bevölkerungsmehrheiten bestätigt, so daß er im Jahr 1900 dem britischen Unterhaus vorgelegt werden konnte. Sowohl dort als auch im *House of Lords* gab es wegen der bereits genannten (militärischen) Eigeninteressen keine Einwände, und so wurde noch im selben Jahr der *Commonwealth of Australia Constitution Act* verabschiedet, der die australische Verfassung ab dem 1. Januar 1901 in Kraft setzte [Voigt 1988: 182-184].

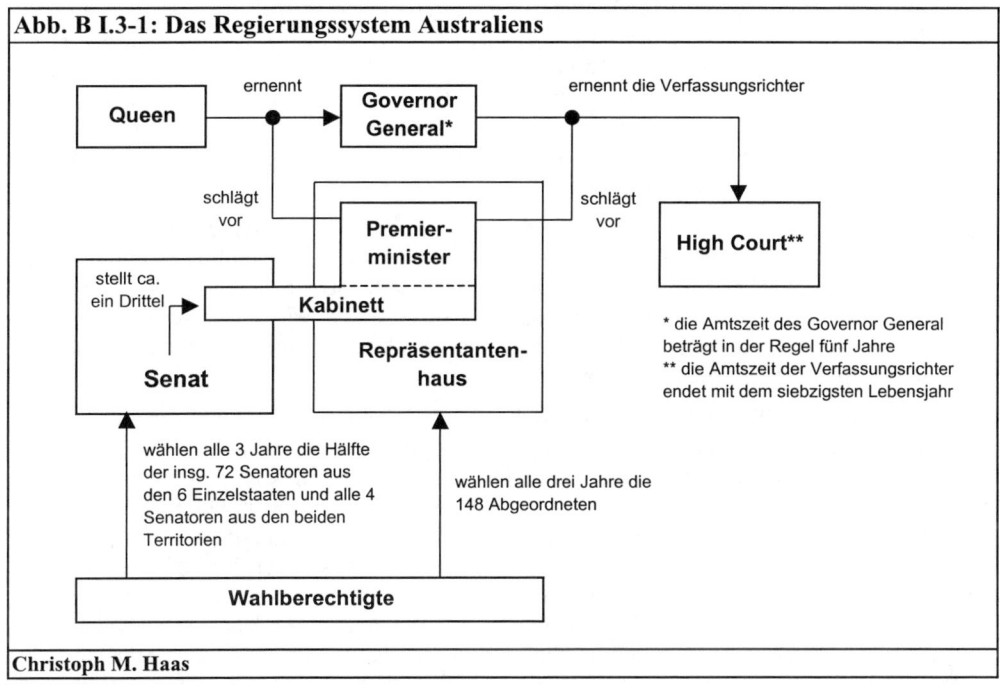

Abb. B I.3-1: Das Regierungssystem Australiens

Christoph M. Haas

2. Die Verfassungskrise von 1975

Mit Blick auf den Senat kann die verfassungsrechtliche Entwicklung in drei Phasen eingeteilt werden. Die erste reicht von 1901 bis 1949, in der aufgrund des wie beim Repräsentantenhaus praktizierten Mehrheitswahlrechts weitestgehend von einer partei-politischen Doppelung im Senat gesprochen werden kann, d.h. die parlamentarische Mehrheit der Regierung in Erster und Zweiter Kammer und damit ein relativ konfliktfreies Handeln gegeben war. Die zweite Phase erstreckt sich von 1949 bis 1975, zu deren Beginn die Einführung der Verhältniswahl für den Senat stand und deren Ende durch die Verfassungskrise von 1975 markiert wird. Seither kann als dritte Phase ein kontinuierlicher Normalisierungsprozeß ausgemacht werden, worunter die Gewöhnung an den Zustand des *divided government*, also unterschiedlicher parteipolitischer Zusammensetzungen in den beiden Kammern, zu verstehen ist. Die Verfahren der Aushandlung und Kompromißfindung wurden verfeinert, der Premierminister und die ihn stützende Mehrheit im Repräsentanten-haus fanden sich langsam in der restringierteren Rolle zurecht und der Senat bemühte sich, konsensuale Politik ohne allzu starre Blockadehaltungen zu fördern [Sharman 1988: 121].

In den ersten rund 70 Jahren des *Commonwealth of Australia* drehten sich Verfassungsfragen vor allem um das Verhältnis von Bund und Einzelstaaten und wieweit die Kompetenzen der Bundesregierung bei der Politikgestaltung reichen sollten. Mit der Verfassungskrise von 1975 jedoch richtete sich das Interesse auf die Konstruktion der Bundesgewalten. Der Ursprung des Wandels der Verfassungswirklichkeit, also weg von der Eindeutigkeit des Handlungsspielraums des Premiers zu einer stärkeren Betonung der *checks and balances*, liegt in der Änderung des Wahlmodus zum Senat. Die Einführung des Verhältniswahlrechts, die von der *Labor Party* vorangetrieben und schließlich durchgesetzt worden war, sorgte dafür, daß kleinere Parteien zunehmend Sitze im Senat gewannen und sich auch die Verteilung der Sitze an die größeren Parteien ausgeglichener gestaltete. Hierdurch war zwar der angestrebte Zweck der gerechteren demokratischen Repräsentation erfüllt, die zuvor dominierende Logik der Mehrheitsherrschaft nach britischer Konvention jedoch durchbrochen worden.[4] 1967 hatte die Regierung keine Mehrheit im Senat mehr, und nach den Wahlen von 1970 entschieden die Mitglieder der kleinen *Democratic Labor Party* und Unabhängige über die Abstimmungsergebnisse. Mit wachsendem Selbstbewußtsein kontrollierte der Senat die Regierungspolitik durch Gesetzesverzögerungen oder -änderungen und konsolidierte sich als Akteur, der seine Kompetenzen unabhängig von den Wünschen der jeweiligen Regierung einsetzte. Campbell Sharmans Einschätzung spiegelt die Vor- und Nachteile dieser Entwicklungen deutlich wider:

> „These developments were viewed with considerable misgiving by the two largest parties, although each when in opposition was only too willing to exploit these changes. There was much talk about the breakdown of coherent government but there was also a rival theme pointing out the virtues of a vigorous and independent Senate in providing an effective check to the over-concentration of power in the executive." [Sharman 1988: 112]

In den Jahren 1974 und 1975 zeigte sich jedoch, daß diese ‚effektive Kontrolle‘ sich zu einer Krise ausweiten konnte. 1974 drohten die Oppositionsparteien die Zustimmung zu Haushaltsgesetzen zu verweigern und versuchten hierdurch die Regierung mit Blick auf deren wachsende Unbeliebtheit in der Bevölkerung zu Neuwahlen zu zwingen. Die Regierung unter Premierminister E. Gough Whitlam antizipierte diese Drohung und tat nichts, um die Blockade des Haushalt durch das Eingehen von Kompromissen zu verhindern. Whitlam konnte nun den *Governor General* zur *double dissolution* und der Ansetzung von Neuwahlen auffordern, bei deren Gelegenheit er zugleich vier Referenden zu Verfassungsänderungen vorlegte, von denen eine die Zeitgleichheit von Repräsentantenhaus- und Senatswahlen erzwingen sollte, die bislang wegen der festen Wahlperiode des Senats nicht gegeben war. Hierdurch sollte die Wahrscheinlichkeit gleicher Mehrheiten in beiden Häusern erhöht werden. Während alle vier Referenden scheiterten, wurde die Mehrheit von Whitlams *Labor Party* im Repräsentantenhaus – nun allerdings mit noch knapperem Ergebnis – bestätigt, so daß sich an der vorigen Konstellation nichts änderte, vielmehr die Opposition aus *Liberal* und *National Country Party* ihre Mehrheit im Senat sogar ausbauen konnte. 1975 blockierte die Opposition im Senat erneut die Haushaltsgesetzgebung, dieses Mal kam es allerdings zu einem Bruch mit der bisherigen Konvention. *Governor General* John Kerr setzte nach mehreren Wochen des Stillstands am 11. November kurzerhand Whitlam als Premierminister ab und ernannte den Oppositionsführer im Repräsentantenhaus, Malcolm Fraser, als neuen Regierungschef. Dies geschah unter der Bedingung, daß die Bewilligungsgesetze verabschiedet wurden und Fraser hernach eine *double dissolution* vorschlagen sollte. Die folgenden Neuwahlen am 13. Dezember endeten schließlich in einem überwältigenden Sieg

---

[4] Und bezeichnenderweise fallen auch fünf der insgesamt sechs *double dissolutions* (1914, 1951, 1974, 1975, 1983 und 1987) in die Zeit nach der Wahlrechtsänderung.

der traditionellen Koalitionäre von *Liberal* und *National Party* mit soliden Mehrheiten in beiden Häusern, so daß weitere Blockaden vorerst vom Tisch waren [Hanks 1996: 102; Sharman: 115].

Wenigstens drei der vom britischen System übernommenen Konventionen waren also 1975 gebrochen worden: erstens die Haushaltshoheit der Regierung und der sie stützenden Mehrheit in der Ersten Kammer.[5] Zweitens das Recht des Premiers über Neuwahlen zu entscheiden. Drittens das Handeln des *Governor General* (als Vertreter der Queen) ohne Anweisung durch den Premierminister. All dies war einerseits durch parteipolitisch motivierte Obstruktion mittels der Mehrheit im Senat provoziert, aber andererseits durch die verfassungsrechtlich gewollte starke Stellung des Senats als Kontrollorgan erst möglich geworden. *Governor General* John Kerr stand vor der schwierigen Entscheidung zwischen Konvention und verfassungsrechtlicher Möglichkeit und er hatte sich zuvor beim *Chief Justice* des *High Court*, Garfield Barwick, der Rechtmäßigkeit seiner späteren Handlung versichert. Barwick hatte zum einen den föderalen Charakter der Verfassung und die legislative Gleichstellung von Senat und Repräsentantenhaus betont, woraus sich ergebe, daß der Senat das Recht habe, die Bewilligung von Geldern zu verweigern, und zum anderen konzediert, daß ein Premierminister, der die Haushaltsgesetze nicht durch das Parlament bringe, entweder Neuwahlen vorschlagen, zurücktreten oder abgesetzt werden müsse. Die Kompetenzen des Senats betreffend begründete Kerr seine Entscheidung schließlich folgendermaßen:

> „The Senate is, like the House, a popularly elected chamber. It was designed to provide representation by States, not by electorates, and was given by s[ection] 53 [of the constitution, C.H.], equal powers with the House with respect to proposed laws [...]. It was denied power to originate or amend Appropriation Bills but was left with power to reject them or defer consideration of them. The Senate accordingly has the power and has exercised the power to refuse to supply grant to the Government. The Government stands in the position that it has been denied supply by the Parliament with all the consequences which flow from that fact." [Hanks 1996: 103]

Durch die Verfassungskrise ergab sich also die Situation, daß von nun an die Regierung auf die Zustimmung des Senats und das Erreichen von Kompromissen verstärkt zu achten hatte und der Senat seine Kompetenzen zum Tragen brachte. Umgekehrt bedeutete diese Entwicklung für die Regierung die Möglichkeit, dem Senat Reformblockade und Obstruktion anzulasten oder radikale Kräfte in der eigenen Partei unter Hinweis auf die Positionen des Senats im eigenen Sinne zu disziplinieren [Galligan/Uhr 1990: 220].

III. Zusammensetzung

Der australische Senat besteht heute aus 76 Mitgliedern. Jeder der sechs Bundesstaaten stellt zwölf Senatoren und die beiden Territorien entsenden jeweils zwei Senatoren [Tab. B I.3-1]. Nach Section 7 der australischen Verfassung darf die Zahl der Senatoren pro Gründungsstaat nicht weniger als sechs betragen, kann jedoch durch Parlamentsbeschluß jederzeit erhöht und auch wieder auf dieses Minimum reduziert werden. Der Grundsatz der gleichen Repräsentation der Ursprungsländer darf dabei nicht verletzt werden. Die erste Erhöhung der Mitgliederzahl erfolgte mit der Wahlrechtsänderung 1949: Neben der Einführung der STV-Verhältniswahl (*single transferable vote*) wurde die Zahl von anfangs sechs Senatoren pro Staat auf zehn erhöht. Durch die Repräsentation der Territorien im Senat stieg 1975 die Gesamtzahl der Senatoren auf 64 und erreichte mit der letzten Erweiterung von

---

[5] Beruhend auf dem *British Parliamentary Act* von 1911 [Galligan 1995: 64].

1984 den heutigen Stand. Die Amtszeit der Senatoren aus den Einzelstaaten beträgt sechs Jahre, die der Senatoren aus den Territorien beläuft sich auf nur drei Jahre und entspricht somit der regulären Amtsdauer der Mitglieder des Repräsentantenhauses. Alle drei Jahre werden jeweils die Hälfte der Senatoren aus den Einzelstaaten sowie die Senatoren aus den Territorien neu gewählt. Die Ausnahme von der festen Wahlperiode des Senats stellt der Fall der *double dissolution* dar, in welchem der Senat als ganzes neu gewählt wird. Wird ein Senatssitz vakant, bestimmt der Gouverneur des entsprechenden Einzelstaats den Nachfolger bis zur nächsten Wahl. Die Voraussetzungen für die Wählbarkeit zum Senat sind die Vollendung des 18. Lebensjahres und der Besitz der australischen Staatsbürgerschaft. Eine Mitgliedschaft in beiden Häusern des Parlaments ist nicht erlaubt [Hanks 1996: 40, 47, 55].

Tab. B I.3-1: Parteienstärke in australischem Repräsentantenhaus und Senat (1998)

Staaten	Abgeordnete	Parteienstärke		Senatoren	Parteienstärke		Bevölkerung pro Senator (1993)
New South Wales	50	ALP: 22 IND: 1	LP: 18 NP: 9	12	ALP: 5 AD: 2	LP: 4 NP: 1	500.715
Queensland	27	ALP: 8	LP: 14 NP: 5	12	ALP: 4 AD: 2	LP: 4 NP: 1 ON: 1	259.383
South Australia	12	ALP: 3	LP: 9	12	ALP: 4 AD: 2	LP: 6	121.810
Tasmania	5	ALP: 5		12	ALP: 5 GRN: 1	LP: 5 IND: 1	39.311
Victoria	37	ALP: 19	LP: 16 NP: 2	12	ALP: 5 AD: 1	LP: 5 NP: 1	371.839
Western Australia	14	ALP: 7	LP: 7	12	ALP: 4 AD: 2	LP: 6	139.801
Territorien							
Australian Capital Territory	2	ALP: 2		2	ALP: 1	LP: 1	149.446
Northern Territory	1	ALP: 1		2	ALP: 1	NP: 1	84.133
Gesamt:	148*	ALP: 67 IND: 1	LP: 64 NP: 16	76	ALP:29 AD: 9 GRN: 1	LP: 31 NP: 4 ON: 1 IND: 1	

* durchschnittl. Bevölkerung pro Abgeordneter: ca. 120.000
ALP: Australian Labor Party; AD: Australian Democrats; LP: Liberal Party; NP: National Party; ON: One Nation; GRN: Australian Greens; IND: Independent
Quelle: Australian Electoral Commission (http://www.aec.gov.au); Jaensch 1997: 50

Abgesehen vom bereits erläuterten Fall der *double dissolution*, wonach der Senat in seiner Gesamtheit neu gewählt wird, stehen bei den alle drei Jahre stattfindenden Senatswahlen jeweils die Hälfte der Sitze der Einzelstaaten sowie die vier Senatssitze der Territorien zur Wahl. Während die Mitglieder des Repräsentantenhauses in Einpersonen-wahlkreisen durch präferentielle Mehrheitswahl[6] bestimmt werden, erfolgen die Senatswahlen nach einem komplexen Verhältniswahlsystem. Der Wahlkreis ist jeweils der Einzelstaat bzw. das Territorium, und da sechs Senatoren zu wählen sind, handelt es sich um einen

---

[6] Jeder Wähler kann dabei durch Numerierung der Kandidaten seine Präferenzen anzeigen. Erhält keiner der Kandidaten die absolute Mehrheit der ersten Präferenzen, werden die Zweitpräferenzen des nach der ersten Auszählung letztplazierten Kandidaten auf die übrigen Kandidaten verteilt. Die Streichung des jeweils letztplazierten und die Verteilung der Präferenzstimmen erfolgt dabei solange, bis ein Kandidat 50 Prozent plus eine der Stimmen erreicht hat.

Mehrpersonenwahlkreis. Gewählt sind diejenigen Kandidaten, die eine bestimmte Anzahl der abgegebenen Stimmen erhalten. Die Höhe der benötigten Stimmen entspricht folgender Formel:

$$\frac{\text{Gesamtzahl der Stimmen}}{\text{Zahl der Sitze} + 1} + 1$$

Haben also beispielsweise 700.000 Wähler an der Wahl teilgenommen, so benötigt ein Kandidat 100.001 Stimmen, um für den Senat gewählt zu sein. Ebenso wie bei der Repräsentantenhauswahl können die Wähler auf dem Wahlzettel Präferenzen für die Senatskandidaten kenntlich machen. Hat ein Kandidat mehr als die benötigten Stimmen mit der ersten Präferenz erreicht, werden nach einem bestimmten Rechenverfahren dessen Wahlzettel auf die Zweitpräferenzen ausgewertet und dann auf die anderen Kandidaten übertragen. Dieses System wird solange angewandt, bis sechs Kandidaten die erforderliche Stimmenzahl erreicht haben. Den Wählern steht die Möglichkeit offen, ihre Präferenzen für Kandidaten verschiedener Parteien oder nur innerhalb einer Partei zu setzen oder aber einfach eine Parteiliste zu bestätigen, wobei dann die Präferenzen in der von der Partei vorgegebenen Reihenfolge automatisch übernommen werden [Jaensch 1997: 361-388; Newman 1989].

Die Verhältniswahl begünstigt die kleineren Parteien und unabhängige Kandidaten. Während im Repräsentantenhaus nach den Wahlen von 1998 nur ein Unabhängiger einen Sitz erlangen konnte, haben die kleineren Parteien und die Unabhängigen im Senat mit zwölf Sitzen einen Anteil von 15,8 Prozent. Das Verhältniswahlrecht sorgt ebenfalls dafür, daß die beiden großen Parteien (*Australian Labor Party* und *Liberal Party*) kaum Aussichten haben, eigenständige Mehrheiten im Senat zu erzielen. Günstiger sind die Aussichten allerdings für die Liberalen, die mit ihrem festen Koalitions- bzw. Fraktionspartner *National Party* abgesehen von den Ausnahmen 1949, 1983 und 1984 [Tab. B I.3-2] stets mehr Mitglieder als die *Labor Party* stellen konnte. Dies bedeutet, daß jene selbst im Falle einer *Labor*-Mehrheit im Repräsentantenhaus die strukturell bessere Ausgangsposition zur Erreichung von Mehrheiten im Senat und damit der Kontrolle der Regierung haben.

In einer Schlüsselposition befinden sich mittlerweile die *Australian Democrats*, deren Stärke seit 1980 ausreicht, um Mehrheiten in die eine oder andere Richtung herzustellen. Von ihrer ideologischen Ausrichtung her nehmen sie die Position ein, die im allgemeinen als die politische Mitte bezeichnet wird. Anders als die *National Party*, deren Wählerschaft sich vor allem in bestimmten Regionen konzentriert und dort ihren Erfolg auch bei Repräsentantenhauswahlen garantiert, haben die *Australian Democrats* eine über den ganzen Kontinent in etwa gleichmäßig verteilte Wählerklientel, was ihre Chancen für das Repräsentantenhaus sehr gering, für den Senat dagegen zumindest auf absehbare Zeit weiterhin stabil hält [Jaensch 1997: 312-325].

Besonders bemerkenswert ist in bezug auf die Zusammensetzung des Senats der Frauenanteil. Nach der Wahl von 1998 zählte der Senat 22 weibliche Mitglieder, das sind 28,9 Prozent. Damit nimmt der australische Senat in dieser Hinsicht eine Spitzenposition im internationalen Parlamentsvergleich ein. Überhaupt war Australien historisch gesehen ein Vorreiter des Frauenwahlrechts. Als erstes Land führte es 1902 neben dem allgemeinen Frauenwahlrecht (Neuseeland kannte dies im übrigen schon seit 1893) auch das passive Wahlrecht für Frauen auf nationaler Ebene ein. Allerdings dauerte es bis 1943, als jeweils eine Frau ihren Sitz im Repräsentantenhaus (Enid Lyons) sowie im Senat (Dorothy Tangney) bezog. Unter parteipolitischen Gesichtspunkten vertreten derzeit je neun Frauen die *Australian Labor Party* (31 Prozent) und die *Liberal Party* (29 Prozent) im Senat, vier Frauen gehören den *Australian Democrats* (44,4 Prozent) an.

Tab. B I.3-2: Sitzverteilung nach Parteien im australischen Senat 1949-1999

	Australian Labor Party	Liberal Party	National Party	Australian Democrats	Sonstige Parteien	Unabhängige
1949(b)	34	20	6			
1951(a)	28	26	6			
1953(c)	29	26	5			
1955	28	24	6		Democratic Labor: 2	
1958	26	25	7		Democratic Labor: 2	
1961	28	24	6		Democratic Labor: 1	1
1964(c)	27	23	7		Democratic Labor: 2	1
1967(c)	27	21	7		Democratic Labor: 4	1
1970(c)	26	21	5		Democratic Labor: 5	3
1974(a)	29	23	6		Liberal Movement: 1	1
1975(a)(d)	27	27	8		Liberal Movement: 1	1
1977	26	29	6	2		1
1980	27	28	3	5		1
1983(a)	30	24	4	5		1
1984(e)	34	28	5	7	NDP**: 1	1
1987(a)	32	27	7	7	NDP: 2	1
1990	32	29	5	8		2
1993	29	30	6	7	Green (WA): 2	2
1996	29	31	6	7	Green (WA): 1 Green (Tas): 1	1(f)
1998	29	31	4	9	One Nation: 1 Green (Tas): 1	1

* Bis Mai 1975 hieß die National Party „Country Party", danach bis Oktober 1982 „National Country Party", seither „National Party of Australia".

** Nuclear Disarmament Party

(a) Die Wahlen von 1914, 1951, 1974, 1975, 1983 und 1987 erfolgten nach *double dissolutions*.

(b) Die Zahl der Mitglieder des Senats erhöhte sich von 36 auf 60 Senatoren.

(c) Senatswahl fand nicht zeitgleich mit der Wahl zum Repräsentantenhaus statt.

(d) Die Zahl der Mitglieder des Senats erhöhte sich nach den Wahlen in den zwei Territorien (Australian Capital und Northern Territory) von 60 auf 64 Senatoren.

(e) Die Zahl der Mitglieder des Senats erhöhte sich von 64 auf 76 Senatoren.

(f) Nach August 1996: Labor 28, Unabhängige 2.

Quellen: Odgers 1997: S. 25-26; Aktualisierung für 1998 im Internet.

IV.   Die Arbeitsorganisation des australischen Senats

Die erste Aufgabe des Senats bei seiner konstituierenden Sitzung nach einer Wahl ist es, über seinen Vorsitzenden zu entscheiden: „The Senate shall, before proceeding to despatch of any other business, choose a senator to be the President of the Senate [...]." [Section 17 AUS-Verf.] Die Wahl des Senatspräsidenten stellt insofern eine Besonderheit dar, als sie im Vergleich zu den beiden Vorbildsystemen Großbritanniens und der Vereinigten Staaten einen selbstbestimmten Vorsitzenden hervorbringt. Sowohl im *House of Lords* (*Lord Chancellor*) als auch im US-Senat (Vizepräsident) sind deren Vorsitzende *ex officio* in dieser Position. Seit 1949 stellten die *Australian Labor Party* und die *Liberal Party* jeweils sechs Mal den Vorsitzenden. Zur Zeit ist die Liberale Margaret Elizabeth Reid Präsidentin des Senats und damit sowohl die erste Frau in dieser Position als auch die erste in diesem Amt, die ein Territorium (*Australia Capital Territory*) und nicht einen Einzelstaat vertritt. Der Senatspräsident hat für den ordnungsgemäßen Ablauf der von der Geschäftsordnung vorgegebenen Arbeitsorganisation zu sorgen und entscheidet in strittigen Fällen über die Handhabung der Geschäftsordnung [Parlament 1998f].

Der australische Senat organisiert seine Arbeit durch eine Aufteilung in Ausschüsse. Hierbei ist zwischen *Standing* und *Select Committees* zu unterscheiden. Letztere sind Sonderausschüsse, die ad hoc für einen bestimmten Zweck (z.B. als Untersuchungsausschuß) gebildet werden und deren Bestehen in der Regel mit der Vorlage eines Abschlußberichtes endet. Bei den ständigen Ausschüssen ist zwischen zwei Kategorien zu unterscheiden. Die acht *Domestic Committees* beschäftigen sich mit der internen Organisation des Senats. Dazu gehört beispielsweise neben der Ausstattung des Senats mit zuarbeitendem Personal, der Veröffentlichung von Informationsmaterial und der Instandhaltung der Parlamentsbibliothek auch die Entscheidung über die zu behandelnden Gesetzesvorlagen. Das *Selection of Bills Committee* bestimmt darüber, welche Gesetzesvorlage aus den Reihen der Senatoren oder des Repräsentantenhauses zur Behandlung an die Ausschüsse weitergeleitet und welcher Ausschuß mit der Bearbeitung beauftragt wird. Aus diesem Grunde stellt das *Selection of Bills Committee* das Bindeglied zu der zweiten Kategorie, den *Legislative and General Purpose Committees*, also den Fachausschüssen zur Gesetzgebung dar. Von diesen wiederum gibt es ebenfalls acht[7], die im wesentlichen die Geschäftsbereiche der Ministerien widerspiegeln. Zur besseren Arbeitsorganisation wurden sie 1994 jeweils paarweise in ein *Reference Committee* und ein *Legislation Committee* geteilt, wobei die Mitgliedschaft überlappt und ein gemeinsames Ausschußsekretariat existiert. Die Aufgabe der *Reference Committees* ist eher allgemeiner Natur: Innerhalb ihres Sachgebietes sollen sie aktuellen Problemen nachgehen, entsprechendes Fachwissen aufbauen, Berichte erstellen oder auch Petitionen bearbeiten. Die eigentlichen Gesetzgebungsausschüsse (*Legislation Committees*) haben drei Hauptfunktionen bei der Beschäftigung mit den konkreten Gesetzesvorlagen. Erstens sollen sie den Einzelhaushaltsplan ihres Sachbereiches überprüfen bzw. die finanziellen Wirkungen eines Gesetzes beurteilen, wozu u.a. Minister und Regierungsbeamte zu Anhörungen geladen werden. Zweitens bearbeiten sie die konkreten Gesetzesvorlagen, wobei sie selbst keine Änderungen vornehmen, solche aber dem Senat ebenso wie die Annahme der Vorlage empfehlen können. Drittens haben die *Legislation Committees* den Auftrag, die Ausführung der Gesetze durch die Ministerien und Behörden begleitend zu kontrollieren und die von diesen erstellten Berichte zu prüfen. Eine ebenfalls wichtige kontrollierende Funktion hat das *Standing Committee on Regulations and Ordinances*. Bereits 1932 gegründet, zählt es neben einigen *Domestic Committees* zu den ältesten, d.h. in ihrer Form und ihren Aufgaben unveränderten Senatsausschüssen. Seine besondere Aufgabe liegt in der Kontrolle der durch Gesetze ermöglichten Regierungsverordnungen. Die Regierung ist gemäß dem *Interpretation Act* von 1901 verpflichtet, alle erlassenen Verordnungen dem Parlament anzuzeigen. Das *Regulations Committee* überprüft, ob diese Verordnungen im Einklang mit den entsprechenden Gesetzen stehen und nicht persönliche Rechte und Freiheiten verletzen.

Die parteipolitische Zusammensetzung der gesetzgebungsrelevanten Ausschüsse divergiert zwischen den *Reference* und den *Legislation Committees*. Erstere setzen sich aus acht Senatoren zusammen, wobei vier von der Opposition, drei von der Regierungspartei und einer von einer kleineren Partei gestellt werden. Den Vorsitz hat ein Senator, der nicht der Regierungspartei angehört. Umgekehrt hat in den *Legislation Committees*, die aus sechs Senatoren (drei der Regierung, zwei der Opposition, einer kleinerer Parteien) bestehen, ein Senator der Regierungspartei den Vorsitz inne. Der Ausschußvorsitzende hat bei Stimmengleichheit die entscheidende Stimme, so daß in den *Legislation Committees* immer eine effektive Mehrheit der Regierungspartei zustande kommen kann. Dies ist insofern von

---

[7] (1) Community Affairs; (2) Economics; (3) Employment, Education and Training; (4) Environment, Recreation, Communications and the Arts; (5) Finance and Public Administration; (6) Foreign Affairs, Defence and Trade; (7) Legal and Constitutional; (8) Rural and Regional Affairs and Transport.

Bedeutung, als die vom Senat zu behandelnden Gesetzesvorlagen nach der Rücküberweisung von den Ausschüssen an das Plenum im wesentlichen dem Regierungsprogramm entsprechen, selbst wenn die Regierungspartei im Senat nicht die Mehrheit stellt [Uhr 1999: 110-111].

Das seit den siebziger Jahren kontinuierlich modifizierte und heute sehr dichte Ausschußwesen des australischen Senats erlaubt diesem eine effiziente und effektive Kontrolle der Regierung und deren Mehrheit im Repräsentantenhaus. Durch die von ihnen zahlreich durchgeführten Anhörungen haben die Senatsausschüsse vielfältige Kommunikationskanäle zwischen Parlament und Öffentlichkeit aufgebaut, was sowohl die gesellschaftliche Partizipation fördert und die Beobachtung parlamentarischer Prozesse erleichtert [Odgers 1991: Chapter 5; Parliament 1998c].

V.   Funktionen des australischen Senats im politischen System

a) Repräsentationsfunktion

Die Einrichtung des Senats, der auf Bundesebene die einzelstaatlichen Interessen unter der Prämisse der gleichgewichtigen Delegation aus jedem Gliedstaat repräsentieren sollte, war eine politische Notwendigkeit, um die Zustimmung in den Kolonien zur Bundesverfassung zu garantieren. Gleichwohl ist die tatsächliche Repräsentation der Einzelstaaten durch den Senat immer wieder in Frage gestellt worden [Uhr 1999: 102]. Von der Legitimationsbasis des Senats ausgehend kann jedenfalls von der Repräsentation der Bevölkerung der jeweiligen Einzelstaaten gesprochen werden. Die Kritik, daß hierdurch nicht das genuine Interesse des Einzelstaats vertreten werde, läuft mit dem Vorschlag, die Bestellung des Senats über die einzelstaatlichen Regierungen nach dem Modell des deutschen Bundesrats vorzunehmen, insofern ins Leere, als dann die Repräsentation des Volkes eben indirekt und gefiltert erfolgen würde [Galligan 1995: 70]. Zudem wäre dann die parteipolitische Instrumentalisierung des Senats in viel stärkerem Maße gegeben, als sie sich durch die direkte Verhältniswahl heute darstellt. Im Gegenteil wird durch diesen Modus die Pluralität der Interessen besonders sichtbar sowie eine weitgehend spiegelgetreue Repräsentation der Meinungen und die Vertretung von Minderheiten in Form der kleineren Parteien erst verwirklicht. Daß hierdurch die schon institutionell gegebene Blockademöglichkeit durch den Senat um eine Variante reicher wird, ist unter funktionalen Effizienzaspekten bei der Durchbringung von Gesetzen zwar kritisierbar, unter dem Gesichtspunkt des Minderheitenschutzes und der Erzielung eines breiteren Konsenses bei der Entscheidungsfindung aber erwünscht. Denn durch den spezifischen Bestellungsmodus des Senats wird die im Repräsentantenhaus vorzufindende Dominanz der großen Parteien, die sich aus dem Mehrheitswahlrecht ergibt, gebrochen und konterkariert. Die Wahl der Senatoren – mit dem Einzelstaat als Wahlkreis – verdeutlicht zudem das föderale Element, das der Senat innerhalb der Bundesorgane darstellt [Galligan 1995: 71].

2. Gesetzgebungsfunktion

Die politische Stärke des australischen Senats resultiert aus seiner institutionellen Gleichstellung im Gesetzgebungsprozeß, die allein durch das verfassungsrechtliche Verbot der Einbringung sowie Ergänzung von Finanzgesetzen [Section 53 AUS-Verf.] – nicht aber ihrer Verweigerung – eingeschränkt wird. Gesetzesvorlagen werden in ihrer überwiegenden Zahl von der Regierung im Parlament eingebracht. Wenn der zuständige Fachminister dem Senat angehört, geschieht dies zunächst in seiner Kammer. Die Zahl der Senatoren im Kabinett macht etwa ein Drittel aus [Parliament 1998i: 4], so daß mit circa gleichem Anteil Gesetze zuerst dem Senat vorgelegt werden. Neben den *government bills* liegen den Häusern auch *Private Senators'* bzw. *Private Members' bills* zur Bearbeitung vor, die von einzelnen Senatoren bzw. Abgeordneten jeweils in ihrer Kammer eingebracht werden können. Wenngleich die wenigsten dieser *Private bills* in beiden Häusern Zustimmung finden, so gibt es doch signifikante Beispiele dafür, daß Gesetze solchen Ursprungs von durchaus großer Bedeutung sein können. So beruht etwa der *Electoral Act* von 1924, der die Wahlpflicht auf nationaler Ebene einführte, ebenso wie das gesetzliche Verbot von Tabakwerbung in Printmedien (1989) auf einer senatorischen Eingabe [Parlament 1998f: 1].

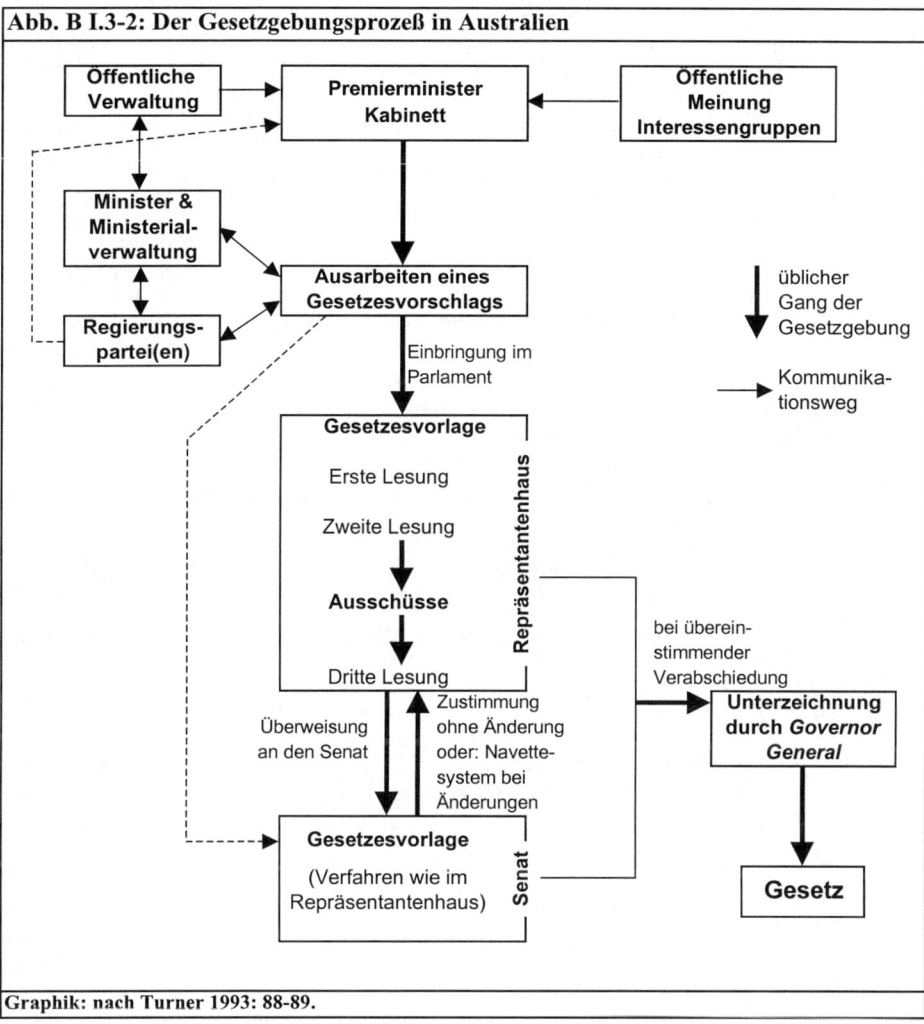

Abb. B I.3-2: Der Gesetzgebungsprozeß in Australien

Graphik: nach Turner 1993: 88-89.

Abbildung 2 zeigt den Verlauf der Gesetzgebung, wobei das Navettesystem zwischen den beiden Kammern bei Änderungsanträgen der genaueren Erläuterung bedarf, denn ein Scheitern dieses Verfahrens kann zur *double dissolution* nach Section 57 der Verfassung führen.[8] Wenn der Senat eine vom Repräsentantenhaus verabschiedete Gesetzesvorlage

---

[8] Im Wortlaut heißt es hier: „If the House of Representatives passes any proposed law, and the Senate rejects or fails to pass it, or passes it with amendments to which the House of Representatives will not agree, and if after an interval of three months the House of Representatives, in the same or next session, again passes the proposed law with or without any amendments which have been made, suggested, or agreed to by the Senate, and the Senate rejects or fails to pass it, or passes it with amendments to which the House of Representatives will not agree, the Governor-General may dissolve the Senate and the House of Representatives simultaneously.“

zurückweist, nicht verabschiedet oder mit Änderungen verabschiedet, hat das Repräsentantenhaus drei Monate Zeit, Änderungen an der Vorlage vorzunehmen bzw. die Änderungen des
Senates zu akzeptieren, über die Vorlage erneut abzustimmen und sie wiederum an den Senat
zu überweisen. Kommt im Senat wieder keine Mehrheit für die Vorlage zustande oder nur mit
Änderungen, die das Repräsentantenhaus nicht billigt, kann der *Governor General* beide
Häuser gleichzeitig auflösen, um durch Neuwahlen den Wählerauftrag gleichsam zu
überprüfen. Da dieser Fall, wie bereits erwähnt, erst sechs Mal eintrat, kann von einem relativ
erfolgreichen Schlichtungsverfahren ausgegangen werden. Anders als beispielsweise in den
USA geschieht dies nicht in einem Vermittlungsausschuß, sondern durch das Hin- und
Herpendeln (Navette) zwischen den Kammern. Dies geht nicht allein auf der Basis der
formalen Verfassungsvorgaben vonstatten, vielmehr finden innerhalb der drei Monate bzw.
zwischen den entscheidenden Abstimmungen informale Gespräche statt, um die Änderungen
auszuloten. Insbesondere den Führern der Parteien kommt dabei ein gewichtige Rolle zu,
einerseits im Hinblick auf die eigene Partei und inwiefern ihre Zustimmung zu einem Gesetz
gesichert ist, andererseits durch die Kommunikation mit den anderen Fraktionsführern, um
festzustellen, unter welchen Bedingungen ein Gesetz Mehrheiten finden kann. Gerade
innerhalb dieses Aushandlungsprozesses kommt den kleineren Parteien im Senat in ihrer
Funktion als Mehrheitsbeschaffer in die eine oder andere Richtung große Bedeutung zu, so
daß sie sich in dieser Position Zugeständnisse für die eigenen programmatischen
Vorstellungen sichern können [Parliament 1998e; Jaensch 1997: 125-127; Uhr 1999: 94-95].

3. Weitere Funktionen des australischen Senats

In der Gesetzgebungsfunktion des Senats, respektive in seiner starken Stellung im
Gesetzgebungsprozeß, wird in der Literatur zugleich seine Kontrollfunktion gesehen. Durch
die potente Drohung der *double dissolution* ergibt es sich, daß die Regierung, anders als in
anderen parlamentarischen Regierungssystemen, nicht nur der Ersten sondern eben beiden
Kammern verantwortlich ist [Parliament 1998h; Galligan/Uhr 1990: 319]. Entscheidend für
die Bewertung dieses Sachverhaltes ist, daß die idealtypische Vorstellung der
kontrollierenden Zweiten Kammer stets auch unter dem Gesichtspunkt der parteipolitischen
Instrumentalisierung zu sehen ist. Oder, um es mit einer Frage zu formulieren: Begibt sich der
Senat in das Schicksal der selbsterzwungenen Auflösung aus den hehren Motiven des
Schutzes der Bevölkerung vor unzulänglicher Gesetzgebung, oder sind es nicht vielmehr
parteipolitische Machtspekulationen, die dazu führen? Im übrigen ist unter letzterem Aspekt
auch darauf hinzuweisen, daß eine *double dissolution* nicht notwendigerweise vom Senat
ausgelöst, sondern von der Regierung provoziert werden kann, um durch eine Neuwahl
gegebenenfalls Mehrheiten in beiden Häusern zu erlangen und keineswegs, um blockierte
Gesetze auf dem Weg einer *joint sitting* schließlich doch durchzubringen [Hanks 1996: 121].

Der Regierung eröffnet sich durch die Ernennung von Ministern aus den Reihen des
Senats die Möglichkeit, eine Basis für Zustimmung zu ihrem Programm zu schaffen und
hierdurch wenigstens die eigenen Parteigänger zu binden. Der Senat hat also insofern eine
Rekrutierungsfunktion, als er Personal für die Exekutive abstellt. Wenngleich nicht dem Senat
als ganzem, so kommen in ihrem Ministerrang doch einzelnen Senatoren administrative
Aufgaben bei der Leitung der entsprechenden Ministerien zu, weshalb in dieser Hinsicht von
einer Administrativfunktion gesprochen werden kann. Hierunter ist ebenfalls die begleitende
Kontrolle beim Gesetzesvollzug (auch im Rahmen von Regierungsverordnungen) beispiels-
weise durch das *Standing Committee on Regulations and Ordinances* zu fassen. Durch die
Herstellung von Transparenz, gerade durch das Ausschußwesen [Abschnitt IV], versucht der
Senat die Öffentlichkeit in seine Arbeit einzubinden und nimmt so eine Kommunikationsfunktion wahr, die wiederum seine Stellung im System stärken hilft.

VI.   Die Zukunft der „*Cinderella Institution*"

Trotz seiner beeindruckenden verfassungsrechtlichen Kompetenzen und wegen seiner nur periodisch entfalteten Wirkungsmacht, meint Brian Galligan feststellen zu können, daß „the Australian Senate remains the Cinderella institution of Australian Government. For almost a century it has been overshadowed by a combination of responsible government and disciplined party politics." [Galligan 1995: 63] Die Verfassungskrise von 1975 habe deutlich gezeigt, welche Schwierigkeiten das hybride australische System aus exekutivbestimmtem Repräsentantenhaus und fast gleich starkem Senat mit sich brächte. Es ist daher auch nicht verwunderlich, daß es zahlreiche Reformvorschläge insbesondere zuungunsten des Senats gibt. Hierunter fallen beispielsweise die Abschaffung des Senats als schärfste Variante, des weiteren daß Minister nur aus dem Repräsentantenhaus kommen dürften, daß der Nexus zwischen der Größe des Repräsentantenhauses und der des Senats abgeschafft und die Zahl der Senatoren aus jedem Einzelstaat endgültig auf zwölf festgesetzt wird[9], oder daß der Senat Finanzgesetze lediglich für 30 Tage verzögern, aber nicht seine Zustimmung verweigern könne [Thompson 1993: 75-76].

Das Problem all dieser Vorschläge liegt darin, daß für ihre Umsetzung jeweils eine Verfassungsänderung nötig, eine solche aber wegen der zu nehmenden Hürden völlig unrealistisch ist. Denn eine mit absoluter Mehrheit aus einer der beiden Kammern (und in diesem Fall nicht aus dem Senat zu erwartende) vorgeschlagene Verfassungsänderung bedarf der Zustimmung einer Mehrheit der Gesamtbevölkerung sowie gleichzeitig der Mehrheiten der Bevölkerungen in einer Mehrheit (also in vieren) der Einzelstaaten [Section 128 AUS-Verf.]. Bislang haben erst acht von 42 Vorlagen diese Mehrheiten erzielt [Hanks 1996: 28-29]. Aus diesem Grunde kann eine Reform des Senats nur durch einfache Änderungen zu erreichen sein, allerdings dürfte sich auf gesetzgeberischem Wege die Zustimmung des Senats beispielsweise für eine Rückkehr zum Mehrheitswahlrecht nicht gewinnen lassen, und dafür eine *double dissolution* zu provozieren, käme für jede Regierung bei einer Neuwahl einem politischen Selbstmord gleich.

Der australische Senat wird also auf absehbare Zeit in seiner jetzigen verfassungsrechtlichen Stellung und politischen Situation verbleiben. Die verschiedenen Organe und die Parteien haben sich nach der Einführung des Verhältniswahlrechts und der letztlich hieraus resultierenden Situation des *divided government* arrangiert [Uhr 1999]. Die kleineren Parteien, die ihre parlamentarische Existenz dem Wahlrecht verdanken, halten das Machtgleichgewicht und erzwingen die Herstellung breiter konsensueller Entscheidungen. Daß dies gelungen ist, zeigt die Tatsache, daß seit der Hochzeit der *double dissolutions* in den Jahren zwischen 1974 und 1987 bislang keine mehr ‚inszeniert' wurden. Von den Wahlerfolgen der kleineren Parteien hängen letztlich die Position und der Einfluß ab, die der Senat politisch einnimmt und ausübt. Die parteipolitische Instrumentalisierung des Senats durch die großen Parteien ist nicht mehr so leicht möglich, wenngleich die dritten Parteien diese Funktion in gewisser Weise übernommen haben. Allerdings ist durch sie die institutionelle Stärke des Senats erst richtig zum Tragen gekommen. Die verfassungsrechtlich vorprogrammierte Spannung zwischen dem Prinzip des *responsible government* nach britischem Vorbild und der starken föderalen Prägung des australischen Regierungssystems in der Form seines Senats nach amerikanischem Muster wird jedenfalls weiter erhalten bleiben.

---

[9] Hierdurch ließe sich für den Fall einer *joint sitting* die Übermacht des Repräsentantenhauses garantieren.

VII. Auswahlbibliographie

Bullock, R. E., 1976: The Australian Senate and Its Power to Withhold Supply, in: **Shakdher**, S. L. (Hrsg.), The Commonwealth Parliaments, New Delhi, S. 56-63.

Galligan, Brian/**Uhr**, John, 1990: Australian Federal Democracy and the Senate, in: Public Law Review, Vol. 1, No. 4, S. 309-328.

Galligan, Brian, 1995: A Federal Republic. Australia's Constitutional System of Government, Cambridge.

Garis, B.K. de, 1974: 1890-1900, in: **Crowley**, F.K. (Hrsg.), A New History of Australia, Melbourne, S. 216-259.

Hanks, Peter, 1996: Constitutional Law in Australia, 2. Aufl., Sydney.

Jaensch, Dean, 1992: Parliament, Parties, and People: Australian Politics Today, Melbourne.

Jaensch, Dean, 1997: The Politics of Australia, 2. Aufl., South Yarra.

McKenna, Mark, 1996: The Captive Republic. A History of Republicanism in Australia 1788-1996, Cambridge.

Newman, Gary, 1989 [currently revised]: Electoral Systems. Research Paper No. 1989-1990, publ. by the Department of the Parliamentary Library, 1999 [http://www.aec.gov.au/pubs/electoral_systems.htm].

Odgers, J.R., 1997: Odgers' Australian Senate Practice, ed. by Harry Evens, 8. Aufl., Canberra [ständig aktualisiert: http://www.aph.gov.au/senate/pubs/orders97/index.htm].

Parkes, N. J., 1976: Legislative Deadlocks in the Australian Parliament, in: **Shakdher**, S. L. (Hrsg.), The Commonwealth Parliaments, New Delhi, S. 48-50.

Parliament of Australia: Senate, 1998a: Electing Australia's Senators. Senate Brief No. 1.

Parliament of Australia: Senate, 1998b: Women in the Senate. Senate Brief No. 3.

Parliament of Australia: Senate, 1998c: Senate Committees. Senate Brief No. 4.

Parliament of Australia: Senate, 1998d: The President of the Senate. Senate Brief No. 6.

Parliament of Australia: Senate, 1998e: Disagreement Between the Houses. Senate Brief No. 7.

Parliament of Australia: Senate, 1998f: The Senate and Legislation. Senate Brief No. 8.

Parliament of Australia: Senate, 1998g: The Origins of the Senate. Senate Brief No. 9.

Parliament of Australia: Senate, 1998h: The Role of the Senate. Senate Brief No. 10.

Parliament of Australia: Senate, 1998i: Questions. Senate Brief No. 12.

Sharman, Campbell, 1988: Constitutional Politics in Australia (1900), in: **Bogdanor**, Vernon (Hrsg.), Constitutions in Democratic Politics, Aldershot, S. 105-127.

Sharman, Campbell, 1990: Parliamentary Federations and Limited Government. Constitutional Design and Redesign in Australia and Canada, in: Journal of Theoretical Politics, Vol. 2, No. 2, S. 205-230.

Thompson, Elaine, 1980: The „Washminster" mutation, in: Politics, Vol. 15, No. 2, S. 32-40.

Thompson, Elaine, 1993: The Constitution, in: **Smith**, Rodney (Hrsg.), Politics in Australia, 2. Aufl., St. Leonards, S. 61-77.

Turner, Ken, 1993: Parliament, in: **Smith**, Rodney (Hrsg.), Politics in Australia, 2. Aufl., St. Leonards, S. 78-99.

Uhr, John, 1999: Generating Divided Government: The Australian Senate, in: **Patterson**, Samuel C./**Mughan**, Anthony (Hrsg.), Senates: Bicameralism in Contemporary World, S. 93-119.

Voigt, Johannes H., 1988: Geschichte Australiens, Stuttgart.

II. Indirekt gewählte Zweite Kammern

Ulrich Eith

Der Deutsche Bundesrat zwischen Bundesstaatlichkeit und Parteienwettbewerb

I.   Einleitung

Der Föderalismus stellt ein zentrales Strukturprinzip der Bundesrepublik Deutschland dar. Als Reaktion auf den nationalsozialistischen Einheitsstaat wurde 1949 die bundesstaatliche Ordnung unveränderbar in Art. 20 des Grundgesetzes (GG) verankert. Im Osten Deutschlands verhinderte zunächst die zentralistische Herrschaftsausübung der SED entsprechende Entwicklungen. Nach dem Zusammenbruch der DDR 1989 konnten sich jedoch auch dort die föderalen Kräfte durchsetzen. In der Folge erweiterten fünf neue Bundesländer die Bundesrepublik.

Kennzeichnend für den bundesdeutschen Föderalismus ist eine Aufgabenverteilung zwischen Bund und Ländern, die nicht nach Sachgebieten sondern nach Funktionsarten erfolgt. Dem Bund obliegt weitgehend die Legislative, den Ländern hingegen die Administration. Zudem fällt nahezu die gesamte Steuergesetzgebung inklusive der Aufteilung der Finanzmittel zwischen Bund und Ländern in den Zuständigkeitsbereich des Bundes. Als Ausgleich für den geringen Umfang eigener legislativer Kompetenzen sind die derzeit sechzehn Bundesländer an der nationalen politischen Willensbildung in einer institutionalisierten Form beteiligt, die im internationalen Vergleich als einzigartig bezeichnet werden muß. Die Interessen der Länder werden durch den Bundesrat vertreten, der sich aus Mitgliedern der einzelnen Landesregierungen zusammensetzt. Entsprechend Art. 50 GG wirken auf diese Weise die Länder durch den Bundesrat bei der Gesetzgebung und Verwaltung des Bundes sowie seit 1992 auch in Angelegenheiten der Europäischen Union mit. Zahlreiche Gesetze und Verordnungen bedürfen der expliziten Zustimmung des Bundesrats. Dennoch stellt der Bundesrat keine Zweite Kammer in dem Sinne dar, daß er neben dem Bundestag Teil eines zweigliedrigen Parlaments wäre [v. Beyme 1993: 334].

In der nun über 50jährigen Verfassungspraxis konnte der Bundesrat seine politische Bedeutung zunehmend steigern und Machtpositionen ausbauen [Kilper/Lhotta 1996: 169]. Die gesetzgeberischen Kompetenzen des Bundes und somit auch die Einflußmöglichkeiten des Bundesrats wurden nicht zuletzt auch unter Hinweis auf die nach Art. 72 GG a.F. zu wahrende „Einheitlichkeit der Lebensverhältnisse" deutlich ausgeweitet.[1] Zudem vergrößerte sich der Anteil derjenigen Gesetze, die nur mit Zustimmung des Bundesrats verabschiedet werden können. Diese Unitarisierungstendenzen sowie die besondere Konstruktion des deutschen Föderalismus haben in der wissenschaftlichen Literatur immer wieder zu Kontroversen geführt. Von besonderer Bedeutung war hierbei zum einen die Frage nach der Steuerungsfähigkeit des vertikal wie horizontal eng verflochtenen bundesstaatlichen Systems mit einer hohen Vetomacht des Bundesrats gegenüber dem Bundestag. Zum anderen stand der Bundesrat insbesondere in den siebziger und neunziger Jahren bei entgegengesetzten Mehrheitsverhältnissen in Bundestag und Bundesrat in der Kritik, vorwiegend nach parteipolitischen Kriterien zu handeln und so der Bundestagsopposition unangemessene Blockademöglichkeiten zu eröffnen.

---

[1] Seit der Verfassungsänderung 1994 steht dem Bund nach Art. 72 Abs. 2 GG (konkurrierende Gesetzgebung) das Gesetzgebungsrecht statt zur „Wahrung der Einheitlichkeit der Lebensverhältnisse über das Gebiet eines Landes hinaus" [a.F.] dann zu, „wenn und soweit die Herstellung gleichwertiger Lebensverhältnisse im Bundesgebiet ... eine bundesgesetzliche Regelung erforderlich macht" [n.F.].

II. Historische Entwicklung und verfassungsrechtliche Stellung des Bundesrates

1. Vom Deutschen Reich 1871 zur Bonner Republik

Das Bundesratsmodell des Grundgesetzes steht in einer deutschen Verfassungstradition, die über die Weimarer Republik bis zum Deutschen Reich von 1871 und zur bundesstaatlichen Struktur des Norddeutschen Bundes von 1867 zurückreicht [Eschenburg 1974; Kielmansegg 1989]. Mit der Konstruktion des Bundesrats gelang Bismarck ein „diplomatisch-verfassungspolitisches Meisterwerk" [Hennis 1997], um die deutsche Frage ganz im Sinne Preußens zu lösen. Die norddeutschen sowie im Zuge der kleindeutschen Lösung auch die süddeutschen Staaten bzw. Fürsten ließen sich mit Hilfe der bundesstaatlichen Ordnung einbinden. Auf diese Weise konnten sie nicht nur eine Reihe von einzelstaatlichen Sonderrechten und Kompetenzen (Reservatrechte) behalten, sie waren zudem auch über den Bundesrat an der Gesetzgebung und Verwaltung des Reiches beteiligt. Die Verfassung sicherte die traditionellen Interessen der deutschen Fürsten und Stadtstaaten gegenüber den aufkommenden demokratischen Ansprüchen des Bürgertums, die Regierungspraxis hingegen festigte die preußische Vormachtstellung.

Die bundesstaatliche Verfassung von 1867/1871 verknüpfte zwei unterschiedliche Legitimitätsprinzipien. Dem vom (männlichen) Volk in allgemeinen, direkten und geheimen Wahlen demokratisch gewählten Reichstag stand der aus Bevollmächtigten der Regierungen der Mitgliedstaaten sich zusammensetzende Bundesrat gegenüber. Letzterer spiegelte in erster Linie die monarchischen Traditionen wider und institutionalisierte – zugespitzt formuliert – die „Vetomacht des ancien régime" [Kielmansegg 1989: 49]. Träger der Souveränität des Reiches waren die Regierungen der Mitgliedstaaten in ihrer Gesamtheit, verkörpert durch den Bundesrat. Dennoch war die Vormachtstellung Preußens unübersehbar. Im Bundesrat besaß Preußen eine Sperrminorität und wurde im Kaiserreich lediglich einmal überstimmt [Eschenburg 1974: 40]. Der Reichskanzler, bezeichnenderweise fast immer der preußische Ministerpräsident, saß dem Bundesrat vor und übernahm für die Anordnungen und Verfügungen des Deutschen Kaisers – dieser wiederum identisch mit dem König von Preußen – die Verantwortlichkeit. In der Verfassungspraxis erlangte der Reichskanzler nicht zuletzt aufgrund dieser in Art. 17 der Reichsverfassung festgelegten Verantwortlichkeit eine deutliche Eigenständigkeit gegenüber dem Bundesrat. Zunehmend entwickelte sich das Amt des Reichskanzlers zur Exekutive, während dem Bundesrat vor allem verordnende und legislative Kompetenzen verblieben [Kielmansegg 1989: 48-49]. Der demokratisch legitimierte Reichstag hingegen besaß keinen verfassungsrechtlich verbrieften Einfluß auf die Regierungsbildung und konnte sein politisches Gewicht daher nur schrittweise erhöhen. Das demokratische Prinzip sollte sich erst mit der vollen parlamentarischen Verantwortlichkeit des Reichskanzler entscheidend durchsetzen. Am 28. Oktober 1918 wurde dem Art. 15 der Reichsverfassung ein entsprechender Absatz angefügt [Reuter 1991: 260].

Die von der Volkssouveränität ausgehende Weimarer Verfassung von 1919 stärkte nachhaltig die Gesetzgebungskompetenzen des Reiches zuungunsten der Länder. Trotz dieser unitarischen Ausrichtung blieben diese in ihren Strukturen jedoch erhalten. Die Landesregierungen waren wiederum in einem eigenen föderativen Organ, dem Reichsrat, vertreten. Allerdings hatte der Reichsrat im Vergleich zum früheren Bundesrat stark an verfassungsrechtlichen Kompetenzen und politischer Bedeutung eingebüßt [Laufer/Münch 1998: 61-63]. Auch die bisherige hegemoniale Stellung Preußens war deutlich relativiert. Gegen die vom Reichstag beschlossenen Gesetze besaß der Reichsrat lediglich ein aufschiebendes Veto, bei Verfassungsänderungen konnte er bestenfalls einen Volksentscheid erzwingen. Nach der nationalsozialistischen Machtübernahme wurde die föderative Ordnung dann vollständig aufgehoben.

Der bundesstaatliche Aufbau der Bundesrepublik Deutschland erfolgte im Zusammen-wirken von Besatzungsmächten, Ministerpräsidenten der Länder und Parlamentarischem Rat als Verfassungsgeber [Niclauß 1998: 110-136]. Direkt nach Kriegsende konnten sich die Alliierten zunächst nicht über die staatliche Zukunft Deutschlands und ein einheitliches Vorgehen in ihren jeweiligen Besatzungszonen einigen. Konsens bestand lediglich darüber, daß die politischen Strukturen entsprechend dem Potsdamer Abkommen dezentralisiert und die frühere Vormachtstellung Preußens wirkungsvoll unterbunden werden sollte. Zwischen 1945 und 1947 erfolgte in den Westzonen dann die Gründung von zwölf Bundesländern [Kilper/Lhotta 1996: 82-85]. Ihr Zuschnitt orientierte sich mit Ausnahme von Bayern und den Stadtstaaten Hamburg und Bremen weniger an kulturellen Bindungen und historischen Grenzen als vielmehr an den administrativen Interessen der Westalliierten und den eher willkürlichen Grenzverläufen der Besatzungszonen. Insbesondere Nordrhein-Westfalen, Rheinland-Pfalz und Niedersachsen waren Kunstprodukte, Konglomerate früherer Staats-gebilde und Verwaltungseinheiten. Im Südwesten entstanden aufgrund unterschiedlicher Zugehörigkeiten zur amerikanischen bzw. französischen Besatzungszone zunächst die drei Länder Württemberg-Baden, Württemberg-Hohenzollern und Baden [Hartmann 1994]. Im Gegensatz zu den Westalliierten lehnte die Sowjetunion föderale Strukturen jedoch ab und favorisierte einen zentralistischen Staatsaufbau. 1947 kam es zum Bruch zwischen den Alliierten und in der Folge zur Teilung Deutschlands. Im Frühjahr 1948 einigten sich die Westmächte in London auf ein einheitliches Vorgehen. Die am 1. Juli 1948 den Minister-präsidenten der westzonalen Länder übergebenen „Frankfurter Dokumente"[2] überantworteten diesen erstens die Einberufung einer verfassungsgebenden Versammlung zur Ausarbeitung einer demokratischen und föderalistischen Verfassung, eröffneten zweitens die Möglichkeit einer Länderneugliederung und regelten drittens die Grundzüge des Besatzungsstatus. In drei Konferenzen mit den Militärgouverneuren konnten die Ministerpräsidenten einige Änderungen durchsetzen, um den ihrer Ansicht nach provisorischen Charakter der westdeutschen Staatsbildung zu unterstreichen [Niclauß 1998: 113-120]. So hieß die ver-fassungsgebende Versammlung fortan Parlamentarischer Rat und sein Auftrag bestand in der Ausarbeitung eines „Grundgesetzes" statt einer Verfassung. Ratifiziert werden sollte das neue Grundgesetz nicht durch ein Referendum, so der ursprüngliche Auftrag in den Frankfurter Dokumenten, sondern durch die gewählten Parlamente der Länder. Darüber hinaus sahen sich die Ministerpräsidenten außerstande, bis zum 1. September 1948 die von den Westalliierten gewünschten Vorschläge für eine Neuregelung der Ländergrenzen vorzulegen.

Im August 1948 wählten die Landesparlamente die Abgeordneten für den Parlamentarischen Rat. Am 1. September 1948 nahm dieser seine Beratungen auf. Ein zentraler Konfliktpunkt stellte hierbei die Ausgestaltung der föderativen Ordnung dar [Morsey 1974]. Unstrittig war die grundsätzliche Einrichtung einer Zweiten Kammer. Allerdings lagen die Vorstellungen über ihre Zusammensetzung und ihre Kompetenzen weit auseinander, was bereits beim vorangegangenen Herrenchiemseer Verfassungskonvent deutlich geworden war. Die SPD präferierte zunächst ein Senatsmodell, wonach erstens die Mitglieder dieser Zweiten Kammer zwar durch die Landtage gewählt, nach amerikanischem Vorbild jedoch mit einem freien Mandat ausgestattet werden sollten. Im Senat sollte sich ein politisch reifer, der inneren Unabhängigkeit verpflichteter Personentypus des *elder statesman* herausbilden [Kilper/Lhotta 1996: 93]. Zweitens seien die gesetzgeberischen Kompetenzen dieser Zweiten Kammer derjenigen des direkt vom Volk gewählten Bundestags deutlich unterzuordnen. Die Unionsparteien waren in dieser Frage gespalten, im wesentlichen entsprechend ihrer Zugehörigkeit zur britischen oder aber amerikanischen und französischen Besatzungszone. So neigte die rheinische CDU unter Konrad Adenauer ebenfalls eher dem

---

[2] Abgedruckt in Laufer/Münch 1998: 362-365.

Senatsmodell zu. Demgegenüber sprachen sich die bayerische CSU und große Teile der süddeutschen CDU für das föderalistischere Bundesratsmodell aus. In Anlehnung an die Verfassung des Deutschen Reiches von 1871 sollte der Bundesrat aus Mitgliedern der Landesregierungen bestehen und im Gesetzgebungsprozeß dem Bundestag gleichberechtigt zur Seite gestellt werden. Als mögliche Kompromißlösung wurde im Parlamentarischen Rat auch ein gemischtes System diskutiert, wonach die Mitglieder der Zweiten Kammer teils von den Landesregierungen, teils von den Landtagen gewählt würden. Auch ein Dreikammernsystem wurde zeitweise erwogen.

Mit dem Senats- und Bundesratsmodell standen sich zwei unterschiedliche Föderalismus- und letztlich auch Demokratiekonzeptionen gegenüber [Kilper/Lhotta 1996: 92-96]. Die Befürworter des Senatsmodells verfochten „den Primat des Parlamentes über die Länderkammer" [Kielmansegg 1989: 54], insbesondere auch über die in ihr traditionell vertretenen Landesregierungen. Zum einen sollte die durch die Wahl zu erzielende eigenständige demokratische Legitimation der Senatoren diesen genügend große Handlungsspielräume gegenüber den Landesregierungen und deren Interessen verschaffen. Zum anderen wäre das direkt gewählte Parlament aufgrund der Kompetenzverteilung in seiner Handlungsfreiheit nur bedingt durch eine Zweite Kammer eingeschränkt. Diese mehrheitsdemokratische Position stand im Gegensatz zur konstitutionell-demokratischen Auffassung [Niclauß 1998: 212-217]. Die Gegner des Senatsmodells befürchteten insbesondere eine parteipolitische Ausrichtung der Zweiten Kammer, letztlich eine gewisse Verdopplung des Bundestags. Gegen diese zentralistischen Tendenzen der Parteienherrschaft bot das Bundesratsmodell die in ihren Augen notwendigen Möglichkeiten zur Gewaltenteilung. Bei einer Gleichberechtigung von Bundesrat und Bundestag könnte der mit Mitgliedern der Landesregierungen besetzte Bundesrat die Gefahren eines übermächtigen Parlamentarismus begrenzen. Der Gesetzgebungsprozeß verliefe unter der Bedingung gleichberechtigter, sich gegenseitig regulierender Kammern in ruhigeren Bahnen und garantiere ein höheres Maß an Kontinuität und Verläßlichkeit. Die Beteiligung der Landesregierungen sichere darüber hinaus den nötigen Sachverstand zur Kontrolle der Minsterialbürokratie. Die Befürworter des Bundesratsmodells favorisierten also eine Aufteilung der politischen Macht auf unterschiedliche Ebenen und Institutionen [Laufer/Münch 1998: 85].

Nach mehrwöchigen Beratungen des Parlamentarischen Rates und nicht zuletzt auch aufgrund von Interventionen der Westalliierten zugunsten eines möglichst föderativen Systems [Morsey 1974: 73] einigten sich die Parteien bis Ende November 1948 auf einen Kompromiß. Die SPD stimmte dem Bundesratsmodell zu und die Union akzeptierte eine Begrenzung seiner Kompetenzen. Somit kam erneut der in der Bismarckschen Tradition stehende exekutiv-föderalistische Gedanke grundsätzlich zur Geltung, ohne daß jedoch mit dem Bundesrat eine gleichberechtigte Zweite Kammer institutionalisiert wurde. Die auf Druck der Westalliierten festgeschriebene geteilte Finanzverwaltung sollte den Ländern eine ausreichende Finanzausstattung und somit eine gewisse Unabhängigkeit sichern. Eine Länderneugliederung zur Angleichung ihrer äußerst heterogenen Wirtschafts- und Finanzkraft unterblieb. Erst 1952 erfolgte mit der Vereinigung der drei südwestdeutschen Länder zum Bundesland Baden-Württemberg nach einer entsprechenden Volksabstimmung die erste und bislang auch einzige Änderung der Länderstrukturen. Am 8. Mai 1949 verabschiedet der Parlamentarische Rat dann mit 53 zu 12 Stimmen das Grundgesetz. Die föderalistische Struktur und Organisation der Bundesrepublik Deutschland ist dort in Art. 20 unabänderbar verankert. Statt dem von den Alliierten ursprünglich vorgesehenen Plebiszit über die neue Verfassung wurde das Grundgesetz anschließend durch die Landtage ratifiziert. Lediglich der Bayerische Landtag lehnte nach einer siebzehnstündigen Debatte das Grundgesetz ab, ohne jedoch seine Rechtsverbindlichkeit in Frage zu stellen [Kilper/Lhotta 1996: 98].

2. Die Stellung des Bundesrats im politischen System

Die verfassungsrechtliche Stellung des Bundesrats verdeutlicht in besonderer Weise Art. 50 GG. Demnach wirken die Länder durch den Bundesrat bei der Gesetzgebung und Verwaltung des Bundes sowie seit 1992 auch in Angelegenheiten der Europäischen Union mit. Zusammen mit dem Bundestag, der Bundesregierung, dem Bundespräsidenten und dem Bundesverfassungsgericht steht der Bundesrat in der Reihe der obersten Verfassungsorgane und trägt als Bundesorgan somit eine Mitverantwortung für die Gesamtpolitik des Bundes [Reuter 1991: 122]. Die wichtigsten und weitreichendsten Kompetenzen besitzt der Bundesrat im Gesetzgebungsverfahren, wenngleich das Grundgesetz in Art. 77 Abs. 1 dem Bundestag die Zuständigkeit für den Gesetzesbeschluß zuweist. Darüber hinaus besitzt der Bundesrat eine Reihe weiterer Befugnisse und Aufgaben, insbesondere die Mitwirkung an der Verwaltung des Bundes. Zahlreiche von der Bundesregierung zu erlassende Rechts- verordnungen und Verwaltungsvorschriften bedürfen der Zustimmung des Bundesrats [Art. 80 und 84 GG]. Nach Art. 53 GG ist die Bundesregierung verpflichtet, den Bundesrat über die Führung der Geschäfte auf dem Laufenden zu halten. Weiterhin werden nach Art. 94 Abs. 1 Satz 2 GG die Richter des Bundesverfassungsgerichts je zur Hälfte vom Bundestag und vom Bundesrat gewählt. Die Mitglieder des Bundesrats haben Zutrittsrecht zu allen Sitzungen des Bundestags und seiner Ausschüsse [Art. 43 Abs. 2 GG]. Die Mitglieder der Bundesregierung haben das Recht und auf Verlangen auch die Pflicht, an den Verhandlungen des Bundesrats und seiner Ausschüsse teilzunehmen. Keinen Einfluß hingegen hat der Bundesrat auf die Bildung oder Abberufung der Bundesregierung.

Im Gesetzgebungsprozeß ist der Bundesrat als Bundesorgan an allen Gesetz- gebungsverfahren beteiligt, die in die Kompetenz des Bundes fallen [Laufer/Münch 1998: 161-165; Kilper/Lhotta 1996:122-131]. Das Grundgesetz sieht keine Aufteilung der Gesetzgebungskompetenzen nach Sachgebieten vor. Bundesrat, Bundestag und Bundes- regierung besitzen jeweils ein umfassendes Initiativrecht. Bei Gesetzesvorlagen der Bundesregierung obliegt dem Bundesrat die erste Stellungnahme, bei Gesetzesvorlagen des Bundesrats entsprechend der Bundesregierung. Der Einfluß und die Durchsetzungsfähigkeit des Bundesrats im Gesetzgebungsprozeß hängt jedoch ganz maßgeblich von der Art der Gesetze ab. Zu unterscheiden ist zwischen Zustimmungs- und Einspruchsgesetzen. Im ersten Fall besitzt der Bundesrat ein absolutes Veto und übt somit die Funktion einer echten Zweiten Kammer aus, im zweiten Fall hingegen hat sein Veto lediglich eine aufschiebende, suspensive Wirkung. Die zustimmungspflichtigen Gesetze sind im Grundgesetz explizit aufgeführt (Enumerationsprinzip).[3] Sie umfassen etwa 40 Bereiche und berühren in besonderer Weise die Interessen der Länder. Zu ihnen gehören vor allem Verfassungsänderungen, Gesetze zum Finanzaufkommen und zur Verwaltungshoheit der Länder [Reuter 1991: 154-155] sowie seit 1992 die Übertragung von Hoheitsrechten im Zuge der Entwicklung der Europäischen Union. Sämtliche weiteren Gesetzesbeschlüsse des Bundestags gelten als Einspruchsgesetze. Legt der Bundesrat in diesen Fällen nach beendetem Vermittlungsverfahren einen Einspruch ein, so kann dieser nach Art. 77 Abs. 4 GG vom Bundestag mit entsprechenden Mehrheiten zurückgewiesen werden. Wird der Einspruch des Bundesrats von einer Zweidrittelmehrheit getragen, so ist eine Zurückweisung im Bundestag nur mit mindestens dem gleichen Quorum möglich. Weiterreichende legislative Kompetenzen erhält der Bundesrat etwa im Falle eines Gesetzgebungsnotstandes [Art. 81 GG], wenn die Bundesregierung das Vertrauen des Bundestags nicht mehr besitzt und dieser dennoch nicht aufgelöst wird (Legalitätsreserve).

---

[3] Vgl. die Zusammenstellung der zustimmungspflichtigen Gesetze auf dem Stand von 1991 in: Reuter 1991: Art. 50, Rdn. 170 sowie Maunz/Dürig 1996: Art. 50, Rdn. 15.

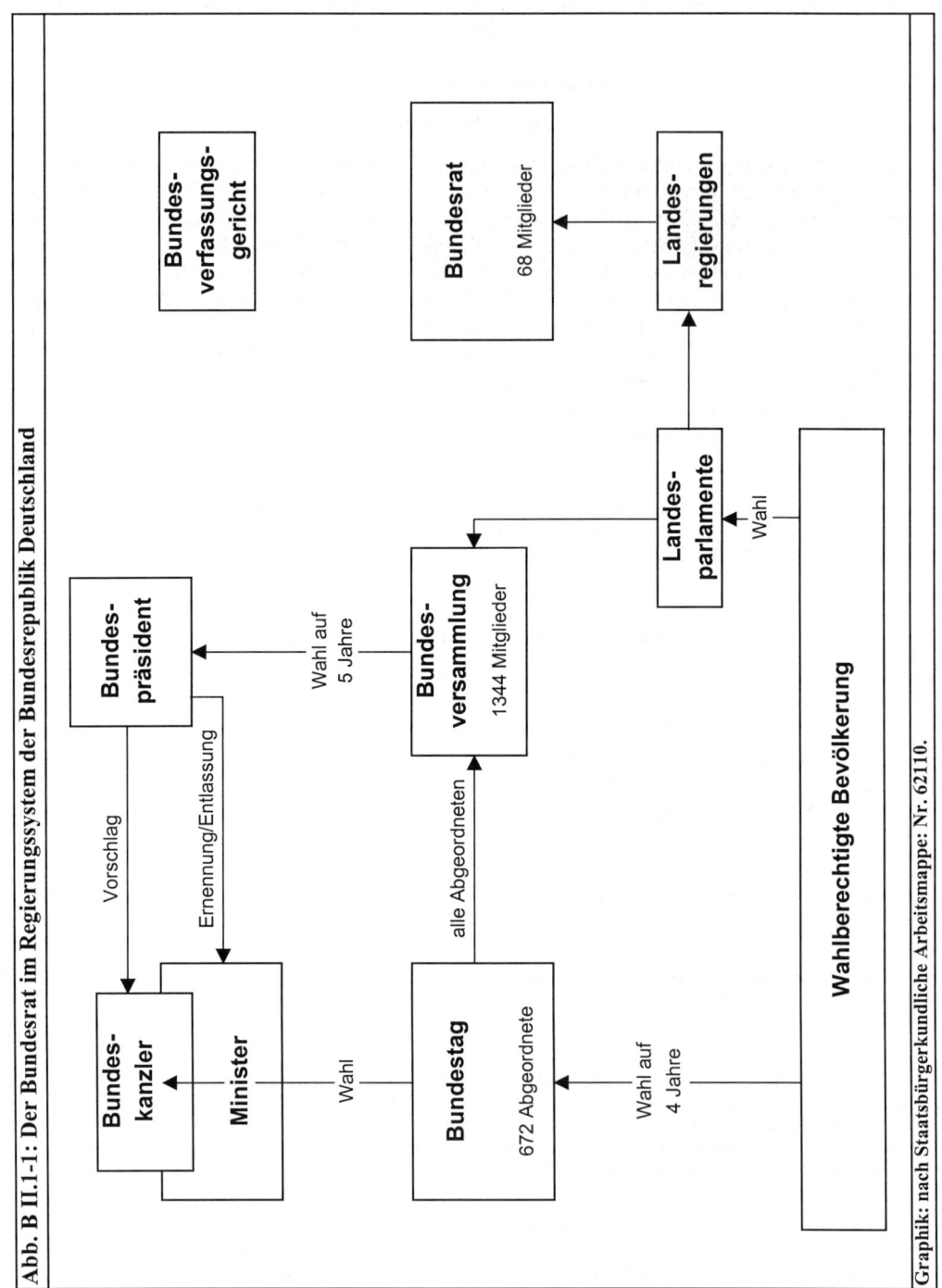

Abb. B II.1-1: Der Bundesrat im Regierungssystem der Bundesrepublik Deutschland

Bundes-
verfassungs-
gericht

Bundes-
präsident

Bundes-
kanzler

Minister

Vorschlag

Ernennung/Entlassung

Wahl auf
5 Jahre

Wahl

Bundes-
versammlung

1344 Mitglieder

alle Abgeordneten

Bundestag

672 Abgeordnete

Wahl auf
4 Jahre

Bundesrat

68 Mitglieder

Landes-
regierungen

Landes-
parlamente

Wahl

Wahlberechtigte Bevölkerung

Graphik: nach Staatsbürgerkundliche Arbeitsmappe: Nr. 62110.

Abb. B II.1-2: Gang der Gesetzgebung in Deutschland

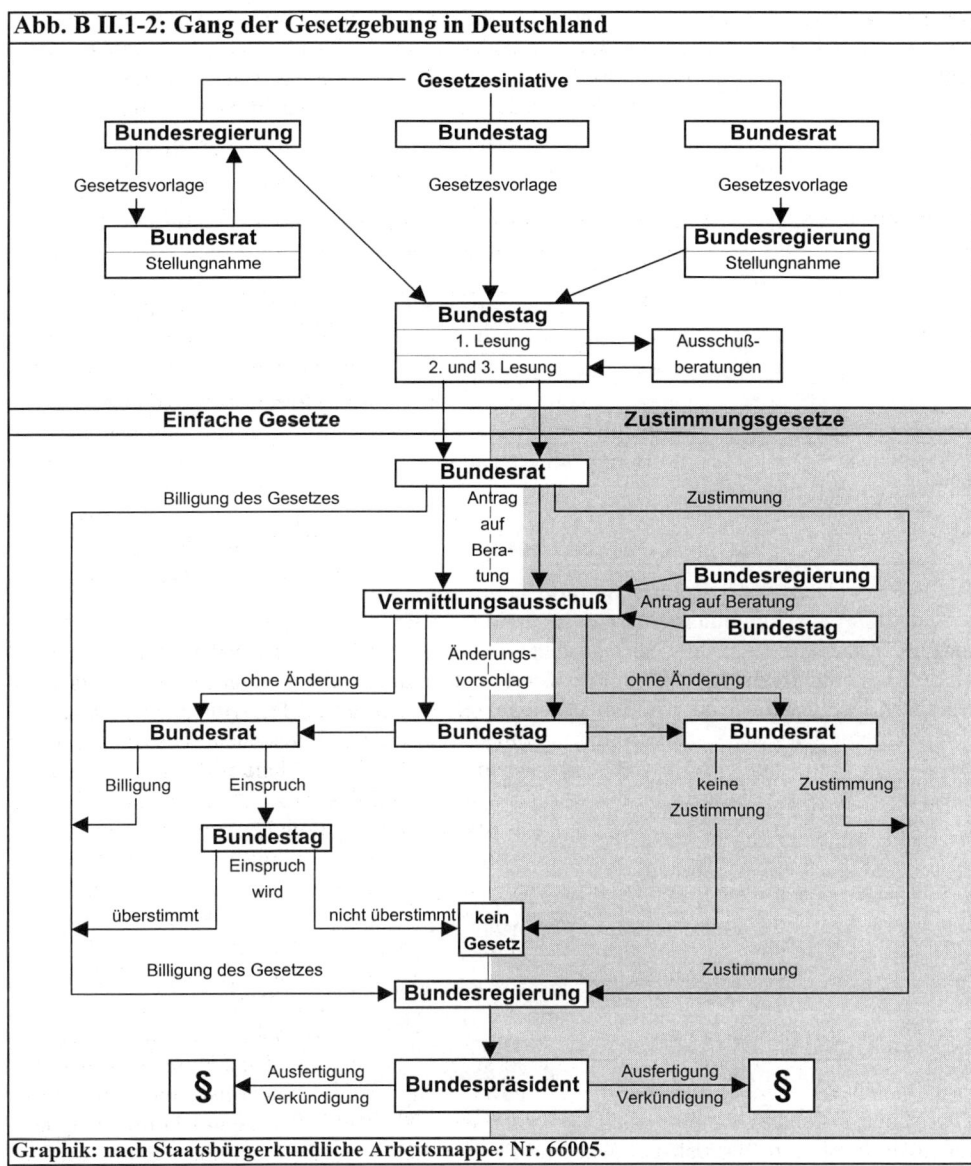

Graphik: nach Staatsbürgerkundliche Arbeitsmappe: Nr. 66005.

Die vom Parlamentarischen Rat gewollte Verzahnung von demokratisch gewähltem Bundestag und föderal zusammengesetztem Bundesrat im Gesetzgebungsverfahren kommt in besonderer Weise in der Institution des Vermittlungsausschusses zum Ausdruck [Laufer/Münch 1998: 176-181]. Dieser nach Art. 77 Abs. 2 GG gemeinsame Ausschuß von Bundestag und Bundesrat setzt sich seit der deutschen Einheit 1990 aus 32 Mitgliedern zusammen. Seitens des Bundesrats hat jedes der 16 Länder einen Sitz. Die weiteren 16 Mitglieder entsendet der Bundestag entsprechend den Fraktionsstärken. Sämtliche Mitglieder unterstehen keinerlei Rechenschaftspflicht oder Weisungsbefugnis, die Sitzungen sind streng vertraulich. Der Vermittlungsausschuß wird nur auf Verlangen und nach Abschluß des parlamentarischen Beratungsverfahrens aktiv. Anrufungsberechtigt sind der Bundesrat nach jedem Gesetzesbeschluß des Bundestags sowie bei Zustimmungsgesetzen der Bundestag und die Bundesregierung. Kommt ein Einigungsvorschlag des Vermittlungsausschusses zustande, steht dieser anschließend in Gänze und ohne Modifizierungen im Bundestag zur Abstimmung. Der Bundesrat kann sich somit auf diesem Weg „in originär parlamentarische Verfassungskompetenzen einmischen und Änderungen bei Bundesgesetzen herbeiführen" [Kilper/Lhotta 1994: 127].

III.   Zusammensetzung des Bundesrates

Anders als etwa der Bundestag, die Bundesregierung und auch der Bundespräsident ist der Bundesrat ein kontinuierliches Organ [Reuter 1991: 90]. Art. 51 Abs. 1 GG regelt seine Zusammensetzung: „Der Bundesrat besteht aus Mitgliedern der Regierungen der Länder, die sie bestellen und abberufen. Sie können durch andere Mitglieder ihrer Regierungen vertreten werden." Dementsprechend orientiert sich der Fortbestand des Bundesrats nicht an Legislaturperioden oder Amtszeiten. Seine Zusammensetzung ändert sich vielmehr unregelmäßig aufgrund von Regierungswechseln in den Bundesländern.

Die Entscheidung des Parlamentarischen Rates zugunsten der Bundesratslösung war verbunden mit einer abgestuften Stimmenverteilung in dieser Kammer, wie sie in prinzipieller Form bereits auch die Verfassung des Deutschen Reiches von 1871 kannte. Das Grundgesetz der Bundesrepublik Deutschland koppelt die Staffelung der Stimmenanzahl an die Bevölkerungszahl der Bundesländer. Von 1949 bis 1990 verfügten die einzelnen Länder entsprechend Tabelle 1 jeweils über drei, vier oder fünf Stimmen. Mit dem Beitritt der fünf Länder der ehemaligen DDR mußte die Verteilung neu ausbalanciert werden. Bei einer Gesamtzahl von 69 Stimmen entfallen auf die einzelnen Länder heute drei, vier, fünf oder auch sechs Stimmen [Art. 51 Abs. 2 GG]. Die Zustimmungsmehrheit beträgt bei einfachen Gesetzen 35 Stimmen, bei Verfassungsänderungen 46 Stimmen.

Stimmberechtigt im Bundesrat sind ausschließlich Mitglieder der Landesregierungen. Lediglich für die Ausschüsse können entsprechend Art. 52 Abs. 4 GG Beauftragte der Regierungen der Länder benannt werden. Da nach dem Grundgesetz explizit die Länder und keine beauftragten oder delegierten Personen an der Willensbildung des Bundes mitwirken, müssen die Stimmen eines Landes einheitlich abgegeben werden. In der Praxis geschieht dies durch einen Stimmführer. Für die Mitglieder des Bundesrats ist ein freies Mandat nicht vorgesehen. Parteipolitisch spiegelt die Zusammensetzung des Bundesrats somit in gewisser Weise die mit der Stimmenstaffelung gewichteten Mehrheitsverhältnisse in den Bundesländern wider. Dennoch ist – anders als etwa im Fall des Bundestags – eine Betrachtung der parteipolitischen Mehrheitsverhältnisse im Bundesrat mit Ausnahme der Zeiten absoluter Mehrheiten von CDU/CSU oder SPD nicht sehr aussagekräftig. Das Abstimmungsverhalten von Koalitionsregierungen fügt sich nur bedingt der Logik parteipolitischer Mehrheiten. Je nach Bundesland, Koalitionskonstellation und politischem Sachgebiet unterscheiden sich die entsprechenden Verabredungen der Koalitionspartner in den Landesregierungen. Einen neuen

Weg beschritt hierbei die von SPD und FDP 1996 geschlossene Koalition in Rheinland-Pfalz. In letzter Konsequenz unterwirft sie ihre Haltung im Bundesrat einer jedoch bis Ende 1998 noch nicht zur Anwendung gekommenen Losentscheidung [Kropp/Sturm 1999: 43-45].

Tab. B II.1-1: Die Stimmenverteilung im deutschen Bundesrat

Bundesstaat	1957-1990	Stimmenzahl seit 1990	Regierung (Stand 1. 5. 1999)
Nordrhein-Westfalen	5	6	SPD/B90/Grüne
Bayern	5	6	CSU
Baden-Württemberg	5	6	CDU/FDP
Niedersachsen	5	6	SPD
Hessen	4	5	CDU/FDP
Sachsen	-	4	CDU
Rheinland-Pfalz	4	4	SPD/FDP
Berlin	(4)	4	CDU/SPD
Sachsen-Anhalt	-	4	SPD
Thüringen	-	4	CDU/SPD
Brandenburg	-	4	SPD
Schleswig-Holstein	4	4	SPD/B90/Grüne
Mecklenburg-Vorpommern	-	3	SPD/PDS
Hamburg	3	3	SPD/B90/Grüne
Saarland	3	3	SPD
Bremen	3	3	SPD/CDU
Insgesamt	41 (45)	68	

Anm.: Bis 1990 hatte Berlin nur ein eingeschränktes Stimmrecht

IV.   Organisation und Arbeitsweise des Bundesrates

Die Organisation und Arbeitsweise des Bundesrats regeln Art. 52 GG sowie die Geschäftsordnung des Bundesrats (GO). Nahm im Deutschen Reich von 1871 noch der vom Kaiser ernannte Reichspräsident den Vorsitz im Bundesrat ein, so wählt heute der Bundesrat seinen Präsidenten für ein Jahr. Nach einer Vereinbarung der Ministerpräsidenten von 1950 (Königsteiner Vereinbarung) wechselt die Präsidentschaft stets zum 1. November von einem Bundesland zum nächsten und wird jeweils vom entsprechenden Regierungschef wahrgenommen. Die Länder werden hierbei in der Reihenfolge ihrer Einwohnerzahl berücksichtigt. Der Präsident vertritt den Bundesrat und übernimmt die Aufgaben des Bundespräsidenten, sollte dieser verhindert sein. Zur Unterstützung sind ihm drei Vizepräsidenten zur Seite gestellt. Ein Ständiger Beirat, dem die Bevollmächtigten der Länder beim Bund angehören, berät das Präsidium.

Die Entscheidungen des Bundesrats fallen im Plenum, das üblicherweise im dreiwöchigen Rhythmus öffentlich tagt. Die Sitzungstermine werden für das Kalenderjahr im voraus festgelegt. Zur inhaltlichen Vorbereitung der Sitzungen bildet der Bundesrat ständige Ausschüsse, in denen die Länder jeweils durch ein Mitglied vertreten sind. Da das Plenum stets freitags zusammentritt, sollen die Ausschüsse entsprechend § 39 Abs. 5 GO ihre Beratungen spätestens am Donnerstag der Vorwoche abgeschlossen haben. Den Landes-regierungen, die üblicherweise zu Beginn jeder Woche ihre Kabinettssitzungen abhalten und dort auch ihre Bundesratsmitglieder entsprechend instruieren, bleibt in der Praxis somit nur wenige Tage Zeit, wirkungsvolle Gegenpositionen und Mehrheiten gegen die Ausschuß-empfehlungen zu organisieren [Kilper/Lhotta 1996: 120].

Der Bundesrat unterhält derzeit 16 ständige Ausschüsse. Ein besonderer Stellenwert kommt hierbei dem Ausschuß für Auswärtige Beziehungen zu. Danach folgen der Ausschuß für Verteidigung sowie mit Abstrichen der Ausschuß für Fragen der Europäischen Union. Aufgrund der bundespolitischen Ausrichtung und Bedeutung dieser drei Ausschüsse liegt die fachliche Zuständigkeit häufig bei den Staatskanzleien der Ministerpräsidenten. Im Geschäftsjahr 1998/99 waren im Ausschuß für Auswärtige Beziehungen ausschließlich Regierungschefs vertreten, im Verteidigungsausschuß derer neun und im Europaausschuß immerhin noch drei. Die weiteren Ausschüsse werden weitgehend von den entsprechenden Landesministern gebildet. Es entspricht einer gängigen Praxis, daß die Arbeit in den Ausschüssen häufig Spitzenbeamten aus den Landesministerien übertragen werden. Dies dient nicht allein der Entlastung der jeweiligen Minister. Da die meisten Gesetzesvorlagen von der Bundesregierung eingebracht werden, kann auf diese Weise das Verwaltungswissen der Landesministerien zur Kontrolle der Ministerialbürokratie der Bundesregierung genutzt werden.

Seit 1988 verfügt der Bundesrat zudem mit der EG-Kammer – seit 1993 Europakammer – nach § 45b GO über eine weitere Institution zur Verhandlung und Beschlußfassung eiliger oder vertraulicher Vorlagen, die Fragen der Europäischen Union betreffen. Die Beschlüsse dieser nun auch in Art. 52 Abs. 3 GG erwähnten Europakammer sind den Bundesratsbeschlüssen in ihrer Wirkung gleichgestellt.

V.   Funktionen des Bundesrates in der Verfassungspraxis

Die Ausführungen zur verfassungsrechtlichen Stellung und den Kompetenzen des Bundesrats ließen bereits erkennen, daß aufgrund der spezifischen Verfassungskonstruktion des Grundgesetzes der Bundesrat – und somit die in ihm vertretenen Landesregierungen – vor allem an der Gesetzgebung und Verwaltung des Bundes beteiligt ist. Seit Mitte der achtziger Jahre wirkt der Bundesrat insbesondere auch aktiv bei Fragen der europäischen Einheit mit.[4] Dementsprechend kommt dem Bundesrat in der Verfassungspraxis der Bundesrepublik Deutschland in erster Linie eine um die administrativen Befugnisse erweiterte Gesetzgebungsfunktion sowie eine Repräsentationsfunktion zu. Eine Kontrollfunktion, wie sie etwa Parlamente mit Hilfe von Anfragen, Fragestunden oder auch Untersuchungsausschüssen ausüben, nimmt der Bundesrat hingegen nur in sehr geringem Umfang wahr.[5]

Ein Blick auf die Verfassungspraxis relativiert zunächst die Bedeutung des Bundesrats als Initiator im Gesetzgebungsprozeß. Eine dominierende Rolle spielt hier vor allem die Bundesregierung. Der weitaus größte Teil der in den vergangenen 13 Legislaturperioden beschlossenen Gesetze geht auf ihre Initiativen zurück. Diese Tatsache reflektiert jedoch vor allem die gängige Regierungspraxis parlamentarischer Systeme wie der Bundesrepublik Deutschland. Anders als etwa in präsidentiellen Systemen sind in parlamentarischen Systemen Exekutive und Mehrheitsfraktionen der Legislative in direkter Weise aufeinander angewiesen und miteinander verzahnt. Die die Regierungsmehrheit im Parlament sichernden Fraktionen können zur Umsetzung ihrer politischen Vorstellung somit häufig auf die Ministerialbürokratie zurückgreifen und bereits in diesem Stadium deren administrativen Sachverstand nutzen. Die Kontrolle der Regierung wird daher auch nicht durch das Parlament als Ganzes sondern durch die Oppositionsfraktionen ausgeübt.

Der quantitative Umfang der Gesetzesinitiativen des Bundesrats ist eher gering. Nach Tabelle 2 wurden lediglich 3,7 Prozent der seit 1949 beschlossenen Gesetze von der

---

[4] Zur Erweiterung der Länderkompetenzen in Fragen des europäischen Einigungsprozesses seit den siebziger Jahren vgl. Klatt 1999.

[5] Vgl. die Zusammenstellung und Diskussion der Funktionen des Bundesrats in: v. Beyme 1993: 334-338.

Länderkammer initiiert. In den letzten 20 Jahren ist dieser Anteil angestiegen und liegt derzeit bei etwa sechs Prozent je Wahlperiode des Bundestags. Selbstverständlich erlauben diese quantitativen Angaben keinen Rückschluß auf die Qualität der Gesetze oder den tatsächlichen Einfluß des Bundesrats. Letzterer liegt vor allem darin begründet, daß der Bundesrat in fast allen wichtigen Gesetzesvorlagen gegebenenfalls Änderungen entsprechend seiner Intentionen bewirken kann. Derzeit bedürfen allein etwa 60 Prozent der Gesetze der expliziten Zustimmung des Bundesrats. Als politisch bedeutsam wird auch das Recht des Bundesrats zur ersten Stellungnahme bei Gesetzesinitiativen der Bundesregierung angesehen [Kilper/Lhotta 1996: 126]. Schon frühzeitig interagieren so die Ministerialbürokratien von Bund und Länder. Hinzu kommt die Mitarbeit des Bundesrats bei zahlreichen Rechtsverordnungen und Verwaltungsvorschriften im Zuge seiner Mitwirkungsrechte an der Verwaltung des Bundes.

Weiterhin eröffnet die Anrufung des Vermittlungsausschusses dem Bundesrat Möglichkeiten zur Einflußnahme auch über die zustimmungspflichtigen Gesetze hinaus. Seit 1949 wurde der Vermittlungsausschuß bei knapp 13 Prozent der Bundestagsbeschlüsse und ganz überwiegend vom Bundesrat angerufen. In Zeiten unterschiedlicher Mehrheitsverhältnisse in Bundestag und Bundesrat stieg die Quote zum Teil auf über 20 Prozent. Dennoch verdeutlicht die geringe Anzahl der nach dem Vermittlungsverfahren letztlich gescheiterten Gesetzesvorlagen, daß die unterschiedlichen Interessen der beteiligten Verfassungsorgane hierbei durchaus zum Ausgleich kommen. Der Bundestag hat die allermeisten Einigungsvorschläge des Vermittlungsausschusses mitgetragen. Einige wenige nicht-zustimmungspflichtige Gesetze verhinderte der Bundesrat schließlich noch mit Hilfe des insgesamt nur sehr selten eingelegten Einspruchs. Auf der Basis der hier diskutierten empirischen Befunde ist zu konstatieren, daß der Bundesrat seine Interessen vor allem in Form von Verhandlungen erfolgreich durchsetzen kann. Das im Grundgesetz festgeschriebene Gesetzgebungsverfahren mit seinen Ausgleichsmechanismen bei unterschiedlichen Interessenlagen der beteiligten Akteure hat sich bislang durchaus bewährt [v. Beyme 1993: 337] und zu einer gewissen Stärkung konkordanzdemokratischer Elemente im bundesdeutschen Regierungssystem beigetragen [Rudzio 1996: 303]. Dies schließt natürlich nicht aus, daß bei entsprechenden Mehrheitskonstellationen im Einzelfall zentrale oder wichtige Gesetzesvorhaben der Bundestagsmehrheit blockiert wurden und auch weiterhin werden. In der Regel ergeben sich jedoch Kompromißlösungen mit zum Teil durchaus weitreichenden Zugeständnissen von allen Beteiligten.

Der Bundesrat repräsentiert als Bundesorgan die Landesregierungen. Nach Art. 43 Abs. 2 GG haben die Mitglieder des Bundesrats zu allen Sitzungen des Bundestags und seiner Ausschüsse Zutritt. Darüber hinaus steht ihnen dort auch jederzeit ein Rederecht zu. Entsprechende Befugnisse kannte bereits die Verfassung des Deutschen Reichs von 1871. Die Mitglieder der Bundesregierung verfügen nach dem Grundgesetz ebenfalls über diese Rechte, nicht jedoch im umgekehrten Fall die Mitglieder des Bundestags.

Das den Mitgliedern des Bundesrats zugebilligte Rederecht im Bundestag steht in der Gefahr, für parteipolitische Zwecke verwandt zu werden. Deutlich wird das insbesondere in Zeiten, in denen der jeweilige Oppositionsführer oder Kanzlerkandidat als Ministerpräsident eines Landes kein Bundestagsmandat inne hat. So machten in den frühen siebziger Jahren insbesondere Kohl und Stoltenberg und in den neunziger Jahren verschiedene sozialdemokratische Ministerpräsidenten bei wichtigen Bundestagsdebatten von ihrem Rederecht als Mitglied des Bundesrats Gebrauch.

Tab. B II.1-2: Mitwirkung des deutschen Bundesrats bei der Gesetzgebung (Basis: verkündete Gesetze je Wahlperiode)

Wahlperiode des Bundestags		1. WP 49-53	2. WP 53-57	3. WP 57-61	4. WP 61-65	5. WP 65-69	6. WP 69-72	7. WP 72-76	8. WP 76-80	9. WP 80-83	10. WP 83-87	11. WP 87-90	12. WP 90-94	13. WP 94-98	insg.
beschlossen und verkündet		545	510	424	425	453	333	506	339	136	320	366	493	550	5400
(1) eingebracht von:															
- Bundesregierung		391	373	349	328	368	263	430	287	110	246	286	373	417	4221
- Bundestag		142	129	73	94	76	57	58	37	17	42	65	93	96	979
- Bundesrat	abs.	12	8	2	3	9	13	18	15	9	32	15	27	37	200
	%	2,2	1,6	0,5	0,7	2,0	3,9	3,6	4,4	6,6	10,0	4,1	5,5	6,7	3,7
(2) Zustimmungsgesetze	abs.	228	254	236	227	224	172	269	182	71	192	202	282	328	2867
	%	41,8	49,8	55,7	53,4	49,4	51,7	53,2	53,7	52,2	60,0	55,2	57,2	59,6	53,1
(3) Anrufungen des Vermittlungsausschusses:															
Bundestagsbeschlüsse insg.	abs.	559	518	428	429	461	334	516	354	139	320	369	507	565	5499
Vermittlungsausschuß	abs.	75	65	49	39	39	33	104	77	20	6	13	85	92	697
	%	13,4	12,5	11,4	9,1	8,5	9,9	20,2	21,8	14,4	1,9	3,5	16,8	16,3	12,7
- angerufen vom Bundesrat	abs.	70	59	46	34	34	31	96	69	17	6	13	71	74	620
- verkündete Gesetze	abs.	63	56	47	35	30	31	89	57	17	6	11	71	73	586
	%	84,0	86,2	95,9	89,7	76,9	93,9	85,6	74,0	85,0	0,0	84,6	83,5	79,3	84,1
(4) Einsprüche des Bundesrats	-	1	1	3	-	-	1	5	7	7	-	1	5	13	44
- vom Bundestag zurückgewiesen		1	1	-	-	1	4	5	5	6	-	1	4	12	35

Quelle: Bundesrat, 1999: Handbuch des Bundesrates für das Geschäftsjahr 1998/99, Baden-Baden, S. 286-291; eigene Berechnungen

VI.   Problemfelder und Reformdiskussionen

Im politischen System der Bundesrepublik Deutschland sind zwei unterschiedliche Handlungslogiken der Politikformulierung miteinander verknüpft, der konkurrenzdemokratische bipolare Parteienwettbewerb und die konkordanzdemokratische Bundesstaatlichkeit [Lehmbruch 1998: 27-30]. Der „Konfrontation" zwischen den beiden politischen Lagern um die Mehrheit im Bundestag steht die Notwendigkeit des „Bargaining" zwischen den Regierungen von Bund und Ländern gegenüber [Scharpf 1994: 68-69]. Das Verhältnis und Zusammenspiel dieser beiden unterschiedlichen Regelsysteme hat in Politik und Wissenschaft immer wieder zu Diskussionen geführt. Zum einen geht es hierbei um die Handlungs- und Reformfähigkeit des politischen Systems. Die zur Überwindung der Politikverflechtungsfalle (Scharpf) verschiedentlich geforderte größere Eigenständigkeit der Länder hätte natürlich Auswirkungen auf die politische Bedeutung des Bundesrats. Zum anderen hat auch die Frage einer möglichen Dominanz des Parteienwettbewerbs im Bundesrat wiederholt Anlaß zu Reformvorschlägen gegeben.

1.   Vom unitarischen Bundesstaat zur Politikverflechtung

In der Verfassungspraxis hat sich der Bundesrat zu einem wichtigen Akteur im gesamtstaatlichen Gesetzgebungsprozeß entwickelt. Der enorme Bedeutungszuwachs ging einher mit der Konzentration der Gesetzgebungskompetenzen beim Bund. Sowohl im Bereich der konkurrierenden [Art. 74 GG] als auch der Rahmengesetzgebung [Art. 75 GG] konnte der Bund seinen Zuständigkeitsbereich teilweise auch aufgrund von Verfassungsänderungen entscheidend ausweiten. Hinzu kam, daß neue Herausforderungen an die Staatstätigkeit im allgemeinen der Kompetenz des Bundes überantwortet wurden. Die Konzentration der Gesetzgebung erfolgte häufig mit dem Hinweis auf die bis 1994 in Art. 72 Abs. 3 GG a.F. aufgetragene Wahrung der Einheitlichkeit der Lebensverhältnisse. Die Neufassung von Art. 72 wird diesen Prozeß zukünftig wohl kaum entscheidend verändern, auch wenn nun die Herstellung „gleichwertiger" Lebensverhältnisse angestrebt wird und Abs. 3 eine Rückgabeklausel beinhaltet, nach der derzeitige Bundeskompetenzen den Ländern übertragen werden können [Laufer/Münch 1998: 126-135]. Der Bundesrat hat sich in der Vergangenheit keineswegs gegen die Ausweitung der Bundeskompetenzen zu Lasten der Länder und die hierzu notwendigen Grundgesetzänderungen gesperrt. In den meisten Fällen hat er den Einschränkungen landespolitischer Zuständigkeiten im Tausch gegen effektive Mitsprache- und Mitentscheidungsrechte im Bund zugestimmt. Eine entsprechende Entwicklung vollzog sich im Bereich der Bundesverwaltung. Auch hier billigte der Bundesrat die deutliche Zunahme von zustimmungspflichtigen Rechtsverordnungen und vereinheitlichenden Verwaltungsvorschriften durch den Bund, um im Gegenzug seinen Einfluß auf die entsprechende Bundespolitik auszuweiten. Unterstützt wurde der rasante Anstieg des Anteils zustimmungspflichtiger Gesetze auf derzeit etwa 60 Prozent durch die Rechtsprechung des Bundesverfassungsgerichts.

Schon frühzeitig charakterisierte Konrad Hesse das westdeutsche System als unitarischen Bundesstaat [Hesse 1962: 14-25]. Neben der Konzentration staatlicher Aufgaben beim Bund und dem gleichzeitigen Bedeutungszuwachs des Bundesrats bei der gesamtstaatlichen Politikformulierung nennt Hesse als drittes wesentliches Merkmal der Unitarisierung die weitgehende und häufig auch freiwillige Selbstkoordinierung zwischen den Ländern sowie zwischen Bund und Ländern durch Staatsverträge, Verwaltungsabkommen, ständige Konferenzen und gemeinsame Ausschüsse. Dieser kooperative Föderalismus [Laufer/Münch 1998: 247-248], der sich mit seinen vielfältigen Koordinierungsgremien im Laufe der Zeit immer deutlicher herausgebildet hat, war bereits im Grundgesetz durch die dort festgeschriebene Aufgabenverschränkung von Bund und Ländern angelegt. Die regelmäßigen

Tagungen der Ministerpräsidentenkonferenz oder die Konferenz der Kultusminister reichen sogar bis in die Zeit vor der westdeutschen Staatsgründung zurück. Verschiedene Gründe beförderten die Bereitschaft der Länder zur Koordination. In der direkten Nachkriegszeit ging es hierbei vor allem auch um die Wahrung der Einheit und die Demonstration eines Zusammengehörigkeitsgefühls gegenüber den Besatzungsmächten [Scharpf 1994: 74]. Unter der Prämisse einheitlicher Lebensverhältnisse erforderten für Hesse dann insbesondere die Entwicklung zum modernen Sozialstaat und die Aufarbeitung der Kriegsfolgen wie etwa Lastenausgleich und Flüchtlingsfragen einheitliche Regelungen, also „eine weitgehend sachliche Unitarisierung" [Hesse 1962: 13]. Günstige Rahmenbedingungen dieser Entwicklung stellten hierbei zum einen der vergleichsweise hohe Grad gesellschaftlicher Homogenität sowie zum anderen die eher auf Proporz und Aushandeln denn auf Konflikt und Mehrheitsprinzip ausgerichtete politische Kultur Westdeutschlands dar [Schultze 1990: 482].

Mit der Unitarisierung ist nun keineswegs eine grundsätzliche Zentralisierung staatlicher Aufgaben und die Entwicklung zum Einheitsstaat verbunden. Gerade die moderne, unitarische Bundesstaatlichkeit sichert nach Hesse eine umfassende Gewaltenteilung. Während von anderer Seite die geringe Autonomie der Länder beklagt und die im Grundgesetz festgeschriebene Bundesstaatlichkeit im Vergleich zum gewalten- und kompetenzentrennenden Föderalismusmodell der USA als „ziemlich verkorkstes System" bewertet wird [Abromeit 1992: 123, 131], sieht Hesse die normative Rechtfertigung und wichtigste Aufgabe moderner Bundesstaatlichkeit weniger in der Ausbalancierung von Mannigfaltigkeit und Einheit.[6] Vielmehr ergänzt und verstärkt der Föderalismus bundes-deutscher Prägung durch die institutionalisierten Mitspracherechte der Länder in erster Linie die horizontale Gewaltenteilung und regt zudem Parteien – und Verbände – zur Ausbildung dezentraler, die innerparteiliche Demokratie fördernden Organisationsstrukturen an [Hesse 1962: 26-31]. Aus dieser Perspektive erweist es sich für den deutschen Fall somit auch eher als Vorteil, daß den meist unhistorischen Länderneugründungen zumindest in den ersten Jahrzehnten „wesentliche Grundlagen konkret-geschichtlicher Eigenständigkeit" [Hesse 1962: 12] fehlten und die Gewährleistung einheitlicher Lebensverhältnisse normativ auch heute noch deutlich vor der Sicherung der Vielfalt der Lebensbedingungen rangiert.

Die dem deutschen Föderalismus eigene Verschränkung der staatlichen Ebenen und die damit verbundene Notwendigkeit zur Kooperation kennzeichnen nicht nur den Gesetzgebungsprozeß und die Verwaltung sondern vor allem auch den wichtigen Bereich der Finanzordnung. Über 75 Prozent der Steuereinnahmen von Bund und Ländern resultieren aus Gemeinschaftssteuern [Laufer/Münch 1998: 217], die nur einvernehmlich erhoben und aufgeteilt werden können. Für Fritz W. Scharpf liegen in der von Beginn an unterschiedlichen wirtschaftlichen und finanziellen Leistungsfähigkeit der Länder zentrale Gründe für die Herausbildung der kooperativen Strukturen und Verflechtungen [Scharpf 1994: 48-53; 70-77]. Zum einen kompensieren die freiwillige Selbstkoordinierung, die Aufgaben-verschränkung zwischen Bund und Ländern sowie die spätere Ausweitung der Bundeskompetenzen die unzureichenden Ressourcen kleinerer Länder zur eigenständigen Erfüllung der ihnen vom Grundgesetz zugewiesenen Aufgaben. Letztlich haben so die finanzschwachen Länder die Handlungsspielräume aller Länder bestimmt und die leistungsstärkeren Länder diese Einschränkungen gegen erweiterte Mitspracherechte und Kompetenzen des Bundesrats akzeptiert. Zum anderen stellen der Länderfinanzausgleich und die Ergänzungszuweisungen des Bundes nicht nur horizontale und vertikale Ausgleichs-mechanismen zur notwendigen Sicherung der Finanzkraft schwächerer Bundesländer dar. Sie erhöhen zudem auch gerade in diesem wichtigen Politikbereich den Grad der Koordinierung

---

[6] Vgl. zu den unterschiedlichen Föderalismuskonzeptionen sowie zum Zusammenhang von Funktionen und Modellen föderaler Systeme Schultze 1990: 476-484; Kilper/Lhotta 1996: 51-63.

und gegenseitigen Abhängigkeiten. Entsprechend resultieren die politische Entscheidungen in hohem Maße aus Verhandlungen zwischen unterschiedlichen politischen Ebenen. Mit dem Beitritt der ostdeutschen Länder sind die Unterschiede zwischen den Ländern und somit die Notwendigkeit zum Ausgleich nochmals erheblich gewachsen. Die Politikverflechtung hat weiter zugenommen, der deutsche Föderalismus steht vor einer großen Herausforderung.

Die in hochgradig verflochtenen Systemen notwendigen konsensorientierten Verfahren der Konfliktbearbeitung und Politikdurchsetzung[7] können leicht in einen Gegensatz zu den konkurrenzdemokratischen Spielregeln des bipolaren Parteienwettbewerbs geraten.[8] Augenfällig wurde dies ab den frühen siebziger Jahren. Sowohl die sozial-liberale Reformpolitik als auch die bürgerlich-liberale Wende zu Beginn der achtziger Jahre haben nach Scharpf ihre Ziele trotz ernsthafter politischer Absichten weit verfehlt. Waren im ersten Fall die damals ebenfalls sozialdemokratisch regierten Länder Schweden und Österreich mit ihrer Vollbeschäftigungspolitik wesentlich erfolgreicher, so gelangen im zweiten Fall bei der anvisierten Deregulierung und Abgabenentlastung nicht annähernd die Fortschritte wie in Großbritannien oder den USA [Scharpf 1994: 61-65, 69]. Die Politikverflechtung bewirkt eine überaus hohe Kontinuität auch bei Regierungswechseln. Die vielfältigen Vernetzungen, Sachzwänge und unterschiedlichen Entscheidungslogiken haben sich insgesamt zu einem Gleichgewicht ausbalanciert, das für alle Beteiligten ein „lokales Optimum"[Scharpf 1994: 44] darstellt. Das politische System tendiert jedoch insbesondere dann zum Immobilisimus, wenn die Kosten einer Einigung nicht auf Dritte verlagert werden können oder der Zwang zur Problemlösung durch unabhängige Institutionen – wie etwa das Bundesverfassungsgericht oder auch die öffentliche Meinung – gering ist [Wachendorfer-Schmidt 1999: 13-18]. Zudem haben sich aufgrund der weitreichenden Mitspracherechte der Länder die Unklarheiten bei der Zuweisung der politischen Verantwortung deutlich erhöht. Auswege aus der Verflechtungsfalle sieht Scharpf nun vor allem in einer Rückübertragung von Zuständigkeiten an die Länder zur Entflechtung der Koordinierungsstrukturen [Scharpf 1994: 57-58; 89-91]. Mit der Verkleinerung der Kompetenzen des Bundes reduziert sich natürlich entsprechend die derzeitige politische Bedeutung des Bundesrats. Die Chancen für institutionelle Neuregelungen stehen aufgrund der Vetopositionen der beteiligten Akteure allerdings nicht allzu gut. Die Voraussetzung einer Entflechtung stellt zunächst eine Länderneugliederung zur Schaffung von ausgeglichenen und leistungsfähigen Strukturen zumindest in Westdeutschland dar.[9] Diese scheitert bislang jedoch an den Überlebensinteressen der kleinen Länder. Es erscheint bestenfalls denkbar, daß die im Zuge der europäischen Integration ohnehin abnehmende Bedeutung des Bundes zu einem Einstellungswandel führt und den politischen Willen wachsen läßt, die Zuständigkeitsbereiche der Länder deutlich zu erhöhen.

2. Parteienwettbewerb und Bundesrat

Die Mitglieder des Bundesrats sind Ministerpräsidenten und Landesminister, die in den meisten Fällen in ihren Parteien herausgehobene Positionen einnehmen. Auswirkungen des bipolaren Parteienwettbewerbs sind natürlich auch im Bundesrat zu bemerken und verschiedentlich erfolgt die Nutzung seiner Kompetenzen nach parteitaktischen Gesichtspunkten. So ist hinlänglich bekannt, daß im Vorfeld von Bundesratssitzungen CDU- und SPD-geführte Bundesländer seit den siebziger Jahren häufig getrennt voneinander

---

[7] Vgl. zur Ausprägung und Bedeutung von Verhandlungsstrukturen im kooperativen Staat etwa auch die Beiträge in Voigt: 1995.

[8] Vgl. hierzu grundlegend Lehmbruch 1998: 27-30 sowie Gabriel 1991; Benz 1995; Wachendorfer-Schmidt 1999.

[9] Vgl. für viele und mit zahlreichen Verweisungen auch Leonardy 1999; deutlich skeptischer Abromeit 1992, insbesondere 111-119.

Vorgespräche führen und Verhandlungslinien abstimmen. Größere öffentliche Diskussionen lösten in den siebziger Jahren die schon erwähnten Bundestagsauftritte des damaligen rheinland-pfälzischen Ministerpräsidenten und CDU-Vorsitzenden Kohl aus, der sich als erster bei diesen Gelegenheiten explizit als Oppositionsführer präsentierte. Entsprechende Artikulationsmöglichkeiten nahmen später dann auch die Ministerpräsidenten und Kanzlerkandidaten Strauß, Rau, Lafontaine, Scharping und Schröder wahr. Die schärfsten Kontroversen entfachten sich jedoch an der Haltung des Bundesrats zu Zeiten unterschiedlicher Mehrheiten in Bundestag und Bundesrat. Sowohl in den siebziger als auch in den späten neunziger Jahren wurde dem Bundesrat eine Blockadepolitik vorgeworfen. Die Bonner Opposition sah sich mit dem Vorwurf konfrontiert, den Bundesrat als Gegenmacht zu mißbrauchen. Ein Vergleich dieser beiden Perioden verdeutlicht das Ausmaß und die Bedingungen parteipolitischer Handlungslogik im Bundesrat.

Seit ihrer Gründung hat die Bundesrepublik zwei längere Phasen mit gegensätzlichen Mehrheitsverhältnissen in Bundestag und Bundesrat erlebt. Während der sozial-liberalen Koalition unter den Kanzlern Willy Brandt und Helmut Schmidt (1969–1982) verfügte die Union ab April 1972 mit dem Gewinn der baden-württembergischen Landtagswahl über eine knappe Mehrheit im Bundesrat, die sich 1978 nach der Wahl in Niedersachsen weiter vergrößerte. Mit dem Regierungswechsel im Herbst 1982 begann dann die bis 1998 andauernde Regierungsperiode der bürgerlich-liberalen Koalition unter Bundeskanzler Helmut Kohl. In den achtziger Jahren besaß die Regierung zunächst auch im Bundesrat die Mehrheit. Dies änderte sich im Juni 1990 mit der niedersächsischen Landtagswahl. Abgesehen von jeweils nur kurzen Perioden konnten die Sozialdemokraten ab diesem Zeitpunkt mit ihrer relativen Bundesratsmehrheit zustimmungspflichtige Gesetze in letzter Konsequenz blockieren. Da das rot-grün regierte Hessen ab 1996 bei über sechs Millionen Einwohnern Anspruch auf einen weiteren Sitz im Bundesrat hatte, verfügten die Sozialdemokraten dann bis 1998 sogar über eine gesicherte Mehrheit. Somit ließ sich nun auch bei Einspruchsgesetzen ein ablehnendes Votum des Bundesrats herbeiführen. Die in Tabelle 2 zusammengestellte Statistik zeichnet für beide Zeiträume ein sehr ähnliches Bild, wenngleich sich die dort ausgewiesenen Angaben auf die Wahlperioden des Bundestags beziehen. Sowohl zwischen 1972 und 1983 als auch zwischen 1990 und 1998 wurde der Vermittlungsausschuß weit überdurchschnittlich angerufen. Gleichzeitig stieg auch die Anzahl der Einsprüche des Bundesrats. Der Anteil der nach dem Vermittlungsverfahren tatsächlich gescheiterten Gesetzesvorlagen hat sich jedoch keineswegs gravierend erhöht. Der Vorwurf einer grundsätzlichen Obstruktions- oder Blockadepolitik des Bundesrats wird der Sachlage selbst für die hier betrachteten Perioden der direkten Konfrontation nicht gerecht.[10]

Eine konsequent durchgehaltene Oppositionspolitik fand in den siebziger und in den neunziger Jahren ihre Grenzen an den heterogenen finanziellen Interessenlagen der Länder. Hinzu kommen seit der deutschen Einheit 1990 die beträchtlichen Unterschiede zwischen ost- und westdeutschen Ländern, die sich ebenfalls nur bedingt nach Parteizugehörigkeit sortieren lassen [Lehmbruch 1998: 144, 168-170]. Verfahrenstechnisch verfügt der Bundesrat zudem über ein abgestuftes Instrumentarium zur legitimen Durchsetzung seiner Interessen, vom kommentierenden ersten Durchgang der Regierungsvorlagen über die Anrufung des Vermittlungsausschusses nach einem Beschluß des Bundestags bis zur endgültigen Ablehnung oder dem Einspruch. Auch wenn die parteipolitischen Mehrheitsverhältnisse im Vermittlungsausschuß keineswegs zu vernachlässigen sind, lassen sich dennoch auf allen Konfrontationsstufen durch Verhandlungen Kompromisse erzielen. Bezeichnenderweise hat

---

[10] Vgl. etwa die hierin übereinstimmenden Einschätzungen von v. Beyme 1993: 336; Fromme 1997: 11; Laufer/Münch 1998:196; Lehmbruch 1998: 144, 176-177; Patzelt 1997: 227; Renzsch 1998: 98; Rudzio 1996: 303-305, Schüttemeyer/Sturm 1992: 531.

der Bundesrat während der sozial-liberalen Ära einer ganzen Reihe von Reformgesetzen zugestimmt, nachdem zum Teil beachtliche Veränderungen durchgesetzt wurden. Zu nennen sind in diesem Zusammenhang etwa das Sexualstrafgesetz, das Hochschulrahmengesetz, Teile der Steuergesetzgebung oder auch die Regelung der Kostenübernahme bei Abtreibungen [Fromme 1979: 36-42]. Die Reform der Kraftfahrzeugsteuer scheiterte im Bundesrat hingegen auch am Votum der SPD-Länder [Lehmbruch 1998: 144]. Ähnliches gilt für die Zeit der Regierung Kohl. Die Änderung des Asylrechts, die Reformen von Bahn und Post, der Solidaritätspakt 1993 oder etwa die Neugestaltung von Art. 23 GG passierten letztlich auch den Bundesrat [Renzsch 1998: 98]. Selbst in der Finanz- und Steuergesetzgebung revidierten verschiedene SPD-Länder nach Kompromißverhandlungen ihre zunächst ablehnende Haltung gegenüber den Regierungsvorhaben, etwa beim Fonds Deutsche Einheit oder auch beim Jahressteuergesetz 1996.

In den öffentlichen Debatten rückte dann jedoch vor allem das Scheitern der 1997 geplanten großen Steuerreform in den Mittelpunkt. Der Bundesrat versagte den zustimmungspflichtigen Gesetzesvorlagen seine Unterstützung. Die Erklärung lag scheinbar offen zu Tage: Die SPD war entschlossen, bis zur Bundestagswahl 1998 der Öffentlichkeit die Handlungsunfähigkeit der Regierung vorzuführen [Fromme 1997: 14]. Dies wiederum war nur ein Aspekt der Konfliktkonstellation. Mit dem Aufkommen und der Etablierung der Grünen haben sich die Rahmenbedingungen des Parteienwettbewerbs in Deutschland gründlich verändert, die politischen Auseinandersetzungen erfolgen mehr denn je entlang festgezurrter Lagergrenzen. Nahm die FDP in den siebziger Jahren noch eine programmatische Mittellage zwischen den beiden Volksparteien ein, so hat sie diese Scharnierfunktion spätestens in den neunziger Jahren durch die kompromißlose Hinwendung zu wirtschaftsliberalen Positionen aufgegeben. Das Interesse des kleinen Koalitionspartners, sich vor den anstehenden Bundestagswahlen 1998 als Steuersenkungspartei zu profilieren, reduzierte nun den Verhandlungsspielraum der bürgerlich-liberalen Regierung in der Frage der Steuerreform beträchtlich. Eine sich zeitweise durchaus abzeichnende Einigung mit den sozialdemokratischen Ländern wäre wohl nur um den Preis eines Koalitionsbruchs möglich gewesen [Lehmbruch 1998: 171]. Daran hatte aber vor den Wahlen auch der größere Koalitionspartner verständlicherweise kein Interesse. Somit kam das bislang mehr oder minder gut funktionierende Verhandlungssystem in dem Augenblick zum Stillstand, als in der Endphase der Legislaturperiode die parteitaktischen Kalküle der Akteure zunehmend an Priorität gewannen. Die Politikverflechtungsfalle war zugeschnappt.

3. Entwicklungsperspektiven

Aus einer Binnenperspektive betrachtet arbeitet der Bundesrat als Institution effizient und geräuschlos. Reformvorschläge zielen daher häufig auf eine veränderte Stellung des Bundesrats im politischen System. Das 1998 weit verbreitete Gefühl der politischen Stagnation hat Forderungen nach einer grundsätzlichen Ausrichtung des Regierungssystems am Gedanken der Mehrheitsdemokratie Auftrieb gegeben. Angesichts der bisherigen Ausführungen erscheint jedoch eine stärkere Akzentuierung konkurrenzdemokratischer Elemente – etwa die Ersetzung des Verhältniswahlrechts durch ein Mehrheitswahlrecht – für sich betrachtet noch nicht geeignet, einer lähmenden Parteipolitisierung bundesstaatlicher Koordinierungs- und Entscheidungsstrukturen entgegenzuwirken. Auch die Einführung des vom Parlamentarischen Rat verworfenen Senatssystems [Hennis 1997] löst das Problem nur, wenn zugleich die Kompetenzen des Bundesrats bzw. Senats an der gesamtstaatlichen Politikformulierung nachhaltig beschnitten werden. Abgesehen davon, daß die bundes-staatliche Ordnung schon aus verfassungsrechtlichen Gründen nicht zur Disposition steht und entsprechende Diskussionen sich daher „in intelligenten Sandkastenspielen" [Lehmbruch 1998: 185] erschöpfen, scheitern auch Forderungen nach institutionellen Änderungen wie etwa einer sinnvollen Länderneugliederung bislang an der Vetomacht der Beteiligten. Mit der deutschen Einheit 1990 ist zudem die vorerst größte Chance zur grundlegenden Reform des Bundesstaats ungenutzt verstrichen.

Der Verfassungsreform von 1994 fehlt die richtungsweisende Perspektive. Auf der einen Seite sicherten sich die Landesregierungen in bewährter Form ihre Mitspracherechte an der Bundespolitik. Auf der anderen Seite drängen leistungsstärkere Länder auf eine substantielle Rückübertragung von Gesetzeskompetenzen etwa in den Bereichen der Gentechnik, des Sozialhilferechts, des Hochschulrechts oder auch der Krankenhausfinanzierung. Insbesondere Bayern, Baden-Württemberg und Hessen wollen auf diese Weise den Wettbewerb zwischen den Ländern um die Standortattraktivität gesteigert sehen, während leistungsschwächere Länder eine solche Entwicklung eher als Entsolidarisierung empfinden [Laufer/Münch 1998: 327-325]. Eine gewisse Aufknüpfung der Politikverflechtung erscheint jedoch angesichts der drängenden Herausforderungen durch den deutschen und auch europäischen Einigungsprozeß unabdingbar. Es bleibt abzuwarten, ob sich die für das Jahr 2000 geplante Gemeinsame Kommission von Bundestag und Bundesrat zur „Modernisierung der bundesstaatlichen Ordnung" wirklich zu weitreichenden Änderungsvorschlägen bezüglich des Gesetzgebungsprozesses, der Territorialgliederung oder auch der Finanzverfassung durchringen kann.

Das hochkomplexe bundesdeutsche „System der Machtdiffusion, der Machtverschränkung und der Machtausbalancierung" [Lösche 1997: 1031] findet seine Entsprechung in einer konsensorientierten politischen Kultur mit einer hohen Wertschätzung von politischer Kontinuität und Verläßlichkeit. Auch aus diesem Grund zeichnen sich tiefgreifende strukturelle Reformen des Verfassungssystems derzeit nicht ab. Mittelfristig bedeutsam erscheint daher zunächst die von Gerhard Lehmbruch [1998: 176-196] angeregte Suche nach Strategien zur Reduzierung der Rigiditäten parteipolitischer Handlungslogik. Eine lediglich „lose Kopplung" [Benz 1998: 215] von parlamentarischer Demokratie und Verhandlungssystemen könnte die Gefahr von Blockaden reduzieren. Das jüngste Beispiel des Scheiterns der Steuerreform 1997/98 hat die ganze Fragilität des Entscheidungsprozesses aufgezeigt. Das politische System kann seine Handlungsfähigkeit auch weiterhin nur bewahren, wenn ein flexibler, das starre Lagerdenken überwindender Parteienwettbewerb die Verhandlungsspielräume im Bundesrat genügend offen hält.

VII. Auswahlbibliographie

Abromeit, Heidrun, 1992: Der verkappte Einheitsstaat, Opladen.

Benz, Arthur, 1995: Verhandlungssysteme und Mehrebenen-Verflechtung im kooperativen Staat, in: **Seibel**, Wolfgang/**Benz**, Arthur (Hrsg.): Regierungssystem und Verwaltungspolitik, Opladen, S. 83-102.

Benz, Arthur, 1998: Postparlamentarische Demokratie? Demokratische Legitimation im kooperativen Staat, in: **Greven**, Michael (Hrsg.): Demokratie – eine Kultur des Westens? 20. Wissenschaftlicher Kongreß der Deutschen Vereinigung für Politische Wissenschaft, Opladen, S. 201-222.

Beyme, Klaus von, 1993: Das politische System der Bundesrepublik Deutschland, München.

Bundesrat (Hrsg.), 1974: Der Bundesrat als Verfassungsorgan und politische Kraft. Beiträge zum fünfundzwanzigjährigen Bestehen des Bundesrates der Bundesrepublik Deutschland, Bad Honnef.

Bundesrat (Hrsg.), 1989: Vierzig Jahre Bundesrat. Tagungsband zum wissenschaftlichen Symposion in der Evangelischen Akademie Tutzing vom 11. bis 14. April 1989, Baden-Baden.

Bundesrat, 1999: Handbuch des Bundesrates für das Geschäftsjahr 1998/99, Baden-Baden.

Eschenburg Theodor, 1974: Bundesrat – Reichsrat – Bundesrat. Verfassungsvorstellungen und Verfassungswirklichkeit, in: Bundesrat 1974, S. 35-62.

Fromme, Friedrich Karl, 1979: Gesetzgebung im Widerstreit. Wer beherrscht den Bundesrat? Die Kontroverse seit 1969, 2., überarb. Aufl., Stuttgart.

Fromme, Friedrich Karl, 1997: Die Macht des Bundesrates, in: Die politische Meinung, 42. Jg., Nr. 335, S. 5-16.

Gabriel, Oscar W., 1991: Föderalismus und Parteiendemokratie in der Bundesrepublik Deutschland, in: **Gunlicks/Voigt** 1991: S. 95-118.

Gunlicks, Arthur B./**Voigt**, Rüdiger 1991 (Hrsg.): Föderalismus in der Bewährungsprobe. Die Bundesrepublik Deutschland in den 90er Jahren, Bochum.

Hartmann, Jürgen, 1994: Handbuch der deutschen Bundesländer, 2., rev. und akt. Aufl., Frankfurt/M.

Hennis, Wilhelm, 1997: Am Föderalismus liegt es nicht. Aber der Bundesrat hat sich als eine kapitale Fehlkonstruktion erwiesen, in: Frankfurter Allgemeine Zeitung vom 14. 8. 1997, S. 31.

Hesse, Konrad, 1962: Der unitarische Bundesstaat, Karlsruhe.

Kilper, Heiderose/**Lhotta**, Roland 1996: Föderalismus in der Bundesrepublik Deutschland. Eine Einführung, Opladen.

Kielmansegg, Peter Graf, 1989: Vom Bundestag zum Bundesrat. Die Länderkammer in der jüngsten deutschen Verfassungsgeschichte, in: Bundesrat 1989: 43-61.

Klatt, Hartmut, 1999: Die innerstaatliche Beteiligung der Bundesländer an der deutschen Europapolitik, in: Peter Nitschke (Hrsg.), 1999: Die Europäische Union der Regionen. Subpolity und Politiken der dritten Ebene, Opladen, S. 133-166.

Kropp, Sabine/**Sturm**, Roland, 1999: Politische Willensbildung im Föderalismus, in: Aus Politik und Zeitgeschichte, 49. Jg. B 13, S. 37-46.

Laufer, Heinz/**Münch**, Ursula, 1998: Das föderative System der Bundesrepublik Deutschland, Opladen.

Lehmbruch, Gerhard, 1998: Parteienwettbewerb im Bundesstaat. Regelsysteme und Spannungslagen im Institutionengefüge der Bundesrepublik Deutschland, 2., erw. Aufl., Opladen.

Leonardy, Uwe, 1999: Deutscher Föderalismus jenseits 2000: Reformiert oder deformiert?, in: Zeitschrift für Parlamentsfragen, 30. Jg., S. 135-162.

Lösche, Peter, 1997: Die Normalität des „Stillstands", in: Blätter für deutsche und internationale Politik, 42. Jg., S. 1031-1033.

Luthardt, Wolfgang, 1999: Abschied vom deutschen Konsensmodell? Zur Reform des Föderalismus, in: Aus Politik und Zeitgeschichte, 49. Jg. B 13, S. 12-23.

Männle, Ursula, 1998 (Hrsg.): Föderalismus zwischen Konsens und Konkurrenz, Baden-Baden.

Maunz, Theodor/**Dürig**, Günter, 1996: Grundgesetz Kommentar, München.

Morsey, Rudolf, 1974: Die Entstehung des Bundesrates im Parlamentarischen Rat, in: Bundesrat 1974, S. 63-77.

Münch, Ursula, 1999: Entwicklung und Perspektiven des deutschen Föderalismus, in: Aus Politik und Zeitgeschichte, 49. Jg. B 13, S. 3-11.

Niclauß, Karlheinz, 1998: Der Weg zum Grundgesetz. Demokratiegründung in Westdeutschland 1945-1949, Paderborn.

Patzelt, Werner J, 1997: Der Bundesrat, in: **Gabriel,** Oscar W. /**Holtmann**, Eberhard (Hrsg.), 1997: Handbuch Politisches System der Bundesrepublik Deutschland, München, S. 207-228.

Pfitzer, Albert, unter Mitarb. von Konrad Reuter, 1995: Der Bundesrat. Mitwirkung der Länder im Bund, 4., neubearb. Auflage, Heidelberg.

Renzsch, Wolfgang, 1998: Parteien im Bundesstaat. Sand oder Öl im Getriebe?, in: **Männle** 1998: S. 93-100.

Reuter, Konrad, 1991: Praxishandbuch Bundesrat. Verfassungsrechtliche Grundlagen, Kommentar zur Geschäftsordnung, Praxis des Bundesrates, Heidelberg.

Rudzio, Wolfgang, 1996: Das politische System der Bundesrepublik Deutschland, 4., völlig überarb. Aufl., Opladen.

Scharpf, Fritz W., 1994: Optionen des Föderalismus in Deutschland und Europa, Frankfurt/M.

Schultze, Rainer-Olaf, 1990: Föderalismus als Alternative? Überlegungen zur territorialen Reorganisation von Herrschaft, in: Zeitschrift für Parlamentsfragen, 21. Jg., S. 475-490.

Schüttemeyer, Suzanne S./**Sturm**, Roland, 1992: Wozu Zweite Kammern? Zur Repräsentation und Funktionalität Zweiter Kammern in westlichen Demokratien, in: Zeitschrift für Parlamentsfragen, 23. Jg., S. 517-536.

Voigt, Rüdiger, 1995 (Hrsg.): Der kooperative Staat. Krisenbewältigung durch Verhandlung?, Baden-Baden.

Wachendorfer-Schmidt, Ute, 1999: Der Preis des Föderalismus in Deutschland, in: Politische Vierteljahresschrift, 40. Jg., S. 3-39.

Wehling, Hans-Georg, 1991: Der Bundesrat, in: **Gunlicks/Voigt** 1991: S. 85-94.

Wilke, Dieter, Bernd **Schulte**, 1990 (Hrsg.): Der Bundesrat. Die staatsrechtliche Entwicklung des föderalen Verfassungsorgans, Darmstadt.

Franz Fallend

Der Bundesrat in Österreich

I.   Einleitung

Der österreichische Staat ist föderalistisch organisiert. Art. 2 des hiesigen „Grundgesetzes", des Bundesverfassungs-Gesetzes (B-VG), legt fest: „(1) Österreich ist ein Bundesstaat. (2) Der Bundesstaat wird gebildet aus den selbständigen Ländern: [...]." Es folgt eine alphabetische Aufzählung der neun Bundesländer. Eine genauere Analyse der Verfassung und der Vergleich mit anderen Bundesstaaten zeigen aber, daß der bundesstaatliche Charakter Österreichs eher formaler Natur ist: Die vertikale Gewaltenteilung zwischen Bund und Ländern ist nur schwach ausgeprägt, die Länder verfügen nur über geringfügige legislative Kompetenzen und haben vor allem Bundesgesetze auszuführen; im Verhältnis zum Bund sind ihre finanziellen Handlungsspielräume sehr beschränkt [Adamovich et al. 1997: 167-169; Luther 1997: 907-913]. Dafür hauptverantwortlich sind die wirtschaftlichen und sozialen Krisen der Zwischenkriegszeit und im Gefolge des Zweiten Weltkrieges, die eine „größer gewordene Staatsbejahung des *Bundes* erzeugt" und die Tendenz zur Unitarisierung gefördert haben [Reiter 1983: 17; Hervorhebung F.F.]. Genauso wie die Bundesrepublik Deutschland zählt Österreich daher zu den unitarischen Bundesstaaten [Schultze 1992: 108-109].

Neben der zentralistisch ausgerichteten Kompetenzverteilung und dem finanziellen Ungleichgewicht bildet die Konstruktion der Länderkammer, in Österreich Bundesrat genannt, ein weiteres Indiz für den geringen Stellenwert des Föderalismus. Für Lijphart [1984: 99-100] sind zwei Merkmale entscheidend für ein starkes Zweikammersystem („strong bicameralism"), nämlich eine inkongruente Zusammensetzung beider Kammern sowie ihre symmetrische, d.h. völlig oder annähernd gleichberechtigte Stellung im Rahmen der Bundesgesetzgebung. Im Bundesrat dominieren indes als Folge der in Österreich extrem ausgeprägten Parteienstaatlichkeit dieselben politischen Kräfte wie im Nationalrat, der Ersten Kammer. Zudem kann die Zweite Kammer bei Gesetzesbeschlüssen lediglich ein aufschiebendes Veto einlegen. Lijphart spricht daher für Österreich – als einzigem der von ihm untersuchten demokratischen Bundesstaaten – von einer faktisch bedeutungslosen Zweiten Kammer („insignificant bicameralism"). Die österreichische Rechtswissenschaft teilt seine Ansicht: Robert Walter und Heinz Mayer [1996: 172] halten die Möglichkeiten des Bundesrates für „sehr begrenzt"; Ludwig Adamovich, Bernd-Christian Funk und Gerhart Holzinger [1997: 168] bewerten seine Stellung als „eine denkbar schwache".

II.   Historische Entwicklung des Bundesstaates und verfassungsrechtliche Stellung des Bundesrates

Der eingeschränkte bundesstaatliche Charakter Österreichs und die schwache Stellung des Bundesrates sind nur aus den spezifischen historischen Umständen erklärbar, die nach dem Zusammenbruch der Donau-Monarchie 1918 bis zur Verabschiedung des Bundesverfassungs-Gesetzes (B-VG) am 1. Oktober 1920 gegeben waren. Dessen zentrale Bestimmungen gelten bis heute unverändert.

Der 1922 herausgegebene Kommentar zur neuen Verfassung, den einige maßgeblich an deren Formulierung beteiligte Rechtsberater und Mitarbeiter der Staatskanzlei verfaßten, enthält eine Darstellung der damaligen politischen Verhältnisse, gleichsam aus Sicht der „Zentrale". Demnach konnte „nur durch die Form des Bundesstaates [...] der [...] immer schärfer werdende Gegensatz zwischen den Ländern und dem Staatsganzen ausgeglichen werden". Bei der Republiksgründung 1918 wäre zwar ein Einheitsstaat geschaffen worden, die zentrale Staatsgewalt hätte jedoch „zugleich [...] die ehemaligen Kronländer sich auf revolutionärem Weg als selbständige politische Individualitäten verfassungsrechtlich konstituieren und nach Art eines Staatenbundes durch freiwillige 'Beitrittserklärungen' [...] sich zu einem Ganzen erst zusammenschließen lassen [...]" [Kelsen et al. 1922: 53]. In der Folge entglitt den Ländern freilich sukzessive die Initiative in der Verfassungsfrage, und „die föderalistische Dynamik [wurde] von den in den Landesparlamenten und in der Nationalversammlung vertretenen Parteien, die da und dort ein und dieselben waren, aufgefangen und in eine über den Länderinteressen stehende Parteilinie gelenkt" [Ermacora 1976: 50].

Als am 11. Juni 1920 die nach den Parlamentswahlen 1919 gebildete Große Koalition zwischen der Christlichsozialen Partei und der Sozialdemokratischen Arbeiterpartei auseinanderbrach, stand der Zusammenhalt des Staates neuerlich auf dem Spiel. Sollte die Konstituierende Nationalversammlung nicht vor dem Ablauf der Gesetzgebungsperiode am 31. Oktober 1920 eine neue Verfassung beschließen, „drohte die Gefahr, daß die Länder ohne Mitwirkung des Zentralparlaments und der Zentralregierung, also auf revolutionärem Wege, eine Bundesverfassung vereinbaren, und so statt einer bundesstaatlichen eine staatenbündische Verfassung zustande kommen würde" [Kelsen et al. 1922: 61].

Eine rasche Verabschiedung der Verfassung erforderte einen Kompromiß zwischen den soeben geschiedenen Regierungsparteien, ohne bzw. gegen die schon aufgrund ihrer Stärke in der Nationalversammlung nichts zu machen war: Die Sozialdemokraten hatten 1919 bei den Parlamentswahlen 40,8 Prozent der Stimmen bzw. 72 Mandate erreicht, die Christlichsozialen 35,9 Prozent der Stimmen und 69 Mandate (von 170 Mandaten insgesamt). Sieht man von leicht abweichenden Positionen in einzelnen Ländern ab, so verfolgten die sozialdemokratischen Politiker eine eher zentralistische, die christlichsozialen eine eher föderalistische Linie: Das von ihnen verfochtene Demokratiekonzept eines „Parlamentsabsolutismus" und die Dominanz bürgerlicher Parteien in allen Ländern außer Wien brachte die Sozialdemokraten dazu, anfangs jede Form einer Länderkammer abzulehnen, während die Christlichsozialen eine der Ersten Kammer gleichberechtigte Zweite Kammer befürworteten [Schefbeck 1997: 312-317].

In beiden Fragen, die nach Lijphart [1984: 9-100] den Kern eines Bundesstaates ausmachen, hatten die beiden Parteien kontroverse Vorstellungen, aus denen sie unter Zeitdruck einen Kompromiß formen mußten [Schefbeck 1997: 323-342]:

– In bezug auf die Zusammensetzung der Zweiten Kammer forderten die Christlichsozialen mit Verweis auf den US-Senat und den schweizerischen Ständerat, daß gemäß dem arithmetischen (föderalistischen) Prinzip jeder Landtag gleich viele Vertreter entsenden sollte. Die Sozialdemokraten bevorzugten demgegenüber eine streng geometrische bzw. proportionale Repräsentation der Länder nach dem Stärkeverhältnis der jeweiligen Landesparteien (demokratisches Prinzip). Der Kompromiß lautete schließlich, daß das größte Land mit zwölf Mandataren in der Länderkammer vertreten sein sollte, die übrigen Länder entsprechend ihrer relativen Größe, jedoch mit mindestens drei Mandataren. Auf Antrag der Sozialdemokraten beschloß man darüber hinaus, daß zumindest ein Landesvertreter der jeweils zweitstärksten Partei im Landtag zufallen sollte. Ihr Vorschlag, die eigentlichen Machtträger, nämlich die Landeshauptmänner oder sonstige Mitglieder der Landesregierungen, in die Länderkammer zu berufen, fand hingegen keine Mehrheit.

– Was die Kompetenzen des Bundesrates betrifft, so verlangten die Christlichsozialen für jedes Gesetz gleichlautende Beschlüsse beider Parlamentskammern. Bei Uneinigkeit sollte in gemeinsamer Sitzung ein Kompromiß erarbeitet werden; beide Kammern sollten außerdem das Recht erhalten, in der Sache eine Volksabstimmung anzuordnen. Für die Sozialdemokraten kam eine gleichberechtigte Zweite Kammer nicht in Frage; in ihren Augen sollte eine bloße Wiederholung eines Gesetzes-beschlusses ohne erhöhtes Quorum genügen, um einen Einspruch der Zweiten Kammer zu übergehen. Die Christlichsozialen wollten beiden Kammern auch dieselben Kontrollrechte einräumen, während die Sozialdemokraten der Zweiten Kammer weder das Recht, Untersuchungsausschüsse einzusetzen, noch das Recht, der Bundesregierung das Mißtrauen auszusprechen, gewähren wollten. In nahezu allen Punkten obsiegten die Sozialdemokraten; einzig hinsichtlich der Erhöhung des notwendigen Präsenzquorums für Wiederholungsbeschlüsse der Ersten Kammer auf die Hälfte (statt einem Drittel) ihrer Mitglieder mußten sie nachgeben.

Für die verfassungsrechtlichen Regelungen über den Bundesrat gilt somit wie für den Verfassungsbeschluß insgesamt, daß sich die Sozialdemokraten in der Sache weitgehend durchsetzen konnten [Schefbeck 1997: 321-322]. Robert Danneberg, einer der Haupt-verhandler auf sozialdemokratischer Seite, erklärte rückblickend, daß die Auseinandersetzung um den Bundesrat eine „Machtfrage ersten Ranges" gewesen sei, hätten doch die Christlichsozialen vorgehabt, über die Nationalversammlung ein „neues Herrenhaus" zu setzen, das „eine Korrektur im reaktionären Sinne gegenüber dem Volkshause hätte sein sollen". Wenn der Bundesrat auch „nicht zu vermeiden" gewesen wäre, so werde er infolge seiner minimalen Kompetenzen „die Gesetzgebung nicht zu verhindern vermögen". Seine Zusammensetzung werde „nicht wesentlich von der des Nationalrates verschieden sein, so daß [...] von einer Verfälschung der Demokratie [...] die Rede nicht mehr sein kann" [Stenographische Protokolle der Konstituierenden Nationalversammlung, 29.9.1920, 3.38-3.388, 3.390]. Bezeichnend für die ablehnende Haltung der Sozialdemokraten war auch die Äußerung des ersten Vorsitzenden der Länderkammer, des Wiener Bürgermeisters Jakob Reumann, der gleich in deren konstituierender Sitzung klarstellte, „es möge die legislative Tätigkeit des Nationalrates durch den Bundesrat keine wie immer geartete Hemmung erfahren" [Stenographische Protokolle des Bundesrates, 1.12.1920, 3]. Sowohl die Christlichsozialen als auch die Deutschnationalen, die als drittgrößte Kraft in der Nationalversammlung nur einen marginalen Einfluß auf das Verfassungswerk hatten, hielten daher in der Folge an ihrer grundsätzlichen Mentalreservation gegenüber der Verfassung, einschließlich der darin vorgenommenen Ausgestaltung des Bundesrates, fest [Schefbeck 1997: 343].

Wie nach der schwierigen verfassungsrechtlichen Geburt nicht anders zu erwarten, spielte der Bundesrat in der Ersten Republik nur eine untergeordnete politische Rolle [Weber 1995: 132; siehe auch Kathrein 1983]. Daß Österreich nach 1920 fortwährend um seine wirtschaftliche Existenz kämpfen mußte, trug entscheidend dazu bei, daß der Bundesrat niemals richtig seine Aufgabe als Ländervertretung wahrnehmen konnte. Die Entsendung der Bundesräte nach Parteienproporz führte dazu, daß sein „Charakter als Ländervertretung [...] völlig verwischt" wurde [Hugelmann 1927: 296]. In den Debatten überwogen in der Regel parteipolitische Gesichtspunkte [Parlamentsdirektion 1984: 302, 305]. Im Zuge der B-VG-Novelle 1929 wurde daher auf Betreiben der Christlichsozialen, der Großdeutschen und des Landbundes die Umwandlung des Bundesrates in einen „Länder- und Ständerat" beschlossen. Die entsprechende Bestimmung, die nicht einmal Grundsätze über die Zusammensetzung der neuen Kammer enthielt, wurde allerdings nicht rechtswirksam, weil das dazu nötige Bundesverfassungsgesetz niemals erlassen wurde.

Erst spät, nach der Ausschaltung des Nationalrates durch die christlichsozial geführte Bundesregierung am 4. März 1933, wurde der Bundesrat, in dem sich die Regierungskoalition in der Minderheit befand, aktiv. Er verurteilte den Verfassungsbruch und die Praxis der Regierung, mittels Verordnungen aufgrund des Kriegswirtschaftlichen Ermächtigungs-gesetzes von 1917 zu regieren. Nach dem Verbot der Sozialdemokratischen Arbeiterpartei und der Aberkennung ihrer Nationalratsmandate im Gefolge des Bürgerkrieges im Februar

1934 beschloß ein „Rumpfparlament" am 30. April desselben Jahres, beide Kammern aufzulösen und der Bundesregierung die Gesetzgebung zu übertragen. Der Bundesrat, dessen sozialdemokratische Mitglieder ebenfalls abgesetzt worden waren, erhob dagegen keinen Einspruch [Parlamentsdirektion 1984: 308-324; Hummer 1997: 380-381]. In den anschließenden Jahren der „austro-faschistischen" Diktatur (1934-1938) verlor das föderalistische Prinzip weiter an Boden [Lehner 1995: 54-56; Weber 1995: 134].

Nach dem Ende des NS-Regimes (1938-1945) knüpfte man an das parlamentarisch-demokratische System der Ersten Republik an. Das B-VG 1920 – in der Fassung der B-VG-Novelle 1929, die eine Stärkung der präsidentiellen Elemente gebracht hatte – wurde wieder in Kraft gesetzt, allerdings ohne die 1929 eingefügten programmatischen Bestimmungen betreffend den „Länder- und Ständerat". An der verfassungsrechtlichen Stellung des Bundesrates hat sich seither wenig geändert: Als Länderkammer übt er gemeinsam mit dem Nationalrat, der Ersten Kammer, die Bundesgesetzgebung aus [Art. 42 B-VG]. Die neun Bundesländer entsenden je nach Größe zwischen drei und zwölf Mitgliedern, und zwar für die Dauer der Legislaturperiode des jeweiligen Landtages („Partialerneuerung"). Die Wahl der Mitglieder durch die Landtage erfolgt nach dem Prinzip der Verhältniswahl, d.h. nach Parteienproporz [Art. 34 und 35 B-VG]. Art. 34 Abs. 4 B-VG enthält eine Bestandsgarantie, indem er die Abänderung der Organisationsbestimmungen der Art. 34 und 35 B-VG an einen Mehrheitsbeschluß des Bundesrates und an die gleichzeitige Zustimmung der Mehrheit der Vertreter von zumindest vier Ländern bindet. Das Mitwirkungsrecht des Bundesrates an der Bundesgesetzgebung ist beschränkt, da er gegen Gesetzesbeschlüsse des Nationalrates nur die Möglichkeit eines aufschiebenden Einspruchs (suspensiven Vetos) hat. Die Erste Kammer kann jedes Veto außer Kraft setzen, indem sie den gegenständlichen Beschluß mit einfacher Mehrheit wiederholt („Beharrungsbeschluß"). Dazu kommt, daß u.a. finanzielle Angelegenheiten (z.B. die Finanzausgleichsgesetze) vom Einspruchsrecht ausgenommen sind [Art. 42 B-VG]. In der B-VG-Novelle 1984 erfolgte die erste gewichtige Änderung der verfassungsrechtlichen Stellung des Bundesrates seit 1920; seither müssen wenigstens zwei Drittel der Bundesräte zu geplanten Eingriffen in Länderzuständigkeiten ihre Zustimmung erteilen [Art. 44 Abs. 2 B-VG].

Der politische Stellenwert des Bundesrates blieb auch in der Nachkriegszeit gering: Die wachsende Parteienstaatlichkeit und die politische Kultur der Elitenkonkordanz, die ihren deutlichsten Ausdruck in der Großen Koalition (1947-1966) zwischen der Österreichischen Volkspartei (ÖVP) und der Sozialistischen (seit 1991: Sozialdemokratischen) Partei Österreichs (SPÖ) fand, hatte eine Herabstufung des Parlaments insgesamt zur Folge. Der Bundesrat – in dem ÖVP und SPÖ zusammen stets über 90 Prozent der Mitglieder, ab 1957 (bis 1987) sogar alle stellten – war aus gesamtwirtschaftlichen Rücksichten und wegen der „Dringlichkeit" vieler Maßnahmen bestrebt, Einsprüche gegen Gesetzesbeschlüsse des Nationalrates generell zu unterlassen, und verstand sich primär als Instanz zur Korrektur von Versehen der Ersten Kammer [Kathrein 1986: 387-388]. Ermacora [1976: 85] beklagte, daß der Bundesrat sich „[g]egen keinen einzigen der zahlreichen Angriffe, die seit 1945 auf die Rechte der Länder unternommen wurden (Abbau der Kulturhoheit, andauernde Kompetenzverschiebungen zugunsten des Bundes usw.) [...] zur Wehr gesetzt" habe. Nach dem Übergang zu Einparteienregierungen (1966-1970: ÖVP; 1970-1983: SPÖ) wurde die Zweite Kammer von der jeweiligen großen Oppositionspartei im Nationalrat vor allem dazu benutzt, die Regierungskritik fortzusetzen. Dasselbe gilt für die Zeit der Kleinen Koalition (1983-1987) zwischen der SPÖ und der Freiheitlichen Partei Österreichs (FPÖ). Die Rückkehr zur Regierungsform der Großen Koalition 1987 ließ die oppositionellen Aktivitäten des Bundesrates als Ganzes vorerst wieder erlahmen. Mit dem Einzug und der Stärkung der FPÖ nahm jedoch die Kontrollintensität zu. Gleichzeitig intensivierte sich vor dem Hintergrund des Beitritts Österreichs zur Europäischen Union (EU) 1995 und der dadurch befürchteten Schwächung der Länderrechte die Debatte um eine Reform des Bundesstaates wie des Bundesrates.

Abb. C I.2-1: Der Bundesrat im österreichischen Regierungssystem

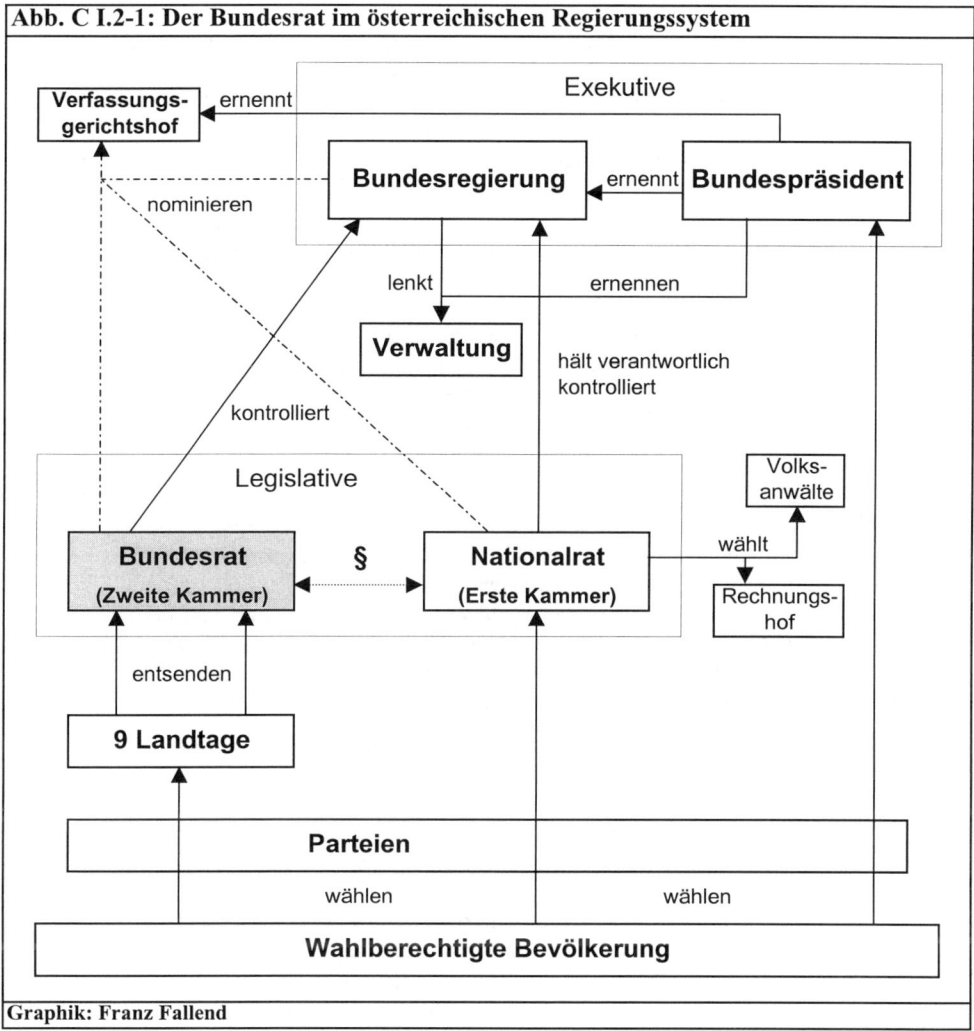

Graphik: Franz Fallend

III.   Wahl, Zusammensetzung und rechtliche Stellung der Mitglieder des Bundesrates

Der Bundesrat setzt sich aus Delegierten der Länderparlamente zusammen. Das größte Land entsendet zwölf Mitglieder, die übrigen so viele, wie es dem Verhältnis ihrer Bürgerzahl zur Bürgerzahl des größten Landes entspricht (geometrisches Prinzip), mindestens jedoch drei Mitglieder (arithmetisches Prinzip). Die Zahl der von jedem Land zu entsendenden Mitglieder wird vom Bundespräsidenten nach jeder (alle zehn Jahre stattfindenden) Volkszählung neu festgesetzt [Art. 34 B-VG]. Sowohl die Gesamtzahl der Mitglieder als auch deren Verteilung auf die Länder haben sich infolgedessen im Lauf der Jahre verändert. Im Januar 1999 hatte der Bundesrat 64 Mitglieder, die sich wie folgt auf die Länder verteilten: Niederösterreich zwölf, Wien und Oberösterreich je elf, Steiermark zehn, Tirol und Kärnten je fünf, Salzburg vier, Burgenland und Vorarlberg je drei Mitglieder.

Die Wahl der Bundesräte erfolgt durch die Landtage im Anschluß an die jeweiligen Landtagswahlen, und zwar nach dem Grundsatz der Verhältniswahl, wobei die zweitstärkste Partei im Landtag zumindest einen Sitz erhalten muß. Die zu wählenden Landesvertreter müssen nicht dem Landtag angehören, aber zu ihm wählbar sein [Art. 35 B-VG]. Aufgrund der Verhältniswahlregel, des Entfallens eines Wahlkampfes und der dadurch bedingten Intransparenz sind die Landtagsparteien bzw. die Landesparteiführungen bei der Entsendung der Bundesräte weitgehend autonom [Fischer 1997: 119]. Die erste politische Garnitur der Länder findet sich nur selten im Bundesrat. Von den 64 Bundesräten waren nur elf zuvor in einem Landtag tätig und kein einziger in einer Landesregierung, während 47 von ihnen Funktionen in einer Gemeinde (Gemeinderat, Gemeindevorstand, Bürgermeister) innehatten.[1] Ein Sitz in der Länderkammer dient in den meisten Fällen entweder als Ehrung für einen Politiker, der sich Verdienste um die Partei erworben hat, oder als Sprungbrett für die weitere politische Karriere, etwa im Nationalrat [Reiter 1983: 19-20; Fischer 1997: 119]. Im Januar 1999 hatten von den 183 Nationalratsabgeordneten insgesamt 19 (10,4 Prozent) vor ihrem Amtsantritt einen Sitz im Bundesrat inne (jeweils acht von den 71 bzw. 52 Abgeordneten der SPÖ und der ÖVP sowie drei von den 41 Abgeordneten der FPÖ).[2]

Die Wahl gilt für die Dauer der Legislaturperiode des jeweiligen Landtages [Art. 35 Abs. 1 B-VG]. Dementsprechend kennt der Bundesrat auch keine eigenen Legislaturperioden, sondern tagt in Permanenz. Da die Legislaturperioden in den Ländern unterschiedlich lang sind (generell fünf, nur in Oberösterreich sechs Jahre), die Selbstauflösung eines Landtages jederzeit möglich und die Wahlen folglich nicht zu denselben Terminen stattfinden, wechseln die Mitglieder des Bundesrates nicht auf einmal, sondern fortlaufend („Partialerneuerung"). Die oftmaligen Änderungen in der personellen Zusammensetzung [Tab. B II.2-1] schmälern natürlich die Fähigkeit des Bundesrates, eigenständige politische Konzeptarbeit zu leisten.

Die relativ geringe Anzahl der je Land zu entsendenden Bundesräte bringt es mit sich, daß nur große und mittlere Parteien aus den Ländern im Bundesrat vertreten sind. Zwischen 1957 und 1987 waren das nur ÖVP und SPÖ, dann kam die FPÖ hinzu und ist seither deutlich stärker geworden. Kleinere Parteien, wie die im Nationalrat und in einigen Landtagen vertretenen Grünen und Liberalen, haben es bisher noch zu keinem Sitz im Bundesrat gebracht. Da der Bundesrat aufgrund der Ergebnisse der Landtagswahlen beschickt wird, stellt er kein vollkommenes Spiegelbild der Ersten Kammer dar. Die SPÖ, die seit 1970 im Nationalrat durchgehend die absolut bzw. relativ stärkste Partei ist, erreichte im selben Zeitraum nur in drei der neun Länder, nämlich Burgenland, Kärnten und Wien, eine Mehrheit und sieht sich daher des öfteren einer absoluten oder relativen ÖVP-Mehrheit im Bundesrat gegenüber (mit der Landtagswahl im März 1999 ist auch noch die SPÖ-Mehrheit in Kärnten verlorengegangen und die FPÖ erstmals in der Zweiten Republik zur relativ stärksten Partei in einem Bundesland aufgestiegen).[3]

---

[1] Berechnungen anhand der Parlamentarierbiographien auf der Internet-Homepage des Parlaments <www.parlinkom.gv.at>, 21.1.1999.

[2] Berechnungen anhand der Parlamentarierbiographien auf der Internet-Homepage des Parlaments <www.parlinkom.gv.at>, 21.1.1999. Dort finden sich auch Informationen über die Sozialstruktur der Mitglieder des Bundesrates.

[3] Eine Übersicht über die Ergebnisse der Landtagswahlen seit 1945 enthält Dachs et al. [1997: 388-392].

Tab. B II.2-1: Parteienzusammensetzung des Bundesrates in Österreich 1945–1999 [4]

Zeitpunkt der Änderung	Ursache der Änderung	ÖVP	SPÖ	WdU[5]/ FPÖ	Links-block	Partei-los
12/1945	Landtagswahlen	27	23			
12/1949	Landtagswahlen	25	20	4	1	
04/1953	Landtagswahlen	25	21	3	1	
10/1954	Landtagswahlen	25	22	2	1	
12/1954	Landtagswahlen	25	23	2		
11/1955	Landtagswahlen	25	24	1		
03/1957	Landtagswahlen	26	24			
07/1962	Landtagswahlen, Volkszählung	29	25			
05/1964	Landtagswahlen	28	26			
11/1967	Landtagswahlen	27	27			
11/1969	Landtagswahlen	26	28			
03/1970	Landtagswahlen	25	29			
02/1972	Landtagswahlen, Volkszählung	28	30			
11/1973	Landtagswahlen	29	29			
03/1982	Landtagswahlen, Volkszählung	33	32			
03/1983	Landtagswahlen, Volkszählung	32	31			
11/1983	Landtagswahlen	33	30			
12/1987	Landtagswahlen	32	30	1		
11/1988	Landtagswahlen	31	30	2		
04/1989	Landtagswahlen	30	29	4		
05/1989	Landtagswahlen	30	28	5		
10/1991	Landtagswahlen	28	27	8		
12/1991	Landtagswahlen	27	26	10		
02/1993	Parteiaustritt	27	26	9		1
03/1993	Landtagswahlen, Volkszählung	27	27	10		
04/1994	Landtagswahlen	27	26	11		
10/1994	Landtagswahlen	27	25	12		
11/1994	Parteiaustritt	27	24	12		1
01/1996	Landtagswahlen	26	25	13		
11/1996	Landtagswahlen	26	24	14		
10/1997	Landtagswahlen	27	23	14		
04/1998	Landtagswahlen	27	22	15		

Quelle: Labuda [1997: 356]; eigene Recherchen.

Für die Mitglieder des Bundesrates gilt grundsätzlich das freie Mandat, d.h. sie können an keinerlei Aufträge gebunden werden [Art. 56 B-VG]. Der sie entsendende Landtag kann ihnen also weder Anweisungen erteilen noch sie vorzeitig abberufen [Walter/Mayer 1996: 175]. Das hielten schon Hans Kelsen, Georg Fröhlich und Adolf Merkl [1922: 145] in ihrem Kommentar zum B-VG 1920 für bemerkenswert, war der Bundesrat doch zur Vertretung von Länderinteressen eingerichtet worden. Mit Hilfe des freien Mandats können sich die einzelnen Bundesräte einerseits tendenziell aus der Abhängigkeit gegenüber ihren jeweiligen Landtagen bzw. Landesparteiorganisationen lösen, andererseits fällt es den Spitzen der im National- und im Bundesrat vertretenen Fraktionen bzw. Parteien damit leichter, auch ‚ihre' Vertreter aus den Ländern auf eine gemeinsame Linie zu bringen. Während ihrer gesamten Funktionsperiode genießen die Bundesräte darüber hinaus die Immunität von Abgeordneten des Landtages, der sie entsendet hat [Art. 58 B-VG].

---

[4] Stand: 7.3.1999 (Termin der Landtagswahlen in Kärnten, Salzburg und Tirol). Die drei Landtagswahlen brachten keine Änderungen in der Parteienzusammensetzung des Bundesrates.

[5] WdU=Wahlverband der Unabhängigen (bis 1956, Vorgängerpartei der FPÖ)

IV.   Organisation und Arbeitsweise des Bundesrates

Organisation und Arbeitsweise des Bundesrates sind in der Geschäftsordnung des Bundesrates (GO-BR) geregelt, die 1984 und 1988 umfassender novelliert bzw. neugefaßt wurde und sich eng an die Geschäftsordnung des Nationalrates anlehnt.[6]

Im Vorsitz des Bundesrates wechseln die Länder halbjährlich in alphabetischer Reihenfolge. Als Vorsitzender („Präsident des Bundesrates") fungiert der an erster Stelle gewählte Vertreter des zum Vorsitz berufenen Landes [Art. 36 B-VG]. Nachdem die ÖVP traditionell in der Mehrzahl der Länder dominiert, stellt sie auch öfter den Vorsitzenden. Dieser Vorteil wird aber dadurch wieder relativiert, daß dem Vorsitzenden die Ausübung seines Stimmrechts verwehrt ist, wenn dadurch Stimmengleichheit entstehen sollte [§ 53 Abs. 3 GO-BR]. Der Vorsitzende wird in seiner Amtsführung von zwei Stellvertretern („Vizepräsidenten") unterstützt, die vom Bundesrat nach dem Grundsatz der Verhältniswahl gewählt werden, wobei der erstgewählte Vizepräsident nicht der Fraktion des Präsidenten angehören darf [§ 6 Abs. 3 GO-BR]. In der Vergangenheit waren die Vizepräsidenten in der Regel identisch mit den Vorsitzenden der beiden stärksten Fraktionen [Parlamentsdirektion 1984: 527]. 1984 wurde der bereits in den sechziger Jahren eingerichtete, aus dem Präsidenten, dessen Stellvertretern und den Fraktionsvorsitzenden zusammengesetzte Koordinierungsausschuß, der den Präsidenten bei der Amtsführung beriet [Parlamentsdirektion 1984: 528; Kathrein 1986: 380, Anm. 246], in Form der Präsidialkonferenz institutionalisiert [§ 10 GO-BR].

Zur Vorberatung der Verhandlungsgegenstände setzt der Bundesrat Ausschüsse ein. Derzeit gibt es 16 Ausschüsse, deren Zuständigkeiten sich an den entsprechenden Nationalratsausschüssen und damit letztlich an der Ressortgliederung der Bundesregierung orientieren; die geringere Zahl der Ausschüsse (16 gegenüber 26 im Nationalrat) bedingt, daß in einigen Ausschüssen mehrere Ressorts zusammengeschlossen sind. Die Ausschüsse sind nach dem Stärkeverhältnis der Fraktionen zu besetzen. Diese nominieren direkt die Ausschußmitglieder und können sie auch jederzeit wieder abberufen [§ 13 GO-BR]. Auch die Verteilung der Ausschußvorsitze erfolgt proportional. Regionale Gesichtspunkte spielen bei der Besetzung der Ausschüsse keine erkennbare Rolle [Altenstetter 1969: 104]. Die Ausschüsse können zur näheren Information Sachverständige oder Auskunftspersonen vorladen [§ 33 GO-BR], was allerdings bis 1984 nur selten vorkam [Parlamentsdirektion 1984: 530]. Hingegen wird öfters von der seit der GO-BR-Novelle 1984 gegebenen Möglichkeit Gebrauch gemacht, Enqueten zu veranstalten, indem der Bundesrat schriftliche Äußerungen von Experten einholt oder diese zur Anhörung einlädt [§§ 66 und 67 GO-BR]. Die Ausschüsse beschließen mit Stimmenmehrheit; wenigstens drei Mitglieder können dem Ausschußbericht an das Plenum einen Minderheitsbericht anschließen [§ 32 Abs. 8 GO-BR].

Die Ausschußberatungen waren in der Vergangenheit oft von kurzer Dauer [Parlamentsdirektion 1984: 530], vor allem deshalb, weil die Entscheidungsfindung in erheblichem Ausmaß durch die Fraktionen (Klubs) bestimmt wird. Mitglieder derselben Landtagspartei können sich zu Fraktionen zusammenschließen; ihnen müssen mindestens fünf Bundesräte angehören [§ 14 GO-BR]. Bevor sich die Bundesräte zu Ausschußsitzungen treffen, finden in allen Fraktionen Sitzungen aller National- und Bundesräte statt, in denen die gemeinsame Position in beiden Häusern diskutiert und festgelegt wird. Die Bundesräte können sich hier zwar einbringen, sind aber danach der Klubdisziplin unterworfen, weil die Parteien glauben, unterschiedliche Positionen in National- und Bundesrat gegenüber der

---

[6] Wichtige Rechtstexte sowie Informationen über die Zusammensetzung der verschiedenen Gremien des Bundesrates und Parlamentarierbiographien (zurückgehend bis 1918) finden sich auf der Internet-Homepage des Parlaments <www.parlinkom.gv.at>.

Öffentlichkeit nur schwer vertreten zu können. Laut Peter Kostelka und Ralf Unkart [1982: 351-352] fühlen sich die „einzelnen Mitglieder des Bundesrates [...] nicht den sie entsendenden Ländern, sondern ausschließlich den Ergebnissen des Willensbildungsprozesses ihrer Parteien auf Bundesebene verbunden". Die Sitzordnung im Plenum richtet sich demgemäß nicht nach der Landes-, sondern der Parteizugehörigkeit. In den Debatten spricht jeweils ein Redner der im Bundesrat vertretenen Parteien – und nicht der Länder; inhaltlich gleichen die Reden denjenigen im Nationalrat [Parlamentsdirektion 1984: 529, 531].[7] Laut Einschätzung des Autors des 21. Föderalismusberichtes [1996: 114] hat sich jedoch seit 1994 immerhin das Bemühen des Bundesrates erhöht, „sich für die Behandlung der Gesetzesbeschlüsse des Nationalrates mehr Zeit zu nehmen und diese nicht wie früher im ‚Eilzugstempo' und im ‚vorauseilenden Gehorsam' umgehend zu behandeln".

Für Beschlüsse des Bundesrates ist grundsätzlich die Anwesenheit eines Drittels seiner Mitglieder und eine unbedingte Mehrheit der abgegebenen Stimmen erforderlich [Art. 37 Abs. 1 B-VG]; das gilt auch für Einsprüche gegen Gesetzesbeschlüsse des Nationalrates, die Verfassungsrang haben [Adamovich et al. 1998: 51]. Besondere Quoren bestehen für Beschlüsse, mit denen die verfassungsrechtlichen Regelungen über die Wahl und die Zusammensetzung des Bundesrates geändert oder die Kompetenzen der Länder verringert werden sollen.

Für die parlamentarische Hilfs- und Verwaltungstätigkeit ist 1973 die Parlaments-direktion eingerichtet worden, die grundsätzlich dem Präsidenten des Nationalrates untersteht. Für den Bereich des Bundesrates ist deren innere Organisation im Einvernehmen mit dem Präsidenten des Bundesrates zu regeln, dem bei Besorgung der dem Bundesrat übertragenen Aufgaben auch ein fachliches Weisungsrecht gegenüber den Bediensteten zukommt [Art. 30 Abs. 3 B-VG]. Im Gegensatz zu den Abgeordneten des Nationalrates, denen seit 1992 je ein parlamentarischer Mitarbeiter zur Seite steht, werden die Mitglieder des Bundesrates in ihrer Tätigkeit von keinen wissenschaftlichen Hilfskräften unterstützt. Einem Gesetzesantrag des Bundesrates, das Parlamentsmitarbeitergesetz auch auf den Bundesrat auszudehnen, wurde nicht entsprochen – aus „Sparsamkeitsgründen", wie die Klubobleute des Nationalrates mitteilten [18. Föderalismusbericht 1993: 24]. Dem Bundesrat steht auch kein legistischer Dienst zur Verfügung (hierbei ist er allerdings dem Nationalrat gleichgestellt).

V.   Funktionen des Bundesrates

1.   Vertretung von Länderinteressen gegenüber Bundesorganen

Hauptaufgabe des Bundesrates wäre es, Länderinteressen gegenüber Bundesorganen zu vertreten. Solange er jedoch infolge seiner parteipolitisch bestimmten Zusammensetzung und mangels Kompetenzen „eher zu deklaratorischen Vorträgen als zu Entscheidungen über die Machtanwendung geeignet" ist [Reiter 1983: 18], kann er diese Aufgabe nicht erfüllen und wird daher „[v]on den Ländern [...] auch nicht als Vertretung ihrer Interessen angesehen und anerkannt" [Kostelka/Unkart 1982: 352]. Die Länder haben Ersatz gesucht und eine Reihe von informellen, verfassungsrechtlich bisher nicht verankerten regelmäßigen Konferenzen auf politischer und auf Beamtenebene eingerichtet, insbesondere diejenigen der Landeshauptleute und der Landesamtsdirektoren, der monokratischen Spitzen der Landesverwaltungen [Weber 1992; Holzinger 1997: 254-262]. Als sich die Frage stellte, welches Organ die Bundesregierung bei EU-Vorhaben in Landesangelegenheiten binden können sollte, wurde dazu auf Wunsch der Landeshauptleute und der ÖVP die Landeshauptleutekonferenz in Gestalt der „Integrationskonferenz der Länder" (IKL) und nicht der Bundesrat berufen [16.

---

[7] Erst seit 1983 scheint in den Stenographischen Protokollen des Bundesrates neben der Parteizugehörigkeit der Redner auch deren Landeszugehörigkeit auf [8. Föderalismusbericht 1983: 49].

Föderalismusbericht 1991: 52-59; 17. Föderalismusbericht 1992: 63-68]. Je umfassender und erfolgreicher die Vertretung der Länderinteressen durch die außerverfassungsrechtlichen Organe der Länder freilich wird, desto mehr sind Existenz und Funktion des Bundesrates in Frage gestellt.

2. Mitwirkung an der Bundesgesetzgebung

Der Bundesrat hat das Recht zur Gesetzesinitiative im Nationalrat [Art. 41 Abs. 1 B-VG]. Voraussetzung dafür war bis zur B-VG-Novelle 1992 ein Mehrheitsbeschluß; seitdem genügt die Unterstützung eines Drittels der Mitglieder des Bundesrates. Es dauerte in der Zweiten Republik bis 1970, daß der Bundesrat erstmals (zwei) Gesetzesinitiativen startete; in den (Nationalrats-)Legislaturperioden 1975-1979 folgten sechs, 1990-1994 acht, 1994-1996 fünf und in der laufenden Periode (bis einschließlich 31.12.1998) vier Anträge [Hummer 1997: 384-398]. Neben der Tatsache, daß die Parteien den Nationalrat für Gesetzesinitiativen bevorzugen, wirkt sich hier u.a. das Fehlen eines eigenen legistischen Dienstes aus.

Alle Gesetzesbeschlüsse des Nationalrates müssen dem Bundesrat vorgelegt werden, und zwar auch jene, bei denen ihm weder ein Zustimmungs- noch ein Einspruchsrecht zukommt. Zu letzteren gehören insbesondere Gesetzesbeschlüsse in finanziellen Belangen, namentlich die Finanzausgleichsgesetze [Art. 42 Abs. 5 B-VG]. Nur in wenigen Angelegenheiten verfügt der Bundesrat über ein Recht der Zustimmung (bzw. eines absoluten Vetos): Wenn die Verfassungsbestimmungen über Zusammensetzung und Wahl des Bundesrates geändert werden sollen, so ist dafür neben der an sich erforderlichen Stimmenmehrheit auch eine Mehrheit der Vertreter von wenigstens vier Ländern nötig [Art. 35 Abs. 4 B-VG]. Soll durch eine Verfassungsänderung eine Kompetenz der Länder zur Gesetzgebung oder zur Vollziehung eingeschränkt werden, so muß der Bundesrat dem seit 1984 mit Zweidrittelmehrheit (bei Anwesenheit von mindestens der Hälfte seiner Mitglieder) zustimmen [Art. 44 Abs. 2 B-VG]. Bis Ende 1997 wurden vom Institut für Föderalismusforschung allerdings 129 Fälle gezählt, in denen von der Länderkammer teilweise umfangreiche Kompetenzverluste der Länder ohne Widerstand hingenommen wurden [22. Föderalismusbericht 1997: 107]. Auch dem „EU-Begleitgesetz" 1994, das die durch den EU-Beitritt notwendig gewordenen Änderungen des B-VG vornahm, erteilte der Bundesrat seine Zustimmung, obwohl die damit junktimierte, 1992 zwischen den Landeshauptleuten und der Bundesregierung geschlossene politische Vereinbarung über die „Bundesstaatsreform" („Paktum von Perchtoldsdorf") nicht umgesetzt worden war [Penz 1997: 478-479].

Ausgenommen die soeben erwähnten Fälle kann der Bundesrat gegen alle Gesetzesbeschlüsse des Nationalrates binnen acht Wochen einen begründeten Einspruch erheben. Er kann die Frist auch ungenützt verstreichen lassen oder schon vor ihrem Ablauf den ausdrücklichen Verzicht auf einen Einspruch erklären [Art. 42 B-VG]. Ein Einspruch kann sich immer nur auf den ganzen Gesetzesbeschluß beziehen, nicht auf Teile davon [Adamovich et al. 1998: 44] – er will also gut überlegt sein. Dazu kommt, daß jeder Einspruch vom Nationalrat durch die unveränderte Wiederholung des Gesetzesbeschlusses außer Kraft gesetzt werden kann. Für einen solchen Beharrungsbeschluß ist zwar ein erhöhtes Präsenzquorum (die Hälfte der Nationalräte), aber kein erhöhtes Konsensquorum notwendig. Ein Veto des Bundesrates hat somit nur aufschiebende (suspensive) Wirkung. Verändert der Nationalrat seinen ursprünglichen Beschluß, so liegt ein neuer Beschluß vor, der wieder dem Bundesrat vorgelegt werden muß und von ihm beeinsprucht werden kann (und zwar unabhängig davon, ob der Nationalrat die Einwände des Bundesrates eingearbeitet hat oder nicht).

Tab. B II.2-2: Einsprüche des österreichischen Bundesrates gegen Gesetzesbeschlüsse des Nationalrates 1945-1998

Legislatur-Perioden des Nationalrates	Gesetzesbe-schlüsse des Nationalrates	Einsprüche des Bundesrates	Auswirkungen der Einsprüche			Regierungs-zusammen-setzung
			Änderung	Beharrung	Unerledigt	
1945-1949	471	10	5	4	1	ÖVP–SPÖ[8]
1949-1953	288	2	1	–	1	ÖVP–SPÖ
1953-1956	296	–	–	–	–	ÖVP–SPÖ
1956-1959	263	4	3	1	–	ÖVP–SPÖ
1959-1962	296	–	–	–	–	ÖVP–SPÖ
1962-1966	307	–	–	–	–	ÖVP–SPÖ
1966-1970	442	12	–	9	3	ÖVP
1970-1971	171	3	–	3	–	SPÖ[9]
1971-1975	530	4	–	4	–	SPÖ
1975-1979	370	14	–	14	–	SPÖ
1979-1983	418	13	–	11	2	SPÖ
1983-1986	312	47	1	45	1	SPÖ–FPÖ
1986-1990	491	1	1	–	–	SPÖ–ÖVP
1990-1994	596	1	–	–	1	SPÖ–ÖVP
1994-1996	106	–	–	–	–	SPÖ–ÖVP
1996-1998[10]	454	–	–	–	–	SPÖ–ÖVP

Quelle: Hummer [1997: 375]; eigene Recherchen.

Die Praxis der Einspruchstätigkeit des Bundesrates [Tab. B II.2-2] zeigt seit Jahrzehnten dasselbe Bild, nämlich daß – in der exemplarischen Formulierung im 22. Föderalismusbericht [1997: 107] – „die Parteipolitik eindeutig vor der Beachtung von Länderinteressen" steht. Die geringe Zahl der Einsprüche ist in erster Linie auf die Entscheidungsfindungsmechanismen im Parlament und die hohe Klubdisziplin in allen Fraktionen zurückzuführen. Mitunter kommt es dazu, daß Mitglieder des Bundesrates selbst dann, wenn alle Länder im Rahmen des Begutachtungsverfahrens zu Regierungsvorlagen einen Gesetzesentwurf ablehnen, gegen einen Einspruch sind [10. Föderalismusbericht 1985: 62]. Nur vereinzelt stimmen sie anders ab als ihre Parteigenossen im Nationalrat [siehe die Beispiele in Parlamentsdirektion 1984: 463-464, 488]. Seit den neunziger Jahren haben sich indes die Fälle gehäuft, in denen die Vertreter einzelner Länder abweichend von der Linie ihrer Fraktion abstimmen.[11] In Koalitionszeiten behindert zudem die in den Arbeitsübereinkommen für die Klubs der Regierungsparteien niedergelegte und für beide Kammern geltende Koalitionsdisziplin [Müller 1997: 136-139] eine stärkere Inanspruchnahme des Einspruchsrechtes. Dazu kommt eine psychologische Hürde: aufgrund der restriktiven Ausgestaltung des Einspruchsrechtes läßt man seitens des Bundesrates die Einspruchsfrist bisweilen ungenützt verstreichen, um eine öffentliche Demonstration der eigenen Ohnmacht zu vermeiden [Parlamentsdirektion 1984: 470].

Maßgeblich für das Erheben von Einsprüchen ist die parteipolitische Konstellation, nicht die Funktion des Bundesrates als Mitwirkungsorgan der Länder an der Bundesgesetzgebung. Die häufigsten Einsprüche gab es in der Amtszeit der SPÖ-FPÖ-Koalitionsregierung (1983-1987), als die ÖVP im Nationalrat in der Opposition war und im Bundesrat über die absolute

---

[8] Der ersten Koalitionsregierung nach 1945 gehörte bis 1947 auch die Kommunistische Partei Österreichs (KPÖ) an.

[9] Die SPÖ-Alleinregierung 1970-1971 war eine Minderheitsregierung.

[10] Die laufende Legislaturperiode (seit 1996) wurde bis einschließlich 31.12.1998 berücksichtigt.

[11] Eine statistische Auswertung länderweise unterschiedlichen Stimmverhaltens innerhalb der Fraktionen ist jedoch nicht möglich, weil – entsprechend den realpolitischen Verhältnissen – das Abstimmungsverhalten der Bundesräte nur nach Fraktionen (Parteien) dokumentiert wird.

Mehrheit verfügte. Die vorangegangenen Alleinregierungen einer Partei führten hauptsächlich deshalb zu keinem signifikanten Anstieg der Einsprüche, weil die Mehrheitsverhältnisse im Bundesrat sehr ausgeglichen waren und der jeweilige Vorsitzende nicht abstimmen durfte. Grundsätzlich ist festzuhalten, daß der Bundesrat aufgrund des im allgemeinen nur aufschiebend wirkenden Vetorechtes von der Oppositionspartei im Nationalrat nur schwer instrumentalisiert werden kann, um wie in der Bundesrepublik Deutschland die Funktion einer parteipolitischen „Gegenmacht" zur Regierungsmehrheit in der Ersten Kammer auszuüben.

Von den bisher (bis 31.12.1998) gemachten 111 Einsprüchen wurde nur eine kleine Minderheit, nämlich 17, mit der Verletzung von Länderinteressen begründet. In 74 Fällen wurden wirtschafts-, sozial- oder gesellschaftspolitische Einwände geltend gemacht, zwölfmal rechtsstaatliche bzw. verfassungsrechtliche Bedenken und sechsmal legistische Fehler [Kathrein 1986: 377-385; Hummer 1997: 382-398]. Die Chance, berücksichtigt zu werden, war natürlich bei Einsprüchen, die sich auf legistische oder rechtliche Mängel stützten, am größten, während von der Oppositionspartei des Nationalrates im Bundesrat beschlossene Einsprüche so gut wie immer zum Scheitern verurteilt waren.

Als weiteres Recht des Bundesrates im Bereich der Gesetzgebung ist zu erwähnen, daß ein Drittel seiner Mitglieder bei allen Verfassungsänderungen, die *keines* der Grundprinzipien der Bundesverfassung (Republik, Demokratie, Gewaltenteilung, Rechtsstaat, Bundesstaat) betreffen („teiländernde Verfassungsgesetze"), eine Volksabstimmung verlangen kann [Art. 44 Abs. 3 B-VG].[12] Bisher hat er davon allerdings keinen Gebrauch gemacht.

Wenn hier der Eindruck eines politisch weitgehend ohnmächtigen und inaktiven Bundesrates entsteht, so ist einschränkend anzumerken, daß das Parlament insgesamt, also auch der Nationalrat, im Gesetzgebungsprozeß nur beschränkt souverän ist: In den Legislaturperioden 1971-1996 gingen zwischen 62 Prozent und 83 Prozent aller Gesetzesbeschlüsse auf Regierungsvorlagen zurück, die von den zuständigen Ministerien, meist in enger Abstimmung mit wichtigen Interessenorganisationen und auf der Grundlage einer ausgedehnten Begutachtung durch betroffene gesellschaftliche Organisationen, ausgearbeitet wurden [Fischer 1997: 108, Tab. 6]. Auch die Länder, genauer gesagt: die Landesregierungen und Landesverwaltungen, sind in das Begutachtungsverfahren einbezogen, klagen allerdings häufig über zu kurze Begutachtungsfristen und die mangelhafte Berücksichtigung ihrer Stellungnahmen [22. Föderalismusbericht 1997: 108-109].

3. Kontrolle der Bundesvollziehung

Die Möglichkeiten des Bundesrates im Bereich der Kontrolle der Bundesregierung und der ihr nachgeordneten Verwaltungsstellen sind begrenzt. Im Unterschied zum Nationalrat kann der Bundesrat weder Untersuchungsausschüsse einsetzen noch der Bundesregierung oder einzelnen ihrer Mitglieder das Vertrauen entziehen (politische Kontrolle), noch einen Minister vor dem Verfassungsgerichtshof anklagen (rechtliche Kontrolle). Auch die finanzielle Kontrolle (durch Einschaltung des Rechnungshofes) ist dem Nationalrat vorbehalten. Wie der Nationalrat ist der Bundesrat hingegen im Bereich der politischen Kontrolle befugt, die Mitglieder der Regierung über alle Gegenstände der Vollziehung zu befragen (Interpellationen) und seinen Wünschen über die Ausübung der Vollziehung in Entschließungen (Resolutionen) Ausdruck zu verleihen [Art. 52 Abs. 1 B-VG].

Die GO-BR-Novelle 1984 brachte eine gewisse Stärkung der Kontroll- und Minderheitenrechte, indem neue Kontrollinstrumente eingeführt, die Anzahl der nötigen

---

[12] Bei einer „Gesamtänderung" der Bundesverfassung, die ein Grundprinzip betrifft, ist eine Volksabstimmung hingegen obligatorisch [Art. 44 Abs. 3 B-VG].

Unterschriften für einzelne Instrumente gesenkt und Fristen für Anfragebeantwortungen vorgesehen wurden: Für schriftliche Anfragen, die jetzt innerhalb von zwei Monaten zu beantworten sind, ist die Unterschrift von drei Mitgliedern des Bundesrates nötig [§ 59 GO-BR]. Auf Verlangen von fünf Bundesräten hat die dringliche Behandlung einer Anfragebeantwortung stattzufinden [§ 61 GO-BR]. Drei Ausschußmitglieder können dem Ausschußbericht nunmehr einen Minderheitsbericht beifügen [§ 32 Abs. 8 GO-BR]. Seit der Novelle des B-VG und der GO-BR 1988 kann – analog der seit 1975 bestehenden Regelung für den Nationalrat – auch ein Drittel der Mitglieder des Bundesrates ein Bundesgesetz vor dem Verfassungsgerichtshof anfechten [Art. 140 Abs. 1 B-VG].

Die Praxis des Einsatzes der Kontrollrechte ist ebenfalls dadurch gekennzeichnet, daß die parteipolitischen Konstellationen oftmals durchschlagen: Resolutionen des Bundesrates stimmen häufig vollinhaltlich mit denjenigen des Nationalrates überein [Walter 1969: 269-271; Reiter 1983: 13]. Anfragen, deren Intensität seit den sechziger Jahren stetig zugenommen hat, werden in erster Linie von der Oppositionspartei des Nationalrates als Instrument zur Kritik der Regierungspolitik verwendet [Neisser 1986: 698]. So gehen in jüngster Zeit dringliche Anfragen nahezu ausschließlich auf das Konto der FPÖ [22. Föderalismusbericht 1997: 107]; sie dienen auch dazu, Themen von allgemeinem bundespolitischen Interesse, also nicht nur Länderinteresse im engeren Sinn, zu debattieren. Insgesamt bleibt die Kontrolltätigkeit des Bundesrates deutlich hinter derjenigen des Nationalrates zurück: Stellten die 183 Nationalratsabgeordneten z.B. in der XVIII. Legislaturperiode (von Ende 1990 bis Ende 1994) zusammen 7.186 schriftliche Anfragen [Wohnout 1995: 761], so waren es im Bundesrat (bis 1993 63, danach 64 Mitglieder) im Zeitraum 1991-1994 lediglich 306. 1998 stieg die entsprechende Zahl immerhin auf 218.[13] Bis dahin wurde vom Bundesrat bzw. einem Drittel seiner Mitglieder auch kein einziges Bundesgesetz vor dem Verfassungsgerichtshof angefochten.

Über die Bundesversammlung, das gemeinsame Gremium von National- und Bundesrat, kann der Bundesrat auch an der Absetzung des Bundespräsidenten mitwirken. Die Bundesversammlung kann eine Volksabstimmung zu seiner Amtsenthebung anordnen [Art. 60 Abs. 6 B-VG] oder ihn vor dem Verfassungsgerichtshof wegen Verletzung der Bundesverfassung anklagen; ein verurteilendes Erkenntnis des Höchstgerichts hätte den Amtsverlust zur Folge [Art. 68 und 142 B-VG]. Das politische Risiko und die nötigen Konsensquoren sind jedoch in beiden Fällen so hoch, daß der Bundespräsident de facto unabsetzbar ist: Im ersten Fall erfordert bereits die Einberufung der Bundesversammlung einen mit Zweidrittelmehrheit gefaßten Beschluß des Nationalrates; wird die angestrengte Absetzung des Bundespräsidenten in der Volksabstimmung abgelehnt, gilt er als neugewählt, während der Nationalrat aufgelöst würde und Neuwahlen ausgeschrieben werden müßten. Im zweiten Fall müßte die Bundesversammlung mit Zweidrittelmehrheit die Anklage beschließen.

---

[13] Information des Leiters der Unterabteilung „Parlamentarische Dokumentation, Archiv und Statistik" in der Parlamentsdirektion, Günther Schefbeck, 1.2.1999. Die nachrangige politische Bedeutung, die dem Bundesrat beigemessen wird, äußert sich auch in der mangelhaften Dokumentation seiner Tätigkeiten: Während die Ausübung der Kontrollrechte durch den Nationalrat am Ende jeder Legislaturperiode im „Österreichischen Jahrbuch für Politik" (herausgegeben von der Politischen Akademie der ÖVP) anhand der Parlamentsstatistik detailliert aufgeschlüsselt wird, existieren vergleichbare Statistiken für den Bundesrat nur bis 1985 [siehe Neisser 1986: 692-697]. Für spätere Perioden liegen in der Parlamentsdirektion keine genauen Übersichten vor, die etwa über Urheber und Adressaten von Anfragen Auskunft geben könnten.

4. Mitwirkung an der Bundesvollziehung

Neben der Mitwirkung an der Bundesgesetzgebung und der Kontrolle der Bundesvollziehung ist der Bundesrat auch zur sogenannten „Mitwirkung an der Vollziehung des Bundes" berufen: Bei „politischen" (d.h. besonders bedeutsamen), gesetzändernden oder gesetzesergänzenden Staatsverträgen, für deren Abschluß die Bundesregierung die Genehmigung des Nationalrates benötigt, stehen dem Bundesrat dieselben Einfluß-möglichkeiten zu wie bei Gesetzen. Wird durch einen derartigen Staatsvertrag in den selbständigen Wirkungsbereich der Länder eingegriffen, muß der Bundesrat zustimmen [Art. 50 B-VG].

Mit der B-VG-Novelle 1994 erhielt der Bundesrat – analog dem Nationalrat – auch ein Recht der Stellungnahme zu EU-Vorhaben der Bundesregierung eingeräumt. Während Stellungnahmen des Nationalrates in allen Angelegenheiten bindend sind, die durch Bundesgesetz zu regeln wären, erstreckt sich die Bindungswirkung von Stellungnahmen des Bundesrates nur auf bundesverfassungsgesetzlich vorzunehmende Eingriffe in Länder-zuständigkeiten. Eine Abweichung der Bundesregierung von den Stellungnahmen ist in beiden Fällen nur aus zwingenden außen- und integrationspolitischen Gründen möglich [Art. 23e Abs. 6 B-VG]. Bis Anfang 1999 hat der Bundesrat eine einzige derartige Stellungnahme abgegeben.

Schließlich wirkt der Bundesrat auch an der Bestellung der Mitglieder des Verfassungs-gerichtshofes mit: Die 14 Richter werden vom Bundespräsidenten aufgrund von Vorschlägen der Bundesregierung (Präsident, Vizepräsident, sechs Mitglieder), des Nationalrates und des Bundesrates (je drei Mitglieder) ernannt [Art. 147 Abs. 2 B-VG]. In der politischen Praxis sind die formalen Vorschlagsrechte jedoch parteipolitisch vorprogrammiert, indem ÖVP und SPÖ aufgrund eines Parteienabkommens die Richterposten untereinander aufgeteilt haben [Ermacora 1976: 148].

VI.   Kritik und Reformansätze

Kritik am Bundesrat und Reformvorschläge sind so alt wie der Bundesrat selbst, der ja von mancher Seite bereits zum Zeitpunkt seiner Einrichtung als mißglückte Konstruktion betrachtet wurde.[14] Der Verfassungsrechtler Robert Walter [1993: 42-43] kam vor einiger Zeit zum ernüchternden Befund, daß sich der Bundesrat nach über 60 Jahren seiner Existenz in keinerlei Hinsicht bewährt habe. Zwei Hauptgründe führt er dafür an: Zum einen habe der übermächtige Parteienstaat dazu geführt, daß der Bundesrat nur eine zweite Repräsentanz der dominierenden politischen Gruppierungen darstelle, zum anderen werde die Länderkammer erst dann mit einem Gesetzesbeschluß des Nationalrates befaßt, wenn darüber schon in einem mühevollen, vorparlamentarischen Prozeß ein Konsens hergestellt worden sei, in den auch die Länder eingebunden sind.

Walter [1993: 50] schließt daraus, daß „kein Weg zu sehen [sei], wie durch bescheidene Korrekturen die Situation verbessert werden könnte" – man müsse daher an eine „Neugestaltung" denken. Er selbst schlägt – in Anlehnung an das deutsche Modell – die Umwandlung des Bundesrates in einen „Länderrat" vor, bestehend aus den Landeshaupt-leuten und (höchstens drei) weiteren Mitgliedern der Landesregierungen, wobei die Mitglieder jedes Landes gleich abzustimmen hätten. Vor dem Hintergrund der Tatsache, daß die informellen Landeshauptleutekonferenzen als Vertretungsorgane für die Länderinteresen

---

[14] Siehe zu Reformvorschlägen von Verfassungsrechtlern und politischen Akteuren u. a. Altenstetter [1969: 109-113], Koja [1969: 25-31], Walter [1969: 276-290], Schambeck [1977: 231-237], Reiter [1983: 21-36], Kathrein [1986: 396-401], Walter [1993], Strutzenberger/Pointner [1995], Kapral [1997] sowie die jährlichen Föderalismusberichte des Instituts für Föderalismusforschung.

dem Bundesrat in der politischen Praxis längst den Rang abgelaufen haben, sieht er darin auch eine Möglichkeit, Verfassungsrecht und Verfassungswirklichkeit einander anzunähern [Walter 1993: 47-49, 50]. In der verfassungsrechtlichen Literatur findet sich eine breite Palette weiterer Vorschläge zur Reform des Bundesrates, die von einer ersatzlosen Abschaffung, über die Ersetzung durch einen „Verbänderat", die direkte Wahl der Mitglieder, die rechtzeitige Einbindung in ein Stellungnahmeverfahren bei Regierungsvorlagen, die Teilnahme von Bundesratsmitgliedern an Sitzungen der Nationalratsausschüsse und die Einrichtung eines aus Vertretern beider Kammern zusammengesetzten Vermittlungsausschusses zwecks Behandlung von Einsprüchen, bis zur Erweiterung der Einspruchs- und Kontrollrechte reichen [siehe die Übersicht bei Kathrein 1986: 396-401].

Bei den politischen Parteien, die eine entsprechende Änderung des B-VG zunächst mit Zweidrittelmehrheit im Nationalrat beschließen müßten, herrschen bezüglich einer Reform des Bundesrates sehr divergierende Ansichten vor: Die SPÖ, die derzeit nur in zwei der neun Bundesländer eine politische Mehrheit hat, lehnt die Vertretung der Länderinteressen durch die Landeshauptleutekonferenz als einem Exekutivorgan grundsätzlich ab. Sie wünscht sich eine direkte (Verhältnis-)Wahl der Bundesräte, um so deren demokratische Legitimation zu erhöhen. Demgegenüber möchte die ÖVP, die in sechs Bundesländern dominiert, den Bundesrat stärker paritätisch besetzen und das Stimmverhalten der Bundesräte an die Landtage oder die Landesregierungen binden. Zudem sollen die Kompetenzen des Bundesrates insbesondere um ein Zustimmungsrecht zu Finanzausgleichsgesetzen erweitert werden. Noch weiter geht die FPÖ (seit März 1999 stärkste Partei in Kärnten), die eine gleichmäßige Vertretung aller Länder, die Bindung aller Ländervertreter an Aufträge der entsendenden Landtage, ein absolutes Vetorecht des Bundesrates bei allen Gesetzesbeschlüssen, das Zustimmungsrecht zu allen Bundesgesetzen mit finanziellen Auswirkungen und eine Ausweitung der Kontrollrechte (u.a. hinsichtlich der Einsetzung von Untersuchungsausschüssen) fordert. Die Grünen schlagen eine Verringerung der Zahl der Bundesräte der großen Länder und eine direkte (Mehrheits-)Wahl der Bundesräte vor, während die Liberalen das deutsche Modell bevorzugen [Strutzenberger/Pointner 1995: 688-694]. Die drei Bundesratsparteien haben entsprechende Gesetzesvorschläge und Abänderungsanträge im Bundesrat eingebracht, über die jedoch nur magere Kompromisse erzielt werden konnten bzw. die vom Nationalrat nicht behandelt wurden [Strutzenberger/Pointner 1995: 694-699; Kapral 1997: 415-420].

Da eine Reform des Bundesrates, soll sie mehr als bescheidene Korrekturen beinhalten, so wie schon 1920 letztlich eine Machtfrage ist, dürfte eine gründliche Neugestaltung der Länderkammer noch längere Zeit auf sich warten lassen. Die zentralen Vorstellungen der beiden derzeit stärksten Parteien SPÖ und ÖVP sind – ähnlich wie diejenigen ihrer Vorgängerparteien im Jahr 1920 – miteinander unvereinbar. Schließlich sind auch die führenden Regierungspolitiker in den Ländern nicht zu vergessen, die ihre derzeitigen Einflußmöglichkeiten auf die Bundespolitik zumindest bewahren, wenn nicht noch erweitern möchten und daher gegen eine politisch selbständig agierende Länderkammer eingestellt sind.

VII. Auswahlbibliographie

Adamovich, Ludwig K./**Funk**, Bernd-Christian/**Holzinger**, Gerhart, 1997: Österreichisches Staatsrecht, Bd. 1: Grundlagen, Bd. 2: Staatliche Organisation, Wien/New York.

Altenstetter, Christa, 1969: Der Föderalismus in Österreich unter besonderer Berücksichtigung der politischen Verhältnisse von 1945-1966, Heidelberg.

Dachs, Herbert/**Fallend**, Franz/**Wolfgruber**, Elisabeth, 1997: Länderpolitik: Politische Strukturen und Entscheidungsprozesse in den österreichischen Bundesländern (Schriftenreihe des Zentrums für Angewandte Politikforschung, Bd. 14), Wien.

Ermacora, Felix, 1976: Österreichischer Föderalismus: Vom patrimonialen zum kooperativen Bundesstaat (Schriftenreihe des Instituts für Föderalismusforschung, Bd. 3), Wien.

Fischer, Heinz, 1982: Die parlamentarischen Fraktionen, in: **Fischer**, Heinz (Hrsg.), Das politische System Österreichs, 3. Aufl., Wien, S. 111-150.

Fischer, Heinz, 1997: Das Parlament, in: **Dachs**, Herbert et al. (Hrsg.), Handbuch des politischen Systems Österreichs: Die Zweite Republik, 3. Aufl., Wien, S. 99-121.

Holzinger, Gerhart, 1997: Der Bundesstaat in der Verfassungswirklichkeit, in: **Schambeck**, Herbert (Hrsg.), Bundesstaat und Bundesrat in Österreich, Wien, S. 235-274.

Hugelmann, Karl Gottfried, 1927: Der österreichische Bundesrat und seine Tätigkeit während der ersten Gesetzgebungsperiode des Nationalrates, in: Zeitschrift für Öffentliches Recht, VI, S. 259-303.

Hummer, Günther, 1997: Der Bundesrat und die Gesetzgebung, in: **Schambeck**, Herbert (Hrsg.), Bundesstaat und Bundesrat in Österreich, Wien, S. 367-398.

Institut für Föderalismusforschung (Hrsg.), 1977-1998: Bericht über die Lage des Föderalismus in Österreich: 1. Bericht 1975/76 (1977) - 22. Bericht 1997 (1998), Wien.

Kapral, Peter, 1997: Bundesrat und Gewaltenteilung, in: **Schambeck**, Herbert (Hrsg.), Bundesstaat und Bundesrat in Österreich, Wien, S. 409-427.

Kathrein, Irmgard, 1983: Der Bundesrat in der Ersten Republik: Studie über die Entstehung und die Tätigkeit des Bundesrates der Republik Österreich (Schriftenreihe des Instituts für Föderalismusforschung, Bd. 29), Wien.

Kathrein, Irmgard, 1986: Der Bundesrat, in: **Schambeck**, Herbert (Hrsg.), Österreichs Parlamentarismus: Werden und System, Berlin, S. 337-401.

Kelsen, Hans/**Fröhlich**, Georg/**Merkl**, Adolf, 1922: Die Verfassungsgesetze der Republik Österreich, 5. Teil: Die Bundesverfassung vom 1. Oktober 1920, Wien/Leipzig.

Koja, Friedrich, 1969: Die Vertretung der Länderinteressen im Bund, in: **Hellbling**, Ernst C./ **Mayer-Maly**, Theo/**Marcic**, René (Hrsg.), Bundesstaat auf der Waage (Föderative Ordnung, Bd. 1), Salzburg/München, S. 9-31.

Kostelka, Peter/**Unkart**, Ralf, 1982: Vom Stellenwert des Föderalismus in Österreich, in: **Fischer**, Heinz (Hrsg.), Das politische System Österreichs, 3. Aufl., Wien, S. 337-360.

Labuda, Walter, 1997: Die Zusammensetzung des Bundesrates, in: **Schambeck**, Herbert (Hrsg.), Bundesstaat und Bundesrat in Österreich, Wien, S. 347-365.

Lehner, Oskar, 1995: Verfassungsentwicklung, in: **Tálos**, Emmerich et al. (Hrsg.), Handbuch des politischen Systems Österreichs: Erste Republik 1918-1933, Wien, S. 45-58.

Lijphart, Arend, 1984: Democracies: Patterns of Majoritarian and Consensus Government in Twenty-One Countries, New Haven/London.

Luther, Kurt Richard, 1997: Bund-Länder Beziehungen: Formal- und Realverfassung, in: **Dachs**, Herbert et al. (Hrsg.), Handbuch des politischen Systems Österreichs: Die Zweite Republik, 3. Aufl., Wien, S. 907-919.

Müller, Wolfgang C., 1997: Österreich: Festgefügte Koalitionen und stabile Regierungen, in: **Müller**, Wolfgang C./**Strøm**, Kaare (Hrsg.), Koalitionsregierungen in Westeuropa: Bildung, Arbeitsweise und Beendigung, Wien, S. 109-160.

Neisser, Heinrich, 1986: Die Kontrollfunktion des Parlaments, in: **Schambeck**, Herbert (Hrsg.), Österreichs Parlamentarismus: Werden und System, Berlin, S. 651-721.

Parlamentsdirektion (Hrsg.), 1984: Das österreichische Parlament, Wien.

Penz, Johann, 1997: Der Bundesrat und die Europäische Union, in: **Schambeck**, Herbert (Hrsg.), Bundesstaat und Bundesrat in Österreich, Wien, S. 453-483.

Reiter, Erich, 1983: Reform des Bundesrates (Sozialwissenschaftliche Schriftenreihe des Instituts für Politische Grundlagenforschung, Heft 3), Wien.

Schambeck, Herbert, 1977: Der Bundesrat der Republik Österreich, in: Jahrbuch des Öffentlichen Rechts der Gegenwart, Neue Folge 26, S. 215–238.

Schefbeck, Günther, 1997: Zur Entstehung des Bundesrates, in: **Schambeck**, Herbert (Hrsg.), Bundesstaat und Bundesrat in Österreich, Wien, S. 299-345.

Schultze, Rainer-Olaf, 1992: Föderalismus, in: **Nohlen**, Dieter (Hrsg.), Lexikon der Politik, Bd. 3: Die westlichen Länder (Hrsg. Manfred G. **Schmidt**), München, S. 95-110.

Strutzenberger, Walter/**Pointner**, Peter, 1995: Zur Reformdiskussion des Bundesrates, in: **Österreichische Parlamentarische Gesellschaft** (Hrsg.), 75 Jahre Bundesverfassung, Wien, S. 685-706.

Walter, Robert, 1969: Der Bundesrat: Entwicklung – Rechtsstellung – Wirksamkeit – Reform, in: **Hellbling**, Ernst C./**Mayer-Maly**, Theo/**Marcic**, René (Hrsg.), Bundesstaat auf der Waage (Föderative Ordnung, Bd. 1), Salzburg/München, S. 199-290.

Walter, Robert, 1993: Der Bundesrat zwischen Bewährung und Neugestaltung, in: **Schäffer**, Heinz/**Stolzlechner**, Harald (Hrsg.), Reformbestrebungen im österreichischen Bundesstaatssystem (Schriftenreihe des Instituts für Föderalismusforschung, Bd. 57), Wien, S. 41-50.

Walter, Robert/**Mayer**, Heinz, 1996: Grundriß des österreichischen Bundesverfassungsrechts, 8. Aufl., Wien.

Weber, Karl, 1992: Macht im Schatten? (Landeshauptmänner–, Landesamtsdirektoren– und andere Landesreferentenkonferenzen), in: Österreichische Zeitschrift für Politikwissenschaft, 21. Jg. Nr. 4, S. 405-418.

Weber, Karl, 1995: Föderalismus, in: **Tálos**, Emmerich et al. (Hrsg.), Handbuch des politischen Systems Österreichs: Erste Republik 1918-1933, Wien, S. 123-134.

Wohnout, Helmut, 1995: Politische Bilanz der XVIII. Gesetzgebungsperiode des Nationalrates, in: Österreichisches Jahrbuch für Politik (ÖJP) '94, S. 737-768.

Armin K. Nolting

Südafrika: Der Nationalrat der Provinzen

I. Einleitung

Am 4. Februar 1997 nahm der Nationalrat der Provinzen[1] der Republik Südafrika in Kapstadt seine Arbeit auf und ersetzte den bis dahin mit der Vertretung von Provinzinteressen beauftragten Senat. Somit vervollständigte sich knapp drei Jahre nach den ersten freien und gleichen Wahlen in Südafrika das institutionelle Gefüge entsprechend der Verfassung von 1996.

Die Beschäftigung mit der Zweiten Kammer der Republik Südafrika (RSA) ist in folgende Schritte unterteilt. Zunächst erfolgt ein Abriß der Geschichte Zweiter Kammern in Südafrika, wobei es darauf ankommt, die Vorbedingungen bloßzulegen, auf denen der heutige NCOP notwendigerweise fußt. Es folgt ein Abschnitt über die Zusammensetzung des Nationalrates sowohl hinsichtlich der konstitutionellen Vorgaben, als auch der faktisch politischen Situation. Dieses Kapitel wendet sich daraufhin der Arbeitsweise des NCOP zu, bevor im Abschnitt V. den Funktionen des Nationalrates gesonderte Aufmerksamkeit zukommt. Abgeschlossen wird das Kapitel von einigen Problematisierungen, die die besondere politische Situation Südafrikas als Rahmenbedingung für die Arbeit der Zweiten Kammer berücksichtigt.

Da Anfang 1999 lediglich zwei Sitzungsjahre abgeschlossen waren, ist es unter Berücksichtigung der Anlaufprobleme jeder neuen Institution schwer, die Verfassungsrealität des Nationalrates zu charakterisieren. Dennoch sollen einige sich bereits verfestigende Strukturen aufgezeigt werden.

II. Die Verfassungsgeschichte des Bikameralismus in Südafrika

Bevor der Nationalrat, seine Arbeitsweise und seine Funktionen im Mittelpunkt stehen, soll ein kurzer Rückblick die Geschichte Zweiter Kammern in Südafrika nachzeichnen, um Bestimmungsfaktoren herauszuarbeiten, die die aktuelle Form des Nationalrates erklären können.

1. Bikameralismus in Südafrika vor 1983

Durch die 1910 in Kraft getretene Verfassung der Südafrikanischen Union wurden die vier britischen Kolonien auf dem Territorium der heutigen RSA zu einem autonomen Dominion zusammengefaßt. 1931, mit Erlangen der vollständigen Souveränität, etablierte sich ein stark am Westminster-Modell orientiertes politisches Institutionengefüge [Philippsen 1997: 29]. Neben dem *House of Assembly*, welches direkt gewählt wurde, gab es als Zweite Kammer den Senat. Dieser setzte sich aus acht Vertretern je Provinz und weiteren acht, vom Generalgouverneur ernannten Senatoren zusammen [Bilger 1976: 336].

Insgesamt war der Senat von eher untergeordneter Bedeutung im politischen Prozeß des von der Exekutive dominierten Südafrika. Ein interessantes Beispiel für die Instrumentalisierung des Senats zur Durchsetzung südafrikanischer Apartheidsprinzipien ist im Verhalten der Regierung Strijdom in den fünfziger Jahren zu sehen, als das Wahlrecht für

---

[1] Für den *National Council of Provinces* (NCOP) finden in deutschsprachigen Publikationen verschiedenste Bezeichnungen Verwendung (Nationalrat der Provinzen, Nationalrat, Provinzrat, Nationaler Provinzrat, Nationaler Rat der Provinzen). In diesem Kapitel werden neben der Abkürzung NCOP in Anlehnung an Publikationen der südafrikanischen Botschaft [RSA 2000 12/98: 2] die Bezeichnungen Nationalrat der Provinzen bzw. Nationalrat verwendet.

Farbige (*Coloureds*) abgeschafft werden sollte, die notwendige Mehrheit in beiden Häusern dafür jedoch nicht gegeben war. Durch die Vergrößerung des Senats durch ernannte Mitglieder konnte dieses Gesetzgebungsverfahren im Sinne der Regierung abgeschlossen werden [Bilger 1976: 486-489]. Nachdem dieser Zweck erfüllt war, wurde der Senat 1960 wieder umorganisiert [Thompson 1966: 63]. Diese Anekdote verdeutlicht die Geringschätzung, die der Senat als Verfassungsorgan erfuhr, wenn er die Durchsetzung der Regierungsposition verhinderte.

Nachdem Südafrika 1961 mit dem Austritt aus dem *Commonwealth* Republik wurde und anstatt der britischen Königin einen Präsidenten als Staatsoberhaupt einführte, wurde der Senat mitverantwortlich für dessen Wahl. Die Stellung des Senats im allgemeinen blieb jedoch unverändert schwach [Thompson 1966: 62]. Er wurde 1980 abgeschafft und durch den *President's Council* ersetzt [Philippsen 1997: 30]. Dieser hatte, obgleich formal in erster Linie zur Beratung bestimmt, beträchtliche Einflußmöglichkeiten auf den Gesetzgebungsprozeß, die auch nach der Verfassungsreform von 1983 erhalten blieben.

2. Die „Drei-Kammern-Verfassung" von 1983

Durch die Verabschiedung der Verfassung von 1983, die am 3. September 1984 in Kraft trat, bestand das Parlament der Republik Südafrika aus drei Kammern [Art. 37 Drei-Kammern-Verfassung: DKV]. Ohne an dieser Stelle auf Details eingehen zu können, seien doch einige Erläuterungen einbezogen, die für die Diskussion des südafrikanischen Bikameralismus, insbesondere hinsichtlich der späteren Verfassunggebungsprozesse, relevant sind.

Dem unverändert dominanten *House of Assembly*, der Abgeordnetenkammer für Weiße, deren Zusammensetzung Art. 41 der Verfassung von 1983 festschreibt, wurden folgende zwei Kammern zur Seite gestellt: das Repräsentantenhaus für Farbige, bestehend aus 85 Abgeordneten [Art. 42 DKV] sowie das Haus der Delegierten, eine 45 Mitglieder umfassende Kammer der Inder [Art. 43 DKV]. Jede dieser drei Kammern wurde nach einem eigenen Provinzschlüssel besetzt, um der ungleichen Verteilung der jeweils repräsentierten Bevölkerungsgruppe über das Staatsgebiet Rechnung zu tragen.[2] Entsprechend stammten die Abgeordneten des Repräsentantenhauses zu über zwei Dritteln aus der Kap-Provinz. Die Delegierten der indischen Bevölkerungsgruppe dagegen wurden zu über 60 Prozent in der Provinz Natal gewählt, während der Orange Free State in dieser dritten Kammer überhaupt keine Abgeordneten stellte.

Formal betrachtet erschienen die neu geschaffenen Kammern als Anerkennung von gesellschaftlichen und ethnischen Unterschieden in der RSA [Breytenbach 1984: 12], wobei allerdings die Machtlosigkeit der schwarzen Bevölkerungsmehrheit unverändert blieb. Durch die regionalen Schwerpunkte der Kammern ließen sich diese sogar als Gegengewicht zum streng unitarischen Staatswesen verstehen, welches Südafrika seit Gründung der Union 1910 war [Asmal 1994: 55]. Ein genauerer Blick auf die Stellung des Parlamentes gegenüber dem Präsidenten [Boulle 1984: 200], insbesondere aber auf den tatsächlichen Einfluß der neu geschaffenen Häuser [Philippsen 1997: 30], stützt jedoch die Annahme, daß die Einrichtung der beiden neuen Parlamentskammern eigentlich nur zwei Gründe hatte: den Versuch, den sich im Land organisierenden Widerstand und die Proteste des Auslandes durch Teilzugeständnisse zu beschwichtigen und zugleich nach der Devise „teile und herrsche" die benachteiligten Bevölkerungsgruppen gegeneinander auszuspielen [Brust 1997: 32]. Die

---

[2] Es sei hier darauf hingewiesen, daß die territoriale Gliederung des Staatsgebietes bis 1993 auf den vier ehemaligen Kolonien basierte. Die Provinzen waren demnach *Cape of Good Hope, Natal, Orange Free State* und *Transvaal*.

Tatsache, daß nur 14 Prozent der erstmals wahlberechtigten Farbigen und Inder im August 1984 an der Wahl zu ‚ihren' Parlamentshäusern teilnahmen weist darauf hin, daß man sich in diesen Bevölkerungsgruppen keine Illusionen über die Bedeutung dieser Kammern machte [Kiloh 1997: 302].[3]

Der *President's Council*, der 1980 geschaffen wurde, blieb auch nach dieser Verfassungsnovelle Teil des politischen Systems. Als Gremium mit quasi-legislativer Funktion konnte er beinahe als vierte Kammer der Legislative angesehen werden [Boulle 1984: 202]. Seine Bedeutung im Gesetzgebungsprozeß erhielt er in Fällen der Uneinigkeit zwischen den Häusern [Art. 32 Abs. 1 DKV]. In diesem Fall konnte der Präsident ‚seinem' Rat die umstrittenen Entwürfe zur Entscheidung übergeben [Pippan 1995: 998]. Nach Art. 32 Abs. 4 waren Entscheidungen des Präsidentenrats dann zu behandeln, als basierten sie auf der Zustimmung des Parlamentes, konnten also unmittelbar vom Staatspräsidenten genehmigt werden.

3. Die Übergangsverfassung von 1993: Wiedereinführung des Senats

Durch die 1990 einsetzenden Gespräche, insbesondere zwischen der regierenden *National Party* und dem *African National Congress* (ANC), verliefen politische Entscheidungen schon bald in einem von Flexibilität geprägten Klima, da ein Beharren auf Verfassungsbestimmungen angesichts der sich abzeichnenden Wandlung des Systems sinnlos erschien und zusätzlich wohl die politische Gewalt hätte eskalieren lassen.

Die Übergangsverfassung, die am 27. April 1994 in Kraft trat, gliederte das Gebiet der Republik in neun Provinzen [Art. 124 Abs. 1 Übergangsverfassung: ÜV], aus denen sich die Mitglieder des wiedereingeführten Senats rekrutierten. Die zehn Senatoren pro Provinz waren von den Provinzparlamenten zu nominieren und mußten daraufhin die Mitgliedschaft im Parlament ihrer Heimatprovinz aufgeben [Pippan 1995: 1010; Art. 48 Abs. 3 ÜV]. Hinsichtlich der Legislativfunktion des Senats war eine bedeutsame Rolle nur bei Gesetzesvorlagen über Provinzangelegenheiten festzustellen [Art. 61 ÜV]. In Fällen einfacher Gesetzgebung war ein gemeinsames Komitee zur Beilegung der Positionsunterschiede vorgesehen. In letzter Konsequenz aber entschied eine gemeinsame Sitzung beider Häuser mit einfacher Mehrheit [Art. 59 Abs. 2 ÜV], wobei sich Einwirkungsmöglichkeiten des Senats angesichts eines Kräfteverhältnisses von 90 Senatoren zu 400 Abgeordneten der Nationalversammlung [Art. 40 ÜV] nur in Fällen ergaben, in denen die Mehrheiten in der Nationalversammlung knapp waren, der Senat dagegen mit großer Geschlossenheit votierte.

Auffällig ist, daß der Senat als Kammer zur Repräsentation der Provinzen 1993 zwar eingeführt wurde, die verbindlichen Verfassungsprinzipien [Anh. 4 ÜV] die Erhaltung des Senats bzw. die Einrichtung eines anderen „Oberhauses jedoch nicht regeln" [Watts 1994: 134]. Diese Offenheit bezüglich der Vertretung der Provinzinteressen verdeutlicht die Virulenz von Fragen der föderalen Gliederung und ihrer institutionellen Konsequenzen in den Gesprächen der *CODESA* und im daran anschließenden *Multi-Party Negotiating Process*.[4]

---

[3] Die in diesem Zusammenhang teilweise publizierten höheren amtlichen Beteiligungsquoten erklären sich durch die Errechnung der Wahlbeteiligung auf Grundlage jener Wahlberechtigten, die sich zuvor registrieren ließen. Selbst auf dieser Berechnungsgrundlage ist die Wahlbeteiligung mit 30,9 Prozent für das Repräsentantenhaus und 20,3 Prozent für die Delegiertenkammer noch vergleichsweise niedrig.

[4] Die CODESA (*Convention for a Democratic South Africa*) und der *Multi-Party Negotiating Process* waren die wichtigsten institutionalisierten Verhandlungsgremien zwischen der Öffnung des Apartheidsystems und den Wahlen im April 1994.

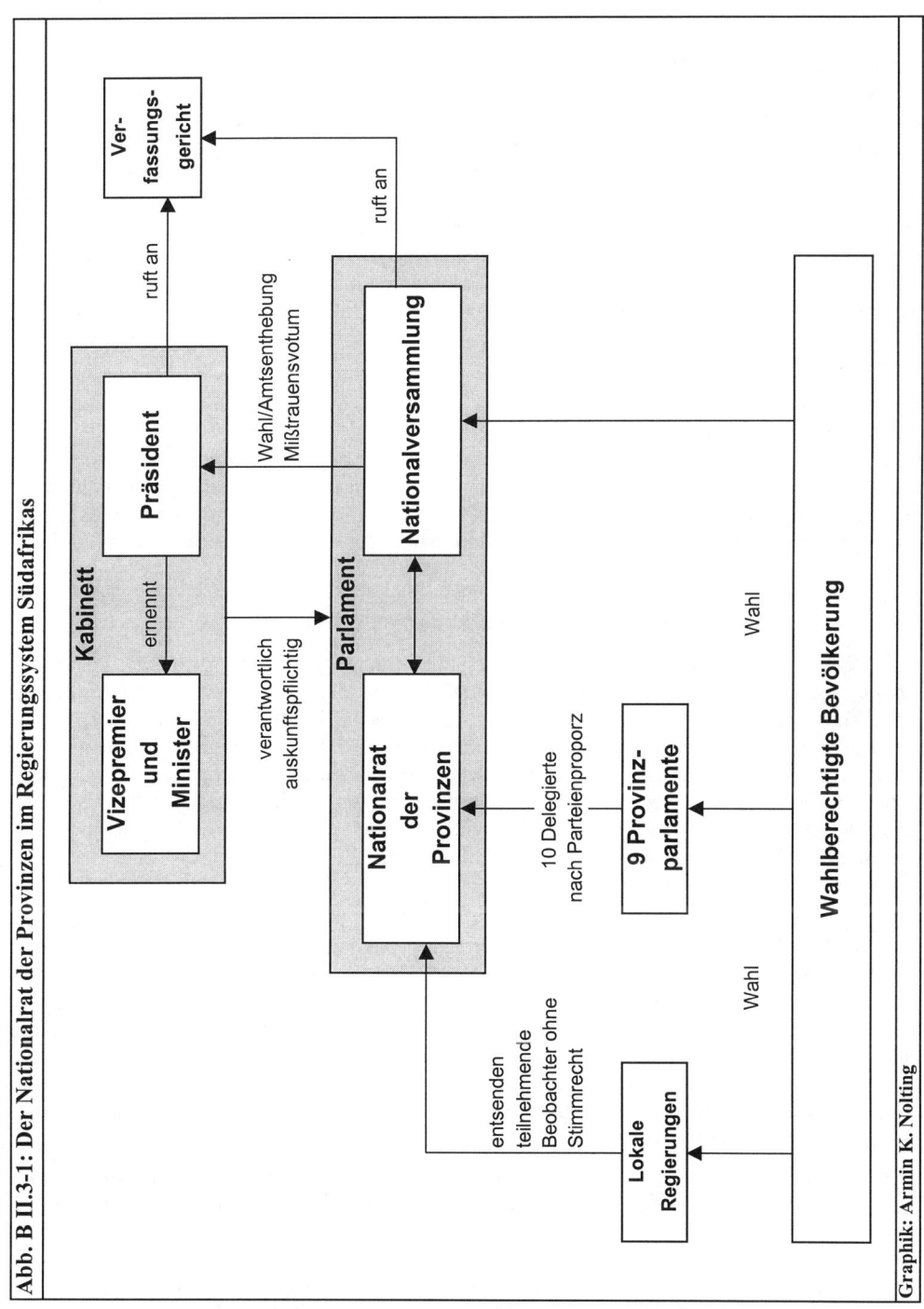

Abb. B II.3-1: Der Nationalrat der Provinzen im Regierungssystem Südafrikas

Graphik: Armin K. Nolting

4. Der Nationalrat der Provinzen entsprechend der Verfassung von 1996

Nach der endgültigen Verfassung von 1996 übernimmt der Nationalrat die Vertretung der Provinzinteressen im Bereich der nationalen Legislative [Art. 42 Abs. 4 Endgültige Verfassung der Republik Südafrika: VRSA]. Seine Stellung im politischen System muß als Ergebnis der sehr kontroversen Föderalismusdiskussion gesehen werden, die auch in der verfassunggebenden Versammlung [Art. 68 Abs. 1 ÜV] eines der problematischsten Elemente war. Zusammenfassend und vereinfacht lassen sich die Positionen wie folgt beschreiben: Der ANC befürwortete einen pluralistischen Einheitsstaat, da die gewaltigen Reformvorhaben nur von einer dominanten Zentralgewalt koordiniert werden könnten [Lange 1996: 161]. Neben dieser offiziellen Rhetorik, die inhaltlich durchaus nachzuvollziehen ist, fürchtete der ANC aber in erster Linie den Kontrollverlust über Provinzen mit ANC-kritischer Regierung. In der *National Party* von F.W. de Klerk, sowie Mangosuthu Buthelezis IFP und der *Democratic Party* waren dagegen Modelle einer föderalen oder gar konföderalen Ordnung tonangebend [Asmal 1994: 49-52].

Verbunden mit einer gemäßigteren Position des ANC hinsichtlich der Bündelung von Macht auf der zentralstaatlichen Ebene [Brust 1997: 49] stellte sich in Südafrika ein Trend zu mehr Föderalisierung ein, der auch eine geringfügige Stärkung des Nationalrates ermöglichte. Das Urteil des südafrikanischen Verfassungsgerichtes zum neuen Verfassungstext kommt zu der Schlußfolgerung, daß die Provinzinteressen durch den Übergang vom Senat zum Nationalrat gestärkt werden könnten [Constitutional Court of South Africa: CoC 1996: Ziff. 329].

III. Zusammensetzung des NCOP

Bei der Darstellung und Analyse der Zusammensetzung des Nationalrats der Provinzen ist die Berücksichtigung zweier komplementärer Perspektiven angebracht. Erstens ist die Verfassung daraufhin zu befragen, welche Bestimmungen sie hierfür bereitstellt. Neben dieser konstitutionellen Sichtweise ist es jedoch auch sinnvoll, die Zusammensetzung des NCOP nach anderen, politischen und sozialen Größen zu differenzieren. Dieser letztgenannte Punkt wird knapp abgehandelt werden, da sich der Nationalrat der Provinzen noch immer in seiner ersten Wahlperiode befindet und seine momentane Zusammensetzung nicht automatisch als charakteristisch angesehen werden kann [CoC 1996: Ziff. 320].

1. Verfassungsbestimmungen

Die 90 Abgeordneten des NCOP gehören neun Provinzdelegationen an. Ohne Rücksicht auf die bedeutenden Unterschiede der Einwohnerzahl[5] und Wirtschaftskraft[6] zwischen den einzelnen Provinzen ist die Delegationsstärke der Provinzen (wie schon im Senat der Übergangsverfassung) auf einheitlich zehn festgesetzt. Die Zusammensetzung der einzelnen Delegationen wird nach einem festgelegten Verfahren durchgeführt [Anh. 3, Teil B VRSA], das die zehn Mandate auf die im Provinzparlament vertretenen Parteien verteilt. Es wurde zudem gesondert festgeschrieben, daß Minderheitsparteien bei der Auswahl der Delegierten berücksichtigt werden [Art. 61 Abs. 3 VRSA].

Art. 60 Abs. 2 der Verfassung unterscheidet zwischen ständigen Delegierten und Sonderdelegierten (*special delegates*). Die ständigen Delegierten müssen ihr Mandat im

---

[5] Diese bewegen sich zwischen 840 Tausend in der Provinz Nord-Kap und 8,4 Millionen in Kwazulu-Natal, entsprechend dem Endergebnis der Volkszählung von 1996 [RSA 2000 12/98: 3].

[6] Die Beiträge der Provinzen zum Bruttoinlandsprodukt variierten 1994 zwischen 2,09 Prozent am Nord-Kap und 37,73 Prozent (Gauteng) [Burger 1998: 5-18].

Provinzparlament aufgeben [Art. 62 Abs. 2 VRSA]. Die vier Sonderdelegierten, der Premier der Provinz oder dessen Beauftragter als Delegationsleiter und drei weitere entsprechend der Tagesordnung ausgewählte Delegierte behalten ihre Positionen auf Provinzebene inne. Die Relevanz dieser gegenüber dem Senat neuen Differenzierung der Delegierten für die Kommunikationsfunktion der Zweiten Kammer wird unter V.3. thematisiert.

Innerhalb der von Watts [Watts 1994: 133] auf Südafrika bezogenen Dichotomie zwischen Zweiten Kammern als rein legislativen Organen und solchen der intergouvernementalen Zusammenarbeit läßt sich im Übergang vom Senat zum Nationalrat eine klare Akzentverschiebung feststellen. Fungierte der Senat noch ausschließlich als gesetzgebendes Organ, so bedeutet die Aufnahme des Premiers in die Delegationen des NCOP eine Aufwertung der intergouvernementalen Dimension der Zweiten Kammer.[7]

2. Die Delegierten des NCOP

Neben den Bestimmungen der Verfassung formen selbstverständlich auch parteipolitische und soziale Faktoren die Zusammensetzung des Rates. Angesichts der bisher sehr kurzen Arbeitsphase des NCOP können langfristige, strukturelle Merkmale noch nicht ausgemacht werden. Dennoch ist es aufschlußreich, die Delegierten der Zweiten Kammer zumindest nach Parteizugehörigkeit und Geschlecht zu differenzieren.

Das im Wortsinn übermächtige Merkmal des NCOP ist zweifelsfrei seine parteipolitische Zusammensetzung. In noch höherem Maße als die Nationalversammlung wird der Nationalrat durch den ANC geprägt. Hier erreicht der Afrikanische Nationalkongreß die Zweidrittelmehrheit, die er 1994 in der Nationalversammlung knapp verfehlte, sowohl hinsichtlich seiner Mandate, als auch der von ihm regierten Provinzen. Somit hat der ANC in beiden Häusern komfortable Mehrheiten, die das Zusammenspiel der Kammern im Gesetzgebungsprozeß prägen. Mit fortschreitender zeitlicher Entkopplung von Wahlen auf Provinzebene und denen zur Nationalversammlung sowie der Entwicklung unterschiedlicher Wahlpräferenzen auf beiden Ebenen könnte diese parteipolitische Harmonie jedoch anderen, dynamischeren Verhältnissen weichen [Watts 1994: 136; CoC 1996: Ziff. 320].

Hinsichtlich des Frauenanteils im NCOP lassen sich folgende Aussagen machen. Mit lediglich 20 Prozent Frauen unter den ständigen Delegierten stellt sich die Schieflage deutlicher dar als in der Ersten Kammer, in der ein knappes Drittel weibliche Abgeordnete vertreten ist [Inter-Parliamentary Union 1998]. Durch die Integration der Premiers der Provinzen als Sonderdelegierte ist anzunehmen, daß sich das Ungleichgewicht weiter verstärkt. Jedoch sollte hier auch berücksichtigt werden, daß der Frauenanteil im Nationalrat der RSA beinahe doppelt so hoch ist wie im Durchschnitt der Zweiten Kammern europäischer Länder [Inter-Parliamentary Union 1998a].

IV.   Die Arbeitsweise des NCOP

Für die Arbeitsabläufe, insbesondere unter Berücksichtigung der Sonderdelegierten, die sowohl im Nationalrat als auch in den Legislativen ihrer Provinzen tätig sind, wurde eine Regelung gefunden, die Beschlüsse des Nationalrates innerhalb von sechs Wochen ermöglichen soll [Business Day 24.1.1997]. In der vorläufigen Geschäftsordnung ist dieser Sitzungszyklus jedoch noch nicht festgeschrieben. In einem ersten Schritt werden die Gesetzesvorlagen sowohl im Nationalrat als auch in den einzelnen Provinzen vorgelegt und

---

[7] Das kontinuierliche Engagement von deutschen Verfassungsrechtlern im Transformationsprozeß und die Bemühungen, dem ANC durch Einblicke in den unitarischen Föderalismus der Bundesrepublik die Angst vor zentrifugalen Tendenzen zu nehmen, mögen hier ihre Spuren hinterlassen haben [Frankfurter Allgemeine Zeitung 7.2.1997; Lange 1996: 166; Brust 1997: 49].

erste Informationsgespräche der Sonderdelegierten geführt. Im zweiten Teil dieses Verfahrens werden die Gesetzesentwürfe in den entsprechenden Ausschüssen der Provinzlegislativen beraten. Abgeschlossen wird diese Phase mit der Festlegung der Provinzpositionen, die dann in der dritten Phase von den Sonderdelegierten im Nationalrat und dessen Ausschüssen in Kapstadt beraten werden. Nach ungefähr einer Woche kehren die Sonderdelegierten in ihre Heimatprovinzen zurück, in denen auf Grundlage der bisherigen Diskussion eine Entscheidung getroffen wird, die dann zur entscheidenden Abstimmung in den Nationalrat eingebracht wird.

Jede Provinz hat dabei eine Stimme, die vom Leiter der Delegation im Sinne der Provinz abgegeben wird [Art. 65 VRSA; Vorläufige Geschäftsordnung: VG: 68]. Diese Stimmabgabe nach Provinzen und nicht nach Abgeordneten kann eine partielle Befreiung des NCOP von Fragen und Konflikten der Parteipolitik bedeuten und den Willensbildungsprozeß tatsächlich in den Raum zwischen den Provinzen verlagern [CoC 1996: Ziff. 330-331]. Eine Ausnahme zu diesem Vorgehen findet sich allerdings im Beschlußverfahren einfacher, die Provinzen nicht betreffender Gesetze. In diesem Fall besitzt jeder Delegierte eine Stimme [Art.75 Abs. 2 VRSA]. Dieses Verfahren hat allerdings, da solche Gesetzesvorlagen von der National-versammlung auch ohne besondere Mehrheit gegen den Nationalrat durchgesetzt werden können, wenig Auswirkungen auf die Politikergebnisse.

Entsprechend den Regelungen aus Anhang 3, Teil B der Verfassung wählt der Nationalrat der Provinzen einen Vorsitzenden [Art. 64 VRSA], der für die Einhaltung der Geschäftsordnung Sorge trägt [VG: 6] und in nicht geregelten Verfahrensfragen entscheidungsbefugt ist [VG: 2]. Erster und amtierender Vorsitzender ist Patrick Lekota, der zuvor zwei Jahre Premierminister der Provinz *Free State* war, dort jedoch von der ANC-Führung zum Rücktritt bewegt wurde [Dumbutshena 1997: 11; Weekly Mail & Guardian 8.11.1996]. Sein bisheriges Verhalten als Vorsitzender des Nationalrates sorgt jedoch weiter für innerparteiliche Unruhe und stärkt die Eigenständigkeit der Zweiten Kammer [Business Day 26.3.1997].

V. Die Funktionen des Nationalrates im politischen System der Republik Südafrika

Hinsichtlich der Funktionen des Nationalrates werden folgende drei Aspekte gesondert betrachtet. Erstens seine Beteiligung am nationalen Gesetzgebungsprozeß, zweitens seine Funktion als Kontrollinstanz gegenüber anderen Staatsorganen, sowie drittens die Bedeutung des Nationalrates für die Kommunikation zwischen Provinzen und Zentralstaat und gegenüber der Bevölkerung. Diese drei identifizierbaren Funktionen sind selbstredend nicht immer scharf voneinander abgrenzbar, sondern werden vielmehr zusammengehalten von der übergeordneten Aufgabe, den Interessen der Provinzen Ausdruck zu verleihen und sie auf der Ebene des Nationalstaates sichtbar zu machen.

1. Der Nationalrat der Provinzen im Gesetzgebungsprozeß

For years to come, SA's legislators will rue the day they foolishly allowed fiendishly clever people to draw up the constitution. The reason: although the constitution has many virtues, simplicity is not one of them. [...] In any event, the result is an extremely complex new system for passing legislation, primarily because of the new role of the National Council of Provinces, which replaces the Senate [Business Day: 7.2.1997].

Diese Einschätzung von zwei Parlamentskorrespondenten spiegelt die Zunahme an Komplexität wider, die sich durch den Übergang von Senat zu Nationalrat im Gesetzgebungsprozeß vollzog. Obgleich sehr detailliert geregelt, läßt sich die Einbindung des NCOP in den Gesetzgebungsprozeß in drei Verfahrensweisen zusammenfassen, die von der Art des zu verabschiedenden Gesetzes bestimmt werden. Allgemein ist festzustellen, daß jede Vorlage eines einfachen Gesetzes im Nationalrat der Provinzen behandelt werden muß [Art. 73 Abs. 5 VRSA], woraus sich die Möglichkeit eines suspensiven Vetos ableitet [Weekly Mail & Guardian: 12.4.1996].

a) Verfassungsändernde Gesetze

Der NCOP ist nicht in jedem Fall in die Erarbeitung und Verabschiedung von Verfassungsänderungen eingebunden. Seine Zustimmung ist nur notwendig bei einer Änderung der Gründungsbestimmungen in Art. 1 [Art. 74 Abs.1 VRSA], der in Kapitel 2 festgelegten Grundrechte [Art. 74 Abs.2 VRSA] und einer Änderung von Verfassungsartikeln mit Auswirkungen auf den Nationalrat oder die Provinzen [Art. 74 Abs. 3b VRSA]. In nicht gesondert aufgeführten Bereichen kann die Nationalversammlung mit Zweidrittelmehrheit ohne den Nationalrat Verfassungsänderungen durchsetzen.[8] Hinsichtlich der Gestaltungsmöglichkeit von Verfassungsänderungen war der Senat nach den Bestimmungen der Übergangsverfassung in einer etwas stärkeren Position. Jede Verfassungsänderung bedurfte der Zweidrittelmehrheit in einer gemeinsamen Sitzung der Parlamentskammern [Art. 62 ÜV]. Angesichts der Dominanz des ANC und möglicher Sitzgewinne bei den anstehenden Wahlen ist heute leicht eine Entwicklung vorstellbar, in welcher der ANC ohne Zustimmung einer anderen Partei die Verfassung zu ändern vermag und diese Möglichkeit nutzt, um zuvörderst seine eigene Position zu festigen, wobei hier erschwerend hinzukommt, daß es keinerlei Bestandsgarantien für Bestimmungen der Verfassung gibt. Lediglich die Verfassungsprinzipien im Anhang der Übergangsverfassung wurden von der verfassunggebenden Versammlung als unveränderbar festgelegt, bleiben aber recht allgemein und enthalten z.B. keine Existenzgarantie für den Nationalrat. Da diese Prinzipien zudem durch die Verfassung von 1996 nicht explizit bestätigt wurden, ist auch ihr Status ungewiß geworden [Born 1996: 89].

b) Geldgesetze und einfache Gesetze (ohne Provinzangelegenheiten)

In diesem Bereich der Gesetzgebung [Art. 75, Art. 77 VRSA] beschränken sich die Einflußmöglichkeiten des NCOP auf ein aufschiebendes Veto. Gesetze dieser Art können nur in der Nationalversammlung eingebracht werden. Werden sie dort verabschiedet, sind sie dem Nationalrat zur Beratung vorzulegen. Der NCOP kann diese Vorlage ohne Änderungsvorschläge akzeptieren, womit das Gesetz vom Präsidenten nur noch genehmigt werden muß. Der Nationalrat kann den Entwurf allerdings auch ablehnen oder mit Ergänzungen an die Nationalversammlung zurückverweisen. In diesem Fall soll die Nationalversammlung die eventuellen Änderungsvorschläge zwar in Betracht ziehen, kann vom Nationalrat abgelehnte oder ergänzte Entwürfe jedoch in ihrer ursprünglichen Form mit nur einfacher Mehrheit verabschieden [Art. 75 Abs. 1c VRSA].

c) Einfache Gesetze (Provinzangelegenheiten)

Als Provinzangelegenheiten gelten nach Art. 76 der südafrikanischen Verfassung die im Anhang 4 der Verfassung definierten Bereiche konkurrierender Gesetzgebung. Nur in diesen Bereichen hat der Nationalrat ein Initiativrecht [Art. 73 Abs. 3 VRSA], wodurch auch

---

[8] Angesichts der verhältnismäßig unklaren Sprache der Verfassung in diesem Punkt ist es verständlich, wie Fehleinschätzungen wie die von Heather Deegan [1999: 34-35] zustandekommen. Ihre Interpretation, der NCOP allein habe verfassungsändernde Befugnisse, ist zurückzuweisen. Ausführlich zu Fragen der Verfassungsänderungen siehe Butler [1996].

einzelne Provinzen die Möglichkeit haben, Entwürfe in die nationale Legislative einzubringen [VG: 124-125; Humphries/Meierhenrich 1996: 24]. Kommt es in einem solchen Gesetzgebungsverfahren zu keinem Konsens zwischen Nationalversammlung und Nationalrat der Provinzen, wird der Entwurf an den Vermittlungsausschuß verwiesen [Born 1996: 83]. Dieser besteht aus einem Vertreter pro Provinzdelegation im Nationalrat und neun Mitgliedern der Nationalversammlung, woraus sich eine paritätische Besetzung des Ausschusses durch beide Parlamentskammern ergibt [Art. 78 Abs. 1 VRSA; Gemeinsame Geschäftsordnung (GeG): 70]. Eine Entscheidung im Vermittlungsausschuß liegt nur vor, wenn sowohl mindestens fünf der Repräsentanten der Nationalversammlung als auch eine Mehrheit der neun Delegierten des Nationalrates diese unterstützen [Art. 78 Abs. 2 VRSA]. Kommt der Vermittlungsausschuß innerhalb von 30 Tagen zu keiner Einigung über eine Version, bzw. wird diese von einem der Parlamentshäuser abgelehnt, endet das Gesetzgebungsvorhaben ohne Ergebnis, es sei denn, einer der Entwürfe wird in der Nationalversammlung mit Zweidrittelmehrheit verabschiedet. Diese Möglichkeit der Umgehung des Nationalrates existiert nicht bei Gesetzgebungsprozessen, die im Nationalrat begonnen haben. In diesen Fällen besitzt der NCOP ein absolutes Veto, das in der Praxis allerdings wenig bedeutend sein wird. Im Vergleich zu den Mitbestimmungsmöglichkeiten des Senats in diesem Bereich der Gesetzgebung [Art. 61 ÜV] ist ein klarer Bedeutungsverlust der Zweiten Kammer zu verzeichnen.

2. Kontrollfunktion

Die Kontrollfunktion des NCOP findet bereits innerhalb der Legislative ihren Ausdruck, indem dessen Delegierte die Möglichkeit haben, bei der großen Mehrheit der Gesetzgebungsverfahren wenigstens ,Denkpausen' zu verordnen und die Interessen der Provinzen zu betonen.

Hinsichtlich der Kontrollmechanismen gegenüber der ausführenden Gewalt ist zwischen dem Kabinett und seinen Mitgliedern einerseits und dem Präsidenten andererseits zu differenzieren. Nach Art. 92 Abs. 2 der Verfassung sind Kabinettsmitglieder dem gesamten Parlament verantwortlich und verpflichtet, regelmäßig und ausführlich über die Ausübung ihrer Tätigkeit zu berichten [Art. 92 Abs. 3b; Art. 66 Abs. 2 VRSA]. Der Präsident genießt gegenüber dem Nationalrat dagegen vollständige Unabhängigkeit. Sowohl seine Wahl [Art. 86 Abs. 1 VRSA] als auch mögliche Amtsenthebungsverfahren [Art. 89 Abs. 1 VRSA] führt die Nationalversammlung allein durch. In diesem Punkt ist ein klarer Bedeutungsverlust des NCOP gegenüber dem Senat der Übergangsverfassung festzustellen [CoC 1998: Ziff. 327]. Dies gilt auch für Mißtrauensvoten gegenüber Staatspräsident oder Kabinett [Art. 102 VRSA]. Eine Mitwirkung des Nationalrates ist auch hier nicht vorgesehen, wodurch sich die Verantwortlichkeit der Kabinettsmitglieder gegenüber dem Parlament nach Art. 92 in erster Linie auf die Erste Kammer bezieht. Hiermit findet die weitverbreitete These Bestätigung, eine Regierung dürfe, um Inkonsistenzen in ihrer Politik zu vermeiden, in einem Zweikammersystem nicht beiden Häusern gleichermaßen verantwortlich sein [Lijphart 1984: 96,104].

Eine zusätzliche Schwächung in seinen Kontrollmöglichkeiten erfährt der Nationalrat durch die Tatsache, daß er, anders als die Nationalversammlung [Art. 80 VRSA], nicht dazu berechtigt ist, das Verfassungsgericht anzurufen, welches in Organstreitigkeiten die letztentscheidende Instanz ist [Art. 167 Abs. 4 VRSA].

Über das bisher Genannte hinaus besitzt der Nationalrat in zwei weiteren Bereichen ein Recht zur Kontrolle von Regierungshandlungen. Nach Art. 231 Abs. 2 bedarf es der Zustimmung beider Parlamentshäuser zu internationalen Verträgen, wobei Ausnahmeregelungen bereits in der Verfassung angelegt sind. Als Organ der Provinzvertretung kommt dem

Nationalrat eine besondere Bedeutung bei der Genehmigung und Überwachung von nationalstaatlichen Eingriffen in Provinzverwaltungen zu [Art. 100 Abs. 2 VRSA].

3. Kommunikations- und Öffentlichkeitsfunktion

In diesem Zusammenhang sind zwei Arten der Kommunikation zu unterscheiden: einerseits zwischen den Provinzen und den Institutionen der nationalen Ebene, also einem Austausch innerhalb der politischen Eliten, andererseits die Information der Bevölkerung über den politischen Prozeß.

Der Nationalrat der Provinzen tagt grundsätzlich öffentlich und kann die Öffentlichkeit und die Medien nur unter besonderen Umständen ausschließen [Art. 72; VG: 23 VRSA]. In der Zeit des stark auf Partizipation ausgerichteten verhandelten Transformationsprozesses entwickelte sich eine kritische Öffentlichkeit weiter, die schon während der Apartheid einen hohen Organisationsgrad aufwies. Einige dieser Gruppen der Zivilgesellschaft haben sich zu einem Netzwerk zusammengeschlossen, das die legislative Arbeit im Land einschließlich der Parlamentsausschüsse systematisch überwacht [Parliamentary Monitoring Group 1998]. Eine entscheidende Ausnahme von dieser Transparenz macht der Vermittlungsausschuß. Um die dortigen Verhandlungen zu erleichtern, ist die Öffentlichkeit nach Regel 75 der Gemeinsamen Geschäftsordnung nur in Ausnahmen zugelassen.

Die Kommunikation zwischen den Provinzlegislativen und dem Nationalparlament ergibt sich in erster Linie aus dem Zyklus, nach welchem der Nationalrat der Provinzen seine Arbeit verrichtet. Durch die mehrfache Beratung und die ‚Reisediplomatie' der Sonderdelegierten wird ein hohes Maß an Rückkoppelung sichergestellt. Des weiteren ist die Möglichkeit von Vertretern der Kommunalverwaltungen zu nennen, an den Sitzungen des Nationalrates teilzunehmen [Art. 67 VRSA]. Durch ihre beratende Anbindung an die Provinzkammer des südafrikanischen Parlaments entsteht eine Verbindung des Staates, seiner Provinzen und der in Kapitel 7 der Verfassung festgeschriebenen kommunalen Selbstverwaltungen.

Zusammenfassend wird die Kommunikationsfunktion in erster Linie durch die pendelnden und sich zudem abwechselnden Sonderdelegierten geleistet. Sie transportieren sowohl genuine Interessen der Provinzlegislativen als auch, idealiter, die der Provinzbevölkerung auf die nationale Ebene. Zugleich kann es ihnen auch am ehesten gelingen, Entscheidungen des Nationalparlaments gegenüber der Peripherie zu vertreten, um die Legitimität des politischen Systems zu erhöhen.

VI. Problemfelder

Angesichts der Tatsache, daß der Nationalrat der Provinzen erst seit zwei Jahren tätig ist, ließe sich annehmen, daß Reformdiskussionen zunächst noch auf sich warten lassen. Daß dem nicht so ist, sondern im Gegenteil die Rolle des NCOP intern wie im interinstitutionellen Bereich und in der Öffentlichkeit intensiv diskutiert wird, kann auf zwei Ursachen zurückgeführt werden. Zum einen war die Frage einer Zweiten Kammer im Verfassunggebungsprozeß stets einer der umstrittensten Punkte, da sie, neben anderen Faktoren, den Grad an Föderalismus impliziert, der der neuen *rainbow-nation* zugeschrieben werden sollte. Ein zweiter Punkt, der hier Erklärungskraft besitzt, ist die südafrikanische Diskussions- und Streitkultur, die durch den sehr offenen und inklusiven Verfassunggebungsprozeß noch gefördert wurde [Schmidt 1996: 372-373; Deegan 1999: 23-25]. Die über Generationen hinweg nur einer Minderheit ermöglichte politische Beteiligung wird heute von Bevölkerung und Zivilgesellschaft intensiv wahrgenommen.

1. „Foolish questions" oder: Der Gleichheitsanspruch des Nationalrates

ANC-Eliten waren zu keinem Zeitpunkt engagierte Verfechter eines südafrikanischen Föderalismus [Kotzé 1996: 12-16][9], sondern vertraten lange eine stringent unitarische Position [Schmidt 1996: 347]. Entsprechend gering fällt nun der Respekt aus, den die vom ANC dominierte Exekutive dem Nationalrat entgegenbringt. Das in der Presse dokumentierte Verhalten von Angehörigen des Kabinetts illustriert nicht nur diese Mißachtung, sondern ist auch mit der Schwäche der Kontrollfunktion des NCOP gegenüber der Exekutive in Zusammenhang zu setzen. Mehrfach drohte der Nationalrat deshalb mit der Verschleppung von dringenden Gesetzesvorlagen, würden Minister nicht für Fragen und Auskünfte zur Verfügung stehen [Business Day 09.06.1998]. „When Ministers respond by coming to this house they are not doing me a favour. They are fulfilling their obligation under the Constitution", lautete der Kommentar des NCOP-Vorsitzenden Lekota, nachdem Kabinettsmitglieder ihrer Auskunftspflicht wegen ‚Vergeßlichkeit' nicht nachkamen [Financial Mail 13.6.1998]. Seitens der Minister heißt es dagegen „that many of the questions are either foolish or are simply petty party politicing and that it is a waste of time to answer them" [Business Day 6.3.1998].

Erschwert wird die Emanzipation des Nationalrates allerdings auch durch organisatorische Probleme bei der internen Koordination und die Tatsache, daß angeblich auch nach fünf Monaten einige der Delegierten weder Zweck noch Verfahrensweisen ihrer Kammer wirklich verstanden hätten [Weekly Mail & Guardian 20.6.1997; Humphries/ Meierhenrich 1996: 24]. Die Tatsache, daß die RSA trotz hochentwickelter gesellschaftlicher und wirtschaftlicher Teilbereiche grundsätzlich noch ein Entwicklungsland ist, erklärt seinerseits die auftretenden administrativen Schwierigkeiten. Um hier Abhilfe zu schaffen und zugleich Reisekosten der Sonderdelegierten zu reduzieren, wurde die verstärkte Nutzung von modernen Kommunikationsmedien (Videokonferenzen) diskutiert [Business Day 6.3.1998].

2. Bikameralismus als Mittel zur demokratischen Konsolidierung einer mehrfach fragmentierten Gesellschaft

Ein weiterer Problemkomplex, der hier angedeutet werden soll, ist die Frage nach der Bedeutung des Nationalrates in den Prozessen des *nation-building* und der demokratischen Konsolidierung. Die Konfliktlinien, die die RSA durchziehen, sind weit vielseitiger, als es der über Jahrzehnte hinweg in den Medien dominierende Schwarz-Weiß-Gegensatz suggeriert [Schlemmer 1991: 173]. Gerade auch angesichts des schockierenden Potentials politisch motivierter Gewalt wird der Nationalrat, wie alle anderen Verfassungsorgane, auch daran gemessen werden, ob er zur Stabilisierung der Verhältnisse beiträgt und friedliche, demokratische Mechanismen zur Konfliktbewältigung zur Verfügung stellt. Mit anderen Worten ist es angesichts der prekären Situation der südafrikanischen Demokratie in der Konsolidierungsphase insbesondere von Bedeutung, welchen Beitrag der Nationalrat der Provinzen zur Stabilisierung und Habitualisierung demokratischer Verfahren leisten kann.

Im Rahmen des *Co-operative Government* [Art. 40, Art. 41 VRSA] kommt dem Nationalrat der Provinzen hier eine besondere Rolle zu. Die Einbindung der kommunalen Ebene, v.a. aber die vielfältigen Kommunikations- und Interaktionsmuster zwischen Nationalstaat und Provinzen, sowie Legislativen und Exekutiven, die im Nationalrat angelegt sind, prädestinieren den Nationalrat für die Stabilisierung demokratischer Strukturen. In letzter Konsequenz kann eine Institution wie der Nationalrat jedoch nur das leisten, was

---

[9] In diesem Zusammenhang macht Kotzés Studie deutlich, daß die Meinungsführer des ANC sehr viel unitarischer gesinnt waren als die Anhänger des Afrikanischen Nationalkongresses in der Bevölkerung.

politische Akteure in und mit ihm zu tun beabsichtigen. Der Hochmut diverser Minister gegenüber dem NCOP ist beispielsweise nicht besonders geeignet, in den Provinzen Verständnis für die Politik der Zentralregierung zu gewinnen.

3. Die Übermacht des ANC

Ein Problem bei der Analyse der momentanen politischen Ordnung Südafrikas ist die Vormachtstellung des Afrikanischen Nationalkongresses in sämtlichen Organen des politischen Systems. Diese Vormachtstellung kann sich durch eine Ausweitung des Wählerpotentials aufgrund von demographischen Entwicklungen in den kommenden Jahren noch verstärken. Durch die Omnipräsenz von ANC-Politikern auf allen Ebenen entsteht ein Ausmaß gegenseitiger Durchdringung von Staat und Partei, das es gelegentlich erschwert, durch die Verfassung bedingte Prozesse von innerparteilichen Dynamiken zu unterscheiden. Auch würden einige Mechanismen, die in der Verfassung angelegt sind, ganz andere Ergebnisse zeitigen, wenn die parteipolitischen Machtverhältnisse ausgeglichener wären und z.B. eine Mehrheit der Provinzen nicht unter der Kontrolle des ANC stünde, bzw. knappere Mehrheiten dem Zusammenspiel der Parlamentskammern eine höhere Bedeutung zukommen ließe. Wie die Einbettung des Nationalrates in die Verfassungsordnung sich dann präsentieren würde, bleibt jedoch mindestens bis zu den Wahlen im Mai 1999 der Spekulation überlassen.

In der jetzigen Konstellation deuten sich zwei Szenarien für die Wechselwirkungen an, die zwischen ANC und Nationalrat der Provinzen entstehen. Zum einen ist es durchaus plausibel, davon auszugehen, daß die Parteidisziplin des ANC auch in den Provinzen wirkt. Das Resultat wäre dann eine Zweite Kammer, in der sich trotz Betonung ihres föderalen Auftrags lediglich parteipolitische Strukturen und Konflikte fortsetzen, und die so ein Duplikat der Nationalversammlung würde. Illustriert wird diese Tendenz durch die Tatsache der Kontrolle der nationalen ANC-Führung über die Besetzung der Posten der Provinzpremiers und ihre Eingriffe in Entscheidungsprozesse in den Provinzen [Weekly Mail & Guardian 27.6.1997].

Eine andere Variante geht davon aus, daß der ANC in seiner heutigen Form und mit der Vielfalt seiner Funktionen sehr viel schwerer zu kontrollieren ist als vor 1990 oder als in seiner Funktion als oppositionelle Kraft der Übergangsphase [Schünemann 1997: 99; Business Day 24.8.1998]. Auch der schrittweise Rückzug von Nelson Mandela, der die unterschiedlichen Flügel der Partei zu integrieren vermochte, kann eine Föderalisierung des ANC indirekt unterstützen. Die Provinzen sind bereits jetzt die Machtbasis für innerparteiliche Kritiker des ANC-Führungsstils und für ambitionierte, gegen die Parteiführung opponierende Provinzpolitiker [Weekly Mail & Guardian 22.6.1996]. Sobald diese Konflikte in den Nationalrat der Provinzen hineingetragen werden, ergibt sich wieder die Situation einer parteipolitischen Überlagerung des Willensbildungsprozesses im Nationalrat, wenn auch in diesem Fall durch eine partielle Desintegration des Afrikanischen Nationalkongresses. Es drängt sich insgesamt der Eindruck auf, daß es in erster Linie die Entwicklung des ANC sein wird, die die Verfassungsrealität in Südafrika auf absehbare Zeit bestimmt.

Die Republik Südafrika besitzt eine politische Tradition, in der Zweite Kammern stets am Rand des politischen Prozesses standen und territoriale Gliederungen des Staatsgebietes nur den Zweck verfolgten, große Teile der Bevölkerung von politischen Entscheidungs-prozessen fernzuhalten und nach Rassenzugehörigkeit zu isolieren. Heute existieren Provinzen, deren eigene Kompetenzen zwar sehr eingeschränkt, aber sowohl in den politischen Prozeß eingebunden, als auch für die demokratische Stabilisierung von zentraler Bedeutung sind. Im Nationalrat beteiligen sich die Provinzen an nationalen Gesetzgebungs-verfahren und haben die Möglichkeit, ihrerseits Gesetzesentwürfe einzubringen. Die bisherigen Eindrücke, die der Nationalrat in den zwei Jahren seiner Existenz vermittelt, lassen auf eine selbstbewußte Institution schließen, die jedoch sowohl mit der Komplexität ihrer inneren Mechanismen als auch mit mangelnder Anerkennung im politischen System zu kämpfen hat. Welche tatsächliche Bedeutung dem Nationalrat im politischen Alltag der RSA zukommen kann, wird auch stark von der Entwicklung des Parteiensystems und seiner regionalen Ausdifferenzierung abhängen.

VII. Auswahlbibliographie

Asmal, Kader, 1994: Federalism and the Proposals of the National and Democratic Parties, in: **Licht,** Robert A./**Villiers,** Bertus de (Hrsg.), South Africa`s Crisis of Constitutional Democracy. Can the U.S. Constitution help?, Cape Town.

Bilger, Harald R., 1976: Südafrika in Geschichte und Gegenwart, Konstanz.

Born, Kerstin, 1996: Die südafrikanische Verfassung: Grundlage für eine pluralistische Demokratie?, in: KAS-Auslandsinformationen, Nr. 7, S. 78-92.

Boulle, Laurence J., 1984: South Africa and the Consociational Option. A Constitutional Analysis, Cape Town.

Breytenbach, Willie J., 1984: Die neue Verfassung und ihre Folgen für die Entwicklung, in: **Breytenbach,** Willie J./**Cloete,** G.S. (Fanie), Südafrika: Die neue Verfassung, Bonn, S. 3-13.

Brust, Christian, 1997: Die neue Verfassung der Republik Südafrika: Entwicklung einer föderalen Staatsordnung?, unveröffentlichte Magisterarbeit, Freiburg im Breisgau.

Burger, Delien, 1998: South Africa Yearbook 1998, Pretoria.

Business Day, verschiedene Ausgaben.

Butler, Andrew S., 1996: The 1996 Constitution Bill, its Amending Power, and the Constitutional Principles (KAS-Occasional Papers), Johannesburg.

Constitutional Court of South Africa (CoC): Certification of the Constitution of the Republic of South Africa, decided on 6 September 1996.

Deegan, Heather, 1999: South Africa reborn. Building a new democracy, London.

Dumbutshena, Tendai, 1997: Problems in the Provinces, in: Southern African Political & Economic Monthly, Nr. 10, S. 11-12.

Humphries, Richard/**Meierhenrich,** Jens, 1996: South Africa's New Upper House – The National Council of Provinces, in: Indicator South Africa, Jg. 13, Nr. 4, S. 21-24.

Joint Rules of Parliament. As approved by the Joint Rules Committee, 19.11.1997, (Gemeinsame Geschäftsordnung, GeG).

Kaltefleiter, Werner, 1997: Politische Kultur und Verfassung, in: **Schumacher,** Ulrike (Hrsg.): Das Neue Südafrika. Das Ende einer Illusion?, Frankfurt a.M., S. 13-25.

Kiloh, Margaret, 1997: South Africa: Democracy Delayed, in: **Potter,** David u.a. (Hrsg.), Democratization, Cambridge, S. 294-320.

Kotzé, Hennie, 1996: The Working draft of South Africa's 1996 Constitution: Elite and Public Attitudes to the „Options" (KAS-Occasional Papers), Johannesburg.

Lange, Rolf, 1996: Die politische Zukunft Südafrikas: Föderalismus oder Zentralismus?, in: **Kevenhörster,** Paul/**Boom,** Dirk van den (Hrsg.), Afrika: Stagnation oder Neubeginn?: Studien zum politischen Wandel, Münster.

Lijphart, Arend, 1984: Democracies: Patterns of Majoritarian and Consensus Government in Twenty-One countries, New Haven/London.

Morgenrath, Birgit, 1998: Democracy, Demo-cracy – Meinungsbilder aus Südafrika, in: afrika süd, Nr. 3, S. 32-33.

Philippsen, Michael (1997): Perspektiven einer Verfassungsentwicklung, in: **Schumacher,** Ulrike (Hrsg.), Das Neue Südafrika. Das Ende einer Illusion?, Frankfurt a.M., S. 27-48.

Pippan, Christian (1995): Südafrikas Verfassungswandel im Zeichen von Demokratie und Rechtstaatlichkeit, in: Zeitschrift für ausländisches öffentliches Recht und Völkerrecht, Jg. 55, Nr. 4, S. 993-1050.

Preliminary Rules of the National Council of Provinces, 20.2.1997. (Vorläufige Geschäftsordnung des Nationalen Provinzrates, VG).

Riker, William H., 1992: The Justification of Bicameralism, in: International Political Science Review, Jg. 13, Nr. 1, S. 101-116.

RSA 2000, 12/98, hrsg. von der Südafrikanischen Botschaft.

Sartori, Giovanni, 1994: Comparative constitutional engineering: an inquiry into structures, incentives and outcomes, Basingstoke.

Schlemmer, Lawrence, 1991: Zwischen Rasse, Klasse und Kultur: Soziale Scheidungen in der politischen Transformation Südafrikas und ihre Implikationen für die Politik, in: **Fröschl,** Erich u.a. (Hrsg.), Staat und Nation in multi-ethnischen Gesellschaften, Wien, S. 171-196.

Schmidt, Siegmar, 1996: Südafrika: Demokratisierung als Prozeß der Verfassunggebung?, in: **Merkel,** Wolfgang u.a. (Hrsg.), Systemwechsel 2 – Die Institutionalisierung der Demokratie, Opladen.

Schünemann, Marco, 1997: Der ANC auf dem Weg zur Einheitspartei?, in: **Schumacher,** Ulrike (Hrsg.), Das Neue Südafrika. Das Ende einer Illusion?, Frankfurt a.M., S. 97-119.

Schüttemeyer, Suzanne S./**Sturm,** Roland, 1992: Wozu Zweite Kammern? Zur Repräsentation und Funktionalität Zweiter Kammern in westlichen Demokratien, in: Zeitschrift für Parlamentsfragen, Nr. 3, S. 517-536.

Strydom, Hennie/**Pretorius,** Loot/**Klinck,** Elsabé, 1997: A Lay Person's Guide to the 1996 South African Constitution (KAS-Occasional Papers), Johannesburg.

The Constitution of the Republic of South Africa. Act 108 of 1996. As adopted on 8 May 1996 and amended on 11 October 1996 by the Constitutional Assembly (Sogenannte endgültige Verfassung, VRSA).

The Constitution of the Republic of South Africa. Act 110 of 1983 (Drei-Kammern-Verfassung, DKV).

The Constitution of the Republic of South Africa. Act 200 of 1993 (Übergangsverfassung, ÜV).

Thompson, Leonard M, 1966: The Republic of South Africa, Boston.

Tsebelis, George/**Money,** Jeannette, 1997: Bicameralism, Cambridge.

Watts, Ronald L., 1994: Provincial Representation in the Senate, in: **Villiers,** Bertus de (Hrsg.), Birth of a Constitution, Kenwyn.

Weekly Mail & Guardian, verschiedene Ausgaben.

www-Quellen:

Interparliamentary Union, 1998: Women in National Parliaments: World Classification. http://www.ipu.org/wmn-e/classif.htm (25.12.1998)

Interparliamentary Union, 1998a: Women in National Parliaments: Averages. http://www.ipu.org/wmn-e/world.htm (25.12.1998)

Parliament of South Africa: Independent Groups Monitoring Parliament. http://www.parliament.gov.za/pubs/monitor.html (23.1.1999)

Parliamentary Monitoring Group, 1998: Monitoring South African Parliamentary Committees. http://www.pmg.org.za

Catherine Isabel Froehling

Rajya Sabha - Indiens Zweite Kammer

I. Einleitung

Im ersten Artikel der indischen Verfassung heißt es: „India, that is, Bharat, shall be a Union of States." Indien, die größte Demokratie der Welt, ist somit ein Bundesstaat, der sich aus 25 Unionsstaaten und sieben Unionsterritorien[1] zusammensetzt. Seit nunmehr fast fünfzig Jahren kooperieren innerhalb der indischen Union die nationale, die regionale und die lokale Ebene miteinander, und die demokratischen Regelungsmechanismen und Institutionen sind Teil der politischen Kultur geworden [Betz 1997: 91, 94; Rothermund 1998: 17]. Innerhalb der Gruppe der Entwicklungsländer ist Indien heute einer der wenigen funktionierenden föderalen Staaten [Betz 1997: 95].

Unter den Mitgliedern der verfassungsgebenden Versammlung herrschte überraschenderweise ein breiter Konsens über die verfassungsrechtlichen Grundsatzentscheidungen[2] des unabhängigen indischen Staates [Palmer 1961: 91-104]. Die Entscheidung für einen Bundesstaat erklärte sich für die Versammlung von selbst. Wie sonst sollte der neue Staat mit seiner gewaltigen geographischen Ausdehnung und seiner stark fragmentierten Bevölkerung von einer Zentralregierung regiert werden? Nur eine Föderation konnte die vielen verschiedenen Gruppen mit ihren historischen, sozialen, ethnischen, kulturellen, religiösen und sprachlichen Hintergründen integrieren [Betz 1997: 95; Palmer 1961: 94]. Bereits das britische *Raj* hatte die Kronkolonie mit Hilfe der assoziierten indischen Fürstentümer und eines Provinzsystems für die eigenen Territorien verwaltet [Palmer 1961: 96; Chatterjee 1997: 6].

Nach der Unabhängigkeit 1947 galt es, den unitarischen Kolonialstaat mit seinen verschiedenen administrativen Ebenen [Doeker 1980: 9, 14] in einen föderalen Staat umzustrukturieren. Nach der Zusammenführung der Provinzen des Raj und der mehr als 500 Fürstentümern in eine indische Union [Palmer 1961: 138-139; Sen-Varma 1977: 247; Chatterjee 1997: 1-5] folgte die Reorganisation des Staatsgebietes. Die Grenzen der Unionsstaaten wurden entlang der Sprachgrenzen festgelegt, und man gewährte den neuen Einheiten kulturelle und sprachliche Autonomie [Betz 1997: 95; Doeker 1980: 140].

In der indischen Verfassung wird der Begriff des Föderalismus nicht benutzt. Dies hängt damit zusammen, daß es sich bei der indischen Union nicht um einen Zusammenschluß unabhängiger Einzelstaaten handelt, sondern um einen Föderalismus von oben [Betz 1997: 99]. Die Quellen des Föderalismus in Indien sind weniger in der Geographie oder Geschichte des Landes zu suchen, als in der Vereinigung von mit begrenzter Autonomie ausgestatteten Verwaltungseinheiten [Sen-Varma 1977: 245-246; Thakur 1995: 69]. Beispielsweise verfügen die Unionsstaaten selbst über keine eigene Verfassung[3], sondern ihre verfassungsrechtlichen Grundlagen finden sich in der indischen Unionsverfassung [Sen-Varma 1977: 248-249] und ähneln denen der Unionsebene.[4]

---

[1] Die Unionsterritorien werden direkt von der Unionsregierung regiert und verwaltet.

[2] Daneben einigte man sich auf die Regierungsform der parlamentarischen Demokratie, die Staatsform einer Republik, eine geschriebene Verfassung, die Mitgliedschaft im *Commonwealth of Nations*, einen säkularen Staat und einen sozialen Wohlfahrtsstaat.

[3] Eine Ausnahme bilden Jammu und Kaschmir.

[4] Die Regierung wird vom *Chief Minister* angeführt und die Minister bilden das *Council of Ministers*. An der Staatsspitze steht ein Gouverneur.

Dieser nicht von unten gewachsene, sondern von oben festgelegte Föderalismus zeigt sich auch darin, daß die verfassungsrechtlichen Kompetenzen der Unionsebene stark betont sind [Palmer 1961: 95]. Dies war im Zuge des *nationbuilding* – zur Sicherung der politischen Stabilität und territorialen Integrität – unumgänglich [Thakur 1995: 70], so daß man beim indischen Föderalismus auch von einer unitaren Grundkonzeption sprechen kann [Schwarz-Liebermann von Wahlendorf 1958: 124; Malhotra 1990: 204-206]. Allerdings ist die Unionsregierung bei der Implementation ihrer Politik in erheblichem Maße auf die Unionsstaaten – deren Regierung und Verwaltung – angewiesen. Wenn also nicht von einem Vertragsföderalismus gesprochen werden kann, so ist die indische Union doch als kooperativer Föderalismus zu bezeichnen. Dies umfaßt die Gesetzgebung, die Finanz-verwaltung, die gemeinsame *federal-state*-Planung sowie die Koordination der staatlichen Programme und deren Ausführung [Doeker 1980: 138, 167].

II.   Historische Entwicklung

Die verfassungsrechtlichen Vorläufer der Zweiten Kammer in Indien, der *Rajya Sabha*, wurden bereits im *Raj* durch die britischen Kolonialherren eingeführt: Sowohl im *Government of India Act* von 1919[5] als auch von 1935[6] finden sich Bestimmungen zu einem *Council of the States*[7] [Morris-Jones 1957: 53-73]. Nach der Unabhängigkeit 1947 boten beide Organe der verfassungsgebenden Versammlung aber kaum eine Erfahrungsgrundlage [Singh 1977 b: 219]. Die 1935 festgelegten Bestimmungen für eine Bundesverfassung wurden nie praktiziert. Man hatte das Inkrafttreten dieser Artikel von der Mitwirkung der indischen Fürsten abhängig gemacht, diese traten der Föderation aber nie bei. Hätte man sich 1947 bei den Überlegungen zur Zweiten Kammer an die Vorgaben von 1935 gehalten, wäre die *Rajya Sabha* als eine direktgewählte Vertretung der Unionsstaaten konstituiert worden [Rothermund 1995: 392-392].

Die Frage, ob die indische Union auf zentralstaatlicher Ebene über eine Zweite Kammer verfügen sollte, löste unter den Mitgliedern der verfassungsgebenden Versammlung eine heftige Diskussion aus. Eine nicht unbedeutende Anzahl von Mitgliedern sprach sich dagegen aus und argumentierte, daß sich die Institution als *clog in the wheel of progress* herausstellen würde. Die *Rajya Sabha* werde nur Kosten verursachen und nicht zur Effizienz der legislativen Arbeit beitragen. Die Gegenseite, der auch Shri Gopalaswami Ayyangar angehörte, argumentierte, daß überall, wo es Bundesstaaten gebe, dies notwendig zu einer Zweiten Kammern geführt habe [Rajya Sabha Secretariat 1998: 4]. Er führte aus:

> „After all, the question for us to consider is whether it performs any useful function. The most that we can expect the Second Chamber to do is perhaps to hold dignified debates on important issues and to delay legislation which might be the outcome of passions of the moment until the passions have subsided and calm consideration could be bestowed on the measures which will be before the Legislature; [...] I think, on the whole, the balance of consideration is in favour of having such a chamber and taking care to see that it does not prove a clog either to legislation or administration." [Rajya Sabha Secretariat 1998: 4-5]

---

[5] Das Organ wurde durch den *Government of India Act* 1919 eingeführt und hatte 60 Mitglieder. Die erste Kammer, die *Legislative Assembly*, hatte 145 Mitglieder.

[6] Der *Council of the States*, der durch den *Government of India Act* 1935 geregelt wird, sollte 260 Mitglieder umfassen. Die Erste Kammer, die *Federal Assembly*, 375. Dieser Teil der Verfassung trat aber nie in Kraft.

[7] Des weiteren finden sich in der Konstruktion der *Rajya Sabha* amerikanisch-kanadisch-australische Einflüsse [Doeker 1980: 194].

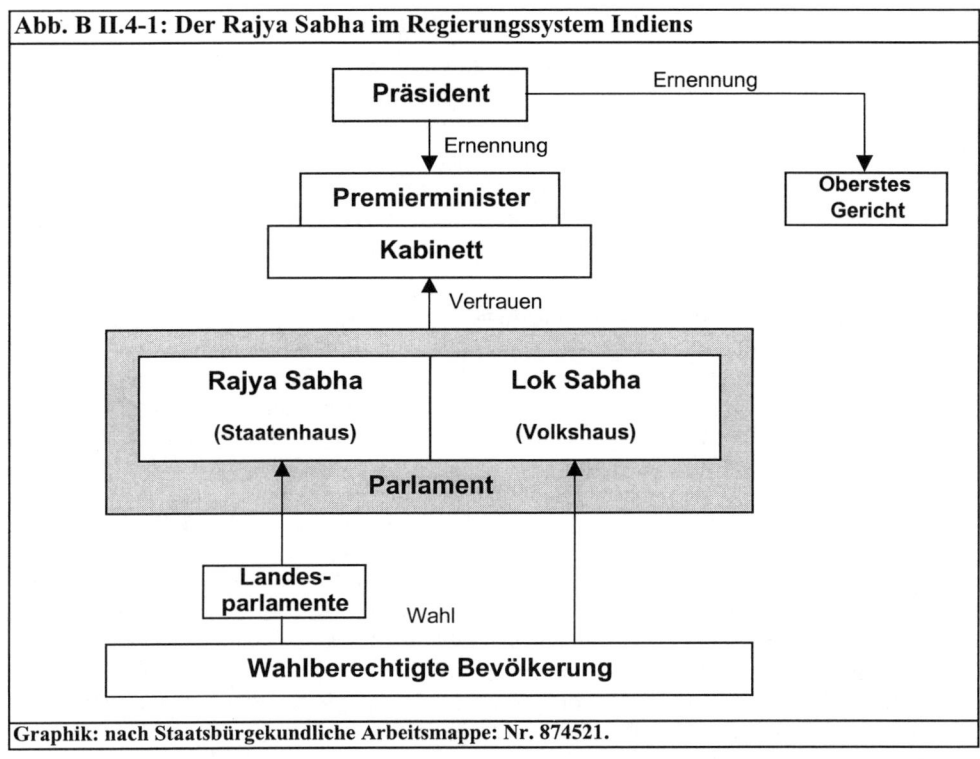

Abb. B II.4-1: Der Rajya Sabha im Regierungssystem Indiens

Graphik: nach Staatsbürgekundliche Arbeitsmappe: Nr. 874521.

Auch hielten viele ein Einkammersystem für nicht adäquat, die große Fragmentierung des Landes auf Unionsebene angemessen zu vertreten [Morris-Jones 1957: 53]. Nach Abwägung aller Vor- und Nachteile entschieden sich die Mitglieder der verfassungsgebenden Versammlung für ein bikamerales System. Drei Gründe gaben den Ausschlag für eine Zweite Kammer: Die *Rajya Sabha* sollte das Organ sein, das im legislativen Bereich die Interessen der Unionsstaaten auf Unionsebene repräsentiert. Hieraus leitet sich auch die Tatsache ab, daß sie der Volkskammer (*Lok Sabha*) in bezug auf den verfassungsrechtlichen Status gleichgestellt ist. Außerdem sollte sie als Instanz fungieren, die einen ‚zweiten Blick‘ auf die Gesetzesvorlagen wirft, damit ‚gute Gesetze‘ verabschiedet würden. Nicht unerheblich war der Wunsch, eine Möglichkeit zu haben, auch wenn die *Lok Sabha* aufgelöst ist, Gesetze einbringen und verabschieden zu können [Thakur 1995 147-149].

Die Verfassung von 1950 sieht für die Einrichtung eines bikameralen Systems auf Unionsebene eine Muß- und auf der Ebene der Unionsstaaten eine Kann-Bestimmung vor. Die unionsstaatlichen Parlamente können optional aus einer oder zwei Kammern bestehen [Palmer 1961: 143-144; Bhagat 1977: 200]. Auf Unionsebene setzt sich das *Parliament of India* heute aus der *Lok Sabha* (Volkshaus) und der 1952 eingesetzten *Rajya Sabha* (Staatenhaus) sowie dem indischen Staatspräsidenten zusammen [Palmer 1961: 117-118]. Verfassungsrechtlich ist die *Rajya Sabha* der *Lok Sabha* gleichgestellt, sieht man von den Einschränkungen ab, die sie, verglichen mit den Möglichkeiten der *Lok Sabha* bezüglich der Regierungsbildung und der Finanzgesetzgebung, erfährt [Palmer 1961: 118].

III.   Zusammensetzung

Gemäß der indischen Verfassung umfaßt die *Rajya Sabha* nicht mehr als 250 Sitze. Die Mehrheit – höchstens 238 Abgeordnete – repräsentiert die Unionsstaaten und die Unionsterritorien. Die restlichen zwölf Mitglieder werden vom indischen Präsidenten ernannt. Momentan zählt die Kammer 245 Mitglieder [Rajya Sabha Secretariat 1998: 6]. Anders als die *Lok Sabha* löst sich die *Rajya Sabha* als Gesamtorgan nicht auf. Sie ist als permanentes Organ konzipiert. Alle zwei Jahre wird ein Drittel der Abgeordneten von den Parlamenten der Unionsstaaten neu gewählt. Die Amtszeit eines Abgeordneten beträgt sechs Jahre [Rajya Sabha Secretariat 1998: 6].

Die indirekte Wahl durch die Parlamente der Einzelstaaten erfolgt durch Verhältniswahl und mit einzelübertragbarer Stimme [Doeker 1980: 371]. Eine Wiederwahl ist möglich. Die Anzahl der Repräsentanten pro Unionsstaat richtet sich nach deren Einwohnerzahl.[8] Bevölkerungsärmere Unionsstaaten werden bei der Sitzverteilung ein wenig bevorzugt [Schwarz-Liebermann von Wahlendorf 1958: 124]. Das komplizierte Verfahren, durch das die Repräsentanten der Unionsterritorien bestimmt werden, regelt ein Gesetz [Palmer 1961: 118; Singh 1977: 214]. Die durch den indischen Präsidenten ernannten zwölf Abgeordneten sind Persönlichkeiten, die sich durch besonderes Wissen oder praktische Erfahrung in den Bereichen Literatur, Wissenschaft, Kunst oder Soziales auszeichnen [Palmer 1961: 118; Bhagat 1977: 201]. Die Möglichkeit, Mitglieder der *Rajya Sabha* zu ernennen, soll zum einen die deutliche Unterrepräsentation einer bestimmten Minderheit oder schwer-organisierbarer Interessen verhindern. Zum anderen können hierdurch Person in den legislativen Prozeß eingebunden werden, die der politischen Kampagne und einem Wahlkampf nicht gewachsen sind [Thakur 1995: 149]. Dadurch wird es aber auch möglich, Personen, die sich durch politische oder finanzielle Unterstützung ausgezeichnet haben, zu belohnen [Thakur 1995: 147; Hathi 1977: 210; Anandam 1977: 224].

In die *Rajya Sabha* wählbar sind indische Staatsbürger, die mindestens 30 Jahre alt sind.[9] Das indische Parlament kann weitere Qualifikationen per Gesetz festlegen. Das hohe Mindestalter soll einen ausreichenden Erfahrungshintergrund der Mitglieder gewährleisten. Die Abgeordneten können in der Regel bereits ein Mandat in einer Volksvertretung der Unionsstaaten oder in der *Lok Sabha* vorweisen, bevor sie in die *Rajya Sabha* gewählt werden [Bhagat 1977: 202].

Das indirekte Wahlverfahren hat zur Folge, daß die *Rajya Sabha* ein Abbild der einzelstaatlichen Parlamente ist. Die regionalen Interessen, Parteien und Gruppen finden sich so auf Unionsebene gespiegelt [Bhagat 1977: 201], und die Kammer ist angehalten, die Interessen der Einzelstaaten zu vertreten [Palmer 1961: 119]. Entscheidungsbasis ihrer Abstimmungen sind aber seltener die einzelstaatlichen Interessen als die Partei- oder Unionspolitik. Dies hängt auch damit zusammen, daß sich die Abgeordneten in der Regel auf Unionsebene als Personen des öffentlichen Lebens oder in einer Partei einen Namen gemacht haben [Behen 1977: 228].

---

[8] Ein Auflistung der Sitzzuweisungen der Unionsstaaten und Unionsterritorien für die *Lok Sabha* und die *Rajya Sabha* findet sich bei Thakur 1995: 74. Für bis zu fünf Millionen Einwohner gibt es einen Sitz. Für jede weitere zwei Millionen einen zusätzlichen Abgeordneten [Hathi 1977: 209-210; Rajya Sabha Secretariat 1998: 6; Bhagat 1977: 203].

[9] Für die *Lok Sabha* gilt eine Altersgrenze von 25 Jahren. Wahlberechtigt ist man ab 18 Jahren. Zu besetzen sind 543 Sitze, 530 durch die 25 Unionsstaaten und 13 durch sieben Unionsterritorien. Die Verteilung richtet sich nach der Bevölkerungsanzahl. Von den 543 Sitzen sind 79 für die unteren Kasten und 41 für die tribalen Stämme reserviert. Zwei Sitze werden durch den Präsidenten besetzt und repräsentieren die anglo-indische Gemeinschaft. Gewählt wird in Einerwahlkreisen mit Mehrheitswahlrecht [Thakur 1995: 139-141].

Obwohl die Mitglieder der *Rajya Sabha* durch eine anderes Verfahren gewählt werden als die der *Lok Sabha*, unterscheiden sich beide Parlamentskammern in ihrer Zusammensetzung kaum. Dies gilt sowohl bezüglich des Alters [Bhagat 1977: 202] und des sozialen Hintergrundes, als auch hinsichtlich ihres Werdegangs oder ihrer politischen Erfahrungen. Auch in dieser Kategorie kann man kaum davon sprechen, daß die beiden Kammern verschiedene Identitäten vorweisen [Palmer 1961: 119; Bhagat 1977: 203; Morris-Jones 1957: 114-128].

IV. Arbeitsweise

Normalerweise hält die *Rajya Sabha* – wie auch die *Lok Sabha* – jährlich zwei Sitzungsperioden ab. Zwischen beiden Perioden dürfen nicht mehr als sechs Monate liegen [Palmer 1961: 118]. Die verfassungsrechtliche Sprachregelung legt fest, daß die parlamentarische Arbeit in Englisch oder Hindi erfolgen soll. In Ausnahmefällen, wenn ein Abgeordneter sich nicht adäquat in einer der beiden vorgesehenen Sprachen äußern kann, kann der Vorsitzende der *Rajya Sabha* gestatten, daß er eine der anderen fünfzehn offiziellen regionalen Landessprache benutzt [Laundy 1989: 64]. Die Mehrheit der Mitglieder beherrscht aber in ausreichendem Maße Englisch oder Hindi [Palmer 1961: 126; Thakur 1995: 143].

Der Vizepräsident der indischen Union ist *ex officio* auch Vorsitzender des *Rajya Sabha*. Er wird von den Abgeordneten beider Kammern des Parlaments in einem gemeinsamen Wahlgremium gewählt. Dies erfolgt nach dem Verhältniswahlrecht in einer geheimen Abstimmung [Art. 89 Indische Verfassung: IV]. Seine Amtszeit beträgt fünf Jahre [Hathi 1977: 208-209]. Diese Regelung trägt zum Prestige der Kammer bei, da der Vizepräsident in der Hierarchie an zweiter Stelle nach dem Staatspräsidenten steht [Singh 1977b: 220]. Zu seinen Funktionen gehört es unter anderem, die Debatten zu leiten, Ruhe und Ordnung herzustellen sowie die Privilegien der Kammer zu sichern. Er ist auch berechtigt, die Bestimmungen der indischen Verfassung und Statuten und Verfahrensregeln auszulegen [Laundy 1989: 58]. Nimmt der Vizepräsident seine Funktion als Vertreter des indischen Präsidenten wahr, dann übernimmt sein Stellvertreter, der allein von den Mitgliedern der *Rajya Sabha* gewählt wird, seine Aufgaben [Rajya Sabha Secretariat 1998: 6].

Gemäß der indischen Verfassung herrscht in der Staatenkammer Redefreiheit. Der einzelne Abgeordnete genießt Immunität für jegliche Äußerung oder Abstimmung im Plenum, aber auch in den Ausschüssen.[10] Darüber hinaus hat die *Rajya Sabha* das Recht, sich eine eigene Geschäftsordnung zu geben und ein geeignetes Verfahren zur Erledigung seiner Aufgaben festzulegen [Singh 1977: 215].

Lok Sabha und *Rayja Sabha* weisen ein ähnliches parlamentarisches Verfahren auf. Ein Gesetze durchläuft in beiden Kammern drei Lesungen: das Einbringen, die Debatte und die Abstimmung über die Gesetzesvorlage. In der ersten Lesung werden die Gründe für die Vorlage und ihre Ziele erläutert. In zweiter Lesung wird die Vorlage Satz für Satz im Plenum behandelt. In der Debatte können die Abgeordneten Änderungsvorschläge einbringen. Vor der dritten Lesung kann die Vorlage an einen Ausschuß weitergeleitet werden. Nur aus Gründen des Zeitdrucks wird dieser Schritt ausgelassen und über die Vorlage sofort abgestimmt. Nach der Stellungnahme des Ausschusses erfolgt die dritte Lesung, also die Abstimmung über die Vorlage. Diese Prozedur gleicht sich in beiden Kammern [Laundy 1989: 69].

In der Regel bedürfen Gesetze der Zustimmung beider Vertretungen, und wenn Volks- und Staatenhaus demselben Wortlaut zustimmen, kann der Präsident die Ausführung

---

[10] Weitere Rechte und Privilegien der Abgeordneten wurden 1979 in einem Gesetz festgelegt. Ein Gesetz von 1977 erkennt den Führern der Oppositionsparteien der *Rajya Sabha* eine besondere Rolle zu und regelt deren Diäten und Privilegien.

vornehmen [Thakur 1995: 143-144; Malhotra 1990: 209]. Falls dieser mit der Vorlage nicht einverstanden ist, hat er das Recht, sie mit einer Empfehlung wieder ins Parlament zu schicken. In der Regel unterschreibt er, wenn ihm die Vorlage zum zweiten Mal zugeleitet wird [Malhorta 1990: 209]. Das Quorum in der *Rajya Sabha* beträgt 10 Prozent (25 Abgeordnete), und Entscheidungen bedürfen einer einfachen Mehrheit der tatsächlich anwesenden und abstimmenden Abgeordneten [Thakur 1995: 147].

Eine eingebrachte Gesetzesvorlage wird regelmäßig an einen Ausschuß weitergeleitet. Hier wird die eigentlich substantielle Arbeit geleistet [Thakur 1995: 149]. Auch die Struktur der Ausschüsse in *Lok Sabha* und *Rajya Sabha* gleicht sich. Die Einberufung, Sitzungszeit, Funktion und das Verfahren der Gremien werden von den beiden Kammern im Rahmen des Art. 118 Abs. 1 der indischen Verfassung festgelegt [Morris-Jones 1957: 257]. Vereinfacht kann man diese bezüglich ihrer Konstruktion in zwei Gruppen unterteilen: die ständigen Ausschüsse und die ad-hoc-Ausschüsse. Die ständigen Ausschüsse werden periodisch besetzt, und ihre Arbeit unterliegt mehr oder weniger einer kontinuierlichen Basis. Die ad-hoc-Ausschüsse werden nur dann geschaffen, wenn eine aktuelle Notwendigkeit dazu besteht. Ihre Existenz endet, sobald die Aufgaben, die ihnen übertragen wurden, erledigt sind. Betrachtet man die Arbeitsfelder der Ausschüsse, so lassen sich diese in drei Kategorien unterteilen: die Organisation und Rechte des Parlaments, beziehungsweise der *Rajya Sabha*, die Gesetzgebung und die Bestimmungen über die Unionsfinanzen.

Auf Empfehlung der *Lok Sabha* wurden am 8. April 1993 auch in der *Rajya Sabha* siebzehn ständige Ausschüsse eingerichtet, die die Materie der siebzehn Ministerien auf Unionsebene widerspiegeln. Hier erfolgt die reguläre Arbeit an einzelnen Gesetzesvorlagen.[11] Teilweise überprüfen diese auch finanzielle Forderungen der Ministerien. Außerdem kommentieren sie die ihnen jährlich zugeleiteten Berichte und *policy-reports* der einzelnen Unionsministerien und die anderer nachgeordneter Behörden.

Zu den ständigen Ausschüssen zählt die Gruppe der Untersuchungsausschüsse. Der Petitionsausschuß bearbeitet Petitionen zu Gesetzesvorlagen und zu anderen Themen des öffentlichen Interesses. Ein Ausschuß prüft die vor der Kammer gemachten Regierungsversprechen und deren Umsetzung. Vor allem hier haben Abgeordnete der Oppositionsparteien die Möglichkeit, die Regierung zu kontrollieren. Das *Committee on Subordinate Legislation* berichtet darüber, ob das durch die indische Verfassung oder einfaches Gesetz an andere Institutionen delegierte Recht, gesetzliche Regelungen zu erlassen, legal ausgeführt wird. Ein weiterer Ausschuß prüft Bestimmungen, die die Privilegien der *Rajya Sabha* innerhalb des parlamentarischen Systems regeln.

Eine dritte Gruppe bilden die Ausschüsse, die sich mit dem täglichen Geschäft der Staatenkammer befassen. Einer organisiert das Zeitmanagement der parlamentarischen Arbeit. Der Regel-Ausschuß widmet sich Fragen des parlamentarischen Verfahrens und plant die internen Geschäfte. Eine vierte Gruppe von ständigen Ausschüssen in der *Rajya Sabha* befaßt sich mit der Bereitstellung von Diensten für seine Abgeordneten [Reddy 1977: 235].

Eine besondere Gruppe bilden die ständigen gemeinsamen Ausschüsse. In ihnen sitzen Abgeordnete der *Rajya Sabha* und der *Lok Sabha*. Ein Ausschuß widmet sich dem Schutz der *scheduled castes* und *scheduled tribes* [Betz 1997: 98], und ein weiterer der Stärkung der Gleichberechtigung der Frauen. Ein weiterer gemeinsamer Ausschuß regelt die Diäten und Zulagen der Abgeordneten beider Kammern, sowie die Bereitstellung materieller und personeller Dienstleistungen für deren Abgeordnete. Ein anderer gemeinsamer Ausschuß prüft die Besetzung von Gremien auf Unionsebene, die von der Unionsregierung oder

---

[11] Die Gesetzesvorlagen, die der *Rajya Sabha* vorgelegt werden, leitet der Vorsitzende der Zweiten Kammer an die jeweiligen aus seiner Sicht zuständigen Ausschüsse weiter.

einzelnen Regierungen der Unionsstaaten geschaffen wurden. Abgeordnete beider Kammern sitzen auch im Bibliotheksausschuß.

Besondere Bestimmungen regeln die Besetzung der drei ständigen Finanzausschüsse der *Lok Sabha*. Sieben Abgeordnete der *Rajya Sabha* sind in dem *Committee on Public Accounts* und dem *Committee on Public Undertakings* vertreten [Laundy 1989: 101]. Der erste Ausschuß untersucht die *Appropriation Accounts* und die Finanzberichte staatlicher Betriebe, wie der indischen Eisenbahn und anderer Behörden der Unionsregierung. Der zweite untersucht die *Reports and Accounts of Public Undertakings* [Reddy 1977 234]. In dem *Committee on Estimates* ist die *Rajya Sabha* nicht mit Abgeordneten vertreten. Diese Ausschußarbeit im Finanzbereich wird regelmäßig in einem *Action Taken Report* veröffentlicht und der *Rajya Sabha* vorgelegt. In dem Papier findet sich Aussagen darüber, wie hoch der Einfluß ist, den die Ausschüsse, auf die Arbeit der indische Exekutive ausüben [Jain 1976: 569]

Die Ad-hoc-Ausschüsse werden auf Verlangen des Vorsitzenden der *Rajya Sabha* gebildet. Sie sollen bestimmte Themen untersuchen oder über Implementations- und Wirkungsgrad einer *policy* berichten. Sie können aber auch gezielt für die Arbeit an einzelnen Gesetzesvorlagen geschaffen werden. Sie werden mit Abgeordneten beider Parlamentskammern besetzt.

Als Koordinator der Exekutive und Legislative fungiert der Minister für parlamentarische Angelegenheiten. Er trägt die Verantwortung für die Planung und Koordination der Regierungsgeschäfte in beiden Kammern des Parlaments. Diese Funktion ergibt sich aus dem parlamentarischen Regierungssystem, also der engen Verknüpfung von Parlamentsmehrheit und Unionsregierung. Hierfür muß er engen Kontakt zu den Vorsitzenden beider Kammern und zu den verschiedenen Parteiführern halten. Zu seinen Aufgaben gehört es auch, Abgeordnete für die Besetzung von Gremien, die die Zentralregierung ins Leben gerufen hat, zu nominieren. Um den informellen Austausch zwischen Parlament und Regierung bezüglich einzelner Politikinhalte und deren Implementierung sicherzustellen, kann er Gremien schaffen, die den Ministerien zugeordnet werden. Diese treffen sich sowohl während der Sitzungsperioden, als auch dazwischen.

Wenn ein Gesetzesentwurf eine Kammer passiert hat, und die andere Kammer Änderungsvorschläge macht, werden diese von der initiierenden Kammer entweder übernommen oder überstimmt.[12] Falls sich beide Kammern nicht auf einen Wortlaut einigen können, gelangt die Vorlage in eine gemeinsame Sitzung. An dieser Sitzung nehmen alle Abgeordneten der *Rajya Sabha* und der *Lok Sabha* teil. Der Entwurf bedarf einer einfachen Mehrheit und gilt dann als von beiden Kammern angenommen [Art. 108 Abs.4 IV]. Dieses Verfahren wird vom indischen Präsidenten auch eingeleitet, wenn eine Gesetzesvorlage länger als sechs Monate in der *Rajya Sabha* liegt [Art. 108 Abs. 1 IV; Reddy 1977: 234-235].

Innerhalb der parlamentarischen Arbeit nehmen die Fragestunden in beiden Kammern einen hohen Stellenwert ein. In der *Rajya Sabha* finden sie während der Sitzungsperioden an vier Tagen in der Woche statt. Der Vorsitzende sammelt schriftliche Anfragen während jeder Sitzungsperiode und regelt die Themenverteilung. Diese Fragestunden sind in der Regel die lebhaftesten und interessantesten Abschnitte einer Sitzung. Durch sie werden Minister und andere Regierungsmitglieder zur Stellungnahme aufgefordert. Sie dienen auch zur generellen Diskussion von Themen des öffentlichen Interesses. Vor allem hier hat die parlamentarische Opposition Gelegenheit, die Regierung zur Verteidigung ihrer Vorhaben und Arbeit zu zwingen [Palmer 1961: 124; Morris-Jones 1957: 225-228]. Die Debatten der *Rajya Sabha*

---

[12] Wenn es sich nicht um Gesetze handelt, bei denen die *Rajya Sabha* nur Kommentarrecht hat.

haben ein hohes Niveau, und die Äußerungen oder Fragen werden regelmäßig vom Premierminister und seinem Kabinett kommentiert oder beantwortet [Hathi 1977: 211].

V.   Funktionen der Zweiten Kammer

Wie in anderen parlamentarischen Demokratien bestehen die zentralen Aufgaben des indischen Parlaments in der nationalen Gesetzgebung, der Kontrolle der Regierung und deren Verwaltung, der Verabschiedung des Haushalts, der Erörterung von öffentlichen Anfragen sowie der Diskussion verschiedener Themen der nationalen Politik und der internationalen Beziehungen.

Das Gesetzgebungsverfahren auf der Unionsebene erfordert die Zustimmung beider Kammern des indischen Parlaments. Eine Ausnahme bildet das Verfahren zur Finanz- und Steuergesetzgebung, bei der die Entscheidung der *Lok Sabha* ausschlaggebend ist. Auch abgeleitete Gesetzgebung wird durch das Parlament kontrolliert. Dem indischen Parlament ist aber auch die Gewalt verliehen, Verfassungsänderungen zu initiieren und zu beschließen. Diese legislativen Kompetenzen beider Kammern werden allein durch den föderalen Staatsaufbau und die Entscheidungen des obersten Gerichtshofes eingeschränkt [Palmer 1961: 125].

Die Verteilung der Gesetzgebungskompetzen zwischen der Union und den Einzelstaaten hält die indische Verfassung in drei Listen fest.[13] In den Regelungsbereich der Union fallen die Felder Landesverteidigung, Außenpolitik, Binnenhandel, Transport und Kommunikation. Den Unionsstaaten werden die Bereiche Lokalverwaltung, Gesundheits-, Erziehungs- und Landwirtschaftspolitik zugesprochen. Die konkurrierende Gesetzgebung umfaßt Straf- und Familienrecht, Arbeitsbeziehungen, soziale Sicherheit, Wirtschaftsplanung und Preiskontrollen. Bei der letzten Gruppe haben die Unionsstaaten Gestaltungsmöglichkeiten, bis ein Unionsgesetz vorliegt. Im Streitfall bricht Unionsrecht die gesetzlichen Regelungen der Unionsstaaten [Betz 1997: 99].

Man kann die Rechte der *Rajya Sabha* im parlamentarischen System Indiens in drei Kategorien aufteilen. Sie hat erstens besondere Rechte inne, um die Unionsstaaten zu repräsentieren. Dann verfügt sie über legislative Rechte, die sie der *Lok Sabha* gleichstellen. Eine dritte Gruppe bilden die Kompetenzen, die der Staatenkammer im Bereich der Staatsfinanzen zugesprochen werden. Das indische Parlament, und damit auch die *Rajya Sabha*, nimmt folgende Aufgaben wahr: Verfassungsänderungen, Klärung von eigenen Verfahrensfragen, einfache Gesetzgebung und Finanzgesetzgebung, Kontrolle der Exekutive und das Recht, bestimmte Organe zu schaffen [Thakur 1995: 145].[14]

Abgesehen von der Finanzgesetzgebung genießt die Zweite Kammer Indiens auf dem Feld der einfachen Gesetzgebung die gleichen Rechte wie die *Lok Sabha*: Die Gesetze sind zustimmungspflichtig. Dies betrifft sowohl die Möglichkeit, Gesetze zu initiieren (*originating chamber*), als auch Änderungen an den Gesetzesvorlagen durchzusetzen (*revising chamber*). In der Regel gilt ein Gesetz als vom Parlament erlassen, wenn beide Kammern mit einer einfachen Mehrheit zugestimmt haben [Bhagat 1977: 204].

Die *Lok Sabha* hat seit Beginn ihres Bestehens schon oft Änderungsvorschläge der Zweiten Kammer übernommen [Malhorta 1990: 209], aber auch als Initiativorgan war die

---

[13] Die Unionsliste umfaßt 97, die Liste der Unionsstaaten 66 und die Liste der konkurrierenden Gesetzgebung 47 Felder [Thakur 1995: 69, Doeker 1980: 157-158].

[14] Dazu gehört die Schaffung neuer Unionsstaaten, eines Obersten Gerichts auf Unionsstaatenebene oder einer Zweiten Kammer auf Unionsstaatenebene

Rajya Sabha sehr aktiv. Vor allem in Bereichen der Sozial-, Erziehungs- und Rechtspolitik[15] gehen viele Maßnahmen auf sie zurück. Es handelt sich also um *policy*-Felder, die eine große Breitenwirkung haben, also einen Großteil der indischen Bevölkerung betreffen. Ihre Rolle als Anwalt der indischen Bevölkerung zeigt sich auch an den vielen Debatten, die sie zu diesen Themen geführt hat [Singh 1977: 215; Sen-Varma 1977: 244].

Wenn es im Gesetzgebungsverfahren zu keiner Einigung kommt, wird eine gemeinsame Sitzung beider Kammern einberufen. Da die *Lok Sabha* über mehr als doppelt so viele Stimmen wie die *Rajya Sabha* verfügt[16], ist das Änderungsrecht der Staatenkammer eingeschränkt. Je nach parteipolitischer Zusammensetzung beider Kammern kann sie im Streitfall leicht überstimmt werden [Singh 1977: 216]. Die indische Verfassung betont durch das Stimmengewicht der Volkskammer das Element der Volkssouveränität [Bhagat 1977: 204; Rajya Sabha Secretariat 1998: 7].

Das Initiativ- und Änderungsrecht steht der *Rajya Sabha* auch bezüglich der indischen Verfassung zu. Diese gilt als geändert, wenn beide Kammern mit einer Zweidrittelmehrheit der anwesenden und abstimmenden Mitglieder eine Vorlage verabschieden. Hier wird die gleichberechtigte Rolle der *Rajya Sabha* und damit die Idee der Staatenrepräsentation deutlich [Roy 1977: 239; Doeker 1980: 54]. In bestimmten Bereichen, die die Interessen der Unionsstaaten tangieren, erfordert das Verfahren zur Verfassungsänderung zusätzlich, daß mindestens die Hälfte der Parlamente der Unionsstaaten zustimmt. Zu diesen Feldern gehören die föderale Struktur der Union, die Wahl des indischen Staatspräsidenten, eine Veränderungen der Gesetzgebungskompetenzen zwischen der Union und den Unionsstaaten, die Stellung des Obersten Gerichts auf Unions- und Unionsstaatenebene, die Kompetenzen der Exekutive der Union und der Unionsstaaten sowie das Repräsentationsverhältnis der Unionsstaaten der *Rajya Sabha* [Doeker 1980: 55, 135-136].

Im Bereich der Steuer- und Finanzgesetzgebung genießt die *Rajya Sabha* kein Initiativrecht [Art. 107 Abs. 1, Art. 108, 109, 117 IV], sondern diese Gesetze können nur von der *Lok Sabha* ins Parlament eingebracht werden. Auch verfügt sie über kein Änderungs- oder Zurückweisungsrecht [Art. 109 Abs. 4 und 5 IV], sondern nur über ein Einsicht- und Kommentarrecht. Die Staatenkammer kann also kein Veto einlegen. Auch hier haben die Verfassungsväter den Gedanken der Volkssouveränität zum Tragen kommen lassen. Den Empfehlungen der *Rajya Sabha* kann die *Lok Sabha* zustimmen oder aber diese übergehen. Falls die Staatenkammer die Gesetzesvorlage aus der Volkskammer nicht innerhalb von vierzehn Tagen an diese zurückleitet, gilt sie als von beiden Häusern angenommen.

Der Jahreshaushalt[17] der indischen Union wird in die Staatenkammer zeitgleich zur *Lok Sabha* eingebracht. Auch hier kann sie nur Empfehlungen aussprechen [Rajya Sabha Secretariat 1998: 6-7; Sen Varma 1977: 243; Morris-Jones 1957: 238-239]. Die Haushaltsdebatte erfolgt nur in der *Lok Sabha*. [Bhagat 1977: 204; Laundy 1989: 78-79]. Falls es Zweifel über die Kategorisierung einer Gesetzesinitiative gibt, entscheidet der Vorsitzende der *Lok Sabha* [Art. 110 Abs. 3 IV] allein darüber, ob die Vorlage als Finanz-beziehungsweise Steuergesetzgebung zu behandeln ist [Palmer 1961: 118 Sen-Varma 1977: 243].

Einfluß auf die Finanzen der indischen Union, von der Besteuerung über die Wirtschaftsplanung bis hin zur Verteilungsgerechtigkeit, kann die Staatenkammer vor allem durch ihre Debatten zu diesen Themen und durch ihre Mitarbeit in den Finanzausschüssen

---

[15] Einige Aufzählungen finden sich bei Behen [1977: 230-231].

[16] Den 250 Mitgliedern der *Rajya Sabha* stehen 544 der *Lok Sabha* gegenüber.

[17] Der Haushalt wird in der Regel Mitte Februar eingebracht [Thakur 1995: 147].

ausüben. Auch die vielen Anfragen, die von der *Rajya Sabha* an die Regierung gerichtet werden, sind ein Instrument, auf die finanziellen und wirtschaftlichen Probleme des Landes Einfluß zu nehmen [Hathi 1977: 210-211].

Besondere Verantwortung trägt die *Rajya Sabha* im Rahmen ihrer Funktion als Repräsentationsorgan der Unionsstaaten [Doeker 1980: 193-194]. Sie hat das Recht, mit Zweidrittelmehrheit eine Resolution zu verabschieden, durch die das Unionsparlament die Befugnis erhält, Gesetze zu erlassen, die in den Kompetenzbereich der Einzelstaaten fallen.[18] Damit wird die Unionsebene ermächtigt, Regelungen in den Unionsstaten im Interesse der Gesamtnation zu treffen. Die Regelungsinhalte können sowohl für das gesamte indische Territorium, als auch für einzelne Staaten gelten [Art. 249 IV]. Diese Resolutionen gelten bis zu ein Jahr, je nach der darin festgelegten Zeitspanne und müssen sonst von der *Rajya Sahba* erneuert werden [Thakur 1995: 73; Banerjee 1976: 109].

Die zweite Kompetenz, die der Kammer als Interessensvertreter der Unionstaaten zukommt, ist das Recht, das Unionsparlament durch eine Resolution zu ermächtigen, einen *All-India-Service* per Gesetz zu bilden. Auch dies ist aus nationalen Interesse begründet. Auf diese Weise wurden beispielsweise folgende Dienste ins Leben gerufen: der *Indian Service of Engineers*, der *Indian Medical and Health Service*, der *Indian Forest Service*, der *Indian Agricultural Service* und der *Indian Educational Service*. Beide Ermächtigungsverfahren sehen vor, daß die Resolutionen mit einer Zweidrittelmehrheit der anwesenden und der abgegebenen Stimmen erlassen werden [Art. 312 IV]. Die qualifizierte Mehrheit soll den nationalen Konsens sichern, da quasi zwei Drittel der Unionsstaaten die Resolution verabschieden [Bhagat 1977: 203-204].

Wenn die *Lok Sabha* aufgelöst ist, genießt die *Rajya Sabha* das exklusive Recht, über die Verlängerung eines Notstandes und der *president rule* zu entscheiden [Art. 249, 312 und 352 Abs. 2 IV]. Hierin liegt ein wichtiger Grund für die Konstruktion der Staatenkammer als permanentes Organ [Behen 1977: 231; Anandam 1977: 225].

Beide Kammern des Parlaments und eine nach festem Schlüssel festgelegte Zahl von Vertretern der Parlamente der Unionsstaaten wählen den indischen Staatspräsidenten. Dem indischen Parlament ist auch Gewalt verliehen, gegen diesen ein Anklageverfahren zu bemühen. Außerdem wird ihm das Recht zugesprochen, die Richter des Obersten Gerichtshofes und anderer *High Courts* sowie Personen anderer Ämter auf der Unionsebene gemäß den verfassungsrechtlichen Verfahrensregeln abzusetzen [Schwarz-Liebermann von Wahlendorf 1958: 126; Banerjee 1976: 111; Laundy 1989: 44].

Die Kabinettsmitglieder der indischen Unionsregierung können sich aus beiden Kammern rekrutieren [Art. 75 Abs. 3 IV], auch wenn die Regierung nur der *Lok Sabha* verantwortlich ist. Die *Rajya Sabha* kann kein Mißtrauensvotum stellen und damit die Regierung stürzen [Bhagat 1977: 205-206; Malhorta 1990: 211]. Die Unionsminister können vor beiden Kammern sprechen und an deren Sitzungen teilnehmen, auch an den gemeinsamen. An den Sitzungen der Ausschüsse können sie, allerdings ohne Stimmrecht, beiwohnen [Singh 1977: 215].

Die *Rajya Sabha* ist sehr sensibel, was Themen der öffentlichen Meinung anbetrifft. Hier wird ihre herausragende Rolle als Ort der nationalen Debatte und Diskussion (*deliberative chamber*) sichtbar [Banerjee 1976: 110]. Regelmäßig nutzen seine Mitglieder die Fragestunden, um die Aufmerksamkeit auf wichtige Belange zu richten. Die Debatten der Zweiten Kammer werden als genauso wichtig wie die der Ersten Kammer erachtet. Ohne

---

[18] Also Regelungen in Bereichen zu treffen, die auf der Staatenliste aufgezählt werden.

Zweifel macht sie die Regierung auf Versäumnisse und Fehler aufmerksam. [Hathi 1977: 212-213].

In bezug auf diese Funktion der Staatenkammer stellte der erste Vorsitzende der *Rajya Sabha* bei der Inauguration der Kammer 1952 fest:

> „There is a general impression that this House cannot make or unmake governments and therefore, it is a superfluous body. But there are functions, which a revising chamber can fulfil fruitfully. Parliament is not only a legislative but a deliberative body. So far as its deliberative functions are concerned it will be open to us to make very valuable contributions, and it will depend on our work whether we justify this two chamber system, [...]." [zit. nach Reddy 1977: 233]

VI. Zukünftige Stellung

Die Geschichte der Zweiten Kammer in Indien ist nicht unumstritten. Regelmäßig seit den ersten Diskussion in der verfassungsgebenden Versammlung wird eine Debatte darüber geführt, ob die *Rajya Sabha* die ihr verfassungsrechtlich zugesprochene Rolle innerhalb des indischen politischen Systems auch erfüllt [Palmer 1961: 119]. Von zentraler Bedeutung dabei war und ist bis heute die Frage danach, wie die nationale Einheit einerseits und die regionale Heterogenität andererseits miteinander zu vereinbaren sind.

Die verfassungsrechtliche Konstruktion einer Zweiten Kammer auf Unionsebene sollte dem neuen Staat helfen, die Integrität des Bundesstaates zu gewährleisten und zu sichern. Auf diese Weise sollten die Interessen der Unionsstaaten auf der nationalen Ebene repräsentiert und in die Politik der Union integriert werden [Anandam 1977: 222]:

> „The problems which Indian federalism faces stem from the needs of her people to have a central government armed with sufficient powers needed to solve modern economic and political problems on one hand and the strong sentiments of regionalism found throughout the land." [Schoenfeld 1960: 21]

Das besondere Trauma der Teilung des indischen Staates und der Gründung Pakistans schärfte den Blick für die Gefahren starker Regionalismen, die sich zu sezessionistischen Bewegungen entwickeln konnten. Durch die Zuweisung verfassungsrechtlicher Kompetenzen an die Zentrale, sich in die Angelegenheiten der Unionsstaaten einmischen zu können und in letzter Konsequenz Regierungs- und Verwaltungsaufgaben auf der regionalen Ebene zu übernehmen, hoffte die verfassungsgebende Versammlung, die staatliche Einheit zu sichern [Behen 1977: 227]. Zum Ausgleich sollte die Staatenkammer außerhalb des nationalen Notstandes die Interessen der Unionsstaaten auf zentraler Ebene sichern.

Dieser Aufgabe konnte die *Rajya Sabha* aber über viele Jahre nicht in dem Maße nachkommen, wie es die indische Verfassungskonstruktion vorsieht. Die Verfassungsväter glaubten, die Kammern so beschaffen zu haben, daß beide Organe verschiedene Identitäten entwickeln könnten. Damit sollte gewährleistet sein, daß die Staatenkammer ihre Funktion als Vertretungsorgan der regionalen Interessen im Zusammenspiel mit der Volkskammer nachkäme. Die Abgeordneten sollten ihrem eigenen Haus verpflichtet und loyal sein und durch ihre Zusammenarbeit im legislativen Bereich zum nationalen Konsens beitragen [Bhagat 1977: 204].

Durch die jahrelange starke Stellung der Kongreßpartei auf regionaler und nationaler Ebene hat sich die *Rajya Sabha* aber zu einer nationalen Institution entwickelt. Sie ist weniger auf die Belange der Unionsstaaten ausgerichtet als auf die Interessen der Mehrheitspartei. Die Partei, die selbst sehr zentralistisch organisiert ist [Thakur 1995: 70], initiierte und kontrollierte die wirtschaftliche Planung und Entwicklung, die Sozialreformen, die Finanzverwaltung und natürlich die klassischen Bereiche einer Zentralregierung, wie Verteidigung, Außenpolitik und Infrastruktur auf allen Ebenen [Palmer 1961: 96]. Die unitarischen Aspekte der indischen Verfassungskonstruktion gewannen zunehmend gegenüber den Bestimmungen der Föderation an Gewicht.

Die parteipolitische Dominaz des Kongresses in der *Lok Sabha* fand sich auch in der *Rajya Sabha* wieder. Der Wahlmodus, die Mitglieder der Staatenkammer nach Verhältniswahl durch die Regionalparlamente zu bestellen, führte dazu, daß sich die Stimmenverhältnisse der Regionalparlamente zugunsten des Kongresses spiegelbildlich in der *Rajya Sabha* wiederfanden. Seinen Funktionen konnte die Staatenkammer nicht unabhängig nachkommen [Palmer 1961: 119]. Sie übte sich weniger als gesetzesinitiierendes bzw. -änderndes Organ, als daß sie sich auf die Rolle konzentrierte, Diskussionen und Debatten von hohem öffentlichen Interesse zu führen. Hierin konnte sie sich von der *Lok Sabha* unterscheiden und beide Kammern einigten sich auf eine Arbeitsteilung, in der die *Lok Sabha* als Arbeitsorgan, die *Rajya Sabha* hingegen als Redeorgan fungierte.

Diese Entwicklung wurde noch durch die Fraktionsdisziplin, die in beiden Kammern gilt, verstärkt [Doeker 1980: 195, 202]. Die Abgeordneten beider Kammern unterlagen lange der Parteidisziplin und nahmen ihre Rolle als Repräsentanten verschiedener Ebenen nicht wahr. Die Parteispitze führte ihre Parlamentarier in beiden Kammern an [Bhagat 1977: 205-206]. Diese Entwicklung verhinderte lange, daß die *Rajya Sabha* ihre Funktionen als Zweite Kammer und damit ihre potentielle Stärke im politischen System Indiens ausfüllte [Doeker 1980: 193].

Man sollte jedoch die Tatsache nicht unterschätzen, daß die parteipolitisch ähnliche Stimmenverteilung in den Jahren des *nation-building* auch die Kooperation und Koordination zwischen beiden Parlamentskammern erleichterte [Behen 1977: 231]. Die Kongreßpartei konnte über viele Jahre durch ihre Dauerherrschaft auf Unions- und Unionsstaatenebene ihre säkulare, entwicklungsfördernde, die Minderheiten schützende und Bevölkerungsgruppen integrierende Politik durchsetzen und die staatliche Einheit sichern. Politische Konflikte wurden innerhalb der Parteien und nicht zwischen diesen ausgetragen [Betz 1997: 97-99].

Seit den achtziger Jahren verändert sich die politische Landschaft auf der regionalen Ebene. Durch die Tendenz zur stärkeren Regionalisierung der Politik wächst die politische Bedeutung der Unionsstaaten. Ihre Parlamente und damit auch ihre Regierungen treten verstärkt in Opposition zur Kongreßpartei. Man kann heute nicht mehr von einer eindeutigen Parteiendominanz sprechen, die indische Politik zeichnet sich durch ihre parteipolitische Heterogenität aus. Die Ursprünge liegen sicher in der Reorganisation der Staatengrenzen entlang der Sprachgruppen [Palmer 1961: 97, 106-108]. Anders als zu Zeiten der Herrschaft der Kongreßpartei könnte sie heute zu einer bedrohlichen Herausforderung für die Einheit des indischen Bundesstaates führen.

Die parteipolitische Harmonisierung beider Kammern wurde zunächst durch die Abkoppelung der Unions- und Unionsstaatenwahlen erschwert, die bis 1967 zeitgleich abgehalten wurden [Rothermund 1995: 393]. Die zeitliche Trennung ermöglichte auch inhaltlich unterschiedliche Wahlkämpfe, die sich nun auf die Probleme der verschiedenen verfassungsrechtlichen Ebenen konzentrieren konnten. Erstmals 1977 wurden beide Kammern von unterschiedlichen Parteien dominiert [Thakur 1995: 70-71; Chatterjee 1997: 10-15]. Auch in Zukunft könnte hierin ein Schritt hin zu einer besseren Grundlage für den indischen Föderalismus liegen [Rothermund 1998: 17].

Das Aufkommen regionaler Identitäten in den letzten Jahren in weiten Landesteilen zeigt sich in der Zusammensetzung der Volksvertretungen der Unionsstaaten und damit auch in der Sitzverteilung der *Rajya Sabha* [Chatterjee 1997: 38-39]. Es liegt an der

Staatenkammer, die Entwicklung hin zur Stärkung der Rechte der Unionsstaaten auch als ihre Aufgabe wahrzunehmen. Es bleibt abzuwarten, ob die *Rajya Sabha* ihre verfassungsrechtliche Rolle als Gegengewicht zur *Lok Sabha* ausfüllen will und kann [Thakur 1995: 148-149] und den Trend, nationale und regionale Politik zu trennen, unterstützt [Malhorta 1990: 228].

Diese Entwicklung ist die Voraussetzung dafür, daß die *Rayja Sabha* die Interessen der Unionsstaaten auf Unionsebene nicht nur in ihrer Funktion als nationale Diskussionsplattform, sondern auch als gesetzesinitiierendes und -änderndes Organ, in vollem verfassungsrechtlichem Umfang wahrnimmt. Nur in Abgrenzung zur *Lok Sabha* kann die Staatenkammer in der Zukunft, als Vertretung der Unionsstaaten, das Prinzip der ‚Union von verschiedenen Einheiten' verwirklichen helfen und dazu beitragen, daß die Einheit Gesamtindiens erhalten bleibt [Sen-Varma 1977: 250].

VII. Auswahlbibliographie

Anandam, M., 1977: A Unique Second Chamber, in: **Bhalerao**, S. S. (Hrsg.), The Second Chamber. Its Role in Modern Legislatures. The Twenty-Five Years of Rajya Sabha, New Delhi, S. 222-225.

Banerjee, B. N., 1976: Position of the Rajya Sabha in the Indian Constitution, in: **Shakdher**, S. L. (Hrsg.), The Commonwealth Parliaments, New Delhi, S. 106-111.

Behen, Savita, 1977: The Rajya Sabha - Upper House of Indian Parliament, in: **Bhalerao**, S. S. (Hrsg.), The Second Chamber. Its Role in Modern Legislatures. The Twenty-Five Years of Rajya Sabha, New Delhi, S. 226-231.

Betz, Joachim, 1997: Indien: Kein gewaltsamer Staatszerfall, in: **Matthies**, Volker (Hrsg.), Der gelungene Frieden. Beispiele und Bedingungen erfolgreicher friedlicher Konfliktbearbeitung, Bonn, S. 90-112.

Bhagat B. R., 1977: Rajya Sabha - The Kind of Second Chamber India Requires, in: **Bhalerao**, S. S. (Hrsg.), The Second Chamber. Its Role in Modern Legislatures. The Twenty-Five Years of Rajya Sabha, New Delhi, S. 199-207.

Bhalerao, S. S. (Hrsg.), 1977: The Second Chamber. Its Role in Modern Legislatures. The Twenty-Five Years of Rajya Sabha, New Delhi.

Chatterjee, Partha, 1997: A Political History of Independent India, in: **Ders.** (Hrsg.), State and Politics in India, Delhi u.a., S. 1-39.

Doeker, Günther, 1980: Parlamentarische Bundesstaaten im Commonwealth of Ntions: Kanada, Australien, Indien. EinVergleich. Bd. I Grundbegriffe und Grundlagen Strukturprinzipien des parlamentarischen Bundesstaates, Tübingen.

Guha, Phulrenu, 1977: The Relevance of the Rajya Sabha in our Parliamentary Democracy, in: **Bhalerao**, S. S. (Hrsg.), The Second Chamber. Its Role in Modern Legislatures. The Twenty-Five Years of Rajya Sabha, New Delhi, S. 251-255.

Hathi, Jaisukhlal, 1977: Rajya Sabha: Position under Constitution, ist Powers and Functions, in: **Bhalerao**, S. S. (Hrsg.), The Second Chamber. Its Role in Modern Legislatures. The Twenty-Five Years of Rajya Sabha, New Delhi, S. 208-213.

Jain, R.B., 1976: The Indian Parliament: Innovations, Reforms and Development, Calcutta.

Laundy, Philip, 1989: Parliaments in the modern world, Aldershot.

Malhotra, Joginder, 1990: Indien – Wirtschaft, Verfassung, Politik. Entwicklungstendenzen bis zur Gegenwart, Wiesbaden.

Morris-Jones, W. H., 1957: Parliament in India, London/New York/Toronto.

Palmer, Norman D., 1961: The Indian Political System, London.

Rajya Sabha Secretariat, 1998: Rajya Sabha – Its Contribution to Indian Polity, New Dehli.

Reddy, R.Dasratharama, 1977: The Rajya Sabha, in: **Bhalerao**, S. S. (Hrsg.), The Second Chamber. Its Role in Modern Legislatures. The Twenty-Five Years of Rajya Sabha, New Delhi, S. 232-236.

Rothermund, Dietmar, 1995: Parlamentarische Demokratie und Föderalismus, in: **Ders.** (Hrsg.), Indien – Kultur, Geschichte, Politik, Wirtschaft, Umwelt. Ein Handbuch, München, S. 389-408.

Rothermund, Dietmar, 1998: Historische Weichenstellungen. Die Macht der Geschichte. Indien auf der Suche nach seiner Identiät, in: Der Bürger im Staat, 1/48. S. 15-19.

Roy, C.S., 1977: Our Rajya Sabha and ist Role, in: **Bhalerao**, S. S. (Hrsg.), The Second Chamber. Its Role in Modern Legislatures. The Twenty-Five Years of Rajya Sabha, New Delhi, S. 237-240.

Schoenfeld, Benjamin N., 1960: Federalism in India, Washington D.C.

Schwarz-Liebermann von Wahlendorf, Hans Albrecht, 1958: Struktur und Funktion der sogenannten zweiten Kammer. Eine Studie zum Problem der Gewaltenteilung, Tübingen.

Sen-Varma, S. P., 1977: The Rajya Sabha – Is it mere Second Chamber or a Revising Chamber?, in: **Bhalerao**, S. S. (Hrsg.), The Second Chamber. Its Role in Modern Legislatures. The Twenty-Five Years of Rajya Sabha, New Delhi, S. 241-250.

Singh, Jaswant, 1977: The Rajya Sabha – Position, Powers and Functions under the Constitution, in: **Bhalerao**, S. S. (Hrsg.), The Second Chamber. Its Role in Modern Legislatures. The Twenty-Five Years of Rajya Sabha, New Delhi, S. 214-218.

Singh, Ranbir, 1977b: The Rajya Sabha – Position under the Constitution, Powers and Functions, in: **Bhalerao**, S. S. (Hrsg.), The Second Chamber. Its Role in Modern Legislatures. The Twenty-Five Years of Rajya Sabha, New Delhi, S. 219-221.

Thakur, Ramesh, 1995: The Government and Politics of India, Houndmills u.a.

IIIa.   Kombiniert gewählte Zweite Kammern in neuen föderalisierten Systemen

Sandra Cordes

Der spanische Senat – Wandel territorialer Repräsentation zwischen dezentralem Einheitsstaat und Föderalstaat

I. Einleitung

Spaniens Zweite Kammer wird in Art. 69 Abs. 1 der Verfassung als *Cámara de representación territorial* bezeichnet. Dieses Postulat, so kann man es in einer vom Senat herausgegebenen Informationsbroschüre nachlesen, spiegelt sich deutlich in der Zusammensetzung, den Funktionen und weiteren Strukturelementen dieser Institution wider [Secretaría General del Senado 1996: 2] . Von der spanischen Öffentlichkeit wird dem Senat die Ausfüllung dieses Verfassungsauftrages hingegen abgesprochen. Er wird als dysfunktional oder als „aspecto más insatisfactorio del proyecto de constitución" verhöhnt [El Pais 31.8.1978: 2].[1] Jahrelang interessierten die Anekdoten über den Senat die Öffentlichkeit stärker als dessen parlamentarische Arbeit. Unter Bezugnahme auf das im Senatsgebäude neu erbaute Schwimmbad schrieb so z.B. die Zeitung *El Mundo* im September 1990 unter der Überschrift „Mejor piscina que Senado" (Schwimmbad besser als Senat): Der große Vorteil von Schwimmbädern sei es, daß sie zu etwas nütze sind. Dasselbe könne vom spanischen Senat nicht behauptet werden. Zwölf Jahre nach Verabschiedung der Verfassung wisse man immer noch nicht genau, wozu die Senatoren nützlich seien, abgesehen davon, daß sie parlamentarische Mehrheiten automatisch bestätigen und ihr Gehalt am Ende des Monats kassieren würden [El Mundo, 29.9.1990: 7].

Welch wichtige Bedeutung diese Kammer im politischen System jedoch einnehmen könnte, verdeutlicht ein Blick auf die in der Verfassung angelegten staatsorganisatorischen Prinzipien. Gemäß Art. 2 gründet sich die Verfassung auf die unauflösliche Einheit der spanischen Nation als gemeinsamem und unteilbarem Vaterland aller Spanier. Ebenso „anerkennt und gewährleistet" sie aber auch das *Recht auf Autonomie* der Nationalitäten und Regionen. Eine allgemeine Definition dieser Form der Selbstregierung liefert die Verfassung dabei jedoch nicht. Sie soll aus dem Zusammenspiel zweier Faktoren hervorgehen. Erstens: den Verfassungsnormen über Wege, Möglichkeiten und Grenzen der Dezentralisierung und zweitens dem *dispositiven Prinzip*, d.h. der Initiative derjenigen Gebietseinheiten, die ihren aktiven Willen nach Selbstregierung bekunden [Nohlen/Hildenbrand 1992: 308]. Entscheidungsspielraum war dabei insofern gegeben, als von den territorialen Einheiten, den Provinzen und Inselgebieten, zunächst die grundsätzliche Entscheidung getroffen werden mußte, ob sie die Selbstregierung erlangen wollen oder nicht. Den weiteren Weg zu diesem Ziel konnten sie selbst bestimmen: Gewöhnlich sollte dieser über Art. 143 führen. Sowohl die rein administrative als auch die politische Dezentralisierung hätte hier am Ende stehen können. Erst die künftig auszuhandelnden Autonomiestatute sollten erklären, ob die Autonomen Gemeinschaften diesen Modells letztlich auch Parlamente und Regierungen als Organe einer politischen autonomen Gebietskörperschaft besitzen würden. Des weiteren zeigt die Verfassung einen zweiten, außergewöhnlichen Weg auf: den Kompetenztransfer auf Basis von Art. 151 mit höherem Kompetenzniveau und direkter politischer Autonomie. In diesem Falle sollten die Autonomen Gemeinschaften sofort Parlamente und Regierungen sowie legislative Kompetenzen besitzen. Das in der Verfassung angelegte Staatskonzept bewegt sich folglich zwischen zwei Polen: einem dezentralen Einheitsstaat auf der einen und einem Föderalstaat auf der anderen Seite. Unter einem dezentralen Einheitsstaat wird dabei ein

---

[1] Um eine optimale Lesbarkeit des Textes zu gewährleisten, wurde im folgenden Text auf spanische Originalzitate weitestgehend verzichtet. Im Fließtext werden Zitate daher meist nur in paraphrasierter Form erscheinen. Sämtliche Übersetzungen aus dem Spanischen wurden von der Autorin angefertigt.

Organisationsprinzip verstanden, in dem staatliche Funktionen prinzipiell von obersten Staatsorganen entschieden werden und der Gestaltungsspielraum der Gebietskörperschaften lediglich im selbständigen Vollzug dieser Prinzipien liegt. Föderalismus, verstanden als staatsorganisatorisches Prinzip, unterscheidet sich davon dadurch, daß staatliche Aufgaben so verteilt sind, daß sowohl die regionalen Gliedstaaten als auch die Gesamtstaaten in einer Reihe von Aufgabenbereichen bindende Entscheidungen treffen können [Kilper/Lhotta 1996: 23].

Die Entscheidung, welches Staatskonzept sich herausbilden würde, hat die Verfassung den Regionen überlassen. Sie hätten sich dem Autonomisierungsprozeß entziehen und die politische Gewalt auch zukünftig dem Zentralstaat überlassen können. Das allgemeine Bekenntnis aller Regionen zu diesem Weg, wie es sich in ganz Spanien nach der Verfassungsgebung artikulierte, stellt demgegenüber eine Willenserklärung der Bevölkerung zu einer weitgehenden Föderalisierung dar. Die Frage ist nun, wie die Stellung des Senats als *Cámara de representación territorial* in dieser Staatsform einzuordnen ist. Unterstützt die Zweite Kammer den Föderalisierungsprozeß und nimmt dadurch die Rolle einer Mittlerin und eines Verbindungsorgans zwischen den territorialen Einheiten und dem einstmaligen Zentralstaat ein? Nimmt sie eine andere, von der Gebietsvertretung unabhängige Rolle ein? Oder ist der Senat, wie die Tagespresse es gerne darstellt, wirklich ein überflüssiges Organ, das im politischen System Spaniens keine Rechtfertigung findet?

II.   Bikameralismus in der spanischen Verfassungsgeschichte

Die Einrichtung des Zweikammersystems in der Verfassung von 1978 setzt eine lange bikamerale Verfassungstradition des Landes fort. Zwischen der *Constitución de Cádiz*, der ersten wirklich angewandten spanischen Verfassung, und der noch heute gültigen Verfassung von 1978 vergingen 166 Jahre, in denen Spanien, ausgenommen 65 Jahre diktatorischer Herrschaft, 101 Jahre über eine demokratisch legitimierte Verfassung und insgesamt 91 Jahre über ein zweigeteiltes Parlament verfügte. Ausnahmen von dieser Tradition bilden lediglich die Verfassungen von Cádiz und die der Zweiten Republik von 1931. Gerade in Abgrenzung zu diesen beiden Modellen kann die Bedeutung des Zweikammersystems im Spanien des 19. und 20. Jahrhunderts jedoch gut herausgearbeitet werden.

Die Verfassung von Cádiz, die weit über ihre rechtliche Geltung hinaus eine programmatische und leitbildhafte Bedeutung erlangen und auch auf andere Verfassungen starken Einfluß ausüben sollte, ging aus der nationalen Erhebung der Spanier gegen die französische Fremdherrschaft hervor. Trotz der politischen Feindschaft ihrer Autoren gegenüber der Besatzungsmacht finden sich in dieser Verfassung viele Anklänge an die französische Verfassung von 1791. In Art. 3 schreibt sie z.B. die Souveränität wesensmäßig (*esencialmente*) der Nation zu [Sommermann 1984: 31]. Diese wird als *pouvoir constituant* anerkannt, während dem König und den *Cortes* (als *pouvoirs constitués*) lediglich die Ausübung der Souveränität übertragen wird. In Anlehnung an die rousseauistische Theorie der prinzipiell einheitlichen *volonté générale* wurde hier im Gefolge des Abbé Sieyès ein unikamerales Parlament eingerichtet.

Die Institutionalisierung der Zweiten Kammer in den folgenden Verfassungen muß im Gegensatz dazu als ein reaktionäres Moment verstanden werden, das eine Teilung der Souveränität zwischen Krone und *Cortes* herbeiführte. Im Kampf gegen die Karlisten wurde 1834 von der Regentin María Christina das *Estatuto Real* erlassen. Die politische Entscheidungsgewalt sollte sich wieder allein in der Person des Königs konzentrieren, der über das erstmalig konstituierte Oberhaus Unterstützung erhielt. Ebenso wie für die Verfassung von 1845 wurden die Mitglieder dieses Hauses ausschließlich vom Monarchen ernannt. Von einer Gewaltenteilung zwischen den unterschiedlichen Staatsorganen konnte hier nicht gesprochen werden [González Encinar 1984: 35]. Lediglich die Verfassung von 1837 durchbrach für die kurze Zeit von insgesamt acht Jahren die Hegemonie des Königs und erhöhte die Kompetenzen der *Cortes*. Art. 15 dieser Verfassung legte fest, daß die Senatoren vom König über Listen ernannt werden sollten, die von den Wählern der Provinzen im Verhältnis zur Einwohnerzahl vorgeschlagen wurden. Während die Legislaturperiode für das Abgeordnetenhaus dabei auf drei Jahre festgesetzt wurde, sollte der Senat als ein ‚ewiges Organ', das jeweils nur zu einem Drittel parallel zu den Wahlen des Kongresses erneuert wurde, als Garant für Stabilität und Kontinuität gelten. Ohne die Zustimmung der *Cortes* war es dem König bzw. der Königin Isabel während dieser Zeit nicht möglich, einen Gesetzesvorschlag umzusetzen [Pascual 1986: 29].

Von dem System der ausschließlichen Ernennung des Oberhauses durch den Monarchen wich erstmalig die Verfassung von 1876 ab. Hier wurde der Senat zur einen Hälfte von den Körperschaften des Landes und den wichtigsten Steuerzahlern gewählt und zur anderen Hälfte vom König auf Lebzeiten ernannt oder sogar mit einem Erbtitel ausgestattet. Kongreß und Senat waren jedoch auch in dieser Verfassung auf die Aufgabe eines *colaborador estatal*, auf die Rolle ständischer Mitwirkung beschränkt, die jederzeit vom König überstimmt oder aufgelöst werden konnte [Merino Merchán 1994: 108].

Gemeinsam ist allen bisher erwähnten bikameralen Verfassungen, daß die Oberhäuser Mitglieder aus Adel und Klerus waren oder anerkannte Persönlichkeiten aus Kunst und Wissenschaft repräsentierten, die gegenüber dem Abgeordnetenhaus ihre Interessen vertraten. Von einer *representación territorial* kann – auch in bezug auf die Verfassung von 1837 – noch nicht gesprochen werden, vielmehr sollte das Oberhaus ein Gegengewicht zu der befürchteten Anarchie der Volkskammern gewährleisten. Tendenzen, der Zweiten Kammer eine neue Bedeutung zuzumessen, lassen sich für die direkt gewählten Kammern der Verfassung von 1869 und den Verfassungsentwurf von 1873 feststellen. Über die sogenannte „Glorreiche Revolution" unter der Führung des putschenden Generals Prim und der Vertreibung der Königin Isabella wurde mit der Verfassung von 1869 die erste wirkliche Demokratie der spanischen Verfassungsgeschichte eingerichtet. Gemäß den Forderungen der Revolutionäre richtete sich diese am Modell einer parlamentarischen konstitutionellen Monarchie aus, was die Rückkehr zum Prinzip der nationalen Souveränität und zu allgemeinen Wahlen hinsichtlich beider Kammern der *Cortes* bedeutete. Das Parlament spiegelte in dieser Verfassung zum ersten Mal einen gewissen – wenn auch schwachen – territorialen Dualismus in der Repräsentationsfunktion der beiden Kammern wider. Da die ständische Gliederung mit diesem demokratischen Neuansatz nun scheinbar nicht mehr zu verbinden war, wurde das entstandene Vakuum über ein territoriales Element aufgefüllt: Die Vertretung des gesamten Volkes erfolgte weiterhin über das Abgeordnetenhaus, der Senat gewährte der Provinz eine Repräsentationsbasis. Im Gegensatz zum Kongreß, der über direkte, gleiche und geheime Wahlen erstmalig von allen Männern über 25 Jahren bestimmt wurde, erfolgten die Wahlen zum Senat indirekt, d.h. über die Abgeordneten und Wahlmänner der einzelnen Gemeinden. Sie wählten jeweils vier Senatoren pro Provinz, die nun nicht mehr die *nobleza de sangre*, sondern hauptsächlich die Eliten aus Politik, Militär, Wissenschaft und Handel vertraten [González Encinar 1984: 37]. Das einzige Senatsmodell in der älteren Verfassungstradition Spaniens jedoch, das wirklich eine Vertretungsfunktion im Sinne besonderer Gebietseinheiten etablieren sollte, wurde nicht eingerichtet. Die föderale Verfassung der I. Republik von 1873 trat nie in Kraft. Sie sah für den Senat die Aufgabe vor, gegenüber der Volkskammer die Repräsentation der Gliedstaaten zu gewährleisten. Doch ein Putsch brachte bereits 1874, nach nur zehnmonatigem Bestehen der Republik, mit dem Bourbonen Alfons XII. wieder einen Monarchen an die Regierung. Der erste Föderalisierungsversuch des Landes war mit der Republik gescheitert.

Abb. B IIIa.1-1: Der Senat im Regierungssystem Spaniens

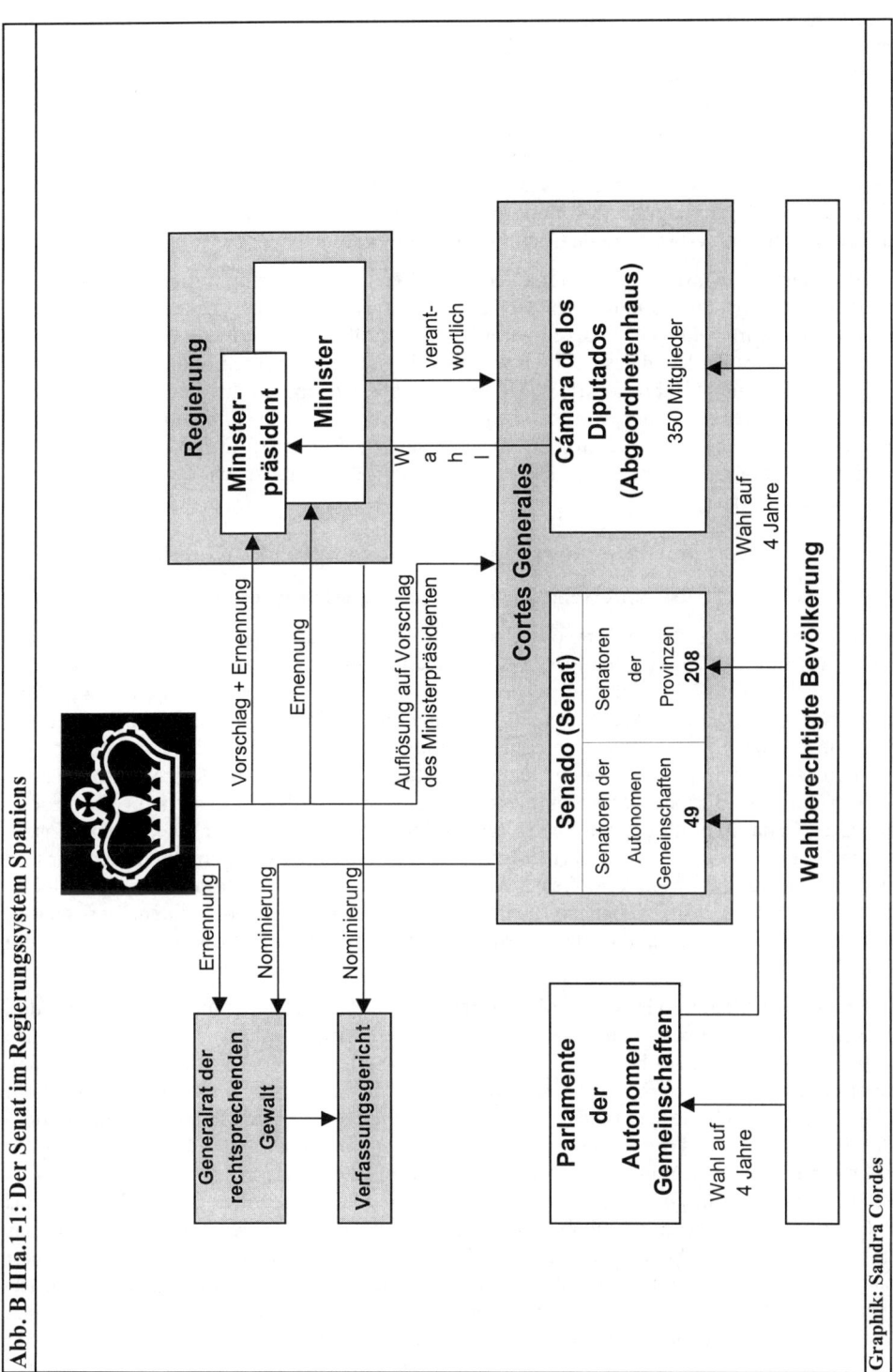

Graphik: Sandra Cordes

Die unterschiedlichen historischen Zweikammermodelle zeigen also, daß es durchaus gewisse Tendenzen zu einer Anbindung des spanischen Oberhauses an territoriale Gebietskörperschaften gab. Durchsetzen konnten sich diese jedoch nicht. Vielmehr wurden über unterschiedliche Wahlkreisumschreibungen die Vertreter des Adels, des Klerus, später auch Persönlichkeiten aus dem Militär oder wohlhabende Industrielle zu Senatoren ernannt. Ihre Legitimationsgrundlage beruhte darauf, gegenüber der Volksvertretung die Interessen eines bestimmten Standes zu vertreten und im Gegensatz zum Abgeordnetenhaus ein Moment der Kontinuität und Stabilität zu repräsentieren. Der Senat im 19. Jahrhundert muß daher insgesamt als ein pseudo-restauratives Element gesehen werden, das sich gegen die uneingeschränkte Souveränität des Volkes wandte, wie sie in Anlehnung an französisches Gedankengut in der Verfassung von Cádiz festgelegt wurde.

Abgeschafft wurde die vorerst letzte Zweite Kammer, basierend auf dem Verfassungsentwurf der restaurierten Monarchie von 1876, mit der Diktatur des General Primo de Rivera im Jahre 1922. Bis zu ihrer Wiedereinführung im Jahre 1978 verstrichen so insgesamt 55 Jahre, in denen das Land eine weitere Republik – an deren Ende ein Bürgerkrieg stand – und eine fast 40 Jahre während Diktatur erlebte. Die erneute Institutionalisierung des bikameralen Systems konnte von solchen Veränderungen nicht unberührt bleiben. Die Wiederbelebung eines aristokratischen Oberhauses in Rückgriff auf die Zweikammer-Tradition des Landes hätte im Gegensatz zum eindeutig demokratischen Verfassungsentwurf von 1978 gestanden.

III.   Zusammensetzung: Das neue hybride Modell

1.   Die unterschiedlichen Repräsentationsgruppen

Der Senat setzt sich laut Art. 69 Abs. 2 bis 5 aus unterschiedlichen Repräsentations-gruppen zusammen. Die quantitativ stärkste Einheit – insgesamt 208 von 257 Senatoren – werden von den Wahlberechtigten der Provinzen in allgemeiner, freier, gleicher, unmittelbarer und geheimer Wahl gewählt: unabhängig von der Größe und Bevölkerungszahl der Provinzen jeweils vier Senatoren. Eine gesonderte Behandlung gewährt die Verfassung dabei den Inselprovinzen sowie den Städten Ceuta und Melilla, d.h. den zwei spanischen Exklaven auf dem afrikanischen Kontinent. Gemäß Art. 69 Abs. 3 werden für die großen Inseln Gran Canaria, Mallorca und Teneriffa drei Senatoren bestimmt, für die kleineren Inseln oder Inselgruppen wie z.B. Ibiza-Formentera, Menorca oder Fuerteventura je ein Senator und für Ceuta und Melilla jeweils zwei Senatoren. Die Wahlen dieser Senatoren finden parallel zu den Kongreßwahlen statt, wobei sie – im Unterschied zum Kongreß – einem korrigierten Mehrheitswahlrecht folgen, das der zweitstärksten Partei in der Provinz mindestens ein Mandat zusichert.

Die zweite kleinere Gruppe wird von den Autonomien gestellt. Im Gegensatz zu den Vertretern der Provinzen werden die Senatoren der Autonomien auf der Basis eines modifizierten Verhältnisses bestimmt. Sie entsenden – so legt es Art. 69 Abs. 5 fest – je einen Senator sowie einen weiteren für jede Million Einwohner für ihr Territorium. Die Wahl erfolgt indirekt durch die gesetzgebenden Versammlungen der Autonomen Gemeinschaften, in der Terminologie des Verfassungsgerichts (*Tribunal Constitucional*): „mittels einer Wahl zweiten Grades in Abhängigkeit von den jeweiligen Regionalwahlen". Der Senat wird so zu einem kleinen Teil – insgesamt 49 von 257 Mandaten – zu einem ewigen Organ. Das Ziel, das mit dieser „Zweiteilung der Kammer" verfolgt wurde, ist ersichtlich. Formal etabliert das spanische System eine Mischform aus einem klassischen Senatsmodell, der Direktwahl der Senatoren mit – wenn auch eingeschränkt – paritätischer Mandatsvergabe und einem ‚Quasi-Ratsmodell', der Ernennung von Senatoren durch die Parlamente der Autonomen Gemeinschaften, ohne diese jedoch an ein imperatives Mandat zu binden. Eine Folge dieses

Mischsystems ist es, daß die spanische Verfassung den unterschiedlichen territorialen Einheiten des Landes nominell eine besondere Vertretungsmöglichkeit zuspricht. Spiegelt sich dieser besondere Wahlmodus aber auch faktisch in der Kammer wider? Ist ein deutlicher Unterschied zwischen Kongreß und Senat erkennbar?

2. Die Wahlgesetzgebung

Insbesondere der Wahlgesetzgebung ist es zuzuschreiben, daß die besondere territoriale Gebietsvertretung im Gegensatz zum Kongreß nicht deutlich wird. Die konservative UCD (*Unión del Centro Democrático*) hat alles getan, um genau diesen Unterschied zu vermeiden. Insbesondere ihrem Interesse ist es zu verdanken, daß die Wahlen für die Senatoren der Provinzen auf den gleichen Tag wie die Wahlen des Abgeordnetenhaus gelegt wurden und hier das Mehrheitswahlrecht gilt [Portero Molina 1997: 55]. Das Ziel, das von der ehemaligen Regierungspartei mit dieser Gesetzgebung erreicht werden sollte, liegt auf der Hand. Es schien sehr wahrscheinlich, daß ein einziger Wahltag die Wähler dazu veranlassen würde, für beide Kammern die gleiche Partei zu wählen. Vor allem aber spekulierte man darauf, daß sich über das Mehrheitswahlrecht das traditionell konservative Wählerpotential der überproportional stark vertretenen ruralen Provinzen stärker durchsetzen würde. Für die ersten Legislaturperioden erfüllten sich diese Erwartungen vollkommen. Die UCD konnte ihren Wahlerfolg 1977 und 1979 durch eine ebenfalls deutliche Mehrheit im Senat verstärken [Pascual 1986: 195-196]. Bereits 1982 wirkte sich jedoch das Wahlrecht überraschenderweise negativ für die UCD aus. Die erste Annahme blieb zwar weiterhin gültig, doch fortan profitierte die PSOE (*Partido Socialista Obrero Español*) davon. Mit ihrem Sieg im Abgeordnetenhaus änderte sich parallel auch das Mehrheitsverhältnis im Senat. Wie wenig vorhersehbar diese Entwicklung war, zeigt sich in der Kritik, die z.B. Caciagli noch 1980 an dem vermeintlich die Konservativen begünstigenden Wahlrecht äußerte.[2] Ein klares konservatives Wahlverhalten der ländlichen Gebiete, wie es die UCD noch einplante, scheint es dagegen in Spanien inzwischen kaum noch zu geben. Ländliche und urbane Gebiete weisen im Wählerverhalten keine signifikanten Unterschiede auf. Heute zeigt sich, daß insbesondere die großen Parteien von dieser Wahlgesetzgebung profitieren, was auch durch den parallelen Wechsel des Mehrheitsverhältnisses in beiden Kammern 1996 erneut bestätigt wurde.

IV. Die normative Grundlage:
Die Position des Senats im Gesetzgebungsprozeß

1. Die Gesetzesinitiative

Art. 87 Abs. 1 legt fest: Die Gesetzesinitiative steht gemäß der Verfassung und den Geschäftsordnungen beider Kammern der Regierung, dem Kongreß und dem Senat zu. Nominell stellt die Verfassung die hier aufgeführten Organe also zunächst gleich. Der Senat kann zu sämtlichen Materien, einschließlich der Finanz- und Haushaltsgesetzgebung, wie die Regierung oder der Kongreß sowohl einfache Gesetzesinitiativen einbringen als auch Verfassungsänderungen initiieren. Rein formal besteht der einzige Unterschied darin, daß die Personenzahl, von denen ein aus dem Senat kommender Antrag unterstützt werden muß, bezüglich der Gesetzesarten variiert. Ein Vorschlag zur Verfassungsreform muß von mindestens 50 Senatoren unterstützt werden, eine ‚normale' Gesetzesinitiative hingegen lediglich von der Hälfte bzw. von einer parlamentarischen Gruppe.

---

[2] „Todo lo cual determina que están ampliamente favorecidos los partidos mayores y especialmente, el gran partido conservador de gobierno, el que ha salido extraordinariamente bien librado de las dos elecciones de 1977 y 1979, en las que se ha asegurado amplias mayorías en la Cámara Alta." [Caciagli 1980: 542].

Die weiteren Verfassungsgrundlagen brechen jedoch mit der in Art. 87 Abs. 1 postulierten Analogie der Kammern. Die Möglichkeiten des Senats werden zunächst durch die sogenannte *toma en consideración* stark eingeschränkt. Nachdem eine Gesetzesinitiative in ordnungsgemäßer Form ergangen ist, wird sie auf Veranlassung des Präsidenten des Senats veröffentlicht. Innerhalb der folgenden 15 Tage können zu dieser Initiative Veränderungsanträge eingebracht werden, die in die Tagesordnung des Plenums mit aufgenommen werden, wo nach Ablauf dieser Frist über die gesamte Initiative sowie einzelne Anträge abgestimmt wird. Die Wahrscheinlichkeit, daß eine solche Initiative schon hier abgelehnt wird, ist insbesondere in den Fällen, in denen sie von kleinen Minderheitsfraktionen ausgeht, sehr hoch. Eliseo Aja und Xavier Arbos bezeichnen dieses Verfahren daher auch als „*auténtica guillotina*" für viele Initiativen der Opposition [Aja/Arbos 1980: 52]. Die wenigen Entwürfe, die diese Barriere gemeistert haben, werden anschließend in Form eines *Gesetzesvorschlags (proposición de ley)* dem Abgeordnetenhaus zugeleitet [Art. 89 Abs. 2 Spanische Verfassung: SV]. Dieser Begriff muß im Gegensatz zum *Gesetzesentwurf (proyecto de ley)* verstanden werden, auf den sich z.B. Art. 88 bezieht. Ersterer bezeichnet eine Initiative, die noch keine parlamentarische Beratung erfahren hat. Für den Senat heißt das, daß eine ordentlich verabschiedete Initiative direkt an den Kongreß überwiesen wird, ohne zuvor in dem dafür zuständigen Senatsausschuß beraten worden zu sein. Die erste offizielle parlamentarische Beratung findet im Kongreß statt. Lediglich zwei Ausnahmen durchbrechen diese Regel: die Beratung des Gesetzes zum sogenannten Ausgleichsfonds (*ley de fondo de Compensación territorial/FCI*) und die Genehmigung von Abkommen über die Zusammenarbeit zwischen Autonomen Gemeinschaften [Art. 74 Abs. 2 SV]. Sie beginnen grundsätzlich im Senat. Unter Absehung von diesen Fällen und begründet durch die zuvor genannten Restriktionen legen manche spanische Staatsrechtler den Verfassungstext heute sogar so aus, daß der Senat nicht wirklich über ein Initiativrecht verfügt. Das Gesetzgebungsverfahren beginne *de facto* erst im Kongreß [Punset Blanco 1990: 187].

2. Die Beratung der Gesetze

Die weiteren legislativen Kompetenzen des Senats lassen sich in vier Gruppen einteilen. Es handelt sich um Kompetenzen im Rahmen der einfachen Gesetzgebung, bei Organgesetzen (*leyes orgánicas*) und bei einer Verfassungsänderung bzw. -revision. Materiell betrachtet kommen dem Senat auch noch besondere territoriale Kompetenzen zu.

Die Stellung, die der Senat bei der ordentlichen Gesetzgebung innehat, ist dem Kongreß deutlich untergeordnet. Sowohl Änderungsanträge als auch ein Veto können vom Kongreß gemäß Art. 90 Abs. 2 relativ einfach wieder aufgehoben werden. Um einen üblichen Änderungsantrag aus dem Senat abzulehnen, benötigt der Kongreß nur eine einfache Mehrheit. Die Zurückweisung eines Vetos kann – ebenso einfach – über zwei Wege erfolgen. Entweder direkt nach dessen Einreichung über die wiederholte Bestätigung des ursprünglichen Gesetzentwurfs mit absoluter Mehrheit oder, nach Ablauf von zwei Monaten, mit einfacher Mehrheit. In beiden Fällen führt dieses Verhalten zur endgültigen Verwerfung des Vetos, ohne daß es eine Möglichkeit für den Senat gäbe, eine Vermittlungsinstanz einzuberufen. Die Durchsetzung der Interessen des Senats sind hier gänzlich an das Wohlwollen des Kongresses gebunden [Garcia Martínez 1987: 217].

Bezüglich der Organgesetze – auch verfassungsausführende Gesetze genannt – sind die Kompetenzen des Senats ähnlich einzustufen. Dieser besonderen Gesetzesform kommt, in deutlicher Anlehnung an die französische Verfassung von 1958, in der Normenhierachie eine intermediäre Stellung zwischen einfachen Gesetzen und Verfassungsbestimmungen zu. Materiell bezieht sie sich dabei auf die Entwicklung der Grundrechte und der öffentlichen Freiheiten, auf die Autonomiestatute, das allgemeine Wahlgesetz und auf weitere Gesetze zur Grundordnung des politischen Systems. Von seiten des Kongresses wird für die Modifikation einer *ley orgánica* grundsätzlich eine absolute Mehrheit verlangt [Art. 81 Abs. 2 SV]. Die Abstimmungsmodalitäten im Senat unterscheiden sich jedoch nicht von der normalen Gesetzgebung, so daß es hier zu einem Ungleichgewicht zwischen den Kammern kommt, die es z.B. selbst in der französischen Verfassung nicht gibt [Portero Molina 1978: 227]. Unverändert bleibt das Abstimmungsverhältnis lediglich im Hinblick auf Detailfragen, in der beide Kammern nur mit einfacher Mehrheit abstimmen, so daß einem Antrag des Senats hier genauso viel oder wenig Gewicht zukommt wie im normalen Gesetzgebungsprozeß.

Als nächste Gesetzesform ist eine Verfassungsreform zu nennen. Formal muß hier zwischen Entwürfen für eine Verfassungsänderung nach Art. 167 und einer Gesamtrevision laut Art. 168 unterschieden werden. Im zweiten Fall ist die Gleichstellung zwischen beiden Kammern absolut. Die Annahme muß jeweils über eine Zweidrittelmehrheit erfolgen und führt anschließend zu einer Auflösung beider Kammern und der Wahl neuer verfassungsgebender *Cortes*. Bei einer Verfassungsänderung gemäß Art. 167 wird in beiden Kammern eine Zustimmung von jeweils drei Fünfteln der Mitglieder verlangt. Sollte dieser Vorschlag nicht die nötige Zustimmung erhalten, gibt es hier jedoch die Möglichkeit, über einen aus beiden Kammern paritätisch zusammengesetzten Vermittlungsausschuß eine Entscheidung herbeizuführen. Der von diesem Ausschuß erarbeitete Text wird anschließend beiden Kammern noch einmal zur Abstimmung vorgelegt. Gelingt es nicht, für einen auf diesem Weg erzielten Kompromiß in jeder Kammer eine Dreifünftelmehrheit zu erreichen, so kann der Kongreß die Änderung mit Zweidrittelmehrheit beschließen, wenn der Senat dem Text mit absoluter Mehrheit zustimmt. In jedem Fall ist die absolute Mehrheit im Senat notwendig, um eine Verfassungsänderung zu beschließen. Für sich genommen – auch hierauf muß hingewiesen werden – stellt dieses Detail keine Besonderheit dar. Es schützt den Senat vor der Willkür des Abgeordnetenhauses, dem er sonst vollkommen ausgeliefert wäre. Andernfalls könnte er weder seine eigene Existenz garantieren, noch die Vertretung anderer Institutionen oder verfassungsrechtlich geschützter Interessen übernehmen.

Des weiteren werden dem Senat Sonderkompetenzen zur Vertretung der Gebietseinheiten zugestanden bzw. im Vergleich zur einfachen Gesetzgebung erhöhte Kompetenzen gewährt. Die einzige ‚exklusive‘ Kompetenz in diesem Sinne bildet die Billigung des *cumplimiento forzoso*, d.h. einem Verfahren ähnlich dem deutschen Bundeszwang nach Art. 37 des Grundgesetzes. Sollte eine Autonome Gemeinschaft die ihr von der Verfassung oder anderen Gesetzen auferlegten Verpflichtungen nicht erfüllen oder so handeln, daß ihr Verhalten einen schweren Verstoß gegen die allgemeinen Interessen Spaniens darstellt, so kann die Regierung mit Zustimmung des Senats die aus ihrer Sicht erforderlichen Maßnahmen ergreifen [Art. 155 SV]. Die Kompetenz des Senats bei diesem Verfahren liegt jedoch lediglich in der Billigung. Sie kann zwar ausschließlich vom Senat erteilt werden, die darauf folgende Ausführung kommt jedoch der Regierung zu. Ebenfalls vergrößerte Kompetenzen stehen dem Senat in drei weiteren Bereichen zu: bei der Genehmigung von Abkommen über die Zusammenarbeit zwischen Autonomen Gemeinschaften [Art. 145 Abs. 2. SV], bei der Verteilung der Mittel des Ausgleichsfonds [Art. 158 Abs. 2 SV] sowie beim Erlaß von Harmonisierungsgesetzen [Art. 150 Abs. 3 SV]. Im Gegensatz zu allen anderen Gesetzgebungsverfahren beginnt das parlamentarische Beratungsverfahren zu den beiden erstgenannten Artikeln im Senat, d.h. die erste und möglicherweise entscheidende Willensbildung findet dort statt. Im Falle eines Dissenses zwischen den Kammern gibt es hier die Möglichkeit, einen Vermittlungsausschuß einzuberufen. Lediglich wenn es nicht gelingt, über dieses Organ eine Entscheidung herbeizuführen, wird dem Kongreß mit absoluter Mehrheit die Entscheidung überlassen. Die Stellung des Senats ist hier also nicht gleichberechtigt, aber im Vergleich zur einfache Gesetzgebung deutlich aufgewertet [Martínez Sospedra 1990: 152]. Völlig gleichberechtigt ist der Senat nur in bezug auf Art. 150 Abs. 3, dem Erlaß von Harmonisierungsgesetzen. Zwar gibt es weder die Möglichkeit, einen Vermittlungsausschuß einzusetzen, noch beginnt die parlamentarische Verhandlung im Senat, aber für einen Beschluß bedarf es der Zustimmung beider Kammern mit absoluter Mehrheit.

Die allgemein schwache normative Position des Senats erfährt durch die sehr knapp kalkulierten Beratungsfristen eine weitere Aushöhlung. Nachdem ein Gesetzesentwurf vom Kongreß an den Präsidenten des Senats zur Veröffentlichung in den Gesetzesblättern der *Cortes* (*Boletín oficial de las Cortes Generales*) bzw. in der speziellen Senatsausgabe übergeben wurde, stehen dem Senat gemäß Art. 90 Abs. 2 nur zwei Monate zu, um Änderungsanträge einzubringen. Wenn eine Initiative vom Kongreß zu einem Dringlichkeitsantrag erklärt wurde, bleiben dem Senat sogar lediglich 20 Tage. Eine tiefgreifende Analyse ist in diesem kurzen Zeitraum sicherlich nicht zu leisten.

Zusammenfassend kann also festgestellt werden, daß die Verfassung den Senat dem Kongreß deutlich unterordnet und daß es äußerst fragwürdig erscheint, ob eine Ausfüllung des Verfassungspostulats des Artikels 69, *Cámara de representación territorial* zu sein, auf dieser Grundlage erfüllt werden kann. Um diese Frage jedoch abschließend beantworten zu können, bedarf es neben der eher statischen Betrachtung der Verfassungsgrundlagen auch eines Blicks auf die reale Verfassungspraxis. Wie werden die Kompetenzen vom Senat ausgefüllt? Dieser Frage wendet sich der nächste Abschnitt zu.

V.   Die Verfassungspraxis: Der Senat als Kammer der zweiten Lesung

Rein quantitativ kann zunächst festgestellt werden, daß in der ersten Legislaturperiode nahezu zwei Drittel der vom Kongreß an den Senat überwiesenen Gesetzentwürfe die Zweite Kammer passierten, ohne von dieser mit Veränderungsanträgen belegt worden zu sein. In den folgenden Legislaturperioden erhöhte sich die Aktivität des Senats jedoch deutlich. Bereits in der zweiten Legislaturperiode wurden über 50 Prozent der Gesetzentwürfe mit Änderungsanträgen versehen und auch in den folgenden Legislaturperioden blieb diese Ausbringungsmenge relativ konstant [Albertí Rovira 1996: 43]. Die Leistung des Senats – rein quantitativ – ist insofern durchaus annehmbar. Aussagefähig ist sie, isoliert betrachtet, jedoch nicht. Um Rückschlüsse über den Wert und die Bedeutung der Senatsarbeit zu ziehen, muß eine differenzierte Betrachtung der legislativen Tätigkeit unter Berücksichtigung seiner Durchsetzungsfähigkeit erfolgen.

Eine Analyse der Materien, auf die der Senat im Rahmen der passiven Gesetzgebung Einfluß nimmt, weist zunächst keine grundlegende Spezialisierung der Zweiten Kammer auf. Der Senat deckt mit seiner Arbeit einen ebenso umfassenden Bereich ab wie der Kongreß. Als Beispiele für seine Aktivität in der ersten Legislaturperiode seien z.B. Änderungsanträge zur Verfassungsgerichtsbarkeit, dem Allgemeinen Verwaltungsrat, dem Staatsrat, dem Ombudsmann oder der Regelung des Kriegs- und Ausnahmezustandes genannt. In gleichem Maße ist auf sein Engagement zur Klärung besonders konfliktiver Anträge hinzuweisen. In diesem Rahmen wurde er beispielsweise bei den Statuten zur Reglementierung der Radio- und Fernsehrechte ebenso tätig wie bei der Klärung von arbeitsrechtlichen Fragen oder der Reform des Militärrechts [Fernández Segado 1985: 21-22]. Auch in den späteren Legislaturperioden bildete sich kein Schwerpunkt in der Arbeit heraus. So wurden z.B. in der vierten Legislaturperiode im Senat Organgesetze zur Neuordnung des Bildungssystems, des Militärdienstes oder zur Reform des Wahlrechts verhandelt, auch das Gesetz zur Gründung des *Instituto Cervantes* und Gesetze zur Neuregelung der Erbschafts- und der Mehrwertsteuer wurden im Senat behandelt [Peña Rodríguez 1994: 216-218].

Auffällig ist indes die relativ starke Enthaltung des Senats bezüglich der Gesetzesverhandlung mit direktem Bezug zu bestimmten Territorien bzw. zur Vertretung der Autonomen Gemeinschaften. Von insgesamt neun in der ersten Legislaturperiode verhandelten Autonomiestatuten, die den Zugang über Artikel 143 wählten, wurden lediglich vier mit Änderungsanträgen von seiten des Senats belegt [Chueca Rodríguez 1984: 53]. Ein Gesetz zur Veränderung der kastilischen Provinznamen von Gerona und Lérida in die katalanischen Namen Girona und Lleida aus dem Jahre 1992 wurde ebenfalls ausschließlich im Kongreß beraten und modifiziert, nicht im Senat [Ripollés Serrano 1993b: 384]. Bezüglich anderer Materien wiederum wurden die verfassungsrechtlichen Kompetenzen des Senats durch weitere Rahmenbedingungen außer Kraft gesetzt. Ein Beispiel hierfür wäre z.B. die Aktivität bezüglich des territorialen Ausgleichsfonds. Dem Verfassungstext folgend verfügt der Senat in diesem Bereich, wie bereits erwähnt, über besondere, erweiterte Kompetenzen. In Übereinstimmung mit dem Organgesetz über die Finanzierung der Autonomen Gemeinschaften (*Ley Orgánica de Financiación de las Comunidades Autónomas/LOFCA*) erfolgt die Festsetzung der Gelder für den Ausgleichsfond aber über die jährliche Haushaltsgesetzgebung (*ley de presupuestos*), auf die der Senat – wie bereits festgestellt – kaum Einfluß nimmt. Die ‚besondere territoriale Kompetenz‘ des Senats reduziert sich hier also darauf, den vorgegebenen Fonds zu akzeptieren. Auf die Aufteilung der Mittel an die unterschiedlichen Autonomen Gemeinschaften kann er keinen weiteren Einfluß nehmen. Hierfür wurde gesetzlich ein Verteilungsschlüssel festgelegt [Nohlen 1992: 327].

So unterscheiden sich die Kammern also weniger über die Bearbeitung divergierender Materien als vielmehr durch die verschiedenartigen Arbeitsweisen bzw. ein sich ergänzendes arbeitsteiliges Vorgehen. Wie Chueca Rodríguez und Ripollés Serrano zeigen, erreichen Gesetze oftmals in ‚halbfertigem‘ Zustand den Senat. Der Kongreß gibt den ‚groben Rahmen‘ vor, und der Senat übernimmt anschließend die notwendige Detailarbeit. Er wurde zu einer zweiten Instanz der technischen Feinarbeit [Ripollés Serrano 1993b: 385]. Zugleich wird er aber auch von der Regierung genutzt, um Gesetze, die nicht zu ihrer vollsten Zufriedenheit im Kongreß verabschiedet wurden, noch einmal zu verhandeln [Alberti Rovira 1996: 44]. Der Senat ist dabei sehr selten der Ort, an dem wirklich abweichende Ideen eingebracht werden, sondern wo, bedingt durch die gleichen Mehrheitsverhältnisse, aus derselben politischen Perspektive gehandelt wird. Es kann daher festgestellt werden, daß der Einfluß des Senats auf die Gesetzgebung nicht wirklich eine Interessenvertretung spezieller Gebietseinheiten gewährleistet. Die zentrale Funktion des Senats ist vielmehr in seiner Rolle als Kammer der zweiten Lesung bzw. Reflexion begründet. Er verbessert die zunächst im Kongreß bearbeiteten Gesetzesentwürfe, bzw. dient nach lebhaften Kontroversen im Kongreß als ‚Kammer der Abkühlung‘. In diesem Sinne kommt dem Senat die Aufgabe zu, mit gewissem Abstand und unterschiedlichen Diskussionspartnern einen Konsens zu finden oder Detailfragen eines neuen Gesetzes unabhängig von der politischen Entscheidung nachzubessern.

VI. Reformen des Spanischen Senats

1. Erste Veränderungen: die Reform der Geschäftsordnung

1994 wurde nach mehr als siebenjähriger Verhandlung eine Reform der Geschäftsordnung (*Reglamento del Senado*: RS) beschlossen. Kernstück dieser Reform waren die Entscheidungen, künftig im Senat auch den Gebrauch anderer spanischer Sprachen zu gestatten sowie einen neuen Ausschuß einzuführen.

a) Gebrauch der verschiedenen Sprachen Spaniens

Große öffentliche Resonanz wurde der Entscheidung beigemessen, in bestimmten Debatten des Senats künftig auch den Gebrauch von Sprachen zu gestatten, *„que tengan el carácter de oficiales en alguna Comunidad Autónoma“* – die in einer Autonomen Gemeinschaft als offiziell anerkannt sind [García-Escudero Márquez 1994: 44]. Zum ersten Mal in der modernen Geschichte Spaniens ist es damit gestattet, in einer der Institutionen des Zentralstaates eine andere Sprache als Kastilisch (*castellano*) zu sprechen. Die Bedeutung dieses Schritts geht jedoch bisher nicht über die Symbolik hinaus, die in der *allgemeinen* Anerkennung der Sprachen der Autonomen Gemeinschaften liegt (Aja 1994: 572). Die Einschränkung der Gelegenheiten, bei denen von dieser neuen Regelung Gebrauch gemacht werden darf, veranschaulicht dies sehr deutlich.

Gemäß Art. 11 Abs. 2 der Geschäftsordnung steht es dem neu gewählten Präsidenten der Kammer zu, in seiner ersten Ansprache vor dem Plenum eine andere spanische Sprache zu verwenden. Den Teilnehmern der einmal pro Jahr stattfindenden Debatte zur Lage der Autonomen Gemeinschaften ist es ebenfalls erlaubt, in ihrer Rede von dieser neuen Regelung Gebrauch zu machen. Ansonsten können jedoch lediglich Bürger und Institutionen Petitionen in einer der anderen offiziellen Sprachen an den Senat richten. Das normale Tagesgeschäft im Senat wird von dieser Reform nicht berührt. Die Arbeit erfolgt hier grundsätzlich auf Kastilisch, der einzigen Amtssprache ganz Spaniens, die insbesondere aus der Sicht von Katalanen und Basken für den starken Zentralismus des Landes steht.[3] Die Integrationskraft der Sprache wurde so nicht ausgenutzt. Andernfalls wäre es ratsam gewesen, die Verwendung nicht nur auf öffentlichkeitswirksame Situationen zu begrenzen.

b) Der Generalausschuß der Autonomen Gemeinschaften

Die Zusammensetzung

Der zweite zentrale Punkt bezieht sich auf die Einführung eines neuen Ausschusses, der *Comisión General de las Comunidades Autónomas*. Das strukturell auffälligste Merkmal des neuen Ausschusses zeigt sich zunächst in der extrem hohen Mitgliederzahl. Gemäß Art. 51 Abs. 3 der Geschäftsordnung gehören ihm doppelt so viele Mitglieder an wie den anderen Ausschüssen, d.h. insgesamt 62 Senatoren. Ein informeller Beschluß der Fraktionsführer legt zudem fest, daß allen Senatoren, die von den Autonomen Gemeinschaften entsandt wurden, ein Sitz in diesem Ausschuß zuteil wird. Den anderen ebenfalls auf diese Art gewählten Senatoren wird der Zugang indirekt gewährt. Sie werden vorab über die Sitzungen informiert, können teilnehmen und sind laut Art. 56 RS auch mit Rederecht ausgestattet.

Eine weitere Besonderheit des Ausschusses liegt in der internen Organisationsstruktur. Im Gegensatz zu den zwei Sekretären, die gewöhnlich einem parlamentarischen Ausschuß vorsitzen, besteht das Präsidium (*mesa*) hier aus sieben Mitgliedern: einem Präsidenten, zwei Vizepräsidenten und vier Sekretären sowie den Fraktionsvorsitzenden (*Junta de Portavoces*), die auf die Festlegung der Tagesordnung und Debatten Einfluß nehmen können. Der Vorstand ist damit exakt genauso groß wie das Präsidium des Senats. Mit dem Argument, die Handlungsfähigkeit des Senats zu erhalten, wurde außerdem neben dem Vorstand eine Art ‚Unterausschuß' eingerichtet. Er setzt sich aus den sieben Mitgliedern des Vorstands und den Fraktionssprechern der sechs im Senat vertretenen Parteien zusammen. Auf diesen Ausschuß wurden viele der im nächsten Abschnitt zu erläuternden besonderen Kompetenzen des Senats übertragen, wodurch diese Institution zu einem, wenn nicht sogar – bedenkt man die wesentlich häufigere Anzahl an Tagungen – zu *dem* zentralen Organ im Senat geworden ist [García Escudero Márquez 1994: 47].

Der Ausschuß unterscheidet sich also sowohl durch seine Mitgliederzahl als auch durch die Größe des Präsidiums von allen vergleichbaren Organen. Besonders aufgewertet wird er aber dadurch, daß hier eine Einrichtung geschaffen wurde, die allen Senatoren der Autonomen Gemeinschaften Zutritt gewährt und erstmalig sogar einem Regierungsvertreter oder Mitgliedern der Regierungen der Autonomen Gemeinschaften die Möglichkeit bietet, an

---

[3] Während des Franco-Regimes wurde der Gebrauch der Regionalsprachen mit Strafe belegt; es mußte ausschließlich „christlich" (*hablad cristiano!*), d.h. Kastilisch, die Sprache des Reiches (*la lengua del imperio*) gesprochen werden. [Bernecker 1988: 163].

einer Ausschuß-Sitzung teilzunehmen oder, gemäß Art. 56 Abs. 3 RS, sie sogar selbst einzuberufen. Damit wird der heutigen Dominanz der zunehmend föderalen territorialen Einheiten des Landes Rechnung getragen. Die Parlamentschroniken zeigen, daß diese Möglichkeiten bisher rege in Anspruch genommen worden sind. Allein 1994 ließ die Regierung der Autonomen Gemeinschaft der Kanarischen Inseln den Generalausschuß zweimal einberufen, und während der insgesamt neun Sitzungen im Laufe des ersten Jahres nahm der Regierungschef an einer Sitzung teil, wie auch viele der weiteren Regierungsmitglieder von diesem Angebot Gebrauch machten, was für eine Würdigung des Generalausschusses spricht [Ripollés Serrano 1995: 86-87]. Eine gleich starke Beteiligung von seiten der Senatoren der Autonomen Gemeinschaften, die nicht Mitglied im Senat sind, konnte bisher jedoch nicht festgestellt werden. Abgesehen von der überdimensionalen Größe, deren Berechtigung m.E. in Frage steht, zeigen sich hier also Elemente, die den Ausschuß deutlich bereichern und die sich auch positiv auf die besondere Interessenvertretung des Senats auswirken können, insofern ihm die notwendigen Kompetenzen zustehen.

Die Kompetenzen

Unterschieden werden muß hier zwischen den legislativen Funktionen und der sogenannten Informationsfunktion des Ausschusses. Entsprechend Art. 49 Abs. 3 der Geschäftsordnung gehört der Generalausschuß der Autonomen Gemeinschaften zu den gesetzgebenden Ausschüssen. Seine Aufgabe ist es daher, zu den Gesetzesprojekten und Initiativen, die ihm vom Präsidium des Senats überwiesen werden, durch fachliche Vorklärung und Expertisen die Entscheidung des Plenums vorzubereiten. Eine scheinbar neuartige Funktion, die Pérez-Serrano Jauregui dazu veranlaßt hat, von einer „auténtica mutación constitucional" zu sprechen [Pérez-Serrano Jauregi 1994: 318], stellt das dem Ausschuß in Art. 56s RS zugesprochene Initiativrecht dar. Hier handelt es sich jedoch nicht wirklich um eine Neuerung. Gemäß Art. 50 der Geschäftsordnung zählen alle Ausschüsse mindestens 25 Mitglieder, d.h. genau die Personenzahl, die Art. 108 verlangt, um eine Gesetzesinitative einzubringen. Rein formal wäre es also auch vor der Reform der Geschäftsordnung schon möglich gewesen, über einen parlamentarischen Ausschuß eine Gesetzesinitiative auf den Weg zu bringen, vorausgesetzt, daß alle Mitglieder diesen unterstützen. In Anbetracht der sehr geringen Initiativ-Aktivität, die dem Senat nachgewiesen werden konnte, ist die vermeintliche Neuerung daher eher als eine zusätzliche Ermunterung an den Ausschuß zu sehen, aktiv zu werden. Erfolgreich war sie jedoch noch nicht. Bisher hat der Ausschuß dieses Recht noch kein einziges Mal in Anspruch genommen [Dorrego de Carlos/Gutiérrez Vicen 1997].

Der Schwerpunkt der Arbeit hat sich vielmehr auf die allgemeine legislative Beratung konzentriert, wobei sich, ohne daß dies in Art. 56 RS oder an anderer Stelle explizit erwähnt wurde, die stärkste Aktivität auf die Mitarbeit an der Reform unterschiedlicher Autonomiestatute konzentriert. Beispielhaft hierfür stehen die Reformen der Statute der Autonomen Gemeinschaft Valencia, La Rioja, Kantabrien, Murcia, Balearen, Kastilien-León, Extremaduras, Madrid, Asturien und Aragón [Dorrego de Carlos 1996: 94]. Angesichts der vormaligen Zurückhaltung des Senats in diesem Bereich, der exemplarisch für die Vertretung territorialer Anliegen steht, markiert seine Aktivität eine positive Entwicklung: eine Verstärkung der territorialen Interessenvertretung durch den Senat. Der zentrale Unterschied zwischen dem Generalausschuß der Autonomen Gemeinschaften und allen anderen legislativen Ausschüssen liegt indes in der Konstruktion des Generalausschusses als zentrales Informationsorgan. Er fungiert als ein Vermittler zwischen dem Zentralstaat und den Autonomen Gemeinschaften, der über Referate, die Erarbeitung von Berichten und die reine Informationsfunktion ohne Formvorschriften eine bessere Integration der Autonomen Gemeinschaften in den Senat gewährleisten soll.

Zunächst steht der *Comisión General de Comunidades Autónomas* wie allen Ausschüssen die Möglichkeit zu, Referate einzurichten. Besondere Bedeutung erhalten die Referate des Generalausschusses aber durch die bereits erläuterte Zusammensetzung bzw. Interventionsmöglichkeit von Mitgliedern der autonomen und nationalen Regierungen, wodurch sich hier ein „centro de información realmente privilegiado" entwickelt hat [Aja 1994: 567]. Neben dem Referat zur Verfassungsreform des Senats gibt es inzwischen weitere Referate zur zukünftigen Lage der Region in der Europäischen Union, zur Verteilung und Bewertung der europäischen Strukturfonds, zum territorialen Ausgleichsfonds sowie ein Referat, das sich speziell mit Fragen der Finanzierung der Autonomen Gemeinschaften auseinandersetzt.

Die größere Erwartung wurde jedoch auf einen anderen Bereich der Information konzentriert. Laut Art. 56d RS ist es zusätzlich die Aufgabe des Ausschusses, über die konkrete Bedeutung sämtlicher zu verhandelnder parlamentarischer Initiativen für die Autonomen Gemeinschaften zu berichten. Insofern es sich um einen Gesetzesvorschlag oder ein -projekt handelt, soll hierzu vom Ausschuß ein Bericht in schriftlicher Form verfaßt werden. Ziel war es, eine Instanz zu schaffen, die der Arbeit der unterschiedlichen parlamentarischen Ausschüsse vorgeschaltet werden sollte, um eine Art Vorgutachten aus Sicht der Autonomen Gemeinschaften zu erarbeiten. Anfänglich wurde der Schritt stark begrüßt. Auf diese Weise werde die Meinung der Autonomen Gemeinschaften erstmals wirklich in den Gesetzgebungsprozeß eingebunden, und die gesamte legislative Arbeit könne so an Qualität und Effektivität gewinnen [Aja 1994: 568]. Die Ausgestaltung dieser Funktion hat sich jedoch nicht so positiv wie erwartet entwickelt. Für das erste Jahr nach Beschluß der Reform konstatiert María Ripollés Serrano zwar eine sehr rege Aktivität, insgesamt 34 Berichte verließen in jenem Jahr den Ausschuß [Ripollés Serrano 1995: 102], aber in den darauffolgenden Jahren sank sie rapide. 1995 wurden lediglich zwei Berichte verfertigt und auch im folgenden Jahr nur fünf. Die Deutung von Dorrego de Carlos, der Ausschuß konzentriere sich auf die wirklich konfliktiven Anträge, ist eine mögliche Interpretation [Dorrego de Carlos 1996: 100]. Es zeichnet sich hier aber auch ein anderes Problem des Ausschusses ab: die eindeutige Arbeitsüberfrachtung, die ihm zugemutet wurde. Der Bereich, zu dem er Stellung beziehen soll, ist zu weit gesteckt und die Zeit, die ihm zusteht, zu kurz bemessen. Für die Erarbeitung wurden ihm lediglich zehn bis maximal 15 Tage gewährt. Genau die Zeit, die zwischen der Veröffentlichung eines Gesetzentwurfes und der Frist für die Einreichung der Änderungsanträge liegt. Aus dieser Konstellation mußten in der Durchführung notwendigerweise Probleme resultieren. In der Praxis tritt nun zwar bereits das Präsidium des Senats vorab als selektive Instanz auf und überweist dem Ausschuß nicht mehr alle parlamentarischen Initiativen, aber angesichts der hohen Erwartungen, die hier investiert wurden, ergibt sich dennoch eine sehr schwache Bilanz in diesem Aufgabenbereich.

Die formale Betrachtung der Reform der Geschäftsordnung verdeutlicht also das Streben von seiten des Gesetzgebers, dem Ausschuß eine Sonderstellung einzuräumen. Durch die Vielzahl der ihm übertragenen Kompetenzen, die außerordentliche Größe und die starke indirekte Einbeziehung von Regierungsmitgliedern in dessen Arbeit kombiniert mit der bisher einmaligen Erlaubnis, auch andere spanische Sprachen in dieser Institution zu gebrauchen, wurde eine Instanz geschaffen, die strukturell zwischen einem parlamentarischen Ausschuß und dem Plenum eingeordnet werden muß, oder, wie Eliseo Aja treffend festgestellt hat, die einen Senat im Senat verkörpert [Aja 1994: 566]. Auf symbolischer Ebene kommt der Reform zweifelsohne eine wichtige Bedeutung zu. Sie markiert den ersten Schritt nach der Verfassungsgebung von 1978, der den strukturellen Wandel des Landes auf die Institutionen überträgt.

Diese Bewertung kann jedoch nur bedingt auf die Funktionenerfüllung des neuen Gremiums übertragen werden. Anerkennend kann festgestellt werden, daß der Generalausschuß sich im Rahmen seiner legislativen Arbeit Materien zuwendet, die sonst vom Senat mit Ignoranz gestraft wurden: die Reform der Autonomiestatute. Die Intention, die *Comisión General de Comunidades Autónomas* aber funktional *über* andere Ausschüsse zu stellen, konnte nicht gelingen. Insbesondere die neuartigen Kompetenzen, wie das Initiativrecht oder die Berichtsfunktion, werden gar nicht bzw. ungenügend ausgefüllt. Ein grundsätzliches Problem scheint hier die deutliche Arbeitsüberlastung zu sein, die auch durch einen zahlenmäßig stärkeren Ausschuß und die interne Konzentrierung der Arbeit nicht bewältigt werden kann. Das wirklich entscheidende Defizit dieser internen Reform der Geschäftsordnung liegt jedoch darin begründet, daß sie keinerlei Einfluß auf die Stellung des Senats im Institutionengefüge hat. Dessen reale Funktionen werden dadurch in keinster Weise verändert. Auch wenn es hier ansatzweise gelingen konnte, den Autonomen Gemeinschaften eine stärkere Position im Senat zuzuschreiben, so bleibt die Umsetzung dieser Arbeit doch dem gleichen Kräfteverhältnis untergeordnet. Die allgemeinen Kompetenzen des Senats als *Cámara de representación territorial* haben sich dadurch überhaupt nicht erhöht. Ein solcher Schritt bleibt der Verfassungsreform überlassen.

2. Ausblick: Die Verfassungsreform

Lange Zeit wurde die Möglichkeit, den Senat über eine Verfassungsänderung zu reformieren, bewußt ausgeklammert. Dabei wurde hier gar nicht einmal so sehr die Diskussion um den Senat selbst gefürchtet. Seit dem schwierigen Kompromiß von 1978 hat man die Verfassung nicht mehr angerührt, und nun wurde vermutet, daß sich an einer möglichen Reformdebatte, die sich noch dazu auf Titel VIII der Verfassung über die territoriale Gliederung ausdehnen könnte, der Streit über das allgemeine Staatskonzept wieder entzünden würde [Punset 1993: 32]. Erst 1994, auf persönlichen Wunsch des damaligen Ministerpräsidenten Felipe González, wurde ein Referat eingerichtet, das sich mit dieser Frage auseinandersetzen sollte. Auch wenn das Referat bisher noch keinen offiziellen Entwurf vorgelegt hat, sind über die Tagespresse doch bereits einige Teilergebnisse an die Öffentlichkeit gelangt.

a) Vorschläge zur Neuordnung der Zusammensetzung des Senats

Am 27. Oktober 1997 wurde in der spanischen Tageszeitung *El País* ein Artikel veröffentlicht, der einen ersten Kompromiß des Referats zur zukünftigen Zusammensetzung der Zweiten Kammer vorstellte. Im Titel des Artikels hieß es: „Cada Provincia reducirá de cuatro a tres los Senadores elegidos por sus ciudadanos"- jede Provinz solle zukünftig die direkt von der Bevölkerung zu wählenden Senatoren von vier auf drei verringern und, parallel dazu, die Zahl der Senatoren der Autonomen Gemeinschaften jeweils um einen Senator erhöhen [El País, 27.10.1997: 28]. Das momentane Verhältnis der in der Provinz gewählten Senatoren zu den von den Autonomen Gemeinschaften bestellten würde sich dadurch erheblich verändern. Derzeit werden 208 Senatoren von den insgesamt 257 Senatoren in den Provinzen gewählt und lediglich 49 Senatoren durch die Autonomen Gemeinschaften bestellt. Nach einer Reform, wie sie hier vorgeschlagen wird, würden bis zu 103 Senatoren von den Autonomen Gemeinschaften bestellt und nur noch 154 Senatoren direkt gewählt. Der ständig kritisierten Doppelung beider parlamentarischer Kammern sollte auch durch eine Veränderung der Wahltermine Rechnung getragen werden. Die Wahl der Provinzsenatoren, so wird vorgeschlagen, könne mit den Parlamentswahlen in den Autonomen Gemeinschaften synchronisiert werden, anstatt wie bisher zeitgleich mit den Kongreßwahlen stattfinden.

Obwohl dieser Vorschlag Zugeständnisse an die Autonomen Gemeinschaften gewährt, überrascht die grundsätzliche Absicht des Referats, das hybride Senatssystem zu erhalten. Unter den Verfassungsexperten stößt diese Form inzwischen mehrheitlich auf Ablehnung. Es stellt sich also die Frage, welche Begründung auch heute noch für ein solches System spricht.

Manuel Fraga, ehemaliger Informationsminister unter Franco, Mitglied des verfassungs-
gebenden Ausschusses und heute Präsident des galizischen Parlaments, unterstützt die
Beibehaltung dieses Systems mit der m.E. wenig überzeugenden Erklärung, daß die
Provinzen als Wahlbezirke beibehalten werden sollten, da sie als territoriale Einheit des
Landes ebenso anerkannt sind wie die Autonomien, historisch jedoch wesentlich stärker
verwurzelt seien [Senado/Secretaria General 1995: 5]. Als weitere Argumente für dieses
System kann angeführt werden, daß es technisch einfach zu bewältigen ist. Weder muß ein
Artikel gestrichen, noch ein neuer hinzugefügt werden. Lediglich zwei Zahlen wären zu
ändern, und bei der Wahlgesetzgebung die zeitliche Parallelisierung der Senats- und
Kongreßwahlen auszuschließen. Von ungleich entscheidender Bedeutung ist m.E. jedoch eine
andere Begründung: die Angst vor den zu starken zentrifugalen Kräften einiger Autonomer
Gemeinschaften des Landes. Ihnen soll mit einem Autonomien-Senat nicht auch noch Wind
in die Segel geblasen werden. So ist sicher auch Fernández Martínez Sospedra zu verstehen,
wenn er schreibt, daß der Senat als ein einigendes Element in einem politischen System
erhalten werden soll, in dem sich starke zentrale Elemente mit den immer stärker werdenden
Unabhängigkeitsbestrebungen des Landes verbinden [Martínez Sospedra 1994: 54-56]. Sehr
deutlich spricht aus diesen Formulierungen die Angst, einen Schritt in Richtung der
Vollendung des föderalen Systems zu wagen und damit das in Spanien oftmals beschworene
síndrome de pandora, die Büchse der Pandora, zu öffnen, ohne zu wissen, welche
Konsequenzen ein solcher Schritt für das politische System haben könnte [Ripólles Serrano
1993a: 67].

So richtet sich dieser Vorschlag vermutlich bewußt gegen die am häufigsten geforderte
Variante von unterschiedlichen Verfassungsexperten, Staatsrechtlern und Politikern. Deren
Meinung nach müßte der neue Senat idealerweise eine ausschließliche Vertretung der
Autonomen Gemeinschaften sein. Gefordert wird ein solcher Senat z.B. von Ramón Punset
Blanco, Diego López Garrido, Joan Vintro Castells, María de la Paz Sánchez Manzano, Jorge
Apellániz Barrio oder Miquel Roca, um nur einige zu nennen. [Sánchez Manzano 1996: 343].
Für sie alle liegt der Sinn einer Senatsreform darin, die Zweite Kammer endlich in eine
Institution zu verwandeln, die den Autonomen Gemeinschaften ein Sprachrohr verschafft und
die sie stärker in die Politikgestaltung auf nationaler Ebene mit einbezieht. Der Senat soll sich
der nicht zu leugnenden Entwicklung des Staatsmodells anpassen. Nachdem das Land
durchgehend in Autonome Gemeinschaften aufgegliedert ist und alle Provinzen in eben
diesen aufgehen, erscheint es in der Tat sehr fraglich, warum die Provinz, eine rein
administrative Gebietseinheit, noch immer so stark in einem politischen Organ vertreten sein
muß. Durch die Umwandlung des Senats in eine Kammer der Autonomen Gemeinschaften
könnte im Gegensatz dazu ein wesentlicher Beitrag zur Vervollständigung des Autonomie-
prozesses geleistet werden, wodurch sich die Ausformung des Staates der Autonomien in
Richtung eines Föderalstaates weiter vervollständigen könnte [Ruiz-Gallardón 1994: 229].

Es gibt bereits zahlreiche konkrete Vorschläge zur genauen Ausgestaltung eines solchen
Senats der Autonomen Gemeinschaften. Diskutiert werden dabei insbesondere drei Entwürfe:
erstens die Übertragung der Direktwahl auf die Senatoren der Autonomen Gemeinschaften,
zweitens die Bestellung der Senatoren durch die Regierungen der Autonomie-Parlamente und
drittens die Wahl der Senatoren durch die Parlamente dieser Gebietskörperschaften [Aja
1996: 58-59]. Als Favorit in dieser Diskussion kristallisiert sich der dritte Vorschlag heraus.
Die Wahl durch die Parlamente garantiert, so seine Befürworter, die geforderte Vertretung der
gesamten Nation, wobei jedoch durch die indirekte Wahl eine vom Kongreß abweichende
Legitimationsbasis geschaffen würde. Zugleich käme es höchstwahrscheinlich nicht mehr zu
der stark kritisierten gleichen Mandatsverteilung in beiden parlamentarischen Häusern
[Apellániz Barrio 1996: 258]. Ähnlich wie eine von den Regierungen bestellte Kammer
würde dieser Weg aber auch eine starke Bindung zwischen den Parlamenten der Autonomien

und dem Senat begründen. Zukünftige Senatoren sollten zugleich Mitglieder beider Kammern sein, wenn auch unter Beachtung des strikten Verbots des imperativen Mandats. Sowohl die Position der Autonomie-Parlamente als auch die Position des Senats würden so gestärkt. Nach Meinung von Alejandro Sainz Arnaiz würde dieser Weg die ideale Kombination von Demokratie- und Autonomieprinzip verwirklichen [Sainz Arnaiz 1995: 317].

b) Vorschläge zur Reorganisation der Kompetenzen

In einer Mitteilung des spanischen Pressedienstes *agencia Efe* vom 13.5.1997 findet sich ein erster Hinweis, in welche Richtung das Senatsreferat sich zu diesem Thema orientiert. Demnach soll der Senat zukünftig Kammer der ersten Lesung für Gesetzesinitiativen sein, die von den Autonomen Gemeinschaften ausgehen, sowie für die Gesetzesinitiativen, die sich deutlich auf die Autonomen Gemeinschaften beziehen. Grundsätzlich ausgeschlossen hiervon sei die Basisgesetzgebung (*leyes de bases*), selbst wenn sie diesen geforderten Bezug aufweisen würde. Zusätzlich wird bekannt gegeben, daß die bisher sehr schwache Wirkung des Senats-Vetos aufgewertet werden soll. Zukünftig soll es in solchen Fällen möglich sein, zur Bereinigung von Differenzen zwischen Senat und Kongreß einen Vermittlungsausschuß einzuberufen.

Deutlicher als in bezug auf die Zusammensetzung des Senats scheint sich das Referat hier an die allgemeine Diskussion anzulehnen. Besonders progressiv kann aber auch dieser Vorschlag nicht genannt werden. Im Mittelpunkt der Neugestaltung der Gesetzgebungskompetenzen steht für viele der Reformvorschläge die Forderung nach einer neuen ‚Gesetzeskategorie‘, die dem Senat erweiterte Kompetenzen hinsichtlich besonderer Belange der Autonomen Gemeinschaften zuspricht [Martínez Sospedra 1994: 30]. Eine ähnliche Forderung, wie sie z.B. von Manuel Hermoso, Regierungspräsident der Kanaren, vorgebracht wurde, geht dem Ausschuß jedoch deutlich zu weit. Seinem Vorschlag zufolge sollte dem Senat absolute legislative Autonomie in all den Bereichen zustehen, die das Interesse der Autonomen Gemeinschaften berühren, ohne daß es notwendig wäre, daß solche Gesetze überhaupt den Kongreß passieren [YA 24.03.1995: 10]. In letzter Konsequenz bedeutet dies, daß jeder Gesetzesentwurf bzw. jede Gesetzesinitiative zukünftig einer Prüfung unterzogen werden müßte, in welchem Maße Belange der Autonomen Gemeinschaften berührt werden. Theoretisch könnte eine solche Verbindung zu fast jedem Gesetz aufgezeigt werden. Das würde einerseits zu einer deutlichen Arbeitsüberlastung des Senats führen und wäre noch dazu verfassungswidrig. Die gesetzgebende Gewalt des Staates muß gemäß Art. 66 Abs. 1 von den *Cortes Generales* gemeinsam ausgeübt werden. Ebenso wie es nicht möglich ist, dem Senat den Zugang zu bestimmten Gesetzen zu entziehen, kann auch dem Kongreß, als direktem Vertreter des spanischen Volkes, nicht der Einfluß auf einen Großteil der Gesetze verwehrt werden.

Eine bessere Lösung, die es dennoch ermöglichen würde, besondere Autonomie-Gesetze zu erlassen, bietet eine Anlehnung an das Deutsche Grundgesetz. Auch über die spanische Verfassung könnten genaue Materien determiniert werden, für die dem Senat besondere Kompetenzen zustehen. Ein Vorschlag, der in diese Richtung zielt, kommt von Luis Aguiar de Luque. Er schlägt vor, zwei unterschiedliche Gesetzestypen einzuführen. Als erste Kategorie nennt er Gesetze, die sich auf den Autonomie-Prozeß (*leyes de desarollo autonómico*) beziehen. Bei ihnen könnte der Senat besondere Kompetenzen verliehen bekommen. Idealerweise würden hierzu seiner Meinung nach die Autonomiestatute und dessen Reform zählen, Gesetze mit Bezug auf Art. 150 (Harmonisierung der Autonomiestatute) sowie Art. 157 (Finanzierung der Autonomen Gemeinschaften). Die erweiterte Kompetenz läge einerseits – im Falle einer mangelnden Übereinstimmung mit dem Kongreß – darin, einen Vermittlungsausschuß mit der Konsensfindung zu beauftragen, der sich paritätisch aus Mitgliedern beider Kammern zusammensetzen würde. Zweitens möchte

Aguiar de Luque dem Senat in diesen Materien ein ‚echtes' absolutes Veto zugestehen, das vom Kongreß nicht wieder aufgehoben werden kann [Aguiar de Luque 1996: 339-341]. Idealerweise sollten die *leyes de desarollo autonómico* nur wenige, sehr genau umschriebene Materien umfassen. Die Auslegung des deutschen Grundgesetz hat gezeigt, daß eine zu offene Formulierung dieses Bereichs zu einem Einfallstor der Zweiten Kammer werden kann. In Deutschland sind inzwischen immerhin ungefähr 50 Prozent der Gesetze zustimmungspflichtig, und weitere 10 Prozent gelten in dieser Hinsicht zwischen Bundestag und Bundesrat als umstritten [Rudzio 1996: 298]. Im Extremfall kann der Senat bzw. Bundesrat so zu einem Blockadeinstrument werden. Um eine solche Gefahr zu umgehen, benennt der Autor eine zweite Gesetzeskategorie: Gesetze, die das Interesse der Autonomien berühren (*leyes de contenido autonómico*). Wie er selbst zugibt, verbirgt sich hinter dieser Bezeichnung ein sehr weit gefaßter Bereich, der zu groß ist, als daß es möglich wäre, hier ebenfalls eine starke Kompetenzerweiterung vorzunehmen. Sein Vorschlag geht daher in die Richtung, dem Senat, bevor die Verhandlung im Kongreß beginnt, die Möglichkeit zu gewähren, über die Interessen der Autonomen Gemeinschaften zu informieren. Ziel soll es dabei sein, die Aufmerksamkeit des Kongresses auf die Anliegen des Senats zu lenken. Eine Aufgabe, die z.B. der Generalausschuß der Autonomen Gemeinschaften weiter ausführen könnte; und zwar bei höherer Wirksamkeit, insofern er in anderen Bereichen entlastet würde.

Stellt man diesem Entwurf nun den Vorschlag des Senatsreferats gegenüber, wird dessen starke Zurückhaltung deutlich. Lediglich bezüglich der ersten parlamentarischen Lesung soll hier eine Korrektur vorgenommen werden. Nur Gesetzesinitiativen, die von den Parlamenten der Autonomen Gemeinschaften ausgehen und/oder denen ein deutlicher Bezug zu den Autonomen Gemeinschaften nachgewiesen werden kann, sollen zunächst im Senat beraten werden. Gesetzesinitiativen, die in den Bereich der Basisgesetzgebung fallen, sollen von dieser Regelung sogar vollständig ausgenommen werden. Es existiert jedoch kaum eine autonome Regelungsmaterie, die nicht unter dem Vorbehalt staatlicher Grundlagen stünde [Pielow 1993: 60-64]. Zwar werden in sämtlichen Autonomiestatuten viele Materien als ausschließliche Kompetenzen etikettiert. Die Rechtsprechung des Verfassungsgerichts hat jedoch bestätigt, daß die Autonomen Gemeinschaften keine solchen besitzen. Das bedeutet also, daß, wenn die Beratung der Basisgesetzgebung von den Gesetzen ausgenommen wird, ihnen eine erste Beratung im Senat zusteht, und mit sehr hoher Wahrscheinlichkeit auch weiterhin alle Gesetze, die für die Entwicklung der Autonomen Gemeinschaft entscheidend sind, zunächst im Kongreß beraten werden. Die Neuregelung würde so entscheidend an Gewicht verlieren. Die einzige relevante Veränderung würde sich auf die ‚Wiederbelebung' des Vermittlungsausschusses im Falle eines Vetos von seiten des Senats reduzieren, ohne daß hier jedoch ein Hinweis gegeben wird, welches Abstimmungsverhalten von den Kammern im Anschluß daran verlangt wird – wobei alles darauf hindeutet, daß ein wirkliches absolutes Veto von seiten des Senats, diesem Entwurf folgend, nicht gewährt wird. Es scheint also, als würde der Senat auch aus dieser Perspektive keine entscheidende Aufwertung erfahren.

Auch wenn das politische System Spaniens heute oftmals schon zu den Föderalstaaten gerechnet wird, so zeigt die Diskussion um die Reform des Senats, daß es in Spanien selbst noch starke Kräfte gibt, die eine konsequente Föderalisierung verhindern wollen. Die grundlegende Reform der Zweiten Kammer wird inzwischen stark gefordert, und die Umwandlung in einen Senat der Autonomen Gemeinschaften wäre auch symbolisch ein wichtiger Schritt zur weiteren Anerkennung der Autonomen Gemeinschaften. Offenbar soll dieses Zugeständnis auch heute noch nicht gewährt werden. Vielleicht aus Angst vor den zu starken zentrifugalen Kräften im Land, vielleicht aber auch nur, um keinen politisch zu starken Senat zu schaffen, der wirklich Einfluß auf die politischen Entscheidungen nehmen könnte. Sollte die Reform jedoch so, wie momentan geplant, verabschiedet werden, ist es sehr wahrscheinlich, daß die Enttäuschung groß und die Diskussion um seine Zusammensetzung alles andere als beendet wäre. Die lästige Frage der Bevölkerung, welche Aufgabe diese Kammer im politischen System erfüllt, würde weiterhin unbeantwortet bleiben.

VII. Auswahlbibliographie

Aguiar de Luque, Luis 1996: La participación del Senado en la función legislativa; una propuesta, in: Generalitat de Catalunya/Institut d'Estudis Autonòmics (Hrsg.), Ante el futuro del Senado, Barcelona, S. 339-355.

Aja, Eliseo 1994: El Senado Autonómico, entre la reforma reglamentaria y la reforma constitucional, in: Aja, Eliseo/Instituto de Derecho Público (Hrsg.), Informe Comunidades Autónomas 1993, Barcelona, S. 560-579.

Aja, Eliseo/Arbos, Xavier 1980: El Senado, Cámara posible de las Autonomias, in: Revista de Estudios Políticos, Nr. 17, S. 27-66.

Albertí Rovira, Enoch 1996: El Senado en la Constitución Española, in: Generalitat de Catalunya/Institut d'Estudis Autonòmics (Hrsg.), Ante el futuro del Senado, Barcelona, S. 27-83.

Apellániz Barrio, Jorge 1996: El Senado y los Parlamentos Autonómicos, in: Pau I Vall (Hrsg.), El Senado, Cámara de representación territorial. III Jornadas de la Asociación Española de Letrados de Parlamentos, Barcelona, S. 251-261.

Bernecker, Walther L. 1988: Spaniens Geschichte seit dem Bürgerkrieg, 2. Aufl., München.

Carreras Serra, Francesc de 1996: El Senado en la Constitución Española, in: Pau I Vall, Francesc (Hrsg.), El Senado, Cámara de representación territorial. III Jornadas de la Asociación Española de Letrados de Parlamentos, Madrid, S. 25-38.

Chueca Rodríguez, Ricardo L. 1984: Teoría y práctica del bicameralismo en la Constitución española, in: Revista Española de Derecho Constitucional, Jg. 4, Nr. 10, S. 63-89.

Dorrego de Carlos, Alberto 1996: El Senado, in: Aja, Eliseo/Instituto de Derecho Público (Hrsg.): Informe Comunidades Autónomas, Barcelona, S. 78-101.

Dorrego de Carlos, Alberto/Gutiérrez Vicen, Carlos 1997: El Senado, in: Aja, Eliseo/Instituto de Derecho Público (Hrsg.), Informe Comunidades Autónomas, Barcelona, S. 81-103.

Fernández Fernández Segado, Francisco 1985: La funcionalidad del Senado en cuanto Cámara de representación territorial, in: Revista Vasca de Administración Pública, Nr. 13, S. 7-44.

García Martínez, A. 1987: El procedimiento legislativo, Congreso de los Diputados, Madrid (interne Veröffentlichung).

García-Escudero Márquez, Piedad 1994: La Comisión General de las Comunidades Autónomas: Balance de seis meses de Reforma del Reglamento del Senado, in: Senado/Centro de Estudios Constitucionales (Hrsg.), La Reforma del Senado-Debate celebrado en el Centro de Estudios Constitucionales en colaboración con el Senado, Madrid, S. 39-64.

González Encinar, Jóse Juan 1984: Artikel „Bicameralismo" in: **Gonzáles Encinar,** José Juan (Hrsg.), Diccionario del sistema político español, Madrid, S. 33-44.

Kilper, Heiderose/Lhotta, Roland 1996: Föderalismus in der Bundesrepublik Deutschland, Opladen 1996.

Martínez Sospedra, Manuel 1994: Forma de Estado y Estructura del Parlamento: Notas sobre la Reforma del Senado Constitucional, in: Revista de las Cortes Generales, Nr. 33, S. 27-67.

Merino Merchán, José Fernando 1994: Instituciones de Derecho Constitucional Español, Madrid.

Nohlen, Dieter/Hildenbrand, Andreas 1992: Spanien – Wirtschaft – Gesellschaft – Politik, Opladen.

Pielow, Johann-Christian 1993: Autonomía Local in Spanien und Kommunale Selbstverwaltung in Deutschland, München.

Portero Molina, José Antonio 1997: Algunos interrogantes sobre la Reforma del Senado, in: **Portero Molina,** José Antonio (Hrsg.), El Parlamento a debate, Madrid, S. 29-44.

Punset Blanco, Ramón 1990: El Senado en el procedimiento legislativo: una reforma imposible, in: **Garrorena Morales,** Angel (Hrsg.), El Parlamento y sus transformaciones actuales, Madrid, S. 186-197.

Punset Blanco, Ramón 1993: La territorialización del Senado y la Reforma de la Constitución, in: Revista Vasca de Administración Pública, Nr. 35 (II), S. 31-37.

Ripollés Serrano, María Rosa 1993a: La Funcionalidad del Senado en el Estado de las Autonomías, in: Revista Vasca de Administración Pública, Nr. 35 (II), S. 39-69.

Ripollés Serrano, María Rosa 1993b: El Senado en 1992, in: **Aja,** Eliseo/**Instituto de Derecho Público** (Hrsg.), Informe Comunidades Autónomas 1992, Barcelona, S. 377-404.

Ripollés Serrano, María Rosa 1995: El Senado, in: **Aja,** Eliseo/**Instituto de Derecho Público** (Hrsg.), Informe Comunidades Autónomas 1994, Barcelona, S. 77-105.

Rudzio, Wolfgang 1996: Das politische System der Bundesrepublik Deutschland, Opladen.

Ruiz-Gallardón, Alberto 1994: Reflexiones sobre posibles perspectivas para una reforma constitucional del Senado, in: **Senado/Centro de Estudios Constitucionales** (Hrsg.), La Reforma del Senado – Debate celebrado en el Centro de Estudios Constitucionales en colaboración con el Senado, Madrid, S. 225-239.

Saiz Arnaiz, Alejandro 1995: El Senado y las Comunidades Autónomas, in: Revista Vasca de Administración Pública, Nr. 41, S. 293-321.

Sánchez Manzano, María de la Paz 1996: Perspectivas para la reforma constitucional del Senado: un balance, in: **Pau I Vall** (Hrsg.), El Senado, Cámara de representación territorial. III Jornadas de la Asociación Española de Letrados de Parlamentos, Barcelona, S. 339-351.

Senado/Secretaría General 1995: Dossier de Prensa sobre las comparecencias efectuadas ante la ponencia de Estudio para la reforma constitucional del Senado por los Ponentes de la Constitución y por los Presidentes de las Comunidades Autónomas, Madrid (Interne Veröffentlichung des Senats).

Senado/Secretaría General 1996: Senado/La función territorial del Senado, Nr.5, Madrid.

Sommermann, Karl-Peter 1984: Der Schutz der Grundrechte in Spanien nach der Verfassung von 1978, Berlin.

Wolfgang Zink

Der belgische Senat - Tradition mit Zukunft?

I.   Einleitung

Seit kurzem hat der belgische Senat ein neues Gesicht. Vier flämische und drei frankophone Parteien hatten sich im „Sankt-Michaels-Abkommen" vom 28./29.9.1992 auf eine Staatsreform verständigt, die 1994 mit einer revidierten Verfassung und zahlreichen flankierenden Gesetzen umgesetzt wurde. Mit den Legislativwahlen vom Mai 1995 trat die Reform für die beiden Parlamentskammern, die Abgeordnetenkammer und den Senat, in Kraft.

Die Revision von 1993/4 ist die vierte seit 1970. Belgien befindet sich seit den 60er Jahren in einem Reformprozeß, der den ehemaligen Einheitsstaat immer stärker föderalisiert. Aller Veränderungen zum Trotz ist die belgische Verfassung aus dem Jahr 1831 die Geschäftsgrundlage geblieben. Von den heute vorhandenen 'Zweiten Kammern' übertreffen daher nur das englische *House of Lords*, der amerikanische Senat und die niederländischen Generalstaaten den Senat Belgiens an Anciennität.

Die belgische Verfassungsentwicklung gibt Anlaß zu unterschiedlichen Interpretationen. Das Fehlen radikaler Brüche führt zu einem gewissen Wildwuchs der Institutionen. In Belgien, so scheint es, werden keine Institutionen abgeschafft, es kommen immer nur neue hinzu. Andererseits wird die belgische Fähigkeit, das nicht mehr passende institutionelle Korsett allmählich und undramatisch auf die soziokulturellen und politischen Veränderungen zurechtzubiegen, als vorbildhaft betrachtet[1].

Die verschiedenen Umgestaltungen des belgischen Staates trafen den Senat in zwei Wellen. Die erste führte mit den Reformen von 1893 und 1920/1 zu einer Demokratisierung der vormaligen Notabelnversammlung. Die zweite rückt den Senat im föderal gewordenen Belgien an einen neuen Platz. Ob diese zweite Welle nach der jüngsten Verfassungsrevision bereits verebbt, bleibt zweifelhaft.

Dieser Beitrag zeigt mit einer funktionalen Analyse, die den Schwerpunkt auf die Repräsentations- und die normative Funktion legt, welche Veränderungen die jüngste Reform konkret gebracht hat. Aus diesen strukturellen Voraussetzungen und den ersten Bewährungsproben werden Schlüsse gezogen, inwiefern der Senat mit seiner heutigen Gestalt Bestand haben könnte.

II.   Die Entwicklungsstufen des belgischen Senats

1. Die Einrichtung des Senats und der lange Weg zum allgemeinen Wahlrecht

Die Debatte über die Einrichtung eines Senats war die längste und zäheste der gesamten Verfassungsgebung von November 1830 bis Januar 1831. Ohne großen Enthusiasmus votierten am 15.12.1830 schließlich rund zwei Drittel der Verfassungsväter im *Congrès National* zugunsten einer Zweiten Kammer. Für den Senat sprach ein Bündel von Überlegungen, die sehr deutlich die innere und äußere Prekarität des jungen Staates anzeigen [Stengers 1990: 11-18; 1975: 9; Alen/Meerschaut 1990: 132-134].

---

[1] Vgl. z.B. O'Neill 1998: 241-258, für eine sehr optimistische Sicht. Skeptischer äußern sich dagegen die meisten belgischen Staatsrechtler; vgl. etwa Delpérée 1994b: 3-15, und auch die Tagungsergebnisse im Sammelband „Les réformes de 1993: vers un fédéralisme achevé?".

1. Nach der Sezession von 1830 sollte alles getan werden, um sich die Sympathien Großbritanniens und Frankreichs zu erhalten. Eine Anlehnung an deren Institutionengefüge in Form einer moderaten (bikameralen) parlamentarischen Monarchie erschien ratsam.

2. Für die Stabilität und Mäßigung, die man sich vom Bikameralismus versprach, nahm der *Congrès* die Gefahr einer institutionellen Blockade in Kauf. Das Schicksal der monokameralen französischen Verfassung von 1791 diente als dramatischer Gegenbeweis. Gegenüber einer einzigen Kammer habe ein begnadeter Redner wie Mirabeau leichtes Spiel. Die Einwände, daß das belgische Temperament nicht so hitzig sei und daß Belgien wenige Mirabeaus zu erwarten habe, konnten sich nicht durchsetzen.

3. Von anderer Seite wurde der Senat als Mittler zwischen König und *Chambre* hervorgehoben. Als ‚*pouvoir modérateur*‘ könne er die Rolle eines Z- üngleins an der Waage spielen. Hinzu traten die Argumente der Verbesserung und Abkühlung hitzig beschlossener Entwürfe.

4. Hinter sämtlichen Argumenten der Institutionenlogik steckte letztlich eine klare soziale Motivation. Es ging nicht nur darum, die Arbeit der Ersten Kammer dank eines Senats technisch zu verbessern. Der „*chambre populaire*“ sollte in erster Linie ein Vertretungsorgan der Großgrundbesitzer gegenübergestellt werden, eine „*chambre terrienne*“. Die Großgrund- besitzer, zumeist Adlige, verfügten über einen immensen Einfluß im Land und selbst- verständlich auch im *Congrès National*. Selbst progressiven *Constituants* erschien es unausweichlich, ihnen in der neuen Verfassung einen angemessenen Platz und damit zugleich klare Grenzen zuzuweisen.

Im allgemeinen gründete sich die liberale Verfassung von 1831 auf Volkssouveränität und Gleichheit. Zusätzlich zum Monarchen wurde mit dem Senat allerdings ein weiterer Kompromiß zwischen alter und neuer Legitimation geschlossen. Welche gedankliche Akrobatik das voraussetzte, zeigt Art. 42, der einfach verfügte, daß die Abgeordneten der *Chambre* und die Senatoren die ganze Nation repräsentieren. Zur „assemblée de notables propriétaires, amis de l'ordre“ [de Mérode am 14.12.1830; zit. in Huyttens 1844: 420] wurde der Senat durch einen äußerst strengen Wahlzensus. Um als Senator wählbar zu sein, war nach Art. 56 neben dem Mindestalter von 40 Jahren die enorm hohe Jahressteuersumme von 1.000 Gulden Voraussetzung. Damit hatten sich die Verfassungsväter aber gründlich verschätzt. Denn mehr als die Hälfte der Senatoren rekrutierte sich bis zum Ende des 19. Jahrhunderts dank eines als Ausnahme gedachten Provinzproporzes, der den Höchstbesteuerten in der jeweiligen Provinz die Kandidatur ermöglichte. Die überholten Vorstellungen vieler *Constituants* verdeutlicht auch, daß die damalige Gewerbesteuer, die *patente*, nur äußerst knapp in die Reihe der für den Zensus berücksichtigten direkten Steuern aufgenommen wurde. Eine soziale Spitzenposition und Einfluß definierten sich für den *Congrès National* in fast schon grotesker Weise über Landbesitz. Selbst mit der *patente* war der Zensus ohne Großgrundbesitz praktisch unerreichbar. Entsprechend blieb das ganze Jahrhundert hindurch der Anteil adliger Senatoren enorm hoch. Erwähnenswert ist auch, daß der Thronfolger, um in die Staatsgeschäfte eingeführt zu werden, gemäß Art. 58 mit 18 Jahren von Rechts wegen Senator wurde und mit 25 das Stimmrecht erhielt.

Das aktive Wahlrecht und der Modus der Mehrheitswahl waren für beide Kammern im Grundsatz identisch. Das Mindestalter lag bei 25 Jahren, der Zensus variierte örtlich in dem von der Verfassung gesteckten Rahmen von 100 bis 120 Gulden. Erstaunlicherweise galt für die Wählbarkeit zur *Chambre* kein Zensus, so daß es immer wieder Abgeordnete gab, die selbst nicht wählen durften. Die Zahl der Wahlberechtigten erhöhte sich rasch von rund 23.000 im Jahr 1831 auf 75.296 bei den Wahlen 1848.

Die restriktiven Rekrutierungsregeln gaben dem Senat ein immer brüchiger werdendes Legitimationsfundament. Als Folge verschwand der Senat bis zum Ende des Jahrhunderts fast völlig im Schatten der *Chambre*. Sein Einfluß auf die Gesetzgebung war trotz der fast identischen Kompetenzen äußerst bescheiden. Nach G. Smets machte der Senat bis 1893 lediglich 20mal von seinem Initiativrecht Gebrauch. Von den 3.500 bis 4.000 Vorlagen wurden lediglich 94 abgeändert und ganze 22 zu Fall gebracht [Smets 1919: 71]. Nur in den 1840er und 1850er Jahren trat der Senat kurzzeitig ins Rampenlicht. Eine Adresse an den König, in der die katholische Mehrheit ihr Mißtrauen gegenüber dem liberalen Kabinett Lebeau-Rogier äußerte, führte 1841 sogar zum Sturz der Regierung. Der augenblickliche Erfolg war ein Pyrrhussieg. Die Empörung der liberalen Presse und der Räte in den größeren Städten sowie in weiten Teilen der öffentlichen Meinung war so groß, daß der Senat am Ende dauerhaft mehr an tatsächlich wahrnehmbaren Kompetenzen verloren als er in der einmaligen Situation gewonnen hatte. In einer fast analogen Konstellation im Jahre 1851 löste König Leopold I. die Zweite Kammer auf. Daraufhin schwebte die Auflösung wie ein Damoklesschwert über dem Senat. Ernsthafte Konflikte mit der *Chambre* gab es nur noch vereinzelt, beispielsweise 1868/69 über die liberale Politik des Justizministers Jules Barra und bei dem Gesetz von 1879 zur Konfessionsneutralität der Primarschulen.

Der überkommene Rekrutierungsmodus und eine rückwärtsgewandte Oppositionshaltung bei sonstiger Passivität waren für die Sozialisten Anlaß genug, kurzerhand die Abschaffung des Senats zu fordern. Erfolglos. Lediglich eine Reform stand bei der Verfassungsrevision von 1892/93 auf der Tagesordnung. Lebhaft, aber ergebnislos diskutiert wurde eine korporatistische Umgestaltung. Statt dessen blieb es am Ende bei drei Retouchen: Erstens wurde das Mindestverhältnis der wählbaren Bürger von 1:6.000 auf 1:5.000 pro Provinz gesenkt. Zweitens wurde eine neue Rekrutierungsform geschaffen: mittelbar, d.h. von den Provinzräten, wurden „Provinzsenatoren" gewählt. Jede Provinz durfte entsprechend ihrer Einwohnerzahl zwei bis vier Senatoren entsenden, die vom Zensus befreit waren. Der dritte Reformpunkt bestand in der Senkung des Zensus für die direkt gewählten Senatoren von 2.116 Francs (d.h. 1.000 Gulden) auf 1.200 Francs.

Nach den Legislativwahlen von 1894 saßen im Oberhaus insgesamt 112 Senatoren, davon waren 26 „Provinzsenatoren". Überraschenderweise gelangten mit ihnen zum ersten Mal (zwei!) Sozialisten in den Senat. Ansonsten blieben die Wirkungen der Reform begrenzt. Die Zahl der wählbaren Personen erhöhte sich von 1012 im Jahr 1892 auf knapp 1.500 zur Jahrhundertwende [Stengers 1989: 22-25]. Parallel zur Zensussenkung war 1893 als Vorsichtsmaßnahme gegen zu große Überraschungen das Mindestalter für das aktive Wahlrecht für den Senat von 25 auf 30 Jahre erhöht worden. Die Wahlresultate erbrachten den gewünschten Effekt. Aus gutem Grund schickten die Sozialisten zudem ihre Spitzenpolitiker für die *Chambre* und nicht für den Senat ins Rennen.

Um ein Vielfaches stärker als die eigenen neuen Wahlbestimmungen wirkte sich auf den Senat das 1893 für die *Chambre* eingeführte allgemeine Mehrheitswahlrecht aus, das lediglich noch ein Klassensystem dämpfte.[2] In der Abgeordnetenkammer trat die gestärkte sozialistische Opposition geschlossen auf und überlagerte damit die institutionelle Trennung der zwei Parlamentskammern durch den parlamentarischen Dualismus von Regierungsmehrheit und Opposition. Der Gesetzgebungsprozeß in der *Chambre* wurde für die Regierung zur zähen Geduldsprobe. Die Rolle des mehrheitlich konservativen Senats wurde daher zu der einer Absegnungskammer.

Die entscheidende Transformation des Senats zu einer der *Chambre* nicht nur nominell, sondern wirklich ebenbürtigen Kammer brachte erst seine weitgehende Demokratisierung

---

[2] Das allgemeine Mehrheitswahlrecht für Männer ab 25 gab verheirateten und einen bestimmten Steuerbetrag zahlenden Männern sowie Grundbesitzern eine zusätzliche Stimme; für manche Berufe und einen Hochschulabschluß erhielt man zwei zusätzliche Stimmen.

durch die zweite Revision in den Jahren 1920/21. Demokratische Reformen wurden inzwischen allgemein als überfällig angesehen. Bereits 1919 war das Klassensystem für die Legislativwahlen abgeschafft worden, die Sozialisten waren an der Regierung beteiligt und hatten ihr Ziel von der Abschaffung auf die Öffnung des Senats zurückgeschraubt. Das Ergebnis der Revisionsdebatten bestand in der Streichung des generellen Zensus für die direkt gewählten Senatoren. Zugleich blieb aber die Wählbarkeit bestimmten Personen vorbehalten.

Der geänderte Artikel 58 wurde zum längsten der ganzen Verfassung und umfaßte nicht weniger als 21 verschiedene Kategorien, die sich grob in vier Gruppen gliedern lassen [Vélu 1986: 397-399]: 1. Personen, die bestimmte hohe Mandate bzw. Ämter in der Zentral-, Provinz-, Kommunal- oder Kolonialverwaltung ausgeübt hatten; 2. Personen, die bestimmte soziale Positionen innehatten oder in der Wirtschaft Führungskräfte waren; 3. Personen mit Hochschulabschluß; 4. Vermögende Personen, die mindestens 12.000 Francs Grundsteuer (*revenu cadastral*) oder 3.000 Francs direkte Steuern bezahlten.

Geändert wurde auch die Zahl der Senatorenmandate, und zwar über eine Verminderung der Vertretungsrelation auf maximal 200.000 Einwohner pro Senator. Ab 125.000 zusätzlichen Seelen konnte ein Kandidat mehr in den Senat. Als Zugeständnis an die bevölkerungsschwachen Provinzen wurde ergänzend festgelegt, daß jede Provinz mindestens drei Senatoren entsenden durfte. Eine weitere Erhöhung der Senatorenzahl brachte die Einführung eines vierten Rekrutierungsmodus, dem der Kooptation. Die direkt gewählten und die Provinzsenatoren suchten sich weitere Kollegen, deren Zahl auf die Hälfte der Provinzsenatorenmandate festgelegt wurde.

Hinter der Reform steckt die doppelte Absicht, den Senat zu demokratisieren und ihm zugleich als Kammer der Erfahrung und der Kompetenz ein eigenes Gesicht zu verleihen. Die 21 Bestimmungen zur Wählbarkeit, das hohe Mindestalter von 40 Jahren und die Kooptation sollten beide Ziele vereinen. Gleichzeitig verwischten die Synchronisierung der Legislaturdauer (also von acht auf vier Jahre), die Veranschlagung des Verhältniswahlrechts für beide Kammern und selbst die Einführung von Diäten für das Senatorenmandat die Unterschiede immer mehr. Der fortschreitende Verfall des Geldwerts ließ die 3.000 Francs Steuersumme per annum zudem rasch zu einer überwindbaren Hürde werden, trotz weniger spektakulärer Fälle [Vélu 1986: 397-399]. Auch die Kooptation erwies sich in der Praxis keineswegs als geeignetes Mittel, um nur die belgischen Nobelpreisträger in den Senat zu bekommen. Häufig diente sie für sogenannte „*repêchages*": Kandidaten, die bei den Legislativwahlen Schiffbruch erlitten hatten, wurden im nachhinein mit einem Mandat versorgt [Goosens 1983: 805-806; Stengers 1990: 30-31].

Ergänzt wurde die Demokratisierung durch die äußerst späte Einführung des aktiven Frauenwahlrechts für beide Kammern im Jahr 1948, nachdem bereits seit 1929 in der *Chambre* einige Frauen saßen [Alen/Meerschaut 1990: 135]. 1985 wurden die obsoleten Bestimmungen des Art. 58 Abs. 2 endgültig gestrichen. Seitdem konnte jedermann ab 40 für den Senat kandidieren.

2. Der Senat auf der Suche nach seinem Platz im föderalen Belgien

Die Demokratisierung des Senats bewirkte einen Profilverlust, der paradoxerweise dazu führte, daß die Zweite Kammer stärker als je zuvor in Frage gestellt wurde. Der Senat wurde als überflüssige Doppelung der *Chambre* sowie als teures und unnötiges Hemmnis für eine zügige Gesetzgebung angegriffen. In den sechziger Jahren schien die Reform des Senats endgültig auf die Tagesordnung gelangt zu sein [Goosens 1983: 839-842; Sohier 1994: 384-385]. Von 1962-65 bemühte sich eine „*Commission pour la réforme des institutions*", in der Vertreter der drei großen politischen Familien saßen, um eine neue Lösung. Nach ihrem Vorschlag sollte eine effizientere Gestaltung des Gesetzgebungsprozesses den Platz des

Senats in der belgischen Institutionenlandschaft sichern. Beide Kammern sollten ihre Kompetenzen behalten, sich jedoch spezialisieren: die *Chambre* auf die politische Kontrolle der Regierung und die Finanzen, der Senat auf die Gesetzgebung. Mehrere Lesungen („navette") waren auch weiterhin vorgesehen, lediglich das Verfahren war zu verkürzen [Colla 1994: 44; Alen/Meerschaut 1990: 139].

Abb. B IIIa.2-1: Der Senat im Regierungssystem Belgiens

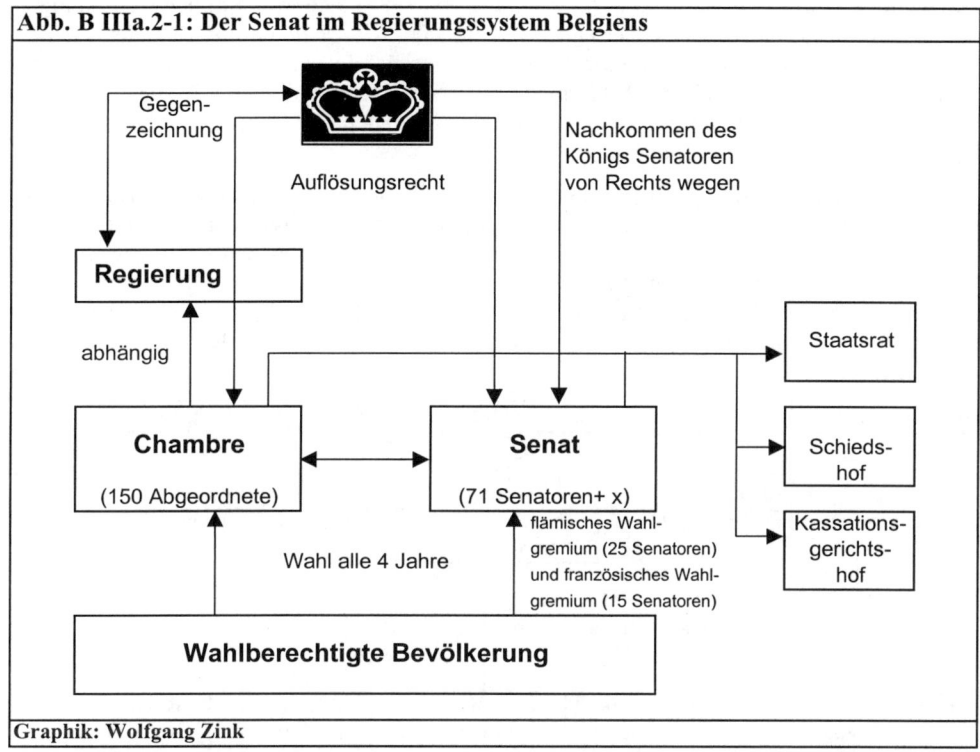

Graphik: Wolfgang Zink

Der Entwurf blieb folgenlos. In den sechziger Jahren hatten sich die Spannungen zwischen Flamen und Wallonen derart zugespitzt, daß sie alle anderen Reformüberlegungen vorerst in den Schatten stellten. Der Gegensatz riß selbst die bis dahin landesweit organisierten Parteien auseinander. Die ganze Struktur des belgischen Einheitsstaats stand zur Disposition. 1968 begann schließlich, sehr zögerlich, ein Reformprozeß, der Belgien in mehreren Schüben in einen Föderalstaat umwandelte. Dieser Prozeß hatte in dreierlei Hinsicht erhebliche Auswirkungen auf den Senat. Die anfangs unerwartete Dynamik erfaßte den Senat natürlich ‚von außen', etwa durch den Kompetenztransfer auf die neuen föderalen Einheiten. Aber auch ‚im Inneren' veränderte sich die Organisationsstruktur beider Kammern. Schließlich stellt die Föderalisierung den Senat insgesamt in einen anderen Kontext, in dem der Platz der Zweiten Kammer neu zu definieren war. Die letzte große Staatsreform von 1992/93 sollte dem Rechnung tragen.

1. Die neue föderale Staatsordnung in Belgien besteht auf der Ebene der föderalen Subeinheiten aus zwei in- bzw. teilkongruenten Strukturen: den „Gemeinschaften" und den „Regionen"[3].

---

[3] Vgl. Art. 1 [1993]: „Belgien ist ein Föderalstaat, der sich aus den Gemeinschaften und Regionen zusammensetzt". Die 1970 in die Verfassung aufgenommene Struktur der „Sprachgebiete" ist bislang administrativ inhaltslos geblieben.

Den flämischen Forderungen nach kultureller Autonomie entsprach es vor allem, daß 1970 das Land in drei „Gemeinschaften" eingeteilt wurde, die in den Bereichen Kultur und Erziehung Kompetenzen erhielten und anfangs auch lediglich „kulturelle Gemeinschaften" hießen. Seit 1980 wurden die Befugnisse der Flämischen, der Französischen und der Deutschsprachigen Gemeinschaft jedoch stetig erweitert und auch mit der jüngsten Revision noch weiter gestärkt [Art. 127-133 der Verfassung von 1994]. Die wallonischen Bestrebungen zielten in erster Linie auf eine Dezentralisierung der Wirtschaftspolitik. Bei der zweiten Staatsreform von 1980 konnten die Wallonen die Einrichtung von „Regionen" durchsetzen: die Wallonische und die Flämische Region. Eine dritte Region bildet seit 1989 „Brüssel-Hauptstadt". Im Gegensatz zu den „nationalitätsgebundenen" Gemeinschaften sind die Regionen „territorialitätsgebunden".

Die Gemeinschaften und die Regionen verfügen grundsätzlich über eigene Institutionen. Nur in Flandern sind Region und Gemeinschaft organisatorisch weitgehend verschmolzen. Da eine föderale Normenhierarchie fehlt, verlieren mit jeder Kompetenzenerweiterung der Regionen und Gemeinschaften *Chambre* und Senat effektiv an Zuständigkeiten. Die „Dekrete" (bzw. „Ordonnanzen" für die Region Brüssel-Hauptstadt) der „Räte" haben im jeweiligen Gebiet die gleiche Rechtskraft wie die Gesetze des föderalen Parlaments. Für Kompetenzkonflikte wurde 1989 ein „Schiedshof" eingerichtet.

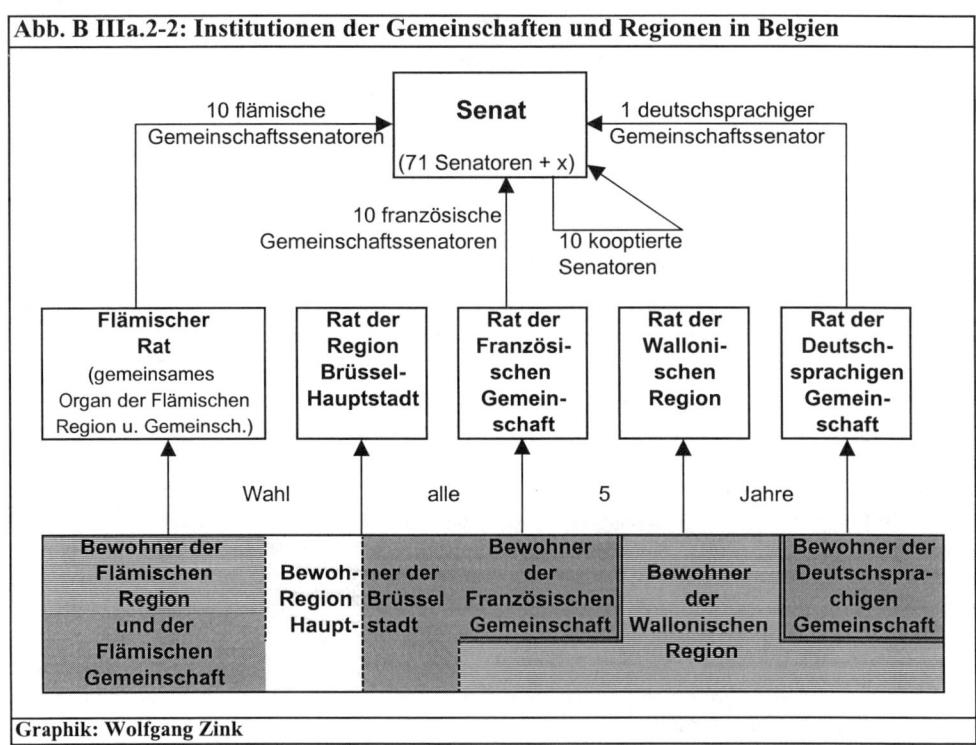

Abb. B IIIa.2-2: Institutionen der Gemeinschaften und Regionen in Belgien

Graphik: Wolfgang Zink

Bis zur ersten Direktwahl im Jahr 1995 saßen in den Räten der Gemeinschaften und Regionen die Abgeordneten und die Senatoren, bzw. später nur noch die direkt gewählten Parlamentarier der jeweiligen Sprachgruppe. Noch 1977/78 wurde auf der Linie des damals verabschiedeten „Gemeinschaftspakts" als Zielrichtung der nächsten Verfassungsrevision festgelegt, daß der zukünftige Senat aus den Mitgliedern der Gemeinschaftsräte bestehen solle, die ihrerseits als Regionalräte zu wählen seien. Bei der Regierungsvereinbarung vom 14./15. Mai 1980 hatte sich die Optik jedoch bereits verändert. Als Übergangslösung bis zu einer großen Senatsreform wurde das „doppelte Mandat" der nationalen Parlamentarier mit dem Sondergesetz vom 8. August 1980 konsakriert. Nach einer ersten Phase wurde das „doppelte Mandat" nach Plan auf die direkt gewählten Parlamentarier eingeschränkt. Eine dritte Phase sollte nach einer größeren Senatsreform, die v.a. Art. 53 und 54 betraf, beginnen. Ab diesem Zeitpunkt sollten sich die Räte ausschließlich aus direkt gewählten Senatoren zusammensetzen. Eine Ausnahme bildeten von Anfang an der Rat der Deutschsprachigen Gemeinschaft und der Rat der Region Brüssel-Hauptstadt, die seit ihrer Einrichtung, also 1983 bzw. 1989, direkt gewählt wurden [Vélu 1986: 403-407; Alen/Meerschaut 1990: 143][4].

2. Für die interne Organisation der Parlamentskammern war die Einteilung der Abgeordneten und Senatoren in eine flämische und eine französische Sprachgruppe ein bedeutender Einschnitt. Sie ist ein Ergebnis der Verfassungsänderung von 1970 [Vélu 1986: 407-413]. In der näheren gesetzlichen Regelung von 1971 wurde dafür nach dem Grundsatz der Territorialität verfahren: der Wahlkreis entscheidet darüber, zu welcher Sprachgruppe der jeweilige Parlamentarier gehört. Bei manchen Parlamentariern, konkret: den kooptierten, den vom (damaligen) Brabanter Provinzialrat und den im Wahlbezirk Brüssel gewählten, ist hingegen maßgeblich, in welcher Sprache sie ihren Verfassungseid ablegen. In der Praxis führt das immer wieder zu befremdlichen Ergebnissen. Die Bildung der Sprachgruppen folgt nicht der föderalen Logik, denn die föderalen Subeinheiten bleiben unberücksichtigt, sondern der Maßgabe der Parität. Auch für den Ministerrat wurde eine strikte paritätische Zusammensetzung festgelegt. Damit sollten Flamen und Wallonen die gleichen Einfluß-möglichkeiten gesichert werden. Demographisch und damit auch politisch in den Bereichen der Verhältnisrepräsentation verschob sich das Gewicht immer stärker zu den Flamen [Alen 1995: 32]. Eine konkrete Rolle spielen die Sprachgruppen bei den „mit besonderer Mehrheit verabschiedeten Gesetzen" und dem „Verfahren der Alarmglocke". Der erste Fall ist ein Schutzmechanismus bei Regelungen zur Staatsreform. Um verabschiedet zu werden, benötigen Gesetze dieser Kategorie die einfache Mehrheit der Stimmen in jeder Sprachgruppe und insgesamt eine sprachgruppenübergreifende Zweidrittelmehrheit der abgegebenen Stimmen [Vélu 1986: 412-413].

Das „Verfahren der Alarmglocke" [Art. 38 bis; bzw. Art. 54 seit 1994] ist als Sperriegel gegen Gesetzesinitiativen gedacht, die „die Beziehungen zwischen den Gemeinschaften ernsthaft gefährden" könnten: Drei Viertel der Mitglieder einer Sprachgruppe müssen einen entsprechend begründeten Antrag stellen. Die Motion wird anschließend an die Regierung zur Stellungnahme überwiesen. Das Verfahren kann jedoch nur einmal in bezug auf denselben Gesetzentwurf angewandt werden. In der Praxis spielt es bestenfalls eine präventive Rolle. Ein einziges Mal wurde seit 1970 von ihm Gebrauch gemacht. Lösungen bei Dissens zwischen den Gemeinschaften führen ohnehin zwangsläufig über den paritätisch besetzten Ministerrat [Peeters/Alen 1992: 80-81].

3. Im Laufe der Föderalisierung wurde zunehmend eine neue Rollenbestimmung für den Senat verlangt. 1980 wurde explizit in einem Gesetz formuliert, daß die Staatsreform, die zur Schaffung von Regional- und Gemeinschaftsräten führte, erst mit einer Reform des Senats abgeschlossen sein würde [Uyttendaele 1991: 319; Alen/Meerschaut 1990: 143].

Die belgischen Rahmenbedingungen verbieten jedoch a priori einfache Lösungen. Nicht nur, daß mit den Gemeinschaften und Regionen die föderalen Subeinheiten auf zwei Ebenen verteilt sind. Die Strukturen sind auch höchst ungleich. In der zweisprachigen Region Brüssel-Hauptstadt leben knapp 10 Prozent der Gesamtbevölkerung Belgiens, im kleinen Gebiet der deutschsprachigen Gemeinschaft, um Eupen und Sankt Vith, nicht einmal 0,7

---

[4] Der Rat der Französischen Gemeinschaft setzt sich fortan aber aus den Mitgliedern des Rats der Wallonischen Region und 19 Mitgliedern des Rats der Brüsseler Region zusammen, vgl. Leroy 1996: 57.

Prozent. Der dominierende kulturelle Dualismus von Flamen und Wallonen wiederum überlagert fast gänzlich die Gliederung in sechs Subeinheiten.

Die rege Reformdiskussion in den achtziger Jahren mit ihrer Alternative zwischen föderaler und paritätischer Zweiter Kammer spiegelt diese „bipolare" Situation wider [Uyttendaele 1991: 318-331; Alen/Meerschaut 1990: 153-157]. 1988 wurde schließlich ein gemeinsamer Ausschuß der beiden Kammern mit der Ausarbeitung eines Konzepts für die „dritte Phase" der Staatsreform, die von 1988 bis 1998 dauern sollte, betraut. Die Abschaffung des „doppelten Mandats", die internationalen Kompetenzen der Gemeinschaften und Regionen sowie die Senatsreform standen auf der Agenda. Das Ergebnis ging unwesentlich über eine Sammlung der Vorschläge der im Parlament vertretenen Parteien hinaus. Mit dem Sturz der Regierung Martens im Jahr 1991 schien der Anlauf definitiv gescheitert [Colla 1994: 46-47; Uyttendaele 1991: 319-344]. Das Zustandekommen des Sankt Michaels-Abkommens im September 1992 unter dem neuen Premier Jean-Luc Dehaene war eine Überraschung [Colla 1994: 47]. Mit der beschlossenen Reform sollte ein klarer Schnitt vollzogen werden. „Belgien ist ein föderaler Staat", heißt es emblematisch in Art. 1 der konsolidierten Verfassung von 1994. Endlich wurde der seit 1920/21 kaum mehr angetastete Senat reformiert und sollte dem seit damals grundlegend veränderten Kontext angepaßt werden.

III.   Die Repräsentationsfunktion

Von der Reform von 1920/21 bis zur jüngsten Zäsur von 1993 wurden die Regelungen für die Zusammensetzung des Senats nur in Details verändert. In diesem Zeitraum glichen sich die Kammern immer stärker aneinander an, selbst bei den drei ursprünglich ausgeprägtesten Charakteristika.

1. Einerseits war mit den Provinzsenatoren ein gewisses territoriales Element im Senat vertreten, das durch das bis 1995 bestehende „doppelte Mandat" der gewählten Senatoren verstärkt wurde. Andererseits wurden die Räte der flämischen und französischen Region bzw. Gemeinschaft nicht nur mit dem Senat, sondern gleichermaßen mit der *Chambre* verbunden.

2. Das Mindestalter für das passive Wahlrecht blieb für den Senat bis 1993 bei 40 Jahren, das für die *Chambre* wurde schrittweise auf 21 Jahre gesenkt. Ein Vergleich des Durchschnittsalters der Parlamentarier in *Chambre* und Senat ergibt jedoch lediglich einen Unterschied von ungefähr acht Jahren [Vélu 1986: 396 f.]. Das Mindestalter für das aktive Wahlrecht lag bei beiden Kammern schließlich bei 18 Jahren.

3. Die Zahl der direkt gewählten Senatoren belief sich seit 1831 auf die Hälfte der Deputiertenmandate in der *Chambre*. Letztere wiederum wurden über ein Höchstvertretungsverhältnis in bezug auf die Einwohnerzahl festgelegt. Das führte zu einem ständigen Zuwachs an Parlamentariern in beiden Kammern. Erst bei den Reformen von 1968-1971 wurden die Deputiertenmandate definitiv auf 212 eingefroren und damit zugleich die Zahl direkt gewählter Senatoren auf 106 beschränkt. Durch die Schaffung neuer Senatorenkategorien hat der Senat gegenüber der *Chambre* seit 1831 deutlich ‚aufgeholt'. Für eine stetige Mandateerhöhung sorgte zudem, daß die Anzahl der Provinz- und kooptierten Senatoren von der Einwohnerzahl in den Provinzen abhing. Nach der Volkszählung im Jahr 1981 wurde beispielsweise der Provinz Flandern für die späteren Legislaturen ein zusätzlicher Provinzsenator zugestanden [Vélu 1986: 400]. Vor den Wahlen 1995 bestand der Senat aus 106 direkt gewählten und 26 kooptierten Senatoren, 52 Provinzsenatoren sowie einem Senator von Rechts wegen (Prinz Albert), also insgesamt 184 Senatoren [Colla/Scholsem 1994: 215].

Für knapp 60 Prozent der Senatoren war die Legitimationsquelle identisch mit der ihrer 212 Kollegen in der *Chambre*. Zudem divergierte die Zusammensetzung der beiden Häuser sowohl sozial als auch politisch nur unwesentlich [Bécane 1987: 161-167]. Kleinere Nuancen bei den Resultaten der Direktwahlen dürften eher auf die größeren Senatswahlkreise als auf ein grundsätzlich konservativeres Wahlverhalten bei Senatswahlen zurückzuführen sein [Goosens 1983: 802-810]. Die Zusammensetzung des Senats war ein Hauptpunkt der Reformdebatte. Der 1993 gefundene Schlüssel spiegelt die Schwierigkeiten des „bipolaren Föderalismus" wider. Der Senat sollte zwar in die neue föderale Staatsordnung eingepaßt werden, zugleich wurden jedoch in origineller Weise demographische, sprachliche, territoriale und institutionelle Kriterien veranschlagt.

Tab. B IIIa.2-1: Zusammensetzung des belgischen Senats nach Parteien und Rekrutierungskategorien

	direkt gewählte Senatoren	Gemeinschafts-senatoren	kooptierte Senatoren	Senatoren von Rechts wegen	Gesamt
CVP (Christelijke Volkspartij)	6	3	2		11
PS (Parti socialiste)	4	4	2		10
VLD (Vlaamse Liberaal-Demo-craten)	6	2	2		10
SP (Socialistische Partij)	4	2	1		7
PRL (Parti réformateur libéral)	5	3	1		9
PSC (Parti social chrétien)	3	3	1		7
Vlaams Block	4	1	1		6
Ecolo	3	1			4
VU (Volksunie)	2	1			3
Agalev (Andes gaan leven, Vivre autrement)	3	1			4
Parteilos				2	(+2)
	40	21	10	2	71 (+2)

Die Mandatsträger des neuen Senats lassen sich in vier Kategorien einteilen:

1. Auch weiterhin gibt es direkt gewählte Senatoren; anstatt 106 jedoch nur noch 40. Für den Wahlkreiszuschnitt wurde das System der Wahlen zum Europäischen Parlament übernommen, also drei Wahlkreise: einen flämischen, einen wallonischen und den zwei-sprachigen Brüssel-Hal-Vilvorde. Die Wähler werden entsprechend ihres Wohnsitzes in ein flämisches und ein wallonisches Kollegium eingeteilt. Nur die Einwohner des zweisprachigen Wahlkreises können sich ihr Kollegium aussuchen. Das flämische Kollegium entsendet 25, das französische 15 der 40 Senatoren dieser Kategorie [Colla/Scholsem 1994: 216].

2. Die Kategorie der Provinzsenatoren ist (fast) abgeschafft. Jetzt werden 21 Senatoren von den drei Gemeinschaftsräten aus ihrer Mitte bestellt, die ihren Sitz im jeweiligen Rat jedoch behalten. Damit hat das Phänomen des „doppelten Mandats" auch diese Reform überlebt, nur die Logik wird umgedreht. Die Anbindung der föderalen Subeinheiten erfolgt nicht mehr ‚von oben‘, durch nationale Parlamentarier der *Chambre* und des Senats, sondern ‚von unten‘. Die primäre Legitimation der zweifachen Mandatsträger liegt mithin in ihrer Wahl zum Rat der jeweiligen Gemeinschaft. Der flämische Rat und der Rat der französischen Gemeinschaft wählen jeweils zehn Senatoren, der Rat der deutschsprachigen Gemeinschaft wählt einen Senator. Etwas versteckt überlebt hat selbst der Gedanke der Provinz-repräsentation im Senat. Im Wahlgesetz wurde festgelegt, daß jede Provinz zumindest mit einem Senator vertreten sein muß. Sollte das bei den direkt gewählten nicht der Fall sein, so

muß sie bei den Gemeinschafts- oder bei den kooptierten Senatoren berücksichtigt werden [Colla/Scholsem 1994: 216-219; Generalitat 1996: 163].

3. Weiterhin werden zehn Senatoren kooptiert. Die Vorschläge zur Streichung der Kooptation haben sich nicht durchgesetzt. Auch hier gibt es jetzt einen Sprachenschlüssel: sechs Senatoren werden von den 35 flämischen Senatoren bestimmt, vier von den 25 französischsprachigen.

4. Modifiziert, aber grundsätzlich erhalten blieben die Regelungen zur Bestimmung der „Senatoren von Rechts wegen" [Art. 72]. Sämtliche (und nicht mehr nur die männlichen) Nachkommen des Königs bzw. des zur Herrschaft berufenen Zweigs der Dynastie können ab 18 Jahren den Eid ablegen und Senator werden. Nicht mehr ab 25, sondern ab 21 Jahren sind sie stimmberechtigt. Bei der Festlegung des Anwesenheitsquorums werden sie jedoch nicht berücksichtigt. Die Bedeutung der Senatoren von Rechts wegen beschränkt sich schon längst auf das Symbolische. Mit ihrer Anwesenheit unterstreichen sie die Wichtigkeit bestimmter Debatten oder Anlässe. Derzeit sind Prinz Philippe und Prinzessin Astrid Senatoren von Rechts wegen [Colla/Scholsem 1994: 220-221].

Der Überblick zeigt, daß die Vielzahl der zu beachtenden Zielvorgaben eine klare Reform nach einem stringenten Gesamtkonzept weitgehend verhindert hat. Selbst gewisse ʻäußereʼ Anforderungen galt es zu berücksichtigen, selbst wenn sie den Leitbildern einer föderalisierten bzw. paritätischen Kammer und einer *chambre de réflexion* zuwiderliefen. Zu diesen Anforderungen gehört die drastische Reduzierung der nationalen Parlamentarier. Bedingt durch die Einführung der Direktwahl auf Gemeinschafts- und Regionalebene sowie der weitgehenden Streichung des „doppelten Mandats" galt es, eine Inflation politischer Mandate zu verhindern. Die Lösung für den Senat wird jedoch allgemein als unbefriedigend angesehen. Mit 71 Senatoren ist er seinen Aufgaben offensichtlich nicht mehr gewachsen. Das „doppelte Mandat" von 21 Senatoren verschärft die Situation, zumal der Rat der Französischen Gemeinschaft gemäß des Sondergesetzes vom 8. August 1980 nicht direkt gewählt wird, sondern sich aus den 75 wallonischen Regionalräten und den 19 Mitgliedern der französischen Sprachgruppe der Region Brüssel-Hauptstadt zusammensetzt. Einige Senatoren tragen damit sogar eine „*triple casquette*" [Bauwens/Verhoeven 1994: 124 ff.].

Die Senkung des Mindestalters für das passive Wahlrecht zum Senat von 40 auf 21 Jahre entspricht zwar nicht dem Leitbild einer *chambre de réflexion*. Doch das Mindestalter von 21 Jahren für die Wahl zu den Gemeinschaftsräten zwang zur Kohärenz. Nur so erklärt sich auch, daß die Senatoren von Rechts wegen nunmehr bereits ab 21 Jahren stimmberechtigt sind. Noch schwerer wiegt, daß trotz des apodiktischen Art. 1 der konsolidierten Verfassung der Senat nur ungenügend Konsequenzen aus der Föderalisierung des Landes zieht. Die Partizipation der föderalen Subeinheiten *qualitate qua* an der Willensbildung auf gesamtstaatlicher Ebene ist nur in Ansätzen gewährleistet.

Zahlenmäßig dominieren noch immer die national gewählten Senatoren. Von den sechs bzw. fünf föderalen Subeinheiten sind nur drei mit eigenen Senatoren im Senat vertreten. Für Brüssel gibt es eine sehr konstruierte Sonderregelung: Von den 41 flämischen Senatoren muß mindestens einer, von den 29 französischsprachigen Senatoren müssen mindestens sechs am Wahltag ihren Wohnsitz in der Region Brüssel haben. Ist das nicht für wenigstens vier der 15 im Rahmen des französischen Kollegiums direkt gewählten Senatoren der Fall, dann wird es für mindestens zwei der zehn französischen Gemeinschaftssenatoren Pflicht. Daß trotz dieses Hintertürchens die Region Brüssel-Hauptstadt *als solche* nur sehr ungenügend repräsentiert wird, ist offensichtlich. Verschiedene Vorschläge, eine „Brüsseler Gruppe" im Senat einzurichten, wurden bei der Reform abgelehnt [Delpérée 1994: 110 f.; Sohier 1994: 396 ff.].

Durchbrochen wird das föderale Prinzip auch im Fall der deutschsprachigen Gemeinschaft. Sie entsendet zwar einen Senator, doch ist er neben den Senatoren von Rechts wegen der einzige, der keiner Sprachgruppe zugehört und daher auch keine Schutzmaßnahmen, wie etwa das Alarmglockenverfahren, für seine Gemeinschaft in Anspruch nehmen kann. Eine widersinnige Ausnahme ergäbe sich nur, falls ein deutschsprachiger Senator direkt gewählt würde. Da es keine rein deutschsprachigen Wahlkreise gibt, wäre er einer der 15 vom französischen Kollegium gewählten Senatoren und damit der französischen Sprachgruppe zugehörig [Colla/Scholsem 1994: 218; Sohier 1994: 396 ff.].

Die Beibehaltung der „Senatoren von Rechts wegen" ist ein weiteres Element, das die Föderalisierung des Senats nicht gerade beschleunigt. Der in der Reformdebatte vorgebrachte Vorschlag, die Nachkommen des Königs als „*députés de droit*" in die *Chambre* zu schicken, wurde abgelehnt [Sohier 1994: 392].

Wie sehr die nationale Optik noch immer die föderale bricht, zeigt sich auch an einer anderen Sonderbarkeit: für die kooptierten und die Gemeinschaftssenatoren gilt der Grundsatz der verhältnismäßigen Vertretung in Abhängigkeit von den Ergebnissen ihrer direkt gewählten Kollegen [Art. 68 §1]. Im Klartext: Das nationale Wahlresultat bestimmt den Schlüssel für die Wahl der Gemeinschaften und für die Kooptation! In klarer Konsequenz werden nur Listen berücksichtigt, von denen mindestens ein Kandidat direkt gewählt wurde (für den einen Senator der deutschsprachigen Gemeinschaft gilt dies natürlich nicht; Sohier, 391-392).

Es überrascht nicht minder, ausgerechnet in der internen Organisation ein sehr wirkungsvolles föderales Element zu entdecken. Die Geschäftsordnung des Senats [Art. 18 Abs. 1] bestimmt, daß sich die direkt gewählten Senatoren nur gemäß der Listen, mit denen sie gewählt wurden, zu Fraktionen zusammenschließen können. In der Praxis führt das dazu, daß es heute den niederländischen und den französischen Grünen, Agalev und Ecolo, verwehrt bleibt, eine gemeinsame Fraktion bzw. ein Fraktionenbündnis zu bilden. Schmerzhaft ist das Verbot vor allem deshalb, weil sie als kleine Einzelfraktionen ebenso wie die Volksunie nicht im Präsidium (*Bureau*) repräsentiert sind und in den ständigen Ausschüssen kein Stimmrecht erhalten [vgl. Art. 18 Abs. 1; 21 Abs. 2 und 76 Abs. 1 der Geschäftsordnung].

Es ist davon auszugehen, daß es mit der Reform von 1993 abermals nicht gelungen ist, dem Senat ein eigenes Profil zu geben, das dauerhaft Anerkennung findet. Die soziale und politische Doppelung der *Chambre* blieb weitgehend erhalten.[5] Enttäuschen muß der neue Senat aber vor allem im Hinblick auf die Anpassung an den neuen föderalen Kontext. Es entbehrt nicht einer gewissen künstlerischen Raffinesse, daß die Vielzahl an Einzelregelungen am Ende sogar dazu führt, daß die Zusammensetzung des Senats ganz in einheitsstaatlicher Logik die demographische Verhältnismäßigkeit wahrt: etwa 58 Prozent Flamen, etwa 41 Prozent Französisch- und 1 Prozent Deutschsprachige; selbst der Anteil von 10 Prozent des zweisprachigen Gebiets Brüssel wurde berücksichtigt [Colla/Scholsem 1994: 222].

IV. Die Gesetzgebungstätigkeit des Senats

Die *Constituants* von 1830/31 hatten die *Chambre* gegenüber dem Senat nur geringfügig privilegiert. Die Gesetze, die die Einnahmen bzw. Ausgaben des Staates betrafen, sowie die Gesetze zur Heeresstärke mußten zuerst von der *Chambre* beraten werden (Art. 27 Abs. 2°). In der Verfassungspraxis entstand daraus der Usus, daß nahezu sämtliche Vorlagen des Königs zuerst in die *Chambre* gegeben wurden. Die Reform von 1920/21 beendete dieses Vorrecht, seitdem herrschte bei der Gesetzgebung Waffengleichheit. Der Haushalt wurde

---

[5] Vgl. Sénat de Belgique, Relevé statistique [Doc. parlementaire Nr. 1-824/1-1997/1998: 3-4] und Chambre des représentants, Relevé statistique [Doc. parlementaire Nr. -7/3-95/96: 2-3].

abwechselnd zuerst in der *Chambre* bzw. im Senat beraten. Auch die übrigen Privilegien der *Chambre* fielen nicht sonderlich ins Gewicht. Nur sie ernannte beispielsweise die Mitglieder des Rechnungshofs [Art. 116 Abs. 1°], konnte die Minister anklagen und vor das Kassationsgericht (*Cour de cassation*) bringen [Art. 90 und 134]. Jede Versammlung des Senats außerhalb der Sitzungszeit der *Chambre* war nichtig [Art. 59]. Dazu kamen kleinere Kuriositäten: die Mindestfraktionsstärke lag z.B. im Senat bei acht, in der *Chambre* bei drei Parlamentariern. Manche der Anomalien fielen im Laufe der Zeit Geschäftsordnungsreformen in beiden Häusern zum Opfer [Bécane 1987: 159 f.; Sohier 1994: 398; Colla 1994: 39].

Die 1995 mit den Legislativwahlen in Kraft getretene Reform veränderte die Kompetenzausstattung grundlegend, v.a. bei der Gesetzgebung und der Kontrolle der Regierung. Die Ausgangssituation vor der Reform galt als Musterbeispiel eines Systems mit „perfektem Bikameralismus". Alle drei Zweige der Legislative, d.h. König, Kammer und Senat, hatten das Initiativrecht.[6] Gesetzesentwürfe mußten in gleicher Fassung beide Häuser passieren, um vom König sanktioniert und ausgefertigt werden zu können. Einen Vermittlungsausschuß gab es nicht. Auch bei der konkreten Gesetzgebungsarbeit unterschieden sich die Kammern seit der Reform von 1920/21 nur geringfügig [Peeters/Alen, 1992: 78-83; Stengers 1990: 38-39]. Lediglich eine leicht geringere Aktivität des Senats war zu konstatieren [Bécane 1987: 167-169].

Zwar erklärt auch der neue Art. 36 (ehedem Art. 26), daß die – nunmehr „föderale" – gesetzgebende Gewalt „vom König, von der Abgeordnetenkammer und vom Senat gemeinsam ausgeübt" wird. Doch wurden die Befugnisse des Senats spürbar beschnitten. Drei Grundzüge zeichnen die neue Kompetenzverteilung aus [Colla/Scholsem 1994: 205-206]: Erstens hat die Abgeordnetenkammer das Monopol der politischen Kontrolle der Regierung sowie der Finanzen. Sie ist die „politische Kammer". Der Senat dagegen ist – zweitens – die *chambre de réflexion*, d.h. ihm kommt die Aufgabe zu, die Qualität der Legislativtätigkeit zu verbessern und sich inhaltlich auf grundsätzliche Fragen zu konzentrieren. Zugleich ist er die Institution, die den Föderalstaat mit seinen Subeinheiten zusammenführt, ein „Begegnungsort" – wie es häufig heißt. Diesen Gedanken entspricht drittens, daß bei den Grundlagen der Staatsorganisation der egalitäre Bikameralismus unangetastet bleibt. Verfassungsrevisionen, Sondergesetze bzw. Gesetze, die die Kompetenzverteilung zwischen dem Föderalstaat und den Subeinheiten berühren, verbleiben in gemeinsamer Zuständigkeit der beiden Häuser.

Entsprechend der jeweiligen Kompetenzen der Parlamentskammern existieren nunmehr drei in der Verfassung festgelegte Bereiche von erstaunlicher materieller Vielfalt.

1. Der monokamerale Bereich

a) In einigen Gebieten wird die gesetzgebende Gewalt vom König und von der Abgeordnetenkammer alleine ausgeübt. Art. 74 zählt diese monokameralen Gesetzesmaterien ausschließlich auf. Es handelt sich um die Verleihung von Einbürgerungen, die zivil- und strafrechtliche Verantwortlichkeit der Minister, die Haushaltspläne und Rechnungen des Staates sowie die Festlegung des Armeekontingents. Diese Liste kann nur über eine Verfassungsänderung erweitert werden, nicht durch ein einfaches Gesetz [Depré/Renders 1996: 335-336]. Bei näherem Hinsehen relativiert sich die Bedeutung des Zuständigkeitsverlusts der Zweiten Kammer etwas [Colla/Scholsem 1994: 206-207].

---

[6] Das belgische Verfassungsrecht unterscheidet wie das französische begrifflich zwischen *projet de loi* (also einem Gesetzentwurf der Regierung, d.i. dem König) und *proposition de loi* (einem Gesetzentwurf aus einer der beiden Parlamentskammern). Ein von Senat oder Abgeordnetenkammer beschlossener Entwurf wird jedoch auch *projet de loi* genannt.

Hinsichtlich der Einbürgerungen ist zu bemerken, daß es sich nur um die Verleihung der belgischen Staatsbürgerschaft handelt. Sowohl bei den Regelungen zur Staatsbürgerschaft selbst (d.h. dem *Code de la Nationalité*) als auch zum Status von Ausländern bzw. Flüchtlingen behält der Senat gemäß Art. 75 der Verfassung sein Initiativrecht. Von Oktober 1996 bis Juni 1998 überprüfte z.B. der Innen- und Verwaltungsausschuß des Senats in dieser Hinsicht die bestehende Ausländergesetzgebung [Sénat 4/1998: 22]. Restriktiv ist auch die Bestimmung des Armeekontingents zu verstehen. Alle anderen Gesetze bezüglich der Streitkräfte, der Gendarmerie oder auch zur Regelung ausländischer Truppenpräsenz verbleiben im bikameralen Bereich. Die exklusive Kompetenz der *Chambre* für die Finanzen dagegen entspricht ganz der Absicht, die Abgeordnetenkammer als „*chambre politique*" vom Senat abzugrenzen. Auf derselben Linie liegt es, daß die Regelungen zur zivilen und strafrechtlichen Verantwortlichkeit der Minister zur alleinigen Kompetenz der *Chambre* geworden sind.

b) Eine alleinige normative Zuständigkeit des Senats ergibt sich wesentlich auf zwei Gebieten. Zum einen bestimmt der Senat seine Finanzausstattung selbst [Art. 174]; zum anderen spielt er bei der „Vorbeugung und Beilegung von Interessenkonflikten" zwischen dem Föderalstaat und den Subeinheiten eine gewisse Rolle. Gemäß den Einzelbestimmungen eines Sondergesetzes kann er mittels eines „mit Gründen versehenen Gutachtens" über Interessenkonflikte zwischen den verschiedenen Legislativversammlungen entscheiden. Die Reichweite dieser – vormals der *Chambre* zustehenden – Befugnis ist fraglich, da die Gutachten für die letztlich entscheidende Instanz, die Gemeinsame Gemeinschaftskommission (*Comité de concertation*), nicht bindend sind und die Zusammensetzung des Senats keineswegs alle föderalen Subeinheiten berücksichtigt [Colla/Scholsem 1994: 207-208; Uyttendaele 1997: 734]. In den ersten beiden regulären Sitzungsperioden seit den Legislativwahlen 1995 hat der Senat auf Veranlassung des Flämischen Parlaments bereits zwei Gutachten erstellt und an das *Comité de concertation* gesandt [Sénat/services législatifs, doc. parl. 1-824/1-1997/1998, 14-15]. Nebulös bleibt der Auftrag des Art. 143, der den Senat zum Garanten der „föderalen Loyalität" (eine an das Konzept der Bundestreue angelehnte Kategorie) macht, da im fortbestehenden Konfliktfall (noch?) keine richterliche Sanktionsinstanz vorgesehen ist [Uyttendaele, 1997, 734-735].

2. Der bikamerale Bereich

In den meisten Fällen sind die Abgeordnetenkammer *und* der Senat an der Gesetzgebung beteiligt. Dabei ist zwischen zwei Prozeduren zu unterscheiden, die ich mit Colla/Scholsem als „egalitären" bzw. „abgeschwächten" Bikameralismus bezeichne[7].

a) Egalitärer Bikameralismus soll bedeuten, daß beide Parlamentskammern wie vor der Reform von 1993 gleichrangig an der Gesetzgebung mitwirken. In Art. 77 der Verfassung wird dieser Bereich nunmehr materiell ausschließend bestimmt, wobei ihn ein mit besonderer Mehrheit verabschiedetes Gesetz erweitern kann [Art. 77 Abs. 1,2]. Der Staatsrat hat versucht, die zehn dort aufgelisteten Gesetzesmaterien in vier größere Gebieten zu gliedern [Depré/Renders 1996: 322-334; Cerexhe 1994: 23-26].

Zunächst zeichnet sich ein Komplex institutioneller Grundsatzfragen ab. Hierher gehören die mit bestimmter Mehrheit anzunehmenden Gesetze und die in ihrer Ausführung angenommenen Gesetze [Art. 77 Abs. 1,4], gewisse Aspekte der Legislativtätigkeit beider Kammern [Art. 77 Abs. 1,3], Gesetze bezüglich der Monarchie [Art. 77 Abs. 1,2] sowie der

---

[7] Die Begriffe übernehme ich von Colla/Scholsem 1994: 208-210. Depré/Renders 1996: 332-335, unterscheiden begrifflich etwas unglücklich zwischen „bikameralen Gesetzen im engeren Sinn" und „virtuellen bikameralen Gesetzen".

föderalen Grundordnung. Dabei umschließt Art. 77, Abs. 1,3 z.B. die Verfassungs-
bestimmungen zur Vorbeugung und Beilegung von Interessenkonflikten zwischen dem
Föderalstaat und den Subeinheiten [Art. 141-143] sowie die Gesetzgebung bezüglich der
Gemeinschaften und Regionen [Art. 115-117]. Gesetze betreffend die Zustimmung zu
Zusammenarbeitsabkommen zwischen dem Staat, den Gemeinschaften und Regionen [Art. 77
Abs. 10] und zur lokalen Verwaltung [Art. 77 Abs. 1,3 und 6] sind dem auch zuzurechnen.
Nur die Tatsache, daß es sich bei Art. 77 um eine materielle Auflistung handelt, mag erklären,
weshalb die „Erklärung zur Revision der Verfassung" und die Revision selbst in Art. 77 Abs.
1, 1 genannt werden. In diesem Fall treten die Parlamentskammern schließlich als
„verfassunggebende Kammern" zusammen [Art. 195-198]. Eine weitere grundsätzliche
eigene verfassungsrechtliche Institution stellen die „vereinigten Kammern" (*Chambres
réunies*) dar, als die Senat und Abgeordnetenkammer zusammentreten, um bestimmte
Aufgaben im Rahmen der Thronbesetzung (v.a. bei Thronvakanz und Erbfolge) wahrzunehmen [Art. 85-95] oder gewisse feierliche Anlässe zu begehen [Uyttendaele 1997: 708-
709].

Den zweiten großen Bereich des egalitären Bikameralismus bilden internationale
Belange: die Zustimmung zu internationalen Verträgen [Art. 77 Abs. 1,3], die Gesetze zur
Übertragung bestimmter Gewalten an völkerrechtliche Einrichtungen [Art. 77 Abs. 1,5] sowie
die Gesetze zur Gewährleistung der Einhaltung der internationalen und überstaatlichen
Verpflichtungen (Art. 77 Abs. 1,7).

Drittens fallen einige wichtige Finanzfragen gleichermaßen in die Zuständigkeit von
Abgeordnetenkammer und Senat, so die Gesetze zur Finanzausstattung der Gemeinschaften
und Regionen [Art. 77 Abs. 1,3] sowie zur Erhebung von Steuern [Art. 77 Abs. 1,3].

Ein viertes und letztes großes Feld gleichrangiger Mitwirkung erstreckt sich auf die
Justizorganisation. Gesetze betreffend den Schiedshof [Art. 77 Abs. 1,3 und 4], den Staatsrat
[Art. 77 Abs. 1,8], die Verwaltungsgerichte im allgemeinen [Art. 77 Abs. 1,3] sowie die
Organisation der Gerichtshöfe und Gerichte [Art. 77 Abs. 1,3 und 9] gehören hierzu.

b) Auch im Bereich des „abgeschwächten Bikameralismus" [Art. 78-81] hat jeder Zweig
der föderalen gesetzgebenden Gewalt (also König, *Chambre* und Senat) das Initiativrecht
[Art. 75 Abs. 1]. Ein von der Abgeordnetenkammer angenommener Gesetzentwurf muß dem
Senat übermittelt werden, der ihn gemäß Art. 78 mit Änderungen versehen kann. Die
Chambre faßt aber den „definitiven Beschluß", ob sie den vom Senat modifizierten Entwurf
annimmt oder nochmals abändert [Art. 79 Abs. 3]. Materiell wird der Bereich des
„abgeschwächten Bikameralismus" in der Verfassung zunächst negativ bestimmt: er erstreckt
sich auf alle „nicht in den Artikeln 74 und 77 erwähnten Angelegenheiten" [Art. 78 Abs. 1].
Hinzuzunehmen ist Art. 35 Abs. 1, der verfügt, daß die Föderalbehörde nur in den
Angelegenheiten zuständig ist, die ihr die Verfassung und die aufgrund der Verfassung selbst
ergangenen Gesetze ausdrücklich zuschreiben. Gemäß den durch Gesetz festgelegten
Bedingungen und Modalitäten sind die Gemeinschaften und die Regionen „für die anderen
Angelegenheiten zuständig" [Art. 35 Abs. 2]. Nur bis ein solches Gesetz ergangen ist,
verbleibt dem föderalen Gesetzgeber also auch die „Residualkompetenz" [Depré/Renders
1996: 335; Colla/Scholsem 1994: 210].

Die Differenzierung der Zuständigkeiten beider Parlamentskammern verlangt einen
Blick auf die Neuerungen beim Ablauf der Gesetzgebung. Nach wie vor haben König,
Chambre und Senat das Initiativrecht. Eine Ausnahme bildet seit 1995 lediglich der
monokamerale Bereich, in dem jeweils eine Kammer davon ausgeschlossen wird. Die von
Abgeordneten bzw. Senatoren eingebrachten Entwürfe müssen zunächst von der jeweiligen
Kammer zur Beratung zugelassen werden (*prise en considération*). Im Erfolgsfall kommt es
zum jeweiligen mono- oder bikameralen Beschluß und zur Übermittlung an den König.

Dieser sanktioniert ihn und fertigt ihn aus. Schließlich wird das Gesetz im *Moniteur belge* veröffentlicht. Ein eingehenderer Blick gebietet sich auf die Besonderheiten der Prozedur des „abgeschwächten" Bikameralismus.

1. Das Verfahren der zweiten Lesung wird zwar prinzipiell beibehalten. Jede Kammer hat das Recht, den entsprechenden Gesetzentwurf zu modifizieren. Die *Chambre* beschließt jedoch immer den definitiven Text.

2. Die sehr engen Vorgaben der Art. 78 und 79 sorgen für einen straffen Gesetzgebungsprozeß. Maximal kommt es zu fünf Lesungen. Dieser besondere Fall tritt jedoch nur dann ein, wenn ein Gesetzentwurf, der zuerst von der *Chambre* an den Senat übermittelt wurde, in jeder Kammer immer wieder mit neuen Anträgen versehen wird. Beschleunigt wird die Gesetzgebung vor allem durch die Bindung an recht knappe Fristen. So müssen innerhalb von 15 Tagen („Evokationsfrist") nach Eingang eines Gesetzentwurfs im Senat mindestens 15 Senatoren die Beratung des Entwurfs beantragen. Ohne diese „Evokation" gilt der Entwurf automatisch als angenommen. Für die Beratung selbst stehen maximal 60 Tage zur Verfügung. Bei einer eventuellen weiteren Lesung im Senat (im Falle nochmaliger Änderungen in der *Chambre*) verkürzt sich die Beratungszeit auf 15 Tage. Werden innerhalb der Fristen keine Änderungen beschlossen, hat der Entwurf den Senat passiert.

Die für eine Evokation notwendige Zahl von 15 Senatoren ist sehr hoch. Rund ein Fünftel sämtlicher Senatoren oder anders ausgedrückt mehr als die Hälfte der 29 Senatoren der französischen Sprachgruppe sind zu mobilisieren, damit sich der Senat mit dem Gesetzentwurf nur überhaupt befaßt.

3. Inspiriert vom französischen „rationalisierten Parlamentarismus" ist das Instrument der Dringlichkeitserklärung. In Belgien kann die Regierung von ihm jedoch nur bei ihren Gesetzentwürfen aus dem Bereich des abgeschwächten Bikameralismus Gebrauch machen [Art. 80]. Entweder der „parlamentarische Konzertierungsausschuß" legt in diesem Falle besondere Fristen für den Senat fest oder die Evokationsfrist verkürzt sich automatisch von 15 auf 7 Tage und die Beratungsfrist von 60 auf 30 Tage. Die Abgeordnetenkammer bleibt merkwürdigerweise in jedem Falle Herrin über ihren Terminkalender [Uyttendaele 1997: 716].

Den Verfassunggebern von 1993/94 war bewußt, daß die komplizierten neuen Gesetzgebungsprozeduren Probleme aufwerfen würden. Als eine Schiedsinstanz zur Schlichtung von Zuständigkeitskonflikten zwischen den beiden Kammern und zur eventuellen Fristenverlängerung wurde daher ein „parlamentarischer Konzertierungsausschuß" vorgesehen. Nach Art. 82 setzt er sich paritätisch aus Mitgliedern beider Häuser zusammen. Gelangen beide Teile des Ausschusses zu keiner Einigung, wird mit Zweidrittelmehrheit beschlossen.

Am 6. April 1995 ist das von der Verfassung vorgesehene Gesetz zur Einrichtung und Funktionsweise dieses Ausschusses ergangen [Depré/Renders 1996: 346-355; Uyttendaele 1997: 721-732]. Es wurde festgelegt, daß er sich aus 22 Mitgliedern, d.h. elf Abgeordneten und elf Senatoren, zusammensetzt und verhältnismäßig die jeweiligen Fraktionsstärken widerspiegeln soll. Angerufen werden kann er auf schriftlichen Antrag von mindestens acht seiner Mitglieder. Die Bestimmungen sind nicht ohne Brisanz. Nicht nur, daß die sprachliche Parität nicht vorgesehen ist. Die ‚verhältnismäßige Vertretung' der Fraktionen durch die elf Senatoren führte gleich in der ersten Legislaturperiode der neuen Kammern zum Ausschluß der drei kleinsten Senatsfraktionen Volksunie, Ecolo und Agalev aus diesem wichtigen Gremium. Wie auch jede Kammer selbst kann der parlamentarische Konzertierungsausschuß, wenn es mindestens zwölf seiner Mitglieder wollen, die „*section de législation*" des Staatsrats um ein Gutachten bitten. Im Gegensatz zu den Entscheidungen des Ausschusses selbst sind diese Gutachten jedoch nicht bindend [Uyttendaele 1997: 728-729]. Im ersten Jahr der neuen

Institutionen, d.h. 1995, wurde der Konzertierungsausschuß bereits zweimal angerufen
[Depré/Renders 1996: 346-347].

Die Frage, inwiefern die neue Kompetenzverteilung in der Praxis funktioniert, kann zum
heutigen Zeitpunkt selbstverständlich noch nicht besonders empirisch abgesichert beantwortet
werden. Im allgemeinen scheinen sich die Senatoren mit dem neuen Oberhaus zu arrangieren.

Weitgehend beigelegt scheinen die anfänglichen Streitereien über Zuordnung und
Neuzuordnung der Gesetzentwürfe zu dem ihnen entsprechenden Verfahrensablauf. Viele
Entwürfe vermengten Materien, die eine unterschiedliche Prozedur (z.B. egalitär bikameral
und abgeschwächt bikameral) erforderten. Der parlamentarische Konzertierungsausschuß hat
diesbezüglich inzwischen in Übereinkunft mit der Regierung festgelegt, daß es keine solchen
„textes mixtes" mehr geben dürfe. Er wurde dabei zu einer unverzichtbaren Schlichtungsstelle,
die auch bei den heiklen Neuzuordnungen entscheidet, d.h. in den Fällen, in denen eine
Kammer feststellt, daß ein Entwurf einem falschen Verfahren folgt [Swaelen 1997: 5].

Die Legislativtätigkeit ist im Senat insgesamt auch nach der Reform recht hoch, ihre
Effizienz im neuen abgeschwächt bikameralen Verfahren jedoch nicht sonderlich evident. Die
Zahl der von Senatoren selbst eingebrachten Entwürfe, die schließlich im Senat selbst
angenommen werden, ist frustrierend. Von 98 Entwürfen in der Periode 1995/96 wurden
ganze sechs angenommen und an die Chambre übermittelt, 1996/97 verbesserte sich das
Verhältnis etwas auf 74:10. Im gleichen Zeitraum erfreute sich die Evokation großer
Beliebtheit. Von den 103 dem Verfahren des abgeschwächten Bikameralismus folgenden
Entwürfen aus der Chambre wurden 44 Texte evoziert. Nur bei elf Texten wurden die
Änderungsanträge schließlich angenommen.[8] Die rohen Zahlen sind natürlich mit Vorsicht zu
genießen. Der Fraktionsvorsitzende von Ecolo, Pierre Jonckheer, bedauert einen Mißbrauch
des Evokationsrechts durch manche „nostalgiques du bicamérisme intégral" [Interview in:
Sénat 4/98, 18]. Michel Foret, Fraktionschef der PRL-FDF, verweist auf gewisse Spielchen
der Regierungsmehrheit wie Anträge zur Nichtänderung eines Entwurfs (!) und manche
„évocations 'bidons' (...) pour pouvoir montrer les dents, faire de la gonflette et finalement...
ne pas amender le projet" [L'Echo vom 25.06.1997; vgl. auch Le Soir vom 29.07.1997].

**Tab. B IIIa.2-2: Evokationen in Belgien während der beiden ersten ordentlichen
Sitzungsperioden seit den Legislativwahlen 1995**

Initiative	Periode 1995-1996		Periode 1996-1997		
	geändert	Nicht geändert	geändert	nicht geändert	noch aus- stehend bei Sitzungsende
Senatoren der Regierungsmehrheit	1	-	-	4	-
Senatoren der Opposition	3	7	2	9	
Senatoren der Regierungsmehrheit und der Opposition	3	4	3	4	4
Quelle: Sénat de Belgique (doc. parlem. 1-824/1): 13.					

Auch nach der Reform wird häufig die kooperativere und sachlichere Arbeitsatmosphäre
im Senat hervorgehoben. Die fünf Senatoren des nationalistischen Vlaams Block und die drei
von der Volksunie beklagen zwar, daß ihre Anträge und Entwürfe systematisch abgelehnt
würden [Sénat 4/1998: 16-17], doch die anderen Oppositionsparteien äußern eine gewisse
Zufriedenheit. Hugo Coveliers etwa, Fraktionschef der VLD, bemerkt: „Au Sénat, nous

---

[8] 21 wurden von der Opposition, 18 von der Opposition und der Regierungsmehrheit und fünf von der
Mehrheit alleine evoziert.

sommes moins agressifs. [...] Et l'opposition a aussi plus de chances d'influencer la majorité par ses idées. Au Sénat, nous avons influencé davantage la majorité que ne le pourraient dix interpellations à la Chambre" [Interview in: Sénat 4/1998, 12].

Die Idee der *chambre de réflexion* scheint langsam auch das Selbstbewußtsein der Senatoren zu beseelen. Deutlich abzulesen ist das insbesondere an den Vorschlägen zur Stärkung dieser Rolle. Sie reichen von einer eigenen Evaluierungsabteilung für eine „*toilettage de la législation*", über eine Erhöhung der Senatorenzahl, um der chronischen Überlastung Herr zu werden, bis hin zu einer weitergehenden Kompetenzbündelung.[9] Sie illustrieren alle auf ihre Weise die strukturellen Defizite des neuen Senats.

V.   Weitere Funktionen: Wahl, Kontrolle und Information

Der belgische Senat verfügt über wenige Befugnisse, die einer Wahlfunktion zugerechnet werden können. Abwechselnd mit der Abgeordnetenkammer schlägt er dem König die Kandidaten für den Kassationsgerichtshof, den Staatsrat und den Schiedshof vor [Colla/Scholsem 1994: 209-210]. Der vornehmste Ausdruck der Wahlfunktion in parlamentarischen Systemen liegt jedoch in der Abberufbarkeit der Regierung durch das Parlament, bzw. meistens dessen Erster Kammer, und dem dadurch entstehenden Einfluß auf die Regierungsbildung. Die *direkte* Bindung der Regierung an das Vertrauen des Senats wurde mit der Reform von 1993 gelöst. Die Abgeordnetenkammer sollte zur einzigen „*chambre politique*" gemacht werden. Die Instrumente des Mißtrauensvotums, der Interpellationen, der Haushalts- und der allgemeinen Gesetzesblockade stehen dem Senat inzwischen nicht mehr zur Verfügung. Von den häufigen belgischen Regierungskrisen seit 1945 endeten immerhin zwei aufgrund des Vertrauensverlusts im Senat im Sturz der Regierung [Goosens 1983: 828ff.; Bécane 1987: 170-171]. Bedeutsam erscheint, daß der Senat seine Funktion als Postenreservoir für Regierungsämter durch die Reform von 1993 offensichtlich nicht eingebüßt hat. Seit Kriegsende hatten durchschnittlich 30 Prozent der Minister zuvor einen Senatorensessel. 1995 waren drei Minister, darunter der Premier Jean-Luc Dehaene, als Senatoren gewählt worden[10].

Den verbliebenen Kontrollinstrumenten wie dem Verlangen von Erklärungen durch die Regierung, den schriftlichen und mündlichen Anfragen sowie den Enquete-Kommissionen ist durch den Verlust der Vertrauensbindung zwar das schärfste Sanktionsmittel verloren gegangen. Dennoch kann die nach außen gerichtete Wirksamkeit erheblich sein, wie etwa der Abschlußbericht der 1997 eingesetzten Enquete-Kommission zur belgischen Intervention in Ruanda deutlich unter Beweis stellte [„Rwanda '94", in: Sénat 3/98, 10-13]. Obwohl der Premier nach den Wahlen 1995 seine Regierungserklärung demonstrativ nur noch vor der *Chambre* abgab, besteht noch immer eine gewisse passive Verantwortlichkeit der Regierung vor dem Senat. Es ist durchaus vorstellbar, daß eine Regierung über den Verlust seiner Unterstützung stolpert, etwa bei institutionellen Reformvorhaben und/oder einer weiter-reichenden Obstruktionshaltung [Uyttendaele 1997: 707-708].

Bei der Inanspruchnahme von schriftlichen und mündlichen Anfragen bzw. Interpellationen wie auch der Enquete-Kommissionen wiesen Abgeordnetenkammer und Senat bis 1995 nur geringfügige Unterschiede auf. Wenn auch die Kammer schon allein

---

[9] Vgl. für die Evaluierungsabteilung und den Antrag H. Vandenberghes Sénat 2/1997: 22; für zusätzliche Senatoren ist z.B. R. Lallemand, vgl. Le Soir vom 14.10.1997; zur Kompetenzbündelung vgl. z.B. M. Willame, in: La Libre Belique vom 5.11.1997.

[10] Vgl. Goosens, 826ff., für den Senat vor der Reform. Außer Jean-Luc Dehaene wechselten noch im Juni 1995 Reginald Moreels und Miet Smet ins Kabinett. 1998 wurde zudem Senator Louis Tobback Innenminister.

aufgrund der höheren Mitgliederzahl kein Vergleichselement mehr darstellt, bleibt die Aktivität des Senats hoch. In den ersten beiden ordentlichen Sitzungsperioden seit den letzten Legislativwahlen wurden 336 Erklärungen verlangt, 2081 schriftliche und 596 mündliche Anfragen gestellt, acht Enquete-Kommissionen vorgeschlagen und zwei eingesetzt.[11]

Derzeit ergibt sich der Eindruck, daß der Senat von diesen Mitteln gezielter Gebrauch macht als vor der Reform. Auffallend bemüht er sich um eine Schärfung seines Profils als Kammer für Grundsatzfragen. Mehrmals jährlich hält er beispielsweise seit 1997 medienwirksame Grundsatzdebatten über große soziale Probleme ab: im Juni 1997 zur Arbeitslosigkeit und gesellschaftlicher Ausgrenzung und im Dezember 1997 zur Sterbehilfe. 1995 wurde eine Enquete-Kommission zur organisierten Kriminalität in Belgien eingesetzt[12]. Als Problem der neuen Akzentsetzung wird nicht nur eine verzerrte Außendarstellung des Senats durch die „Hypermediatisierung" vereinzelter Aktivitäten, wie etwa der Enquete-Kommission zu Ruanda, erkannt. Die Ambitionen des Senats stoßen schnell an eine strukturelle Grenze. Es bleibt für die ‚laufende' Senatsarbeit nicht folgenlos, wenn sich, um beim erwähnten Beispiel zu bleiben, ein Drittel der Senatoren als Mitglieder in der Enquete-Kommission engagieren.[13]

Zudem wird selbst im Senat die Effektivität solcher Aktionen wie Grundsatzdebatten, Gesprächsforen usw. mit einem Fragezeichen versehen. M. Foret beklagt, daß sie kaum Konsequenzen auf dem Gebiet der Gesetzgebung hätten [Libre Belgique vom 23.6.1997: „Le Sénat amende un texte évoqué sur trois"]. Seine Kritik verliert dadurch nichts an Substanz, daß die Regierung, ohne den Abschlußbericht der Enquete-Kommission zur organisierten Kriminalität abzuwarten, mit einem eigenen Aktionsprogramm in die Initiative geht [Sénat 3/1998: 22-23]. Auch andernorts muß der Senat noch um seine Zuständigkeit für Grundsatzfragen streiten. Die soziale Ausgrenzung beispielsweise, das erste Thema aus der Reihe der großen Grundsatzdebatten im Senat, wurde nahezu gleichzeitig in der *Chambre* und im Flämischen Parlament behandelt [Sénat 1/1997: 14-15].

Der Rückzug des Senats aus der „täglichen Überwachung" der Regierungsarbeit und die – schon vor der Reform 1993/95 – im Vergleich zur *Chambre* feststellbare entspanntere und kooperative Atmosphäre geben dem Senat zwar einen gewissen Spielraum für eine Rolle als Kammer für Grundsätzliches. Doch bleibt es ihm nicht erspart, dieses Profil gegenüber den anderen Institutionen durchzusetzen und sich Anerkennung zu verschaffen. Die institutionellen Konsequenzen, die im Jahr 1999 aus der Überprüfung der neuen Staatsordnung gezogen werden, können dabei richtungsweisend sein. Es besteht sonst die Gefahr, daß der Senat schon allein aufgrund seiner strukturellen Fesseln an seinem eigenen Ehrgeiz scheitert. Die gesetztere Atmosphäre im Senat allein kann jedoch auf Dauer nicht seine Existenz legitimieren.

---

[11] Vgl. Sénat de Belgique, Relevé statistique (Doc. parlementaire 1-824/1-1997/1998): 14. Für die *Chambre* vgl. Infoblatt Nr. 11.1, 11.3, 13.1 und Relevé statistique (Doc. parlementaire -7/3-95/96): 11.

[12] Die Anstrengungen seines Presse- und Informationsdienstes scheinen sich in diese Entwicklung einzufügen. Seit 1997 erscheint eine eigene Gazette. Neu eingerichtet wurden ferner ein kostenloser Faxabruf, ein E-Mail-Service sowie umfangreiche Websites, mit denen ein umfangreicheres Publikum erreicht und zum Dialog ermuntert werden soll. Vgl. hierzu z.B. „La glasnost au Sénat", in: Sénat 2/1997: 27.

[13] Vgl. z.B. die Kritik von M. Foret in: Le Soir vom 14.10.1997: 2 „Sous quels auspices s'effectue la rentrée du Sénat? Ceux d'un malaise identitaire persistant depuis la dernière réforme de l'Etat?"

VI.   Der neue Senat: eine Kammer mit Zukunft?

Architektonisch scheint die Zukunft des Senats gesichert. Als Westteil des Parlamentsgebäudes ist er untrennbar mit der Abgeordnetenkammer verbunden und insofern nicht aus dem belgischen Institutionengefüge hinwegzudenken. Harmonisch integriert wirkt er damit auch in das nationale Entscheidungszentrum von Parlament und Monarch, dessen Palast auf der gegenüberliegenden Seite des Brüsseler Parks angelegt wurde.

Der Schein trügt. In den ersten neunzig Jahren ihres Bestehens brachte den Senat zunehmend seine als nicht ausreichend demokratisch empfundenen Rekrutierungsregelungen in Mißkredit. Seit 1920/1 sah er sich dem Vorwurf der überflüssigen Doppelung der *Chambre* ausgesetzt. Mit der jüngsten Reform von 1993/95 wurde versucht, ihn in zweierlei Hinsicht von der *Chambre* abzuheben und somit seine Legitimation zu verstärken.

Zum einen erhielt er die bescheidenere Rolle einer „chambre de réflexion" zugewiesen. Seine Befugnisse wurden durch die völlige Neuordnung der Mitwirkung bei der Gesetzgebung und die Abgabe sämtlicher direkter Sanktionsmittel der politischen Kontrolle an die *Chambre* konsequent auf die neue Aufgabe reduziert. Fraglich bleibt indes, inwiefern er dieses Profil gegenüber anderen Organen durchzusetzen vermag. Hier erweist sich insbesondere die Anzahl und die Rekrutierungsform der Senatoren als erhebliches strukturelles Hemmnis. Bei der neuen Rekrutierungsbasis liegen auch die größten Mängel für eine als zweite neue Aufgabe angelegte aktive Mittlerrolle des Senats zwischen Gesamtstaat und den föderalen Subeinheiten. Die opaken Rekrutierungsregeln gewährleisten eher eine demographisch verhältnismäßige Repräsentation, denn eine Partizipation der Gemeinschaften und Regionen *qualitate qua*.

Die föderalen Versäumnisse werden in nächster Zeit allem Anschein nach nicht aufgehoben. Im Senat wurde zwar 1996 im Auftrag der Regierung ein Ausschuß eingerichtet, der die Funktionsweise der neuen föderalen Strukturen prüft und Ende 1998 seinen Abschlußbericht vorlegen soll. Eine neue Reform ist jedoch nicht zu erwarten. Die Vorschläge in der öffentlichen Debatte zielen auch eher auf Veränderungen im Detail. So bleibt z.B. die Praxis des „doppelten Mandats" umstritten, wird eine Erhöhung der Senatorenzahl gefordert und generell über eine Stärkung der Rolle als *„chambre de réflexion"* nachgedacht. Vor zu großen Neuordnungen schreckt man jedoch zurück.[14] Eine große Rolle spielt dabei die Angst, die Dynamik des dissoziativen Föderalismus völlig unkontrollierbar werden zu lassen.

Es besteht somit die Gefahr, wertvolle Zeit und Chancen zu vertun. Den Gedanken, den Senat als reine *„chambre de réflexion"* zu legitimieren, gab es bereits in den sechziger Jahren, vor dem Föderalisierungsprozeß. Daß dieses Konzept heute noch ausreicht, ist mehr als zweifelhaft. Das Senatsgebäude ist damit zwar nicht unmittelbar vom Einsturz oder Abriß bedroht, im Gegensatz zu den Mauern in der Rue de la Loi hilft den Senatoren jedoch kein Denkmalschutz gegen einen weiteren Rutsch ins politische Abseits.

---

[14] Vgl. Sénat, Webseite „Commission pour le fonctionnement des nouvelles structures fédérales".

VII. Auswahlbibliographie

Alen, André/**Dujardin**, J., 1990: La réforme de l'Etat. La nouvelle Constitution et ses lois d'exécution, 3. Aufl., Brüssel.

Alen, André/**Meerschaut**, Frank, 1990: Le bicaméralisme belge, de la voie unitaire à la voie fédérale, in: Administration publique (trimestriel), S. 132-160.

Alen, André, 1995: Der Föderalstaat Belgien. Nationalismus - Föderalismus - Demokratie, Baden-Baden.

Bauwens, Martin/**Verhoeven**, 1994: Albert: Les autorités fédérées, in: **Delpérée**, Francis (Hrsg.), La Belgique fédérale, Brüssel, S. 122-142.

Beaufays, J., 1979: La constitution belge: versions successives du texte des différents articles et annexes, Lüttich.

Bécane, Jean-Claude, 1987: Belgique - le Sénat, in: **Mastias**, Jean/**Grangé**, Jean (Hrsg.), Les secondes chambres de Parlement en Europe occidentale, Paris, S. 145-183.

Borsi, Luca, 1997: Belgo, in: Servizio Studi della Repubblica (Hrsg.), Le camere alte. Aspetti del bicameralismo nelli paesi dell Unione Europea e negli Stati Uniti d'America, Rom, S. 47-72.

Cerexhe, Etienne, 1994: Tout savoir sur la réforme de l'Etat belge, 2. Aufl., Diegem.

Chambre des représentants: Relevé statistique de l'activité parlementaire de la session extraordinaire de 1995 et des sessions ordinaires de 1995-1996 et de 1996-1997 (Doc. parlementaire -7/3-95/96), 17.11.1997.

Colla, Emmanuel, 1994: El bicameralismo belga en 1993, in: **Senado/Centro de estudios constitucionales** (Hrsg.), La reforma del Senado, Madrid, S. 425-448.

Colla, Emmanuel, 1994: Le bicaméralisme belge en 1993, in: **Flinterman**, Cees u.a. (Hrsg.), The evolving role of Parliaments in Europe, Antwerpen, S. 37-54.

Colla, Emmanuel/**Scholsem**, Jean-Claude, 1994: La réforme du système bicaméral belge de 1993, in: Administration publique (trimestriel), 18, S. 205-222.

Craenen, Godelieve/**Dewachter**, Wilfried, 1993: De Belgische Grondwet, Löwen.

Delpérée, Francis, 1994: La Belgique fédérale, Brüssel.

Delpérée, Francis, 1994: La nouvelle Constitution belge, in: Revue française de droit constitutionnel, 17, S. 3-15.

Delpérée, Francis, 1994: Les autorités fédérales, in: **Delpérée**, Francis/Centre d'Etudes constitutionnelles et administratives (Hrsg.), La Belgique fédérale, Brüssel, S. 105-195.

Depré, Sébastien/**Renders**, David, 1996: Le partage des compétences législatives entre les assemblées fédérales, in: Annales de droit de Louvain, S. 331-356.

Die Verfassung Belgiens. Koordinierter Text vom 17. Februar 1994 (mit den Abänderungen vom 25.3.1996, 28.2.1997, 11.3.1997 und 20.5.1997).

Duprat, Jean-Pierre, 1997: Les anomalies du bicamérisme: l'influence des particularismes nationaux sur la représentation territoriale, in: Association française des constitutionalistes (Hrsg.), Le bicamérisme, Paris, S. 93-133.

Generalitat de Catalunya/Institut d'Estudis Autonòmics: Ante el futuro del Senado, Barcelona 1996.

Goosens, Charles, 1983: Le bicaméralisme en Belgique et son évolution, in: Kluwer Rechtswetenschappen (Hrsg.), Liber amicorum Frédéric Dumon, Antwerpen, S. 793-872.

Huyttens, E., 1844: Discussions du Congrès National de Belgique, 1830-1831, Bd. 1, Brüssel.

Leroy, Michel, 1996: De la Belgique unitaire à l'Etat fédéral, Brüssel.

O'Neill, Michael, 1998: Re-imagining Belgium: New Federalism and the Political Management of Cultural Diversity, in: Parliamentary Affairs, No. 2, S. 241-258.

Peeters, Patrick/**Alen**, André, 1992: The Legislature, in: **Alen**, André (Hrsg.), Treatise on Belgian Constitutional Law, Deventer/Boston, S. 63-83.

Règlement du Sénat de Belgique (Adopté par le Sénat le 7 avril 1995; modifications le 23 novembre 1995, le 18 décembre 1995 et le 9 janvier 1997).

Sénat de Belgique: Relevé statistique de l'activité parlementaire de la session extraordinaire de 1995 et des sessions ordinaires de 1995-1996 et de 1996-1997 (Doc. parlementaire 1-824/1-1997/1998), 19.12.1997.

Sénat de Belgique: Sénat. Périodique du Sénat de Belgique, Nr. 1-4.

Sénat de Belgique: Webseite „Commission pour le fonctionnement des nouvelles structures fédérales", http://www.senate.be/senbeldocs/pressconf/19960522/com_fr.html.

Sohier, J., 1994: La réforme du Sénat et la nouvelle organisation du bicamérisme, in: **Centre de droit public de la Faculté de Droit de l'U.L.B.** (Hrsg.), Les réformes de 1993 vers un fédéralisme achevé? Actes du colloque du 26/27 mars 1993, Brüssel, S. 383-411.

Stengers, Jean, 1975: Introduction à l'Index des éligibles au Sénat (1831-1893), Brüssel.

Stengers, Jean, 1990: Les caractères généraux de l'évolution du Sénat depuis 1831, in: **Centre de droit public de la Faculté de Droit de l'U.L.B.** (Hrsg.), La réforme du Sénat. Actes du colloque du 6 mars 1989, Brüssel, S. 11-43.

Swaelen, Frank, 1997: Discours prononcé à Bruxelles le 12 mai 1997, lors de la 17ième assemblée générale statutaire de Pro Lege (veröffentlicht durch den Presse- und Informationsdienst des Senats), Brüssel.

Uyttendaele, Marc, 1991: Le fédéralisme inachevé. Réflexions sur le système institutionnel belge, issu des réformes de 1988-1989, Brüssel.

Uyttendaele, Marc, 1997: Regards sur un système institutionnel paradoxal. Précis de Droit public belge, Brüssel.

Vélu, Jacques, 1986: Droit public, Bd. 1: Le statut des gouvernants, Brüssel.

Waelbroeck, Olivier, 1996: El nuevo Senado belga, in: Paul i Vall, Francesc: El Senado, cámera de representación territorial, Madrid, S. 103-127.

IIIb. Nominierte Zweite Kammern

1. Der kanadische Senat: ungeliebt, undemokratisch, unreformierbar?

Tanja Zinterer

Tanja Zinterer

Der kanadische Senat: ungeliebt, undemokratisch, unreformierbar?

I.   Einleitung

Das politische System Kanadas unterliegt strukturellen Spannungen, die aus der historisch engen Bindung an Großbritannien herrühren: Der flächenmäßig größte Bundesstaat der Erde hat – in Anlehnung an das Westminster-Modell – ein konkurrenzdemokratisches System, das sich nur schwer mit dem föderalistischen Staatsaufbau vereinbaren läßt. Die fehlende institutionelle Verankerung der Provinzen auf Bundesebene wird zu einem nicht unerheblichen Teil für die Probleme des kanadischen Föderalismus verantwortlich gemacht [Schultze 1996]. Die Unvereinbarkeit der politischen Institutionen Kanadas mit seiner politischen Wirklichkeit wird am Beispiel des kanadischen Senats besonders deutlich. Der Senat ist keine die Provinzen direkt repräsentierende Institution, sondern er besteht aus von der Bundesregierung berufenen Persönlichkeiten, die die traditionellen kulturellen, sozialen und regionalen Gruppen in Kanada vertreten sollen. Dieses Arrangement wird von der kanadischen Öffentlichkeit schon seit langem als Anachronismus empfunden. Zudem widerspricht das gängige Verfahren, die Senatoren zu berufen und nicht zu wählen, dem stark ausgeprägten demokratischen Bewußtsein der kanadischen Bevölkerung. Aufgrund dieser Legitimitätsdefizite kann der Senat viele seiner ursprünglichen Funktionen nicht mehr erfüllen. Reformansätze, die insbesondere eine Erhöhung der Legitimität des Senats anstreben, existieren schon seit mehreren Jahrzehnten, sind jedoch bisher erfolglos geblieben.

II.   Historische Entwicklung und verfassungsrechtliche Stellung

Der Senat wurde zugleich mit der kanadischen Staatsgründung 1867 nach dem Modell des britischen *House of Lords* geschaffen. Wie sein britisches Vorbild sollte das kanadische *Upper House* als konservativer und stabilisierender Ausgleich für das gewählte *House of Commons* dienen [Schultze 1977: 47-48]. Auf der *Quebec Conference* 1864, der wichtigsten verfassungsberatenden Versammlung für den zukünftigen kanadischen Staat, wurde das Mißtrauen gegenüber einer ungezügelten Demokratie am häufigsten als Grund für die Notwendigkeit einer Zweiten Kammer angeführt. So erklärte einer der bedeutendsten Gestalter des kanadischen politischen Systems und Kanadas erster Premierminister, Sir John A. Macdonald, die Einrichtung eines Oberhauses vor allem mit seiner Funktion als konservatives Kontrollorgan: "It must be an independent House [...], for it is only valuable as being a regulating body, calmly considering the legislation initiated by the popular branch, and preventing any hasty or ill-considered legislation [...]." [Canada 1951: 571] Da im Einwanderungsland Kanada das feudal-aristokratische Element fehlte, sollte die Zweite Kammer die bürgerliche Oberschicht repräsentieren. Als Zensusqualifikation für die Berufung wurden daher Landbesitz und Vermögen von damals erheblichem Wert vorgeschrieben. Darin äußert sich auch die Intention der Senatsgründer, sich trotz der Namensgleichheit vom US-Senat abzugrenzen: Der Vermögensnachweis war für den US-Senat diskutiert, jedoch abgelehnt worden [Kunz 1965: 10-11]. Auch in der Frage der regionalen Repräsentation wurde für den kanadischen Senat eine andere Lösung als für den US-Senat gewählt. So wurde nicht allen Provinzen die gleiche Stimmenzahl zugestanden, sondern den unterschiedlichen Regionen Kanadas. Dies war die Bedingung der Vertreter *Lower Canadas*, des heutigen Quebecs, die im Senat ein ausreichendes Gegengewicht gegenüber den anderen Provinzen erlangen und dadurch ihre Unterrepräsentation im *House of Commons* ausgleichen wollten [Canada 1951; White 1990: 67]. Nur die Kronkolonie Prince Edward Island bestand auf einer gleichen

Repräsentation aller Provinzen; dies war einer der Hauptgründe für die Verzögerung ihres Beitritts zu Kanada bis 1873.

Für jede der damals existierenden drei kanadischen "Divisionen" Ontario, Quebec und die Atlantikprovinzen wurden in den Ersten Senat 24 Senatoren berufen. Von den damals zwei Atlantikprovinzen erhielten Nova Scotia und New Brunswick je 12 Sitze, von denen sie 1873 je zwei für Prince Edward Island abgeben mußten. 1915 kamen als vierte Region die westlichen Provinzen hinzu: Manitoba, Saskatchewan, Alberta und British Columbia erhielten je sechs Sitze. 1949 trat Newfoundland der kanadischen Föderation bei; es erhielt sechs zusätzliche Sitze im Senat, da es offiziell nicht zur Atlantikdivision hinzugerechnet wurde. 1975 wurden den nördlichen Territorien Yukon und Northwest Territory je ein Sitz zugestanden. Seitdem hat der Senat 104 Sitze; die Verfassung erlaubt die Benennung weiterer Senatoren, entweder vier oder acht, die gleichmäßig aus den vier Divisionen stammen sollen.

Unter dem *British Nordamerica Act* 1867 wurde dem Senat die gleichberechtigte Gesetzgebungskompetenz mit dem *House of Commons* eingeräumt, das heißt beide Häuser müssen allen Gesetzen zustimmen. Wie die Mitglieder des *House of Commons* haben auch einzelne Senatoren das Recht zur Gesetzesinitiative. Gesetzesentwürfe der Regierung können in beiden Häusern zuerst eingebracht werden; eine Ausnahme sind *money bills*, Gesetze über Steuern oder staatliche Ausgaben, die zuerst im *House of Commons* behandelt werden müssen. In der neuen Verfassung von 1982 wurde das Zustimmungsrecht des Senats für bestimmte Gesetze beschnitten; seitdem hat der Senat bei Verfassungsänderungen nurmehr ein suspensives Vetorecht von 180 Tagen. Gefordert ist allerdings die Zustimmung der Gesetzgebenden Versammlungen von mindestens sieben Provinzen, die zusammen über 50 Prozent der kanadischen Bevölkerung ergeben. Internationale Verträge müssen sowohl vom House of Commons als auch vom Senat ratifiziert werden. Der Senat hat nicht das Recht, der Regierung sein Mißtrauen auszusprechen, diese ist also lediglich dem *House of Commons* verantwortlich.

Abb. B IIIb.1-1: Der Senat im Regierungssystem Kanadas

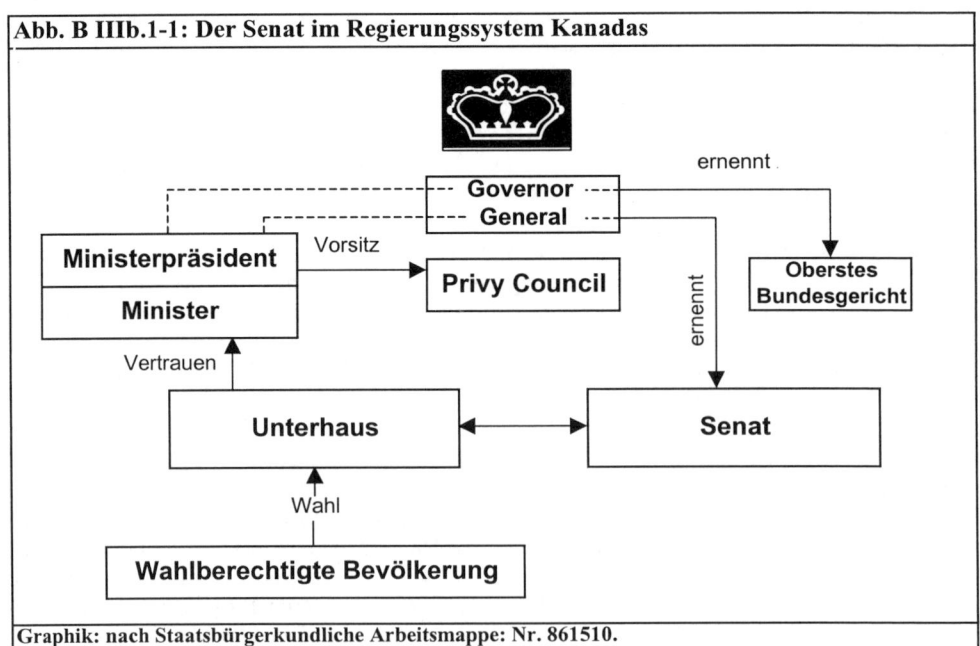

Graphik: nach Staatsbürgerkundliche Arbeitsmappe: Nr. 861510.

III. Zusammensetzung und Berufungsverfahren

Senatoren werden durch den kanadischen Generalgouverneur als Vertreter des kanadischen Staatsoberhaupts, der Queen, berufen und behalten ihrem Sitz bis zum 75. Lebensjahr; vor 1965 galt ihre Berufung lebenslang [Kunz 1965]. Die wirkliche Berufungskompetenz liegt jedoch beim Premierminister, da dieser die Prärogative besitzt; das heißt, der Generalgouverneur muß die Vorschläge des Premiers annehmen. Die Senatoren haben folgende Voraussetzungen für ihre Berufung zu erfüllen: Sie müssen mindestens 30 Jahre alt sein, geborene oder eingewanderte kanadische Staatsbürger sein, über Grundbesitz im Wert von 4000 oder mehr kanadischen Dollar in der Provinz, für die sie berufen werden, verfügen, ihr persönliches Vermögen muß mindestens 4000 Dollar nach Abzug aller Schulden betragen und sie müssen in der Provinz, für die sie berufen werden, wohnhaft sein. Für die Senatoren aus Quebec kommt hinzu, daß sie Grundbesitz und Wohnsitz in dem Distrikt, für den sie berufen werden, haben müssen. Senatoren verlieren ihren Sitz, wenn sie in zwei aufeinanderfolgenden *Sessions* nicht im Senat anwesend waren, sie einem anderen Staat Treue bekunden oder Staatsbürger eines anderen Staates werden, sie ihr Vermögen verlieren bzw. Schulden nicht bezahlen können oder wenn sie des Verrats überführt werden bzw. sich eines Kapitalverbrechens schuldig machen [Bejermi 1998: 14-15]. Zudem ist es Senatoren nicht erlaubt, in einer Angelegenheit, in der sie ein persönliches finanzielles Interesse haben, ihre Stimme abzugeben oder in einem Ausschuß darüber zu beraten.

Obwohl der Premierminister von der Verfassung lediglich dazu angehalten ist, "qualifizierte Personen" in den Senat zu berufen, ist die richtige Parteizugehörigkeit eine entscheidende Voraussetzung für die Benennung. Der Premierminister versieht häufig ältere Parteioffizielle mit einem Senatssitz, die jüngeren Parteimitgliedern im Kabinett oder im *House of Commons* Platz machen, jedoch im politischen Geschäft verbleiben sollen [Van Loon/Whittington 1971: 354, 482]. Viele Senatoren sind weiterhin in der Parteipolitik aktiv [Campbell 1978: 10]. Im jetzigen Senat sind nur fünf Mitglieder parteilos, die restlichen gehören den beiden größten Parteien an. Das bisher einzige Mitglied der neokonservativen Reform Party wurde 1989 aufgrund der "Wahl" eines Senators in der Provinz Alberta berufen und ist bereits wieder ausgeschieden.[1] Kein einziger Senator ist Mitglied der separatistischen *Parti Quebecois* bzw. des *Bloc Quebecois*[2].

Von der sozialstrukturellen Zusammensetzung her unterscheidet sich der gegenwärtige Senat nur wenig vom *House of Commons*. Es überwiegen Parteiangehörige mit überdurchschnittlicher Bildung, die meist bereits eine politische Karriere hinter sich haben. Durch das Berufungssystem werden jedoch soziale und kulturelle Minoritäten im Senat, die aufgrund des strukturelle Minderheiten benachteiligendem Mehrheitswahlsystems nur geringe Chancen auf eine Wahl in das *House of Commons* hätten, etwas mehr berücksichtigt. In der Tat sind religiöse Minderheiten wie Protestanten in Quebec oder anglophone Katholiken sowie bestimmte soziale Gruppen wie Landwirte oder Gewerkschaftsvertreter im Senat häufiger vertreten als im *House of Commons* [Jackson/Jackson 1998: 358; Mackay 1963: 148-49]. Allerdings finden sich im Senat nur wenige sichtbare Minderheiten; so ist lediglich je ein Senator aus den Northwest Territories, British Columbia und Quebec ein Angehöriger der autochtonen Bevölkerung Kanadas. Kein einziger Senator gehört der sehr schnell anwachsenden chinesischstämmigen Minderheit an. Auch Frauen waren lange Jahre lang nur äußerst spärlich im Senat vertreten; dies wurde unter dem letzten und dem jetzigen

---

[1] Premierminister Mulroney hatte sich 1987 verpflichtet, Vorschläge der Provinzen zur Benennung von Senatoren anzunehmen. Andere Provinzen folgten dem Beispiel Albertas jedoch nicht.

[2] In Kanada sind das föderale Parteiensystem und die provinzialen Parteiensysteme voneinander unabhängig. Der *Bloc Quebecois* ist das föderale Gegenstück der *Parti Quebequois* auf Provinzebene.

Premierminister durch die forcierte Berufung von Frauen etwas ausgeglichen, so daß 1998 ein knappes Drittel der Senatoren weiblich war.[3] Hauptsächlich finden sich im Senat Vertreter der politischen oder der eng mit der politischen Welt verbundenen Wirtschaftselite [Campbell 1979: 39-42]. Seinem traditionellen Ruf als Altersversorgungsinstitut wird der Senat immer weniger gerecht, nachdem die Senatoren, die vor 1965 berufen worden waren, also noch nicht der Altersgrenze unterlagen, ausgeschieden sind und vermehrt jüngere Senatoren berufen werden [Jackson/Jackson 1998: 330]. Dennoch war 1997 der Altersdurchschnitt mit 64 Jahren immer noch genau zehn Jahre höher als im *House of Commons* [Canada. Parliament 1997: 2].

Die meisten offiziellen Posten im Senat wurden von seinem Vorbild, dem britischen *House of Lords*, übernommen. Der Vorsitzende des Senats ist der *Speaker of the Senate*, der vom Generalgouverneur benannt wird und den Senatssitzungen vorsteht. Die zahlreichen zeremoniellen Aufgaben des Senats werden hauptsächlich durch den *Gentleman Usher of the Black Rod* ausgeführt, dessen Amt einer alten britischen Parlamentstradition entstammt. Im kanadischen *Upper House* ist er der Repräsentant Ihrer Majestät im Senat und wird vom Generalgouverneur berufen. Er ist für die Überwachung des Protokolls bei der Eröffnung der *Sessions* zuständig [Senate of Canada 1976: 10]. Zudem überbringt er dem *House of Commons* die Einladung des Senats zur Eröffnung einer *Session* und zur Besiegelung eines neu verabschiedeten Gesetzes durch den Generalgouverneur; beide Zeremonien finden im Senatssaal unter Anwesenheit beider Häuser statt. Daß die Parteipolitik im Senat eine wichtige Rolle spielt, zeigt die zentrale Stellung des offiziell die Regierungspolitik vertretenden *Government Leader in the Senate* [Senate of Canada 1976: 11]. Wie im *House of Commons* gibt es auch im Senat einen Oppositionsführer, den *opposition whip*, dessen Rolle ebenfalls in der Geschäftsordnung festgelegt ist.

IV. Arbeitsweise und Ausschüsse des kanadischen Senats

1. Arbeitsweise

Der Senat ist in jeden Gesetzgebungsprozeß des Parlaments involviert. Üblicherweise wird ein Gesetzgebungsverfahren von der Bundesregierung initiiert, die einen Gesetzesentwurf in das Parlament einbringt. *Private Member Bills*, also von einzelnen Parlamentsmitgliedern eingebrachte Gesetze, sind äußerst selten; die Hauptgesetzgebungsinitiative liegt beim Kabinett. Die Regierung kann entscheiden, ob sie den Gesetzgebungsprozeß im *House of Commons* oder im Senat einleitet, wählt jedoch in der überwältigenden Mehrheit der Fälle das *House of Commons*. Nachdem das Gesetz vom *House of Commons* mit oder ohne Änderungen angenommen worden ist, wird es in den Senat überwiesen. Hier durchläuft es den gleichen Prozeß wie im Unterhaus: In der ersten Lesung wird das Gesetz lediglich vorgestellt; in der zweiten Lesung wird es beraten, Änderungen sind jedoch nicht vorgesehen. Danach wird es an die Ausschüsse überwiesen, die im Gegensatz zu den Unterhausausschüssen meist auf substantielle Änderungen verzichten. Dem Senat ist es nicht erlaubt, Erhöhungen von Steuern oder Ausgaben vorzunehmen, sein Spielraum ist also ohnehin begrenzt. Die Senatsausschüsse beschränken sich darauf, das Gesetz auf eventuelle Fehler oder unbeabsichtigte Nebenfolgen zu überprüfen und nehmen daher meist nur Detailänderungen vor. Danach wird das Gesetz in der Dritten Lesung beraten, eventuell noch einmal modifiziert und beschlossen. Wenn das Gesetz vom Senat geändert worden ist, wird es zurück in das *House of Commons* überwiesen, wo es vom zuständigen Fachminister meist akzeptiert und vom Plenum erneut verabschiedet wird. Wurde das Gesetz von beiden Häusern beschlossen, kann es vom Generalgouverneur offiziell verabschiedet und in Kraft gesetzt werden. Generell kommt es nur selten vor, daß ein Gesetz im Senat maßgebliche Änderungen

---

[3] Zur Geschichte der Berufung von Frauen in den Senat siehe Brodie/Vickers 1982: 42.

erfährt. Im Laufe seiner Geschichte hat sich der Senat immer weiter selbst in seiner Gesetz-gebungsfunktion beschränkt, so daß in jüngerer Zeit nur noch etwa vier Prozent aller vom *House of Commons* verabschiedeten Gesetze in ihrem Inhalt verändert wurden [Jackson/Jackson 1998].

Ein Gesetz, das vom Senat abgelehnt wird, gilt bis auf die oben erwähnten Ausnahmen als gescheitert und muß den gesamten Gesetzgebungsprozeß noch einmal durchlaufen. Einen Gemeinsamen Vermittlungsausschuß, der einen Kompromiß zwischen beiden Häusern aushandeln könnte, gibt es nicht, da institutionalisierte Verhandlungsarrangements dem konkurrenzdemokratischen Modell fremd sind. Gesetzesblockaden durch den Senat kamen in seiner Geschichte jedoch nur selten vor. Eine problematische Konstellation entstand immer dann, wenn eine langjährige Regierungspartei abgewählt wurde. Da der Premierminister üblicherweise treue Mitglieder seiner eigenen Partei in den Senat beruft, herrscht nach langer Regierungszeit eine starke Mehrheit der Regierungspartei im Senat. Jedoch wurden selbst im Falle eines von der Oppositionspartei dominierten Senats Gesetzesentwürfe nur selten direkt zurückgewiesen; viel häufiger sind Gesetzesverzögerungen, die die Handlungsfähigkeit der Regierung ebenso effektiv lähmen [Robertson 1990: 1-2]. Wenn der Senat ein Gesetz bis zum Ende einer *Session* nicht behandelt oder beschlossen hat, muß es zu Beginn der neuen noch einmal eingebracht werden. Die bisher folgenreichste Intervention des Senats in seiner neueren Geschichte führte 1988 zu einer Parlamentskrise, als der Außenpolitische Ausschuß des liberal dominierten Senats die von der konservativen Regierung eingebrachte Gesetz-gebung bezüglich des Freihandels mit den USA absichtsvoll in die Länge zog. Die Regierung war gezwungen, für den November 1988 Neuwahlen anzuberaumen, eine Wahl, für die der Senat das Datum und das Hauptwahlkampfthema bestimmt hatte [Jackson/Jackson 1998: 332].

Auch nach 1988 verhinderte oder verzögerte der Senat mehrmals die Gesetzgebung der Regierung. Daher machte 1990 Brian Mulroney als erster Premierminister von der Ausnahmeregelung Gebrauch, zusätzliche Senatoren zu berufen. Mit der Benennung von acht der konservativen Partei angehörenden Senatoren verhinderte Mulroney eine Blockade des Gesetzes zur Föderalen Mehrwertsteuer durch den Senat [Jackson/Jackson 1998: 328]. Nach dem Wahlgewinn der Liberalen im Jahr 1993 hielten die Konservativen die Mehrheit im Senat, während sie im *House of Commons* nur zwei Sitze innehatten. Sie nutzten diesen strategischen Vorteil für die Blockade mehrerer Gesetzesvorhaben. Diese Vorfälle zeigen, daß der Anspruch des Senats, einen Ausgleich für das parteidominierte *House of Commons* zu bieten, nicht der Wirklichkeit entspricht. Zwar ist im Senat die Parteiendisziplin aufgrund größerer Unabhängigkeit der Senatoren geringer ausgeprägt und es herrscht weitgehend eine überparteiliche Selbstwahrnehmung vor [McCauley 1983: 135; Kunz 1963: 113-15], bei stark polarisierten Issues spalteten sich die Lager jedoch bisher immer entlang der *party cleavages* [Jackson/Jackson 1998]. Solange es möglich ist, durch eine Senatsblockade die Gesetzgebungstätigkeit der Regierung nahezu zum Stillstand zu bringen, gehört es zum rationalen Handeln des Premierministers, treue Parteianhänger in den Senat zu berufen.

2. Ausschüsse

Der Senat unterhält 14 Ständige Ausschüsse, die zum großen Teil die üblichen Politik-felder umfassen und sich lediglich in Benennung und Politikfeldkombination von den Ausschüssen des *House of Commons* unterscheiden. Eine Ausnahme sind protokollarische Angelegenheiten wie die Verleihung von Orden, für die nur der Senat zuständig ist. Zusammen mit dem *House of Commons* bildet der Senat zusätzlich drei Gemeinsame Ausschüsse. In bestimmten Fällen, wie das Parlament selbst betreffenden Fragen oder umfassenden Reformen, können beide Häuser Gemeinsame Sonderausschüsse – *Special Joint Committees* – einrichten; so erarbeitete beispielsweise ein *Special Joint Committee on*

Constitution einen Vorschlag für die 1982 verabschiedete Verfassung. 1983 wurde ein Gemeinsamer Sonderausschuß zur Senatsreform gebildet. Der Senat kann auch eigenständig Sonderausschüsse zu aktuellen politischen oder virulenten sozialen Problemen berufen [Jackson/Jackson 1998: 362]. Die Sonderausschüsse untersuchen meist unterregulierte oder öffentlich umstrittene Politikfelder, indem sie Experten und Betroffene zu Rate ziehen, und erarbeiten *Policy*-Empfehlungen, die sie der Regierung vorlegen. Die Regierung ist jedoch nicht verpflichtet, daraufhin einen Gesetzgebungsprozeß einzuleiten oder Stellung zu den Empfehlungen zu nehmen [Attorney 1990: 4]. Besonders in den sechziger und siebziger Jahren waren Sonderausschüsse zu Armut, Überalterung der Gesellschaft, Massenmedien etc. politisch sehr einflußreich. Aufgrund ihrer enormen Öffentlichkeitswirkung war die Regierung gezwungen, ihre Vorschläge zu diskutieren und teilweise zu übernehmen [Library of Parliament 1994: 4]. Da die Sonderausschüsse jedoch meist der Regierungspolitik sehr kritisch gegenüberstanden, waren sie auch innerhalb des Senats äußerst umstritten [Campbell 1979: 147]. Daher gingen die jeweiligen Führer der Regierungspartei in den letzten Jahren dazu über, Untersuchungen von Mißständen bevorzugt den Ständigen Ausschüssen zu überweisen, da diese einfacher zu kontrollieren sind. Diese bilden daraufhin Unterausschüsse, die das spezifische Thema untersuchen, wie der aktuelle Unterausschuß zu Kriegsveteranen, der dem Ständigen Ausschuß zu Sozialen Fragen, Wissenschaft und Technologie angegliedert ist. Die Bedeutung der Senatsausschüsse bezüglich Politikberatung hat in den achtziger Jahren stark abgenommen, weil in dieser Zeit das *House of Commons* seine Ausschußarbeit auf policyvorbereitende Untersuchungen ausgeweitet hat [Attorney 1990: 4]. 1998 gab es keinen einzigen Sonderausschuß des Senats, lediglich drei Unterausschüsse, die sich mit aktuellen Problemen beschäftigten.

V.   Funktionen des Senats

Der kanadische Senat hat während seines Bestehens langsame, jedoch grundlegende Funktionsänderungen erfahren, während seine formalen Aufgaben und Kompetenzen weitgehend die gleichen blieben [McCauley 1983]. An dem Widerspruch von weitreichenden Kompetenzen und fortschreitender Funktionserosion des Senats wird deutlich, wie wenig die Aufgabenanalyse einer Institution deren gesellschaftliche Funktion erfassen kann [Sturm 1998]. In der Literatur wird meist auf die **Gesetzgebungsfunktion** als wichtigste Funktion des Senats verwiesen. Während der Senat zu seinen Anfangszeiten noch weitaus aktiver in der Gesetzgebung war, hat er seit einigen Jahrzehnten nur noch geringe direkte Gesetzgebungs-funktionen. Nur äußerst selten werden Gesetze von Senatsmitgliedern eingebracht, und dem Senat wird meist nur die überprüfende Rolle im Gesetzgebungsprozeß zugestanden. Doch gerade in dieser Rolle als *Reviewer* erfüllt er eine wichtige Gesetzgebungsfunktion: Er überarbeitet die vom *House of Commons* verabschiedeten Gesetze und überprüft insbesondere die Details, so daß unbeabsichtigte Nebeneffekte des Gesetzes vermieden werden können. Der Senat erfüllt damit auch eine der traditionellen Hauptfunktionen Zweiter Kammern, nämlich die Mäßigung von Gesetzen und die Verhinderung unüberlegter „Schnellschüsse". Dieser von Macdonald so bezeichnete „sober second thought" [Canada 1951: 572] nahm in Laufe der Jahre an Bedeutung noch zu.

Als vorbereitende Legislativfunktion, eher jedoch als **Investigativfunktion**, kann die Beschäftigung des Senats mit gesellschaftlichen Themen innerhalb seiner Ausschüsse gelten. So wird als das Hauptverdienst des Senats oft seine gründliche Untersuchung von aktuellen Problemfeldern genannt, die teilweise als Grundlage für eine spätere Gesetzesinitiative der Bundesregierung dienen. Zwar ist die Regierung nicht verpflichtet, zu den Policy-Empfehlungen Stellung zu nehmen, der Senat bringt jedoch Themen auf die politische Agenda, die anderenfalls keine politische Behandlung erfahren hätten [Van Loon/Whittington 1971: 482; Campbell 1978: 19-22; Jackson/Jackson 1998]. Vor allem in den sechziger und siebziger Jahren haben die Empfehlungen der Sonderausschüsse zu einer Ausweitung der Staatstätigkeit insbesondere im sozialen Bereich geführt [Jackson/Jackson 1998: 332-33]. Weit mehr haben die Sonderausschüsse jedoch zur Erfüllung der **Öffentlichkeitsfunktion** durch den Senat beigetragen. Die von den Sonderausschüssen veröffentlichten Berichte hatten meist große Öffentlichkeitswirkung und initiierten bzw. kanalisierten sachlich orientierte Diskussionen über das jeweilige Issue. Die *Policy*-Gestaltung der Regierung profitierte so nicht nur von den detaillierten Empfehlungen des Senats, sondern auch von den bereits artikulierten Meinungen der Öffentlichkeit, die eine Einschätzung der *Policy*-Akzeptanz erleichterten. Allerdings spielen diese Funktionen im heutigen Senatsalltag nurmehr eine untergeordnete Rolle, da der Senat seine politikberatenden Tätigkeiten größtenteils zugunsten des *House of Commons* aufgeben mußte. Mit seiner regulären Arbeit erfüllt der Senat nur sehr geringe Öffentlichkeitsfunktionen, da seine Debatten aufgrund der geringeren Konfliktträchtigkeit von den Medien ignoriert werden [McCauley 1983: 135f].

Kontrollfunktionen erfüllt der Senat nur in den seltenen Fällen, in denen er Gesetze des *House of Commons* ablehnt oder ihre Annahme verzögert. Die Detailüberprüfung von Gesetzen kann nicht als Kontrolle des *House of Commons* gewertet werden, da der Senat seine Rolle hierbei mehr unterstützend als kontrollierend definiert. Gegenüber der Bundesregierung hat er formal keine direkte Kontrollfunktion, da die Kompetenz der Regierungsauflösung dem *House of Commons* vorbehalten ist. Jedoch ist im Falle einer Gesetzesblockade die Regierung direkt betroffen, da sie in ihrer Handlungsfähigkeit stark eingeschränkt wird. Da Blockaden meist öffentlich hochkontroverse Gesetzgebungsinitiativen betreffen, leidet auch die Legitimität der Regierung und des gesamten Regierungssystems darunter. Daher geht der Senat mit der Anwendung seiner Kontrollkompetenzen sehr vorsichtig um [McCauley 1983: 214].

Die **Repräsentationsfunktion** eines Parlaments ist eine seiner wichtigsten Funktionen in einer demokratischen Gesellschaft, sie trägt entscheidend zur Legitimität des parlamentarischen Regierungssystems bei. In Kanada wird der Senat gerade daran gemessen, ob er Repräsentationsfunktionen erfüllt, diese werden ihm jedoch weitgehend abgesprochen. Aufgrund des Berufungssystems sind die Senatoren weder der Wählerschaft noch der Provinz, die sie vertreten sollen, direkt verantwortlich. Eine unmittelbare Repräsentation der kanadischen Bevölkerung findet also nicht statt. Auch die Provinzen werden nicht direkt repräsentiert, da sie kein eigenes Vorschlagsrecht haben. Die Senatoren vertreten zwar formal die Provinz oder Region, für die sie berufen werden, stellen jedoch meist Partei- über Regionalinteressen. Aufgrund der institutionellen Trennung von Föderal- und Provinzparteien sind zumindest die Bundespolitiker unter den Senatoren nicht in den politischen Prozeß ihrer Provinz eingebunden. Zudem spiegelt die Sitzverteilung nach Divisionen die Bevölkerungsverteilung des Kanadas vom Ende des 19. bzw. Anfang des 20. Jahrhunderts wider, was vor allem die westlichen Provinzen benachteiligt.

Neben Repräsentation durch Wahl existiert jedoch eine indirekte Form der Repräsentation durch Vertreter differenter ethnischer, sozialer und regionaler Bevölkerungsgruppen, die als Gruppenrepräsentation gewertet werden kann. Das Berufungssystems des Senats wird demnach auch meist mit dem Argument verteidigt, daß dadurch Bevölkerungsgruppen im Parlament vertreten werden können, die aufgrund ihres strukturellen Minderheitenstatus im kanadischen Mehrheitswahlsystem keine Chance haben und daher im *House of Commons* unterrepräsentiert sind [Jackson/Jackson 1994: 358]. Im jetzigen Senat sind jedoch nur bestimmte Minderheiten ausreichend bzw. überproportional repräsentiert. Auch in diesem Fall gilt, daß der Senat die sozialstrukturelle Zusammensetzung Kanadas vor 100 Jahren reflektiert. Traditionelle Minderheiten wie die Frankophonen, anglophone Quebecer und christliche Minderheiten sind im Senat überrepräsentiert. Angehörige in diesem Jahrhundert zugewanderter Bevölkerungsgruppen wie der Chinesen oder Italiener hatten jedoch bisher nur geringe Chancen auf eine Berufung, auch die autochtone Bevölkerung ist ungenügend vertreten. Da üblicherweise nur Parteipolitiker in den Senat berufen werden, sind unterprivilegierte, politikferne Bevölkerungsgruppen auch im Senat unterrepräsentiert. So zeigt sich das Berufungssystem als zu unflexibel, um auf die schnellen sozialstrukturellen Änderungen in der kanadischen Gesellschaft zu reagieren.

Viele Senatoren gehören der kanadischen Wirtschaftselite an, die personell eng mit der politischen Elite verflochten ist. Für die Aggregation von Wirtschaftsinteressen leistet daher der Senat einen entscheidenden Beitrag. Nach Campbell ist der Senat eine „lobby from within" [Campbell 1979: 10], da die Senatoren vor allem durch ihren politischen Einfluß und informelle Kontakte spezifische Wirtschaftsinteressen durchsetzen können. Regionale und Minderheiteninteressen sind vom Senat dagegen nur sehr selten in seiner Gesetzgebungsarbeit verfolgt worden. Auch daran zeigt sich, daß der Senat keinesfalls die Angelegenheiten struktureller Minoritäten vertritt, sondern vielmehr zur Interessenallokation einer ohnehin besonders einflußreichen sozialen Gruppe dient [Campbell 1979: 11, 149]. Zudem wirkt diese Nähe zur Wirtschaft dysfunktional für die Legitimität des Senats, da das Problem des Konflikts zwischen den Objektivitätserfordernissen des politischen Amtes und wirtschaftlichen Eigeninteressen ein breit diskutiertes Thema ist [Jackson/Jackson 1998: 331].

So kann auch die Gruppenrepräsentationsfunktion des Senats in Zweifel gezogen werden, zumal dies voraussetzt, daß die vertretenen Minderheiten homogene Interessen oder zumindest definierte Mehrheitsinteressen haben und diese von ihren Repräsentanten auch geteilt werden. Beides ist in Kanada nicht der Fall. So ist beispielsweise die autochtone Bevölkerung in drei kulturelle Hauptgruppen und mehrere Interessenvertretungen gespalten. Bei der Berufung von Senatoren aus spezifischen Minderheiten wird zudem in der Regel lediglich auf die formale Zugehörigkeit zur entsprechenden Gruppe geachtet; wirkliches interessenpolitisches Engagement gehört nicht zu den Voraussetzungen. Generell wirft Gruppenrepräsentation demokratietheoretische Probleme auf, da die Vertreter keine direkte Legitimation aufweisen und Gruppeninteressen nicht von der Basis her artikuliert oder definiert werden.

Die Erfüllung der Repräsentationsfunktion ist entscheidend für die Legitimität eines Parlaments, d.h. für seine Fähigkeit, das Vertrauen der Bevölkerung in das politische System herzustellen. Die Tatsache, daß Senatoren „unrepresentative, unaccountable, unrestrained" [Attorney 1990: 5] sind, wirkt daher dysfunktional auf die Legitimität des Senats in der kanadischen Bevölkerung. Auch die Kontroll- und die Öffentlichkeitsfunktion sind Legitimitätsfunktionen, die der Senat nur ungenügend erfüllt. Gerade diese fehlende Legitimität des Senats ist jedoch der entscheidende Faktor für seine geringe Akzeptanz durch die kanadische Bevölkerung.

Neben den Legitimitätsfunktionen erfüllt der Senat auch Funktionen für die Effizienz des parlamentarischen Regierungssystems. So trägt die **Rekrutierungsfunktion** zur Funktionsfähigkeit des Kabinett bei, ihre Bedeutsamkeit hängt jedoch von der jeweiligen politischen Situation ab. Generell müssen alle Minister einen Sitz im Parlament haben, üblicherweise im *House of Commons*. Wenn es jedoch unsicher ist, ob ein Wunschkandidat des Premierministers in das Unterhaus gewählt werden wird, greift dieser oft auf den Senat zurück. So kann er aus vorausschauender Strategie einen Parteigetreuen in den Senat berufen, der seinen Sitz für einen im *House of Commons* gescheiterten Kandidaten auf ein Ministeramt freimacht. Eine andere Möglichkeit ist die direkte Berufung des potentiellen Ministers im Falle eines gerade vakanten Senatssitzes [Jackson/Jackson 1998: 330]. Unter den Premierministern Trudeau und Clark spielte die Rekrutierungsfunktion des Senats eine große Rolle, da diese die regionale Unausgewogenheit ihrer Parteimitglieder im *House of Commons* durch die Berufung von Senatoren ins Kabinett ausgleichen konnten [Jackson/Jackson 1998: 333]. Seitdem gilt jedoch wieder die traditionelle Regel, daß lediglich ein Minister des

Kabinetts dem Senat angehört. Auch andere Partei- und Regierungsposten werden hin und wieder mit Senatoren besetzt. Senatoren dienen zudem als wichtige Fundraiser für ihre Partei. Grundsätzlich hat der Premierminister durch das Berufungssystem die Möglichkeit, talentierte, aber einflußlose Politiker in das Regierungssystem einzugliedern [McCauley 1983: 140-141]. Generell erfüllt jedoch der Senat nur in Ausnahmefällen Rekrutierungsfunktionen.

In der Literatur wird meist die „Erneuerungsfunktion" des Senats betont, da die Ernennung altgedienter Minister oder leitender Parteimitglieder zu hochangesehenen Senatoren den Platz für jüngere Talente freimacht, ohne eine Personalkrise hervorzurufen [Jackson/Jackson 1998: 330; Van Loon/Whittington 1971: 354, 482]. Ähnlich definiert ist die „Patronagefunktion" des Senats, die dem Premierminister ermöglicht, treue Parteimitglieder mit der Berufung in den Senat zu ‚belohnen' [McCauley 1983: 150-151]. Diese Funktionen haben in letzter Zeit an Bedeutung abgenommen, da zunehmend jüngere Politiker mit kürzeren Parteikarrieren in den Senat berufen werden. Generell hat die Methode, Senatoren zu berufen, positive Auswirkungen auf die Effizienz des Regierungssystems, insbesondere auf die Interorgan-Effizienz, da loyale Senatoren die Gesetzgebungstätigkeit der Regierung nicht behindern und die fehlende demokratische Legitimation des Senats zu dessen Zurückhaltung in seinen Kontroll- und Legislativfunktionen führt.

Die Entwicklung der Senatsfunktionen zeigt, daß er im Laufe seines Bestehens immer weiter an Legitimitätsfunktionen eingebüßt hat, was durch die zeitweilige Bedeutung seiner Sonderausschüsse nur vorübergehend ausgeglichen werden konnte. Seine Effizienzfunktionen sind jedoch erhalten geblieben und haben an Bedeutung sogar noch zugenommen. Die Entwicklung der Legislativfunktion macht diese Verschiebung deutlich: Während der Senat zu Anfang seines Bestehens noch aktiv in der Gesetzgebung tätig war und häufig essentielle Gesetzesänderungen erzwang, trägt er heute durch die technische Aufbesserung von Gesetzen lediglich zur Effizienz des Gesetzgebungsprozesses und damit des Regierungssystems bei.

VI.   Reformansätze

Bestrebungen, den Senat zu reformieren, sind so alt wie sein Bestehen. Bereits 1874 fand die erste Debatte zur Senatsreform im Parlament statt [White 1990: 105]. 1926 stellte der Quebecer Premierminister Henri Bourassa fest, daß Diskussionen über eine Reform des Senats „[...] come [..] periodically like other forms of epidemics and current fevers" [House of Commons 1926: 648]. Reformbestrebungen wurden meist von Premierministern angestellt, deren Gesetzesinitiativen vom Senat behindert wurden, wie von Alexander Mackenzie King, dessen Pensionsgesetz für Kabinettsmitglieder vom Senat dauerhaft blockiert wurde. Jedoch wurden die Reformdiskussionen bis zu Anfang der achtziger Jahre meist ohne großes öffentliches Interesse geführt, was erklärt, warum in der neuen Verfassung 1982 keine weitreichende Senatsreform durchgeführt wurde [McKay 1983: 13]. Die danach entwickelten Reformansätze hatten jedoch enorme Öffentlichkeitswirkung und wurden lediglich wegen der Schwierigkeit, die kanadische Verfassung zu ändern, noch nicht in die Tat umgesetzt. Die Diskussion über die Senatsreform war und ist eng mit der Frage nach der Zukunft der kanadischen Föderation verbunden und reflektiert daher die unvereinbar erscheinenden Gegensätze der Regionen Kanadas. Das Hauptziel der einflußreichsten Reformansätze ist die Verbesserung der Repräsentationsfunktion des Senats und die Wiederherstellung seiner Legitimität. Die Reformdebatte war insbesondere in den achtziger Jahren eines der wichtigsten politischen Issues und ist bis heute nicht beendet.

Die Regierung von Alberta initiierte die aktuelle Reformdebatte 1982 mit einem Diskussionspapier, das einen „provincially-appointed Senate" mit gleicher Sitzanzahl für alle Provinzen vorschlug [Alberta 1982; White 1990: 205]. Die Gesetzgebende Versammlung Albertas legte drei Jahre später als erste offizielle Institution den Entwurf eines **Triple-E**

Senats vor [Alberta 1985: 2]; dieser Report, „Strengthening Canada", ist einer der bahnbrechendsten Vorschläge zur Senatsreform. Die Schlagwörter „equal, elected, effective" prägen die Senatsreformdebatte bis heute. Ein weiterer sehr einflußreicher Reformvorschlag ist der des kanadischen Parlaments selbst, das 1983 einen Gemeinsamen Sonderausschuß zur Senatsreform eingerichtet hatte. Sein 1984 veröffentlichter Bericht, der *Molgat-Cosgrove Report* [Canada 1984] lieferte ein Konzept, das ebenfalls einen gewählten und effektiven Senat vorsieht, jedoch bezüglich der Provinzrepräsentation einen Kompromiß aus der bisherigen die Westprovinzen benachteiligenden und der geforderten gleichen Sitzverteilung darstellt. Die Senatoren sollten für eine Zeit von neun Jahren in Einerwahlkreisen gewählt werden. Auch der Bericht der *Royal Commission on the Economic Union and Development Prospects for Canada* enthält einen detaillierten Entwurf zur Senatsreform [Macdonald Commission 1985]. Der jüngste umfassende Reformentwurf, der *Beaudoin-Dobbie Report*, stammt von dem *Special Joint Committee on a Renewed Canada* [Canada. Parliament 1992]. Beide Vorschläge sind dem *Molgat-Cosgrove* Report ähnlich, favorisieren jedoch ein proportionales Wahlsystem.

Der *Meech Lake Accord* von 1987, ein Verfassungsänderungsentwurf, der sich primär auf die Rolle Quebecs im kanadischen Föderalismus konzentrierte, erhielt ursprünglich keine expliziten Bestimmungen zur Senatsreform; nachdem die Provinzen mit ihrer Ablehnung des *Accord* gedroht hatten, kündigte Mulroney die Einsetzung einer Sonderkommission zur Senatsreform unter Beteiligung der Provinzen an. Nach dem Scheitern des *Meech Lake Accords* im Referendum wurde 1992 ein zweiter Reformentwurf ausgehandelt, der *Charlottetown Accord* 1992 [Canada. Governemt 1992]. In diesem setzten sich die Premierminister der Westprovinzen mit der Forderung nach einem Triple-E-Senat durch, als Kompensation für die weitreichenden Zugeständnisse an Quebec in anderen Bereichen. So übernahm der *Charlottetown Accord* zum Großteil das Konzept Albertas und sah einen die Provinzen gleichmäßig repräsentierenden Senat vor, mit je sechs Sitzen pro Provinz und je einem pro Territorium. Zur Wahrung der Quebecer Interessen wurde die Doppelte Mehrheitsregel übernommen, die bei Sprache oder Kultur betreffenden Entscheidungen die Mehrheit aller Senatoren und zusätzlich die Mehrheit der frankophonen bzw. anglophonen Senatsmitglieder vorsieht [Alberta 1985: 5]. Allerdings sollten die Gesetzgebungskompetenzen des Senats beschnitten werden: Der Senat sollte sein absolutes Vetorecht lediglich für natürliche Ressourcen betreffende Gesetze behalten. Bei regulären Gesetzen sollte er die Macht haben, eine gemeinsame Sitzung mit dem *House of Commons* zu erzwingen; diese hätte die letztendliche Autorität über das Gesetz [Canada. Government 1992].

Die Etablierung des Triple-E-Senats hätte weitreichende Auswirkungen auf das politische System und einen grundlegenden funktionalen Wandel der Institution zur Folge. Diese zu erwartenden Funktionsänderungen werden im Folgenden anhand der Dreiheit *Equal, Elected, Effective* erörtert.

1. „Equal"

Die meisten Vorschläge zu einer Senatsreform nach amerikanischem oder australischen Vorbild – also mit gleichmäßiger Repräsentation aller Provinzen – stammen aus dem kanadischen Westen. Bereits seit den zwanziger Jahren fühlen sich die Westprovinzen nicht adäquat im Senat vertreten. Diese Frage nach der Repräsentation der Provinzen ist am meisten umstritten, da sie an das heikle Quebec-Problem rührt. Die Forderung der Westprovinzen, jeder Provinz das gleiche Stimmrecht einzuräumen bzw. gleich viele Senatoren aus allen Provinzen wählen zu lassen, widerspricht dem enormen Ungleichgewicht der Bevölkerungsverteilung in den Provinzen. Zudem ist es mit einem nach Unabhängigkeit strebenden Quebec nicht durchsetzbar, das dadurch einer überwältigenden englischsprachigen Mehrheit im Senat gegenüberstünde. Darüber hinaus entspräche eine gleiche Repräsentation aller Provinzen nicht der Sonderstellung Quebecs, die dieses seit seiner Ablehnung der neuen Verfassung permanent fordert [White 1990: 246-248]. Die Doppelte Mehrheitsregel vermag dieses Problem nur oberflächlich zu lösen, da Quebecs Separatisten die Gesetzgebungskompetenz des Bundes in kulturellen Fragen grundsätzlich ablehnen.

Die Repräsentationsfunktion des Senats würde durch eine gleichmäßige Vertretung der Provinzen einen viel stärker auf Regionalinteressen ausgerichteten Charakter gewinnen, was eine Funktionsverschiebung hin zur Vertretung von Regionalinteressen – insbesondere der westlichen Provinzen – bedeutete. Allerdings wäre eine direkte Repräsentation der Provinzen weiterhin nicht gegeben. Die individuelle Repräsentation der Wählerschaft wäre aufgrund der asymmetrischen Stimmenverteilung in ihrem demokratischen Wert ebenso anzuzweifeln. So wäre die Stimme eines Bewohners von Prince Edward Island siebzig mal mehr wert als die eines Ontariers; zudem wären Senatsbeschlüsse leicht in ihrer demokratischen Legitimation anfechtbar, da im ungünstigsten Fall eine Senatsmehrheit nur 13,5 Prozent der kanadischen Bevölkerung repräsentieren würde [Jackson/Jackson 1998: 216].

Eine Alternative zur gleichmäßigen Repräsentation der Provinzen ist eine „gleichberechtigte" Sitzverteilung. Reformentwürfe, die diese Lösung präferieren, sprechen ebenfalls von einem Triple-E-Senat, indem sie „equal" durch „equitable" ersetzen. Der Sonderausschuß des Parlaments schlug nach Bundesratsvorbild eine Gewichtung der Senatssitze nach Bevölkerungszahl vor, nachdem fast alle Provinzen zwölf Sitze erhalten würden, Ontario und Quebec je das Doppelte, Prince Edward Island die Hälfte, die Northwest Territories vier und der Yukon zwei [Canada 1984]. Auch der Report der *Macdonald Commission* und der *Beaudoin-Dobbie Report* sahen eine Sitzverteilung nach ähnlichem Muster vor. Allerdings gliche der gemäß diesen Vorschlägen reformierte Senat – zumal gewählt – zu sehr dem *House of Commons* und verlöre nahezu jeglichen spezifischen Charakter, der als Existenzberechtigung für den Erhalt der Zweiter Kammer dienen könnte, was neue Legitimitätsdefizite zur Folge hätte [Lijphart 1987]. Zudem würde ein die Provinzen „gleichberechtigt" repräsentierender Senat nicht der Forderung der Westprovinzen nach zusätzlichem Einfluß gerecht.

2. „Elected"

Der Vorschlag, auch den Senat wählen zu lassen, ist der am wenigsten umstrittene. Die Provinzrepräsentation durch Benennung war am Anfang der aktuellen Reformdebatte noch im Gespräch: So sah eines der ersten Reformkonzepte aus Alberta noch eine Benennung der Senatoren durch die Provinzen vor und nahm sich dabei den deutschen Bundesrat zum Vorbild [Alberta 1982]. Dieses Konzept konnte sich jedoch langfristig nicht durchsetzen [Janda 1992]. Der Gemeinsame Parlamentsausschuß zur Senatsreform lehnte es mit der Begründung ab, daß eine direkte Beteiligung der Provinzen an der Bundesgesetzgebung dem kanadischen Konkurrenzföderalismus nicht entspreche [Canada. Parliament 1984: 18]. Die kanadischen Provinzen haben weitgehende eigene Gesetzgebungskompetenzen; die föderalprovinzielle Zusammenarbeit wird meist auf Basis von extra ausgehandelten Verträgen und durch regelmäßig stattfindende Premierministerkonferenzen und Kontakte auf ministerieller und administrativer Ebene geregelt. Im föderalen System selbst werden Provinz- und Regionalinteressen auf verschiedenen Ebenen repräsentiert. Im Kabinett herrscht traditionell eine Balance aus Vertretern der unterschiedlichen Regionen vor; auch im *House of Commons* kommen aufgrund der geringen Zentralisierung des kanadischen Parteiensystems Regionalinteressen zum Tragen [Attorney 1990: 10-11].[4] Ein die Provinzen direkt repräsentierender Senat würde das Verhältnis zwischen Bund und Provinzen zwar demokratisieren, brächte

---

[4] Nach Stanley [1992: 339] liegt jedoch gerade in der Nichtexistenz einer die Provinzen repräsentierenden Zweiten Kammer die Stärke der Regionalparteien im *House of Commons* begründet.

jedoch die bisherigen föderalen Verhandlungssysteme aus dem Gleichgewicht. So wäre zur Artikulierung von Provinz- oder Regionalbelangen ein gewählter Senat vorzuziehen, weil durch Wahl die Bevölkerungen der Provinzen direkt und nicht die Provinzregierungen, die auf anderer Ebene agieren, repräsentiert wären. Ein gewählter Senat könnte auch erneut Legitimitätsfunktionen erfüllen, da in der kanadischen politischen Kultur die Wahl als einzige demokratisch legitimierte Art der Repräsentation angesehen wird. Davon könnte das gesamte kanadische politische System profitieren [Lijphart 1987: 103]. Um den Senat von *House of Commons* abzugrenzen und die politische Erfahrung der Senatoren weiterhin zu gewährleisten, schlug Alberta in „Strengthening Canada" [1985] vor, die Senatoren für jeweils zwei Legislaturperioden zu wählen.

Durch die Wahl der Senatoren würde der Senat jedoch seine Funktion, unterrepräsentierte Bevölkerungsgruppen zu vertreten, verlieren. Allerdings ist diese Gruppenrepräsentationsfunktion auch im bisherigen Senat nur formal erfüllt. Eine Lösungsmöglichkeit wäre die Einführung des Verhältniswahlsystems für den Senat. Dadurch hätten auch strukturelle Minderheiten, soweit sie parteipolitisch organisiert sind, eine Chance auf Repräsentation im Senat. Die *Macdonald Commission* favorisierte aus diesen Gründen das Verhältniswahlsystem [Macdonald Commission 1985: 88]; auch der *Beaudoin-Dobbie Report* sieht Verhältniswahl in mittelgroßen Wahlkreisen vor [Canada. Parliament 1992: 45-46]. Der *Charlottetown Accord* sah zusätzliche Senatssitze für die autochtone Bevölkerung vor, um Protesten der autochtonen Interessengruppen gegen eine drohende Unterrepräsentation vorzubeugen [Canada. Government 1992].

Durch die Wahl seiner Mitglieder würde der Senat zudem auch offiziell seinen Charakter als parteiübergreifendes Gremium einbüßen; dies würde jedoch den momentanen Zustand nur wenig verändern. Der Gemeinsame Sonderausschuß zur Parlamentsreform versuchte, den Einfluß der Parteien auf den Senat einzudämmen: Mehrheitswahl in Einerwahlkreisen sollte parteilosen Persönlichkeiten die Wahl zum Senator erleichtern, zumal Parteien die Möglichkeit haben sollten, unabhängige Kandidaten zu unterstützen [Canada 1984: 18]. Allerdings werden auch die Mitglieder des *House of Commons* im *First-Past-the-Post-System* gewählt; parteilose Kandidaten haben jedoch fast nie die Chance, einen Wahlkreis zu gewinnen. Der *Beaudoin-Dobbie Report* versuchte den Einfluß der Parteien zu beschränken, indem er die personalisierte Verhältniswahl sowie die Möglichkeit der Kandidatur von Parteiunabhängigen und des Panachierens vorsah [Canada. Parliament 1992: 46].

3.   „Effective"

Laut dem Reformvorschlag von Alberta und anderen Vorschlägen soll ein reformierter Senat nicht nur seine bisherigen Gesetzgebungskompetenzen weitgehend behalten, sondern diese auch effektiver als bisher nutzen [White 1990: 237]. Ein gewählter Senat, der die gleichen weitreichenden Kompetenzen hätte, wäre jedoch dysfunktional für die Effizienz des parlamentarischen Regierungssystems in seiner jetzigen Gestalt. Die Effizienz des Westminstermodells beruht darauf, daß die Regierung aus der Mehrheit im *House of Commons* gebildet wird und daher über eine solide Gesetzgebungsbasis verfügt. Ein gewählter Senat hätte jedoch die gleiche Legitimation wie das *House of Commons* und würde seine Kompetenzen aufgrund der Verpflichtung seinen Wählern gegenüber höchstwahrscheinlich auch besser nutzen [Lijphart 1987: 104]. Unterschiedliche Mehrheitsverhältnisse wären zudem in einem die Provinzen gleichmäßig repräsentierenden Senat wahrscheinlich, da die Parteien regional sehr unterschiedlichen Rückhalt in der Bevölkerung haben. Gesetzesblockaden durch den Senat könnten daher weit häufiger vorkommen und wären zudem weitaus schwieriger zu lösen, da die Möglichkeit, zusätzliche Senatoren zu berufen, wegfiele. In Australien, das bereits seit 1910 eine solche Institutionenkombination kennt, führten Gesetzsblockaden durch den Senat mehrmals zur Auflösung und Neuwahl beider Kammern. Zudem mußte das australische Regierungssystem aufgrund der Unvereinbarkeit eines gewählten Senats mit dem Westminstermodell institutionell an die neuen Erfordernisse angepaßt werden [Galligan 1985/86].

Der Gemeinsame Ausschuß zur Senatsreform schlug daher eine Bestimmung vor, die eine Blockade der Regierung von vorneherein ausschließt: „[...] In a parliamentary system, a government cannot serve two masters, whose wills might on occasion be diametrically opposed." [Canada 1984: 23] Danach sollte der reformierte Senat lediglich ein suspensives Vetorecht erhalten. Der Alberta-Entwurf sieht dagegen die Möglichkeit vor, daß das *House of Commons* ein Veto oder eine Gesetzesänderung durch den Senat überstimmen kann, wenn dieser Gegenbeschluß prozentual mehr Stimmen erhält als der Beschluß im Senat [Alberta 1985: 4]. Eine für das konkurrenzdemokratische Regierungssystem ungewöhnliche Lösung wurde im *Charlottetown Accord* gefunden: Darin wird das bisherige absolute Vetorecht des Senats durch ein konkordanzdemokratisches Arrangement abgelöst. Bei Uneinigkeit über ein reguläres Gesetz hat der Senat das Recht, gemeinsame Sitzungen mit dem *House of Commons* zu fordern [Canada. Government 1992]. Diese Lösung würde einer der ureigensten Aufgaben einer Zweiten Kammer, nämlich Gesetzesbeschlüsse zu überdenken, besser entsprechen als die bisherige Regelung. Auch die Kontrollfunktion wäre durch diesen Vorschlag gewährleistet, zumal deren Ausübung nicht per se wie bisher die Regierungspolitik blockieren, sondern einen konstruktiveren Charakter gewinnen würde.

Problematisch für die innere Effizienz des Senats ist die Doppelte Mehrheitsregel. Es bliebe dem Senatspräsidium überlassen, zu entscheiden, welche Gesetze unter diese Regelung fallen. So könnten drei der höchstwahrscheinlich sechs frankophonen Senatoren aus Quebec eine Reihe von Gesetzen blockieren, auch wenn sie nur am Rande mit französischer Kultur und Sprache zu tun hätten.

4. Die Zukunftschancen des Senats

Nach dem Scheitern des *Charlottetown Accord* 1993 wurden von der Regierung keine ernsthaften Anstrengungen zu einer Verfassungsreform mehr unternommen, um den kanadischen Föderalismus nicht einer weiteren Zerreißprobe auszusetzen. Damit liegt auch die Senatsreform auf Eis, weil sie Bestandteil des gesamten Reformpakets bleiben soll [Jackson 1993]. Den vorerst letzten Versuch, die Wahl des Senats voranzutreiben, machte die *Reform Party* in Alberta, auf deren Initiative hin im Oktober 1998 dort zwei „Senatoren" gewählt wurden. Diese gelten als „Senatoren in Wartestellung", die als Anwärter auf die zwei nächsten vakanten Senatssitze für Alberta lobbyistisch für die Idee des Triple E-Senats tätig sind. Es ist jedoch sehr fraglich, ob Chretien sie als Senatoren berufen wird, da beide der *Reform Party* angehören [Feschuk 1998].

Die lange Geschichte der gescheiterten Reformen ließ die öffentliche Akzeptanz des Senats rapide sinken. 1993 hatte der Prozentsatz derer, die in politischen Meinungsumfragen den Senat abschaffen wollten, mit 54 Prozent seinen vorläufigen Höhepunkt erreicht, gegenüber 34 Prozent zwei Jahre zuvor [Hughes 1993]. Schon die ersten Senatsreformdiskussionen zogen in Erwägung, den Senat vollständig abzuschaffen [Mackay 1963: 175-176]. In den vierziger Jahren gab es eine einflußreiche Bewegung zur Auflösung des Senats, da er der regionalen Repräsentation im Parlament abträglich sei [White 1990: 126]. Campbell [1978] schlug ebenfalls die Einführung des Einkammersystems vor, da er den Senat für unreformierbar hielt. Keiner der offiziellen Reformvorschläge sah jedoch eine vollständige Abschaffung des Senats vor, da diese das kanadische Regierungssystem von Grund auf verändern würde und eine radikale Institutionenreform nach sich ziehen müßte. Zudem hat der Senat zu viele Effizienzfunktionen für das Regierungssystem, als daß seine Auflösung für die Bundesregierung ratsam wäre. Wie die Reformbestrebungen zeigen, sind es jedoch nur die

Legitimitätsfunktionen, die am Senat als defizitär wahrgenommen werden, die Effizienzfunktionen spielen in der Reformdiskussion keine Rolle. So hat ein von Legitimitätsfunktionen weitgehend befreiter Senat langfristig nur geringe Überlebenschancen, ohne daß
die Legitimität des kanadischen Regierungssystems dauerhaften Schaden nimmt.

VII. Auswahlbibliographie

Alberta. Government of Alberta, 1982: A Provinically-Appointed Senate: A New Federalism
for Canada, Edmonton.

Alberta. Select Special Committee on Upper House Reform, 1985: Strengthening Canada:
Reform of Canada's Senate, Edmonton.

Attorney General of Ontario (Attorney), 1990: Rethinking the Senate, Toronto.

Bejermi, John, 1998: Canadian Parliamentary Handbook, Ottawa, Borealis Press.

Brodie, M. Janine/**Vickers**, Jill, 1982: Canadian Women in Politics, Ottawa.

Campbell, Colin, 1978: The Canadian Senate: A Lobby From Within, Toronto, Macmillan.

Canada. Government, 1992: Consensus Report on the Constitution, Charlottetown, August
29, 1992, Ottawa.

Canada. Parliament, 1951: Parliamentary Debates on Confederation of the British North
American Provinces, Quebec City, 1865, Ottawa.

Canada. Parliament, 1984. Report of the Special Joint Committee of the Senate and the
House of Commons on Senate Reform, Ottawa.

Canada. Parliament, 1992: Report of the Special Joint Committee of the Senate and of the
House of Commons on a Renewed Canada, Ottawa.

Canada. Parliament, 1997: The Senate Today, Ottawa.

Galligan, Brian, 1985/86: An Elected Senate for Canada? The Australian Model, in: Journal
of Canadian Studies, Vol. 20, No. 4, S. 77-98.

Hughes, Jon, 1993: Support for Senate Abolition Reaches All-Time High, in: **Canadian
Institute on Public Opinion** (Hrsg.), The Gallup Report, 22.7.1993, Toronto.

Feschuk, Scott, 1998: Would-be Senators Get into the Chamber – as Visitors, in: National
Post, 3.12.1998, Toronto, A7.

Jackson, Robert J., 1993: Reforming an Unreformed and Unreformable Senate, Remarks to
the Senate and Staff, Ottawa.

Jackson, Robert J./**Jackson**, Doreen 1998: Politics in Canada. Culture, Institutions,
Behaviour and Public Policy, 4. Aufl., Scarborough, Ontario.

Janda, Richard, 1992: Re-Balancing the Federation through Senate Reform: Another Look at
the Bundesrat, Concord/Ontario.

Kunz, F.A., 1965: The Modern Senate of Canada. 1925-1963. Toronto.

Library of Parliament. Research Branch, 1994: Senate Commitees: Role and Effectiveness,
Ottawa.

Lijphart, Arend, 1987: Bicameralism: Canadian Senate Reform, in: **Bakvis**,
Herman/**Chandler**, William M. (Hrsg.), Federalism and the State, Toronto, S. 101-112.

Lipset, Seymour Martin, 1990: Continental Divide. The Values and Institutions of the United
States and Canada, New York/London.

McCauley, Janet Marie, 1983: The Senate of Canada: Maintenance of a Second Chamber through Functional Adaptability, Ph.D. Dissertation, Pennsylvania State University.

McCormick, Peter u.a., 1981: Regional Resprentation: The Canadian Partnership, Calgary.

Robertson, Gordon A., 1989: A House Divided. Meech Lake, Senate Reform and the Canadian Union, Halifax.

Robertson, Gordon A., 1990: Rejection of Bills by the Canadian Senate. Library of Parliament Research Paper, Ottawa.

Schultze, Rainer-Olaf, 1977: Politik und Gesellschaft in Kanada, Meisenheim am Glan.

Schultze, Rainer-Olaf, 1996: Interessenrepräsentation und Westminster-Modell: Kanada – ein abweichender Fall? in: Staatswissenschaften und Staatspraxis, Heft 2, S. 163-193.

Senate of Canada (Hrsg.), 1976. Rules of the Senate of Canada, Ottawa.

Stanley, Guy, 1992: Whither Canada?, in: Political Quarterly, Vol. 63, No. 3, S. 329-340.

Stillborn, Jack, 1992: Senate Reform Proposals in Comparative Perspective, Library of Parliament Research Paper, Ottawa.

Sturm, Roland, 1998: Der kanadische Senat und die Lehren aus den Bemühungen um seine Reform, in: Zeitschrift für Kanada-Studien, Bd. 33, S. 53-65.

White, Randall, 1990: Voice of Region: The Long Journey to Senate Reform in Canada, Toronto.

Weblinks:

Parliament of Canada: http://www.parl.gc.ca/english/index.html

Canadian Parliamentary Affairs Channel: http://www.screen.com/CPAC

C. Zweite Kammern in unitarischen Systemen

I. Direkt gewählte Zweite Kammern

Jörg Seisselberg

Der Italienische Senat:
Machtvoller Zwillingsbruder der Abgeordnetenkammer

I.   Einleitung

Die Zweite Kammer des italienischen Parlaments verfügt über eine bemerkenswerte Machtfülle. Ohne die Zustimmung des Senats kann auf nationaler Ebene kein Gesetz in Kraft treten. Ausnahmslos jede legislative Bestimmung braucht eine Mehrheit in *beiden* Parlamentskammern – der Senat ist der Abgeordnetenkammer in seiner Gesetzgebungs-kompetenz bis ins letzte Details gleichgestellt. Diese Gleichberechtigung von Erster und Zweiter Kammer gilt auch im Vertrauensverhältnis zur Exekutive. Ohne die Zustimmung des Senats kann keine Regierung ihre Arbeit aufnehmen. Umgekehrt reicht ein negatives Vertrauensvotum der Zweiten Kammer, um den Ministerpräsidenten zu stürzen. Eine derartige Machtposition ist einzigartig unter den Zweiten Kammern in den parlamentarischen Demokratien Westeuropas [Steffani 1991: 27].

Die italienischen Senatoren üben ihre verfassungsrechtliche Macht auf der Grundlage umfassender demokratischer Legitimation aus. Fast alle Senatsmitglieder sind durch allgemeines und direktes Wählervotum gewählt (stets über 95 Prozent), lediglich eine Handvoll Senatoren ist von Rechts wegen bzw. durch Nominierung Mitglied des Hauses. Somit ist der Senat nicht nur in seiner Machtfülle, sondern auch in seiner Legitimation ein Zwillingsbruder der Ersten Kammer des Parlaments.

Die Mehrheitsverhältnisse im Senat sind seit Gründung der Republik im großen und ganzen Spiegelbilder der politischen Kräfteverhältnisse in der Abgeordnetenkammer. Der Grund: Die Wahlsysteme beider Kammern unterscheiden sich in der Substanz nur geringfügig, die Wahlperioden und Wahltermine sind dieselben. Angesichts des umfassenden Zwillingsverhältnisses von Abgeordnetenkammer und Senat bezeichnen einige Autoren das Zweikammersystem Italiens als „spezielle Variante eines Ein-Kammer-Parlaments" [Manzella 1977: 69].

Weder Macht noch Legitimation haben den Senat vor Diskussionen über seine Zukunft bewahrt. Seit 1982 wird in Italien in diversen parlamentarischen Kommissionen über die Reform des politischen Systems debattiert. Fast alle in den vergangenen Jahren unterbreiteten Vorschläge haben eines gemeinsam: Sie fordern eine weitgehende Entmachtung des Senats.

II.   Die Zweite Kammer als verfassungspolitischer Kompromiß

1. Demokratische Legitimität

Das italienische Parlament mit zwei weitgehend gleichwertigen Kammern ist das Ergebnis eines Kompromisses in speziellem historischem Kontext. Nach dem Ende des Faschismus 1943 und der per Referendum beschlossenen Abschaffung der Monarchie 1946 erarbeiteten die aus dem anti-faschistischen Widerstand hervorgegangenen politischen Kräfte (Christdemokraten, Kommunisten, Sozialisten, Republikaner, Liberale) die erste republikanische Verfassung Italiens. Die insgesamt 16 Monate dauernden Beratungen in der Verfassungsgebenden Versammlung (*Assemblea Costituente*) waren geprägt einerseits von den aufbrechenden ideologischen Differenzen der vormals im Kampf gegen den Faschismus verbündeten Parteien, andererseits vom gemeinsamen Willen, mit der auszuarbeitenden Verfassung einen Schutz vor erneuter totalitärer Herrschaft zu schaffen.

Für ein Zweikammersystem im neuen republikanischen Italien machten sich vor allem die *Democrazia Cristiana* (DC), der *Partito Liberale Italiano* (PLI) und der *Partito*

Repubblicano Italiano (PRI) stark [von Beyme 1973: 339]. Sie knüpften mit dem Wunsch nach einem aus Abgeordnetenkammer und Senat bestehenden Parlament an eine italienische Verfassungstradition an. Bereits in der konstitutionellen Monarchie verfügte Italien über ein Zweikammersystem. Die Verfassungsgrundlage in dieser Zeit war der *Statuto Albertino*, der 1848 im Königreich Piemont verkündet und 1860 vom neugegründeten italienischen Nationalstaat weitgehend übernommen wurde. Auch während des Faschismus blieb der *Statuto Albertino* formell in Kraft. Die Parteien der Linken argumentierten in der Verfassungsgebenden Versammlung gegen die Einführung eines Zweikammersystem im neuen republikanischen Italien. Sie befürworteten ein Einkammerparlament, in dem ihrer Ansicht nach der Volkswille am klarsten zum Ausdruck kommen könnte [Müller-Wirth 1992: 13]. Eine Wiederbelebung des Senats lehnten der *Partito Comunista Italiano* (PCI) und der *Partito Socialista Italiano d'Unità Proletaria* (PSIUP) auch deshalb ab, weil diese Zweite Kammer in ihren Augen ein Relikt monarchistischer Tradition darstellte.

Der Streit zwischen bürgerlichen und linken Parteien über die verfassungsrechtliche Form des Parlaments endete nach langer Diskussion mit einem Kompromiß [Cotta 1995: 89]. Die Verfassungsgebende Versammlung verständigte sich auf die Einrichtung eines Zweikammersystems, wie von den bürgerlichen Parteien gewünscht. Gleichzeitig aber wurde als Zugeständnis an die Linksparteien beschlossen, daß der Senat – im Gegensatz zu seiner Stellung in der konstitutionellen Monarchie des *Statuto Albertino* – über volle demokratische Legitimation verfügen sollte. In der Monarchie bestand der Senat noch aus vom König auf Vorschlag der Regierung ernannten Senatoren sowie geborenen Mitgliedern, darunter den Prinzen der Königsfamilie [Chiellino 1981: 52]. Die republikanische Verfassung schreibt nunmehr vor, daß die Mitglieder des Senats grundsätzlich in allgemeiner und direkter Wahl [Art. 58] gewählt werden. Die bürgerlichen Parteien setzten beim Prinzip der demokratischen Legitimität allerdings zwei Einschränkungen durch. So hat laut Verfassung jeder Staatspräsident das Recht, in seiner Amtszeit fünf Personen, „die durch höchste Verdienste auf sozialem, wissenschaftlichen, künstlerischem und literarischem Gebiet dem Vaterland zur Zierde gereichen" [Art. 59], zu Senatoren auf Lebenszeit zu ernennen. Die Staatspräsidenten selbst werden nach dem Ende ihrer Amtszeit automatisch zu Senatoren auf Lebenszeit.

Mit einem Kompromiß endete in der Verfassungsgebenden Versammlung auch die Auseinandersetzung über einen möglichen föderalen Charakter des Senat [von Beyme 1973: 344]. Kommunisten und Sozialisten lehnten eine Kammer regionaler Repräsentanz ab – und setzten sich mit ihrer Position durch. Als Kompromiß wurde in der Verfassung ein Mindestpräsenz von Senatoren aus kleinen Regionen festgelegt [Art. 57 Abs. 3]. Außerdem schreibt die Verfassung vor, daß der „Senat der Republik [...] auf regionaler Basis gewählt" wird [Art. 57 Abs. 1] – eine Vorschrift, die durch die konkreten Wahlgesetze des republikanischen Italiens von Beginn an aufgeweicht wurde. Der Unterschied der Wahlsysteme von Senat und Abgeordnetenkammer reduzierte sich sowohl im alten als auch im 1993 neu eingeführten Wahlrecht auf einen geringfügig anderen Auszählmodus.

2. Verfassungsrechtliche Stellung des Senats

In seiner verfassungsrechtlichen Macht ist der Senat der Abgeordnetenkammer gleichgestellt. Beide Kammer tragen gemeinsam die Regierung. Der Ministerpräsident und seine Minister sind in vollem Umfang vom Vertrauen sowohl des Senats als auch der Abgeordnetenkammer abhängig [Art. 94]. Das heißt: Eine neue Regierung muß sich nach der Ernennung durch den Staatspräsidenten in beiden Kammern der Vertrauensabstimmung stellen. Entzieht ihr auch nur eine Kammer das Vertrauen, hat dies den Rücktritt des Minister-präsidenten zur Folge. Diese volle Gleichberechtigung von Senat und Abgeordnetenkammer im verfassungsrechtlichen Verhältnis zur Regierung kommt in der Verfassungspraxis unter anderem im Ritual der alternierenden Vertrauensabstimmung zum Ausdruck. Hat die

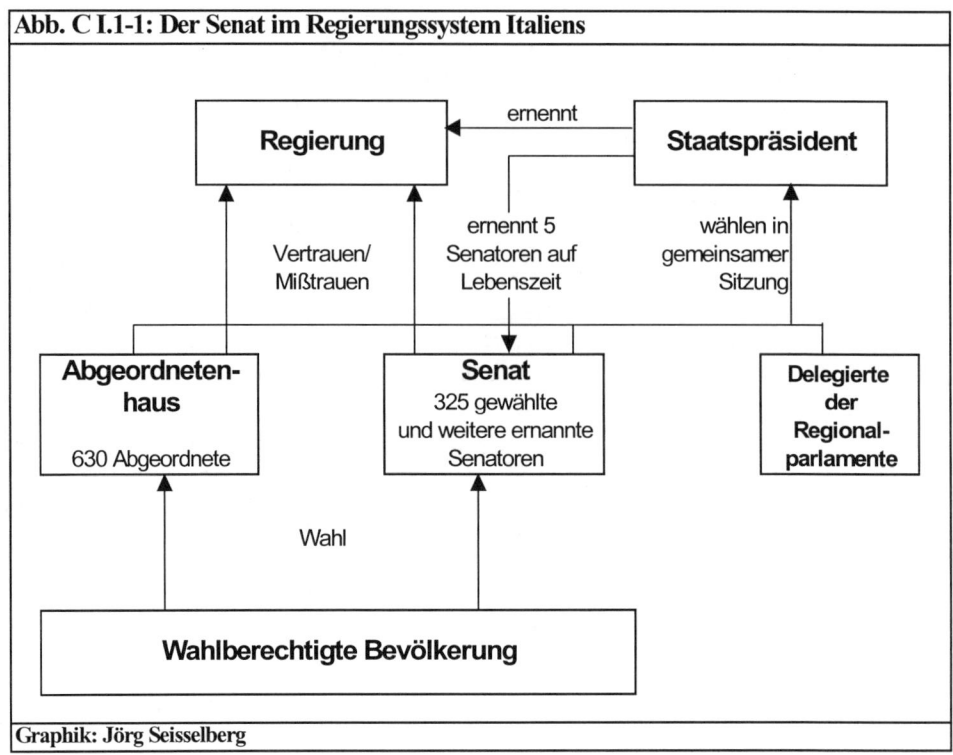

Abb. C I.1-1: Der Senat im Regierungssystem Italiens

Graphik: Jörg Seisselberg

vorhergehende Regierung nach ihrer Ernennung die Vertrauensfrage zuerst in der Abgeordnetenkammer und danach im Senat gestellt, handelt die nachfolgende Regierung traditionell umgekehrt: Regierungserklärung und Vertrauensfrage erfolgen zunächst im Senat und danach in der Abgeordnetenkammer.

Gleichberechtigt mit der Ersten Kammer ist der Senat nicht nur im verfassungs-rechtlichen Verhältnis zur Regierung, sondern auch in seiner legislativen Funktion. Die Gesetzgebung wird laut Verfassung von beiden Kammern gemeinsam ausgeübt [Art. 70], das heißt jede Kammer hat das Recht, Gesetze einzubringen, und jedes Gesetz muß sowohl von der Abgeordnetenkammer als auch vom Senat gebilligt werden. Der dadurch zwangsläufig längere Gesetzgebungsprozeß war von den Verfassungseltern gewollt. Sie erhofften sich durch die doppelte Prüfung eine höhere Qualität der Gesetze [Seisselberg 1991: 253]. Grundsätzlich kommt in der nahezu symmetrischen verfassungsrechtlichen Macht von Abgeordnetenkammer und Senat das Bemühen der Verfassungsgebenden Versammlung zum Ausdruck, zwischen den neuen Institutionen der Republik eine möglichst große Machtbalance herzustellen. Auch die Einführung des Referendums als potentielles Korrektiv zu Entscheidungen des Parlaments [Art. 75] kann als Teil dieses Bemühens interpretiert werden [Furlong 1990: 53]. In der Diskussion der Verfassungsgebenden Versammlung war nach den 21 Jahren faschistischer Herrschaft die Möglichkeit einer neuen Diktatur stets präsent [von Beyme 1973: 340], sie zu verhindern, galt den Mitgliedern der *Costituente* als eines ihrer vorrangigen Anliegen.

III.   Politische Zersplitterung trotz Wahlrechtsreform

1. Das Wahlsystem

Der Senat besteht aus 315 gewählten Senatoren und einer kleinen, variierenden Zahl von Senatoren auf Lebenszeit, die gemäß Verfassung von Rechts wegen oder durch Ernennung in ihr Amt kommen. In der 13. Legislaturperiode gab es Anfang 1999 zehn Senatoren auf Lebenszeit, darunter die beiden ehemaligen Staatspräsidenten Francesco Cossiga und Giovanni Leone, die ehemaligen Ministerpräsidenten Giulio Andreotti und Amintore Fanfani, den Industriellen Giovanni Agnelli und den Philosophen Norberto Bobbio. Der Anteil der gewählten Senatsmitglieder lag bei 96,92 Prozent, der Anteil der ernannten oder von Rechts wegen bestellten Senatoren bei 3,08 Prozent. Zu Beginn der 12. Legislaturperiode 1994 betrug der Anteil der Senatoren auf Lebenszeit 3,49 Prozent. Laut Verfassung haben sowohl die gewählten Senatsmitglieder als auch die Senatoren auf Lebenszeit ein „freies Mandat" – jedes Mitglied des Senats vertritt die Nation und ist nicht an Aufträge gebunden [Art. 67].

Die Dauer der Legislaturperiode beträgt im Senat, wie auch in der Abgeordnetenkammer, fünf Jahre. Der Wahltermin beider Kammern ist identisch. Sowohl der Senat als auch die Abgeordnetenkammer werden landesweit nach einem Mehrheits-wahlsystem mit proportionalen Ausgleichsmechanismen gewählt. Dieses System löste 1993 – als Reaktion auf den Ausgang des vorhergehenden Wahlrechtsreferendum – das bis dahin gültige, faktisch reine Verhältniswahlrecht ab.[1]

Bei der Wahl zum Senat hat der Wähler eine Stimme. Mit ihr votiert er für einen Kandidaten und damit gleichzeitig für dessen Partei. 75 Prozent der Sitze werden in Einer-Wahlkreisen in einem Wahlgang nach dem Prinzip der relativen Mehrheit vergeben. Der Kandidat mit den meisten Stimmen zieht in den Senat ein. Die restlichen 25 Prozent der Sitze werden auf regionaler Ebene proportional unter den Kandidaten der unterlegenen Parteien verteilt – vor der proportionalen Verteilung werden jedoch jeder Partei die Stimmen ihrer siegreichen Kandidaten in der Region abgezogen. Intention des Gesetzgebers war, durch diese Regelung einen Schutz der Minderheitsparteien zu gewährleisten [Seisselberg 1993: 512].

Eine offizielle Sperrklausel gibt es im Wahlrecht des Senats nicht. Aufgrund der geringen Zahl an proportional zu verteilenden Sitzen, sind aber besonders in kleinen Regionen extrem gute Wahlergebnisse erforderlich, damit eine Partei über den proportionalen Ausgleichsmechanismus den Sprung in den Senat schafft. Konkret waren hierfür bei der Wahl 1996 in Umbrien 20,29 Prozent nötig, in Marken 20,28 Prozent, in Basilikata 18,83 Prozent und in den Abruzzen 18,08 Prozent. Wesentlich niedriger lag die faktische Sperrklausel bei der proportionalen Sitzverteilung in den bevölkerungsstarken italienischen Regionen Lombardei (4,15 Prozent), Kampanien (4,87 Prozent), Sizilien (5,31 Prozent) und im Latium (5,45 Prozent). Das Wahlsystem der Abgeordnetenkammer ist dem des Senats ähnlich. Auch hier werden 75 Prozent der Sitze nach dem Mehrheits- und 25 Prozent der Sitze nach dem Proportionalsystem vergeben. Allerdings hat der Wähler bei der Abgeordnetenkammer zwei Stimmen, eine für den Kandidaten, und eine für die Partei. Die Stimme für die Partei

---

[1] Bis 1993 galt für den Senat formal ein Mehrheitswahlrecht, für die Abgeordnetenkammer ein reines Verhältniswahlrecht. De facto war aber auch das Wahlrecht des Senats ein Verhältniswahlrecht. Denn die Ein-Mann-Wahlkreise wurden nur von den Kandidaten gewonnen, die 65 Prozent der Stimmen gewannen. Gelang dies nicht, war kein Direktkandidat gewählt und die Stimmen zählten komplett für die Partei bei der auf Ebene der Regionen vorgenommenen proportionalen Sitzverteilung. Diese Regelung führte dazu, daß die überwiegende Zahl der Sitze im Senat proportional verteilt wurden. In den sechs Wahlen von 1972 bis 1992 wurden lediglich neun Direktmandate vergeben. 1992 schafften zwei Kandidaten den Sprung in den Senat über ein Direktmandat, 1987 einer, 1983 einer, 1979 einer, 1976 zwei und 1972 ebenfalls zwei.

entscheidet über den Anteil an den nach dem Verhältniswahlrecht vergebenen Sitzen. Hier gilt eine formelle Sperrklausel von 4 Prozent.

Der Senat ist von den Verfassungsgebern bewußt als „ältere Kammer" angelegt. Sowohl das aktive als auch das passive Wahlalter liegt bei der zweiten Kammer deutlich höher als bei der ersten. Auch mit der Wahlrechtsreform von 1993 blieb diese Differenzierung erhalten. An der Wahl der Senatoren können sich laut Verfassung jene Wahlberechtigten beteiligen, die das 25. Lebensjahr überschritten haben [Art. 58 Abs. 1]. Wer für den Senat kandidieren will, muß das 40. Lebensjahr vollendet haben [Art. 58 Abs. 2]. Für die Abgeordnetenkammer dagegen beträgt das aktive Wahlalter 18 und das passive Wahlalter 25 Jahre [Art. 56].

2. Gemeinsame Wahlbündnisse – getrennte Fraktionen

Sowohl das alte Proportionalwahlsystem vor 1993 als auch das neue Mehrheitswahlsystem haben in Senat und Abgeordnetenkammer stets zu annähernd gleichen politischen Mehrheiten geführt. Unter dem neue Wahlsystem setzte sich 1994 unter Führung von Silvio Berlusconi das Mitte-Rechts-Bündnis *Polo per le Libertà* (Freiheitspol) durch. Ihm gehörten an: *Forza Italia, Alleanza Nazionale* (AN), die *Lega Nord* und der *Centro Cristiano Democratico* (CCD). 1996 mußte der Freiheitspol in die Opposition, die Wahl gewann das Mitte-Links-Bündnis *Ulivo* (Olivenbaum) unter Romano Prodi. Zum Olivenbaumbündnis zählten unter anderem der *Partito Democratico della Sinistra* (PDS), der *Partito Popolare Italiano* (PPI), die *Verdi* (Grüne) und die Anti-Mafia-Partei *La Rete* (Das Netz).

Tab. C I.1-1: Wahlergebnisse in Italien 1994 und 1996

Wahlergebnisse Senat 28.3.1994		Wahlergebnisse Senat 21.4.1996	
Freiheitspol (*Polo per le Libertà*) Forza Italia, AN, Lega, CCD	40,4 %	Freiheitspol (*Polo per le Libertà*) Forza Italia, AN, CCD, CDU	37,3 %
		Lega Nord	10,4 %
PPI, Patto Segni	16,7 %		
Fortschrittliche (*Progressisti*) PDS, RC, Verdi, Rete, PSI	33,2 %	Olivenbaumbündnis (*L'Ulivo*) PDS, PPI, Verdi, Rete, RI, Sozialisten	41,2 %
		RC	2,9 %
Sonstige	9,7 %	Sonstige	8,2 %

Abkürzungen und Übersetzungen: **Forza Italia** (Vorwärts Italien), **AN**: Alleanza Nazionale (Nationale Allianz), **Lega**: Lega Nord (Liga Nord) **CCD**: Centro Cristiano Democratico (Christlich-demokratisches Zentrum), **PPI**: Partito Popolare Italiano (Italienische Volkspartei), **PDS**: Partito Democratico della Sinistra (Demokratische Linkspartei), seit 1998 DS: Democratici di Sinistra (Linksdemokraten), **RC**: Rifondazione Comunista (Kommunistischer Wiederaufbau), **Verdi** (Grüne), **Rete**: La Rete (Das Netz), **PSI**: Partito Socialista Italiano (Sozialistische Partei Italiens), **CDU**: Cristiani Democratici Unitari (Vereinigte Christdemokraten), **RI**: Rinnovamento Italiano (Italienische Erneuerung).

Quelle: Corriere della Sera und La Repubblica, 30.3.1994 und 23.4.1996

Bemerkenswert an den Ergebnissen unter dem neuen Wahlsystem ist, daß sowohl 1994 als auch 1996 dem jeweiligen Siegerbündnis keine absolute Mehrheit an Sitzen im Senat gelang.[2] Dies bescherte überraschend den Lebenszeit-Senatoren bis dahin ungewohntes

---

[2] 1994 erreichte der Freiheitspol im Senat 155 Sitze, die absolute Mehrheit lag bei 163 Sitzen (Gesamtzahl Senatoren: 326 Senatoren, inklusive Senatoren auf Lebenszeit). 1996 erreichte das Olivenbaumbündnis im Senat 157 Sitze, die absolute Mehrheit lag ebenfalls bei 163 Sitzen (Gesamtzahl Senatoren: 325, inklusive Senatoren auf Lebenszeit).

politisches Gewicht. Der Freiheitspol sicherte sich 1994 die notwendigen Stimmen für das Vertrauensvotum durch die Stimmen einiger Senatoren auf Lebenszeit, aber auch durch vier Überläufer aus dem damals zur Opposition zählenden PPI [Ignazi/Katz 1995: 15]. 1996 erreichte das Olivenbaumbündnis im Senat die absolute Mehrheit durch die Unterstützung von sieben Lebenszeit-Senatoren. Diese informelle Kooperation erwies sich stabiler als die formelle Tolerierung der Regierung Prodi durch die alt-kommunistische *Rifondazione Comunista* (RC) in der Abgeordnetenkammer (auch in der Ersten Kammer hatte das Olivenbaumbündnis die absolute Mehrheit der Sitze verfehlt). Den Senat passierten alle wichtigen Gesetzesvorhaben der Regierung Prodi problemlos. In der Abgeordnetenkammer dagegen stürzte der Ministerpräsident im Herbst 1998, weil sich einige kommunistische Abgeordnete in den Haushaltsberatungen gegen ihn gestellt hatten. Nach den Regeln der italienischen Verfassung, die eine Vertrauensbasis in beiden Kammern vorschreibt, mußte Prodi – obwohl er zu diesem Zeitpunkt noch über ein Mehrheit im Senat verfügte – seinen Rücktritt einreichen.

Zur Gründung einer Fraktion sind laut Geschäftsordnung zehn Senatoren erforderlich. Das Präsidium des Senats kann allerdings auch kleinere Fraktionen erlauben, wenn sie von Mitgliedern einer Partei gebildet werden, die landesweit (mindestens in 15 Regionen) zur Wahl angetreten ist oder die in mindestens drei Regionen einen Kandidaten in den Senat gebracht hat [Art. 14 Abs. 4 Geschäftsordnung: GO]. Eine Besonderheit des italienischen Parlaments ist, daß sich ausnahmslos alle Senatoren (wie auch alle Abgeordneten) einer Fraktion anschließen müssen. Vertreter kleiner Parteien und Wahllisten bilden daher eine sogenannte Gemischte Fraktion (*Gruppo misto*). Diese Gruppe, in der sich Vertreter unterschiedlichster politischer Couleur zusammenfinden (von extrem rechts bis extrem links), wählt wie jede andere Fraktion ein Fraktionspräsidium und verfügt über die gleichen parlamentarischen Rechte.

Ein Ziel der Wahlrechtsreform 1993 war, durch ein Mehrheitswahlrecht die politische Zersplitterung im Parlament zu beenden. Dies hat sich nur teilweise erfüllt. Es kam zwar bei den ersten beiden Wahlen nach der Reform zum Zusammenschluß jeweils zweier großer Wahlbündnisse (1994 Freiheitspol und Fortschrittliche, 1996 Freiheitspol und Olivenbaumbündnis). Bei der Konstituierung des Parlaments aber splitteten sich diese Bündnisse in zahlreiche Fraktionen auf. Im Ergebnis ist der Senat parteipolitisch ähnlich fragmentiert wie in den Jahren vor der Wahlrechtsreform. Anfang 1999 bestand die zweite Parlamentskammer aus elf Fraktionen. Zum Vergleich: Im letzten Senat vor der Reform waren 13 Fraktionen vertreten. Der ersten Senat nach der Reform zählte zunächst zehn Fraktionen, später – aufgrund von parteiinternen Spaltungen und Parteineugründungen – erhöhte sich die Zahl, wie vor der Reform, auf 13 [Tab. C I.1-2].

Der Grund für die politische Zersplitterung im Senat trotz des bestehenden Mehrheitswahlrechts ist die unverändert starke Macht der Parteien im politischen System Italiens. Die Änderung des Wahlgesetzes hat in dieser Hinsicht keinen durchgreifenden Wandel bewirkt. Im Gegenteil: Der Einfluß der Parteiführungen wurde eher noch verstärkt. Sie handeln im Wahlbündnis die Quoten aus, entscheiden welche Partei wieviel und welche Wahlkreise mit ihren Kandidaten besetzen darf [Sani 1994: 6]. Diese Wahlkreisabsprachen führen dazu, daß auch die Kandidaten kleiner Parteien wie der Grünen oder des 1996 neugegründeten *Rinnovamento Italiano* (RI) des Außenministers Lamberto Dini den Sprung in den Senat schafften, obwohl sie bei den Wahlen mit einem Stimmenanteil von jeweils unter drei Prozent nicht über den Status einer Splitterpartei hinausgekommen sind. Einmal im Senat vertreten, marschieren auch diese Parteien unter autonomem Fraktionsbanner. Die eigene Fraktion, sowohl in der Abgeordnetenkammer als auch im Senat, ist für die italienischen Parteien nach wie vor ein politisches Statussymbol. Außerdem sichert die eigene Fraktion den Parteien bei parlamentarischen Verhandlungen ein größeres politisches Gewicht.

Tab. C I.1-2: Entwicklung der Sitzverteilung im italienischen Senat von 1994-1999					
12. Legislaturperiode 1994-1996			13. Legislaturperiode ab 1996		
Fraktion	Sitze 1994	Sitze 1996	Fraktion	Sitze 1996	Sitze 1999
Forza Italia	36	36	Forza Italia	48	39
CCD	12	15	CCD	15	12
AN	48	47	AN	43	41
Lega Nord	60	40	CDU	10	
Lega Italiana Federalista		10			
			Lega Nord	27	24
PDS	76	75	PDS (seit 1998: DS)	100	105
Verdi/La Rete	13	7	Verdi-Ulivo	14	14
PSI-Labouristi-Socialisti	10	13	Rinnovamento Italiano	11	8
Sinistra Democratica		10	UDR		20
Rifondazione Comunista	18	18	Rifondazione Comunista	11	
			Comunisti Italiani		6
PPI	34	22	PPI	31	31
CDU		13			
Misto	19	14	Misto	15	25
Senatoren	326	325	Senatoren	325	325
Fraktionen	10	13	Fraktionen	11	11
Quelle: Manzella 1995, Verzichelli 1997, aktuelle Berichterstattung in den Tageszeitugen Corriere della Sera und La Repubblica.[3]					

3. Der Senator: Älter und beruflich erfahrener als der Kollege Abgeordnete

Die Grundidee der Verfassungsgeber, den Senat als „Kammer der Erfahrung" anzulegen, spiegelt sich noch heute in der Alters- und Sozialstruktur der Senatoren wieder. Bedingt durch das höhere passive Wahlalter lag der Altersdurchschnitt der Senatoren zu Beginn der 13. Legislaturperiode 1996 mit 51,1 Jahren deutlich über dem Altersdurchschnitt der Abgeordneten, der 45,4 Jahre betrug. Vor allem die mit der Reform des Wahlrechts 1993

---

[3] Die Stärke der einzelnen Fraktionen sowie ihre Zugehörigkeit zur Regierungsmehrheit bzw. zur Opposition hat sich im Laufe der Legislaturperioden geändert. Beim Beginn der 12. Legislaturperiode **1994** gehörten zum siegreichen Wahlbündnis Freiheitspol unter der Führung von Silvio Berlusconi Forza Italia, AN, CCD sowie die Lega Nord. Ende 1994 zerbrach die Freiheitspol-Koalition. Die Lega Nord verließ die Koalition, es kam zur Abspaltung der Lega Federalista Italiana. Von der damals noch bündnisunabhängigen Zentrumspartei PPI spaltete sich der CDU ab, der mit dem Freiheitspol kooperierte. Auf Seiten der Linken kam es in der 12. Legislaturperiode zu Umgruppierungen unter anderem dadurch, daß sich Mitte-Links-Senatoren aus der Gemischen Fraktion (*Gruppo Misto*) zu einer eigenständigen Fraktion zusammenschlossen. **1996** gehörten zum siegreichen Olivenbaum-Bündnis PDS, PPI, Rinnovamento Italiano, Verdi, La Rete und verschiedene kleine sozialistische Parteien und Gruppie-rungen. Mit der altkommunistischen *Rifondazione Comunista* hatte das Olivenbaum-Bündnis in einigen Regionen Wahlkampfabsprachen getroffen. Als im Herbst 1998 die Führung der Rifondazione Comunista der Regierung Prodi das Vertrauen entzog spaltete sich der PDCI (*Partito Dei Comunisti Italiani*) ab, der weiter mit dem Olivenbaumbündnis zusammenarbeitete. Die verbleibenden Rifondazione-Senatoren schlossen sich der Gemischten Fraktion an. Bereits zuvor hatten sich Senatoren unter anderem von Forza Italia, CDU und *Rinnovamento Italiano* der neugegründeten UDR (*Unione Democratica per la Repubblica*) des ehemaligen Staatspräsidenten Cossiga angeschlossen.

verbundenen Umwälzungen haben allerdings zu einer erheblichen Verjüngung des Senats (wie auch der Abgeordnetenkammer) geführt. In der letzten Legislaturperiode vor der Reform lag der Altersdurchschnitt im Senat bei rund 56 Jahren [Turno 1994: 2].

In der Sozialstruktur gibt es bemerkenswerte Unterschiede zwischen erster und zweiter Kammer: Während in der Abgeordnetenkammer die politischen Funktionäre die größte Berufsgruppe stellen (13,8 Prozent), sind im Senat die Universitätsprofessoren am stärksten vertreten. Fast jeder fünfte gewählte Senator gibt als Beruf eine Hochschul-Lehrtätigkeit an (18,1 Prozent). Ebenfalls stark vertreten in der zweiten Kammer sind Rechtsanwälte (14,4 Prozent), andere freie Berufe (13,3 Prozent) und Leiter/Geschäftsführer öffentlicher Einrichtungen (11,4 Prozent). Deutlich schwächer als in der Abgeordnetenkammer sind Berufspolitiker vertreten (5,4 Prozent). Im Parlament insgesamt gering repräsentiert sind Arbeiter und Handwerker. Beide Berufsgruppen zusammen stellen lediglich 1,9 Prozent der Senatoren und 2,1 Prozent der Abgeordneten. Unter den Senatoren befinden sich außerdem 9,8 Prozent Lehrer (Abgeordnete: 9,4 Prozent), 5,7 Prozent Unternehmer (Abgeordnete: 8,1 Prozent) und 3,8 Prozent Gewerkschaftsfunktionäre (Abgeordnete: 2,1 Prozent). 2,5 Prozent der Senatoren geben als Beruf Manager an, diese Kategorie ist in der Ersten Kammer nicht vertreten [Verzichelli 1997: 184].

Der Frauenanteil im Senat ist deutlich geringer als in der Abgeordnetenkammer. In der Ersten Kammer sind 11,3 Prozent der Parlamentarier weiblich, im Senat liegt die Quote bei 8,3 Prozent.

IV. Die Arbeitsweise des Senats

1. Konzentrierte und produktive Gesetzgebung

Der Senat gilt im Vergleich zur Abgeordnetenkammer in seiner Gesetzgebungsarbeit als effizienter [Müller-Wirth 1992: 71]. Obstruktionspolitik durch *Filibustering* war im Senat nie ein Problem – anders als in der Abgeordnetenkammer, in der vor allem in den siebziger und achtziger Jahren nach dem Einzug der Radikalen Partei Obstruktion ein durchaus übliches Mittel der Oppositionspolitik wurde. Der Senat präsentierte sich auch in dieser Phase als die Kammer mit den etwas kultivierteren parlamentarischen Umgangsformen. Seit 1988 schiebt die Geschäftsordnung des Senats dem *Filibustering* auch ganz formell einen Riegel vor. Die Fraktionsführer sind nunmehr verpflichtet, im Rahmen eines einmonatigen Arbeitskalenders die exakte Dauer einer Debatte im vorhinein zu bestimmen und die Gesamtredezeiten für die einzelnen Fraktionen festzulegen [Art. 55 Abs. 5 GO]. Diese jeder Fraktion zustehenden Redezeiten lassen sich im Laufe der Debatte nicht mehr verlängern. Die Redezeit pro Senator ist auf 20 Minuten begrenzt, sie kann nur in Ausnahmefällen vom Senatspräsident auf maximal 60 Minuten ausgedehnt werden. Vor Abstimmungen hat aus jeder Fraktion nur ein Senator die Möglichkeit für maximal zehn Minuten eine Erklärung abzugeben.

Die Ausschüsse sind eng an die Arbeitsplanung des Plenums angebunden und haben nahezu keinerlei eigenmächtige Zeitgestaltung. Auch in den Ausschüssen gilt eine Begrenzung der Redezeit, kein Senator darf bei einer formellen Debatte im Ausschuß länger als zehn Minuten reden.

Seit der Geschäftsordnungsnovelle von 1988, die der Senat parallel zur Abgeordnetenkammer beschloß, ist auch die Möglichkeit geheimer Abstimmungen in beiden Parlamentskammern stark eingeschränkt [Seisselberg 1991: 254]. Damit soll dem Problem der sogenannten *franchi tiratori* (Heckenschützen) entgegengewirkt werden. Als *franchi tiratori* gelten Abgeordnete aus den Reihen der Regierungsfraktionen, die bei offenen Abstimmungen über einzelne Abschnitte eines Gesetzentwurfes zustimmen, dann aber bei der geheimen

Schlußabstimmung dagegen votieren und die Regierung in Schwierigkeiten bringen. Bis 1988 waren *franchi tiratori* ein permanenter Unruheherd vor allem in der Abgeordnetenkammer, seit der Reform aber spielt dieses Problem im italienischen Parlament keine Rolle mehr.

Gesetzentwürfe im Senat können jeder Senator, jede Fraktion und die Exekutive einbringen, sowie Regionalregierungen, bestimmte öffentliche Institutionen und Körperschaften sowie das Volk, wenn mindestens 50.000 Wahlberechtigte unterzeichnen [Art. 71, Abs. 2].[4] Der Senat zeichnet sich im Vergleich zur Abgeordnetenkammer durch eine in der Relation geringfügig aktivere Gesetzgebungstätigkeit aus. In der 12. Legislaturperiode (1994-96) entstanden im Senat 5,8 Gesetzentwürfe pro Senator, in der Kammer 5,0 pro Abgeordneten. In der 13. Legislaturperiode war das Zahlenverhältnis ähnlich. Bis Ende 1998 kamen auf jeden Senator im Durchschnitt 9,0 Gesetzentwürfe, auf jeden Abgeordnete im Durchschnitt 7,4 [Tab. C I.1-3].

Tab. C I.1-3: Beteiligung des italienischen Senats an Gesetzentwürfen			
Gesetzesentwürfe 12. Legislaturperiode 1994-1996		Gesetzentwürfe 13. Legislaturperiode 1996 - 31.12.1998	
Im Senat präsentiert	2372	Im Senat präsentiert	3485
In der Kammer präsentiert	3738	In der Kammer präsentiert	5217
Zusammen	6110	Zusammen	8705
Initiatoren		**Initiatoren**	
Regierung	1033	Regierung	1012
Senatoren	1888	Senatoren	2923
Initiativen pro Senator	5,8	Initiativen pro Senator	9,0
Abgeordnete	3132	Abgeordnete	4664
Initiativen pro Abgeordneter	5,0	Initiativen pro Abgeordneter	7,4
Volksinitiative	16	Volksinitiative	20
Regionalregierung	40	Regionalregierung	80
Öffentliche Institution	1	Öffentliche Institution	4
Quelle: Servizio Studi del Senato della Repubblica, Disegni di legge esaminiati – Legislatura XIII, http://www.senato.it/att/stat/ddlconat.htm, vom 6.1.99, und eigene Berechnungen.			

Keine Vorschrift gibt es dafür, ob die Regierung ihre Gesetzesvorschläge zuerst im Senat oder zuerst in der Abgeordnetenkammer einbringt. In der Praxis entscheidet die Regierung nach politischer Opportunität. Es gilt die Faustregel: Wichtige Gesetze werden zuerst in der Kammer eingebracht, in der die Regierung über eine größere Mehrheit an Stimmen verfügt. In der 12. Legislaturperiode (1994-1996) brachte beispielsweise die Regierung Berlusconi fast alle Gesetz zunächst in der Abgeordnetenkammer ein, weil sie dort einen klareren Stimmenvorsprung hatte [Manzella 1995: 169]. Nach dem Bruch der Koalition und der Verschiebung der Machtverhältnisse handelte die nachfolgende Regierung Dini genau umgekehrt. Sie legte ihre Gesetzentwürfe überwiegend zunächst im Senat vor, weil die Mehrheiten für sie in dieser Parlamentskammer günstiger waren.

In Kraft treten kann ein Gesetz nach italienischer Verfassung nur dann, wenn es die Zustimmung *beider* Kammern des Parlaments hat. Ein zunächst im Senat beratenes Gesetz geht die Abgeordnetenkammer und umgekehrt. Ein Schiedsinstanz in diesem Verfahren gibt es nicht. Im Prinzip kann somit ein Gesetz, das bei den Beratungen permanent in mindestens einer Kammer in Passagen verändert wird, für die Dauer einer ganzen Legislaturperiode zwischen Senat und Abgeordnetenkammer hin- und herpendeln. Vor allem vor der

---

[4] Die selben Gruppen können auch Gesetze in der Abgeordnetenkammer einbringen.

Einführung des Mehrheitswahlrechts wirkte sich dieses Fehlen einer Schiedsinstanz negativ auf die Arbeitseffektivität des Parlaments aus. Die Vielzahl der Strömungen und Partikularinteressen in den Regierungsparteien führten häufig zu koalitionsinternen Interessenkonflikten, die sich in permanenten Korrekturen im Gesetzgebungsprozeß niederschlugen. In der 9. Legislaturperiode (1983-1987) wurden insgesamt 118 Gesetze im Senat verabschiedet, über die keine Einigung in der Abgeordnetenkammer erzielt werden konnte. Umgekehrt wurden 175 Gesetze in der Ersten Kammer gebilligt, die keine Mehrheit im Senat fanden. Andere benötigten mehrere Durchgänge in beiden Kammern bevor sie verabschiedet wurden. Den Negativrekord dieser Legislaturperiode markierten zwei Gesetze, die insgesamt fünfmal zwischen Senat und Abgeordnetenkammer hin- und herpendelten, ehe sie in Kraft traten[5].

2. Einflußreiche Ausschüsse

Die Ausschüsse im Senat (wie in der Abgeordnetenkammer) sind eine Art Mini-Parlament im Parlament. Sie haben das Recht, Gesetze zu verabschieden. Das Plenum kann Gesetzentwürfe in *sede deliberante*, also zur abschließenden Beschlußfassung, an Ausschüsse (*commissioni*) überweisen. Wenn nach der Entscheidung des Ausschusses nicht die Regierung, ein Zehntel der Senatoren oder ein Fünftel der Ausschußmitglieder eine Rücküberweisung ins Plenum verlangt, tritt das Gesetz gemäß Verfassung in Kraft [Art. 72, Abs. 3] – vorausgesetzt die andere Kammer des Parlaments hat (im Ausschuß oder im Plenum) bereits zugestimmt.

In der 12. Legislaturperiode (1994-1996) wurden im Senat insgesamt 450 Gesetze verabschiedet, davon 80 durch Beschlußfassung in Ausschüssen. In 13. Legislaturperiode beschloß der Senat bis Ende 1998 insgesamt 792 Gesetze, davon 274 in Ausschüssen [Servizio Studi del Senato 1999]. Vor der Wahlrechtsreform 1993 lag die Quote der Gesetze, die in Ausschüssen verabschiedet wurden, noch wesentlich höher. Von 1948 bis 1987 wurden in jeder Legislaturperiode deutlich mehr Gesetze abschließend in Ausschüssen als im Plenum beraten, in einigen Legislaturperioden betrug der Anteil der in Ausschüssen verabschiedeten Gesetze über 80 Prozent [Furlong 1990: 64]. Der Grund für die damals noch stärkere Verlagerung der Gesetzesentscheidungen in die Ausschüsse lag im betont konsoziativen Charakter des alten politischen Systems. Auch heute noch sind Einigungen zwischen einzelnen Interessengruppen der Regierungsmehrheit oder Absprachen mit der Opposition in den Ausschüssen, die nicht unmittelbar im Blickpunkt der Öffentlichkeit stehen, leichter möglich als im Plenum.

Neben den Beratungen mit abschließender Gesetzesverabschiedung (*sede deliberante*) können die Ausschüsse laut Geschäftsordnung in drei weiteren Funktionen zusammentreten [Art. 28]: a) in redaktioneller Funktion (*sede redigente*) zur Prüfung und Verabschiedung einzelner Artikel eines zu beschließenden Gesetzes, das dann dem Plenum nur noch zur Abschlußabstimmung vorgelegt wird, b) in referierender Funktion (*sede referente*) zur Prüfung von Gesetzesentwürfen oder anderen Angelegenheiten, in denen das Plenum die Ausschüsse um eine Stellungnahme bittet sowie c) in beratender Funktion (*sede consultiva*) um selbständig und ungefragt Stellungnahmen zu in ihren Fachbereich fallende Themen vorzulegen, die nicht unbedingt mit einem im Ausschuß vorliegenden Gesetzentwurf in Zusammenhang stehen müssen. Von den abschließenden Beratungen in Ausschüssen über Gesetzesentwürfe waren in der 13. Legislaturperiode bis Ende 1998 insgesamt 389 in gesetzgebender Funktion, 835 in referierender Funktion und 20 in redaktioneller Funktion.

---

[5] Zum einen handelte es sich um das Gesetz zur Sammlung, Aufzucht und Handel mit Trüffeln, zum anderen um das Gesetz zur Erweiterung und Modernisierung der Flughäfen von Rom und Mailand. Schreiben des *Ufficio informazioni parlamentari* des Senats an den Autor vom 21.12.1998.

Die Sitzungen der Ausschüsse in referierender und beratender Funktion sind gemäß Geschäftsordnung generell nicht öffentlich [Art. 33 Abs. 3]. Eine Zusammenfassung der Ergebnisse dieser Sitzungen aber wird schriftlich erstellt und kann eingesehen werden. Die Sitzungen in beschlußfassender und redaktioneller Funktion – also die mit größerer politischer Bedeutung – sind dagegen öffentlich. Es wird ein stenografisches Protokoll erstellt, das hinterher öffentlich zugänglich ist. Außerdem kann auf Bitte des Ausschusses der Senatspräsident eine audiovisuelle Übertragung der Sitzung in einen Parlamentssaal beschließen, in dem Publikum und Presse den Verlauf über Videoschirm verfolgen können [Art. 33 Abs. 2].

Der Senat verfügt zur Zeit über 13 Ausschüsse, die die wichtigsten politisch-parlamentarischen Themenbereiche abdecken. In allen Ausschüssen sind die Fraktionen entsprechend ihrer numerischen Stärke im Plenum vertreten. Die inhaltliche Abgrenzung der Senatsausschüsse entspricht weitgehend denen in der Abgeordnetenkammer. Der Senat hat allerdings einen eigenständigen Gesundheitsausschuß eingerichtet, dessen Arbeit in der Abgeordnetenkammer auf andere Ausschüsse verteilt ist. Umgekehrt existieren in der Abgeordnetenkammer ein Europaausschuß und ein Anti-Korruptionsausschuß, die es im Senat nicht gibt. Neben diesen permanenten Ausschüssen arbeiten in beiden Kammern Sonderausschüsse. Im Senat waren es Anfang 1999 drei: ein Untersuchungsausschuß zum Gesundheitssystem, ein Sonderausschuß zum Thema Kinder und eine Kommission zum europäischen Handel.

Die enge Verzahnung von Senat und Abgeordnetenkammer drückt sich auch in einer Vielzahl Gemeinsamer Ausschüsse (*commissioni bicamerali*) aus, in denen Senatoren und Abgeordneten paritätisch vertreten sind. Drei dieser Gemeinsamen Ausschüsse haben Verfassungsrang: Der Ausschuß zur Verfassungsreform, der Ausschuß zur Frage der Regionen sowie das gemeinsame Parlamentskomitee, das über eine mögliche Anklageerhebung von Abgeordnetenkammer und Senat gegen den Staatspräsidenten, den Ministerpräsidenten oder einzelne Minister entscheidet. Die politisch größte Bedeutung in den vergangenen Jahren hatte der Ausschuß zur Verfassungsreform. Als weitere Gemeinsame Ausschüsse von Abgeordnetenkammer und Senat gibt es: fünf Kontrollausschüsse (u.a. zur Überwachung der Radio- und Fernsehanbieter, der Sozialversicherungsanstalten und der Geheimdienste), drei Untersuchungsausschüsse (u.a. zur Mafia und zum Terrorismus) sowie vier Beratungsausschüsse (unter anderem zur Steuerreform).

3. Parlamentarische Kontrollinstrumente der Senatoren

Der Senat ist mit diversen Kontrollmöglichkeiten gegenüber der Regierung ausgestattet. Im parlamentarischen Alltag verfügen die Senatoren über drei in der Geschäftsordnung vorgesehene Instrumente, mit denen sie die Exekutive zu Stellungnahmen oder einer politischen Diskussion bewegen können. Das einfachste Mittel ist die Kleine Anfrage (*interrogazione*). Mit einer Kleinen Anfrage kann sich der Senator gemäß Geschäftsordnung an den zuständigen Minister wenden und Informationen oder Erklärungen zu einem Thema verlangen bzw. sich über den Stand von Maßnahmen oder Planungen informieren lassen [Art. 145 Abs. 1 GO]. In der parlamentarischen Praxis dient die Kleine Anfrage vor allem dazu, die Regierung in einem bestimmten Thema zur politischen Diskussion zu zwingen. Noch sehr viel ausgeprägter ist diese Funktion beim Instrument der Großen Anfrage (*interpellanza*). Sie wendet sich an die Regierung, um „Motive und Hintergründe ihres Verhaltens zu Fragen von besonderer Bedeutung oder grundsätzlichen Charakters" herauszufinden [Art. 154 Abs. 1 GO]. Jede Fraktion hat pro Monat Anspruch auf maximal drei Große Anfragen.

Die dritte Möglichkeit für die Senatoren, die Regierung ‚zu stellen', ist die Einbringung eines Entschließungsantrags (*mozione*). Ein Entschließungsantrag muß von mindestens acht Senatoren getragen werden [Art. 157 Abs. 1 GO]. Ziel eines Entschließungsantrages ist es, zu einem Bereich der Regierungspolitik eine große Debatte mit anschließender Abstimmung zu erzwingen. Ein Entschließungsantrag muß, wenn er mindestens von einem Fünftel der Senatoren getragen wird, innerhalb von 30 Tagen im Parlament behandelt werden. Das Senatspräsidium kann dafür einen zusätzlichen Sitzungstag anberaumen [Art. 157 Abs. 3 GO].

In der politischen Praxis ist der Senat in seiner parlamentarischen Kontrollarbeit eifriger als die Abgeordnetenkammer. Im Jahr 1998 kamen auf jeden Senator 2,9 Große Anfragen (insgesamt wurden im Senat 950 gestellt) sowie 13,8 Kleine Anfragen (insgesamt 4348). Demgegenüber stellte ein Abgeordneter durchschnittlich 2,1 Große Anfragen (insgesamt 1330) und 10,4 Kleine Anfragen (insgesamt 6547) [La Repubblica, 30.12.98, S. 6].

Das machtvollste parlamentarische Instrument, das der Senat der Regierung gegenüber besitzt, ist die Möglichkeit eines Mißtrauensantrags (*mozione di sfiducia*). Das Mißtrauensvotum muß nach der italienischen Verfassung nicht konstruktiv sein. Das heißt: Der Senat kann mit der Mehrheit seiner Mitglieder eine Regierung abwählen und muß damit nicht gleichzeitig für eine neue Regierung votieren, wie es zum Beispiel das deutsche Grundgesetz vorschreibt. In der parlamentarischen Praxis spielt das Mißtrauensvotum als Instrument zur Ablösung der Regierung keine Rolle. Eine große Zahl von Regierungskrisen nach dem Zweiten Weltkrieg wurden durch außerparlamentarische Machtkämpfe in oder zwischen Parteien ausgelöst, die meist zu einem Rückzug der Regierung ohne vorherige formale Vertrauensfrage führten [Seisselberg 1991: 250]. Die Regierung Prodi scheiterte 1998 parlamentarisch, als sie bei einer aus eigener Initiative gestellten Vertrauensfrage keine Mehrheit in der Abgeordnetenkammer erhielt. Bislang gibt es noch keinen Fall in der republikanischen Geschichte Italiens, in der eine Regierung infolge eines formellen Mißtrauensantrags des Senats (oder der Abgeordnetenkammer) zurücktreten mußte.

Der Senat kann zur Kontrolle von Regierung und staatlichen Institutionen auch Untersuchungsausschüsse einsetzen. Sie verfügen bei ihren Nachforschungen über dieselben Vollmachten wie ein Gericht. Die gemeinsamen Kontrollausschüsse mit der Abgeordneten-kammer ermöglichen dem Senat außerdem die parlamentarische Überwachung wichtiger öffentlicher Bereiche, wie des Kommunikationssektors, des Sozialversicherungsbereichs oder des Geheimdienstes. Außerdem können Senatoren jederzeit Informationen, Erläuterungen und Dokumente vom Rechnungshof einholen [Manzella 1974: 562].

V.   Politische Funktionen des Senats

1.   Gleiche Macht, gleiche Kompetenzen –
der Senat als Zwillingsbruder der Abgeordnetenkammer

Der Senat nimmt die vollen Legislativ-, Kontroll- und Repräsentationsfunktionen eines demokratischen Parlaments wahr. Er verfügt über sämtliche verfassungsrechtliche Kompetenzen in der Gesetzgebung, bei der Wahl und Kontrolle der Regierung sowie bei der Wahl des Staatsoberhaupts. Der Senat ist auf jeder Ebene mit der Abgeordnetenkammer gleichberechtigt. In der Legislativfunktion ist die Zweite Kammer sogar produktiver und effektiver als die Erste, ähnliches gilt für die parlamentarischen Kontrollfunktionen.

In der schwierigen Phase der politischen Umbruchs von der ersten zur zweiten Republik Anfang der neunziger Jahre hat der Senat auch bewiesen, daß er in der Lage ist, seine politisch-gesellschaftliche Repräsentationsfunktion wahrzunehmen und außerparlamenta-rische Veränderungen durch eine Erneuerung seines politischen Personal innerparlamentisch abzubilden. Mit den beiden ersten Wahlen nach der Wahlrechtsreform im März 1994 und im April 1996 hat sich eine durchgreifende personelle Umwälzung im Senat vollzogen. Die alte Politikergeneration wurde fast komplett abgelöst. Nur noch circa jeder zehnte Senator (11,4

Prozent) gehörte 1996 dem Parlament länger als sechs Jahren an. Bei der Wahl 1994, die nach der Aufdeckung diverser politischer Bestechungsskandale (*tangentopoli*) und der darauffolgenden Umwälzung des Parteiensystems einen Einschnitt in der jüngeren Geschichte Italiens markiert, zogen 58,4 Prozent der Senatoren erstmals in das Parlament ein. Nach der Wahl 1996 waren 40,3 Prozent der Mitglieder der Zweiten Kammer parlamentarische Neulinge. Die durchschnittliche Parlamentserfahrung der Senatoren betrug zu Beginn der 13. Legislaturperiode 1996 gerade zwei Legislaturperioden [Verzichelli 1997: 179].

Neben den Legislativ-, Kontroll- und Repräsentationsfunktion nimmt der Senat auch eine judikative Funktion wahr, unter anderem gegenüber dem Staatspräsidenten. Der Staatspräsident wird in gemeinsamer Sitzung von Abgeordnetenkammer und Senat gewählt. Zusammen können beiden Kammern das Staatsoberhaupt unter Anklage stellen, wenn er sich des Hochverrats oder des Angriffs auf die Verfassung schuldig gemacht hat. Die Sitzung würde vom Präsidenten der Abgeordnetenkammer in Absprache mit dem Präsidenten des Senats einberufen. Der Senat kann, ebenfalls in gemeinsamer Sitzung mit der Abgeordnetenkammer, den Ministerpräsidenten und seine Minister unter Anklage stellen.

Die verfassungsrechtlichen Funktionen des Senats sind mit denen der Abgeordnetenkammer identisch. Die Absicht der Verfassungsgeber war allerdings, daß der Senat in Abgrenzung zur Ersten Kammer eine zumindest geringfügig stärkere Repräsentation der Regionen gewährleistet. Außerdem war er – durch die Vorschrift der gleichberechtigten Gesetzgebungsmacht – als Kammer angelegt, die dem Parlament insgesamt zu größerer politischer Reflektion verhelfen sollte. In der Verfassungswirklichkeit hat sich gezeigt, diese „besonderen" Funktionen nicht oder nur sehr eingeschränkt wahrnimmt.

2. Die Zweite Kammer - kein Garant für mehr regionale Kompetenz und bessere Gesetze

Die Senatoren agieren in der Verfassungswirklichkeit nicht als Repräsentanten ihrer Regionen, sondern als vorrangig Repräsentanten ihrer Parteien. Dies erklärt sich vor allem aus dem Nominierungsverfahren. Die Kandidaten werden von der Parteizentrale gesteuert auf die einzelnen Wahlkreise verteilt. Seit der Einführung des Mehrheitswahlsystems existiert das Phänomen der sogenannten *candidati paracaduti* (wörtlich: per Fallschirm gelandete Kandidaten), die mit der Unterstützung der Parteiführung in Wahlkreisen plaziert werden zu denen sie keinerlei persönlich-politisch Bezug haben, die aber aufgrund der politischen Kräfteverhältnisse gute Chancen auf einen sicheren Einzug in den Senat bieten. Daß sich der Senator vor diesem Hintergrund eher als Repräsentant seiner Partei denn als Repräsentant seiner Region empfindet, liegt in der Logik der Sache.

Auch vor der Wahlrechtsreform 1993 hat der Senat in keiner Weise eine besondere politische Repräsentation der Regionen gewährleistet. Damals waren Kandidaturen ebenfalls vom Wohlwollen der Parteiführung beziehungsweise (vor allem im Fall der *Democrazia Cristiana*) vom Wohlwollen einzelner Parteiströmungen abhängig. Durch die Entstehung der autonomistisch-separatistischen *Lega Nord* in den achtziger Jahren hat „die Region" als politisches Thema im Parlament zwar an Bedeutung gewonnen. Ein anderes politisches Rollenverständnis der Senatoren ist dadurch aber nicht entstanden. Von den Angehörigen regionaler Parteien abgesehen, fühlen sich die Mitglieder des Senats nach wie vor nicht als spezielle Interessenvertreter ihrer Regionen. Die Funktion einer Kammer regionaler Kompetenz und Interessen erfüllt der Senat in keiner Weise.

Der dem Senat von den Verfassungsgebern zugedachte Funktion, allein durch seine Existenz (und dem damit bedingten längeren Gesetzgebungsprozeß) eine besser reflektierte und damit im Endeffekt klügere Gesetzgebung zu gewährleisten, lag von Anfang an eine etwas blauäugige Idee parlamentarischer Prozedur zugrunde. In der Verfassungspraxis ist die

Pflicht, jedes Gesetz müssen beide, parteipolitisch ähnlich zusammengesetzten Kammern des Parlaments durchlaufen, lediglich eine Verdoppelung des Gesetzgebungsprozesses, die Lobbygruppen und Parteiströmungen die Möglichkeit gibt, besser auf das Verfahren Einfluß zu nehmen. Der doppelte Gesetzgebungsprozeß in Abgeordnetenkammer und Senat führt im Ergebnis dazu, daß Gesetze verwässert und in ihrer Wirkung abgeschwächt werden. Effektives, demokratisches Regierungshandeln wird auf diese Weise erschwert, der Einfluß von Parteien und Lobbygruppen tendenziell verstärkt.

Der Senat selbst trägt in seiner praktischen Arbeit allerdings wenig dazu beiträgt, dieses in der Verfassungsordnung angelegte Problem zu verschärfen. Im Gegenteil, die Zweite Kammer gilt im Vergleich zur Abgeordnetenkammer in der parlamentarischen Debatte als disziplinierter und in der Gesetzgebung als effizienter und produktiver. Dies legt die Schlußfolgerung nahe: Die grundsätzlich träge Legislation im italienischem Parlament ist nicht vorrangig ein Problem der Institution Senat, sondern ein Problem des Institutionenkonstrukts, dessen Teil der Senat ist.

3. Senat als Kammer der „elder statesman" – Interesse der Medien gilt der Abgeordnetenkammer

Der Senat ist nicht die Bühne des spektakulären parlamentarischen Streits. Die scharfen (partei)politischen Auseinandersetzungen zwischen Regierungsmehrheit und Opposition finden üblicherweise in der Abgeordnetenkammer statt. Dies hat generell mit Tradition zu tun (die Erste Kammer gilt stets als die ‚wichtigere'), aber auch ganz konkret mit der unterschiedlichen personellen Zusammensetzung. Die Abgeordnetenkammer ist seit Gründung der Republik die Kammer der politischen Prominenz. Fast alle Parteichefs, so sie im Parlament vertreten sind, haben ein Abgeordnetenmandat. Anfang der 13. Legislaturperiode 1996 war der Grüne Luigi Manconi der einzige Parteiführer, der im Senat saß. Alle anderen Spitzenpolitiker – unter anderem D'Alema (DS), Berlusconi (Forza Italia), Fini (AN), Bossi (Lega Nord), Marini (PPI) und Bertinotti (Rifondazione) – hatten einen Sitz in der Abgeordnetenkammer. Die Erste Kammer wird aus diesem Grunde als die eigentliche politische Schaltzentrale des Parlaments wahrgenommen und ist entsprechend in den Medien präsent. In den Hauptnachrichtensendungen des Fernsehens ist eine Schaltung nach *Montecitorio*, dem Sitz der Abgeordnetenkammer, an Plenartagen fast obligatorisch, *Palazzo Madama* dagegen, der Sitz des Senats, ist bei besonderen parlamentarischen Ereignissen Gegenstand der Fernsehberichterstattung. Wie in anderen gesellschaftlichen Bereichen ist auch hier eine Interdependenz zwischen Prominenz und Medien zu beobachten: die (in diesem Fall politische) Prominenz zieht die Medien an, und die Medien wiederum locken die Prominenz. Wer als Spitzenpolitiker in den Medien präsent sein will, hat viele Gründe sich gegen den Senat und für die Abgeordnetenkammer zu entscheiden.

Der Senat ist unter anderem die Kammer der „elder statesman". Mehrere ehemalige Ministerpräsidenten beziehungsweise Minister sind nach dem Ende ihrer Regierungsarbeit in den Senat gegangen und waren dort an herausgehobener Position tätig. Beispiele für diesen Weg sind die früheren Regierungschefs Fanfani und Spadolini, die später Senatspräsidenten wurden. Auch der derzeitige Senatspräsident Nicola Mancino hat zuvor als Minister diversen Regierungen angehört. Alle drei haben aus dem Senat heraus weiter in entscheidendem Maße nationale Politik beeinflußt. Dies gilt teilweise auch für ehemalige Staatspräsidenten, die nach dem Ende ihrer Amtszeit dem Senat von Rechts wegen angehören. Francesco Cossiga beispielsweise (Staatsoberhaupt bis 1992) war als Senator weiter einer der bestimmenden Personen der italienischen Politik. 1998 gründete er eine neue Partei (UDR) und wirkte entscheidend an der Bildung der Regierung D'Alema mit. Es gilt: Der Senat ist die Kammer der „elder statesman", aber beileibe kein Altersheim für gescheiterte Politgrößen. Er ist

‚Auffangnetz für erfahrene Politiker, die kein Amt in der Staatsführung, der Exekutive oder der Parteispitze mehr innehaben, aber weiterhin politischen Gestaltungsanspruch erheben.

Der Senat ist auch die Kammer der Professoren. Hochschullehrer als Quereinsteiger in die Politik entscheiden sich häufig für ein Senatsmandat. Nach der Wahl 1996 stellten die Professoren in der Zweiten Kammer sogar die größte Berufsgruppe. Ein Vielzahl erfahrener Politiker, dazu wissenschaftlicher Sachverstand durch die Präsenz zahlreicher Professoren – die Intention der Verfassungsgeber, den Senat zu einem Sammelpunkt politischer Kompetenz zu machen, hat sich in gewissen Hinsicht erfüllt.

4. Die Rolle des Senats bei der Rekrutierung politischen Personals

Daß der Senat alles andere als das Altenheim italienischer Politik ist, zeigt sich auch an der Tatsache, daß die Zweite Kammer eine nicht zu vernachlässigende Funktion erfüllt bei der Rekrutierung politischen Personals für die führenden staatlichen Institutionen. Die Abgeordnetenkammer ist zwar das bei weitem wichtigere Sprungbrett zur politischen Karriere, dennoch aber stellt auch der Senat regelmäßig Regierungspersonal [Tab. C I.1-4]. Mit Ausnahme der rein beziehungsweise überwiegend außerparlamentarisch besetzten Übergangsregierungen Ciampi 1993 und Dini 1995 waren in den zehn Jahren von 1989 bis 1999 zwischen 15,0 und 33,3 Prozent der Kabinettsmitglieder Senatoren. Allerdings ist bei der Zusammensetzung der beiden Regierungen, die seit der Wahl 1996 vereidigt wurden, ein leichter Bedeutungsverlust der zweiten Kammer festzustellen. Sowohl in der Regierung Prodi als auch in der Regierung D'Alema erhielten mehr Nicht-Parlamentarier als Senatoren einen Ministersessel. Ob dies Zufall oder der Beginn eines Trends ist, muß in den nächsten Jahre beobachtet werden.

Tab. C I.1-4: Anteil der Senatoren am Regierungspersonal Italiens von 1989 bis heute			
REGIERUNG	MINISTER	REGIERUNG	MINISTER
D'Alema (10/98 -)	27	**Prodi (5/96 - 10/98)**	20
Abgeordnete	12	Abgeordnete	12
Senatoren	5	Senatoren	3
Nicht-Parlamentarier	10	Nicht-Parlamentarier	5
Anteil der Senatoren	18,5%	Anteil der Senatoren	15,0%
Dini (1/95 – 1/96)	19	**Berlusconi (5/94 – 12/94)**	28
Abgeordnete	0	Abgeordnete	19
Senatoren	0	Senatoren	5
Nicht-Parlamentarier	19	Nicht-Parlamentarier	4
Anteil der Senatoren	0%	Anteil der Senatoren	17,9%
Ciampi (4/93 – 3/94)	24	**Amato (6/92 - 4/93)**	24
Abgeordnete	6	Abgeordnete	10
Senatoren	3	Senatoren	8
Nicht-Parlamentarier	15	Nicht-Parlamentarier	6
Anteil der Senatoren	10,3%	Anteil der Senatoren	33,3%
Andreotti VII	29	**Andreotti VI (7/89 - 3/91)**	31
Abgeordnete	23	Abgeordnete	20
Senatoren	5	Senatoren	5
Nicht-Parlamentarier	1	Nicht-Parlamentarier	6
Anteil der Senatoren	17,2%	Anteil der Senatoren	16,1%
Quelle: Camera... 1994, Internet-Seiten des Senats, eigene Berechnungen.			

Der Regierungschef kommt nur in Ausnahmefällen aus dem Senat. Den 50 italienischen Regierungen von 1948 bis 1999 stand 42 mal ein Abgeordneter und nur sechsmal ein Senator vor, zweimal war ein Nicht-Parlamentarier Regierungschef [Camera dei... 1994 und eigene Berechnungen]. In der Relation etwas stärker sind Senatoren unter den insgesamt neun Staatspräsidenten in der Geschichte der italienischen Republik vertreten. Dreimal stellte der Senat das Staatsoberhaupt, fünfmal die Abgeordnetenkammer, einmal wurde ein zum Zeitpunkt seiner Wahl nicht im Parlament vertretener Politiker Staatspräsident (Cossiga 1985). Die letzte Wahl eines Senators zum Staatsoberhaupt liegt fast 30 Jahre zurück. Giovanni Leone war 1971 der letzte Vertreter der zweiten Kammer, der ins *Quirinal*, den Amtssitz des Staatspräsidenten, wechselte.

VI. Die unendliche Geschichte der Reformdiskussion – droht dem Senat die Entmachtung ?

Seit über 15 Jahren debattieren Abgeordnetenkammer und Senat eine grundlegende Strukturreform des Parlaments. Im September 1982 beauftragten die Präsidenten beider Kammern ihre jeweiligen Ausschüsse für Verfassungsangelegenheiten, Vorschläge für eine Reform der staatlichen Institutionen vorzulegen. Im Oktober 1983 wurde unter dem Vorsitz des Liberalen Aldo Bozzi die erste Zwei-Kammer-Kommission (*Bicamerale*) zur Verfassungsreform eingesetzt mit dem Auftrag, einen Gesetzentwurf für eine umfassende Parlaments- und Wahlrechtsreform zu erarbeiten. Die Bozzi-Kommission scheiterte an parteipolitischen Differenzen [Kreile 1987]. Ebenso erfolglos war die Zwei-Kammer-Kommission zur Verfassungsreform, die 1992 unter dem Vorsitz des Christdemokraten Ciriaco De Mita eingesetzt und später unter der Linksdemokratin Nilde Iotti weitergeführt wurde.

Bewegung in die Diskussion kam erst im Januar 1997, als Abgeordnetenkammer und Senat die dritte *Bicamerale* zur Selbstreform einsetzten. Nach knapp einem Jahr konnten sich alle Parteien (mit Ausnahme der *Rifondazione Comunista*) auf einen gemeinsamen Abschlußentwurf verständigen. Die Kommission, die vom späteren Ministerpräsidenten D'Alema (PDS) geleitet wurde, verabschiedete mit jeweils großer Mehrheit am 30. Juli in erster Lesung und am 4. November 1997 in endgültiger Fassung den Gesetzentwurf zur Institutionenreform. Nach dem Beschluß in der Kommission begannen die umfangreichen Beratungen im Parlament, die bis Anfang 1999 noch nicht abgeschlossen waren. Ob es wirklich zu einer Reform kommen würde, war zu diesem Zeitpunkt offen.

Kernpunkt des Entwurfs der D'Alema-Kommission ist der Erhalt des Zweikammer-systems bei gleichzeitiger Differenzierung der verfassungsrechtlichen Funktionen von Abgeordnetenkammer und Senat [Servizio Studi della Camera 1997: 11ff]. Der Senat soll demnach weiter in direkter und allgemeiner Wahl bestimmt werden. Weitgehend verlieren aber würde die Zweite Kammer ihre Rechte bei der Wahl der Regierung und der Entscheidung über Gesetze. Der Entwurf der D'Alema-Kommission sieht vor, daß künftig ausschließlich die Abgeordnetenkammer der Regierung das Vertrauen ausspricht und sie durch konstruktives Mißtrauensvotum stürzen kann. Auch die Gesetzgebungsmacht soll weitgehend exklusiv auf die Erste Kammer übergehen. Der Senat würde lediglich das Recht haben, mit den Stimmen eines Drittels seiner Mitglieder einen in der Abgeordnetenkammer verabschiedeten Gesetzentwurf an sich zu ziehen und ihn dreißig Tage zu beraten. Danach ginge das Gesetz wieder zurück in die Abgeordnetenkammer, der die endgültige Entscheidung vorbehalten wäre. Der Senat hätte somit nur noch die Möglichkeit ein Gesetz zu verzögern, nicht aber zu verhindern. Der Senat würde auf den Rang einer Kontroll- und Garantiekammer (*Camera delle garanzie*) zurückgestuft [Vassallo 1998: 143]. Lediglich bei Gesetzen, die zum Beispiel die Verfassungsorgane, Grundrechte, den Informationssektor, das Rechts- oder das Wahlsystem betreffen, soll die Gesetzgebung nach dem Vorschlag der D'Alema-Kommission weiterhin gemeinsam und gleichberechtigt von Abgeordnetenkammer und Senat ausgeübt werden.

Mehrheitlich verworfen hat die Kommission die Alternative, den Senat zu einer Kammer der Regionen zu machen nach dem Vorbild entweder des deutschen Bundesrates oder des amerikanischen Senats [Servizio Studi della Camera 1997: 11]. Vor allem das Bundesrats-Modell wurde von den Senatoren in der Kommission entschieden bekämpft. Sie fürchteten, mit ihrer Zustimmung zur Umwandlung des Senats in eine Kammer der Regionen, in die die Regionalregierungen ihre Vertreter entsenden, sich selbst überflüssig zu machen. Oder wie es Vassallo ausdrückt: Mit ihrem Nein zu dieser Reformoption haben sich die Senatoren geweigert, „*a segare lo scranno su cui sono seduti*" [Vassallo 1998: 143], am Stuhl zu sägen, auf dem sie sitzen.

Durch den von den Senatoren erzwungenen Kompromiß ist die von der D'Alema-Kommission vorgeschlagene Reform weder Fisch noch Fleisch. Sie nimmt dem Senat fast alle Macht, erhält aber grundsätzlich das Zweikammersystem. Hauptmanko des D'Alema-Modells ist, daß die Reform für keine bessere regionale Verankerung des Senats sorgt. Eine derartige Funktionsdifferenzierung der Zweiten Kammer wäre vor dem Hintergrund aufbrechender regionaler Konflikte in Italien dringend geboten. Der Senat als echte Kammer der Regionen könnte sowohl eine bessere Repräsentanz regionaler Interessen auf nationaler Ebene als auch einen besseren intra-regionalen Interessenausgleich ermöglichen. Bemerkenswert ist, daß bei allen Reformbestrebungen eine generelle Abschaffung der zweiten Kammer nicht ernsthaft zur Debatte steht. Auch die DS (deren Vor-Vorgängerpartei PCI noch entschlossen für ein Einkammersystem stritt) hat ihren Frieden mit dem Zweikammersystem geschlossen. In der gesellschaftlichen Debatte über eine Parlaments-reform ist die vollständige Abschaffung des Senats ebenfalls kein zentrales Thema. Es scheint, als habe sich der republikanische Senat seit 1948 ein Mindestmaß an gesellschaftlicher Legitimität erarbeitet.

VII. Auswahlbibliographie

Bartolini, Stefano/**D'Alimonte**, Roberto, 1995: Maggioritario ma non troppo, Bologna.

Beyme, Klaus von, 1973: Die parlamentarischen Regierungssystem in Europa, München.

Camera D ei Deputati/Senato della Repubblica, 1994: Manuale Parlamentare, Roma.

Chiellino, Carmine, 1981: Italien – Geschichte, Staat und Verwaltung, München.

Cotta, Maurizio, 1995: Il Parlamento nella Prima Repubblica, in: **Pasquino**, Gianfranco (Hrsg.), La politica italiana, Roma-Bari, S. 79-91.

Furlani, Silvio, 1987: Senato della Repubblica, Torino.

Furlong, Paul, 1990: Parliament in Italian Politics, in: West European Politics, 13, S. 52-67.

Kreile, Michael, 1987: Die Reform der staatlichen Institutionen in Italien: symbolische Politik und parlamentarischer Prozeß, in: Zeitschrift für Parlamentsfragen, 18, S. 573-584.

Manzella, Andrea, 1995: Il primo Parlamento maggioritario, in: **Ignazi**, Piero/**Katz**, Richard S. (Hrsg.), Politica in Italia 1995 - I fatti dell'anno e le interpretazioni, Bologna, S. 161-174.

Manzella, Andrea, 1974: Die Funktionen des italienischen Parlaments, in: Zeitschrift für Parlamentsfragen, 6, S. 541-569.

Sani, Giacomo, 1994: Dai voti ai seggi, in: **Diamanti**, Ilvo/**Mannheimer**, Renato (Hrsg.), Milano a Roma - Guida all'Italia elettorale del 1994, Roma.

Seisselberg, Jörg, 1991: Republik Italien, in: **Steffani**, Winfried (Hrsg.), Regierungsmehrheit und Opposition in den Staaten der EG, Opladen, S. 243-265.

Seisselberg, Jörg, 1993: Die blockierte Demokratie bewegt sich – Veränderungen im politischen System Italiens, in: Zeitschrift für Parlamentsfragen, 24, S. 497-524.

Servizio Studi della Camera, 1997: Il progetto di revisione della Parte seconda della Costituzione – Dossier per l'Assemblea, Roma.

Servizio Studi del Senato, 1999: Disegni di legge esaminato – Legislatura XIII, http://www.senato.it/att/stat/ddlconat.htm, 9.1.1999.

Steffani, Winfried, 1991: Regierungsmehrheit und Opposition, in: **Steffani**, Winfried (Hrsg.), Regierungsmehrheit und Opposition in den Staaten der EG, Opladen, S. 11-35.

Turno, Roberto, 1994: Il parlamento fa largo ai giovani, in: Il Sole 24 Ore, 5.4.94, S. 2.

Vassallo, Salvatore, 1998: La terza Bicamerale, in: **Bardi**, Luciano/**Rhodes**, Martin (Hrsg.), Politica in Italia 1998 – I fatti dell'anno e le interpretazioni, Bologna, S. 131-155.

Verzichelli, Luca, 1997: Maggioritario atto secondo: Parlamento e parlamentari nel 1996, in: **D'Alimonte**, Roberto/**Nelken**, David (Hrsg.), Politica in Italia 1997 - I fatti dell'anno e le interpretazioni, Bologna, S. 173-201.

Beate Rosenzweig

Das japanische Oberhaus - Die „Kammer der Berater"

I.   Einleitung

In vielfacher Hinsicht entspricht die politische Realität in Japan bis heute nicht den gängigen, westlich geprägten Vorstellungen von einer repräsentativen Demokratie. Informelle Entscheidungsmechanismen, die auf persönlichen Beziehungen und Gruppenloyalität beruhen, überwiegen immer noch gegenüber formalen Entscheidungsstrukturen. So treten programmatische Auseinandersetzungen über politische Fragen häufig hinter traditionellen Bindungs- und Verpflichtungsgefühlen zurück. Vertikal strukturierte Netzwerke, wie die parteiinternen Faktionen oder die persönlichen Unterstützungsvereinigungen für einzelne Abgeordnete, entsprechen den ausgeprägten Bedürfnissen der japanischen Wählerinnen und Wähler nach einer personalisierten und auf lokale Interessen rekurrierenden Politik [Köllner 1999b: 172]. Politischen Entscheidungen in Unter- und Oberhaus sind in der Regel ausgeprägte, informelle Absprachen zwischen verschiedenen innerparteilichen Machtgruppen oder auch zwischen parteiinternen und oppositionellen Gruppen vorgeschaltet. Durch den untergeordneten Stellenwert programmatischer Entscheidungen in der japanischen Politik wird einerseits die die Bildung von Koalitionen erleichtert, andererseits verhindert die auf komplexen persönlichen Beziehungen beruhende und in neuester Zeit fragile Machtbalance zwischen verschiedenen Gruppen innerhalb der Regierungspartei und auch zwischen den einzelnen Oppositionsparteien durchgreifende politische Veränderungen. Aufgrund der Verdoppelung der Entscheidungsstrukturen im politisch tonangebenden japanischen Unterhaus und im bis heute eher zweitrangigen Oberhaus wird dies noch verstärkt.

Im parlamentarischen System Japans führt das Oberhaus, die Kammer der Berater (*sangiin*), weitgehend ein Schattendasein. Da es über die gleiche Repräsentationsbasis wie das Unterhaus verfügt, diesem jedoch eindeutig untergeordnet ist, kann sich das Oberhaus kaum als eigenständige Kraft im politischen Entscheidungsprozeß profilieren. Selbst ehemalige Oberhausmitglieder zweifeln an der Existenzberechtigung der Zweiten Kammer: Immerhin 45 Prozent vertraten in einer Meinungsumfrage vom Sommer 1996 die Auffassung, das japanische Oberhaus sei in seiner jetzigen Ausgestaltung überflüssig [Japan Aktuell Oktober 1996: 514]. Diese Negativsicht zeigte sich auch an der geringen Wahlbeteiligung an Oberhauswahlen, sie sank 1995 mit nur 44,5 Prozent auf ein historisches Rekordtief. Dennoch bekamen im Sommer 1998 die Oberhauswahlen in Japan ein neues, ungeahntes Gewicht. Nur einen Tag nach den Oberhauswahlen verkündete der damalige japanische Ministerpräsident Hashimoto seinen Rücktritt. Er übernahm damit die Verantwortung für die Wahlniederlage seiner Partei, der regierenden Liberaldemokraten (LDP). Anders als erwartet konnte die LDP ihre Fraktionsstärke im Oberhaus nicht ausbauen, sondern erlitt erhebliche Mandatsverluste. Die jüngsten Oberhauswahlen wurden damit zu Protestwahlen gegen die Wirtschaftspolitik der Regierung, der die japanischen Wähler angesichts andauernder wirtschaftlicher Rezession, Bankenkrise und Rekordarbeitslosigkeit eine deutliche Absage erteilten. Die Oppositionsparteien, die in Japan bis heute keine klare Alternative zu den Liberaldemokraten darstellen, gingen gestärkt aus den Wahlen hervor. Einem Zusammengehen der oppositionellen Parteien konnte die LDP jedoch nach langwierigen Verhandlungen zu Beginn dieses Jahres durch Koalitionsabsprachen mit der Liberalen Partei entgegenwirken. Eine theoretisch denkbare oppositionelle Politik des Oberhauses ist damit erneut unwahrscheinlich geworden, auch wenn die Regierung auch weiterhin auf die Zustimmung anderer Oppositionsparteien angewiesen ist. Solange es jedoch zu keiner grundlegenden, programmatischen Erneuerung der japanischen Parteien kommt, wird das Oberhaus wohl auch in Zukunft im politischen Entscheidungsprozeß eine eher marginale Rolle spielen.

II.   Die historische Entwicklung und verfassungsrechtliche Stellung des Oberhauses

Die Entwicklung eines modernen Staatswesens erfolgte in Japan im Zuge der Meiji-Restauration von 1868, die mit der Proklamation der vom Kaiser gewährten Verfassung von 1889 ihren formalrechtlichen Abschluß fand. Eine junge Führungselite reformerischer Samurai setzte unter dem Schlachtruf: „Verehrt den Kaiser und vertreibt die Barbaren" eine umfassende Modernisierung des Landes in Gang. Die Hauptziele dieser „Reform von oben" waren die Abwehr der imperialistischen Bedrohung durch den Westen und die Errichtung eines modernen Zentralstaates auf Basis der formellen Wiedereinsetzung des politisch entmachteten Kaisers. Die politische und ökonomische Umgestaltung orientierte sich an westlichen, vor allem deutschen, Vorbildern, da sich diese den Japanern bei der gewaltsamen Öffnung des Landes als überlegen gezeigt hatten. Die Westmächte sollten mit ihren eigenen Waffen geschlagen, die Souveränität Japans auf modernisierter Grundlage wiederhergestellt werden. Für die Ausgestaltung der japanischen Verfassung wurde das preußische Modell der konstitutionellen Monarchie wegweisend, da es parlamentarische Zugeständnisse unter gleichzeitigem Machterhalt der Führungselite ermöglichte.

Die Meiji-Verfassung (MV) basierte auf der absoluten Souveränität des Tenno, der allerdings de facto keinerlei politische Macht ausübte, sondern als „göttlich verklärte Vaterfigur" [Pohl 1998: 62-64] die oligarchischen Herrschaftsstrukturen legitimierte. Dem Kaiser wurden als Berater die sog. Geheimen Staatsräte und die Staatsältesten (*genro*) zur Seite gestellt, wobei letztere außerhalb der Verfassung standen. Durch zahlreiche Prärogativrechte des Kaisers, u.a. eine unabhängiges Verordnungsrecht, ein Notstandsrecht und den militärischen Oberbefehl, blieb der politische Einfluß des Reichstages eng umgrenzt. Der Reichstag setzte sich aus zwei Kammern zusammen, der Adelskammer und dem Unterhaus. Ersterer gehörten neben der kaiserlichen Familie der Adelsstand und vom Kaiser ernannte Mitglieder an.[1] Auf die Berufung der Mitglieder des Adelshauses hatte das Unterhaus keinerlei Einfluß. Die Abgeordneten des Unterhauses wurden mittels eines rigiden Zensuswahlrechtes gewählt, das bei einer Bevölkerung von etwa 50 Millionen nur 460.000 Männern das aktive Wahlrecht einräumte [Kevenhörster 1969: 16]. Die beiden Kammern des Reichstages standen gleichberechtigt nebeneinander, allerdings kam der Adelskammer ein protokollarischer Ehrenplatz zu. Sie wurde immer als Erste Kammer des Reichstages genannt, und die Eröffnungszeremonie des Parlamentes fand ausschließlich in der Adelskammer statt. [Miyazawa 1986: 188]. Der Reichstag besaß das Recht, an der Gesetzgebung mitzuwirken, wobei die Gesetze allerdings nur durch Genehmigung des Kaisers zustande kamen [Art.5 MV]. Beide Kammern hatten gleichermaßen das Recht, Gesetzesentwürfe einzubringen. Jedes Gesetz bedurfte der Zustimmung beider Häuser. Das wichtige parlamentarische Recht der Budgetbewilligung wurde jedoch eindeutig beschnitten. Als direkte Lehre aus dem preußischen Verfassungskonflikt enthielt die Meiji-Verfassung in Art. 71 die Bestimmung, daß im Falle der Nichtbewilligung des Militärhaushaltes durch den Reichstag automatisch der Haushalt des Vorjahres gelte. Die weitgehende Unabhängigkeit der Exekutive von der Legislative blieb damit gewahrt. Obschon es in den zwanziger Jahren, der Ära der sogenannten Taisho-Demokratie, zu einer Erweiterung des Wahlrechtes und zu einem zeitweiligen Ausbau der parlamentarischen Regierungen in Japan kam, behaupteten sich ab Beginn der 30er Jahre nationalistisch-militaristische Kräfte. Die Parteienkabinette wurden durch diktatorische Militärkabinette abgelöst, die eine ultranationalistische Kriegspolitik verfolgten. Die Meiji-Verfassung blieb indes formal bis zur bedingungslosen Kapitulation Japans im August 1945 in Kraft.

---

[1] Im Zuge der Meiji Reformen hatte Japan 1884 das europäische Adelssystem übernommen.

Auf massiven Druck der amerikanischen Besatzungsmacht kam es nach Kriegsende zu einer, wie der japanische Verfassungsrechtler Toshiyoshi Miyazawa feststellt, „revolutionären Umgestaltung" der Verfassung [Miyazawa 1986: 34]. Die Amerikaner, die unter dem Oberbefehl von General MacArthur die alleinige Befehlsgewalt in Japan ausübten, hatten bereits wenige Wochen nach der Besetzung des Landes eine Verfassungsrevision verlangt. Die angestrebte gesellschaftliche, politische und wirtschaftliche Entmilitarisierung und Demokratisierung Japans sollte auf der Grundlage einer neuen, demokratischen Verfassung erfolgen. Hauptziele mußten nach amerikanischen Vorstellungen die endgültige Abschaffung des Feudalsystems, die weitgehende Beschneidung der kaiserlichen Rechte sowie die verfassungsmäßige Garantie der Grundrechte sein. Nachdem die amerikanische Besatzungs-macht die Anweisung zur Verfassungsrevision erteilt hatte, richtete die japanische Regierung Ende Oktober 1945 einen Verfassungsuntersuchungsausschuß ein, der konkrete Vorschläge zur Liberalisierung und Demokratisierung der Meiji-Verfassung erarbeitete. Unter Leitung von Minister Joji Matsumoto entwickelte die japanische Seite zwei Verfassungsentwürfe, die allerdings lediglich auf eine Liberalisierung der Meiji-Verfassung zielten und einen eindeutig konservativen Grundzug aufwiesen. Dem sogenannten Matsumoto-Entwurf zufolge sollte das Tenno-System im wesentlichen beibehalten, die Prärogativrechte des Kaisers eingeschränkt und die Befugnisse des Reichstages ausgedehnt werden. Der Kaiser sollte auch weiterhin das Recht besitzen, die Oberhausmitglieder zu ernennen und sich in militärischen Fragen von den Ministern ‚beraten' zu lassen. Beide Entwürfe wurden von General MacArthur im Hinblick auf eine Demokratisierung Japans als unzureichend abgelehnt. Im amerikanischen Hauptquartier wurde daraufhin ein eigener Vorschlag erstellt, der der japanischen Regierung als Anleitung für die Verfassungsrevision dienen sollte. Der amerikanische Vorschlag sah für Japan ein parlamentarisches Regierungssystem vor. Der Tenno sollte keinerlei Regierungs-gewalt mehr ausüben. Da Japan, anders als die USA, keine föderale Tradition besaß, sollte es zukünftig keine Zweite Kammer mehr geben. Die japanische Führung entwickelte schließlich auf der Grundlage der amerikanischen Vorstellungen einen neuen Entwurf, der wiederum mit Vertretern der amerikanischen Besatzungsbehörden überarbeitet wurde. Die Frage der Zweiten Kammer wurde bei den japanisch-amerikanischen Beratungen kontrovers diskutiert. Auf Drängen der japanischen Seite setzte sich schließlich ein Zweikammersystem durch. Die japanischen Minister Shigeru Yoshida und Joji Matsumoto hielten die Beibehaltung des Oberhauses für notwendig, um eine gründlichere Überprüfung von Gesetzesvorhaben zu gewährleisten. Aus dieser Argumentation sprach eher ein konservatives Mißtrauen gegenüber einer parlamentarischen Parteienregierung denn der Wunsch nach einer Verbreiterung der demokratischen Legitimationsbasis. Die amerikanischen Bemühungen um die Demokrati-sierung der japanischen Verfassung hatten das Spannungsverhältnis zwischen westlich geprägten demokratischen Grundsätzen und traditionellen japanischen Wertvorstellungen deutlich werden lassen. Der Widerspruch zwischen formalrechtlichem demokratischen Verfassungstext und traditionell informellen Entscheidungsstrukturen in der Verfassungs-wirklichkeit prägt die japanische politische Kultur bis heute. Ohne die direkte amerikanische Mitwirkung wäre eine weitreichende Demokratisierung der Verfassung sicherlich aus-geblieben. Die wichtigsten Veränderungen der am 3. März 1947 proklamierten japanischen Verfassung (JV) waren die „Entgöttlichung" und politische Entmachtung des Kaisers – er ist jetzt lediglich Symbol der japanischen Staates und auf formelle Funktionen beschränkt –, die Verankerung der Volkssouveränität sowie das aktive und passive Wahlrecht für Frauen.

Das japanische Parlament, bestehend aus dem Unterhaus und dem Oberhaus, stellt gemäß Art. 41 der japanischen Verfassung das „höchste Organ der Staatsgewalt" und das „einzige Gesetzgebungsorgan des Staates" dar [Kevenhörster 1969: 302]. Beide Kammern des Parlamentes vertreten laut Verfassung das ganze Volk. Die Mitglieder des Unterhauses werden für vier und die des Oberhauses für sechs Jahre gewählt.

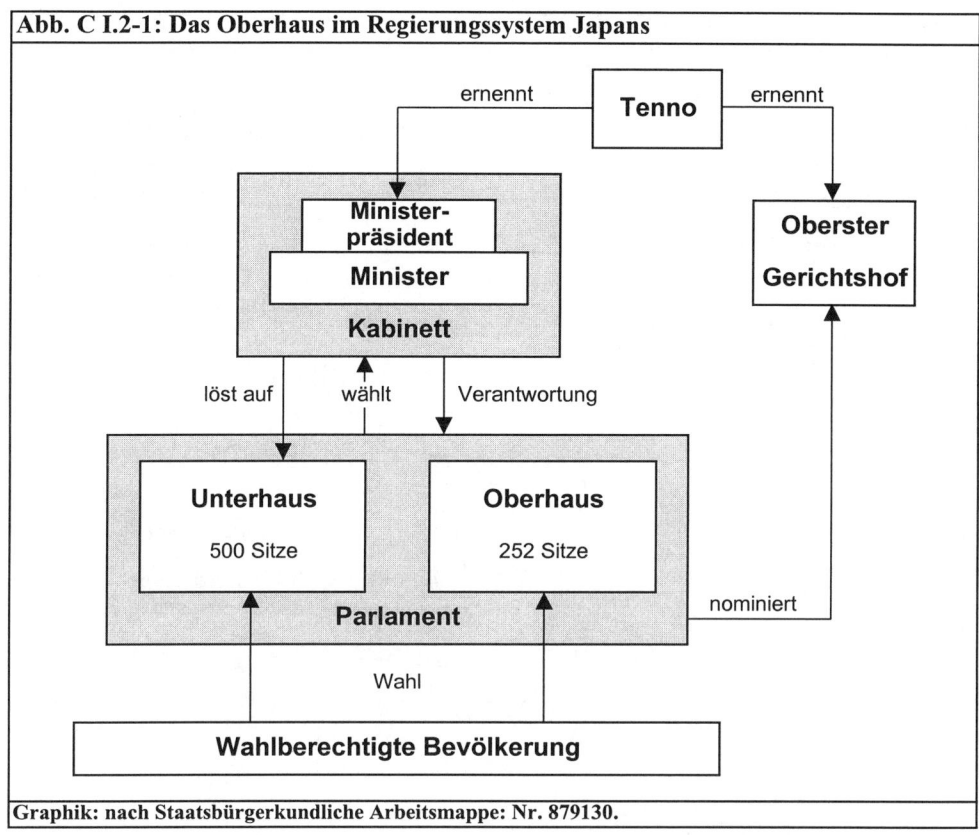

Abb. C I.2-1: Das Oberhaus im Regierungssystem Japans

Graphik: nach Staatsbürgerkundliche Arbeitsmappe: Nr. 879130.

Zu Recht ist das nach dem Zweiten Weltkrieg eingeführte Zweikammersystem als ein „hinkendes Zweikammersystem" bezeichnet worden, bei dem der Vorrang des Unterhauses verfassungsmäßig verankert ist [Miyazawa 1980: 157]. Das Oberhaus besitzt Mitwirkungsrechte an der Gesetzgebung, ein Mitentscheidungsrecht bei Verfassungsänderungen und ein außerordentliches Entscheidungsrecht im Falle einer Notstandssession. Die Kompetenzen des Oberhauses lassen sich im wesentlichen in zwei Gruppen einteilen: Mitwirkungsrechte, bei denen grundsätzlich ein Vorrang des Unterhauses besteht, und Mitspracherechte bei einfachen Gesetzgebungsverfahren, die mit einer Zweidrittelmehrheit im Unterhaus überstimmt werden können. Während das Oberhaus im ersten Fall lediglich eine zeitliche Verzögerung der Entscheidung des Unterhauses erreichen kann, besteht bei letzterem, je nach parteipolitischer Zusammensetzung, die Möglichkeit bzw. die Gefahr einer Blockadepolitik der Zweiten Kammer.

Grundsätzlich müssen alle Gesetzesvorlagen, einschließlich des Haushaltes, von beiden Häusern des Parlamentes angenommen werden [Art. 59 JV]. Lehnt allerdings das Oberhaus einen vom Unterhaus bereits angenommenen Gesetzesentwurf ab, oder fügt es Änderungen ein, so kann das Unterhaus diese Entscheidung mit einer Zweidrittelmehrheit aller Mitglieder überstimmen. Treffen beide Häuser unterschiedliche Entscheidungen, so kann eine Konferenz beider Häuser einberufen werden [Miyazawa 1980: 214]. Hat das Oberhaus nicht innerhalb von 60 Tagen nach Zugang einer Gesetzesvorlage vom Unterhaus eine Entscheidung darüber gefällt, so gilt das Gesetz als vom Oberhaus abgelehnt.

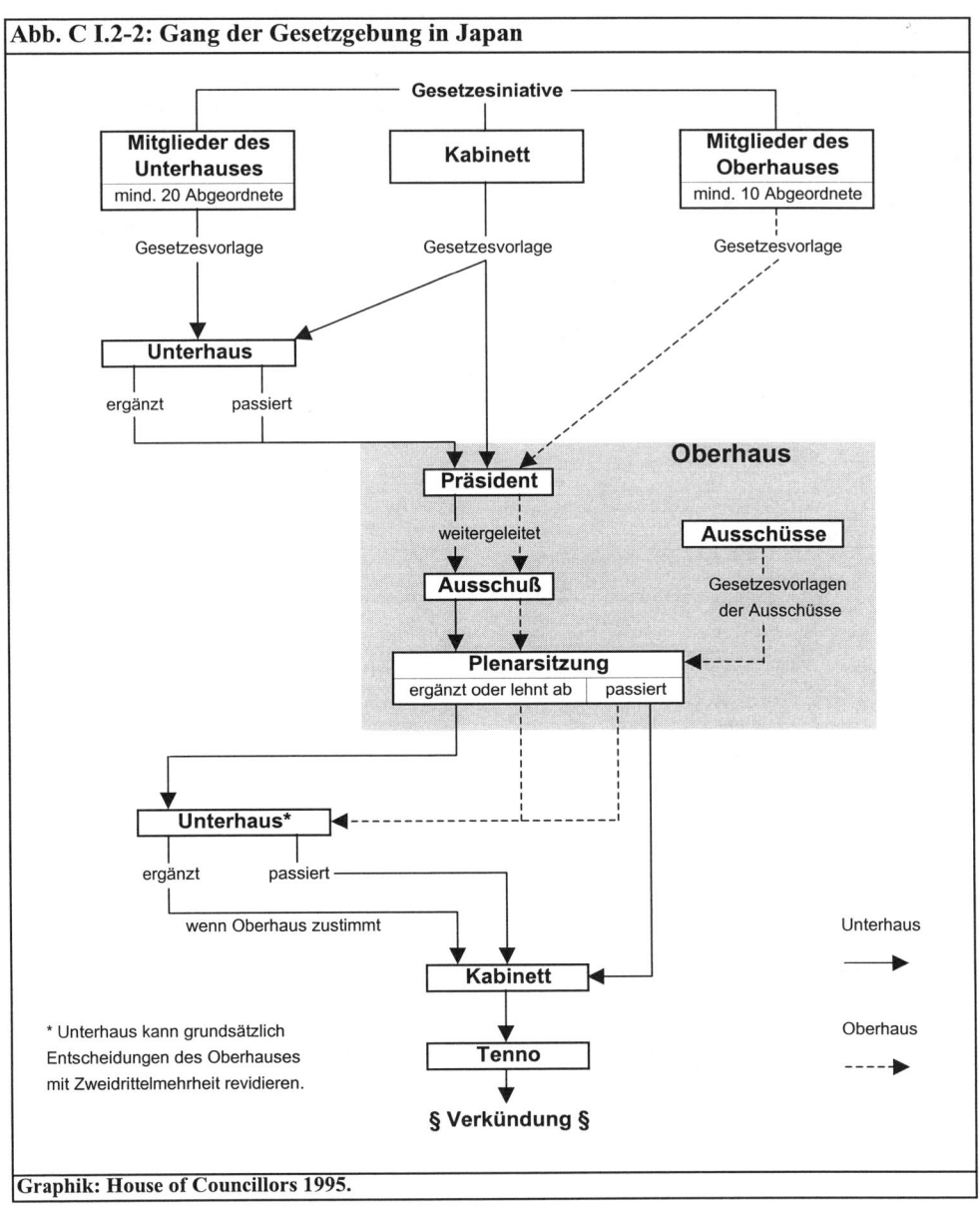

Abb. C I.2-2: Gang der Gesetzgebung in Japan

Graphik: House of Councillors 1995.

Der unbedingte Vorrang des Unterhauses besteht in bezug auf die Verabschiedung des Haushalts und bei völkerrechtlichen Verträgen. Entscheidet sich das Oberhaus in diesen Fällen gegen den Vorschlag des Unterhauses, oder fällt nicht innerhalb von 30 Tagen eine Entscheidung, so „ist die Entscheidung des Repräsentantenhauses die Entscheidung des Reichstages" [Art. 60 JV; Kevenhörster 1969: 304]. Dies gilt auch im Falle einer Nichteinigung im gemeinsamen Ausschuß beider Häuser.

Die Wahl des Premierministers fällt ebenfalls in die ausschließliche Kompetenz des Unterhauses. Stimmt das Oberhaus der Ernennung nicht zu und wird auch keine Einigung im gemeinsamen Ausschuß beider Häuser erreicht, ist die Entscheidung des Unterhauses maßgeblich. Nur Verfassungsänderungen müssen mit Zweidrittelmehrheit in beiden Häusern des Parlamentes beschlossen und dann in einer Volksabstimmung gebilligt werden [Art. 96 JV].

Der Premierminister und die Minister haben jederzeit das Recht, vor beiden Häusern des Parlamentes zu erscheinen und über Gesetzesvorlagen zu sprechen. Beide Häuser können umgekehrt die Anwesenheit der Regierung einfordern. Im Falle einer Auflösung des Unterhauses wird auch gleichzeitig das Oberhaus geschlossen, es sei denn, das Kabinett beschließt die Einberufung einer Notsitzung aufgrund einer nationalen Notlage. In diesem Falle ist das Oberhaus nach Art. 54 JV für die Dauer der Notsession das alleinige Entscheidungsorgan. Alle Entscheidungen des Oberhauses haben jedoch dann nur provisorischen Charakter und müssen innerhalb von zehn Tagen nach Wiedereröffnung des Unterhauses von diesem gebilligt werden. Geschieht dies nicht, so verlieren die Notentscheidungen des Oberhauses ihre Gültigkeit.

III.   Wahlen und Sitzverteilung im Oberhaus

Schon bei den Verfassungsberatungen wurde das Wahlsystem für das Oberhaus sehr kontrovers diskutiert [Miyazawa 1980: 179], ging es doch hierbei um die Sinnfrage des Zweikammersystems. Wie sollte sich das Oberhaus vom Unterhaus unterscheiden, wenn sich beide Häuser aus gewählten, das ganze Volk repräsentierenden Abgeordneten zusammensetzten? Um dieses Problem zu lösen, wurden verschiedene Modelle diskutiert, so beispielsweise die Ernennung aller oder eines Teils der Oberhausabgeordneten durch das Unterhaus oder ihre Ernennung durch die Regionalparlamente. Bei den Beratungen konnte sich jedoch keine der diskutierten Konzeptionen für eine unterschiedliche Legitimationsbasis des Oberhauses durchsetzen.

Im zentralistisch regierten Japan entspricht das Wahlverfahren für die Zweite Kammer im wesentlichen dem der Ersten. Das Oberhaus ist damit weder als eine ständische, noch als eine regionale Interessenvertretung angelegt. Es verfügt ebenso wie das Unterhaus über eine demokratisch-egalitäre Repräsentationsbasis. Die japanischen Oberhausabgeordneten werden für sechs Jahre gewählt, wobei jeweils die Hälfte der Abgeordnetenmandate alle drei Jahre vergeben wird. Von den 252 Abgeordneten werden 100 national und 152 Mitglieder lokal in den Präfekturen gewählt. Das Wahlsystem stellt eine Kombination aus Mehrheits- und Verhältniswahl dar. Die national zu wählenden Abgeordneten wurden bis 1983 alle namentlich auf einer Liste genannt und nach dem Mehrheitsprinzip gewählt. Jeder Wahlberechtigte besaß eine Stimme. Die jeweils 50 Kandidaten, die die meisten Stimmen auf sich vereinigen konnten, erhielten ein Mandat. Diese einfache Mehrheitswahl bedingte, daß ein kleiner Teil national bekannter Kandidaten die überwiegende Mehrheit der Stimmen auf sich vereinigte und so auch Kandidaten mit verhältnismäßig geringer Stimmenzahl noch einen Abgeordnetensitz erhielten. Zudem bestand die latente Gefahr zahlreicher ‚toter Stimmen'. Um die Bevorteilung national bekannter und zudem finanzkräftiger Kandidaten zu unterbinden, wurde dieses System zugunsten einer verhältnismäßigen Repräsentation nach Parteienproporz reformiert. Die Parteien stellen nun jeweils eigene Kandidatenlisten auf, und die Wähler stimmen mit ihrer Einzelstimme für eine Partei. Es gibt weiterhin nur eine landesweite Liste [Ishida/Krauss 1989: 40]. Die Auswertung der Stimmen erfolgt nach der d'Hondtschen Methode. Die 152 lokal zu wählenden Abgeordneten wurden und werden in 47 sogenannten mittelgroßen Wahlkreisen auf Präfekturebene gewählt. In jedem dieser Wahlkreise werden zwei bis acht Personen nach dem einfachen Mehrheitswahlsystem gewählt. Um ein Abgeordnetenmandat zu erhalten, braucht ein Kandidat im lokalen Wahlkreis mindestens ein Sechstel der durch die Mandatszahl zu dividierenden gültigen Stimmen [Kevenhörster 1969: 56]. Die Größenunterschiede der Wahlkreise führen zu einem erheblichen Stimmenungleichgewicht. Bei den letzten Oberhauswahlen benötigte beispielsweise ein erfolgreicher Bewerber im ländlichen Tottori 120.085 Stimmen, während in Tokyo

623.483 Stimmen nicht ausreichten [Japan aktuell Okt. 1998: 476]. Der Größenunterschied zwischen den städtischen und ländlichen Gebieten ist mittlerweile aufgrund von Migrationsbewegungen in die Städte auf 5:1 angewachsen [Japan aktuell Febr. 1999: 40]. Das überproportionale Stimmengewicht der ländlichen Bevölkerung in den mittelgroßen Wahlkreisen war einer der Hauptgründe für die grundlegende Reform des Unterhauswahlsystems im Jahre 1994. Eine veränderte Wahlkreiseinteilung und die Ablösung der mittelgroßen Mehrerwahlkreise zugunsten eines nebeneinander bestehenden Systems von Einerwahlkreisen und proportionaler Vertretung sollen hier in Zukunft eine größere Transparenz der politischen Elitenrekrutierung gewährleisten und die Chancen für eine stärker programmorientierte Wahlentscheidung erhöhen [Köllner 1998b: 167-169].[2] Anders als bei den Unterhauswahlen ist die deutliche Überrepräsentation der ländlichen Wahlkreise bei den Oberhauswahlen jedoch erst im September 1998 in einem Urteil des Japanischen Obersten Gerichtshofes für verfassungsgemäß erklärt worden. Eine Neustrukturierung der Wahlkreisgrenzen ist allerdings derzeit nicht geplant.

Aufgrund der Verbindung von Verhältniswahlrecht auf nationaler und Mehrheitswahlrecht auf Präfekturebene ist für die Kandidatenauswahl neben der Parteizugehörigkeit der lokale Bekanntheitsgrad des Bewerbers entscheidend. Die Aufstellung der Kandidaten erfolgt – zumindest in der LDP – über ein „ausgeklügeltes Machtspiel zwischen Parteizentrale, einzelnen innerparteilichen Gruppen (Faktionen) und Politikerpersönlichkeiten" [Pohl 1998b: 57].[3] In den lokalen Wahlkreisen auf Präfekturebene treten häufig mehrere Kandidaten derselben Partei gegeneinander an, so daß der persönliche Bekanntheitsgrad wahlentscheidend ist. Dementsprechend sind die Wahlkämpfe in der Regel auf die Person der Abgeordneten zugeschnitten [Richardson 1997: 34-35]. Mit Hilfe von persönlichen Unterstützervereinigungen (koenkai) organisieren die Kandidaten ihre Wahlkämpfe weitgehend selbst. Die Wahlkampfkosten sind beträchtlich. So gaben bei den letzten Oberhauswahlen die Kandidaten in vielen Fällen über 200 Millionen Yen (ca. 2,5 Mio. DM) für ihren Wahlkampf aus [Japan aktuell Okt. 1998: 473]. Die seit 1995 eingeführten staatlichen Unterstützungszahlungen an die Parteien machen gerade zehn Prozent der gesamten Einnahmen von Parteien und Politikern aus. Japanische Abgeordnete sind folglich in hohem Maße auf Zuwendungen und Spenden von Einzelpersonen, Unternehmen und Organisationen angewiesen [Köllner 1999b: 274-279] Durch die 1994 erfolgte Neufassung des Gesetzes zur Regulierung politischer Geldzuwendungen sind allerdings direkte Spenden an einzelne Politiker mittlerweile verboten und die Mindestbeträge für die Offenlegung von Spenden herabgesetzt worden. Zuwendung dürfen nurmehr an eine offizielle Finanzverwaltungsorganisation einzelner Politiker gezahlt werden.[4]

Beste Chancen auf einen Wahlerfolg haben, wie eine Analyse des beruflichen Hintergrundes der Abgeordneten bei den letzten Oberhauswahlen ergab, ehemalige Lokalpolitiker auf kommunaler oder präfekturaler Ebene. Bei den neu oder wiedergewählten liberal-

---

[2] Ob das neue Unterhauswahlsystem in Zukunft zu mehr Transparenz und stärker programmatischen Wahlentscheidungen führt, bleibt abzuwarten. Eine ausführliche Analyse der möglichen Konsequenzen bietet Köllner 1998b.

[3] Die weitgehende Intransparenz der japanischen Parteien bei der Vergabe von Listenplätzen bei Oberhauswahlen wurde im Januar 1997 im Zuge des sogenannten „Tomobe-Skandals" deutlich, bei dem es um den Vorwurf des Kaufs eines Listenplatzes ging [Japan aktuell April 1997: 136].

[4] Hauptziel der Reform zur Finazierung der politischen Aktivitäten war die Eindämmung der skandalträchtigen „Politik des Geldes" in Japan. Über die Einführung einer staatlichen Parteienfinanzierung an die Parteien, die mindestens zwei Prozent der Stimmen bei nationalen Wahlen oder fünf Abgeordnetenmandate erringen, und die Neuregelung politischer Spenden soll eine größere Transparenz erreicht werden. Die hohen Kosten politischer Aktivitäten in Japan können durch die Reformen jedoch kaum eingegrenzt werden [Köllner 1998b, S. 281-282].

demokratischen Abgeordneten macht ihr Anteil über 43 Prozent aus. Ehemalige Bürokraten stellten insgesamt die zweitstärkste Gruppe, gefolgt von Parteimitarbeitern, die insbesondere bei der Kommunistischen Partei Japans den größten Teil der Abgeordneten ausmachen. Das Hauptrekrutierungsfeld für die Demokratische Partei Japans bildeten Kandidaten mit gewerkschaftlichem Hintergrund [Japan aktuell Okt. 1998: 474-475]. Das Durchschnittsalter der Abgeordneten im Oberhaus liegt derzeit bei 56,4 Jahren, ein deutliches Indiz für das in der japanischen Gesellschaft immer noch weit verbreitete Senioritätsprinzip. Der Frauenanteil ist mit 17 Prozent deutlich höher als im Unterhaus. Hier liegt er bei nur 4,6 Prozent, ein auch im internationalen Vergleich extrem niedriger Wert.

Bis Ende der achtziger Jahre waren die politischen Mehrheiten im Unter- und Oberhaus weitgehend identisch. Die LDP hatte von 1955 bis 1993 im Unterhaus unangefochten das Regierungsmonopol inne und verfügte bis Juli 1989 auch im Oberhaus über die Mehrheit der Sitze. Im Juli 1989 büßten die Liberaldemokraten dort jedoch erstmals ihre Mehrheit ein. Fortgesetzte Korruptionsskandale in der Regierungspartei und der ‚Volkszorn' über die Steuergesetze verschafften den Oppositionsparteien im Oberhaus erstmals eine Mehrheit der Mandate [Mayer/Pohl 1998: 67]. Im Juli 1993 verlor die LDP dann auch im Unterhaus ihre absolute Mehrheit. Es kam zu einer Reihe von Parteineugründungen, die allesamt aus Abspaltungen von der LDP hervorgingen. Da es den Oppositionsparteien in den letzten Jahren allerdings nicht gelang, eine überzeugende regierungsfähige Alternative zu den Liberaldemokraten zu bieten, konnte die LDP bei den Unterhauswahlen 1996 erneut Stimmengewinne verzeichnen. Sie ging als stärkste Fraktion aus den Wahlen hervor. „Japans Wahlberechtigte wählten, aber sie hatten keine Wahl." [Mayer/Pohl 1998: 75] Seit Beginn 1997 regiert die LDP nun im Unterhaus wieder mit einer absoluter Mehrheit. Auf dieser Grundlage erhoffte sich die Partei, wie oben bereits erwähnt, deutliche Stimmengewinne bei den Oberhauswahlen im Sommer 1998. Diese Hoffnung realisierte sich allerdings nicht. Die LPD verfügt derzeit im Oberhaus nur über 104 Mandate und damit nicht über die erforderliche Mehrheit. Die Demokratische Partei Japans (DPJ) und die Kommunistische Partei (KPJ) gingen gestärkt aus den Wahlen hervor. Beide Parteien konnten neun Sitze hinzugewinnen. Während bei der Wahlentscheidung für die LDP-Kandidaten, wie aus einer Umfrage der renommierten japanischen Tageszeitung Asahi-Shimbun hervorgeht, die persönlichen Fähigkeiten und Eigenschaften des Kandidaten die größte Rolle spielten, stand bei den Wählern der DPJ und noch deutlicher bei denen der KPJ die Zustimmung zur Parteipolitik an erster Stelle [Japan aktuell Okt. 1998: 474].

Die Opposition verfügte nach den letzten Oberhauswahlen quantitativ gesehen, über die Mehrheit der Sitze. Zu einem gemeinsames Vorgehen der stark fragmentierten Oppositionsparteien kam es jedoch nicht, zumal sich das erst im April 1998 gebildete Oppositionsbündnis unter Führung der DPJ bereits im Oktober 1998 wieder auflöste.

Seit Ende 1998 steuerte die LDP möglichen Zusammenschlüssen der oppositionellen Parteien erfolgreich entgegen. Es ist ihr unter Ministerpräsident Ichiro Ozawa im Januar 1999 gelungen, mit der Liberalen Partei unter Keizo Obuchi die Bildung einer Koalitionsregierung zu vereinbaren [Japan aktuell April 1999: 136]. Zudem konnte die LDP-Führung die der buddhistischen Laienorganisation nahestehende Komeito zur Zusammenarbeit bewegen. Dadurch werden Abstimmungserfolge der Regierung im Oberhaus in Zukunft wieder möglich und ein gemeinsames Vorgehen der Oppositionsparteien im Keim erstickt.

Tab. C I.2-1: Sitzverteilung im japanischen Unter- und Oberhaus, Stand Januar 1999			
Unterhaus		Oberhaus	
LDP	265	LDP	104
DPJ	94	DPJ	55
Komeito-Kaikaku	52	Komeito	24
Liberale Partei	39	Liberale Partei	12
KPJ	26	KPJ	23
SDP	13	SDP	14
Sonstige	9	Sangiin-no-kai	11
Vakanzen	2	Sonstige	9
Gesamt	500	Gesamt	252

Abkürzungen der wichtigsten Parteien: LDP (Liberaldemokratische Partei), DPJ (Demokratische Partei Japans), KPJ (Kommunistische Partei Japans), Komeito (Partei der sauberen Regierung), SDP (Sozialdemokratische Partei).

Quelle: JA, April 1999: 136

IV.   Arbeitsweise und Geschäftsordnung

Die Organisation und die Geschäftsordnung des Parlamentes regeln Art. 58 JV, das Parlamentsgesetz sowie die Satzungen von Unter- und Oberhaus.[5] Beide Häuser des Parlaments verfügen über eine funktionelle Autonomie, d.h. alle Verfahrensregeln werden von Unter- und Oberhaus nach eigenem Ermessen aufgestellt. Jedes Haus wählt aus seiner Mitte in geheimer Wahl einen Präsidenten und Vizepräsidenten für eine sechsjährige Amtszeit. In der Regel wird der Präsident aus der stärksten Partei und der Vizepräsident aus der zweitstärksten Partei gewählt. Beide nehmen eine neutrale Rolle nach britischem Vorbild ein und treten bei Amtsantritt aus ihrer Partei aus. Der Parlamentspräsident besitzt im wesentlichen Ordnungs- und Organisationsfunktionen sowie repräsentative Funktionen. Er führt bei den Plenardebatten die Beschlüsse eines Geschäftsführungsausschusses aus, in dem alle Fraktionen des Oberhauses vertreten sind. In diesem Ausschuß wird die Tagesordnung festgelegt, wobei die Mehrheitspartei der Opposition in Bezug auf Verfahrensfragen ein Vetorecht zubilligt. Der Ausschuß arbeitet somit „unter dem faktischen Zwang zur Einigung in Verfahrensfragen" [Hartmann 1992: 141]. Der Parlamentspräsident hat ähnlich wie der japanischen Premierminister eine Moderationsfunktion und sucht einen Ausgleich zwischen den verschiedenen Interessen herzustellen. Er kann den Ausschußsitzungen beiwohnen, besitzt ein Rederecht und bestimmt zudem zu Beginn einer jeden Sitzungsperiode die Sitzordnung der Abgeordneten nach Parteizugehörigkeit.[6]

Die Entscheidungen des Oberhauses werden im Plenum gefällt. Bei den Plenarsitzungen sind die ordentlichen Sessionen, die einmal jährlich im Januar einberufen werden und 150 Tage andauern, von den außerordentlichen und den besonderen Sessionen zu unterscheiden. Eine außerordentliche Sitzungsperiode des Parlaments kann vom Kaiser auf ‚Rat' des Kabinetts einberufen, oder von einem Viertel der Mitglieder des Unter- oder Oberhauses verlangt werden. Eine spezielle Session muß innerhalb von 30 Tagen nach allgemeinen Wahlen für ein neues Unterhaus zur Wahl des Premierministers einberufen werden. Jede Sitzungsperiode des Parlaments wird mit einer Eröffnungszeremonie, die im Oberhaus

---

[5] Die Satzung des Oberhauses gibt es in englischer Fassung unter www.sangiin.go.jp/eng/kisoku10.htm

[6] In der Adelskammer der Meiji-Verfassung wurde die Sitzverteilung nach Adelsrängen vorgenommen, wobei die räumliche Nähe zur kaiserlichen Familie den Grad der Vornehmheit ausdrückte [Miyazawa 1986: 188].

abgehalten wird, eingeleitet. Es ist hierbei üblich, daß nach einer Ansprache des Sprechers des Unterhauses der japanische Kaiser eine Rede hält [House of Councillors 1995: 20]. [7]

In beiden Häusern des Parlamentes finden die Gesetzesberatungen und Diskussionen nach dem Vorbild des amerikanischen Kongresses in den Ausschüssen statt. Jedes Mitglied des Oberhauses muß mindestens einem ständigem Ausschuß angehören. Jede Partei oder parlamentarische Gruppe stellt entsprechend ihrer Stärke eine bestimmte Anzahl von Ausschußmitgliedern und -vorsitzenden. Die Mitglieder der Ausschüsse und die Ausschußvorsitzenden werden dann auf Empfehlung der Parteien vom Parlamentspräsidenten ernannt. Während im Unterhaus die 20 ständigen Ausschüsse jeweils den einzelnen Fach-ministerien zugeordnet sind, sind die ständigen Ausschüsse des Oberhauses an Politikfeldern ausgerichtet. Hierdurch soll die Überordnung politischer Belange gegenüber der Verwaltung gewährleistet werden. Dies wurde durch die Neuordnung der Ausschüsse im Dezember 1997 unterstrichen. Im Oberhaus existieren zur Zeit 17 ständige Ausschüsse, die für allgemeine Angelegenheiten, Justiz, Lokalverwaltung und Polizei, Äußeres und Verteidigung, Finanzen, Bildung und Wissenschaft, Bürgerwohlfahrt, Landwirtschaft, Forsten und Fischerei, Wirtschaft und Industrie, Verkehr und Kommunikation, Arbeits- und Gesellschaftspolitik, Land und Boden, Haushalt, Rechnungsprüfung sowie Koordination und Disziplinarfragen zuständig sind. Der 17. Ausschuß wurde im Zuge der Reorganisation neugegründet und befaßt sich mit dem Thema Verwaltungskontrolle. Er soll Untersuchungen zur Verwaltungsüberwachung anstellen und Beschwerden und Petitionen zu fehlerhaftem Verwaltungshandeln beurteilen [Japan aktuell Febr. 1998: 47]. Seine Gründung ist auf die andauernden Korruptionsskandale in der japanischen Verwaltung zurückzuführen. Die ständigen Ausschüsse und Sonderausschüsse haben das Recht, Gesetzesvorlagen, die in ihre Zuständigkeit fallen, einzubringen, öffentliche Anhörungen und Expertenbefragungen durchzuführen und einzelne Sachverhalte zu untersuchen. Sie können dafür über das Unterhaus die Vorlage von Akten einfordern. In Absprache mit den Ausschüssen des Unterhauses können auch gemeinsame Ausschußsitzungen abgehalten werden. Debattier- und beschlußfähig sind die Ausschüsse, wenn mindestens die Hälfte ihrer Mitglieder anwesend ist. Bei Stimmengleichheit gibt das Votum des Ausschußvorsitzenden den Ausschlag, der üblicherweise nur in solchen Fällen von seinem Abstimmungsrecht Gebrauch macht [Miyazawa 1986: 201-202].

Um grundlegende Probleme der Regierung zu analysieren, kann das Oberhaus sogenannten Untersuchungskommissionen einsetzen, die eine beratende Funktion ausüben. Zur Zeit gibt es drei Untersuchungskommissionen zu den Themen Internationale Angelegenheiten, Gesellschaft und Wirtschaft sowie Verwaltungsorganisation und Verwaltungskontrolle.

V.   Die Funktionen des japanischen Oberhauses im politischen System

Verfassungsrechtlich eindeutig dem Unterhauses untergeordnet, besaß das japanische Oberhaus im politischen Entscheidungsprozeß bis heute kaum effektiven Einfluß. Bei klaren Mehrheitsverhältnissen im Unterhaus, wie sie in Japan von 1955 bis 1993 vorherrschten, konnte das Oberhaus politische Entscheidungen allenfalls hinauszögern. Erst ungleiche und im Unterhaus knappe Mehrheitsverhältnisse erhöhen das politische Gewicht des Oberhauses. Dem Oberhaus kommt aufgrund seiner verfassungsmäßig verankerten Mitwirkungsrechte neben der Gesetzgebungsfunktion, eine Kontroll-, sowie eine Repräsentationsfunktion zu. Je

---

[7] Der japanische Tenno gilt nach der Verfassung von 1947 nur noch als ein „Symbol des Staates und der Einheit des Volkes" [Art. 1 JV] und ist ausschließlich auf formale und repräsentative Funktionen, wie beispielsweise die Eröffnung der Parlamentssitzungen, die formelle Ernennung des Premierministers und der Minister und die Verkündigung von Verfassungsänderungen und Gesetzen beschränkt.

nach parteipolitischer Zusammensetzung beider Häuser kann das Oberhaus also auf die Regierung in der Verfassungspraxis kontrollierend, hemmend oder blockierend einwirken.

Der Gesetzgebungsprozeß wird weitgehend vom Unterhaus bzw. der Regierung bestimmt. Zwar besitzen neben dem Kabinett auch die Abgeordneten beider Häuser ein Initiativrecht für Gesetzesvorhaben, die wichtigsten und die überwiegende Mehrzahl der Gesetzesentwürfe werden jedoch vom Kabinett (fast 70 Prozent) eingebracht. Für eine Gesetzesinitiative ist im Unterhaus die Unterstützung von mindestens 20 Parlaments-mitgliedern und im Oberhaus von mindestens zehn Abgeordneten erforderlich. Handelt es sich um Gesetzesinitiativen, die im Zusammenhang mit dem Haushalt stehen, so müssen im Unterhaus 50 und im Oberhaus 20 Mitglieder ihre Unterstützung aussprechen. Im politischen Entscheidungsprozeß haben Initiativen von Abgeordneten nur geringe Erfolgschancen, während Kabinettsvorlagen mit hoher Wahrscheinlichkeit durchgesetzt werden können.[8] Dies kennzeichnet im Unterschied zu präsidentiellen Regierungssystemen generell die Funktionsweise parlamentarischer Systeme. Von 1993 bis 1996 wurden fast 100 Prozent der Kabinettsentwürfe im Parlament angenommen, während Gesetzesentwürfe von Unterhaus-mitgliedern nur zu etwa 37 Prozent erfolgreich waren. Am schlechtesten schnitten die Entwürfe von Oberhausmitgliedern ab, ihre Erfolgsquote lag bei nur 17 Prozent. Ein Hauptgrund für die hohe Effizienz der Gesetzesinitiativen von Regierungsseite liegt in der traditionell sehr engen Zusammenarbeit zwischen liberaldemokratischer Regierungspartei und Ministerialbürokratie. Kabinettsentwürfe werden zunächst von den Politikern der Regierungs-parteien mit den Regierungsbeamten besprochen und vorbereitet. Bereits in dieser Vorprüfungsphase werden Sachverständige zu Rate gezogen und ausgiebige informelle Vorverhandlungen über den Gesetzesentwurf geführt. Erst danach findet eine formale Entscheidung des Kabinetts statt. „Das Kabinett segnet zumeist Kompromisse ab, die in langwierigen Vorverhandlungen entstanden sind, bis zur Unterschriftsreife präpariert wurden und so ‚gesichtsverletzende Überraschungen' am Kabinettstisch ausschließen." [Hartmann 1992: 140] Die vom Kabinett verabschiedeten Entwürfe werden vom Parlamentspräsidenten an den jeweils zuständigen Ausschuß überwiesen. Dabei spielt es mit Ausnahme des Haushaltsentwurfes keine Rolle, ob die Gesetzesvorlagen zuerst an das Unter- oder das Oberhaus geleitet werden. In den Ausschußberatungen werden, wie in allen Arbeitsparlamenten üblich, die Oppositionsparteien in den Entscheidungsprozeß eingebunden Über ihre ständigen Mitarbeiter loten Mehrheits- und Oppositionsparteien aus, ob der Vorschlag des Ausschußvorsitzenden Akzeptanz findet. Erst wenn auf diese Weise eine Einigung erzielt worden ist, beginnen die eigentlichen Beratungen im Ausschuß, „die dann eben keinen wirklichen Verhandlungscharakter mehr haben, sondern eher einem protokollarisch notwendigen Ratifizierungszeremoniell gleichen" [Hartmann 1992: 142]. Die Entscheidung des Ausschusses bzw. die auf diese Weise ausgehandelten Parteilinien sind schließlich für die Abstimmung im Parlament bindend. Die parlamentarischen Diskussionen und das Zweikammersystem haben in der Vergangenheit durch dieses komplexe System der „Entscheidungsvorbereitung" (*nemawashi*) an Bedeutung eingebüßt. Bei weitgehend identischen Mehrheitsverhältnissen in Verbindung mit hoher Parteidisziplin der Abgeordneten mußte der Primat des Unterhauses kaum bemüht werden.

Erst in jüngster Zeit hat das japanische Oberhaus durch abweichende Entscheidungen seine Gesetzgebungs- und Kontrollfunktion demonstrativer wahrgenommen. So sprach sich die oppositionelle Mehrheit im Oberhaus beispielsweise 1990 für die Abschaffung der erst

---

[8] Zwischen 1987 und 1996 wurden dem Unterhaus nur 126 Gesetzesentwürfe von Abgeordneten vorgelegt. Ihre Zahl stieg jedoch im Jahr 1997 auf 45 an. Der Hauptgrund für diesen Anstieg liegt darin, daß infolge der Koalitionsregierungen mehr Parteien und deren Parlamentarier über Regierungserfahrung verfügen [Japan aktuell Aug. 1998: 351].

zwei Jahre zuvor eingeführten höchst unpopulären Mehrwertsteuer. Mit diesem Schritt scheiterte die Opposition allerdings erwartungsgemäß an der Mehrheit im Unterhaus [Hartmann 1992: 140]. Als erfolgreicher erwies sich hingegen das im Juni 1998 gegen Verteidigungsminister Fukushiro Nukaga ausgesprochene Mißtrauensvotum. Zum ersten Mal seit Bestehen der Nachkriegsverfassung hatte das Oberhaus einem Kabinettsmitglied das Mißtrauen ausgesprochen. Obschon das Votum des Oberhauses keinen bindenden Charakter besitzt und Ministerpräsident Obuchi sich zunächst hinter den Verteidigungsminister stellte, mußte Nukaga im Zuge der Untersuchungen über illegale Rüstungsbeschaffungsaufträge seines Ministeriums wenige Monate später zurücktreten [Japan aktuell Februar 1999: 38]. [9] Das japanische Oberhaus hatte somit öffentlichkeitswirksam und erfolgreich von seiner Kontrollfunktion Gebrauch gemacht.

Beschlüsse des Oberhauses, die verfassungsrechtlich unter den Entscheidungsprimat des Unterhauses fallen, besitzen in erster Linie eine Öffentlichkeitsfunktion und dienen den Oppositionsparteien neben der Information der Bevölkerung als Profilierung vor ihrer Wählerschaft. Hierdurch kann allenfalls der Druck auf die Regierungsparteien erhöht und ihre Entscheidungskompetenz somit indirekt eingeschränkt werden. Weitaus bedeutsamer und politisch folgenreicher kann die Führungsposition der Regierung durch das Oberhaus jedoch bei einfachen Gesetzesentscheidungen beschnitten werden. Verfügt die Regierung, wie es derzeit der Fall ist, nicht über eine Zweidrittelmehrheit im Unterhaus, dann werden Kooperationsverhandlungen mit den oppositionellen Parteien im Oberhaus für sie unerläßlich. Ansonsten besteht unter der Voraussetzung gemeinsamer Oppositionsentscheidungen die Gefahr einer fortgesetzten Blockadepolitik des Oberhauses. Die politische Bedeutung des Oberhauses könnte sich dann von einer eher unscheinbaren Verdoppelung des Unterhauses in Richtung auf ein entscheidendes Obstruktionsinstrument der Opposition entwickeln. Vorgezogene Neuwahlen für das Unterhaus wären die unweigerliche Folge. Um dieser Gefahr vorzubeugen und einen reibungslosen Ablauf der Regierungspolitik zu ermöglichen, hat die LDP im November 1998 Koalitionsabsprachen mit der Liberalen Partei unter Ichiro Ozawa getroffen. Damit werden Abstimmungserfolge im Oberhaus wieder wahrscheinlich und die Handlungsfähigkeit der Regierung Obuchi ist zunächst gesichert [Japan aktuell Febr. 1999: 37]. Einem potentiellen Machtzuwachs der Zweiten Kammer über eine Zusammenarbeit der Oppositionsparteien wird auf informellem Wege vorgebeugt. Der politische Machtpoker findet somit, selbst bei unterschiedlichen Mehrheitsverhältnissen, nahezu ausschließlich im Unterhaus statt [Pohl 1998: 49]. Das nach parteipolitischen Kriterien strukturierte Oberhaus erhöht letztlich in der Verfassungspraxis den Zwang zur politischen Kooperation und birgt damit auch die Gefahr von Stagnation innerhalb des politischen Systems.

VI. Reformdiskussion und Problemfelder

Mitte Mai 1997 feierte das japanische Oberhaus sein fünfzigjähriges Bestehen. Viel Grund zum Feiern gab es für die „Kammer der Berater" indes nicht. Im Rückblick betrachtet konnte sich das japanische Oberhaus bislang nie als eigenständiges Entscheidungsorgan profilieren. Ursprünglich als Kontrollinstanz gegenüber den parlamentarischen Entscheidungsprozessen im Unterhaus eingerichtet, entwickelt sich das Oberhaus keineswegs zu einem „dignified part" des Parlamentes, der ein parteiübergreifendes und stärker an Regionalinteressen orientiertes Gegengewicht zum Unterhaus hätte darstellen können. Die Mitglieder des Oberhauses sind, ebenso wie die Unterhausabgeordneten, klar bestimmten Parteiblöcken zugeordnet und ihre Entscheidungen durch Parteizugehörigkeit bestimmt. Aufgrund dieser Verdoppelung politischer Entscheidungsstrukturen im Oberhaus wird die

---

[9] Die Untersuchung der Affäre hat ergeben, daß hochrangige Mitarbeiter des Ministeriums systematisch belastendes Material versteckt oder vernichtet hatten [Japan aktuell Febr. 1999: 38].

Existenzberechtigung der Zweiten Kammer in Japan zunehmend in Frage gestellt. Selbst der derzeitige Präsident des Oberhauses Juro Saito plädiert für eine Reform des Oberhauses, die auf eine größerer Unabhängigkeit der Zweiten Kammer zielt. So schlägt Saito vor, internationale Verträge und bestimmte Gesetzgebungsvorschläge in den Bereichen Bildung und Sicherheit zuerst vom Oberhaus beraten zu lassen. Andere Reformvorschläge zielen auf ein neues Wahlsystem für das Oberhaus [Japan aktuell Aug. 1997: 359]. Insgesamt kreist die Reformdiskussion um das Oberhaus entweder um ‚kosmetische‘ oder um kaum realisierbare Veränderungen. Sinnvolle Reformansätze sind angesichts der tendenziellen Verdoppelung der politischen Entscheidungsprozesse im Oberhaus auch nur schwer vorstellbar. Nur im Rahmen tiefgreifender politischer Strukturveränderungen wären erfolgversprechende Reformen in Bezug auf das Oberhaus überhaupt denkbar. Aufgrund des letztlich „systemstabilisierenden Dopplungseffektes" des Oberhauses könnte seine Abschaffung möglicherweise die notwendigen Reformen des politischen Systems beschleunigen. Diese Option ist jedoch unter den derzeitigen politischen Rahmenbedingungen als illusionär einzustufen. Die grundlegende Problematik des japanischen Oberhauses liegt in seiner strikt parteipolitischen Strukturierung. Seine zukünftige Rolle hängt somit direkt mit den Entwicklungen innerhalb des japanischen Parteiensystems zusammen

Charakteristisch für die japanischen Demokratie ist das bis heute nahezu ungebrochene Machtmonopol der liberaldemokratischen Partei. Von 1955 bis 1993 war die „Einparteien-Demokratie" durch das sogenannte 1955-er System geprägt. Die aus der Liberalen und der Demokratischen Partei entstandene LDP stellte über 38 Jahre ununterbrochen die Regierung [Mayer/Pohl 1998: 67]. Sie konnte sich auf breite ländliche Wählerschichten stützen, die, auch infolge der ungleichen Wahlkreiseinteilung zwischen Stadt und Land, für verläßliche Mehrheiten sorgten. Die Opposition, bestehend aus Sozialisten, der buddhistischen Komeito, den Sozialdemokraten und den Kommunisten, stellte aufgrund ihrer wirklichkeitsfremden programmatischen Vorstellungen oder ihrer Reduzierung auf bestimmte Wählergruppen keine ernstzunehmende Alternative dar. Wichtigste Merkmale dieses stabilen politischen Machtgefüges waren und sind teilweise immer noch, wie Manfred Pohl konstatiert, die enge Verflechtung der Liberaldemokraten mit den Wirtschaftskreisen und der Ministerialbürokratie (das sogenannte „eiserne Dreieck") und die daraus resultierende „verwaltete Politik", die keiner direkten demokratischen Kontrolle unterliegt [Mayer/Pohl 1998: 43]. Die Konzentration der Regierungsmacht ging einher mit einer starken parteiinternen Fragmentierung, durch welche die politische Opposition nach innen verlagert wurde. Politische Entscheidungen fielen parteiintern nicht im Rahmen formalisierter, hierarchischer Strukturen, sondern auf informellem Wege zwischen einzelnen sogenannte Faktionen (*habatsu*) innerhalb der Partei. Die Faktionen, die als typisches Phänomen japanischer Parteien bezeichnet werden können, sind „Gefolgschaften einflußreicher Politiker, die ihre innerparteiliche Macht auf die Größe dieser Gefolgschaften stützen." [Pohl 1998: 54]. Die Abgeordneten der LDP im Unter- und Oberhaus lassen sich klar bestimmten Faktionen zuordnen. Sie halten ihrem Faktionsführer die Gefolgschaftstreue und werden dafür von ihm mit der Zuwendung von Wahlkampfgeldern und der Bereitstellung eines Beziehungsgeflechtes entlohnt. Obschon der Einfluß der Faktionen inzwischen geringer geworden ist, erfolgt die Verteilung wichtiger Parteiämter und Kabinettsposten bis heute noch nach dem Senioritätsprinzip und nach Faktionsproporz [Köllner 1999: 73]. Der Zugang zu einflußreichen Positionen ist nach der Anzahl erfolgreicher Wahlgänge gestaffelt. „Drei- bis viermal gewählte LDP-Parlamentarier kommen für die Position des parlamentarischen Staatssekretärs in Betracht, vier- bis fünfmal erfolgreiche Parlamentarier können die Leitung von Unterabteilungen im LDP-Parteirat für politische Grundsatzfragen übernehmen." [Pohl 1998: 53] Der japanische Ministerpräsident versucht in der Regel so viele Gefolgsleute wie möglich mit einem Regierungsamt zu betrauen.[10] Parlamentarier des Oberhauses haben allerdings kaum Chancen auf einen Kabinettsposten. Diese werden zwischen den einflußreichen Faktionsführern und altgedienten Unterhausabgeordneten verteilt.

Gelingt der innerparteiliche Ausgleich zwischen den einzelnen Faktionsführern nicht, so kommt es zu Abspaltungen und Parteineugründungen, wie sie seit 1993 in Japan zu beobachten sind. Aus dem sich seither ständig veränderten „Parteienpuzzle" [Köllner 1998a] entstand jedoch bis heute keine glaubwürdige, regierungsfähige Alternative zur LDP. Vielmehr kommt es zu immer neuen „politischen Rochaden" [Pohl 1998: 64] zwischen den konservativen Parteien, die letztlich auf den Machtgewinn innerhalb der LDP zielen. Das konservative Herrschaftsmonopol ist trotz innerer und äußerer Fragmentierung der Parteien-landschaft längst noch nicht gebrochen.

Dennoch konnten durch die Wahlrechtsreform für das Unterhaus von 1994 und das Parteienfinanzierungsgesetz politische Reformen angestoßen werden. Es bleibt abzuwarten, ob sich hierdurch das japanische Parteiensystem in Richtung auf ein stabiles Zweiparteien-system verändern und der politische Entscheidungsfindungsprozeß grundlegend reformiert wird. Als mögliche positive Auswirkungen dieser Reformen sind u.a. die Begrenzung der Korruption in der japanischen Politik, stärker programm- als personenbezogene politische Entscheidungen sowie die Stärkung der Parteizentralen gegenüber den Faktionen in der Diskussion [Köllner 1998b: 169-170]. Grundvoraussetzung für diese Entwicklung wäre jedoch, wie bereits erwähnt, eine klare „Oppositionsalternative" sowie ein verstärkter Druck von seiten der japanischen Wählerschaft [Pohl 1998: 65]. Da glaubwürdige Alternativen bislang fehlen, wächst die Skepsis gegenüber der politischen Elite, die durch immer neue Koalitionen und Absprachen ihr politisches Überleben zu sichern sucht. Die jüngsten Koalitionsabsprachen zwischen LDP und Liberaler Partei stellen zwar kurzfristig die Handlungsfähigkeit der Regierung sicher, langfristig kann die Gefahr politischer Stagnation jedoch nur durch weitere Strukturreformen aufgebrochen werden. Hierzu gehören vor allem die seit langem in der Diskussion stehende Parlamentsreform und die konsequente Entmachtung der Ministerialbürokratie. Die jüngste Reform des Ausschußwesens im Oberhaus und die bereits beschlossene Reorganisation der Ministerien bis Januar 2001 können als Schritte in diese Richtung gewertet werden.

Vom japanischen Oberhaus sind aufgrund seiner verfassungsrechtlich und politisch untergeordneten Stellung keine weitreichenden Reformimpulse zu erwarten. Den japanischen Wählern dient es in seiner derzeitigen Form allenfalls als Forum politischer Willensbekundung und des Protestes, wie die letzten Oberhauswahlen gezeigt haben. Aus der Binnenperspektive des politischen Entscheidungsprozesses und unter den gegebenen parteipolitischen Realitäten betrachtet, wirkt das Oberhaus letztlich systemstabilisierend. Politische Handlungsfähigkeit kann in Japan auch in Zukunft nur durch komplexe Aushandlungsprozesse, sei es wie in der Vergangenheit parteiintern oder wie in jüngster Zeit zwischen verschiedenen Parteien und Parteiabspaltungen, gesichert werden. Ungleiche Mehrheitsverhältnisse in Unter- und Oberhaus erhöhen diesen Zwang zur Kooperation, bedingen jedoch nicht unweigerlich auch eine stärkere Reformbereitschaft. Durch die rein theoretisch denkbare Abschaffung des Oberhauses würde zwar dieser ‚Verdopplungseffekt' entfallen und die andauernde Diskussion über die Daseinsberechtigung der Zweiten Kammer beendet, die strukturellen Probleme der japanischen politischen Kultur können dadurch jedoch keineswegs beseitigt werden.

---

[10] Die durchschnittliche Amtszeit eines Ministers liegt bei 1,5 Jahren [Pohl 1998b: 53].

VII. Auswahlbibliographie

Hartmann, Jürgen, 1992: Politik in Japan. Das Innenleben einer Wirtschaftsmacht, Frankfurt a.M.

Hartmann, Jürgen, 1983: Politik und Gesellschaft in Japan, USA und Westeuropa. Ein einführender Vergleich, Frankfurt a.M.

House of Councillors (Hrsg.), 1995: The National Diet of Japan, House of Councillors, Tokyo.

House of Representatives (Hrsg.), 1996: The National Diet of Japan, The House of Representatives, Tokyo.

Inoue, Kyoko, 1991: MacArthur's Japanese Constitution. A Linguistic and Cultural Study of Its Making, Chicago (im Anhang kompletter Verfassungstext).

Ishida, Takeshi/**Krauss**, Ellis S. (Hrsg.), 1989: Democracy in Japan, Pittsburgh.

Japan aktuell, Wirtschaft, Politik, Gesellschaft, hrsg. vom Institut für Asienkunde, erscheint zweimonatlich, Hamburg.

Kevenhörster, Paul, 1969: Das politische System Japans, Köln.

Köllner, Patrick, 1998a: Japans neues Parteien-Puzzle, in: Japan aktuell, Febr. 98, S. 68-72.

Köllner, Patrick, 1998b: Drei Jahre nach den politischen Reformen - Eine Zwischenbilanz, Teil 1: Das Wahlgesetz und seine Auswirkungen, in: Japan aktuell, April 98, S. 167-177. Teil 2: Die Finanzierung politischer Aktivitäten, in: Japan aktuell, Juni 1998, S. 272-283.

Köllner, Patrick, 1999a: Informelle Elemente in der japanischen Politik. Teil 1: Faktionen, in: Japan aktuell Febr. 1999, S. 65-74.

Köllner, Patrick, 1999b: Informelle Elemente in der japanischen Politik. Teil 2: Persönliche Unterstützungsvereinigungen und Erbabgeordnete, in: Japan aktuell April 1999, S. 164-173.

Mayer, Hans Jürgen/**Pohl**, Manfred (Hrsg.), 1998: Länderbericht Japan. Geographie, Geschichte, Politik, Wirtschaft, Gesellschaft, Kultur, Bonn.

Miyazawa, Toshiyoshi, 1986: Verfassungsrecht = (kempo), übers., bearb., u. hrsg. v. Robert Heuser und Yamasaki Kasuaki, Köln

Pohl, Manfred (Hrsg.), 1998: Japan 1997/98, Politik und Wirtschaft, Hamburg.

Richardson, Bradley, 1997: Japanese Democracy, Power, Coordination, and Performance, New Haven.

Röhl, Wilhelm, 1963: Die japanische Verfassung, Frankfurt am Main.

Schenck, Paul-Christian, 1997: Der deutsche Anteil an der Gestaltung des modernen japanischen Rechts- und Verfassungswesens, Stuttgart.

II.   Indirekt gewählte Zweite Kammern

Sabine Ruß

Der französische Senat: Die Schildkröte der Republik

I.   Einleitung

Der im behäbigen *Palais de Luxembourg* residierende Senat arbeitet im politischen Alltag eher im Schatten der Macht, die im semi-präsidentiellen und stark zentralisierten System Frankreichs eindeutig bei der nationalen Exekutive liegt. In Gesprächen über die Zweite Kammer bekommt man jenseits des Rheins bisweilen ein Zitat aus den Tierfabeln von La Fontaine zu hören, demzufolge sich die „Schildkröte im Senatorentempo" bewegte. In diesem Vergleich spiegelt sich das Bild, das die Öffentlichkeit vom Senat bis heute hat, ebenso wider wie die Rolle, die ihm zugeschrieben wird: Bedächtigkeit und Langsamkeit gehören geradezu zur Daseinsberechtigung der Zweiten Kammer, die neben der Repräsentation der territorialen Interessen die in der Ersten Kammer registrierten Umschwünge des Volkswillens moderieren, die Gesetze verbessern und damit die Republik schützen soll. De Gaulle, dessen Ideen die Verfassung der V. Republik entscheidend prägten, sah im Senat ein notwendiges Korrektiv:

> „Es ist klar und unbestritten, daß die endgültige Verabschiedung der Gesetze und des Haushalts einer allgemein und direkt gewählten Versammlung zukommt. Aber der erste Reflex einer solchen Versammlung zeichnet sich nicht notwendigerweise durch vollkommene Klarsicht und Besonnenheit aus. Man muß also einer Zweiten Kammer, die anders gewählt und zusammengesetzt ist, die Befugnis geben, öffentlich das zu prüfen, worüber die Erste Kammer beraten hat, sowie Zusatzanträge zu formulieren und Gesetzentwürfe einzubringen. Natürlich spiegeln sich die großen Tendenzen der allgemeinen Politik im Abgeordnetenhaus wider. Das heißt aber nicht, daß nicht auch das lokale Leben seine Rechte hat." [De Gaulle 1946/1960: 31]

Doch die Institution Senat war in Frankreich nie unumstritten. Erst im Frühjahr 1998 sah sich die Zweite Kammer wieder einer Attacke ausgesetzt, als Regierungschef Lionel Jospin ihn eine „Anomalie unter den Demokratien" schimpfte und eine umfassende Reform ankündigte. Im Blick hat Jospin vor allem den bisherigen Bestellungsmodus, der den laut Verfassung allgemein für die Vertretung der Gebietskörperschaften zuständigen Senat beinahe exklusiv zum Rat der ländlichen Gemeinden sowie zum sicheren Hort der bürgerlichen Kräfte macht. Ganz ohne das Einverständnis des Senats selbst ist eine wirklich durchgreifende Reform freilich nicht zu bewerkstelligen, da die ‚Schildkröte' Senat im Falle von Verfassungsreformen und sie selbst betreffenden verfassungsergänzenden Gesetzen (*lois organiques*) mit einem Vetorecht gegen unliebsame Änderungen gepanzert ist und so eine unumgängliche Verhinderungsmacht darstellt. Schon manche reformfreudige Regierung ist an diesem Stolperstein gescheitert.

Nun haben Schildkröten bekanntlich eine hohe Lebenserwartung. Ob das analog vom französischen Senat behauptet werden kann, hängt mittelfristig trotz des verfassungsrechtlichen Schutzpanzers von seiner Fähigkeit zu weiteren Metamorphosen ab, wie sie die Idee des Bikameralismus in Frankreich schon mehrmals durchlaufen hat.

II. Historische Entwicklung und verfassungsrechtliche Stellung

Frankreich stellt nach seinem mit der großen Revolution von 1789 erfolgten Eintritt in die Moderne das wohl aktivste Verfassungslaboratorium der westlichen Welt dar: Sechzehn Verfassungen hat es verabschiedet und dabei das Spektrum der Staatsformen von der Diktatur über die Monarchie bis zur Republik variantenreich ausgeschöpft [Erbe 1987]. Daß am Anfang dieser bewegten Geschichte zunächst einmal die Ablehnung des Zweikammernprinzips durch die Revolutionäre stand, verwundert nicht. Die zeitgenössischen Formen der Zweiten Kammern anderer Staaten waren auf das unitarische und die Volkssouveränität entdeckende Frankreich nicht zu übertragen: So fand der amerikanische Senat seine Funktion im Föderalismus und das britische Oberhaus war ein Relikt der Aristokratie. Obwohl das Verfassungskomitee der Nationalversammlung von 1789 für zwei Kammern plädiert hatte, konnte sich diese Idee wegen des feudalen Ruchs, der ihr anhaftete, zunächst nicht durchsetzen: Nachdem sich der dritte Stand zur Nation erklärt hatte, sollte die Einheit des souveränen Volkes durch eine einzige gesetzgebende Versammlung repräsentiert werden.

Erst mit der Errichtung der III. Republik im Jahre 1875 kann in Frankreich de facto von einer Durchsetzung des Zweikammernprinzips im engeren Sinne, nämlich als (indirekt) demokratisch legitimierte Körperschaft mit gesetzgebenden Kompetenzen, die Rede sein. Die für französische Verhältnisse äußerst langlebige III. Republik – sie überlebte bis zur Katastrophe von 1940 – beruhte auf einigen eher provisorisch als Kompromiß zwischen Monarchisten und Republikanern zusammengezimmerten Verfassungsgesetzen. Diese stellten das Parlament ins Entscheidungszentrum der Republik (*régime d'assemblée:* Versammlungsherrschaft). Es bestand aus der direkt gewählten Abgeordnetenkammer und der als Senat bezeichneten Zweiten Kammer, die bereits wie ihre heutige Nachfahrin die Repräsentation der Gebietskörperschaften übernahm. Nicht zufällig war sie Gegenstand des allererersten Verfassungsgesetzes. Der ‚Einbau‘ des Senats in die Republik stellte ein Versöhnungsangebot der letztlich überlegenen Republikaner an die Monarchisten dar, die noch die Pariser Kommune vor Augen hatten und ein Gegengewicht zur direktgewählten Kammer forderten. Léon Gambetta, der als Führer der Republikaner selbst ursprünglich für ein monokamerales Parlament gewesen war, erfand schließlich für die Zweite Kammer die bis heute oft zitierte Formel ihrer republikanischen Weihe: Der Senat besitze als Ausgangsbasis das „demokratischste Element“, das „das Innerste einer Demokratie überhaupt ausmacht: den Geist der Gemeinde, den Geist der 36.000 Gemeinden Frankreichs“ [zit. nach Cluzel 1998: 19].

Nach dem Ende des Zweiten Weltkrieges und des autoritären Vichy-Régimes glaubten die in der verfassungsgebenden Versammlung von 1945 dominierenden linken Kräfte allerdings, im Senat eine für das alte parlamentarische Régime fatale Konstruktionsschwäche ausfindig gemacht zu haben. In seinen Befugnissen war der Senat der III. Republik der Ersten Kammer beinahe ebenbürtig gewesen und an seinem Gegen-Votum scheiterten in der Zwischenkriegszeit fünf Regierungen, darunter die beiden Volksfront-Regierungen unter dem Sozialisten Léon Blum 1937 und 1938.[1] Vor diesem Erfahrungshintergrund schlug die Konstituante dem französischen Volk ein Einkammersystem vor, scheiterte aber mit dem Vorschlag. Die dann 1946 angenommene bikamerale, jedoch stark asymmetrische Version der zweiten Konstituante verschob die Macht eindeutig in die Erste Kammer. Die nun „Rat der Republik“ benannte Zweite Kammer sollte explizit keinen Anteil mehr an der Regierungs-

---

[1] In der Parlamentstheorie wurde die Kompetenzfülle des französischen Senats als Anomalie diskutiert und die Verantwortlichkeit der Regierung vor einer Parlamentskammer, die selbst unauflösbar war, als undemokratisch angesehen [von Beyme 1974: 377].

wahlfunktion haben und nahm im Gesetzgebungsprozeß nurmehr eine beratende Funktion wahr.[2]

Nach länger schwelenden Schwierigkeiten, für die nicht zuletzt das zersplitterte Parteiensystem und die instabilen Regierungskoalitionen verantwortlich waren, scheiterte die IV. Republik an der Algerienkrise, dem letzten Akt der französischen Entkolonialisierung. Die Übergangsregierung unter de Gaulle schuf eine Verfassung, deren Logik ganz dem Imperativ der Regierbarkeit unterstand und mit der Parlamentsherrschaft der Vorgänger-republiken brach. Zwar war die Regierung der Ersten Kammer nach Art. 49 und Art. 50 weiterhin verantwortlich, doch nicht diese sollte nach Art. 8 den Premierminister bestellen, sondern der als Schiedsrichter („arbitre" Art. 5) über den Parteien stehender Präsident, wie ihn de Gaulle schon 1946 in seiner berühmten Rede von Bayeux gefordert hatte. Genau wie der Senat, der nach Art. 24 wiederum die Gebietskörperschaften zu vertreten hatte, bezog der Präsident seine demokratische Legitimation indirekt aus einem umfangreichen Wahlkollegium, dessen Mehrheit aus Delegierten der Stadt- und Gemeinderäte bestand, und sollte im Todesfall nach Art. 7 nicht zufällig vom Präsidenten des Senats als der der Parteipolitik relativ fern stehenden Kammer vertreten werden. 1962 wurde das Präsidentschaftswahl-Verfahren allerdings durch die Direktwahl ersetzt, weil de Gaulle für seine Nachfolger, die keine ihm vergleichbare historische Legitimität besitzen würden, eine stärkere Legitimation sichern wollte. Damit verlor das Parlament den Anspruch, der alleinige repräsentative Ausdruck der Volkswillens zu sein und der Übergang zu einem „semi-präsidentiellem System" [Duverger 1986: 515-573] wurde vollends offenkundig. Immer dann, wenn die politischen Mehrheiten bei der Präsidentschafts- und Nationalversammlungswahl übereinstimmen, wird das Präsidentenamt zum machtvollen Steuerzentrum der Republik und der Präsident nach einem vielzitierten Wort des Verfassungsrechtlers Maurice Duverger zum „stärksten Regierungschef der westlichen Welt". Bis heute ist in der Vergleichenden Regierungslehre die typologische Einordnung der V. Republik umstritten [Le Divellec 1996, Bahro/Veser 1995]. Ihre Exekutivlastigkeit dagegen ist augenfällig.

Das Ende der Parlamentsherrschaft war aber schon vor der Reform von 1962 besiegelt. So besitzt mit der Verfassung von 1958 der Präsident mit Art. 12 die Möglichkeit, die Nationalversammlung (AN) aufzulösen, ohne daß diese sich selbst auflösen oder den Präsidenten zu stürzen vermag. Zudem kann der Präsident nach Art. 11 Gesetzesvorlagen, die die Organisation der öffentlichen Gewalten, Verträge oder (seit 1995) die Wirtschafts- und Sozialpolitik betreffen, dem Volk direkt zur Abstimmung unterbreiten. Die beiden maßgeblichen Verfassungsväter de Gaulle und Debré hatten zudem angesichts eines zur Herausbildung stabiler Mehrheiten anscheinend unfähigen Parteiensystems ein Stützkorsett aus (verfassungs-)rechtlichen Regeln konstruiert, das es der Regierung erlaubt, auch undisziplinierte Mehrheiten zusammenzuhalten. Dazu gehörte der Vorrang der Regierung bei der Bestimmung der Tagesordnung nach Art. 48, die Eingrenzung eines Gesetzesbereichs in Art. 34 und die Einführung eines der Regierung zustehenden Verordnungsbereichs nach Art. 37 sowie die mögliche Delegation der Gesetzgebungsgewalt an die Regierung nach Art. 38[3], die Beschränkung der Zahl der in den Vorgängerrepubliken übermächtigen Parlaments-ausschüsse nach Art. 43 Abs. 2, die Möglichkeit von Blockabstimmungen zur Unterbindung unerwünschter parlamentarischer Änderungsanträge nach Art. 44 Abs.2 sowie – allerdings nur in der AN – die Verbindung von Abstimmungen und Vertrauensfrage nach Art.49 Abs. 3.

---

[2] Mit der Verfassungsrevision vom 30.11.1954 wurde dem Rat der Republik im Gesetzgebungsprozeß allerdings wieder eine größere Rolle zugebilligt und die *navette* eingeführt.

[3] Aufgrund eines Ermächtigungsgesetzes verzichtet das Parlament auf einen Teilbereich seiner Gesetz-gebungsbefugnis und überträgt ihn für eine begrenzte Zeit auf die Regierung, die gesetzesvertretende Ordonnanzen erläßt.

Dank des so *rationalisierten Parlamentarismus* liegt das Heft des Handelns seit 1958 in der Hand der Regierung und des Präsidenten.

Die nähere Betrachtung der Kompetenzen des Senats bestätigt dies. Wenn es der Regierung gefällt, spielt er im Gesetzgebungsprozeß eine der AN beinahe ebenbürtige Rolle. So teilen sich beide Kammern das Recht der Gesetzesinitiative und -änderung sowie auf die erste Lesung eines Gesetzes. In Art.45 Abs.1 heißt es: „Gesetzesinitiativen und -vorhaben werden nacheinander in beiden Kammern in Hinblick auf eine textgleiche Annahme geprüft." Bei einfachen Gesetzen läuft ein Entwurf in der sogenannten *navette* (Weberschiffchen) zwischen den beiden Kammern so lange hin- und her, wie es die Regierung wünscht. Der Premierminister kann nach Art.45 Abs. 6 aber auch einen paritätisch aus beiden Kammern zusammengesetzten Vermittlungsausschuß berufen und im Falle eines fortbestehenden Dissenses nach einer erneuten Lesung in beiden Kammern von der Nationalversammlung eine endgültige Beschlußfassung verlangen. Kurz: Besitzt die Regierung eine loyale Mehrheit in der Nationalversammlung, kann ein opponierender Senat leicht ausgeschaltet werden, im anderen Falle aber kann der Senat von der Regierung als Schild zum Abbremsen einer unbotmäßigen Mehrheit in der AN eingesetzt werden [Mastias 1980: 23] und paßt so ins Gesamtdesign der auf Regierungsstabilität ausgerichteten Verfassung.

Bei Verfassungsänderungen nach Art. 89 sowie bei den Senat selbst betreffenden verfassungsergänzenden Gesetzen besitzt der Senat allerdings, wie bereits einleitend erwähnt, ein Vetorecht. Die Initiative dazu kann aus den beiden Kammern oder vom Premierminister - de facto meist jedoch vom Präsidenten- ausgehen und erfordert eine textgleiche Verabschiedung durch beide Kammern, die anschließend vom Volk in einem Referendum bestätigt werden muß [Art. 89 Abs. 2]. Alternativ zur Volksabstimmung kann die Bestätigung auch durch eine Dreifünftelmehrheit im gesamtparlamentarischen Kongreß erfolgen [Art. 89 Abs. 3]. Das von de Gaulle 1962 erfolgreich zur Einführung der Direktwahl genutzte Referendum nach Art. 11 sieht nicht die Zustimmung der Parlamentskammern vor. Dieses Verfahren ist verfassungsrechtlich äußerst umstritten, da nach Meinung vieler Verfassungsrechtler Art. 89 Verfassungsänderungen abschließend regelt. Bei sonstigen verfassungsergänzenden Gesetzen und dem Haushaltsgesetz besitzt der Senat ein suspensives Veto, das nach Art. 46 bzw. 47 nur von der absoluten Mehrheit der AN überstimmt werden kann.

Von zentralem Interesse für die Stellung des Senats im Gesamtsystem ist zudem der Verfassungsrat, der alle verfassungsändernden Gesetze sowie auf Antrag einfache Gesetze vor ihrer Verabschiedung auf Verfassungskonformität prüft und einen weiteren Bruch mit dem überkommenen französischen Souveränitätsverständnis darstellt. Drei seiner neun Richter werden vom Senatspräsidenten benannt. Der Rat war ursprünglich dazu gedacht, Versuche des Parlaments zu unterbinden, die Zügel des rationalisierten Parlamentarismus abzustreifen. Die weitere Entwicklung der V. Republik entsprach allerdings weder in Hinsicht auf den Senat noch auf den Verfassungsrat den Erwartungen der Verfassungsväter. Nicht im Sinne der Erfinder bzw. des Erfinders de Gaulle war bereits, daß der Senat im ersten Jahrzehnt seines Bestehens alle Register zog, um die Schwächung des Parlaments zu konterkarieren. So rief er 1962 -vergeblich- den Verfassungsrat wegen der Umgehung des Parlaments durch de Gaulle bei der Einführung der Direktwahl des Präsidenten an. Dafür stürzte der Verfassungsgründer de Gaulle im April 1969 ausgerechnet beim Versuch, qua Referendum Regionen einzuführen und den Senat zu einem technischen Beratungsgremium zu degradieren, das nur noch zur Hälfte der traditionellen Vertretung der Gebietskörperschaften und zur anderen Hälfte der funktionalen Repräsentation der sozialen Kräfte dienen sollte. Seit dem Scheitern von de Gaulles Radikalreform war die Existenz der Zweiten Kammer in ihrer in Art. 24 verankerten Funktion als Vertretung der Gebietskörperschaften und Auslandsfranzosen nicht mehr Gegenstand konkreter Reformversuche, wohl aber ihre Zusammensetzung und Funktionswahrnehmung.

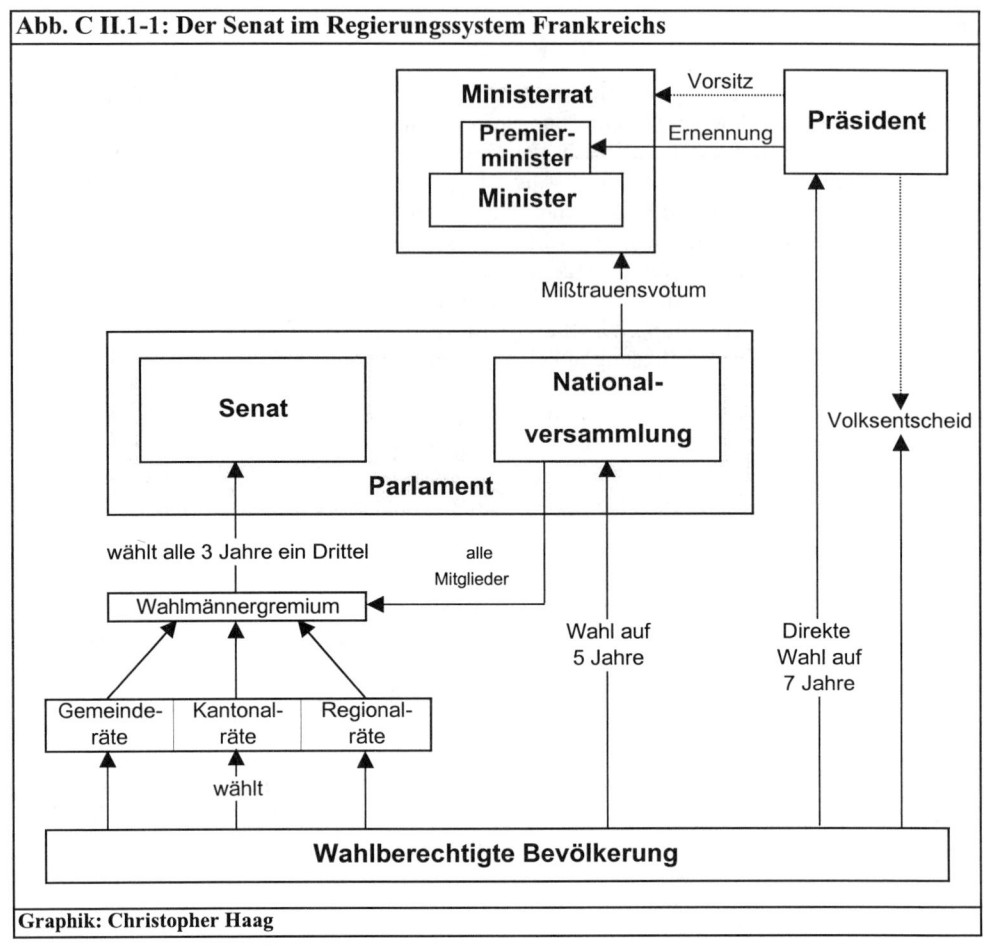

Abb. C II.1-1: Der Senat im Regierungssystem Frankreichs

Graphik: Christopher Haag

III. Wahl und Zusammensetzung des Senats

Die 321 Senatoren haben das Mandat mit der längsten Dauer inne, das die V. Republik zu vergeben hat[4]: Mit neun Jahren übertrifft die Amtszeit eines Senators sogar die des Präsidenten, dem immerhin sieben Jahre zustehen. Alle drei Jahre erneuert sich der Senat um ein Drittel seiner Mitglieder, und zwar mittels einer indirekten Wahl durch ein Gremium aus rund 145.000 Vertretern der Nationalversammlung und der Gebietskörperschaften (Regionen, Départments und Kommunen). Diese „gewählten Wähler" werden als „*grands électeurs*" bezeichnet. Im Vergleich zu den übrigen Wahlen besitzt die Bestellung des Senats einen ganz eigenen Charakter: Es handelt sich um besonders stark personalisierte Wahlen, bei denen die Wähler der Wahlpflicht unterliegen und die Kandidaten aus ihrer eigenen politischen Arbeit persönlich zu kennen pflegen, also sozusagen um „eine Sache unter Profis".[5]

---

[4] Nur für Verfassungsräte gilt noch die gleiche Amtsdauer, was sich aus ihrer ebenfalls auf Stabilisierung zielenden Funktion erklärt.

[5] So der Titel des Berichts und der Reportage zur jüngsten Wahlkampagne 1998 in *Le Monde* vom 13.8.1998, S. 5. Da mit dem geringeren Mobilisierungsaufwand geringere Kosten verbunden sind, gelten für die Senatswahlen nicht die umfangreichen Regelungen zur Wahlkampffinanzierung aus den Jahren

Im Kreis der *grands électeurs* dominieren die Stadträte und ihre Delegierten mit 95 Prozent bei weitem, was dem von Gambetta geprägten Ausdruck vom Senat als „großem Rat der Kommunen" aktuelle Gültigkeit verleiht. Dabei sorgen die Bestellungsregeln dafür, daß in dieser Kategorie der Gebietskörperschaften den ländlichen Kleinstgemeinden ein besonderes Gewicht zukommt – Frankreich besitzt mangels einer Gemeindereform, wie sie in Deutschland in den siebziger Jahren durchgeführt wurde, mit rund 36.000 Kommunen die europäische Rekordzahl an politischen Kleinsteinheiten: Die Delegiertenzahl berechnet sich aus der Größe des Gemeinderats und der Bevölkerungszahl, wobei der gestaffelte Berechnungsmodus bewirkt, daß ein Dorf von 100 Einwohnern einen Delegierten schicken kann, eine Stadt mit mehr als 30.000 Einwohnern aber nur einen Delegierten pro 1000 Einwohner. Insgesamt führt das dazu, daß die Kategorie der Kleinstkommunen unter 1000 Einwohnern, in der 17 Prozent der Bevölkerung im französischen Mutterland wohnen, gegenüber den Bewohnern von Städten über 20.000 Einwohnern, in denen 40 Prozent wohnen, stark bevorteilt sind. Nach Jean Grangé [1990: 11] weicht in der ersteren Kategorie der Repräsentationsgrad bisweilen um mehr als 50 Prozent gegenüber dem durchschnittlichen Verhältnis von einem Delegierten pro 430 Einwohnern ab. So versammelt sich im Wahlkollegium nach einem berühmten Wort des Staatsrechtslehrers Georges Vedel vor allem das „Frankreich des Weizens und der Kastanie".[6]

Tab. C II.1-1: Wahlmänneranzahl in Frankreich nach der Bevölkerungsgröße der Gebietskörperschaften

Bevölkerung	Delegierte	Gemeinderat	Zusätzliche Delegierte	Gesamtzahl der Wahlmänner	Einwohner pro Wahlmann
100	1			1	100
1000	3			3	333
2000	5			5	400
5000	15			15	333
10.000		33		33	303
20.000		35		35	571
50.000		45	20	65	769
100.000		55	70	125	800
				Schnitt	430

Die Wahlleute wählen 301 Vertreter für die Départements des französischen Mutterlandes (*France métropolitaine*) und der Übersee, drei für die Überseeterritorien, jeweils einen für Mayotte und Saint-Pierre-et Miquelon sowie 12 für die Vertretung der im Ausland lebenden Franzosen. Die Wahlkreise sind in alphabetischer Ordnung in drei zahlenmäßig gleich starke Gruppen eingeteilt, die sogenannte A-, B- und C-Serie. Zwei Drittel der Senatorensitze werden nach dem romanischen Mehrheitswahlrecht in zwei Gängen vergeben, ein Drittel nach dem Verhältniswahlrecht. Dieses letzte Drittel umfaßt die Vertreter der Auslandsfranzosen sowie die der großen Départements, denen das Maximum von fünf Senatssitzen zusteht: Jedes Département erhält nämlich bis zu einer Einwohnerzahl von 150.000 einen Sitz und für jeweils 250.000 mehr einen weiteren. Diese Berechnung nach festen Sockel- und Schwellenwerten verzerrt unweigerlich das Verhältnis zwischen dem nach Einwohnern gemessenen Gewicht der Départements und den ihnen zugestandenen Sitzen. So repräsentiert auf der Grundlage der Volkszählungsdaten von 1990 ein Senator im Schnitt 191.265 Einwohner, doch im Einzelfall klafft die Übersetzung weit auseinander: In der

---

1988, 1990, 1992 und 1995. Die Senatoren sind lediglich gehalten, zum Beginn und Ende ihrer Amtszeit ihr Vermögen offenzulegen.

[6] Ursprünglich war der Ausdruck zur Beschreibung des 1958 noch vorgesehenen Kollegiums zur Wahl des Präsidenten geprägt worden, dessen Zusammensetzung analog der des Senats war.

bevölkerungsarmen Creuse sind es de facto nur 65.674 Einwohner, in den dicht besiedelten Seine-et-Marne dagegen 269.541, also ungefähr die vierfache Zahl [Chevallier 1998: 206]. Das akzentuiert nochmals die Tendenz zur Überrepräsentation der ländlichen und dünn besiedelten Räume, die bei der Zusammensetzung des Wahlgremiums bereits angelegt ist.

Im Senat sitzen also Mandatsinhaber, die die Probleme der kleinen Kommunen kennen, wie schon der erste Senatspräsident Gaston Monnerville betonte: „Wir wissen, was Verwaltung bedeutet; im allgemeinen ist der Senator jemand, der – entschuldigen Sie den Ausdruck – die Verwaltungsgeschichten in der Provinz auf Gemeinde- oder Départments- ebene durchgekaut hat." [Chevallier 1998: 279] Allerdings steht die Zweite Kammer in puncto Erfahrung auf lokaler Ebene und Repräsentation lokaler Interessen nicht konkurrenz- los dar. Auch die Abgeordneten der Ersten Kammer haben sich nicht zuletzt wegen der geschwächten Position des Parlaments gegenüber der Regierung stark auf ihre Rolle als Lobbyisten ihrer Wahlkreise konzentriert [Kimmel 1983: 234-254, Frears 1990:45] und kumulieren ihr nationales Mandat oft mit lokalen Ämtern. Diese Praxis erlaubte es jahrzehntelang, die schwerfälligen offiziellen Wege im bis in die achtziger Jahre recht monolithischen französischen Zentralstaat zu verkürzen und zu flexibilisieren und sicherte den Politikern angesichts der in Frankreich vergleichsweise schwachen Parteiapparate eine strategische Basis [Knapp 1991: 27, 29,31].[7]

Vergleicht man die Mandatsprofile der Parlamentarier der beiden Kammern miteinander, so fällt auf, daß die Senatoren im Schnitt mehr Mandate kumulieren und ihren Schwerpunkt eher auf der Ebene des Départements und in Bürgermeisterämtern kleinerer Gemeinden haben [Chevallier 1998: 293-304]. Die Hälfte der Präsidenten der „Conseils Généraux" (Département-Ebene) sitzt im Senat. In beiden Kammern ist etwa die Hälfte der Parlamentarier auch Bürgermeister. Allerdings zählte man 1998 unter den 576 Abgeordneten 121 Bürgermeister einer Stadt über 20.000 Einwohner (21 Prozent), während dies nur bei 26 der 321 Senatoren der Fall war (8 Prozent) [Hoeffel 1998: 15]. Daß der Vorsitz in den seit 1986 etablierten Regionen bei den Senatoren (bisher) weniger beliebt ist, wird auch dem dort geltenden Verhältniswahlrecht zugeschrieben, das den Parteien eine größere Bedeutung einräumt. Die Macht der Senatoren besteht aber in ihrem über persönliche Kontakte direkt hergestellten „Notablen-Netzwerk" [Portelli 1998: 28]. Kein Wunder, daß in der Diskussion um eine strenge Reglementierung der Mandatskumulierung, die im Zusammenhang mit der seit 1982 einsetzenden Dezentralisierung und der Stärkung des Parlaments angestoßen wurde, der Senat stets gegen das Verbot der Kombination eines Mandates in der nationalen Legislative und eines Mandates in der Exekutive auf lokaler Ebene opponierte. Hier zeigte er seinen Charakter als ‚Lobby der Lokalpolitiker' [Robert-Diard 1996]. Neben der Krönung lokaler Politikkarrieren bietet der Senat Größen der nationalen Politik Zuflucht, die dort zwischen den Regierungswechseln und Ministerämtern überwintern. Man denke etwa an den früheren RPR-Innenminister Charles Pasqua und den früheren PS-Premierminister Michel Rocard, oder Jahre zuvor an François Mitterrand, der von 1959 bis 1962 Senator war, nachdem die Woge der gaullistischen Wahlerfolge ihn 1958 aus der Ersten Kammer gespült hatte.

Die Besonderheit des Wahlmodus und auch das Mindestalter von 35 Jahren sorgen zudem für ein deutlich von der Ersten Kammer unterscheidbares demographisches und soziales Profil. Die im europäischen Vergleich frappierende Unterrepräsentation von Frauen (19 Senatorinnen) erklärt sich auch aus der erwähnten Notablen-Logik und dem

---

[7] „French local government before decentralization was unique in combining marked vertical integration of the state apparatus with extreme fragmentation of local government sturctures. The function of the *cumul des mandats* in this context was a key element in making the system work despite its contra- dictions." [Knapp 1991: 27]

dominierenden Mehrheitswahlrecht.[8] Die häufige Karikatur des Senats als Altherren-versammlung hat insofern seine Berechtigung. Das Durchschnittsalter der Senatoren liegt derzeit bei 61 Jahren, das der Abgeordneten bei 54. Von den drei in der V. Republik möglichen Karrierewegen – über lokale Mandate, über den Parteiapparat oder über die hohe Verwaltung in die nationale Politik – hat für den Senat der traditionelle erste Weg eine größere Bedeutung behalten als für die Nationalversammlung. Entsprechend weniger weit ist die Verbeamtung der Zweiten Kammer fortgeschritten.

Tab. C II.1-2: Sitzanteile der Berufsgruppen in der französischen National-versammlung und im Senat (1993 und 1997)

	National-versammlung 1993 (577 Sitze)	Senat 1993 (321 Sitze)	National-versammlung 1997 (577 Sitze)	Senat 1997 (321 Sitze)
Landwirte	4,1%	14,0%	2,7%	13,0%
Handel/Industrie	12,9%	14,0%	7,4%	11,0%
Angestellte (mit Arbeitern)	19,0%	13,0%	16,0%	12,0%
Medizin. Berufe	11,0%	16,0%	10,0%	16,0%
Juristen	12,0%	12,0%	11,0%	10,0%
Beamte	18,0%	11,0%	22,0%	13,0%
Lehrende (Schulen und Hochschulen)	19,0%	17,0%	25,9%	20,0%
Sonstige/ohne Berufsangabe	4,0%	3,0%	5,0%	5,0%
Quelle: Cluzel 1998: 40.				

Auch in seiner parteipolitischen Zusammensetzung weicht das Profil des Senats von dem der Nationalversammlung ab. Infolge der langen Amtszeiten und der Bestellung über die Wahlmänner, deren politische Legitimation zusätzlich bis zu fünf Jahren zurückliegen kann, finden die parteipolitischen Entwicklungen in der französischen Wählerschaft im Senat nur ein stark verzögertes Echo. Die Wellen der politischen Konjunktur, die sich in der Ersten Kammer durch das Mehrheitswahlrecht stark vergrößert niederschlagen, werden im Senat zudem abgeflacht durch die Überrepräsentation der ländlichen Zonen, die traditionell eher den konservativen Kräften zuneigen. Die Begünstigung der konservativen und moderaten Kräfte fällt umso deutlicher aus, als in den ländlichen Räumen ja das Mehrheitswahlrecht gilt. Seit Beginn der Republik hat es in der Zweiten Kammer deshalb keine „Mehrheitswechsel" vom rechten zum linken Lager gegeben, wohl aber deutliche Entwicklungen vor allem innerhalb der beiden Lager.[9] Das Übergewicht des liberal-konservativen Lagers bewegte sich stets in der Größenordnung einer Zweidrittelmehrheit, wobei der Anteil der Sitze von 69,1 Prozent zu Anfang der siebziger Jahre auf 72,6 Prozent Ende der achtziger Jahre stieg [Grangé 1990: 32] und seine Schwerpunktachse innerhalb des Lagers sich nach rechts verschob. Der Senat war in der Geschichte der V. Republik zunächst eine Bastion der alten Parteien der bürgerlich-linksliberalen Mitte – und damit der Eliten der IV. Republik –, deren Stärke in ihrer lokalen Präsenz liegt. Die als Präsidentenpartei auf nationaler Ebene erfolgreich gestartete gaullistische Bewegung hatte dagegen lange aufgrund der fehlenden lokalen Verankerung Probleme, im Senat entsprechend Fuß zu fassen. Erst im Oktober 1998 fiel die Präsidentschaft

---

[8] In der Ersten Kammer gibt es derzeit 62 weibliche Abgeordnete, davon 41 allein in der Gruppe der PS, die bei der letzten Wahl verstärkt Frauen aufgestellt hatte.

[9] Ein Längsschnitt-Vergleich der politischen Kräfteverhältnisse wird prinzipiell dadurch erschwert, daß Parteien in Frankreich eine Art Oberflächenphänomen bilden, das sich über den in der französischen Gesellschaft langfristig vorhandenen politischen Strömungen in erster Linie nach dem Interesse einzelner Politiker immer wieder neu formiert und neue Etiketten annimmt [Jäger 1980: 583-602]. Im Senat haben nur die kommunistische und sozialistische Gruppe seit 1959 ihren Namen beibehalten [Chaussebourg 1988: 73].

des Senats an Christian Poncelet, einen siebzigjährigen Gaullisten. Seit 1980 konnten die Gaullisten die Zahl ihrer Sitze von 41 auf 99 erhöhen, während die Zahl der im *Union de centre* und bei den unabhängigen Republikanern versammelten Parteianhängern der Mitte von 67 auf 52 bzw. von 52 auf 47 sank. Die Kommunisten verloren nach 1980 sieben Sitze (von 23 zu 16 Sitzen 1998) und die Sozialisten gewannen sechs (von 69 zu 75). Seit Oktober 1998 finden sich im Senat abgesehen von den sieben unabhängigen Senatoren sechs politische Gruppierungen, deren Nennung hier der Links-Rechts-Einordnung der Sitzreihen im Halbrund des Plenarsaals im *Palais de Luxembourg* folgt.

Tab. C II.1-3: Sitzverteilung nach Parteigruppierungen im französischen Senat 1998		
Groupe communiste, républicain et citoyen	Kommunistische Partei und PS-Spaltprodukts *Mouvement des citoyens*	**16 Sitze**
Groupe socialiste	Sozialistische Partei und Sympathisanten	**78 Sitze**
Groupe du rassemblement démocratique et social européen	Nachkommen der alten *parti radical*, die als erste Partei Frankreichs gilt Die Gruppenmitglieder verstehen als Scharnier des Senats und werden zu einem Viertel dem linken, zu drei Viertel dem rechten Lager zugerechnet	**22 Sitze**
Groupe de L'Union centriste	Anhänger des UDF-Bestandteils *Force démocrate* (christdemokratische Färbung)	**52 Sitze**
RPR	Gaullisten	**99 Sitze**
Républicains et indépendants	Republikaner und Unabhängige	**47 Sitze**
Quelle: Sénat Actualités n°16/1999: 12.		

IV.   Arbeitsweise und Geschäftsordnung

Die politischen Gruppierungen bilden neben den sechs ständigen Ausschüssen die Hauptpfeiler der Arbeit im Senat. Eine solche Gruppe bildet sich, indem eine politische Erklärung beim Büro des Senats abgeben wird und sich mehr als 15 Senatoren zu ihr bekennen. Allerdings haben die einzelnen Senatoren die Wahl, ob sie sich überhaupt für eine Gruppe registrieren lassen wollen und falls ja, ob sie dies als Vollmitglied, als *apparenté* (erklärter Verwandter) oder aber nur als administrativ Angebundener zu tun gedenken. Die Gruppen sind den Parteien verbunden, aber keine einfachen „parlamentarischen Partei-fortsätze". Die in der AN zu beobachtende Abstimmungsdisziplin [Camby/Servant 1994: 29] zeigt sich im Senat weniger ausgeprägt. Dies liegt nicht zuletzt an den dort stark vertretenen Zentristen und Liberalen, die bekanntlich auch außerhalb des Parlaments nur eine begrenzte Parteikohäsion aufweisen.[10] Die mäßig enge Koppelung der Gruppen an die Parteiführungen zeigt sich bei den Gruppen der politischen Mitte zudem darin, daß viele Senatoren den ihnen zustehenden Anteil an der staatlichen Parteienfinanzierung nicht den Parteien selbst, sondern eigenständigen Senatorengruppierungen überweisen lassen [Ruß 1993: 168-169].

Zentrale Bedeutung für die Senatsarbeit kommt den Gruppen dadurch zu, daß sie die Ausschüsse entsprechend ihrer Gruppenstärke besetzen. Obwohl die Verfassung mit Art. 43 auch die Einberufung von Sonderausschüssen erlaubt, wurde dies im Zeitraum von 1959 bis 1997 nur 36mal genutzt [Maus 1998: 199]. Zunehmend häufiger greift der Senat dagegen auf

---

[10] So haben sich die seit 1974 in der Parteikonföderation UDF vereinigten Zentristen und Liberalen nach den Regionalwahlen des Frühjahrs 1998 durch die Abspaltung der *Démocratie libérale* wieder getrennt. Allerdings wollen UDF und *Démocratie libérale* zusammen mit den Gaullisten als *Alliance* bei den nächsten Parlamentswahlen antreten. Die Wahl zum Senatspräsidenten im Oktober 1998 wurde als erster Test für die *Alliance* gesehen. Die bürgerlichen Senatoren konnten sich aber nicht einigen, und so kam es trotz der Empfehlung des alten Amtsinhabers durch den gaullistischen Präsidenten Chirac zum Sieg Poncelets [*Le Monde* vom 3.10.1998: 1, 6-7].

die Möglichkeit zurück, Untersuchungsausschüsse einzusetzen, die nicht nur ex-post Aufklärung leisten, sondern sich auch der prospektiven Informationsarbeit widmen.

Die sechs Ausschußvorsitzenden handeln mit den Gruppenvorsitzenden unter dem Vorsitz des Senatspräsidenten, der Vizepräsidenten und dem Berichterstatter des Finanzausschusses die Tagesordnung aus und benennen die Redner bei den Plenumsdebatten und aktuellen Fragestunden. Da Art. 48 die Regierung zur Herrin der Tagesordnung macht, ist dieser Spielraum eingeschränkt und die Senatoren haben vor der Diskussion eigener Punkte erst die Tagesordnung der Regierung abzuhandeln. Erst mit der Verfassungsreform von 1995 wurde ein „parlamentarisches Fenster" geöffnet [Freisseix 1998]. Die Kammern – d.h. die dortigen Mehrheiten und damit jedenfalls in der AN auch noch die Regierung - bestimmen nun einmal im Monat ihre Tagesordnung selbst.[11] Der Senat und seine Mehrheit, die nicht direkt am Zügel der Regierungsverantwortung liegt, hat es allerdings von Anfang an besser verstanden, sich seinen Zeitrhythmus und damit eine gewisse Manövriermarge zu erhalten. So hat er bisher erfolgreich darauf beharrt, daß die Regierung zwar die Themen, nicht aber die Debattierzeit bestimmen kann. Während laut Art. 50 der Geschäftsordnung (GO) die AN auf Antrag des Premiers eine Zusatzsitzung anberaumen muß, findet sich bei der GO des Senats in Art. 32 nur eine Kann-Bestimmung [Bécane 1988: 83]. Es fällt überhaupt auf, daß die GO des Senats weniger ausführlich und nicht so formalisiert ist wie die der Ersten Kammer. Damit schützt sich der Senat gegen eine Zensur durch den Verfassungsrat. Dank seiner Gewohnheitsrechte und dem Spiel mit dem Faktor Zeit verzögerte der Senat beispielsweise im Jahr 1984 die Verabschiedung der Lex Savary über die Privatschulen, indem er unbeirrt an den drei in seiner GO vorgesehenen Sitzungstagen festhielt. Zwischenzeitlich wurde die außerparlamentarische Mobilisierung so groß, daß die sozialistische Regierung Mauroy das Projekt aufgab [Tardan 1988: 102-104]. Das Erfolgsrezept des rechtlich ‚zahnlosen' Senats lag letztlich im Schildkrötentempo: Auf Zeit spielen hieß in diesem Fall siegen.

In seinem Widerstand gegen die Gängelung durch die Regierung setzte bzw. setzt der Senat auch immer wieder die sogenannte Vorfrage (question préalable) ein, d. h. die „Entscheidung, daß es nichts zu entscheiden gibt". Das geschieht aus unterschiedlichen Gründen: erstens als Protest gegen eine überfüllte Tagesordnung der Regierung, die es der Kammer unmöglich macht, die eigenen Punkte auf der zusätzlichen Tagesordnung zu diskutieren oder aber, weil die Regierung mit einer Dringlichkeitserklärung nach Art. 45 Abs. 2 oder mit der Blockabstimmung nach Art. 44 Abs. 3 Gesetzesänderungen durch das Parlament unterbindet und das Gesetz als Ganzes oder in Abschnitten abstimmen läßt. Prominentes Beispiel ist der Kampf zwischen Senat und Regierung um das Gesetz zur Änderung der Medienordnung 1996, als der Senat eine nie dagewesene Lawine von Änderungsanträgen produzierte, die die Regierung mit dem Einsatz von Art. 44 Abs. 3 abblockte – und zwar 69mal [Maus 1998: 204.]. Zweitens wird im Senat die Vorfrage aufgrund einer prinzipiellen Ablehnung eines Gesetzentwurfs eingesetzt, so geschehen beispielsweise bei der Verstaatlichungspolitik Anfang der achtziger Jahre. Drittens jedoch – und hier droht die ‚Schildkröte' aus der Art zu schlagen – bedient der Senat sich ihrer zur Beschleunigung der Gesetzgebungsprozedur im Falle des Konsens mit der Regierung. Dieses neue, erst unter der Kohabitation aufgetauchte Phänomen zeigt, daß die Logik des Mehrheitsparlamentarismus unter bestimmten Bedingungen auch den Senat erreicht und die von de Gaulle erhoffte Logik der Institution zu überdecken vermag: Mit dieser Praxis begibt sich der Senat allerdings seines wirksamsten legislativen Rechts, dem der Gesetzesänderung, und zeigt „Anzeichen eines institutionellen und politischen Selbstmordes" [Fondraz 1998:

---

[11] Außerdem steht das Parlament heute unter weniger Zeitdruck, da die 1958 in der Verfassung festgeschriebenen zwei Sitzungsperioden von insgesamt sechs Monaten mit der Revision von 1995 auf eine durchgängige Sitzungsperiode von Oktober bis Anfang Juni verlängert wurde.

86]. Schließlich findet der Senat gerade aufgrund seiner Leistung in der Ausschußarbeit[12] und seinem kompetenten Feilen an Gesetzesprojekten unstrittige Anerkennung. Während in der AN die Ausschußberichte oft die Vorschläge der Einzelmitglieder angeben, präsentieren sich die des Senats als Gemeinschaftswerk. Nach 1969, also nach dem Ende des „kalten Krieges" der Senatoren gegen de Gaulle, konnte der Senat mit meist über 50 Prozent angenommenen Gesetzesänderungsanträgen sogar eine höhere Erfolgsquote verzeichnen als die Erste Kammer. Letztere ist zwar in absoluten Zahlen gemessen aktiver, das relativiert sich aber, wenn man die Antragszahl auf die einzelnen Parlamentarier umrechnet. Dann waren beispielsweise im Jahr 1992 sogar die Senatoren mit 14,85 gegen 11,94 Änderungs-vorschlägen fleißiger [Delcamp/Roques 1997: 61].

Meist praktiziert der Senat seine Rechte tatsächlich in dem Sinne, wie es sein früherer Präsident Alain Poher forderte: „Die simple Zurückweisung [eines Gesetzes] kommt dem Eingeständnis eines Scheiterns gleich, nur in konstruktiven Vorschlägen beweist sich die Qualität parlamentarischer Arbeit."[zit. nach Mastias 1988: 26] Auch sein Nachfolger René Monory plädierte angesichts einer entgegengesetzten politischen Mehrheit in der AN 1997 für aktive Ausschußarbeit und eine „Taktik des Umschreibens" von Gesetzen [Le Figaro vom 22.12.1997: 7].

Daß der Arbeitsstil zwischen Senat, AN und Regierung in der Regel kooperativ ist, zeigt sich darin, daß die meisten Gesetzestexte von beiden Kammern im gleichen Wortlaut verabschiedet werden. Im Zeitraum zwischen 1959 und 1997 setzte die Regierung durch-schnittlich 23 Mal im Jahr bzw. bei nicht ganz einem Viertel der Gesetze einen Vermittlungs-ausschuß aus jeweils sieben Mitgliedern der beiden Kammern ein. Meist wird der Kompromiß des Ausschusses als Gesetz verabschiedet, und nur in seltenen Fällen wird vom letzten Wort der AN Gebrauch gemacht [Maus 1998: 206]. Doch der kooperative Arbeitsstil zwischen den Kammern und der Regierung darf nur als Tendenz, nicht als eherne Regel verstanden werden. So sprang unter den sozialistischen Regierungen von 1981 bis 1986 plötzlich die Häufigkeit des autoritären Schlußworts in der AN auf 26 Prozent der Gesetze in der Ersten Kammer, nachdem der Schnitt zuvor bei lediglich 7,7 Prozent gelegen hatte. Dies zeigt, daß die Arbeitsweise des Senats erheblich dem Einfluß der politischen Konjunktur – konkret: den Mehrheitsverhältnissen – unterworfen ist. In ihrer empirischen Studie zu den Interaktionen von Senat und Nationalversammlung konnten Tsebelis und Money beispiels-weise die zunächst überraschend scheinende Tatsache klären, warum die Verhandlungszeiten bis zur einvernehmlichen Einigung unter der „senatsfeindlichen" Ära de Gaulle kürzer waren als unter der „senatsfreundlichen" Ära Giscard d'Estaings, der dem den Senat dominierenden liberal-bürgerlichen Lager angehört:

> „Je nachdem, ob die regierende Koalition in der Nationalversammlung stark oder schwach ist, kalkuliert der Senat, inwieweit minimale oder maximale Zugeständnisse an ihn möglich sind und schließt die Verhandlungen zügig ab. Nur wenn der Senat die Situation nicht einfach berechnen kann und sich über die Ungeduld der Nationalversammlung im Unklaren ist [damit meinen Tsebelis/Money die Stärke und Kohäsion der dortigen Mehrheit sowie die Dringlichkeit des Projekts, S.R.] und die regierende Mehrheit weder stark noch schwach ist, wird der Verhandlungsstil hart und unerbittlich." [Tsebelis/Money 1997: 146]

---

[12] Im Vergleich zur Nationalversammlung überwiegt im Senat die mit Ausschußarbeit verbrachte Zeit gegenüber den Plenumsdebatten. Allerdings besteht in den letzten Jahren eine Tendenz zur Angleichung [Delcamp/Roques 1997: 53].

Tatsächlich bestand Präsident Giscards Rückhalt in der Ersten Kammer in einer Regierungskoalition, bei der ‚seine' Parteien nur die Juniorpartner stellten und so strategische Kalküle schwierig waren. Die Arithmetik der politischen Mehrheiten, die im semi-präsidentiellen System recht kompliziert werden kann, schlägt sich letztlich auch auf den Grad der Wahrnehmung der Systemfunktionen nieder, die dem Senat zukommen.

V.   Funktionen des Senats im politischen System

Das semi-präsidentielle Regierungssystem der V. Republik erlaubt verschiedene Régimes oder Regierungsweisen. Wenn die präsidentielle Mehrheit mit der Mehrheit in der Nationalversammlung zusammenfällt, „präsidentialisiert" sich die Regierungspraxis, wenn dies nicht der Fall ist, ‚sticht' die Karte des Premierministers im Machtspiel der Exekutive. Je nachdem, in welchem Verhältnis wiederum die Senatsmehrheit zu den entscheidenden Machtpolen Präsident und AN-Mehrheit bzw. Regierung steht, wandelt sich die politische Rolle des Senats und die Intensität, mit der er einige seiner Funktionen wahrnimmt. Dies gilt insbesondere für die Legislativ- und Kontrollfunktion, aber auch für die Repräsentativ-funktion.

Wie bereits bei der Betrachtung der Zusammensetzung des Senats deutlich wurde, repräsentiert der Senat das Territorium, faktisch aber vor allem den ländlichen Raum. Diese Interessenvertretung manifestiert sich darin, daß das besondere Augenmerk der Zweiten Kammer Fragen der Raumordnung gilt. Insofern versteht sich von selbst, daß der Senat bei der Diskussion der Raumordnung und Dezentralisierung einen eigenen Rekord an Arbeits-stunden aufstellte. Der Senat vertritt aber neben territorialen auch andere Interessen. Bis 1969 nahm er beispielsweise auch die Repräsentation der Interessen der alten parlamentarischen Elite (sowie schlichtweg sein Eigeninteresse als Institution) wahr, indem er die parlamentarischen Rechte gegen de Gaulle verteidigte. Nach 1981 wiederum überwog im Senat offenbar ein parteipolitisch eingefärbtes Rollenverständnis, als er nach dem ersten Machtwechsel vom rechten ins linken Lager eindeutig als Opposition zur sozialistischen Regierung fungierte. Diese parteipolitische Durchdringung zeigte sich nochmals während der ersten und zweiten Kohabitationsphase, als der Senat die bürgerliche Regierung gegen den sozialistischen Präsidenten Mitterrand unterstützte [Mastias 1988:15-35]. Daneben verstand sich der Senat – nicht zuletzt wegen seiner starken liberalen Elemente – traditionell als Verteidiger des einzelnen Bürgers und seiner Rechte gegen den Staat und zeigte dies in seiner legislativen Tätigkeit – etwa beim Schutz des Demonstrationsrechts – ebenso wie in der Ausübung indirekter Kontrolle über die Anrufung des Verfassungsrats. Dieser wird für den Senat gewissermaßen zum Partner, andererseits freilich auch zum ‚Rivalen' bei der Wahr-nehmung seiner herkömmlichen Stabilisierungs- und Garantiefunktion. In allen genannten Varianten fungiert der Senat als ein Gegengewicht zur regierenden Mehrheit in der AN. Dies ist für die Artikulation von Opposition und für die Integrationsleistung des Gesamtsystems insofern relevant, als das exekutivlastige System der V. Republik an Gegengewichten eher arm ist, obwohl sich der Wunsch danach ebenso entwickelt wie die Praxis (z.B. Verfassungsrat) [Ruß 1999].[13]

In der Wahrnehmung der Legislativ- und Kontrollfunktion findet sich der Senat wie das Parlament überhaupt durch den *rationalisierten Parlamentarismus* stark eingeschränkt. Da in den meisten modernen Parlamenten die Gesetzesinitiative weitgehend an die insofern unpassend „Exekutive" benannte Regierung gefallen ist, nimmt der Senat bzw. das Parlament

---

[13] Dem eingangs zitierten de Gaulle hätte aber sicherlich nicht gefallen, daß der Senat seine Korrektivrolle in so deutlich parteipolitisch geprägter Form wahrnimmt wie in den letzten Jahren. Auch Politikwissenschaftler halten den Senat für am wirkungsvollsten, wenn er sich der bipolaren Lagerlogik entzieht [Grangé 1985: 405].

seine normsetzenden Befugnisse in der Ausarbeitungs- und Korrekturphase sozusagen als begleitende Kontrolle wahr. Hier liegt der Funktionskern des französischen Senats. Am einflußreichsten erweist sich die Zweite Kammer dabei in Zeiten friedlicher Kooperation. Das gilt zum einen für die Periode zwischen 1974 und 1980, als unter der Präsidentschaft Giscard d'Estaings präsidentielle und Senatsmehrheit übereinstimmten. In der Nationalversammlung hatte der Präsident zwar eine liberal-konservative Koalitionsmehrheit, seine Zentristen stellten aber den schwächeren Partner dar. Nur bei 0,8 Prozent der Gesetze erhielt in dieser Zeit die AN das letzte Wort. In dieser Periode lag im Prinzip eine ähnliche Konstellation vor, wie sie die Verfassungsväter vor Augen hatten. Normative Kontrolle im Sinne von legislativer Mitwirkung, bisweilen aber auch im Sinne von Effizienz durch Beschleunigung übernahm der Senat auch unter den bürgerlichen Regierungen der Kohabitationsphasen. So kamen unter Balladur und Juppé (1993 bis 1997) 70 Prozent der erfolgreichen Gesetzesänderungen aus der Zweiten Kammer [*Libération* 28.4.1998: 15]. Kontrolle im Sinne der Verhinderung von Gesetzen versuchte der Senat dagegen unter den sozialistischen Regierungen auszuüben, was ihm wegen seines nur suspensiven Vetos lediglich im Fall einer Unterstützung durch die Straße, nämlich beim erwähnten Streit um die Privatschulen, gelang. Dank seines Vetorechts bei Verfassungsgesetzen verhinderte er aber Reformen wie die Einführung des individuellen Anrufungsrechts des Verfassungsrats 1990 oder die Ausweitung des Referendumsbereichs 1984. Gleichwohl darf trotz der derzeitigen Polemik um den Senat als Reformbremse – der aktuelle Streit im Jahre 1999 dreht sich um die Verankerung der Geschlechterparität in der Verfassung sowie um die rechtliche Anerkennung nichtehelicher Lebensgemeinschaften („PACs") – nicht übersehen werden, daß der Senat wichtige Verfassungsänderungen, wie etwa die Anpassung an den Vertrag von Amsterdam im Januar 1999 beim gesamt-parlamentarischen Kongreß entscheidend mitgetragen hat – ein Beispiel, das nebenbei auch die grundsätzlich europafreundliche Einfärbung der Senatsmehrheit (insbesondere RDSE und UC) aufzeigt, die schon Präsident Giscard d'Estaing nutzte.

Kontrolle im nicht normsetzendem Bereich übt der Senat hauptsächlich über seine Informationsrechte aus. Das Instrument „strafender" parlamentarischer Kontrolle, nämlich das Mißtrauensvotum und der Sturz der Regierung, steht ihm zwar nicht zu Gebot. Wohl aber wurden in den erwähnten Phasen enger Kooperation zwischen Regierung und Senat in dessen Plenarsaal Regierungserklärungen abgeben, diskutiert und abgestimmt sowie bis 1997 sechzehn Botschaften des Präsidenten verlesen. Einen symbolischen Ersatz für das Mißtrauensvotum hat der Senat zudem in den achtziger Jahren gefunden, als er dreimal die Zustimmung zum Haushaltsgesetz verweigerte. In der Haushaltskontrolle ist die Zweite Kammer im übrigen der Ersten gleichrangig, auch wenn dies das einzige Gesetz ist, das zunächst in der Ersten Kammer gelesen werden muß.

Die größte Bedeutung für die Kontrolle qua Information kommt den – in der Nationalversammlung ebenfalls vorhandenen – Instrumenten der aktuellen, im Fernsehen übertragenen Fragestunde, den schriftlichen und mündlichen Anfragen und Debatten sowie insbesondere den Kontroll- und Untersuchungsausschüssen zu. Wegen des erzielten Medienechos sind die – auf sechs Monate – beschränkten Kontroll- und Untersuchungs-ausschüsse zu Fragen wie der Giftmüllagerung (1993) oder den Konsequenzen der Arbeitszeitverkürzung (1997) besonders hervorzuheben. Da die Einsetzung dem Mehrheits-beschluß unterliegt, erstaunt es nicht, daß der Senat besonders aktiv wurde, als er einer entgegengesetzten AN-Mehrheit gegenüberstand. Trotzdem muß auch gesagt werden, daß der Senat in dieser Funktion Konkurrenz in Form der sogenannten *comités des sages* (Komitees der Weisen) erhalten hat, die aus außerparlamentarischen Experten von der Regierung oder dem Präsidenten einberufen werden. Der Senat versucht, seine Stellung als *chambre de réflexion* (Kammer des Nachdenkens) zu verteidigen, indem er Informationsmissionen einsetzt. Diese liefern Hintergrundberichte, unternehmen seit neuestem zunehmend Auslandsrecherchen oder Rechtsvergleiche und behandeln längerfristige Fragen. Als Beispiele seien die ausführlichen Berichte des Senats zum Schengener Abkommen und zur Raumordnung aus dem Jahre 1994 genannt, deren Vorbereitung sich über gut zwei Jahre erstreckte. Von besonderem Interesse ist auch die Informations- und Kontrollfunktion der 1979 eingerichteten und seitdem aufgewerteten „Delegation für die europäische Union", die als eine Art Frühwarnanlage die ständigen Kommissionen auf die europäische Dimension eines Problems hinweist. Dies geschieht im Rahmen des neuen Art. 88 Abs. 4, demzufolge die Regierung den Parlamentskammern alle EU-Akte vorzulegen hat. Diese haben dann das Recht, eine Debatte mit anschließender Abstimmung und Resolution zu veranstalten. Zwischen 1993 und 1997 machte der Senat 15mal (AN: 43) in öffentlicher Sitzung und 27mal in einer Kommissions-sitzung (AN: 48) von diesem Recht Gebrauch. Dies bedeutet für den Senat eine Rückeroberung parlamentarischen Terrains, denn er hatte 1958 sein Recht zu Interpellationen und Resolutionen verloren und war beim Versuch, dies über seine GO doch noch einzuführen, vom Verfassungsrat zurückgewiesen worden. Das europapolitische Mandat, das sich der Senat zuschreibt, wird auch dadurch deutlich, daß er seit Mai 1999 in Brüssel durch ein eigenes ständiges Büro (*antenne*) vertreten ist.

Zusätzlich verstärkte sich die Kontrollfunktion des Senats durch seine paritätische Mitwirkung an den drei parlamentarischen Evaluierungskommissionen, nämlich dem Ausschuß zur Evaluierung wissenschaftlicher und technologischer Entscheidungen (1993), dem der Evaluierung öffentlicher Politik (1993) sowie der Evaluierung der Gesetzgebung (1996). Mit letzterem wurde eine besonders schmerzhafte Lücke parlamentarischer Kontrolle geschlossen, da nun die Umsetzung von Gesetzen in Verordnungen und ihre Implementation überwacht wird, nachdem einige Fälle von verabschiedeten, aber toter Buchstabe gebliebener Gesetze bekannt geworden waren.

Daneben haben Senatoren wie auch Abgeordnete administrative Zuständigkeiten. So kontrollieren Senatsausschüsse auch staatliche Unternehmen, und Senatoren haben Sitz in zahlreichen außerparlamentarischen Behörden und Einrichtungen.[14] Nach den vielen politischen Skandalen der neunziger Jahre ist auch seine judikative Funktion in den Blick gerückt: Senatoren und Abgeordneten halten nicht mehr nur im Fall des Hochverrats des Präsidenten als *Haute Cour de Justice* Gericht. Im Februar 1999 kam erstmals die erst 1993 durch Revision von Art. 68 der Verfassung geschaffene strafrechtliche Zuständigkeits-erweiterung auf Verfehlungen im Ministeramt zum Tragen. Der erste Fall, nämlich die Affäre um HIV-verseuchte Blutkonserven, war auch Anlaß der Verfassungsrevision.

Da der Senat mit Ausnahme der Mitwirkung in diesem extremen Fall kaum konkrete Verhinderungs- oder Sanktionsmacht besitzt, sind viele seiner unter der weiten Kategorie Kontrollfunktion zu fassenden Aufgaben und Aktivitäten eng mit der Wahrnehmung seiner letzten wichtigen Funktion, nämlich der Kommunikations- und Öffentlichkeitsfunktion verbunden. Zwar hatte früher der vornehmlich auf die Ausschußarbeit und somit normsetzende Kontrolle konzentrierte Senat eine eher schwache Öffentlichkeitsfunktion. Mit der zunehmenden Einsetzung von Untersuchungsausschüssen und der attraktiveren Gestaltung der aktuellen Fragen an die Regierung, die im Fernsehen übertragen werden, sowie der seit Ende 1995 existierenden Präsentation im Internet versucht der Senat gegen diesen Befund anzukämpfen. Ein Plus in puncto Öffentlichkeitswirkung bringt auch die Ende der achtziger Jahre – auch in der Ersten Kammer – eingeführte Sitte, ausländische Regierungsvertreter ins Plenum einzuladen. Den Anfang machte übrigens der damalige deutsche Kanzler Kohl. Gerade hinsichtlich der Kommunikationsfunktion wird deutlich, daß

---

[14] Zu den rund 120 Institutionen zählen etwa die *Commission nationale de l'informatique et des libertés*, die *Commission d'accès aux documents administratifs, Commission nationale d'urbanisme commercial*.

der Senat sich eine neue Daseinsberechtigung im Aufgreifen internationaler und insbesondere europäischer Fragen verspricht. Das 1997 geschaffene Magazin „*Sénat Actualités*", das der Senat herausgibt, behandelt neben Fragen der Dezentralisierung und lokalen Politik insbesondere solche der europäischen Integration. Trotzdem führen der Senat wie das Gesamtparlament ein Schattendasein in der Mediendemokratie: Die Kamera folgt der Macht [Jäger/Ruß 1992: 51-65].

VI.   Reformansätze

Nach den Attacken des Premierministers Jospin gegen die Zweite Kammer ergab eine vom alarmierten Senat in Auftrag gegebene Umfrage der SOFRES im Mai 1998, daß eine knappe Mehrheit von 53 Prozent den Bikameralismus befürwortet – allerdings fiel das Ergebnis bei den Sympathisanten des linken Lagers mit 48:45 Prozent erwartungsgemäß knapper aus. 57 Prozent Ja-Stimmen gab es bei der Frage, ob die auseinanderfallenden Mehrheitsverhältnisse in der Ersten und Zweiten Kammer politisch von Vorteil seien [www.senat.fr/presidence/sond19980512.html]. Die Radikalreform einer Abschaffung der Zweiten Kammer ist zur Zeit ebensowenig zu erwarten wie die Durchsetzung der von Charles de Gaulle oder Pierre Mendes-France zu Beginn der V. Republik vorgebrachten korporatistischen Idee, den Senat in ein Organ der funktionalen Repräsentation von Interessengruppen umzuwandeln. Die politische Debatte dreht sich heute vielmehr um folgende Optionen: die Neuverteilung der Kompetenzen zwischen der doppelten Exekutive und den beiden Kammern des Parlaments, die Reform des Bestellungsmodus der Senatoren, die Neudefinition territorialer Repräsentation und die Reform der Inkompatibilitätsregeln für Inhaber nationaler Mandate.

Ein Vorschlag der erstgenannten Kategorie findet sich im Bericht der Vedel-Kommission, die 1992 noch unter Mitterrand eingesetzt worden war und ein Jahr später das bisher wohl umfassendste Konzept zur Generalüberholung der V. Republik unterbreitete [Vedel 1997]. Der Senat als Verfassungsorgan war eher am Rande Gegenstand des Interesses. Er wurde hauptsächlich als Bremse für die vorgeschlagenen Verfassungsreformen wahrgenommen: So zielte der Vorschlag der Vedel-Kommission schlichtweg dahin, dem Senat sein Vetorecht in Verfassungsfragen zu entziehen. In Art. 89 sollte die Vorschrift, daß ein Verfassungsreformvorhaben die Zustimmung beider Kammern haben muß, um dem Volk zur Abstimmung vorgelegt oder dem parlamentarischen Gesamtkongreß vorgelegt zu werden, zugunsten der Zustimmung lediglich einer Kammer abgeändert werden. Der erwähnte, 1962 von de Gaulle genutzte Umweg über Art. 11 würde mit dem Vorschlag der Vedel-Kommission überflüssig. Der Beifall kommt naturgemäß in erster Linie von der sozialistischen Partei, die eine Reihe von Verfassungsreformen der Ära Mitterrand zwischen 1981 und 1993 nicht durchsetzen konnte [Mauroy 1996: 28].

Während dieser Vorschlag bisher ohne konkretes Echo im Parlament blieb, finden die verschiedenen Varianten zur Änderung des Bestellungsmodus der Senatoren große Beachtung und werden wohl in Bälde umgesetzt. Die bescheidenste Variante würde nur eine einfache Gesetzesänderung hinsichtlich der Zahl der Wahlmänner und der Sitzverteilung erfordern sowie eine Umverteilung in Abhängigkeit von demographischen Gewichten nach dem neuesten Zensus. Weiter geht schon der unter der Regierung Cresson 1991 eingebrachte Vorschlag, der vor allem forderte, daß künftig zwei statt nur ein Drittel der Senatorensitze nach dem Verhältniswahlrecht vergeben werden sollten. Die Senatsmehrheit schmetterte den Vorschlag damals erwartungsgemäß ab. Ihr Berichterstatter bezeichnete ihn als kontra-produktiv für die spezifische Repräsentationsaufgabe des Senats: Dadurch, daß er den Parteien über das veränderte Wahlrecht eine größere Rolle einräume, vernachlässige er die Repräsentation des Raums zugunsten der Demographie, die bereits in der Ersten Kammer ihren Ausdruck fände [Larché 1991]. Diese Befürchtung brachte 1999 auch der neue

Senatsvorsitzende Poncelet zum Ausdruck, als er angesichts der von der Regierung Jospin wieder aufgenommenen reformatorischen Ambitionen davor warnte, zur „sozialen Spaltung eine territoriale" hinzuzufügen [Poncelet 1999]. Der im März 1999 im Ministerrat vorgestellte Gesetzentwurf sieht vor, daß künftig in Départements mit mindestens drei Sitzen statt wie heute erst mit mindestens fünf Sitzen nach Proporz gewählt und dabei ein *grand électeur* pro 500 Einwohner zur Urne gehen wird. Außerdem soll die Sitzzahl pro Département nach der nächsten Volkszählung im Jahr 2000 neu berechnet und Ballungsräume stärker berücksichtigt werden [*Le Monde* vom 12. März 1999: 7].

Manchen geht die geplante Umverteilung nicht weit genug.[15] Sie fordern, „territoriale Repräsentation" neu zu definieren und der „Weizen- und Kastanien-Kammer" ein neues Profil zu geben. Daß nur 1,5 Prozent der Wahlmänner von den Regionen entsandt werden, scheine angesichts der 1982 eingeleiteten Dezentralisierung der französischen Verwaltung und Politik und der Erhebung der Region zur eigenständigen Gebietskörperschaft nicht mehr haltbar und verlange eine Anpassung des Senats. So schreibt etwa der ehemalige Premier Michel Rocard:

> „Überall um uns herum sehe ich, wie die Regionen kraftvoll und dynamisch wachsen. Sie werden morgen so sicher die Stärke der dezentralisierten Staaten ausmachen, wie es einst die Départments für die zentralisierten Staaten taten. Doch die Region oszilliert in Frankreich zwischen einer verwaltungstechnischen und metaphysischen Einheit und tut sich sehr schwer, zu einer politischen zu werden. Der Senat könnte mehr tun, als ihr dabei zu helfen. Er könnte die Regionen in ihrer Dynamik und Verschiedenheit inkarnieren [...]." [Rocard 1996: 33]

Fraglich ist, inwieweit dann die Ausgleichsfunktion des Senats zwischen ländlichen und städtischen Räumen noch gegeben wäre, und inwieweit sich eine solche Konstruktion mit dem in der Verfassung fixierten unitarischen Charakter des französischen Staates vereinbaren ließe. Trotzdem scheint der Vorschlag mit Blick auf Europa diskussionswürdig. Die mit ihm rundum renovierte territoriale Repräsentation ließe sich zusätzlich mit einer Neuverteilung der Aufgaben im Gesetzgebungsprozeß funktional unterfüttern. So könnten Gesetze, die die Gebietskörperschaften betreffen, prinzipiell dem Senat zur ersten Lesung überstellt werden, und dieser zudem in diesem Fall bei Dissens nur mit absoluter Mehrheit von der Ersten Kammer überstimmt werden. Zudem wäre der Senat mit dem jährlichen Bericht zur Lage der Raumordnungs- und Dezentralisierungspolitik zu betrauen [Mauroy 1996: 31]. Trotzdem kann man angesichts der Realisierungschancen einer reinen Regionenkammer skeptisch sein: Zumindest müßten die Bürgermeister, die in Frankreich seit Jahr und Tag bei weitem das höchste Vertrauen unter allen politischen Ämtern bzw. Amtsinhabern genießen, ihrer Bedeutung in der politischen Kultur entsprechend berücksichtigt und eingebaut werden. Vor allem müßten sie zunächst von einer solchen Reform überzeugt werden, denn sie nehmen im Parlament eine Schlüsselstellung ein und stellen eine Blockademacht dar.

In diesem Zusammenhang ist auch die letzte Kategorie von den Senat betreffenden Reformvorschlägen zu sehen, nämlich die Neuregelung von Inkompatibilitäten. Die Reform

---

[15] Nur am Rande verwiesen sei hier auf einen radikalen Reformvorschlag, der bisher nur innerhalb der französischen Politikwissenschaft [z.B. von Olivier Duhamel 1993] diskutiert wurde, nämlich die Bestellung des Senat nach dem Verhältniswahlmodus, um die parteipolitische Gegengewichtsfunktion zu stärken und neuen politischen Kräften eine Artikulationsmöglichkeit zu bieten. Dies würde allerdings auf den Versuch hinauslaufen, die herkömmliche Stabilitätsfunktion des Senats zugunsten einer (erhofften) Innovationsfunktion geradezu in ihr Gegenteil zu verkehren. Die Umsetzung der Idee hätte in den letzten Jahren bedeutet, daß der rechtsextreme *Front national* in der Zweiten Kammer vertreten gewesen wäre. Jedenfalls unter keinen Umständen ratsam scheint mir, die territoriale Repräsentation als spezifische Legitimationsbasis der Zweiten Kammer [‚Spezifität' - siehe *Schlußwort*] aufzugeben.

der Ämterkumulierung befindet sich derzeit im Gesetzgebungsstadium und wird von der Regierung Jospin vor allem unter dem Aspekt der notwendigen Entzerrung von verfilzten Verantwortlichkeiten in Angriff genommen: Die zahlreichen Skandale der letzten Jahre, die den Eindruck einer „Korruption der Republik" [Mény 1993] erweckten, haben die Franzosen für die Frage undurchsichtiger Interessenverschränkungen sensibilisiert; beispielsweise für den Fall einer Ämterkumulierung von Minister- und Bürgermeisteramt, die der betroffenen Stadt sehr zum Vorteil gereichen kann bzw. konnte. Das derzeitige Reformprojekt beinhaltet das Verbot der Kombination nationaler Mandate in der Legislative und lokaler Mandate in der Exekutive. Die geplanten Einschränkungen kämen mit Sicherheit der Stärkung der Kontrollfunktion der Ersten Kammer zugute, deren Abgeordnete auf diese Weise zeitlich entlastet würden. Zudem ist das System der Ämterkumulierung in einem zentralisiertem System gewachsen, dessen Funktionslogik heute durch die Dezentralisierungsgesetze verändert wurde und entsprechender Anpassungen bedarf – gerade, wenn die Verantwortlichkeiten für den Bürger nicht völlig verschwimmen sollen. Will man den Senat diesem System funktional anpassen, sollte man die Senatoren nicht automatisch den gleichen Inkompatibilitätsregeln unterwerfen wie die Abgeordneten: Wer den Senat in seiner verfassungsrechtlichen Funktion als territoriales Repräsentationsorgan renovieren will, muß gleichzeitig die Reform der Zusammensetzung der Ersten Kammer verlangen, die den Senat in dieser Funktion auf Kosten ihrer eigenen Kontrollfunktion doppelt.

Welche Zukunft hat also der Senat? Die Formel „Wenig potestas, viel auctoritas", mit der Udo Kempf einmal die politische Rolle des Senats insbesondere im Gesetzgebungsprozeß auf den Punkt gebracht hat [1992: 189-215] hat nur leistungsbedingt Gültigkeit. Seine „auctoritas" muß der Senat heute hart verteidigen gegen die Konkurrenz außerparlamentarischer Sachverständiger, gegen den Druck der parteipolitischen Mehrheitslogik und auch gegen den der schnellebigen, auf Dramatik fixierten Mediendemokratie. Die passive Abwehr durch den verfassungsrechtlichen Panzer scheint dafür unzureichend. Die bewußte Betonung des Andersseins, nicht die Angleichung an die AN, kann dabei helfen. Nur dann gilt: „Deux chambres, c'est deux chances" (Senatspräsident Monory). Eine alte ‚Schildkröten'-Qualität, nämlich die Langsamkeit, sollte der Senat weiterhin pflegen, indem er bewußt die mittel- und längerfristige Politikperspektive vertritt, wie er dies in jüngerer Zeit auch durch seine Berichte versucht. Eine Anpassung an die Gegebenheiten der Dezentralisierung und die Konzentration auf die Aufgabe territorialer Repräsentation und Europa-Angelegenheiten scheint zudem unabdingbar.

VII. Auswahlbibliographie

Andalfatto, Dominique, 1992: Comment se renouvelle le Sénat, in: Revue politique et parlementaire n° 961, S. 44-53.

Baufaumé, Bruno, 1993: Le droit d'amendement et la constitution sous la Cinquième République, Paris.

Bahro, Horst/**Veser**, Ernst, 1995: Das semi-präsidentielle Regierungssystem – ‚Bastard' oder Regierungsform sui generis?, in: Zeitschrift für Parlamentsfragen, H.3, S. 471-485.

Bécane, Jean-Claude, 1988 : Le Règlement du Sénat, in: Pouvoirs, 44, S. 79-97.

Chaussebourg, Anne, 1988: Les groupes parlementaires du Sénat, in: Pouvoirs, 44, S. 69-77.

Chevallier, François, 1998: Le Sénateur français 1875-1995. Essai sur le recrutement et la représentativité des membres de la seconde chambre, Paris.

Cluzel, Jean, 1998: Le Sénat indispensable, Paris.

Delcamp, Alain/**Roques**, Xavier, 1997: La procédure législative. Regard et pratiques sénatoriale, in: Association française des constitutionnalistes: Le bicamérisme, Aix-Marseille, Paris, S. 33-91.

Duhamel, Olivier, 1993: Le pouvoir politique en France, Paris.

Duverger, Maurice, 1986: Le système politique français. Droit constitutionnel et systèmes politiques, Paris.

Erbe, Michael, 1987: Die Verfassungsentwicklung in Frankreich seit 1789, in: Aus Politik und Zeitgeschichte, B/30-31, S. 29-38.

Frears, John, 1990: The French Parliament: Loyal Workhouse, Poor Watchdog, in: West European Politics, Vol. 13, n° 3, S. 32-51.

Fondraz, Ludovic, 1998: La question préalable au Sénat, in: Revue française de droit constitutionnel, 33, S.71-86.

Freisseix, Patrick, 1998: La fénêtre parlementaire de l'article 48 alinéa 3 de la constitution, in: Revue française de droit constitutionnel, Vol. 33, S. 3-35.

Gaulle, Charles de, 1960: Rede vom 16.6.1946 in Bayeux, in: **Ziebura**, Gilbert (Hrsg.), Die V. Republik, Köln, S. 31-37.

Gicquel, Jean-Eric, 1996: Le sénat sous la seconde cohabitation, in: Revue du droit public et de la science politique en France et à l'étranger, n°4, S. 1069-1094.

Grangé, Jean, 1990: Les déformations de la representation des collectivités territoriales et de la population au Sénat, in: Revue française de science politique, 40, 1, S. 5-44.

Grangé, Jean, 1985: L'efficacité normative du Sénat, in: **Duhamel**, Olivier/**Parodi**, Jean-Luc (Hrsg.), La constitution de la Cinquième République, Paris, S. 375-406.

Hoeffel, Daniel, 1998: La fin du cumul?, in: Pouvoirs locaux, 36, 1, S. 14-16.

Jäger, Wolfgang, 1980: Die politischen Parteien in der Bundesrepublik Deutschland und Frankreich. Ein funktionaler Vergleich, in: Der Staat , 19. Jg., S. 583-602.

Jäger, Wolfgang/**Ruß**, Sabine, 1992: Frankreich, in: **Jäger**, Wolfgang: Fernsehen und Demokratie. Scheinplebiszitäre Tendenzen und Repräsentation in den USA, Großbritannien, Frankreich und Deutschland, München, S. 49-65.

Kempf, Udo, 1992: Frankreichs Senat - Wenig Potestas, viel Auctoritas, in: **Hartmann**, Jürgen/**Thaysen**, Uwe (Hrsg.), Pluralismus und Demokratie, Opladen, S. 189-215.

Kimmel, Adolf, 1983: Die Nationalversammlung in der V. französischen Republik, Köln u.a.

Knapp, Andrew, 1991: The *Cumul des mandats*, local power and political partis, in: West European Politics, 14, S. 18-40.

Larché, Jacques, 1991: Rapport sur le projet de loi relative à l'élection des sénateurs, Sénat, première session ordinaire de 1991-1992, document n° 217.

Le Divellec, Alain, 1996: Die dualistische Variante des Parlamentarismus. Eine französische Ansicht zur wissenschaftlichen Fata Morgana des semi-präsidentiellen Systems, in: Zeitschrift für Parlamentsfragen, H.1, S. 145-151.

Mastias, Jean,1980: Le Sénat de la Ve République: réforme et renouveau, Paris.

Mastias, Jean, 1988: L'histoire des tentations du Sénat de la Ve République, in: Pouvoirs, 44, S. 15-35.

Mastias, Jean, 1997: La place du Sénat dans le système politique français, in: Association française des constitutionnalistes: Le bicamérisme, Aix-Marseille, Paris, S. 21-31.

Maus, Didier, 1998: La pratique constitutionnelle de la Ve République.

Maus, Didier, 1993: Libres propos sur le Sénat, in: Pouvoirs n°64, S. 89-97.

Maus, Didier, 1988: Le Sénat, l'Assemblée nationale et le Gouvernement, in: Pouvoirs 44, S. 119-131.

Mauroy, Pierre, 1996: Le Sénat, chambre de la décentralisation , in: Pouvoirs locaux, 30, S. 27-32.

Poncelet, Christian, 1999: Affabilir le Sénat, c'est fragiliser la démocratie, in: *Le Monde* vom 23. Juni, S. 21.

Portelli, Hugues,1998: Les destins possibles du Sénat, in: Pouvoirs locaux , 36, S. 28-30.

Documentation française, 1993. Pour mieux connaître le Sénat, Paris.

Robert-Diard, Pascale, 1996 : Le lobby des élus locaux, in: Pouvoirs, 79, S. 97-107.

Rocard, Michel, 1996: Un Bundesrat à la française, in: Pouvoirs locaux, 30, S. 32-34.

Ruß, Sabine, 1993: Die Republik der Amtsinhaber. Politikfinanzierung als Herausforderung liberaler Demokratien am Beispiel Frankreichs, Baden-Baden.

Ruß, Sabine, 1999: Rutschende Pyramide: Zur Entwicklung der französischen Mehrheits-demokratie, in: Zeitschrift für Politik , 46, H.1, S. 68-94.

Tsebelis, George/**Money**, Jeannette, 1997: Bicamerialism, Cambridge.

Vedel, Georges, 1997: Réformer les institutions. Regard rétrospectif sur deux commissions, in: Revue française de science politique, vol. 47, S. 313-339.

Uwe Berndt

Die „Erste Kammer" der Niederlande: Politisierung statt Selbstbeschränkung?

I.   Einleitung[1]

Die indirekt gewählte zweite Parlamentskammer der Niederlande wird traditionsgemäß, heute aber irreführend als „Erste Kammer" (*Eerste Kamer*) oder inoffiziell als Senat (*Senaat*) bezeichnet. Sie gelangt nur selten in die Schlagzeilen. So scheiterte im Jahr 1976 überraschend in der Ersten Kammer die Liberalisierung des Abtreibungsgesetzes an dissidenten Senatoren einer Regierungspartei. Im Haager Binnenhof waren weinende Politikerinnen zu sehen. Im Frühsommer 1999 war es wieder so weit. Den Haag stand im Bann einer Regierungskrise, die von der Presse als „bizarr" bezeichnet wurde. Am 19. Mai trat die sozialliberale Regierung Kok zurück. Die beiden großen Koalitionsparteien, Wim Koks Partei der Arbeit (PvdA) und die rechtsliberale Volkspartei für Freiheit und Demokratie (VVD), hatten sich zuvor intensiv bemüht, den kleinen linksliberalen Regierungspartner Demokraten 66 (D66) bei der Stange zu halten. Die Demokraten kündigten ihre Mitarbeit an der Regierung auf. Sie fühlten sich brüskiert durch den Alleingang des rechtsliberalen Senators Hans Wiegel, der mit seiner entscheidenden Stimme in der Nacht zuvor die Einführung eines Referendums in die niederländische Verfassung torpediert hatte. Das Projekt eines „korrigierenden" Volksentscheids, mit dem bereits verabschiedete Gesetze rückgängig gemacht werden können, beschäftigt die niederländische Politik schon seit 1903. Die linksliberalen Demokraten, die sich seit ihrer Parteigründung im Jahre 1966 einer Staatsmodernisierung verschrieben haben, erklärten das Referendum zu ihrem „Kronjuwel". Das Volksbegehren wurde in den Koalitionsabsprachen der Partner-Parteien des ersten Kabinetts Kok 1994 fest verabredet. Allerdings wurden mit Rücksicht auf die VVD im Laufe der Ausarbeitung des Gesetzentwurfes die Schwellen des Referendums sehr hoch gezogen. Da es sich bei dem Projekt um ein verfassungsänderndes Gesetz handelte, war in beiden Kammern des Haager Parlaments (formelle Bezeichnung: *Staten-Generaal*) im zweiten Durchgang jeweils eine Zweidrittelmehrheit erforderlich. Die direkt gewählte „Zweite Kammer" (*Tweede Kamer*), die eigentliche politische Volksvertretung, hatte den Gesetzentwurf der Regierung im Februar 1999 ein zweites Mal angenommen. Bei der abschließenden, zweiten Abstimmung in der Ersten Kammer meldeten aber fünf von 23 Senatoren des rechtsliberalen Koalitionspartners VVD grundsätzliche Bedenken gegen die Verankerung des Referendums an. Kurz vor Mitternacht eilte der Ministerpräsident in die Erste Kammer, um die VVD-Dissidenten umzustimmen. Kok wies darauf hin, daß der Gesetzentwurf ein wichtiger Teil der Koalitionsvereinbarung sei. Dieser detailliert festgezurrte *Regeerakkoord* bindet freilich nur die an der Regierungsbildung beteiligten Koalitionsfraktionen der Zweiten Kammer, nicht aber die Koalitionsreihen im Senat. Kok sprach nur ein halbes Machtwort, wie in den Niederlanden die Vertrauensfrage zur Durchsetzung von Gesetzen heißt, indem er davor warnte, daß eine Ablehnung seiner Regierung nur noch sehr geringen Überlebensspielraum ließe. Darauf lenkten vier der Rebellen ein. Nur Wiegel, Ehrenvorsitzender der VVD, blieb zur allgemeinen Überraschung bei seiner Ablehnung. Er konnte der Versuchung nicht widerstehen, das von ihm ungeliebte sozialliberale („violette") Regierungsbündnis zu Fall zu bringen.

Der Coup von Wiegel war letztlich ein Betriebsunfall einer nervös gewordenen Koalition. Sie entschloß sich zwei Wochen später, ihre Regierungsarbeit fortzusetzen. Sie vereinbarte, ein einfaches Gesetz über die Einführung eines nicht-bindenden, „beratenden

---

[1] Der Verfasser dankt Horst Berndt, Den Haag, für Hinweise und Kritik.

Referendums" im Parlament einzubringen. Gravierender war die Referendumskrise für die Erste Kammer. Ihre Rolle dabei wurde heftig kritisiert. Ungewöhnlich war nämlich, daß eine Regierungskrise in der Ersten Kammer ihren Anfang nahm. Nach Auskunft von Historikern war dies letztmalig im Jahr 1907 vorgekommen. Kommentatoren fanden es anstößig, daß ausgerechnet die indirekt gewählte Parlamentskammer sich gegen mehr direkte Mitsprache des niederländischen Wahlbürgers aussprach. Die Erste Kammer wurde in der Vergangenheit oft als eigentlich überflüssiges Anhängsel der Zweiten Kammer belächelt, über deren Gesetze sie noch einmal berät und sie dann im allgemeinen absegnet, ohne selbst das Recht zu haben, Änderungsanträge vorzubringen oder Gesetzesinitiative zu ergreifen. Daß die Erste Kammer mit ihrer papiernen Kontrollfunktion überraschend zum politischen Protagonisten wurde, löste eine Diskussion über ihre Stellung im politischen System der Niederlande aus. Die Forderungen reichten dabei von einer Änderung ihres Wahlmodus bis zu ihrer Abschaffung [Stevens 1999].

II.   Historische Entwicklung

Die Erste Kammer besteht seit 1815. Nach dem Ende der napoleonischen Herrschaft wurden die nördlichen Stammprovinzen der ehemaligen Republik der Vereinigten Niederlande mit den österreichischen Südprovinzen zusammengeschlossen. Auf Drängen der Belgier wurde das 1814 im Grundgesetz (*Grondwet*: GW) vorgesehene Einkammersystem in ein Zweikammersystem (*tweekamerstelsel*) umgewandelt. Die bisherigen Generalstaaten wurden bei diesem Verfahren zur Zweiten Kammer herabgestuft. Die Erste Kammer bestand aus vierzig bis sechzig Notabeln, die vom Oranierkönig aufgrund von Besitz, Geburt oder wegen besonderer Verdienste um den Staat auf Lebenszeit ernannt wurden. Auf Verlangen der Nord-Niederländer wurde die Kammer nicht, wie es die Belgier wollten, eine Adelskammer von der Art des englischen Oberhauses. In den nördlichen Provinzen gab es nur wenig Aristokratie. Dennoch kamen mehr als 90 Prozent der Kammermitglieder aus dieser Schicht. Für den König stellte die neue Institution, die selten und nichtöffentlich zusammentrat, ein verläßliches Instrument dar, falls die mit Initiativrecht ausgestattete Zweite Kammer ihm nicht genehme Gesetze verabschiedete. Das autokratische Regiment des Monarchen führte dazu, daß derselbe belgische Adel, auf dessen Betreiben die Kammer geschaffen worden war, sie bald als „*Ménagerie du Roi*" schmähte.

Weder bei der Loslösung Belgiens vom Vereinigten Königreich im Jahr 1830, noch bei der partiellen Verfassungsrevision 1840 konnten sich Bestrebungen zur Abschaffung der Ersten Kammer durchsetzen. Der liberale Staatsmann Johan Rudolf Thorbecke, der die Parlamentarisierungsbewegung anführte, sah die Erste Kammer „ohne Sinn und Zweck", deren einzige Daseinsberechtigung wohl ihre Nichtöffentlichkeit sei. Andere nannten sie eine „nutzlose Komplikation". In der Verfassungskommission unterlag Thorbecke aber den Ultrakonservativen. So überlebte das Zweikammersystem die große Verfassungsreform von 1848, die das niederländische Parlament stärkte. Die Erste Kammer sollte zwar fortan gewählt werden. Dies jedoch nicht in direkten Wahlen, sondern von Vertretern der Provinzialstände. Die Beibehaltung der Ersten Kammer verdankte sich der Sorge vor zu großer Macht der seit 1948 (nach Zensus) direkt gewählten Zweiten Kammer. Entsprechend sollte die Erste Kammer „eher das Schlechte verhüten, als das Gute stiften", wie Minister Donker Curtius ihre Funktion als konservativer Damm zusammenfaßte. Aus jener Zeit stammen Charakterisierungen wie „*Chambre de réflexion*", „gegen den Wahn des Augenblicks" und (im landestypischen Bild der Einpolderung:) „Schlafdeich der Demokratie". Der Senat erhielt die Möglichkeit, bereits von der Zweiten Kammer verabschiedete Gesetze als Ganzes zu prüfen und gegebenenfalls mit seinem Veto zu verwerfen. Der Kreis der passiv Wahlberechtigten in den Provinzen war auf die Höchstbesteuerten und somit auf die Allerreichsten beschränkt. Die Erste Kammer zählte damals 39 Mitglieder, die für neun Jahre bestellt wurden. Alle drei Jahre erfolgte eine Drittelerneuerung der Mandate. Die Liberalen sahen bei der nächsten Verfassungsreform im Jahr 1887 die Erste Kammer in milderem Licht als noch 1848. Ihr Hauptkritikpunkt blieb die extreme Besitzgebundenheit der Zusammensetzung der Kammer nach passivem Zensuswahlrecht. Sie forderten eine Angleichung an das weitere Elektorat der Zweiten Kammer. Dies lehnte die Regierung jedoch ab, da sie befürchtete, beide Kammern könnten an einem Strang ziehen. Ein Kompromiß wurde schließlich darin gefunden, daß höhere Staatsbedienstete fortan wählbar sein sollten, etwa Bürgermeister großer Städte, Professoren, Offiziere, Richter, ehemalige Minister, aber auch frühere Abgeordnete der Zweiten Kammer. So gelangte 1913 erstmals ein Arbeiter in den Senat, weil er zuvor für kurze Zeit Abgeordneter in der Zweiten Kammer gewesen war. 1887 erhielt die Erste Kammer über ihre Rolle bei der Gesetzgebung hinaus mit dem Enquête- und Budgetrecht auch Kontrollbefugnisse. In der Folge kam es durch ihr Zutun zu Etatverweigerungen, es traten Minister zurück, und in einem Fall (1907) stürzte sogar eine Regierung (die das Vertrauen keiner der beiden Kammern mehr besaß). Konservative Kräfte der Herrschaftselite instrumentalisierten die Erste Kammer in der Kolonialgesetzgebung, um eigene Interessen in Niederländisch-Indien zu verteidigen.

Trotz schrittweiser Erweiterungen des Elektorats ebbte die Kritik an der Institution nicht ab. Um die Jahrhundertwende reihten sich nach Liberalen und calvinistischen Anti-Revolutionären auch Freisinnige Demokraten und die Sozialisten in die Kritikerfront ein. In ihrem Parteiprogramm von 1895 forderten die Sozialisten unter Führung von Pieter Jelles Troelstra die Abschaffung des Senats. Volksentscheide waren ihre Vorstellung von einer Neuordnung. Die Erste Kammer bestand fort, konnte aber nicht verhindern, daß 1917 das allgemeine Wahlrecht für Männer (1919 auch das Frauenstimmrecht) eingeführt und 1922 zum Verhältniswahlrecht übergegangen wurde. Das Jahr 1922 markiert die Demokratisierung der Ersten Kammer. Das aktive und passive Wahlrecht wurde demjenigen zur Zweiten Kammer angeglichen. Nur die indirekte Wahl über die Provinzvertretungen blieb. Die Wahlperiode wurde von neun auf sechs Jahre herabgesetzt bei Halberneuerung der Mandate alle drei Jahre. Dadurch sollte eine raschere Angleichung der Stärkeverhältnisse in der Ersten Kammer an die tatsächlichen Parteipräferenzen der Wählerschaft erreicht werden.

Seit 1922 war die Existenz des Senats nicht mehr ernsthaft gefährdet. Zwar erwog 1945 die Interimsregierung Schermerhorn, die provisorischen Generalstaaten auf eine Kammer zu beschränken. Der politische und wirtschaftliche Wiederaufbau verlangte nämlich eine zügige Gesetzgebung. Doch dazu kam es nicht. Im Zuge der Staatsreform, die auf die Unzufriedenheit größerer Bevölkerungsteile mit dem immobilen Fraktionen-Parlamentarismus und den zahlreichen Regierungskrisen reagierte, kam in den 1970er Jahren zwangsläufig auch das Zweikammersystem in die Diskussion. Doch nur eine Minderheit in der Staatskommission Cals-Donner sprach sich 1971 in ihrem Abschlußbericht für ihre Abschaffung aus. Die Kommission schlug vor, die Erste Kammer in Zukunft alle vier Jahre direkt zu wählen und ihr das Recht der Budgetberatung zu nehmen. Eine Direktwahl und der Entzug des Haushaltsrechts stießen bei einer Mehrheit der Zweiten Kammer auf Ablehnung. Die 1983 verkündete Verfassung (de Herziene Grondwet) ließ die staatsrechtliche Position der Ersten Kammer unangetastet und verkürzte lediglich ihre Wahlperiode auf vier Jahre. Die Erneuerung der Mandate findet seither zum selben Datum durch alle Provinzen statt. Damit entfiel die seit 1923 praktizierte wechselweise Neuwahl der Abgeordneten durch jeweils zwei von vier regional festgelegten Gebietsgruppen. Wie noch zu zeigen sein wird, gilt diese Änderung von 1983 als eine der Ursachen für einen Aktivismus oder sogar eine Politisierung der Ersten Kammer seit Ende der 1980er Jahre.

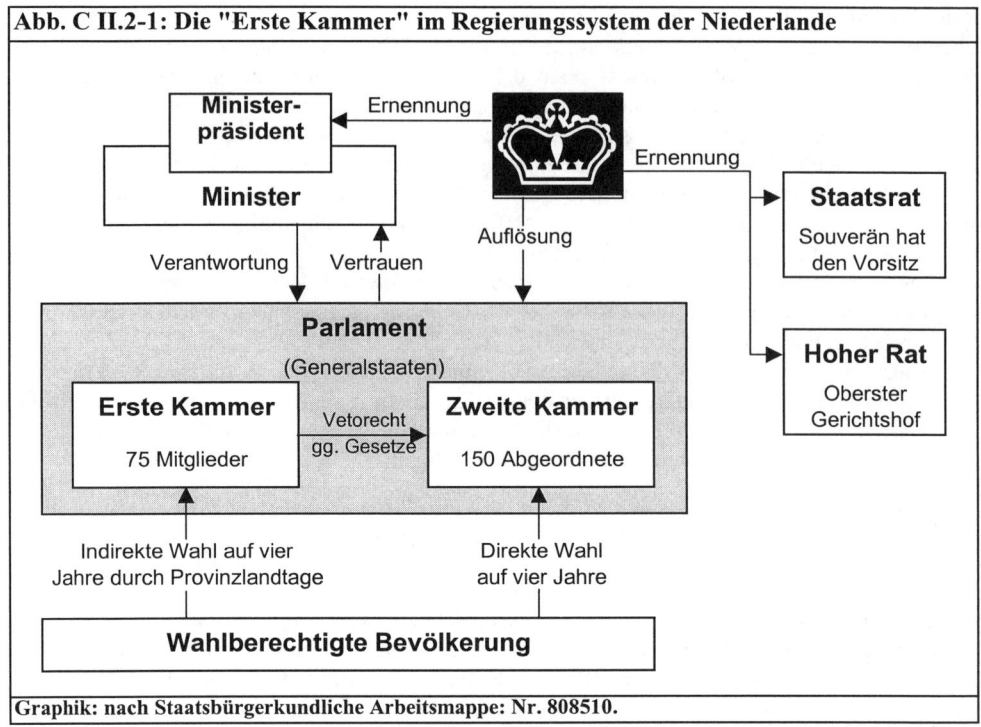

Abb. C II.2-1: Die "Erste Kammer" im Regierungssystem der Niederlande

Graphik: nach Staatsbürgerkundliche Arbeitsmappe: Nr. 808510.

III.   Aufgaben und Stellung der „Ersten Kammer"

Eine allgemein anerkannte Rechtfertigung des Bikameralismus gibt es in den Niederlanden bis heute nicht. 1848 war die Funktion der Ersten Kammer von einem anti-demokratischen „Bollwerk des Thrones" zu einer „*Chambre de réflexion*" (*Kamer van Heroverweging*) umdefiniert worden. Seither liegt ihre Hauptaufgabe auf dem Gebiet der gesetzgeberischen Qualitätskontrolle und dem Schutz der Rechtssicherheit. Im gesetzgeberischen Entscheidungsprozeß ist sie letztes Glied und abschließend prüfende Instanz. Die Gesetzgebung verläuft in folgenden Schritten: Nach der Beschlußfassung im Kabinett wird ein Gesetzentwurf dem Staatsrat (*Raad van State*) zur allgemeinen Rechtsprüfung (ohne ein eigenes Veto- und Entscheidungsrecht) zugeleitet. Danach wird er der Zweiten Kammer vorgelegt. Nach der Verabschiedung durch die Zweite Kammer hält die Erste Kammer die Gesetzesvorlage gewissermaßen noch einmal gegen das Licht. Sie prüft, ob sie sich sinnvoll in das bestehende Recht, die staatsrechtlichen Normen und internationale Verträge einordnen läßt. Beispielsweise sah die Erste Kammer 1989 bei einem Gesetz zur Beschränkung der Studienzeiten das Rückwirkungsverbot und damit die Rechtssicherheit der Betroffenen verletzt. Bei dieser juristisch-dogmatischen Prüfung geht es also um die staatsrechtlichen und rechtsstaatlichen Aspekte der Gesetzgebung. In den Niederlanden fehlt ein eigenständiges Verfassungsgericht, das ein vom Parlament verabschiedetes Gesetz als verfassungswidrig erklären könnte. Die juristisch-technische Prüfung von Gesetzesvorlagen ist dagegen keine originäre Aufgabe der Ersten Kammer, nimmt sie aber zunehmend in Anspruch. In einem herausstechenden Fall entdeckte sie Mitte der 1990er Jahre im Text einer Gesetzesvorlage ungefähr 80 Fehler und Unstimmigkeiten, die von der Vorbereitung in den Ministerien und zahlreichen Änderungen in der Zweiten Kammer herrührten.

Gesetzesvorlagen können dadurch so aus den Fugen geraten, daß sie einer erneuten politischen Gesamtinterpretation bedürfen. Die Funktion der Ersten Kammer ist daher nicht nur die einer Revisionskammer, die wie ein Richterkollegium auf die Prüfung der Rechtsqualität von Gesetzen beschränkt ist. Weder das geschriebene, noch das ungeschriebene Verfassungsrecht der Niederlande untersagen es der Ersten Kammer, mit der ihr eigenen Optik ein grundsätzliches politisches Urteil zu fällen. So vermag die Erste Kammer gewandelten Ansichten Rechnung zu tragen oder einer sich für gewöhnlich spät regenden öffentlichen Meinung noch gerecht zu werden. Das geplante „korrigierende" Referendum – ebenfalls eine Art ‚Notbremse' für die Demokratie – wird mit dieser Funktion der Ersten Kammer zweifellos konkurrieren. Die Erste Kammer muß sich also nicht auf juristische Dogmatik und gesetzestechnische Fragen beschränken. Aspekte der Zweck- und Rechtmäßigkeit von Gesetzesvorlagen lassen sich ohnehin kaum von politisch-inhaltlichen Fragen trennen. Von ihrem intensiven Beratungsrecht macht die Erste Kammer deshalb durchaus Gebrauch. Dies trifft selbstverständlich weniger auf Haushaltsberatungen zu, die meist unter Zeitdruck stehen, als auf komplexe und umstrittene Gesetzesvorhaben. *Causes célèbres* waren diesbezüglich moralisch-ethische Fragen, wie Abtreibung und Sterbehilfe. Die Erste Kammer ist, anders als der apolitische Staatsrat, ein politisches Organ. Die Möglichkeit der Ersten Kammer, ein Gesetzesvorhaben aus politischen Gründen abzulehnen, korrespondiert für das indirekt gewählte Organ freilich mit einer Pflicht zur Zurückhaltung, die ebenfalls ungeschriebenes Verfassungsrecht ist [Kummeling 1990: 266].

Diese Zurückhaltung der Ersten Kammer wird deutlich bei den ihr 1887 verliehenen Aufgaben der Regierungskontrolle. Sie wendet die ihr zur Verfügung stehenden Instrumentarien entweder nicht oder nur auf wenig spektakuläre Weise an. Die Verfassungsentwicklung hat die Regierungsbildung faktisch von den Mehrheitsverhältnissen in der Zweiten Kammer abhängig gemacht. Die Erste Kammer spielt dabei keine Rolle. Bevor die Königin einen Auftrag zur Regierungsbildung erteilt, konsultiert sie, neben anderen führenden Politikern, lediglich den Präsidenten der Ersten Kammer. Der „*Formateur*" – meist selbst Kandidat für das Ministerpräsidentenamt – verhandelt nur mit den Fraktionsvorsitzenden der Zweiten Kammer. Paradoxerweise ‚macht' die Erste Kammer keine Regierungen, kann sie aber stürzen [Van den Braak 1999]. Sie kann einzelnen Ministern ebenso wie dem gesamten Kabinett das Mißtrauen aussprechen und sogar deren Rücktritt bewirken. So zwang sie im Jahr 1958 einen Staatssekretär zum Rücktritt (wegen eines Skandals bei der Rüstungsbeschaffung). Daß ein zwingendes Vertrauenserfordernis zwischen Kabinett und Erster Kammer besteht, ist allerdings unter niederländischen Verfassungsjuristen umstritten. Praktisch hat die Erste Kammer in ihrer Geschichte ein Mißtrauensvotum einer Regierung oder einem Minister gegenüber vermieden, wenn diese bzw. dieser eindeutig das Vertrauen der Zweiten Kammer besaß. Andernfalls wäre ein Konflikt entstanden, für den das niederländische Staatsrecht keine Lösung bietet [Van Deth/Vis 1995: 89]. Im Konfliktfall kann die Regierung bzw. die Krone um die Auflösung der Ersten Kammer ersuchen. Es können beide Kammern gleichzeitig oder auch nur eine aufgelöst werden. Eine Auflösung der Ersten Kammer, wie sie zuletzt im Jahre 1904 vorkam, ist jedoch wenig sinnvoll, weil ja die Provinzvertretungen als Wahlkörperschaft nicht ihrerseits aufgelöst werden können. Droht ein wichtiger Gesetzentwurf in der Ersten Kammer zu scheitern, kann der betreffende Minister oder die gesamte Regierung das Problem mit der klassischen Formel „unannehmbar" („onaanvaardbaar-verklaring") zur Portefeuille- bzw. Kabinettsfrage erklären. Explizit wurde eine solche, vor allem an die Regierungsmehrheit gerichtete Warnung seit 1949 nur fünfmal ausgesprochen (zuletzt im Jahr 1991). Fast immer fügte sich die Erste Kammer. Die Vertrauensfrage, auch als „Machtwort" bezeichnet, gilt als grobes Geschütz, welche das Verhältnis zwischen Regierung und Senat politisiert. Faktisch entstanden politische Krisen bis auf diese wenigen Ausnahmen nur durch einen Konflikt zwischen der Regierung und der Zweiten Kammer. Daß das Verhalten der Ersten Kammer eine Kabinettskrise verursachte, war in der parlamentarischen Geschichte der Niederlande bisher nur in den Jahren 1860, 1907 und (indirekt) 1999 der Fall.

Von ihrem individuellen, nur schriftlichen Fragerecht machen die Senatoren selten Gebrauch, während in der Zweiten Kammer seit den 1960er Jahren – wie bei anderen parlamentarischen Aktivitäten auch – eine Sturzflut von Kleinen Anfragen registriert wird. Dies gilt auch für Anträge (*moties*), die ein wichtiges Mittel der parlamentarischen Öffentlichkeitsfunktion sind. Sie müssen von mindestens vier Abgeordneten eingebracht werden. Sie bekunden den eigenen politischen Willen, zeigen politische Alternativen auf oder kritisieren die Regierung. Die Regierung ist aber nicht zur Umsetzung verpflichtet [Kleinfeld 1998: 157]. In der Ersten Kammer gewinnen derartige Anträge neuerdings Bedeutung. Noch sind es aber in einem Sitzungsjahr nicht mehr als fünf oder sieben. Nach 1945 hat die Erste Kammer ihr Interpellations- bzw. Zitierrecht (Große Anfrage) in 15 Fällen in Anspruch genommen. Die Mehrzahl der Interpellationen (neun) wurde dabei in den Jahren 1945 bis 1955 abgehalten. Zuletzt wurde am 15. Juni 1999 Ministerpräsident Kok wegen des in der Referendumskrise auf die Erste Kammer ausgeübten politischen Drucks herbeigerufen.

Ein weiterer Beleg für die Selbstbeschränkung der Ersten Kammer ist, daß sie die scharfe Waffe ihres Enquêterechts (seit 1887) ungenutzt hat einrosten lassen. Gleiches gilt für das Haushaltsrecht. Es ist weniger unter dem Vorzeichen der Gesetzgebungsfunktion, als unter dem Aspekt der Regierungskontrolle zu sehen. Es eröffnet der Ersten Kammer die Möglichkeit, Ministerien unter die Lupe zu nehmen, die, wie das Verteidigungs- oder Innenministerium, weniger Gesetze produzieren. Auch dieses Recht übt sie mit äußerster Zurückhaltung aus. Seit 1970 verzichtet die Erste Kammer regelmäßig darauf, die ihr vorgelegten Haushaltsentwürfe überhaupt zu debattieren [de Beaufort 1974: 279]. Die Erste Kammer konzentriert sich somit auf ihre Aufgaben in der (Mit-)Gesetzgebung, während sie sich bei der aktuellen Regierungskontrolle äußerste Zurückhaltung auferlegt und sie als Domäne der Zweiten Kammer respektiert.

Ein weiterer Hinweis auf eine der Schwesterkammer nachgeordnete Stellung des Senats ist übrigens, daß der Präsident der Ersten Kammer von der Königin für die Dauer eines Sitzungsjahres ernannt wird. Im Unterschied zur Ersten Kammer haben die Abgeordneten der Zweiten Kammer bei der Bestimmung ihres Parlamentspräsidenten ein Mitwirkungsrecht, wenn auch kein Entscheidungsrecht.

Nach dem Grundgesetz sind beide Kammern der Generalstaaten gleichberechtigt. Eindeutig hat sich jedoch ein politischer Primat der Zweiten Kammer als eine Verfassungs-konvention herausgebildet. Die Zweite Kammer ist der Boden für die Regierungsbildung. Nur sie besitzt das *Amendementsrecht*, Gesetzentwürfe zu ändern, sowie das Initiativrecht für Gesetzentwürfe. Wenn von *de Kamer* die Rede ist, ist stets die Zweite Kammer gemeint und nicht *de Senaat*. 1983 ist bezeichnenderweise die Reihenfolge der Nennung in Art. 51 GW (vorher: Art. 89 GW) umgedreht worden und lautet seither: „Die Generalstaaten setzen sich aus einer Zweiten und einer Ersten Kammer zusammen." Eine weitere Begründung für den Vorrang der Zweiten Kammer ist, daß das direkt gewählte Abgeordnetenhaus ‚bürgernäher' sei als die indirekt bestellte Erste Kammer. Allerdings kann bezweifelt werden, ob die Zweite Kammer tatsächlich die authentischere „Volkskammer" ist: Niederländische Wahlen sind nicht kandidatenorientiert, sondern ausschließlich Entscheidungen für eine Partei bzw. ihren jeweiligen Spitzenkandidaten. Entsprechend gibt es kaum eine direkte Beziehung zwischen dem lokalen Abgeordneten und seinen Wählern.

Wie in anderen Ländern verzichtet das formal legitimationsschwächere „Oberhaus" auch in den Niederlanden darauf, die parlamentarischen Rechte anders als in erster Linie förmlich und mit großer politischer Zurückhaltung wahrzunehmen. In der Praxis stellt die Zweite Kammer den politisch relevanten Teil der Generalstaaten dar. Die Befugnisse der Ersten Kammer sind geringer als diejenigen der Zweiten Kammer. Während Abgeordnete der Zweiten Kammer einzeln oder als Gruppe eigene Gesetze einbringen können, fehlt der Ersten Kammer dieses Recht zur Gesetzesinitiative. Formal verfügt sie im Gesetzgebungsprozeß auch über keine Gestaltungsmöglichkeiten, da sie anders als die Zweite Kammer kein Recht auf die Abänderung von Vorlagen hat. Ihr bleibt letztlich nur die Möglichkeit der Zustimmung oder des Vetos. Da es in den Niederlanden, im Unterschied zu fast allen anderen Zweikammersystemen, kein institutionalisiertes Vermittlungsverfahren gibt, bringt eine einmal ausgesprochene Zurückweisung das Gesetzesvorhaben zum Scheitern [Van Raalte 1995: 61].

Zwischen 1945 und 1999 lehnte die Erste Kammer 44 Gesetzesvorlagen ab. Vergleichsweise viele, nämlich elf Vorlagen, scheiterten in den Jahren 1983-1987. Während des ersten Kabinetts Kok (1994-1998) wurden sieben Regierungsentwürfe und eine Initiative aus der Zweiten Kammer verworfen. 34 Gesetzesvorlagen wurden zudem seit 1945 von der Regierung während ihrer Behandlung in der Ersten Kammer zurückgezogen. Es scheint so, als ob in den 1980er und 90er Jahren die Erste Kammer ihre Vetomacht intensiver genutzt hat. Des weiteren fällt auf, daß fast regelmäßig Vorhaben einer Verfassungsrevision und Initiativen der Abgeordnetenkammer abgewiesen wurden. Gemessen an tausenden von Gesetzen, die ihr Ziel erreichten, ist die Anzahl der Ablehnungen freilich äußerst gering [Amesz 1995: 2].

Ein absolutes Veto gilt im niederländischen politischen System und im Haager politischen Alltag als nicht angemessen und praktikabel [Lepszy 1997: 333]. Im Rahmen einer allgegenwärtigen Konsenssuche (*overleg*) wird alles gründlich durchdacht und diskutiert. So vermeidet es auch die Erste Kammer, ein formelles Veto auszusprechen. Ihre Macht liegt vornehmlich in der Verzögerung von Entscheidungen. Durch die Akzentuierung ihrer Beratungen oder durch Anträge (*moties*) kann sie einen Minister oder Staatssekretär veranlassen, den Gesetzentwurf im Sinne der sich abzeichnenden Mehrheitsmeinung in der Ersten Kammer zu überarbeiten. Da in dieser Phase Änderungen nicht mehr erlaubt sind, muß die Vorlage zurückgezogen werden, um mit besseren Chancen in der Zweiten Kammer als „Novelle" eingebracht zu werden. Der Senat kann auf Bitten der Regierung seine Beratungen unterbrechen, bis diese ein gemäß den Wünschen der Ersten Kammer geändertes Gesetz in der Schwesterkammer eingebracht hat. Meistens genügt es der Ersten Kammer schon, daß die Regierung eine Novelle ankündigt oder Zusagen für die spätere Gesetzesimplementation macht. Seit den 1980er Jahren benutzt die Erste Kammer verstärkt diese indirekte Möglichkeit, um Korrekturen zu erwirken. Eine solchermaßen mehr oder weniger erzwungene Novelle wird formal stets von der Regierung eingebracht. Staatsrechtlich gilt sie deshalb als unbedenklich [Kummeling 1992: 17]. Zudem lautet die Verwerfungsformel der Ersten Kammer auf „erneute Prüfung". Die in den 1980er Jahren gewissermaßen schleichend eingeführte Novellierungspraxis wurde zunächst vor allem dazu benutzt, um technische Mängel der Vorlagen (z.B. fehlende Übergangsbestimmungen) zu beheben. In den letzten Jahren gaben zuweilen auch prinzipielle politische Einwände der Ersten Kammer den Anlaß dazu. Für den Zeitraum von 1963-1999 stehen 37 „technische" Novellen 22 solchen „inhaltlicher" Art gegenüber. Somit läßt sich ein informelles Mitgestaltungspotential („stille Macht") der Ersten Kammer feststellen.

Die Niederlande als dezentralisierter Einheitsstaat zeigen, daß Zweikammersysteme nicht mit Föderalismus gleichzusetzen sind. Der Ersten Kammer kommt keineswegs der Charakter eines föderalistischen Organs zu. Es fehlt an gewichtigen regionalen Unterschieden, welche anderswo die Existenz einer Zweiten Kammer rechtfertigen. Zwar liegt die Wahl der Abgeordneten der Ersten Kammer in den Händen der Provinzlandtage (*Provinciale Staten*). Die zu erwartende Bindung an die Interessen der einzelnen Provinzen ist jedoch kaum ersichtlich. Die Kandidaten müssen nicht einmal aus der jeweiligen Provinz stammen. Den Provinzen obliegen nur Verwaltungs- und Durchführungsaufgaben ohne autonome Gesetzgebungsbereiche und ohne Mitwirkung an der gesamtstaatlichen Gesetzgebung. Die Provinzstrukturen haben sich im Bewußtsein der Bürger nicht verfestigt, sie sind nicht 'erlebbar'. Die Provinzlandtage werden vom Wähler deshalb vor allem in ihrer Eigenschaft als Wahlkörper für die Erste Kammer wahrgenommen. Die nationale Politik strahlt somit stark in die Provinzen zurück. Die PvdA, die in den 1970er und 80er Jahren noch regionale Kandidaten präsentierte, ist von dieser Praxis abgerückt. Regionale Gruppierungen werden von der Einmannfraktion eines grünen Senators vertreten, die sich neuerdings „Unabhängige Senatsfraktion" nennt. Bei der Wahl zu den Provinzlandtagen operieren, mit der erwähnten zeitweisen Ausnahme der PvdA, die Parteien mit landesweiten Listen, während bei der Kandidatenaufstellung zur Zweiten Kammer regionale Parteiorganisationen noch ein gewichtiges Wort mitreden. Dies führt dazu, daß die Abgeordneten der Zweiten Kammer sich stärker als die Senatoren als Sachwalter regionaler Interessen fühlen [Andeweg 1992: 133].

IV.   Wahlmodus, Sozialprofil und Arbeitsweise

Wahl: Das zahlenmäßige Verhältnis zwischen Ober- und Unterhaus wird im Grundsatz wie eins zu zwei gehalten. Wegen der vermehrten Aufgaben wurde 1956 die Zahl der Abgeordneten in der Ersten Kammer auf 75 (vorher 50) erhöht, entsprechend beträgt die Zahl der Mitglieder der Volkskammer 150. Die Senatoren werden seit 1983 alle vier Jahre bestimmt. Die Bürger wählen die Mitglieder der zwölf Provinzlandtage nach dem gleichen Wahlrecht (Verhältniswahl) wie zur Zweiten Kammer. Deren Abgeordnete wiederum wählen drei Monate später zum selben Termin die Abgeordneten der Ersten Kammer. Sie geben ihre Stimme strikt nach ihrer Parteizugehörigkeit ab. Das Ergebnis ist somit fast genau vorhersagbar. Die Kandidaten führen keinen Wahlkampf. Allerdings wurde 1999 erstmals stärker vom Instrument der „Vorzugsstimmen" (für Listenkandidaten eigener Wahl) Gebrauch gemacht und damit die von den Parteien vorentschiedenen Plazierungen durcheinandergewirbelt. In der neuen Zusammensetzung vom 8. Juni 1999 zählte die Kammer 34 Neuzugänge, darunter den mit 19 Jahren bisher jüngsten Senator. Das Mindestalter für das passive Wahlrecht beträgt heute wie bei der Zweiten Kammer 18 Jahre.

Zur Wahl stehen Listen bzw. landesweite Listen der Parteien. Jedes Mitglied der Provinzlandtage hat bei den Wahlen zur Ersten Kammer eine Stimmenzahl, die abhängig ist von der Einwohnerzahl der entsprechenden Provinz zur Mitgliederzahl der Provinzialstände dieser Provinz. Jede Stimme gilt also, abhängig von der Provinz, in der sie vergeben wurde, für eine Anzahl von Stimmen (Mehrstimmenrecht). Diese Zahl von Stimmen wird berechnet, indem die Einwohnerzahl der Provinz durch das Hundertfache der Zahl der Mitglieder der Provinzlandtage geteilt wird. Beispielsweise hatte eine Stimme Flevolands 1995 einen Wert von 61 im Vergleich zu Süd-Holland mit 401. Die Zahl der auf eine Kandidatenliste in einer Provinz abgegebenen Stimmen wird dann multipliziert mit dem dafür in Betracht kommenden Stimmwert. Aufgrund der so gebildeten Zahl erfolgt die Vergabe der Mandate nach dem Wahlzahlverfahren. Die Summe aller gewichteten Stimmen aus allen Provinzen wird dabei durch die Zahl der Mandate (75) geteilt. Die Verteilung der Restsitze erfolgt nach der Methode des größten Durchschnitts.

Sozialprofil: Die beiden Kammern der Generalstaaten unterscheiden sich erheblich nach Art und Umfang der Abgeordnetentätigkeit. Die Erste Kammer tritt in der Regel einmal in der Woche zusammen. Umfassende Arbeit kann so kaum geleistet werden. Während die Wahrnehmung des Abgeordnetenamtes in der Zweiten Kammer sich zu einem Fulltime-Job entwickelt hat, sind die Senatoren Teilzeitpolitiker. Etwa 80 Prozent behalten neben ihrem Mandat eine berufliche Tätigkeit bei bzw. bekleiden eine oder mehrere öffentliche Funktionen. Eine besondere gesellschaftliche Verwurzelung der Ersten Kammer darf daraus nicht abgeleitet werden. Unter den Senatoren befinden sich auffällig viele bekannte Gesichter mit einer Vergangenheit in der Berufspolitik – ehemalige Minister und frühere Abgeordnete der Zweiten Kammer. Stark repräsentiert sind der öffentliche Dienst und der ausgeprägte niederländische Korporatismus (Gewerkschaften, Agrarverbände, usw.). Die Anzahl der

Spitzenmanager aus der Wirtschaft ist zwar höher als in der Zweiten Kammer (wo sie gänzlich fehlen), sie lassen sich aber an den Fingern einer Hand abzählen. Die Senatoren sind im Vergleich zu ihren Kollegen der Zweiten Kammer mit einem Durchschnittsalter von gegenwärtig 55 Jahren etwa zehn Jahre älter als ihre Kollegen der Abgeordnetenkammer und haben auch eine längere parlamentarische Verweildauer als diese. Der Ersten Kammer haftet öffentlich immer noch das Bild einer ‚Herrensozietät' an, obwohl der Frauenanteil (ein Viertel aller Senatoren) nur wenig unter demjenigen der anderen Kammer liegt. Ihrem Selbstbild nach sehen sich die Senatoren in ihrem Urteil unabhängiger von ihren Wählern und Fraktionen als die Abgeordneten der Zweiten Kammer [Andeweg 1992: 130]. Entsprechend der im europäischen Maßstab großzügigen Diäten- und Pensionsregelung für politisches Personal in den Niederlanden stellen sich die Senatoren nicht schlecht. Für die Wahrnehmung ihres Mandats erhalten sie eine monatliche steuerfreie Aufwandsentschädigung von 3000 Gulden zuzüglich Spesen. Das ist etwa ein Viertel dessen, was ein Abgeordneter der Zweiten Kammer an Gehalt bekommt. Ein Anrecht auf Pension erwerben die Senatoren nicht. Die Erste Kammer kostet den Steuerzahler recht bescheidene 12,3 Mio. Gulden jährlich. Während die Zweite Kammer über eine große parlamentarische Bürokratie (etwa 500 Mitarbeiter) verfügt, ist die administrative Unterstützung der Ersten Kammer durch eine kleine Kanzlei gering. Persönliche Referenten oder Fraktionsmitarbeiter gibt es nicht. Eine bessere Ausstattung wird vom Haushaltsausschuß der Ersten Kammer abgelehnt, weil eine Tendenz zum Spezialistentum und zu einer Professionalisierung nicht erwünscht ist. Die Beschränkung des Senats auf ein grundsätzliches Urteil und der gediegene Amateurstatus der Senatoren sollen jenen „eigenen Charakter" der Ersten Kammer unterstreichen, den die Verteidiger des Zweikammersystems in den Niederlanden ins Feld führen [Kummeling 1992: 13].

Binnenstruktur und Arbeitsweise: Mit derzeit neun Fraktionen ist die Erste Kammer ein Abbild des niederländischen Vielparteiensystems. Die Erste Kammer bekommt jährlich etwa 200 Gesetzesvorlagen zugeleitet. Ihre Behandlung wird von zur Zeit 20 ständigen Ausschüssen (Zweite Kammer: etwa 30), die den ministeriellen Kompetenzbereichen nachgeschneidert sind, schriftlich vorbereitet. Danach folgt die öffentliche Plenardebatte in zwei Durchgängen, deren Prozedur wesentlich einfacher ist als in der Schwesterkammer. In der ersten Lesung äußern sich die interessierten Senatoren im Namen ihrer Fraktion. Darauf antworten das Regierungsmitglied oder die Abgeordneten der Zweiten Kammer, die den Entwurf eingebracht haben. Üblicherweise findet eine zweite Lesung statt, die für die Senatoren *Replik* und für die Gesetzesinitiatoren *Duplik* genannt wird. 40 bis 50 Prozent der Vorlagen passieren die Kammer als Tagesordnungspunkt, der ohne Debatte genehmigt wird. Die Senatoren haben bei ihrer Stimmabgabe keine Möglichkeit der Enthaltung, sondern nur die Wahl zwischen Ja oder Nein, eventuell versehen mit einer Stimmerklärung. Eine Gesetzesvorlage durchläuft nach der Verabschiedung durch das Abgeordnetenhaus (wo die parlamentarische Behandlung etwa zwei Jahre dauert) die Erste Kammer durchschnittlich in vier Monaten. Die Verzögerung, wie jüngst bei einem Gesetz über die Parteienfinanzierung, kann aber auch schon einmal ein Jahr betragen.

V.   „Neuer Dualismus" und Parteipolitisierung?

Läßt die seit den 1980er Jahren vermehrte Abgabe eines Vetos auf eine strukturell veränderte Stellung der Ersten Kammer schließen? Einige Staatsrechtler und Politikwissen-schaftler in den Niederlanden meinen, daß der Senat seine weise Zurückhaltung tatsächlich aufgegeben habe. Andere wiederum relativieren diesen Befund eines neuen Aktivismus und zunehmender Konfliktfreudigkeit der Ersten Kammer [Van Raalte 1995: 48-58]. Mancher Konflikt habe sich im nachhinein als Sturm im Wasserglas erwiesen. Die Anzahl verworfener Gesetzesvorlagen sei überdies ein nur begrenzt aussagekräftiger Gradmesser: Die meisten

Vetos hätten kaum größere politische Bedeutung, und umgekehrt endeten nicht alle politischen Konflikte mit der Ablehnung des fraglichen Gesetzes [Kummeling 1992: 28].

Gelegenheiten, in denen sich eine Verschiedenheit der Mehrheit in beiden Kammern für die Fähigkeit der Regierung, die Amtsgeschäfte zu führen, entsprechend hätte auswirken können, waren in der Vergangenheit so gut wie nicht gegeben. Eine Verschiedenheit der Mehrheiten in beiden Kammern hat es seit 1918 nicht mehr gegeben. Zwischen 1918 und 1940 waren die konfessionellen Parteien in beiden Kammern in der Mehrheit. Nach dem Zweiten Weltkrieg haben breite Koalitionsregierungen überwogen. Die Verfassungsänderung des Jahres 1983, erstmals wirksam im Jahr 1987, hat das bis dahin recht geringe Risiko von divergierenden Kammermehrheiten erhöht. Vorher betrug die Sitzungsdauer sechs Jahre, wobei sich die Hälfte der Mitglieder nach jeweils drei Jahren einer erneuten Wahl stellen mußte. Beispielsweise bestand bis 1987 die Hälfte der Mitglieder der Ersten Kammer aus Abgeordneten, die 1981 von den Provinzlandtagen gewählt wurden, die ihrerseits aus Wahlen im Jahre 1980 hervorgegangen waren. Damit hinkte die Erste Kammer den Verschiebungen des Wählerwillens hinterher. Der 1983 eingeführte neue Bestellungsmodus sieht, wie erwähnt, eine Wahlperiode von vier Jahren vor, wobei jedesmal alle Senatoren neu gewählt werden. 1987 fanden erstmals alle Provinzwahlen und damit indirekt auch die Wahlen zur Ersten Kammer an einem Tage statt. Damit erhielten sie den Charakter von ‚Testwahlen‘ für den Ausgang der Wahlen zur Zweiten Kammer. Das Phänomen des Wechselwählers schlug nunmehr unmittelbar auch auf die Erste Kammer durch. Der neue Wahlmodus bewirkt zugleich, daß sich der Senat im Vergleich zum Abgeordnetenhaus auf die ‚aktuellere‘ Wählerlegitimation berufen kann. Daher könnte die Erste Kammer versucht sein, ihre bisherige Selbstbeschränkung aufzugeben [Van Raalte 1995: 54]. Die Provinzwahlen sind allerdings nur mit Einschränkungen ein Gradmesser für die Stimmung im Lande. Vor allem eine extrem niedrige Wahlbeteiligung, die 1999 auf den historischen Tiefststand von knapp 46 Prozent sackte, verzerrt die Stimmenanteile der Parteien.

Seit 1987 konnten bei den Provinzwahlen alle amtierenden Regierungen ihre Mehrheit in der Ersten Kammer jeweils nur knapp behaupten. In der im Juni 1999 neu gewählten Ersten Kammer verfügt die derzeitige „violette" Koalition sogar nur noch über die hauchdünne Mehrheit einer Stimme. So kann einer ihrer Senatoren, etwa Wiegel, fortan ein Gesetz blockieren. Ein Politikwissenschaftler hält die Gefahr eines „Staatsnotstandes" für nicht mehr undenkbar: Eher früher als später werde die Situation eintreten, daß eine Oppositionsmehrheit in der Ersten Kammer einer Regierung ihre Arbeitsfähigkeit raube, indem sie Schlag auf Schlag alle ihr zugewiesenen Gesetze ablehne. Für diesen Fall einer Patt- oder Blockadesituation gebe es gegenwärtig weder die für Zweikammersysteme struktur-notwendigen Verfahren und Gremien der Streitbeilegung, noch eine praktikable Möglichkeit der Auflösung der Ersten Kammer [Eskes 1996].

Die seit den 1980er Jahren vermehrt auftretenden Zusammenstöße zwischen Senat und Regierung lassen sich mit dem im niederländischen Staatsrecht üblichen Begriffspaar des „Dualismus" und „Monismus" interpretieren. Unter dem Phänomen des Dualismus wird eine Situation verstanden, in der das Gesamtparlament der Regierung als eigenständiges Verfassungsorgan gegenüber steht. Dieser Dualismus wird von einer Verfassungsnorm unterstützt, die es den Ministern verbietet, gleichzeitig Mitglieder in beiden Kammern des Parlaments zu sein. Die Wirklichkeit ist aber zumeist charakterisiert von einem „Monismus", einer politischen Osmose zwischen der Regierungsmehrheit und ihrem Kabinett. Oftmals gehören die einflußreichsten Politiker nicht der Regierung an und ziehen es vor, Fraktionsvorsitzende zu sein. Regierungsprogramme werden in Zusammenarbeit mit den regierungstragenden Fraktionen der Zweiten Kammer möglichst detailliert gestaltet. Die Beziehung zwischen Ministern einer Partei und deren Abgeordneten in der Zweiten Kammer ist in den letzten Jahren immer enger geworden. Vom früheren Premier Lubbers wurden wöchentliche Treffen mit den Fraktionsvorsitzenden eingeführt. Minister treffen sich ebenso regelmäßig mit den parlamentarischen Führern in beiden Häusern, um die anstehenden Kabinettsentscheidungen zu besprechen. Komplexe zwischenparteiliche Manöver machen es den Wählern schwer, Politik zu verstehen und Verantwortlichkeiten zuzuordnen. Mit Beginn des „violetten" Kabinetts gab es Anzeichen für eine ‚kulturelle' Veränderung: Mehrere Male stimmte eine der Regierungsfraktionen nicht im Sinne der Regierung ab. Anders als in der Vergangenheit, wo dies einen Vertrauens- und Koalitionsbruch bedeutet hätte, akzeptierte nunmehr die Regierung ihre Niederlage und setzte ihre Arbeit fort. Kabinettsminister und Abgeordnete nennen dies einen „neuen Dualismus" [Leijenaar/Niemöller 1999: 352]. Die selbstsichere Haltung der Ersten Kammer gegenüber der Regierung seit den 1980er Jahren kann als ein Vorbote dieser dualistischeren Färbung der Politik gedeutet werden. Je mehr die Zweite Kammer am Gängelband der Regierung lief, desto mehr berief sich auch die Erste Kammer auf eine kritische Distanz zur jeweiligen Regierungspolitik. Hinzu kam, daß viele Gesetzesmaterien vermehrten Konfliktstoff enthielten, weil es um das Zurückschneiden des Wohlfahrtsstaates ging. Advokaten eines „strategischen Monismus" fordern seit längerem, auch die Senatsfraktionen in die Regierungsbildung und den Koalitionsvertrag einzubeziehen. Sie begründen dies mit der strukturellen Notwendigkeit von Koalitionsregierungen (*Nederland coalitieland*).

Viele Konfrontationen waren aber kein Zeichen parlamentarischer Kraft der Ersten Kammer vis-à-vis der Exekutive („Dualismus"), sondern nur parteipolitisches Geplänkel. Sie resultierten aus der Schwäche und Zerstrittenheit von Regierungsparteien. Es rächte sich offensichtlich das Recycling von altgedienten Politikern (z.B. ehemaligen Parteivorsitzenden) in der Ersten Kammer [Van Raalte 1995: 55]. Der erwähnte Senator Hans Wiegel ist der Prototyp einer grauen Parteieminenz. Mit seiner nostalgischen Vorliebe für eine Koalition mit den Christdemokraten, wie er sie 1977 als Parteichef selbst eingefädelt hatte, ist er Exponent eines VVD-Flügels, dem die ganze Richtung des sozialliberalen Bündnisses nicht paßt. Lange vor Wiegel betrieb die von David Luteijn angeführte VVD-Senatsfraktion während einer Mitte-Rechts-Koalition aus CDA und VVD den Bruch mit den Christdemokraten. Danach war es die Regierungsfraktion des Christlich Demokratischen Appells (CDA) in der Ersten Kammer, die ihrem Premier Ruud Lubbers in seiner dritten Amtszeit das Leben schwer machte und den aufrechten Gang übte. Ihr Vorsitzender Ad Kaland, der die große Koalition von Lubbers CDA und Koks PvdA zu sprengen versuchte, schmähte die Kollegen des Abgeordnetenhauses als „Stimmvieh" und lehnte es ab, sich weiter als „Stempelmaschine" benutzen zu lassen. Premier Lubbers warnte im Sommer 1990 die Senatoren mit einer solchen Schärfe vor einer Politisierung ihrer Rolle, daß der Kammerpräsident danach von einem „Mord auf offener Straße" sprach. Hinter den Kulissen verhinderte nur Druck aus dem Regierungslager einen handfesten Affront.

Die aktuelle Diskussion um eine möglicherweise „dualistischere" oder sogar politisierte Rolle der Ersten Kammer spiegelt die ein Jahrhundert alte Sorge, ein eigensinniger Senat könne den Primat des Abgeordnetenhauses mißachten. Als Institution befindet sich die Erste Kammer stets ‚zwischen Baum und Borke', indem sie aus zwei entgegengesetzten Richtungen kritisiert wird. Hält sie ihre Vetomacht zurück, gilt sie als Debattierclub, der parlamentarische Prozesse unnötig verzögert und verdoppelt (*doublure*). Macht sie hingegen auch nur sparsam von ihrem Veto Gebrauch, wird sie umgehend der Quertreiberei bezichtigt.

VI.   Reformdiskussion

Die Forderung, die Erste Kammer abzuschaffen, ist ein traditioneller politischer Reflex. Sie ist unrealistisch, da Verfassungsänderungen in den Niederlanden wegen des aufwendigen Verfahrens sehr selten sind. Zunächst muß der Änderungsentwurf in beiden Kammern des Parlaments mit absoluter Mehrheit angenommen werden. Anschließend prüft der Monarch die Gesetzesvorlage, was mehr ist als eine Formalität. Als nächster Schritt werden beide Kammern aufgelöst. Anschließend finden für die Zweite Kammer Neuwahlen statt, und die Provinzlandtage bestimmen die Abgeordneten der Ersten Kammer erneut. Nach einer zweiten Beratung muß das verfassungsändernde Gesetz in beiden Kammern mit Zweidrittelmehrheit verabschiedet werden, um dann abschließend vom Monarchen unterzeichnet zu werden. Somit kann „ein Drittel plus eine Stimme" im Senat jeden Versuch einer Reform oder gar Abschaffung der Ersten Kammer verhindern [Van den Braak 1998: 472].

Zwar wird in der niederländischen Diskussion darauf verwiesen, daß schließlich auch so fortschrittliche Länder wie Dänemark und Schweden ihre Oberhäuser in den vergangenen Jahrzehnten abgeschafft hätten. Kritiker halten alle wichtigen Funktionen der heutigen Ersten Kammer für ohne weiteres ersetzbar – z.B. durch das korrigierende Referendum oder einen Verfassungsrat nach französischem Vorbild (Normenkontrolle vor dem Inkrafttreten eines Gesetzes). Da aber die Auflösung der Ersten Kammer praktisch keine Realisierungschance besitzt, hat dies entsprechenden Argumenten die Schärfe genommen. Die Parteien mußten trotz teilweise historisch tiefsitzender Vorbehalte gegen die Erste Kammer ihren Frieden mit dieser Institution machen. Die PvdA hat allerdings vor noch nicht allzu langer Zeit ihre Kandidaten für die Erste Kammer darauf verpflichtet, für die Abschaffung zu stimmen, sollte die Frage irgendwann auf die Tagesordnung kommen.

Als weniger einschneidende Reform wird vorgeschlagen, die Bestellungsweise der Ersten Kammer zu ändern [Van den Braak 1999]. Die Regierung sprach sich im März 1999 vor anderen Möglichkeiten (Direktwahl, gleichzeitige Wahl beider Kammern) für eine Rückkehr zum gestaffelten Wahlmodus vor 1983 aus (mit einer Wahlperiode von sechs Jahren). Aus dem akademischen Bereich kommt der Vorschlag, das heutige Zwei-kammersystem der Niederlande nach dem historischen Vorbild des sogenannten Batavisch-Norwegischen Systems (*het Bataafs-Noorse stelsel*) umzubauen [De Vries/Rehwinkel 1995: 360]. Diese Gesetzgebungskörperschaft war 1798 in die Verfassung der kurzlebigen, von der Französischen Revolution inspirierten Batavischen Republik eingeführt und später von Norwegen übernommen worden. Ein direkt und einheitlich gewähltes Gesamtparlament soll sich diesem Modell zufolge in zwei Kammern teilen, die ihrem Umfang und ihren Aufgaben nach den beiden heutigen Parlamentskammern der Generalstaaten im wesentlichen entsprechen sollen. Praktisch sähe das so aus, daß aus der Mitte des Parlaments ein Drittel der Mitglieder in eine ‚zweite Abteilung' delegiert wird. Diese Abteilung könnte neben der Mitgesetzgebung auch zusätzliche Aufgaben übernehmen, z.B. die demokratische Kontrolle der europäischen Gesetzgebung und ihrer Rückwirkungen auf die nationale Ebene. Nach Ansicht seiner Befürworter hat das Modell den Vorteil, daß ein Auseinanderlaufen der parteipolitischen Mehrheiten in beiden Kammern mit entsprechenden Konflikten vermieden wird. Die Vermittlung und Wechselwirkung zwischen der Ursprungs- bzw. Hauptkammer und der Zweiten Kammer könnte wie in Norwegen weitgehend auf informellen Bahnen verlaufen. Nur im Fall einer unwahrscheinlichen Nichteinigung müßte eine gemeinsame Sitzung stattfinden. Genau besehen nähert sich dieses Modell entscheidend einem Einkammersystem.

Nicht zuletzt das Institut des absoluten Vetos der Ersten Kammer ist Gegenstand von Reformüberlegungen. Es wird von Kritikern [Stevens 1999] für einen undemokratischen Anachronismus gehalten. Auch vielen Senatoren erscheint es bei Meinungsverschiedenheit mit der direkt gewählten Schwesterkammer als ein brachiales, wenig konstruktives Mittel. Der seit den 1980er Jahren gewählte Ausweg einer verkappten Novelle ist eine gesetzgebungstechnisch zweifelhafte Lösung. Es wird daher vorgeschlagen, das Veto zu ersetzen durch ein Recht zur Rückverweisung einer Gesetzesvorlage an die Zweite Kammer. Hierzu gibt es zwei entgegengesetzte Varianten. In der einen wird dieses Rückverweisungsrecht nur als eine zusätzliche Befugnis verstanden, die an der Möglichkeit eines späteren Vetos der Ersten Kammer nichts ändern soll. In der anderen soll das absolute durch ein suspensives Veto ersetzt werden, das von der Zweiten Kammer überstimmt werden kann [Zuijdwijk 1999]. Fraglich ist jedoch, ob die Erste Kammer jemals einer solchen Abschwächung ihrer Vetomacht zustimmen würde. Gegen ein wie auch immer gestaltetes Rückverweisungsrecht wird grundsätzlich eingewandt, daß es das Gesetzgebungsverfahren zusätzlich verlängern würde.

Zu einem schlüssigen Ergebnis ist die Reformdiskussion bisher nicht gekommen. Obwohl ihre funktionale Bedeutung im Regierungssystem der Niederlande gering ist, wird die Erste Kammer deshalb auch weiterhin allen Versuchen trotzen, die ihre Stellung antasten wollen. Ähnlich anderen Zweiten Kammern in nichtföderalen Systemen hat sie es schwer, ihre Daseinsberechtigung nachzuweisen [Lijphart 1984: 104]. Wie diese ist sie aber zugleich ein Beispiel für das bemerkenswerte Überdauern von Organisationsformen, deren ursprünglicher Zweck entfallen ist [Loewenberg/Patterson 1979: 121].

VII. Auswahlbibliographie

Amesz, Hans, 1995 [in gesprek met Eerste Kamervoorzitter H.D. Tjeenk Willink]: Het beeld van een dwarsliggende Eerste Kamer is onjuist', in: Maatschappij Belangen, Nr. 159, S. 2-5.

Andeweg, Rudy B., 1992: De Eerste Kamer: tussen doublure en dwarsdrijverij, in: **Thomassen**, J.J.A. (Hrsg.), De geachte afgevaardigde …: hoe kamerleden denken over het Nederlandse parlement, Muiderberg, S. 129-157.

Andeweg, Rudy B./**Irwin**, Galen A., 1993: Dutch Government and Politics, Basingstoke.

Blom, Hans W./**Blockmans**, Willem P./**Scheper**, Hugo de (Hrsg.), 1992: Bicameralisme: tweekamerstelsel vroeger en nu. Handelingen van de Internationale Conferentie ter gelegenheid van het 175-jarig bestaan van de Eerste Kamer der Staten-Generaal in de Nederlanden, 's-Gravenhage.

Braak, Bert van den, 1998: De Eerste Kamer. Geschiedenis, samenstelling en betekenis, 1815-1995, Den Haag.

Braak, 1999: Eerste Kamer moet rechtstreeks worden gekozen, in: NRC Handelsblad, 21.05.1999, S. 7.

Deth, J.W. van/**Vis**, J.C.P.M., 1995: Regeren in Nederland. Het politieke en bestuurlijke bestel in vergelijkend perspectief, Assen.

Deth, J.W. van/**Schuszler**, P.A. (Hrsg.), 1995: Nederlandse staatkunde. Een elementaire inleiding, 3. überarb. Aufl., Bussum.

Eskes, Jan, 1996: De politieke ontbinding van de Eerste Kamer, in: Socialisme & [en] Democratie, 53. Jg., Nr. 1, S. 17-21.

Geismann, Georg, 1964: Politische Struktur und Regierungssystem in den Niederlanden, Frankfurt a.M./Bonn.

Grondwet, o.J.: Grondwet voor het Koninkrijk der Nederlanden, zoals deze laatstelijk is gewijzigd bij de wetten van 10 juli 1995, Rotterdam, Erasmus Universiteit, Faculteit der Rechtsgeleerdheid (http://www.eur.nl/frg/grondwet.htm).

Kleinfeld, Ralf, 1998: Niederlande-Lexikon, in: **Müller**, Bernd (Hrsg.), Vorbild Niederlande?, Münster (Agenda Zeitlupe; 13), S. 115-231.

Kummeling, H.R.B.M., 1992: De Nederlandse Eerste Kamer: Preadvies, Zwolle (Vereniging voor de Vergelijkende Studie van het Recht van België en Nederland).

Kummeling, H.R.B.M., 1990: De Eerste Kamer: Chambre de Révolution?, in: Nederlands Juristenblad, 65. Jg., H. 7, S. 261-268.

Leijenaar, Monique/**Niemöller**, Kees, 1999: Niederlande: Politische Karrieren zwischen Parteienzugriff und neuen Unsicherheiten, in: Politik als Beruf. Die politische Klasse in westlichen Demokratien, Opladen, S. 349-371.

Lepszy, Norbert, 1997: Das politische System der Niederlande, in: **Ismayr**, Wolfgang (Hrsg.), Die politischen Systeme Westeuropas, Opladen, S. 321-345.

Lijphart, Arend, 1984: Democracies. Patterns of Majoritarian and Consensus Government in Twenty-One Countries, New Haven/London.

Loewenberg, Gerhard/**Patterson**, Samuel C., 1979: Comparing Legislatures. An Analytic Study, Boston.

Nohlen, Dieter, 1969: Niederlande, in: **Sternberger**, Dolf/**Vogel**, Bernhard (Hrsg.), Die Wahl der Parlamente und anderer Staatsorgane. Ein Handbuch, Bd. I: Europa, 2. Halbbd., Berlin, S. 857-890.

Postma, A. (Hrsg.), 1990: Aan deze zijde van het Binnenhof. Gedenkboek ter gelegenheid van het 175-jarig bestaan van de Eerste Kamer der Staten-Generaal, 's-Gravenhage.

Raalte, E. van, 1995: Het Nederlandse Parlement, 8. Aufl., P.P.T. Bovend'Eert, H.R.B.M. Kummeling (Bearb.), Deventer.

Stevens, T.M., 1999: De Eerste Kamer moet verdwijnen, NRC Webpagina's [NRC Handelsblad], 29.05.1999.

Vries, Frank de/**Rehwinkel**, Peter, 1995: De problematische positie van de Eerste Kamer, in: Socialisme & [en] Democratie, 52. Jg., Nr. 7/8, S. 355-366.

Wolters, Menno, 1978: Is de Eerste Kamer overbodig?, in: Bestuurswetenschappen, 32. Jg., Nr. 2, S. 99-107.

Zuijdwijk, J.L.W., 1999: Rol senaat bij wetgeving kan effectiever, in: NRC Webpagina's [NRC Handelsblad], 29.05.1999.

III.   Ständestaatliche Repräsentation

1. Das britische Oberhaus: Neue Effizienz für eine Ehrwürdige Institution?

Bernt Gebauer

2. Seanad Éireann – Die Zweite Kammer Irlands

Florian Braune

Bernt Gebauer

Das britische Oberhaus:
Neue Effizienz für eine ehrwürdige Institution?

„Britain's second chamber, the House of Lords, is the product not of logic but of history." [Bogdanor 1997: 94]

I.   Einleitung

Das britische Oberhaus, die Zweite Kammer im parlamentarischen Regierungssystem des Vereinigten Königreichs, ist die älteste Parlamentskammer der Moderne; seine Ursprünge gehen bis ins 12. Jahrhundert zurück.[1] Als integraler Bestandteil des Westminsterparlaments (*Queen-in-Parliament*), dem neben der Krone als Staatsoberhaupt noch das Unterhaus (*House of Commons*) als demokratisch gewählte Parlamentskammer angehört, hat das *House of Lords* bis zum heutigen Tag seine institutionelle Existenz bewahrt. Seine verfassungsrechtliche Stellung sowie die realen politischen Einflußmöglichkeiten im Regierungssystem Großbritanniens haben sich allerdings durch den das Königreich kennzeichnenden vorwiegend evolutionären Verfassungswandel von Grund auf verändert. So wurde das Oberhaus bei der Unterscheidung zwischen effizienten (*efficient*) und ehrwürdigen (*dignified*) Institutionen des britischen Regierungssystems, die der englische Verfassungskenner Walter Bagehot vornahm, schon Mitte des 19. Jahrhunderts zusammen mit der Monarchie als von eher symbolischer Relevanz denn als politisch bedeutsamer Faktor eingestuft [Bagehot 1983: 18]. Der Ursprung dieser ungleichen Machtbalance liegt in der spätestens mit den Wahlrechtsreformen des 19. Jahrhunderts immer fragwürdiger gewordenen Legitimationsbasis der nichtgewählten Mitglieder der Zweiten Kammer, von denen auch 1998 noch etwa 59 Prozent dem Erbadel angehörten. Trotz der inzwischen rechtlich und politisch anerkannten Vorherrschaft des gewählten Unterhauses stellt dieses anachronistische Phänomen auch den Kern jeglicher Kritik am Oberhaus dar, dessen effektive Wahrnehmung der noch verbliebenen konstitutionellen Funktionen durch diesen ‚Defekt' als unterminiert gelten muß.

Als Konsequenz der Machtübernahme der Labourpartei unter Tony Blair im Mai 1997 steht das britische Oberhaus am Ende des Jahrhunderts als Teil einer umfassenden Reform der Verfassungsstruktur Großbritanniens auf dem Prüfstand. Erfolglose Versuche verschiedener Parteien, das Oberhaus in eine auch der Zusammensetzung nach „moderne" Zweite Kammer umzuwandeln, haben schon Tradition im britischen Staat[2]; die entschlossene Vorgehensweise der Regierung Blair läßt vor dem Hintergrund der derzeitigen Mehrheitsverhältnisse im Unterhaus sowie der schon erfolgten Umsetzung einzelner Verfassungsänderungen[3] auf eine diesmal wirksamere Reform schließen. Für einen Erfolg spricht außerdem, daß die Oberhausreform im Wahlprogramm der Labourpartei 1997 angekündigt worden war und der *Salisbury Convention* folgend somit als ausdrücklich vom Volk legitimiert gilt; dagegen steht allerdings die Erfahrung, daß parlamentsinterne Reformen wie diese angesichts des potentiellen Verlustes von gesellschaftlichen Privilegien und politischen Einflußmöglichkeiten als

---

[1] Ein Gründungsdokument liegt nicht vor: „The House of Lords like the monarchy and other institutions gradually evolved. No authoritative document ever defined its role, though commentators propounded various doctrines to explain and justify the pattern of relationships which existed." [Shell 1992: 8]

[2] Einen Überblick über die vielfältigen Versuche, das Oberhaus zu reformieren, liefert eine vom Parlament herausgegebene Broschüre: *Reform and Proposals for Reform since 1900*, die auf der Homepage www.parliament.uk erhältlich ist.

[3] Als bislang erfolgreich verabschiedete Reformprojekte können vor allem die Aufnahme der Europäischen Menschenrechtskonvention in das britische Recht sowie die Einrichtung der Regionalparlamente in Schottland und Wales angesehen werden.

grundsätzlich schwierig und durch Verzögerungstaktiken seitens der betroffenen Parlamentarier belastet einzustufen sind. Auch fehlt ein dem britischen Verfassungsgefüge überzeugend angepaßtes Gesamtkonzept, das nicht nur die zukünftige Zusammensetzung, sondern auch die Funktionen umfaßt.

II.   Historische Entwicklung und verfassungsrechtliche Stellung

1.   Entstehung und Entwicklung des britischen Zweikammersystems

Der sogenannte Große Rat des Königs (*curia regis*), der als Vorläufer des Oberhauses gilt, setzte sich aus Vertretern des Adels und der Kirche zusammen, deren Hauptaufgabe es war, dem Monarchen beratend zur Seite zu stehen und seine Politik dem Volk zu vermitteln. Ab wann von einem „Parlament" gesprochen werden kann, ist schwer festzustellen, da die Geschichtsschreibung oft nicht zwischen Parlament und *curia regis* unterscheidet. Entscheidend ist jedoch die spätestens Ende des 14. Jahrhunderts vollzogene Trennung des englischen Parlaments in das *House of Lords* und das *House of Commons*, das nunmehr als *King's Parliament* bezeichnet wurde. Dabei repräsentierten die Lords als Vertreter des hohen Adels (*aristocracy*) und der hohen Geistlichkeit vor allem sich selbst, derweil sich der niedere Adel (*gentry*), dessen originäre Aufgabe zunächst ausschließlich die Steuerbewilligung war, von Gesandten der Städte und Grafschaften zu dem eigentlichen Vertreter des Volksinteresses gegenüber dem König entwickelte.

Während der Herrschaft der Tudors (1485-1603) entstand die klassische Theorie der englischen Verfassung: *King-in-Parliament*, die in Anlehnung an Aristoteles' Ideal einer Mischverfassung das monarchische Element (König/Königin) mit dem aristokratischen (Oberhaus) und dem demokratischen Element (Unterhaus) verband [Shell 1992: 7-8]. Der Monarch unterstand seitdem als Teil der Legislative dem Supremat des Parlamentsrechts (*statute law*). Die diese Verfassungstheorie hervorbringende praktische Notwendigkeit ergab sich durch die Reformationspolitik Heinrich VIII. (1491-1547), der, um seinen revolutionären Plänen Autorität zu verleihen, keine andere Wahl hatte, als die Parlamentskammern an seinen Entscheidungen mitwirken zu lassen [Kluxen 1983: 46].

Obwohl das Unterhaus schon frühzeitig das Recht begründet hatte, die Ausgabenpolitik des Königs zu kontrollieren, setzte sich die Vormachtstellung des Oberhauses durch eine extensive Patronagepolitik bis ins 19. Jahrhundert fort; lange Zeit diente der Hochadel als *power broker* zwischen der Regierung und niederem Adel [Schröder 1998: 30].

Erst mit dem Reformgesetz 1832, das eine Ausweitung der wahlberechtigten Bevölkerung von etwa 220 000 auf mehr als 500 000 Bürger festschrieb [Kluxen 1983: 122], setzte sich das Parlament als „eigentlicher Ort des gesellschaftlichen Interessenausgleichs und als letztendliche Entscheidungsinstanz" endgültig gegen die Krone durch [Sturm 1996: 2]. Gleichzeitig entfiel die Praxis, „daß der König eine ihm nicht genehme Bill im Oberhaus ‚killen' ließ. Wie das Veto des Königs seit 1707 nicht mehr praktiziert worden war, verschwand jetzt endgültig dieses zweite, indirekte Veto." [Kluxen 1983: 124] Der Widerstand des Oberhauses gegen das Reformgesetz wurde erst mit der Drohung des Königs gebrochen, so viele neue Mitglieder zu ernennen, bis eine zustimmende Mehrheit gegeben war (Peerschub). Das Unterhaus setzte sich somit gegen das Oberhaus durch, da dieses nunmehr nur einen Bruchteil der wahlberechtigten Bevölkerung repräsentierte und somit seine demokratische Legitimation als Parlamentskammer verlor; wie auch John Stuart Mill 1863 in seinen *Betrachtungen über die repräsentative Demokratie* feststellt:

> „Eine Versammlung, die sich nicht auf eine reale gesellschaftliche Kraft stützen kann, ist einflußlos gegenüber jener, bei der dies der Fall ist. Eine aristokratische Kammer ist nur in einer aristokratischen Gesellschaft mächtig. [...]

Ich glaube nicht, daß das Oberhaus in einer wirklich demokratischen Gesellschaft als Korrektiv des demokratischen Elements noch irgendeinen praktischen Wert hätte." [Mill 1971: 203][4]

Aus der vormals Ersten Kammer wurde eine Zweite, nachgeordnete Kammer, deren Berechtigung auch verfassungstheoretisch angezweifelt werden konnte:

> „With a perfect Lower House it is certain that an Upper House would be scarcely of any value. If we had an ideal House of Commons perfectly representing the nation, always moderate, never passionate, abounding in men of leisure, never omitting the slow and steady forms necessary for good consideration, it is certain that we should not need a higher chamber." [Bagehot 1983: 133-134]

Allen Abschaffungsvorschlägen zum Trotz blieb die ‚stabilisierende' Triade Monarch-Oberhaus-Unterhaus bis zum heutigen Tag erhalten[5]; die politischen Machtverhältnisse veränderten sich jedoch stetig zuungunsten der nicht demokratisch legitimierten, adligen Komponenten.

2. Das Oberhaus im 20. Jahrhundert

Mit der Verfassungskrise 1910 setzte das Unterhaus endgültig seine Vormachtstellung durch. Der nach dem Wahlsieg der liberalen Regierung Asquith amtierende Schatzkanzler Lloyd George hatte 1909 einen Haushaltsplan vorgelegt, der eine deutlich stärkere Beteiligung der vermögenden Bevölkerungsschicht an den Kosten für die staatliche Sozial- und Verteidigungspolitik vorsah [Schröder 1998: 44]. Diese Reformmaßnahmen stießen auf starken Widerstand im konservativ geprägten Oberhaus, das *People's Budget* wurde als ganzes abgelehnt.[6] Dieser nach Ansicht des Premierministers Asquith nicht verfassungsgemäße Eingriff des Oberhauses in die Haushaltshoheit des Unterhauses führte im Januar 1910 zu Neuwahlen. Die finanzpolitische Auseinandersetzung hatte sich inzwischen zu einer grundsätzlichen, verfassungspolitischen Diskussion um die Kompetenzen der Zweiten Kammer bezüglich der Finanzgesetze (*money bills*) entwickelt. Sowohl König Edward VII. (1901-1910) als auch dessen Nachfolger George V. (1910-1936) standen dabei der Schaffung neuer liberaler Peers, die die Mehrheitsverhältnisse im Oberhaus zugunsten der Regierungs-

---

[4] Die industrielle Revolution hatte zwar Landbesitz als Quelle des Reichtums durch Industrie ersetzt, aber Regierung und Parlament verloren trotzdem nur langsam ihren adligen Charakter. Noch 1864 schrieb der damalige Premierminister Palmerston: „Nach unseren gesellschaftlichen Gewohnheiten und unserer politischen Organisation ist der Besitz von Land direkt oder indirekt die Quelle von politischem Einfluß und politischer Macht." [zit. nach Schröder 1998: 42]

[5] „[The] peculiar excellence of the British Constitution lies in a balanced union of three powers. It is said that the monarchical element, the aristocratic element, and the democratic element, have each a share in the supreme sovereignty, and that the assent of all three is necessary to the action of that sovereignty." [Bogdanor 1983: 60]

[6] Die Reaktionen der konservativen Peers auf den Haushaltsentwurf lassen den Reformwillen der liberalen Regierung nachvollziehbar erscheinen: „It means the beginning of the end of all rights of property, said Sir Edward Carson. It is a monument of reckless and improvident finance," said Lord Lansdowne (leader of the Conservative peers). It is inquisitorial, tyrannical and socialistic, said Lord Roseberry." [Loveland 1996: 200]

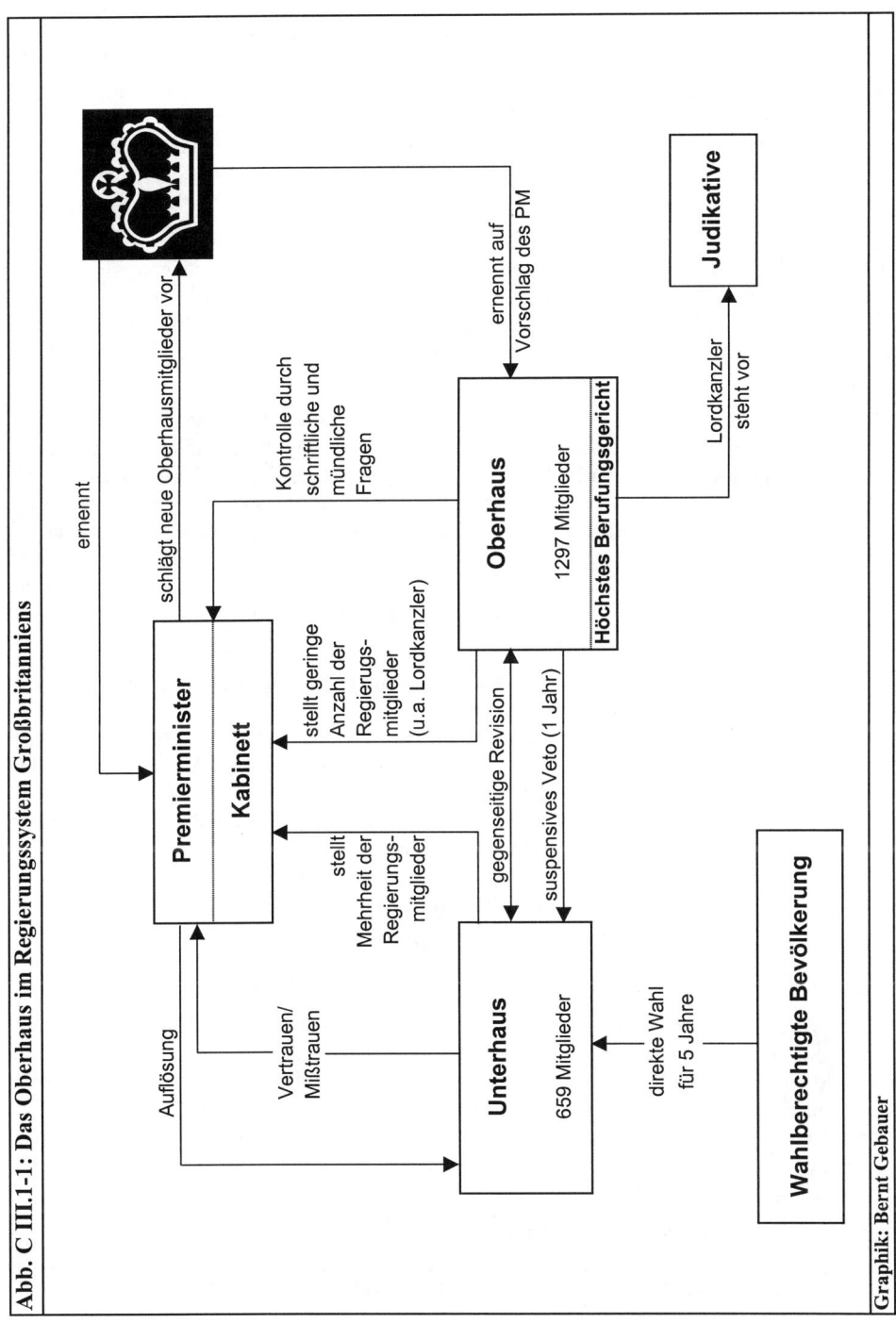

Abb. C III.1-1: Das Oberhaus im Regierungssystem Großbritanniens

Graphik: Bernt Gebauer

partei verändert hätten, skeptisch gegenüber. Als auch eine Einigung zwischen Ober- und Unterhaus nicht zustande kam, rief Asquith für Dezember 1910 erneut Neuwahlen aus. Im Wahlkampf wurde ausschließlich die Reform des Oberhauses thematisiert. Die Liberalen gewannen wiederum die Mehrheit, so daß die Krone nun die Möglichkeit eines Peerschubs einräumte. Da die Lords somit eine Entwertung der Peerswürde an sich zu befürchten hatten, stimmten sie nun ihrer eigenen Entmachtung durch das Parlamentsgesetz 1911 zu. Sie verloren jegliche Kompetenz für die Finanzgesetzgebung, und ihr Veto bezüglich der weiteren Gesetzgebung wurde auf zwei Jahre verkürzt. Das Parlamentgesetz von 1911 gilt in der britischen Verfassungsgeschichte als „Markstein auf dem Weg zur Demokratie" [Schröder 1998: 44]. 1949 verkürzte die Labour-Nachkriegsregierung unter Attlee das suspensive Vetos auf ein Jahr.

Durch den *Life Peerage Act* wurde es ab 1958 möglich, die Peerswürde auf Lebenszeit zu verleihen. Diese Regelung galt erstmals auch für Frauen. Durch die neue Zusammensetzung des Oberhauses wurde auch dessen Arbeit nachhaltig beeinflußt, da es vor allem ausgewählte Persönlichkeiten des öffentlichen Lebens waren, denen diese Ehre zuteil wurde. Gleichzeitig konnten sich Peers nun dauerhaft von ihrer Anwesenheit im Oberhaus ‚beurlauben' lassen (*leave of absence*).

Seit dem *Peerage Act 1963* konnte auf die Annahme der erblichen Peerswürde verzichtet werden.[7] Ausgangspunkt dieser Reform war der Fall Anthony Benn, eines erfolgreichen Abgeordneten der Labourpartei, der 1960 mit dem Tod seines Vaters Viscount Stansgate automatisch Mitglied des Oberhauses wurde und somit seinen Sitz im Unterhaus verlor [Wells 1997: 237-238]. Da politische Karriere ausschließlich im Unterhaus gemacht werden konnte, setzte der neue Lord Stansgate alles daran, auf den unfreiwillig geerbten Titel verzichten zu können; mit der neuen Gesetzgebung konnte er ab 1963 seinen Wahlkreis wieder vertreten. Weiterhin wurde festgeschrieben, daß auch Frauen den ihnen zustehenden erblichen Sitz im Oberhaus einnehmen können.

Als Teil des politischen Systems Großbritanniens spielte das Oberhaus im 20. Jahrhundert über weite Strecken eine Nebenrolle; in den 1950er Jahren lief es Gefahr, vollends in Vergessenheit zu geraten. Vor allem das reformierte Mitgliederpotential führte jedoch seit den 1960er Jahren zu einem neuen Selbstverständnis und Arbeitsethos in den Lords, so daß Shell 1992 konstatieren konnte: „More recently, from being an ill-attended body sustained by the enthusiasm of a few amateur, part-time or retired politicians, it has become a much better attended and a partly professional House." [Shell 1992: 28]

III. Zusammensetzung

1. Unterschiedliche Peerswürden

„The House of Lords is perpetual and it is non-elective." [Bogdanor 1995: 59]

Das *House of Lords* konstituiert sich nicht durch Wahlen. Die Mitglieder werden entweder auf Vorschlag des Premierministers von der Königin ernannt oder erben die Peerswürde von einem Vorfahren. Sie repräsentieren ausschließlich sich selbst.[8] Das britische Oberhaus hat derzeit ein Potential von 1297 Mitgliedern.[9] Davon besteht die Mehrheit aus den 759 erblichen Peers, was einem Anteil von rund 59 Prozent entspricht. Die Anzahl der *Peerages* auf Lebenszeit beträgt 484 (37 Prozent). Weiterhin nehmen 26 Erzbischöfe und

---

[7] Der Titel bleibt potentiellen Nachfahren trotzdem als erbliche Peerswürde erhalten.

[8] Sturm weist darauf hin, daß das Oberhaus vor allem in den Bereichen Engagement zeigt, in denen Eigeninteressen der Mitglieder berührt sind (u.a. Jagd, Landwirtschaft) [Sturm 1997: 273].

[9] Alle Zahlen: Stand 1. Dezember 1998.

Bischöfe einen Sitz ein sowie 28 Lordrichter (*Law Lords*). Eingeschlossen sind dabei diejenigen, die keinen *Writs of Summons* besitzen, da sie keinen beantragt haben (68), und diejenigen, die dauerhaft beurlaubt sind (63). Das ergibt eine Anzahl von 1166 Peers, die berechtigt sind, ihren Sitz im Oberhaus einzunehmen. Als sogenannte Geistliche Peers (*Lords Spiritual*) entstammen die Bischöfe ausschließlich der englischen Staatskirche. Die Erzbischöfe von Canterbury und York, die Bischöfe von Durham, London und Winchester sowie 21 weitere Bischöfe erhalten dabei ex officio einen Sitz im Oberhaus. Bei den erblichen Peerswürden (*Lords Temporal*) wird zwischen den *Hereditary Peers of First Creation* und den *Hereditary Peers by Succession* unterschieden. Während ersteren der Adelstitel erstmalig verliehen wurde, haben letztere den Titel von ihren Vorfahren geerbt. Mit dem Titel ist jeweils das Recht verbunden, einen Sitz im Oberhaus einzunehmen. Seit 1963 dürfen auch weibliche Titelträgerinnen von diesem Recht Gebrauch machen. Der älteste Titel ist der des Lord de Ros, welcher 1264 erstmalig verliehen wurde. Unter Margaret Thatcher wurde 1984 die wahrscheinlich insgesamt letzte erbliche Peerswürde an einen ihrer Amtsvorgänger, Harold Macmillan, verliehen, der als Earl of Stockton bis zu seinem Tod 1986 dem Oberhaus angehörte. Mehrere Mitglieder der königlichen Familie gehören dem Oberhaus an (*Royal Peers*), u.a. der Duke of Edinburgh sowie sein Sohn Prinz Charles. Die Jungfernrede von Prinz Charles im Jahr 1974 war gleichzeitig der erste königliche Redebeitrag seit einem Jahrhundert [Shell 1992: 31].

Entscheidende Auswirkungen auf die Zusammensetzung des Oberhauses hatte der *Life Peerage Act* von 1958. Seitdem sind mehr als 800 Frauen und Männer auf Lebenszeit ins Oberhaus berufen worden. Die Verleihung der Peerswürde gilt als Anerkennung für außerordentliche Leistungen in der Politik, der Diplomatie, den Streitkräften oder auch im Staatsdienst. Etwa ein Drittel der *Life Peers* hatte vorher einen Sitz im Unterhaus inne, vor allem ehemalige Regierungsmitglieder. Aber auch herausragende Persönlichkeiten aus der Wirtschaft, den Gewerkschaften sowie der Welt der Künste werden mit einem Sitz im Oberhaus belohnt.

Formal ist es das Recht der Krone, sowohl die erbliche als auch die Peerswürde auf Lebenszeit zu verleihen. Dieser Prärogativakt gilt zwar nach wie vor als die Quelle der Ehre und Würde, de facto ist es jedoch der amtierende Premierminister, der über die Auswahl entscheidet [Tab. C III.1-1]. Einer Konvention folgend werden bei der sogenannten *Honours List* auch Vorschläge der anderen im Unterhaus vertretenen Parteien berücksichtigt.

Tab. C III.1-1: Vergabe von Peerswürden in Großbritannien nach Premierministern von 1970 - November 1998					
Premier	Erblich	Lebenszeit	Lordrichter	Gesamt	Pro Jahr
Heath (1970-74)	-	45	3	48	12
Wilson (1974-76)	-	80	3	83	38
Callaghan (1976-79)	-	58	2	60	19
Thatcher (1979-90)	4	201	11	216	18
Major (1990-97)	-	160	11	171	25
Blair (seit 1997)	-	101	4	105	67
Quelle: House of Commons Library 1998: 20.					

Die Lordrichter werden auf Lebenszeit ins Oberhaus berufen: „Die Stellung als Law Lord ist eine der höchsten Auszeichnungen, die dem britischen Juristenstand zur Verfügung stehen." [Loewenstein 1965: 250] Im Gegensatz zu den weiteren aktiven Mitgliedern des Oberhauses handelt es sich bei dem Amt des Lordrichters um eine bezahlte Tätigkeit. Die Lordrichter gehören dabei dem als oberstes Berufungsgericht agierenden Rechtsausschuß des Oberhauses an.

2. Parteienzugehörigkeit

Der Hauptteil der Peers wird mit 41 Prozent der konservativen Partei zugeordnet. Die Labourpartei kommt auf nur 15 Prozent, die Liberalen stellen 6 Prozent der Mitglieder. Ein relativ großes Gewicht im Oberhaus kommt den Unabhängigen (*Cross Bencher*) zu, deren Anteil 28 Prozent beträgt. Weitere Parteien stellen zusammen etwa 10 Prozent der Lords. Die Dominanz der Konservativen ergibt sich vorwiegend aus ihren erblichen Peers. Während bei der Labourpartei der Anteil der erblichen Peers nur bei circa 10 Prozent liegt, und bei den Liberalen bei ungefähr 35 Prozent, liegt er bei den Konservativen bei über zwei Dritteln. Abstimmungsniederlagen bei Gesetzesvorlagen konservativer Regierungen sind dadurch nicht ausgeschlossen; die Abneigung der Labour-Partei gegenüber der ‚eingebauten' konservativen Mehrheit ist dennoch leicht nachvollziehbar.

Der Einfluß der Parteien ist auch im Oberhaus präsent, wenn auch weniger stark als im Unterhaus. Ihnen kommt bei der Durchführung der Parlamentsarbeit eine wichtige Funktion zu; Posten wie z.B. die der Fraktionsführer (*Whips*) oder der Parteisprecher (*Front Bench Spokesperson*) werden von der Regierung bzw. Opposition im Unterhaus besetzt. Die Bedeutung der Parteizugehörigkeit relativiert sich allerdings durch die konstante Vorherrschaft der Konservativen. Bei einer ausgeglicheneren Sitzverteilung wäre mit einem höheren Wettbewerb zwischen den Fraktionen zu rechnen. Die persönliche Unabhängigkeit der Lords ergibt sich durch ihren zumindest auf Lebenszeit gesicherten Sitz – Sanktionen seitens der *Whips* sind wenig effektiv; die Anwesenheit einer deutlichen Anzahl von parteipolitisch unabhängigen Mitgliedern wirkt ebenfalls prägend auf die Arbeit und das Selbstverständnis der Zweiten Kammer.

Das fehlende repräsentative Element im Oberhaus führt auch zu einer ungewöhnlich niedrigen Frauenquote und einer ebenso ungewöhnlichen Altersstruktur. Der Anteil von Frauen beträgt rund 8 Prozent (103). Die meisten davon (87) besitzen die Peerswürde auf Lebenszeit und nur 16 die erbliche. Bischöfe und Lordrichter sind derzeit ausschließlich Männer. Weiterhin sind 54 Prozent der Peers älter als 65 Jahre und 24 Prozent älter als 75 Jahre. Dies führt zu einem Altersdurchschnitt der zu einem Sitz berechtigten Peers von 65 Jahren, wobei der Durchschnitt bei den erblichen Peers um sieben Jahre unter dem der Peers auf Lebenszeit liegt.

Die z.T. anachronistische Art der Mitgliederrekrutierung wirft die Frage nach der Motivation und dem Grad der Aktivität der Peers auf. Oberhausmitglieder verfügen auch über keine festen Diäten, sondern ihre Anwesenheit wird lediglich durch ein Sitzungsgeld sowie eine Aufwandsentschädigung vergütet. Anhand der Tabelle [C III.1-2], wird nachvollziehbar, wie oft die verschiedenen Mitglieder des Oberhauses im Parlament anwesend waren. Neben einer Analyse der Anwesenheit ergibt auch die Frage nach der Anzahl der Redebeiträge ein Bild über das tatsächliche politische Engagement der Peers [Shell 1992: 51]. Baldwin spricht in diesem Zusammenhang von der möglichen Unterscheidung zwischen einem „Working House" und einem „Voting House" [Baldwin 1993: 45].

Tab. C III.1-2: Anwesenheit im britischen Oberhaus nach Peerswürde				
Art der Peerswürde	Anzahl der Peers	Mindestens einmal	Mindestens 1/3 der Sitzungen	Mindestens 2/3 der Sitzungen
Verliehene Peerswürde	427	380	240	151
Erbliche Peerswürde	632	449	214	135
Bischöfe/ Erzbischöfe	28	26	3	0
Gesamt	1087	855	457	286
Quelle: House of Commons Library 1998: 12.				

IV.   Arbeitsweise und Geschäftsordnung

Formal entsprechen die parlamentarische Arbeitsweise und die Organisation des Oberhauses in weiten Teilen denen des Unterhauses. Dies gilt vor allem für die einzelnen Schritte der Gesetzgebung. Auch wird in beiden Kammern viel Wert auf die Kontrolle der Regierung durch mündliche Fragen gelegt [Shell 1992: 99]. In der Parlamentspraxis zeigen sich jedoch prägnante Unterschiede im Stil und im Selbstverständnis der Debatten sowie in der weiteren Funktionswahrnehmung.

Vor allem in der Amtsführung des Parlamentspräsidenten (*Speaker*) verdeutlicht sich die liberale Handhabung bzw. Regelung der parlamentsinternen Verfahren und Prozeduren im Oberhaus. Der Posten des *Speaker of the House of Lords* fällt traditionell dem jeweiligen Lordkanzler zu, einem hochrangigen Regierungsmitglied. Als Lordkanzler steht er ex officio als ranghöchster Richter und Vorsitzender des Berufungsausschusses des Oberhauses und des Rechtsausschusses des *Privy Council* sowie als Präsident des *Supreme Court of England and Wales* (*Court of Appeal, High Court, Crown Court*) dem Gerichtswesen vor. In seiner Funktion als *Speaker* sitzt er ‚außerhalb‘ des Oberhauses auf dem sogenannten Wollsack[10], kann aber im Gegensatz zum Präsidenten im Unterhaus an den Abstimmungen teilnehmen, da angesichts seiner Position als Regierungsvertreter von ihm keine Überparteilichkeit erwartet wird. Da Ordnungsfragen von den Lords selbst entschieden werden, findet eine Kontrolle der Debatten durch den *Speaker* nicht statt.[11] Vielmehr obliegt es ihm, das Oberhaus in besonderen Situationen einzuberufen, wie z.B. beim Ausbruch des Falkland-Krieges im Frühjahr 1982.

Die Geschäftsordnung des Oberhauses beruht also in hohem Maße auf Konventionen, die z.B. eine strenge Einteilung der parlamentarischen Zeit unnötig machen. Bei Verfahrensfragen (*matters of procedure*) wird der Führer des Oberhauses (*Leader of the House*), ein

---

[10] Der Wollsack ist ein riesiges purpurrotes Kissen, das mit Wolle aus England, Wales, Schottland, Nordirland und den Commonwealth-Staaten gefüllt ist. Der Ursprung der Wollsäcke im Oberhaus ist nicht klar – vielleicht sollten sie die Lords an die große Bedeutung des Rohstoffhandels für England erinnern. Sie erscheinen erstmals auf einem Gemälde, daß die Parlamentseröffnung durch Heinrich VIII. im Jahre 1523 in Blackfriars zeigt. Ein von Heinrich VIII. erlassenes Gesetz sagte u.a. aus, daß wenn der Lordkanzler, der Schatzmeister oder der *Lord Privy Seal* unterhalb des Ranges eines Barons wären, „[they were] to sitt and be placed at the uppermost parte of the Sakkes in the middes of the Parliament Chamber" [Persönliche Auskunft des *House of Lords Information Office*].

[11]Der Stil der Debatten entspricht sowohl der traditionellen Würde als auch dem mangelnden Einfluß der Zweiten Kammer. Lord Ampthill skizziert den Unterschied zwischen den Debatten im Unterhaus und denen im Oberhaus folgendermaßen: „They waste a tremendous amount of time at the Other End [Unterhaus] shouting at each other. We waste time being polite, thanking each other for our great kindness in spelling out opinions we disagree with, and so forth." [zit. nach Wells 1997: 145-146]

Regierungsmitglied, um Rat gefragt. Als vom Premierminister ernannter Berufspolitiker stellt der *Leader of the House* das Bindeglied zwischen Regierung und Oberhaus dar. Interessen-konflikte sind dabei nicht ausgeschlossen. Neben dem *Speaker* und dem *Leader of the House* gibt es mit dem Vorsitzenden der Ausschüsse (*Lord Chairman of Committees*) einen weiteren bedeutenden Posten, der die Arbeit im Oberhaus prägt. Der Lord Chairman ist ex officio Vorsitzender aller Ausschüsse; in der Ausschußphase der Gesetzgebung übernimmt er den Vorsitz [Shell 1992: 114]. Er wird vom ganzen Haus gewählt und muß sodann dem Gebot der Überparteilichkeit Folge leisten.

Die Regierung ist auf Kabinettsrang mit dem Lordkanzler und dem Führer des Oberhauses vertreten. Zusätzlich gehören etwa 25 weitere Minister der Zweiten Kammer an, die die jeweiligen Ministerien bzw. unterschiedlichen Regierungsaktivitäten abdecken. Eine der dominanten Präsenz im Unterhaus ähnliche Repräsentation ist nicht gegeben. Allerdings kommt den *Front Bencher* auch im Oberhaus die Aufgabe zu, Gesetzesentwürfe im Sinne ihrer Partei sicher durch den parlamentarischen Prozeß zu steuern [Cowley/Melhuish 1997].

Die Arbeit des Oberhauses findet stärker als im Unterhaus im Plenum statt. Der Sitzungssaal [Abb. C III.1-2] wurde im Gegensatz zu dem des Unterhauses während des Zweiten Weltkrieges nicht zerstört und stammt in seiner jetzigen Form aus dem Jahr 1847. Prunkvolle Ausstattung verbindet sich dabei mit einer funktionalen Sitzanordnung: Der Thronbereich, der sowohl die Thronstufen als auch den Wollsack umfaßt, gilt als ‚außerhalb‘ des Hauses. Diese räumliche Trennung markiert die institutionelle Trennung von Monarch und Parlamentskammer. Wenn der Lordkanzler in seiner Funktion als Regierungsmitglied zum Oberhaus sprechen will, muß er sich durch einige Schritte vorwärts in den Parlaments-raum hineinbegeben. Tagt das Haus als Ausschuß, setzt er seine Perücke ab und nimmt auf der Regierungsbank Platz [Shell 1992: 100-102]. Tagt das Haus als Gerichtssaal, in dem die von den Lordrichtern gefällten Urteile verkündet werden, stellt der *Bar of the House* die Anklagebank dar. Das direkte Gegenüber von Regierung und Opposition korrespondiert mit der Sitzanordnung im Unterhaus. In den Blickpunkt des öffentlichen Interesses kommt der Sitzungssaal vor allem bei der jährlichen Parlamentseröffnung. Als Staatsoberhaupt verliest die Königin dann die von ihrer Regierung verfaßte Thronrede (*Queen's Speech*), in der die Vorhaben für das nächste Jahr vorgestellt werden; das Zusammenspiel von ehrwürdigen und effizienten Komponenten der britischen Verfassung wird nur hier in dieser Deutlichkeit präsent.

Abb. C III.1-2: Sitzungssaal des *House of Lords*

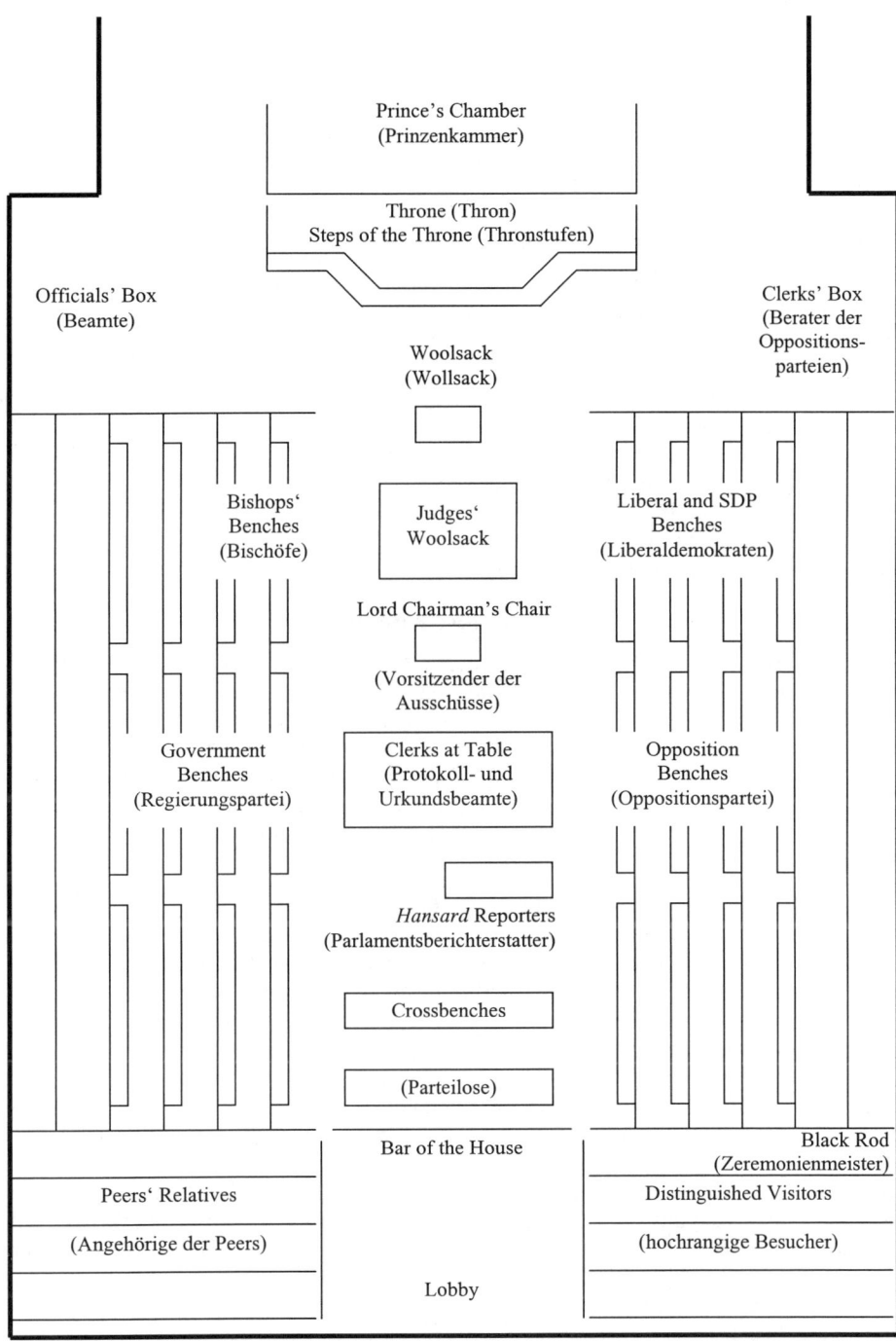

Prince's Chamber
(Prinzenkammer)

Throne (Thron)
Steps of the Throne (Thronstufen)

Officials' Box
(Beamte)

Clerks' Box
(Berater der
Oppositions-
parteien)

Woolsack
(Wollsack)

Bishops'
Benches
(Bischöfe)

Judges'
Woolsack

Liberal and SDP
Benches
(Liberaldemokraten)

Lord Chairman's Chair

(Vorsitzender der
Ausschüsse)

Government
Benches
(Regierungspartei)

Clerks at Table
(Protokoll- und
Urkundsbeamte)

Opposition
Benches
(Oppositionspartei)

Hansard Reporters
(Parlamentsberichterstatter)

Crossbenches

(Parteilose)

Bar of the House

Black Rod
(Zeremonienmeister)

Peers' Relatives

Distinguished Visitors

(Angehörige der Peers)

(hochrangige Besucher)

Lobby

nach: Shell 1992: 101 (Übersetzung des Autors).

V.   Das Oberhaus im politischen System Großbritanniens

Angesichts der umstrittenen Legitimationsgrundlage des Oberhauses besteht eine Divergenz zwischen den ihm theoretisch zustehenden politischen Einflußmöglichkeiten und deren tatsächlicher Anwendung, vor allem bei der Mitwirkung im Gesetzgebungsprozeß. Die fortbestehende Existenz des Oberhauses steht unter einem Rechtfertigungszwang: „Wenn die Legitimationsbeschaffung über die Verkörperung unangefochtener Repräsentationsprinzipien prekär ist, bleibt nur, sie durch überzeugende Funktionsargumente zu erreichen." [Schüttemeyer/Sturm 1992: 519] Ist die in vieler Hinsicht erfolgreiche und inhaltlich wertvolle Arbeit des *House of Lords* anerkannt genug, um einen Schutz gegen Kritik und Abschaffungsbestrebungen darzustellen?

Da Großbritannien keinen kodifizierten Verfassungstext besitzt, können die gegenwärtigen Funktionen des Oberhauses im politischen System als Ergebnis der traditionellen Verfassungspraxis angesehen werden, bei der sich die Institutionen an die veränderten gesellschaftlichen und politischen Rahmenbedingungen anpassen. Neben einer auf Konventionen beruhenden Selbstdisziplinierung der Zweiten Kammer ist das Zusammenwirken beider Parlamentskammern seit 1911 durch die Parlamentsgesetze auch verfassungsrechtlich abgesichert. Die Entscheidungskompetenz liegt spätestens seitdem ausschließlich bei der Regierungspartei im Unterhaus. Eine Definition der Funktionen des Oberhauses unterliegt damit verschiedensten Interpretationen: „The second chamber is variously defined as a constitutional protector, legislative reviser, and a source of independent counsel and expertise." [The Constitution Unit 1996: 4]

1.   Legislative Funktionen

Der insgesamt bedeutendste Aufgabenbereich des *House of Lords* ist die Mitwirkung am Gesetzgebungsprozeß. Das Oberhaus arbeitet dabei vorwiegend als Prüfungs- und Verabschiedungsinstanz; die Gesetzesvorhaben entstammen fast ausschließlich entweder dem Kabinett, den Ministerien (*Whitehall*) oder dem Unterhaus [Shell 1992: 243]. Entsprechend wird auch der Hauptteil der Sitzungszeit für die Diskussion von Gesetzesentwürfen verwendet. In der Praxis übt das Oberhaus somit seine Legislativfunktion hauptsächlich durch eine detaillierte Überprüfung und Überarbeitung von Gesetzesentwürfen aus, die ihm vom Unterhaus zugeleitet werden.

Grundsätzlich können Gesetzesentwürfe (*Bills*) allerdings sowohl im Oberhaus als auch im Unterhaus eingebracht werden und müssen von beiden Häusern verabschiedet worden sein, bevor sie durch die Königliche Zustimmung (*Royal Assent*) Gesetz (*Acts*) werden.[12] Die Stadien, die ein Gesetzesentwurf im Oberhaus durchlaufen muß, entsprechen dabei formal denen des Unterhauses: Formelle erste Lesung (*First Reading*), umfassende Debatte in der zweiten Lesung (*Second Reading*), detaillierte Prüfung der Änderungsanträge in der Ausschußphase (*Committee Stage*) und nach der Berichterstattung (*Report Stage*) die dritte Lesung (*Third Reading*), in der weitere Beratung und gegebenenfalls die Zustimmung erfolgt. Dennoch unterscheidet sich die Behandlung der Gesetzesentwürfe im Oberhaus prozedural und inhaltlich deutlich von der im Unterhaus, da das flexiblere und weniger eingeschränkte parlamentarische Verfahren im *House of Lords* überlebt hat – im Gegensatz zu dessen Niedergang im parteipolitisch geprägten und den Briten direkt verantwortlichen Unterhaus des späten 19. Jahrhunderts [Silk/Walters 1998: 137]. So werden Gesetzesentwürfe in der

---

[12] Werden die Änderungsvorschläge der einen Kammer von der anderen Kammer nicht akzeptiert, kann es zu einem langwierigen Austausch von Positionen und erneuten Änderungsvorschlägen kommen, der theoretisch endlos andauert und dem Gesetzesvorhaben gegebenenfalls zum Opfer fallen. Diese Regelung gilt nicht für alle Gesetzestypen, wie im Folgenden gezeigt wird [Silk/Walters 1998: 142-144].

Ausschußphase fast immer vom gesamten Haus beraten (*Committee of the Whole House*), und die zu diskutierenden Änderungsvorschläge sind keinem Selektionsprozeß unterworfen. Während der Ausschußphase sind den Debatten im Oberhaus keine zeitlichen Limits gesetzt, wie dies im Unterhaus der Fall ist (*guillotine motion*). *Filibustering* ist eher unüblich, da die auf Konventionen beruhenden, repressionsfreien Umgangsformen einem fortgesetzten Mißbrauch nicht standhalten könnten. Beratungen finden im Gegensatz beispielsweise zum US-Kongreß so gut wie nie in beiden Kammern gleichzeitig statt. Die Gesetzesentwürfe der Regierung besitzen formal keinen Vorrang vor den Entwürfen anderer Peers. Tatsächlich wird den Regierungsangelegenheiten jedoch Vorrang eingeräumt; die Möglichkeit aber, mit den sogenannten *private members' bills* gesetzgeberische Eigeninitiativen zu entwickeln, sind deutlich besser als im Unterhaus [Shell/Beamish 1993: 166-190].

Der Einfluß des Oberhauses auf die Gesetzgebung wird durch die Parlamentsgesetze von 1911 bzw. 1949 klar eingeschränkt. Diese Verfassungsdokumente regeln den Ablauf des Gesetzgebungsprozesses für den Fall, daß für einen im Unterhaus eingebrachten, öffentlichen Gesetzesentwurf (*public bill*) keine Übereinstimmung zwischen den Häusern zustande kommt.[13] Dabei wird zwischen der Finanzgesetzgebung und der weiteren öffentlichen Gesetzgebung unterschieden. Identifiziert der Sprecher des Unterhauses einen Gesetzentwurf als Finanzgesetzentwurf, so hat das Oberhaus einen Monat Zeit, ihn unverändert anzunehmen, vorausgesetzt, der Entwurf wurde wenigstens einen Monat vor Ablauf der Sitzungsperiode übersandt. Geschieht dies nicht, so wird der Gesetzesentwurf auch ohne Zustimmung des Oberhauses durch die Königliche Zustimmung Gesetz. Dies ergibt für Finanzgesetze eine maximale Verzögerung von einem Monat.

Bei anderen öffentlichen Gesetzesentwürfen besitzt das Oberhaus seit 1911 ein suspensives Veto, das 1949 von zwei Jahren auf ein Jahr verkürzt wurde. Diese Regelung gestaltet sich folgendermaßen: Wenn ein öffentlicher Gesetzesentwurf (mit Ausnahme eines Gesetzentwurfes, der Vorschriften zur Ausdehnung der Höchstdauer der Legislaturperiode über mehr als fünf Jahre enthält) vom Unterhaus in zwei aufeinanderfolgenden Sitzungsperioden (sei es während derselben Legislaturperiode oder nicht) verabschiedet wird, kann dieser ohne Zustimmung des Oberhauses zur Königlichen Zustimmung vorgelegt werden. Dies geschieht unter der Voraussetzung, daß zwischen dem Zeitpunkt der – während der ersten Sitzungsperiode erfolgenden – zweiten Lesung des Gesetzesentwurfs im Unterhaus und dem Zeitpunkt der Verabschiedung durch das Unterhaus in der zweiten Sitzungsperiode (dritte Lesung) mindestens ein Jahr vergangen und der Gesetzentwurf dem Oberhaus jeweils einen Monat vor Ablauf der Sitzungsperiode übersandt worden ist.[14]

2. Deliberative Funktionen: Das Ausschußwesen

Die deliberative Arbeit des Oberhauses findet zum Teil im Plenum und zum Teil in den Ausschüssen statt. Diskussionen zu gesellschaftlichen Themen, die im Unterhaus dem Zeitdruck sowie den parteipolitischen Auseinandersetzungen zum Opfer fallen, können somit gewährleistet werden. Die Initiierung nicht kontroverser, aber technisch schwieriger Gesetzesvorhaben findet meistens zuerst im Oberhaus statt, „um von dem hohen Maß an Sachverstand für die inhaltliche und redaktionelle Gesetzesarbeit zu profitieren, das in dieser Kammer versammelt ist" [von Beyme 1974: 378-379]. Hervorzuheben sind in diesem Zusammenhang der Europaausschuß sowie der Ausschuß für Wissenschaft und Technik.

---

[13] Bei nachgeordnetem (*delegated*) und privatem Recht finden die Parlamentsgesetze keine Anwendung; ebensowenig bei im Oberhaus eingebrachten Gesetzesentwürfen.

[14] Eine deutsche Fassung von wichtigen britischen Verfassungstexten findet sich z.B. in: Mayer-Tasch, P.C., 1975: Die Verfassungen der nicht-kommunistischen Staaten Europas, München, S. 229-255, hier: S. 248-251.

Der Europaausschuß (*European Communities Committee*) wurde 1974 gegründet, ein Jahr nachdem das Vereinigte Königreich der EG beigetreten war. Seine Hauptfunktion ist es, die Vorschläge der europäischen Gesetzgebung vor der Übernahme in britisches Recht zu prüfen und die Regierung mit dem nötigen Wissen für deren Mitwirkung im europäischen Gesetzgebungsprozeß zu versorgen. Ein vom Oberhaus bezahlter Ausschußvorsitzender (*Principal Deputy Chairman of Committees*) ist für die Aktivitäten des Europaausschusses und seiner sechs Unterausschüsse verantwortlich. Dem Ausschuß gehören 24 Peers an.

Der Ausschuß für Wissenschaft und Technik (*Science and Technology Committee*) hat sich ebenfalls als angesehenes Experten-Forum bewiesen. Dieser Ausschuß konstituierte sich 1980 und überprüft die Regierungspolitik in bezug auf wissenschaftliche und technische Aspekte. Der Ausschuß zählt 15 Mitglieder – allesamt ausgesuchte Wissenschaftler – deren detaillierte und vorwiegend parteipolitisch unabhängige Berichte dem Oberhaus zur Diskussion vorgelegt werden. Der Ausschuß für Wissenschaft und Technik hat sich als einflußreicher und maßgebender Ausschuß bewährt, dem die Qualität seiner Untersuchungen zu einer „almost worldwide reputation" verhalf [Shell/ Beamish 1993: 284].

3. Judikative Funktion: Die Lordrichter

Unabhängig von seinen weiteren Funktionen agiert das Oberhaus noch als das höchste Appellationsgericht im zivilen Bereich für das Vereinigte Königreich und im strafrechtlichen Bereich für England, Wales und Nordirland.[15] Dabei fungiert nicht die gesamte Parlamentskammer als Gericht, sondern der Justizausschuß, „dem nicht irgendwelche Erbadligen angehören, sondern ausschließlich hochqualifizierte Richter, die zu diesem Zweck geadelt und ins *House of Lords* berufen werden" [Weber 1998: 188]. Dieser Ausschuß besteht aus bis zu zwölf Richtern, die auch nach Beendigung ihrer Amtszeit dem Oberhaus weiterhin angehören. Einer Konvention folgend beteiligen sie sich nicht an parteipolitischen Debatten, sondern betätigen sich eher als Experten für Rechtsfragen.[16]

Der unabhängigen Rechtssprechung wird somit nicht durch Abschaffung oder radikale Änderung der alten Strukturen (Parlament als Gerichtshof) Rechnung getragen, sondern durch eine evolutionäre Anpassung innerhalb des überkommenen Rahmens [Weber 1998: 188]. Gleiches gilt für den Lordkanzler, der judikative, exekutive und legislative Funktionen vereinigt – also mit jeglichem Konzept der Gewaltenteilung bricht – dessen Einfluß in der Praxis jedoch durch Konventionen beschränkt wird. Trotzdem wäre dieses Konzept bei funktionalen Reformen der Zweiten Kammer nicht überlebensfähig.

4. Kontrollfunktionen

Das Oberhaus kann sich durch an die Regierung gerichtete mündliche und schriftliche Fragen über die Arbeit der Exekutive informieren und diese somit überprüfen. Häufigstes Mittel sind dabei die sogenannten *Unstarred Questions*, die jeweils am Ende eines Sitzungstages vor allem den ‚Hinterbänklern' (*backbenchers*) die Möglichkeit geben, ohne Unterstützung der Parteien eine kurze Debatte zu wichtigen Regierungsangelegenheiten zu initiieren. Die mit einem Sternchen gekennzeichneten Fragen (*Starred Questions*) werden mündlich gestellt. Sie sind auf vier pro Tag begrenzt, allerdings ohne zeitliches Limit. *Starred*

---

[15] Schottland kommt im Verfassungsgefüge des Vereinigten Königreichs seit dem Unionsvertrag 1707 insofern eine hervorgehobene Stellung zu, als es ein separates Rechts- und Bildungssystem und eine eigenstände Kirche besitzt.

[16] In den Mittelpunkt des (internationalen) öffentlichen Interesses geriet das britische Oberhaus Ende 1998, als es in seiner Funktion als oberstes Berufungsgericht über ein mögliches Auslieferungsverfahren des in London festgehaltenen chilenischen Ex-Diktators Augusto Pinochet an Spanien zu entscheiden hatte.

Questions müssen mindestens 24 Stunden vorher eingebracht werden und werden jeweils zu Beginn des Sitzungstages behandelt. Es können auch schriftliche Fragen an die Regierung gestellt werden (*Questions for written answer*). Die Antwort des betroffenen Regierungsmitglieds richtet sich dann an den fragenden Lord und wird im Parlamentsbericht veröffentlicht (*Hansard*). Eher selten wird von den sogenannten *Private Notice Questions* Gebrauch gemacht. Dies sind Fragen von besonderer Wichtigkeit, die hauptsächlich dann gestellt werden, wenn das Unterhaus nicht tagt oder ein bedeutender Minister dem Oberhaus angehört.

Das Oberhaus kann weiterhin Sonderuntersuchungsausschüsse ernennen, die von Ministern und anderen Personen Beweise erheben können. Auch kommt ihm in der Prüfung des abgeleiteten Rechts (*delegated legislation*) eine wichtige Kontrollfunktion zu, da sich das Unterhaus mit den Details der Gesetzgebung z.T. nur unzureichend auseinandersetzen kann [Shell 1992: 244].

5. Beurteilung

Die Möglichkeiten des Oberhauses, seine ihm konstitutionell zustehenden Funktionen voll wahrzunehmen, müssen als hypothetisch angesehen werden. Zwar besitzt es noch das absolute Veto für den Fall, daß die Mehrheitsfraktion im Unterhaus beabsichtigen würde, eigenmächtig die Legislaturperiode zu verlängern, aber selbst diese Situation setzte eine nicht unerhebliche Verfassungskrise voraus. Es ist vielmehr die in der britischen Verfassung angelegte Notwendigkeit, daß jede Gesetzesvorlage sich einem parlamentarischen Prozeß unterwerfen muß, an dem beide Kammern beteiligt sind, was dem Oberhaus seine konstitutionelle Bedeutung sichert. Für den Fall, daß die Zweite Kammer ihre Zustimmung versagt, tritt dann allerdings das in den Parlamentsgesetzen definierte Verfahren in Kraft, das die letztendliche Entscheidungsvollmacht der Ersten Kammer garantiert. Ein Vermittlungsprozeß zwischen Ober- und Unterhaus findet nicht statt.

In der Praxis birgt das Vetorecht des Oberhauses ein nicht zu unterschätzendes Drohpotential: Aufgrund des zeitintensiven parlamentarischen Prozesses im Oberhaus ist es für die Regierung oft einfacher, Änderungsvorschläge der Lords zu akzeptieren [Silk/Walters 1998: 144]. Das suspensive Veto erlangt dann besondere Bedeutung, wenn eine Unterhauswahl ansteht, da der Gesetzesentwurf bei einem Machtwechsel unweigerlich als verloren gilt. Somit liegt die eigentliche Macht des Oberhauses in der Möglichkeit zur Verzögerung. Zu offenen Konflikten zwischen den Kammern kam es letztmalig 1998 hinsichtlich des Gesetzes zur Europawahl, als das Unterhaus einen Änderungsvorschlag des Oberhauses, der den Einfluß der Parteien auf die Kandidatenauswahl stark eingeschränkt hätte, nicht akzeptierte.[17] Vor dem Hintergrund der aktuellen Reformdebatte lenkte das Oberhaus schließlich doch ein, und der Gesetzesentwurf konnte nach Anwendung der Parlamentsgesetze rechtzeitig vor den Europawahlen verabschiedet werden.

---

[17] Dazu ausführlich: „Die hitzigste Verfassungskrise der Nachkriegszeit" [FAZ vom 20.11.1998: 2].

VI.   Grundsätzliche und aktuelle Problematik der Reform des britischen Oberhauses

> „One of the difficulties in identifying the ‚ideal second chamber' is that there is no agreed role for a second chamber within the British parliamentary system nor any clear idea of the intended relationship between the two Houses of Parliament to use as a starting point." [The Constitution Unit 1996: 4]

Das Oberhaus sieht sich Ende des 20. Jahrhunderts deutlicher Kritik ausgesetzt; seine Existenz wird jedoch prinzipiell nicht in Frage gestellt. Hauptkritikpunkte sind vor allem die ‚eingebaute' konservative Mehrheit sowie die fehlende Legitimation des erblichen Mandats. Von den Befürwortern des Status quo wird die Unabhängigkeit der Lords ins Feld geführt, die frei von außerparlamentarischem Druck agieren können und keiner demokratischen Bestätigung bedürfen. Dies gilt insbesondere für die Träger einer erblichen Peerswürde. Auch der verminderte Fraktionszwang sowie die hohe Anzahl von parteilosen Peers wird als ein für das politische System Großbritanniens notwendiges unabhängiges Element gewürdigt. Das anachronistische Phänomen des erblichen Mandats hat jedenfalls mehrere Jahrhunderte Verfassungswandel überlebt. Thomas Paine formulierte schon 1791 seine Kritik daran:

> „[The] idea of hereditary legislation is as inconsistent as that of hereditary judges, or hereditary juries; and as absurd as a hereditary mathematician, or an hereditary wise man; and as ridiculous as an hereditary poet-laureate." [Paine 1985: 83]

Aber auch die Präambel des Parlamentsgesetzes von 1911 sprach explizit von der Absicht, eine grundlegende Reform des Oberhauses vorzunehmen, bei der die auf erblicher Basis beruhende Mitgliedschaft im Haus durch eine durchs Volk zu bestimmende ersetzt würde [Bogdanor 1997: 106].

Die Reformpläne der Regierung Blair greifen die Abschaffung der erblichen Peerswürde als Ausgangspunkt für eine umfassende Neudefinition des konstitutionellen Status des Oberhauses im politischen System Großbritanniens wieder auf. Das Anfang 1999 veröffentlichte Gesetzesvorhaben (*White Paper*) *Modernising Parliament: Reforming the House of Lords* beschreibt zwei Reformabschnitte: Zunächst wird den Trägern einer erblichen Peerswürde das Recht entzogen, einen Sitz im Oberhaus einzunehmen und abzustimmen. Dabei wird voraussichtlich einer gewissen Anzahl der erblichen Peers erlaubt, vorübergehend ihren Sitz weiterhin einzunehmen, um den Widerstand der konservativen Peers zu schwächen. Dieser erste Schritt der Reform soll den Plänen der Regierung zufolge eine Übergangskammer schaffen, deren Funktionen denen des jetzigen Oberhauses entsprechen, während die Zusammensetzung im Zusammenhang mit der Abschaffung der erblichen Mandate neu geregelt wird. Dabei soll keine reine Patronage-Kammer entstehen und keine Partei im Übergangsstadium eine Mehrheit erhalten. Neben einem Ausgleich zwischen Labour-Peers und konservativen Peers sollen somit auch die liberalen und parteilosen Mitglieder berücksichtigt werden. Das neue Verfahren beschränkt dabei den Einfluß des Premierministers auf die Anzahl der neu zu ernennenden Peers, die Auswahl hingegen wird dann in einer parteiübergreifenden Ernennungskommission (*Appointments Commission*) getroffen. Das formelle Prärogativrecht bliebe weiterhin bei der Königin.

Der zweite Schritt der Oberhausreform wird in einer Königlichen Untersuchungskommission vorbereitet, die von Lord Wakeham geleitet wird. Ihr Aufgabenbereich wird durch folgende Vorgaben definiert: Das Unterhaus bleibt die im politischen System vorherrschende Parlamentskammer, d.h. die Bildung und Unterstützung bzw. Kontrolle der Regierung obliegt ausschließlich der vom Volk direkt gewählten Institution. Weiterhin muß die Finanzhoheit des Unterhauses gewährleistet bleiben ebenso wie die letztendliche

Entscheidungsfähigkeit in der Gesetzgebung. Bei der Schaffung der neuen Zweiten Kammer werden die aktuellen Verfassungsänderungen berücksichtigt, vor allem die neuen Regionalparlamente, die neue Rechtssprechung bezüglich der Menschenrechte sowie die sich entwickelnden Beziehungen zur Europäischen Union. Vor diesem Hintergrund soll die Kommission bis Ende 1999 Vorschläge bezüglich der Rolle und Funktion sowie der Zusammensetzung der reformierten Zweiten Kammer unterbreiten. Die Schaffung eines gemeinsamen Ausschusses beider Kammern (*Joint Committee*) erfolgt erst, nachdem die Anfang 1999 eingebrachte *House of Lords Bill* verabschiedet worden ist.

Die Frage nach der Wesensart der zukünftigen Zweiten Kammern wirft unweigerlich Verfassungskontroversen grundsätzlicher Art auf, vor allem bezüglich der Doktrin der Parlamentssouveränität. Mit einer auch nur teilweise gewählten Kammer erwüchse dem Unterhaus legitime Konkurrenz. Gleichzeitig könnte die Repräsentation von Regionen den unitarischen Charakter des britischen Staates bedrohen [Sturm 1997: 274-275]. Kann es in Großbritannien von einem die Regierung stärkenden, annähernd unikameralen System zu einem dem US-amerikanischen ähnelnden bikameralen System kommen, dem ein Mißtrauen der Exekutive gegenüber zugrunde liegt [Economist, 8. Mai 1999: 40]? Dies wäre sicherlich nicht im Interesse der Regierung Blair: „The life of a great moderniser is so much more congenial if he also heads what Lord Hailsham once called an elective dictatorship. A more legitimate Lords would only stand in the way." [The Economist, 8. Mai 1999: 40] Tatsächlich ist eine solche Entwicklung als für ein Westminstersystem eher unwahrscheinlich einzuschätzen, da die politischen Akteure Großbritanniens (noch) nicht an Kompromißfindungsprozesse gewöhnt sind. Vielmehr dürfte die aktuelle Reformdebatte durch eine Einbettung in den Kontext der britischen Verfassungstradition relativiert werden.

Kaiser führt mehrere Gründe auf, wieso trotz gesellschaftlicher Entwicklungen wie dem Aufkommen der Massenparteien und der damit verbundenen Demokratisierung eine prädemokratische Institution wie das Oberhaus weiterhin existieren kann. Zunächst ordnet er dem Oberhaus eine gewisse Legitimation zu, die sich im Weber'schen Sinne durch dessen lange Tradition ergibt: „[T]he ancient institutions of British society are indisputably prime examples of traditional legitimacy." [Kaiser 1997: 97] Überdies erwähnt Kaiser den institutionellen Konservatismus Großbritanniens, der auf eine lange Tradition als Vorbild für eine stabile Demokratie zurückzuführen ist. Das Königreich war somit in der Lage, die Konsequenzen wirtschaftlicher und gesellschaftlicher Veränderungen ebenso zu absorbieren wie den dramatischen Niedergang als internationaler Akteur zu verkraften. Anachronistische Details wie das Oberhaus fallen da nicht ins Gewicht. Außerdem leitet sich der institutionelle Konservatismus von der Tatsache ab, daß politische Akteure grundsätzlich davon ausgehen, daß die Transaktionskosten jeglicher Reform höher seien als die der gegenwärtigen Institutionen, die nicht perfekt sein mögen, deren Wirkungsweise und Defekte man jedoch kenne [Kaiser 1997: 109].

Die Monarchie und das Oberhaus stellten über einen langen Zeitraum ehrwürdige Verfassungsteile dar, die „bei vergleichsweise geringer politischer Bedeutung, die Aufmerksamkeit der ungebildeten Massen auf sich [zogen] und durch symbolische Politik Massenloyalität [erzeugten]", während das Unterhaus und die aus ihm hervorgehende Regierung das politische Geschäft abwickelten [Hofmann/Riescher 1999: 56]. Wie sich diese Balance in näherer Zukunft darstellen wird, bleibt ungewiß. Das britische Oberhaus kann nur dann die für eine moderne Parlamentsarbeit notwendige Effizienz mit einer über Jahrhunderte gewachsenen, ehrwürdigen Verfassungstradition vereinen, wenn die britische Verfassung das scheinbar nicht mögliche schafft – nämlich die Parlamentssouveränität des Unterhauses mit einer legitimierten Zweiten Kammer zu vereinbaren. Die Prophezeiung Walter Bagehots scheint an Aktualität nichts eingebüßt zu haben: „[T]he danger of the House of Lords certainly is, that it may never be reformed." [Bagehot 1983: 149]

VII. Auswahlbibliographie

Adonis, Andrew, 1988: The House of Lords in the 1980s, in: Parliamentary Affairs, Vol. 41, S. 380-401.

Bagehot, Walter, 1983 [EA 1867]: The English Constitution, London.

Baldwin, Nicholas D.J., 1993: The Membership of the House, in: **Shell**, Donald/**Beamish**, David (Hrsg.), The House of Lords at Work, 1993, Oxford, S. 33-60.

Beyme, Klaus von, 1974: Die Funktionen des Bundesrates. Ein Vergleich mit Zweikammersystemen im Ausland, in: **Bundesrat** (Hrsg.), Der Bundesrat als Verfassungsorgan und politische Kraft, Bad Honnef/Darmstadt, S. 367-393.

Bogdanor, Vernon, 1997: Power and the People: A Guide to Constitutional Reform, London.

Bogdanor, Vernon, 1995: On the Constitution of the United Kingdom, in: **Finer**, S.E. u.a. (Hrsg.), Comparing Constitutions, Oxford, S. 40-101.

Cowley, Philip/**Melhuish**, David, 1997: Peer's Careers: Ministers in the House of Lords, 1964-95, in: Political Studies, Vol. 45, No. 1, S. 21-35.

Dahrendorf, Ralf, 1998: Politik. Eine Kolumne. Vom Nutzen und Nachteil Zweiter Kammern, in: Merkur: Deutsche Zeitschrift für europäisches Denken, Vol. 52, No. 2, S. 149-153.

Hofmann, Wilhelm/**Riescher**, Gisela, 1999: Einführung in die Parlamentarismustheorie, Darmstadt.

House of Commons Library (Hrsg.), 1999: The House of Lords Bill: Lords reform and wider constitutional reform (Forschungspapier 7/1999), London.

House of Commons Library (Hrsg.) 1999: The House of Lords Bill: Options for „Stage Two" (Forschungspapier 6/1999), London.

House of Commons Library (Hrsg.), 1999: The House of Lords Bill: „Stage One" Issues (Forschungspapier 5/1999), London.

House of Commons Library (Hrsg.) 1998: Lords Reform: Background statistics (Forschungspapier 104/1998), London.

Kaiser, Andre, 1997: House of Lords and Monarchy: British majoritarian democracy and the current reform debate on its predemocratic institutions, in: **Jordan**, Ulrike/**Kaiser**, Wolfram (Hrsg.), Political Reform in Britain, 1886-1996. Themes, Ideas, Policies, Bochum, S. 81-109.

Kluxen, Kurt, 1983: Geschichte und Problematik des Parlamentarismus, Frankfurt a.M.

Loewenstein, Karl, 1967: Staatsrecht und Staatspraxis von Großbritannien, Bd. 1, Parlament – Regierung – Parteien, Berlin/Heidelberg/New York.

Loveland, Ian, 1996: Constitutional Law. A Critical Introduction, London.

Mill, John Stuart, 1971 [EA 1861]: Betrachtungen über die repräsentative Demokratie, hrsg. von Kurt **Shell**, Paderborn.

Mughan, Anthony und Jonathan P. Swarts, 1997: The Coming of Parliamentary Television: The Lords and the Senate Compared, in: Political Studies, Vol. 45, No. 1, S. 36-48.

Paine, Thomas, 1985: Rights of Man [EA 1791], London.

Schröder, H.C., 1998: Die Geschichte Englands. Ein Überblick, in: **Kastendiek**, Hans u.a. (Hrsg.), Länderbericht Großbritannien: Geschichte – Politik – Wirtschaft – Gesellschaft, Bonn, S. 15-69.

Schüttemeyer, Suzanne S./**Sturm**, Roland, 1992: Wozu Zweite Kammern? Zur Repräsentation und Funktionalität Zweiter Kammern in westlichen Demokratien, in: Zeitschrift für Parlamentsfragen, Vol. 23, No. 3, S. 517-536.

Schwarz-Liebermann von Wahlendorf, Hans Albrecht, 1958: Struktur und Funktion der sogenannten zweiten Kammern, Tübingen.

Shell, Donald, 1998: The Second Chamber Question, in: The Journal of Legislative Studies, Vol. 4, No.2, S. 17-32.

Shell, Donald, 1994: The House of Lords: Time for a Change?, in: Parliamentary Affairs, Vol. 47, S. 721-737.

Shell, Donald/**Beamish**, David (Hrsg.), 1993: The House of Lords at Work: A study based on the 1988-1989 Session, Oxford.

Shell, Donald, 1992, The House of Lords, Hemel Hempstead.

Shell, Donald, 1985, The House of Lords and the Thatcher Government, in: Parliamentary Affairs, Vol. 38, S. 16-32.

Silk, Paul/**Walters**, Rhodri, 1998: How Parliament Works, Harlow.

Sturm, Roland, 1997: Großbritannien. Wirtschaft – Gesellschaft – Politik, Opladen.

Sturm, Roland, 1996: Zweite Kammern in Westminstermodellen – ein Konstruktionsfehler?, Vortrag zur Tagung „Regieren in Westminster-Demokratien", Mannheim (unveröffentlicht).

Sturm, Roland, 1994: Staatsordnung und politisches System, in: **Kastendiek**, Hans u.a. (Hrsg.), Länderbericht Großbritannien: Geschichte – Politik – Wirtschaft – Gesellschaft , Bonn, S. 185-212.

The Constitution Unit (Hrsg.), 1996: Reform of the House of Lords, London.

The Stationery Office (Hrsg.), 1999: Modernising Parliament: Reforming the House of Lords, London.

Weber, Helmut, 1994: Recht und Gerichtsbarkeit, in: **Kastendiek**, Hans u.a. (Hrsg.), Länderbericht Großbritannien: Geschichte – Politik – Wirtschaft – Gesellschaft, Bonn, S. 170-184.

Wells, John, 1997: The House of Lords: From Saxon Wargods to a Modern Senate – An Anecdotal History, London.

Florian Braune

Seanad Éireann – Die Zweite Kammer Irlands

I.   Einleitung

Die Geschichte des irischen Senats (*Seanad Éireann*) geht über die bloße Beschreibung als Institution hinaus. Nicht nur, aber doch exemplarisch, lassen Existenz und Funktionswandel politische Entwicklungen auf der Grünen Insel erkennen. Die Tatsache, daß die heutige Republik Irland über eine Zweite Kammer verfügt, ist insofern überraschend, als ihre Legitimationsbasis mehrfach gewechselt hat bzw. hinterfragt wurde. Von den gedanklichen Vätern der Republik zunächst außer Acht gelassen, etablierte sich der Senat im Verlauf der politischen Institutionengeschichte als Bestandteil des parlamentarischen Systems. Regionale oder auch föderale Repräsentation spielten bei der Funktionssuche angesichts der Größe (68.890 km^2) und der Bevölkerungszahl (3,66 Millionen) des Landes nur eine untergeordnete Rolle. Der Senat des Freistaates nahm demnach auch eine Funktion als unionistische Minderheitenvertretung wahr. Der Obstruktionspolitik bezichtigt, wurde er allerdings aufgelöst. Die noch heute gültige Verfassung von 1937 implementierte ein neues Konzept: Der ausgeprägt katholischen Tradition des Landes soll in der Form einer berufsständischen Versammlung entsprochen werden, die das damals populäre Denken der katholischen Soziallehre wiedergibt. Neben der Expertisefunktion vertritt die Zweite Kammer der Theorie nach Ideen, die sich dem modernen Sprachgebrauch nach am Kommunitarismus orientieren. Damit ist aber die Frage nach der Existenzberechtigung keineswegs beantwortet, denn die Stimmen, die die Abschaffung des Senats befürworten, sind bis heute nicht verstummt. In der Praxis nämlich ist der Senat zu einem parteipolitischen Spielfeld geraten, und es stehen eher politische Zugehörigkeit als profunde Fachkenntnisse im Mittelpunkt. Die korporatistischen Vorstellungen sind ein Konzept geblieben [Report of the Constitution Review Group 1996: 69]. Auch sind die dem Senat zugestandenen Kompetenzen, in deren Mittelpunkt ein suspensives Veto zu Gesetzesbeschlüssen steht, nicht dahingehend angelegt, der Institution mehr politisches Gewicht zu verleihen. Zugleich aber sieht sich Irland mit neuen politischen Herausforderungen konfrontiert, die auch der im Funktionswechsel geübten Institution Senat neue Perspektiven eröffnen könnten. Neben aktuellen Überlegungen zur generellen Reform des parlamentarischen Systems sind auch institutionelle Entwicklungen denkbar, die der Zweiten Kammer supranationale Repräsentativfunktionen zuweisen würden: EU und/oder Nordirland lauten die Vorgaben.

II.   Historische Entwicklung und verfassungsrechtliche Stellung

Die Entwicklung parlamentarischer Institutionen hat in Irland eine lange Tradition, die bis in das 13. Jahrhundert zurückreicht, und war zugleich immer auch Ausdruck des wechselvollen Verhältnisses zu England. Die enge Verknüpfung der irischen mit der englischen Geschichte hatte zur Folge, daß die schrittweise Herausbildung des irischen Parlamentes der Entwicklung des englischen Parlamentes ähnelte. Das historisch-politische Geschehen im Raum der Britischen Inseln unterlag seit der Unterwerfung Irlands und Schottlands durch Oliver Cromwell im 17. Jahrhundert einer beständigen Akzentsetzung Englands, das schon seit Jahrhunderten die irische Insel seiner Einflußsphäre zurechnete.

Die Schaffung eines von England unabhängigen Parlamentes konnte daher erst nach dem Ende des Unabhängigkeitskrieges 1921 in vollem Umfang beginnen. Damit war zwar die seit 1800 bestehende parlamentarische Union mit Großbritannien aufgehoben, aber die Gründung des irischen Freistaates war ein historischer Kompromiß, der sich auch auf die Bildung politischer Institutionen auswirken sollte. Tradition und politischer Pragmatismus schließlich führten zur Übernahme eines Zweikammermodells: Schon das irische Parlament des 18. Jahrhunderts, welches Protestanten vorbehalten war, unterschied ein *House of Commons* und ein *House of Lords*. Auch die *Home Rule Bills* in der Phase der parlamentarischen Union des Vereinten Königreiches sahen die Bildung eines Zweikammersystems vor. Zudem legte der Dominionstatus des Freistaates, der Großbritannien noch einen gewissen Einfluß gewährte, eine Orientierung am Westminstermodell nahe. Die Abkehr von London geriet so nicht zu einem offenen Bruch, sondern implizierte eine schrittweise erlangte Unabhängigkeit.

Den Kompromißcharakter verdeutlichten die inneririschen Verhältnisse. Denn kurz vor dem Unabhängigkeitskrieg wurde Anfang 1919 ein irisches Parlament, der erste *Dáil Éireann*, proklamiert. Staatsrechtlich gesehen, handelte es sich bei diesem Untergrundparlament nicht um eine legitime Legislative. Das tat aber der Akzeptanz durch die Bevölkerung, die um die Symbolik wußte, keinen Abbruch. Die Existenz des *Dáil Éireann* war eine offene Provokation und an der Maximalforderung nach einer vollständigen Unabhängigkeit ausgerichtet, die das Ideal der Republik zum Ziel hatte. Der in republikanischer Tradition stehende *Dáil* kannte daher keine aristokratisch zusammengesetzte Zweite Kammer. Ohnehin erlaubten die Umstände kein Nachdenken über institutionelle Konzepte. Jenes Parlament war also eine Einkammerkonstruktion.

Der anglo-irische Vertrag von 1922 spiegelte als Kompromiß die Realitäten wider: Er bildete die Grundlage einer zu schaffenden Verfassung des irischen Freistaates. Der zu entrichtende politische Preis für eine nur relative Unabhängigkeit war hoch: die Sanktionierung der Teilung der Insel. Auch hatte sich London entscheidenden Einfluß auf die zu verabschiedende Verfassung ausbedungen. Das sollte sich auf die Entwicklung politischer Institutionen auswirken und die Suche nach einer unabhängigen Staatsform begrenzen. Die verfassungsgebende Versammlung von 1922 verwarf mit der Annahme der *Irish Free State Constitution* das Einkammermodell. Die gesetzgebende Körperschaft wurde in Art. 12 näher beschrieben:

> „A Legislature is hereby created to be known as the Oireachtas. It shall consist of the King and two Houses, the Chamber of Deputies (otherwise called and herein generally referred to as „Dáil Éireann“) and the Senate (otherwise known and herein generally referred to as „Seanad Éireann“). The sole and exclusive power of making laws for the peace, order and good government of the Irish Free State (Saorstát Éireann) is vested in the Oireachtas.“ [zit. nach Ward 1994: 327]

Der Konzeption nach basierte das irische nun auf dem britischen Parlament. Der *Dáil* bezeichnete jetzt nur noch einen Teil der Legislative, nämlich das Abgeordnetenhaus. Das *House of the Oireachtas* gab nunmehr den Begriff Nationales Parlament wieder.

Die Konstituierung einer Zweiten Kammer war umstritten: Es wurden allerdings weniger Argumente angeführt, die gegenüber einer Zweiten Kammer aufgrund eines spezifischen Demokratieverständnisses konstitutionelle Bedenken zum Ausdruck brachten, im Gegenteil: „[...] the creation of a bicameral Legislature showed that extreme democracy found no favour with the framers of the Irish Constitution [...].“ [Manseragh 1934: 74] Daher war die Ablehnung in erster Linie politisch motiviert. Denn der Senat sollte die Interessen der im Süden verbliebenen Unionisten wahren und so auf parlamentarischer Ebene für Ausgleich sorgen: „It would be hardly too much to say that for the Unionists of the Irish Free State was first of all a Senate. Certainly a Conservative Senate was to them a *sine qua non* for the acceptance of the new order. It was guaranteed to them by the Chairman of the Peace Delegation.“ [Manseragh 1934: 75] In den Augen derjenigen, die den Freistaat nur als Zwischenetappe betrachteten, mußte ein mit Rücksicht auf unionistische Belange eingerichteter Senat als Anachronismus erscheinen. Da dieser als Faktum die politische Bühne bereicherte, blieb nichts anderes übrig, als sich mit seiner Position auseinanderzusetzen. Während dabei für seine Befürworter die Funktionssuche im Mittelpunkt stand, wollten sich die Vertreter einer Entwicklung, die auf eine Republik ausgerichtet war, nicht von diesem Symbol des Status quo aufhalten lassen. In der Senatsfrage kam also auch die Schlüsselfrage des Freistaates zum Ausdruck: Verbleib Irlands als Dominion im von London geführten imperialen Verband oder aber eine selbstbestimmte Zukunft als Republik?

Mit der Regierungsübernahme durch *Fianna Fáil* („Schicksalskameraden") 1932 unter Eamonn de Valera gelangten erstmals gemäßigte Gegner des anglo-irischen Vertrages an die Macht. De Valera verfolgte eine Politik, die auf eine etappenweise Loslösung von Großbritannien hinauslief und schließlich 1937 in die Implementierung einer eigenen Verfassung mündete. Die Ausrufung einer Republik 1949 war dann nur noch wenig mehr als eine Formalität, denn die Verfassung kündete in Art. 5 bereits von Irland, als einem souveränen, unabhängigen und demokratischen Staat. Die Notwendigkeit einer neuen irischen Verfassung ergab sich für de Valera gerade aus den souveränitätseinschränkenden Bestimmungen der *Irish Free State Constitution*. Einer neuen Verfassung stand aber in mehrfacher Hinsicht der Senat entgegen. In der Theorie dem Minderheitenschutz verpflichtet, stellte sich das Wirken der Zweiten Kammer in praxi als revisionistisch und kontraproduktiv in bezug auf eine eigenständige irische und wohl auch katholische Entwicklung heraus. Das probate Mittel des Senats lag in der Möglichkeit, die Rechtswirksamkeit von Gesetzen durch Einspruch zu verzögern. Da die Zweite Kammer sich nicht scheute, die Legalität der Verfassungsreformbestrebungen de Valeras zu bezweifeln und so die rechtliche Glaubwürdigkeit der Regierung zu diskreditieren, sah sich jener gezwungen, den Senat aufzulösen bzw. abzuschaffen, um seine Verfassungsvorstellungen in der Form von *Bunreacht na hÉireann* (*Constitution of Ireland*) durchzusetzen. Noch vor Offenlegung seiner Reformpläne äußerte sich De Valera zur Zukunft der Zweiten Kammer vor dem *Dáil*: „However, if anyone can indicate to us how to set up a Second Chamber which will serve us and will not be a definite barrier to progress or be simply a reproduction of the conditions in this House, I shall still keep simply an open mind!" [zit. nach: O'Sullivan 1972: 457] Es ging ihm also nicht um die eigentliche Abschaffung des Senats und die Etablierung einer Einkammerlegislative. Vielmehr wünschte er sich eine in seinem Sinne progressivere Zweite Kammer, der aber – ihrer Oppositionsrolle beraubt – eine klare Funktionszuweisung fehlte. Mit der Umsetzung der *Constitution (Amendment) (No. 24) Bill* aus dem Jahre 1934 hörte im Mai 1936 der Senat des Freistaates auf zu existieren und mit ihm die institutionelle Interessenvertretung der Unionisten. Für kurze Zeit war Irland politisch-institutionell gesehen ein Einkammersystem, bis Ende 1937 die neue, noch heute gültige Verfassung in Kraft trat. In Art. 15 Abs. 1.2° wird hier ausgeführt: „The Oireachtas shall consist of the President and two Houses, viz.: a House of Representatives to be called Dáil Éireann and a Senate to be called Seanad Éireann." Damit kehrte der Senat ins politische Institutionengefüge zurück, entsprach aber nun der geforderten Harmonisierung in Repräsentation und Funktion:

> „[...] I wanted to get rid of the previous Second House whilst a certain piece of constitutional work was being done. [...] Having secured that the Seanad, so far as I could see, could do not harm, I said: ‚All right, we will give way to those who think there is some good, we will try to give them a Second House with these limited powers.' " [zit. nach: Chubb 1983: 112-113]

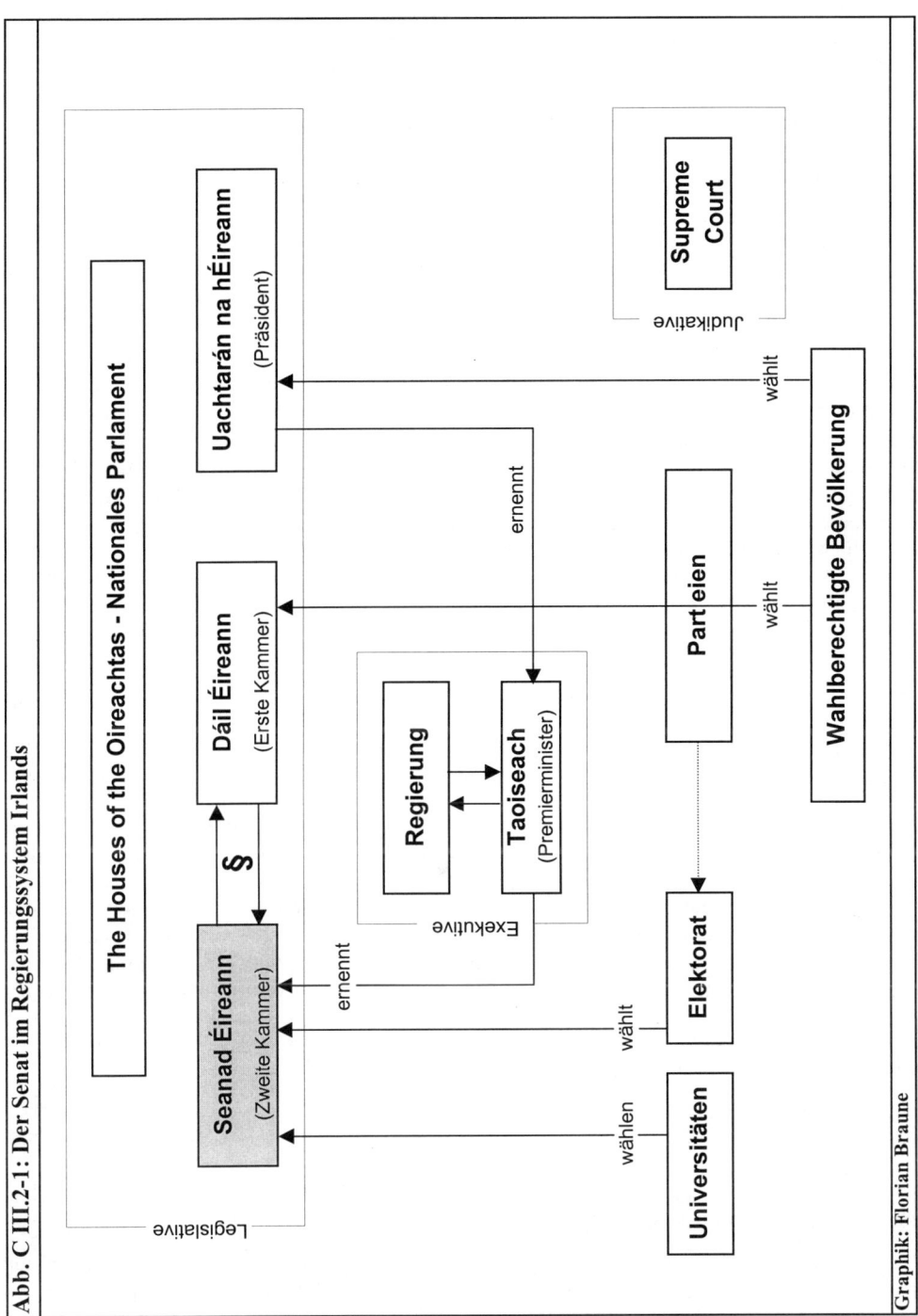

Abb. C III.2-1: Der Senat im Regierungssystem Irlands

The Houses of the Oireachtas - Nationales Parlament

Uachtarán na hÉireann
(Präsident)

Supreme Court

Judikative

Dáil Éireann
(Erste Kammer)

Regierung

Taoiseach
(Premierminister)

Exekutive

Seanad Éireann
(Zweite Kammer)

§

Legislative

Parteien

Wahlberechtigte Bevölkerung

Elektorat

Universitäten

wählt
wählt
ernennt
ernennt
wählt
wählen

Graphik: Florian Braune

Warum de Valera überhaupt die Zweite Kammer wieder eingerichtet hat, ist wohl nur durch die tiefkatholische Prägung der irischen Gesellschaft zu erklären. Als nationales Forum soll der Senat Gedanken der katholischen Soziallehre (*Quadragesimo Anno 1931*) repräsentieren: Demnach diene eine Konzertierung der berufsständischen Kräfte dem gesellschaftsübergreifenden Gemeinwohl stärker als Parteienstreit und Klassenkampf [Schüttemeyer/Sturm 1992: 523]. Der Senat der späteren Republik steht damit zwar in der institutionellen Nachfolge des Freistaatsenates, hat aber in Abgrenzung zur früheren Minderheitenvertretung eine nationale Ausrichtung erfahren, die auch als nationalistische Akzentsetzung verstanden werden kann.

Zu den Besonderheiten der irischen politischen Kultur zählt die geschriebene Verfassung. Das ist insofern bemerkenswert, als die heutige Republik als parlamentarischer Rechts- und Parteienstaat auf der englischen Tradition beruht, die dem Wortsinn nach keine schriftlich fixierte Verfassung hervorgebracht hat. *Bunreacht na hÉireann* charakterisiert die Zusammensetzung, Arbeitsweise und Funktionen des Senats im politischen System. Mehrere Artikel (14, 15, 18, 19, 20, 23, 24, 25, 27, 28, 31, 35) befassen sich unmittelbar mit der Zweiten Kammer. Weitere stehen im Bezug zum Senat. Der Senat (*Seanad Éireann*) bildet zusammen mit dem *House of Representatives* (*Dáil Éireann*) und dem Präsidenten (*Uachtarán na hÉireann*) das Nationale Parlament (*Houses of the Oireachtas*), obwohl sich die Bezeichnung „Parlament" umgangssprachlich oft nur auf die beiden Kammern bezieht. Die demokratischen Prinzipien unterworfene Verfassung von 1937 mag angesichts des damaligen europäischen Faschismus eine Art Kontrapunkt gebildet haben, aber zugleich wird auch die Zusammensetzung des Senats als Verfassungsorgan sanktioniert, die eben nicht bzw. nur sehr eingeschränkt nach demokratischen Regeln erfolgt. Funktionen und Kompetenzen der Zweiten Kammer unterliegen daher dem Vorwurf des Demokratiedefizites, obwohl sie verfassungsrechtlich abgesichert sind.

III. Zusammensetzung

Die Verfassung von 1937 teilte dem Senat eine neue Repräsentationsbasis zu. Das neue Konzept schuf einen *vocational Seanad* [Doony/O`Toole 1998: 66]. Der Senat als berufsständische Versammlung soll sich das breitgefächerte Wissen seiner Mitglieder zunutze machen.

Die Art. 18 und 19 der Verfassung regeln das Nähere der Mitgliedschaft. Der Senat besteht aus 60 Mitgliedern, die sich aus 49 gewählten und elf direkt vom *Taoiseach*, dem irischen Premier, ernannten Mitgliedern zusammensetzen. Den gewählten Vertretern liegt ein komplexes Wahlsystem zugrunde: Denn 43 von ihnen werden von Kandidatenlisten, den sogenannten *vocational panels*, gewählt, die in erster Linie von berufsständischen Organisationen erstellt werden. Von den restlichen sechs Senatsmitgliedern repräsentieren je drei die „National University of Ireland" und die „University of Dublin". Die „*vocational panels*" werden den fachspezifischen Kenntnissen und Erfahrungen seiner Kandidaten nach in fünf Bereiche untergliedert. Die erforderlichen Qualifikationen beziehen sich nach Art. 18 Abs. 7.1° auf:

(1) Kultur und Erziehung
(2) Landwirtschaft
(3) Beschäftigung
(4) Industrie und Handel
(5) Öffentliche Verwaltung

Jede der fünf Listen (*panels*) wird nochmals hinsichtlich der Nominierung differenziert (*sub-panels*). Ein Kandidat bekommt entweder den Listenplatz von *nominating bodies*, die von den berufsständischen Organisationen gebildet werden, zugewiesen (*vocational/*

nominating bodies' sub-panel), oder aber er versichert sich der Unterstützung von nicht weniger als vier Parlamentsmitgliedern (*Oireachtas sub-panel*). Der jeweilige Abgeordnete darf immer nur eine Kandidatur befürworten.

Die Anzahl der Mitglieder des Senats, die aus jeder Liste hervorgehen, wird nach folgendem Schlüssel ermittelt:

(6) Die Liste „Kultur und Erziehung" (*cultural and educational panel*) hat Anspruch auf fünf Senatsplätze. Es sind mindestens zwei Kandidaten von jedem „*sub-panel*" zu wählen.

(7) Die „Landwirtschaftsliste" (*agricultural panel*) bestellt elf Mitglieder, von denen nicht weniger als vier von jedem „*sub-panel*" zu wählen sind.

(8) Ebenso wird mit der „Beschäftigungsliste" (*labour panel*) verfahren. Von den elf Plätzen haben mindestens vier auf das jeweilige „*sub-panel*" zu entfallen.

(9) Der Liste „Industrie und Handel" (*industrial and commercial panel*) stehen neun Sitze zu. Wenigstens drei sind je „*sub-panel*" zu vergeben.

(10) Die sieben Mitglieder, die die Liste „Öffentliche Verwaltung" (*administrative panel*) repräsentieren, verteilen sich ebenfalls bei einem Minimum zu je drei auf die beiden „*sub-panels*".

Die Wahlberechtigung bleibt dann allerdings parlamentarischen Mandatsträgern (*Dáil/Seanad*) sowie Kommunalpolitikern vorbehalten: Im Einzelnen sind das die Mitglieder des neu gewählten *Dáils* bzw. des alten *Seanads* und die Abgeordneten der „*Councils of Counties*" als auch der „*Corporations of County Bouroughs*" – 1993 insgesamt 965 politisch Aktive [Coakley/ Gallagher 1996: 144]. Dabei stellen die drei großen Parteien – *Fianna Fáil, Fine Gael, Labour* – mit 786 Wahlberechtigten den größten Teil des Elektorats [Gallagher/ Laver 1993: 140]. Die berufsständischen Organisationen selbst sind nicht wahlberechtigt. Die Zusammensetzung der Wählerschaft wird nicht von der Verfassung bestimmt, sondern durch ein Gesetz geregelt (*Seanad Electoral (Panel Members) Acts 1947 to 1960*). Die Wahl erfolgt in geheimer Abstimmung (Briefwahl) und nach dem Proporzsystem. Die Elektoren haben jeweils eine Stimme für jede Liste. Die Auszählung erfolgt nach Listen getrennt.

Die sechs Repräsentanten der beiden Universitäten werden von den Absolventen der Einrichtungen gewählt. Jeweils drei Senatoren werden durch die Wahlen bestimmt, bei denen nur irische Bürger zugelassen sind. Der Tradition nach spielt hier die Parteipolitik keine Rolle, obwohl Ausnahmen vorgekommen sind.

Nach Art. 18 Abs. 3 der Verfassung ist der *Taoiseach* ermächtigt, elf Mitglieder des Senats selbst zu benennen, die damit nicht dem Wahlprozeß unterworfen sind. Allerdings tendiert der *Taoiseach* dazu, Parteikandidaten zu nominieren, die den Einzug ins Parlament bei der vorausgegangenen Wahl zum *Dáil* nicht geschafft haben, oder aber jene, denen bei den nächsten Dáilwahlen gute Chancen eingeräumt werden. Ebenso werden Personen berücksichtigt, die sich um die Partei verdient gemacht haben. Die Ernennungskompetenz wirkt sich für die Regierungspartei bzw. -parteien natürlich positiv auf die Mehrheitsverhältnisse im Senat aus.

Eine andere Art der Zusammensetzung spiegelt die Sitzverteilung nach geschlechterspezifischen Gesichtspunkten wider. Ähnlich wie im *Dáil* sind auch im *Seanad* Frauen heute noch deutlich unterrepräsentiert [Tab. C III.2-1]. Obwohl mit der Wahl Mary McAleeses 1997 zur Präsidentin zum zweiten Mal in Folge nach Mary Robinson (1990-1997) eine Frau in das höchste Staatsamt gewählt wurde – wenngleich dies eine eher repräsentative Funktion ist –, zeigt die Sitzverteilung im Senat an, daß gesellschaftliche Veränderungen in den letzten zehn Jahren in der Zweiten Kammer nur sehr begrenzt ihren Ausdruck fanden.

Tab. C III.2-1: Sitzverteilung Seanad Éireann nach Geschlecht 1987-1997			
Jahr	Männer	Frauen	Gesamt
1987	55	5	60
1989	54	6	60
1993	52	8	60
1997	49	11	60
Quelle: Coakley/ Gallagher 1996; eigene Recherchen			

IV.   Arbeitsweise und Geschäftsordnung

Der Senat als Teil des Parlamentes steht in Wechselbeziehungen zum *Dáil* und dem Präsidenten. Die Wahlen zum *Dáil* und zum *Seanad* sind miteinander verknüpft [Art. 18 Abs. 8 (*Seanad*) bzw. 16 Abs. 3.2° (*Dáil*)]. Ein neuer Senat ist bis spätestens 90 Tage nach der Auflösung des *Dáils* zu wählen, während der neue *Dáil* selbst bereits nach 30 Tagen gewählt sein muß. Wahlen finden regulär alle fünf Jahre statt, obwohl die Verfassung die Möglichkeit einräumt, die Legislaturperiode auf bis zu sieben Jahre auszudehnen [Art. 16 Abs. 5]. Die erste Sitzung des neuen Senats wird vom Präsidenten auf Anweisung des *Taoiseachs* festgesetzt. Die Mitglieder des alten Senats behalten ihre Sitze bis zum Tag vor den Neuwahlen. Die Zweite Kammer wählt bei ihrer ersten Zusammenkunft einen Vorsitzenden, den *Cathaoirleach*. Der Unparteilichkeit verpflichtet, präsidiert er dem Senat, und ihm obliegt das Tagesgeschehen sowie die Geschäftsordnung. Dabei orientiert er sich an den *Standing Orders of Seanad Éireann*, die Rechte und Pflichten des Vorsitzenden beschreiben – d.h. die Organisation des Parlamentsgeschehens. Dem Vorsitzenden ist ein ebenfalls gewählter Vize beigeordnet, der *Leas-Chathaoirleach*. Die Befugnisse des *Cathaoirleachs* erstrecken sich auf nachfolgende Vollmachten und Funktionen:

- Erteilung der Redeerlaubnis

- Weiterleitung von Anfragen an den Senat, Überwachung der Abstimmung und Verkündung der Resultate

- Aufrechterhaltung der Ordnung gemäß den „*Standing Orders*" sowie Ausschluß von Mitgliedern

- Vertagung der Sitzung im Falle von Aufruhr

- Beendigung von Debatten, deren Gegenstand der Einschätzung nach ausreichend erörtert wurde

Für jede Sitzung hat der *Cathaoirleach* ein Arbeitspapier zu erstellen, das Anträge und Zusätze den „*Standing Orders*" und Präzedenzfällen entsprechend aufbereitet. Denn während erstere das generelle parlamentarische Verfahren des Hauses bestimmen, unterliegen die alltäglichen Abläufe eigenen Besonderheiten. Einzelentscheidungen unterschiedlicher Vorsitzender bzw. ihrer Vize sind daher in den sogenannten *Rulings of the Chair* zusammengefaßt worden und dienen als Referenz, in deren Kontext die „*Standing Orders*" gelesen werden sollten. Zwar ist der jeweilige Vorsitzende nicht an vorherige Entscheidungen gebunden, sie werden aber im Interesse der Folgerichtigkeit berücksichtigt. Zugleich führt der *Cathaoirleach* den Vorsitz des *Seanad Committee on Procedure and Privileges*. Hier stehen Verfahrensfragen und Ergänzungen der „*Standing Orders*" im Mittelpunkt. Außerdem ist der Vorsitzende nach Art. 15 Abs. 11.2° der Verfassung verpflichtet, bei Abstimmungen, die die Gleichheit der Stimmen mit sich bringen, trotz seiner Unparteilichkeitsverpflichtung die entscheidende Stimme abzugeben.

Seanad Éireann tritt normalerweise am Mittwoch und/oder Donnerstag einer Woche zusammen. Der Senat trifft sich verglichen mit dem *Dáil* weniger häufig. Für die Jahre 1991 und 1992 z.B. sind jeweils 68 Zusammenkünfte verzeichnet [Coakley/ Gallagher 1996: 144]. Der Sitz des Senats befindet sich wie der des *Dáils* im *Leinster House*, Dublin. Die Senatoren befassen sich mit der Vorbereitung von Debatten zu sozialen, ökonomischen und finanziellen Themen. Sie entwerfen Zusatz- bzw. Änderungsanträge für Gesetzesvorlagen und untersuchen Vorschläge zur Gesetzgebung. Neben Diskussion und Abstimmung nehmen sie auch repräsentative Aufgaben wahr, oder vertreten auch die Interessen von Einzelpersonen gegenüber Regierungsmitgliedern bzw. öffentlichen Vertretern.

In den letzten Jahren haben zudem gemeinsame Ausschüsse von *Dáil* und *Seanad*, sogenannte *Joint Committees of the Houses of the Oireachtas*, an Bedeutung zugenommen. Den Senatoren gibt das die Gelegenheit, sich intensiver mit bestimmten ausgewählten Themen auf parlamentarischer Ebene zu beschäftigen. Schwerpunkte bilden dabei u.a. die Außen- wie Europapolitik, Frauen- und Familienangelegenheiten, Finanz- und Wirtschaftsaspekte oder auch die irische Sprache. Die „*Committees*" werden relativ zu Anfang einer Legislaturperiode gebildet. Die Zusammensetzung spiegelt die Sitzverteilung in beiden Kammern wider. Die Ausschüsse verfügen allerdings über keine eigene Entscheidungskompetenz.

V.   Funktionen der Zweiten Kammer im politischen System

Wie oben ausgeführt, ist die bikamerale Struktur des Parlamentes ein Ergebnis spezifisch irischer Überlegungen. Die Zweite Kammer wurde von vornherein mit nur wenigen Kompetenzen ausgestattet, zusätzlich wirkt sich die schwache Legitimationsgrundlage auf die Gewichtung der Institution aus: Der angedachte Korporativismus beschränkt sich im Kern auf die Erörterung politischer Fragen und Beratung ohne Beteiligung an der Letztentscheidung.

Die Verfassung verdeutlicht, daß der *Dáil* als die eigentliche Volksvertretung gilt. Die Erste Kammer nominiert den *Taoiseach*, und die formale Ernennung obliegt dem Präsidenten. Der Senat hat hier keinen Einfluß. Ebenso billigt der *Dáil* die Regierung, und nur ihm ist sie verfassungsgemäß verantwortlich. Haushaltsentwürfe, die Unterzeichnung internationaler Abkommen und selbst eine offizielle Kriegserklärung sind ausschließlich der Regierung bzw. dem *Dáil* vorbehalten.

Die Gesetzgebung wird von der Ersten Kammer dominiert. Gesetzentwürfe sind zwar dem Senat vorzulegen [Art. 20 Abs. 1], doch kann dieser eine Verabschiedung um höchstens 90 Tage verzögern. Wenn die Vorlage von der Zweiten Kammer zurückgewiesen wird oder aber diese aus Sicht des *Dáils* inakzeptable Änderungsvorschläge unterbreitet, dann kann die Erste Kammer nach Art. 23 Abs. 1 die Einwände übergehen. Bleibt ein Entschluß ganz aus, wird ebenso verfahren. Vorlagen, die den Haushalt betreffen, sind vom Senat sogar binnen drei Wochen mit Anmerkungen bzw. Einwänden zu versehen, die nach Art. 21 für den *Dáil* wiederum nicht bindend sind. Bleiben die Einwände unberücksichtigt, hat der Senat noch die Möglichkeit, sich auf den Art. 27 zu berufen: Danach kann der Präsident einem Gesetzentwurf seine Unterschrift versagen und statt dessen ein Referendum anberaumen – vorausgesetzt, eine Mehrheit der Senatoren und ein Drittel der Mitglieder des *Dáils* richten eine solche Bitte an das Staatsoberhaupt. Verfassungszusätze sind von dem Verfahren ausgenommen. Allerdings hat das Parlament von diesem Artikel noch nie Gebrauch gemacht. Überhaupt ist seit 1964 keine Regierungsvorlage mehr vom Senat zurückgewiesen worden, da die Ernennungskompetenz des *Taoiseachs* in der Regel für komfortable Mehrheiten der Regierungspartei im Senat sorgt [Coakley/ Gallagher 1996: 144]. Die Hauptfunktion der Zweiten Kammer als Überprüfungsinstanz (*revising chamber*) ist daher eher theoretischer Natur. Der Senat selbst ist zwar auch berechtigt, Gesetzentwürfe auszuarbeiten [Art. 20 Abs. 2], doch nimmt er dieses Recht nur selten in Anspruch, obwohl eine zunehmende Tendenz festzustellen ist [Dooney/ O'Toole 1998: 68].

Während der *Seanad* dem *Dáil* bezüglich der Gesetzgebungskompetenz nachgeordnet ist, gibt es aber doch parlamentarische Entscheidungsprozesse, in die der Senat gleichwertig eingebunden wird: So bedürfen die Ausrufung des Notstandes, die Absetzung des Präsidenten und auch die Ablösung eines Richters der Zustimmung beider Kammern. Außerdem nimmt der Vorsitzende des Senats, der *Cathaoirleach*, noch eine Reihe weiterer politischer Funktionen wahr. Dazu zählen u.a. natürlich die Repräsentation *Seanad Éireanns* bei internationalen Zusammenkünften wie z.B. im Europarat und im Europäischen Parlament oder auch der Empfang parlamentarischer Delegationen in Irland selbst. Als Mitglied des *Council of State* übernimmt er auch eine präsidiale Beratungsfunktion. Zugleich ist der Vorsitzende auch in der Kommission vertreten, die bei Abwesenheit des Präsidenten bzw. in einer eventuellen Unpäßlichkeit dessen Position vertritt.

Eine weitere, nicht unumstrittene Funktion der Institution Senat liegt in ihrem informellen Charakter: „[...] the Seanad tends to have the advantage over the Dáil of being a less hurried forum for discussion of the issues facing Irish society and the implications of legislative proposals. Members of the Seanad can bring their experience, knowledge and skills to bear on such matters with beneficial effect." [Report of the Constitution Review Group 1996: 67] Die Zweite Kammer verleiht damit als moralisierende Instanz ihren schwach ausgebildeten legislativen Kompetenzen mehr Nachdruck – ein Gedanke, den De Valeras „*Bunreacht na hÉireann*" durchaus impliziert.

VI.   Problemfelder – Reformansätze

Das Problem seiner Funktionssuche begleitet den Senat seit seiner Wiedereinführung 1937 und konnte bis heute nicht zufriedenstellend beantwortet werden. Zugleich aber scheiterten alle Bemühungen, die seine erneute Abschaffung zum Ziel hatten. Unter Verweis auf historische Erfahrungen wurden ihm effiziente politische Instrumentarien verweigert: Die Kontroll- und Gesetzgebungsfunktion *Seanad Éireanns* sind nur rudimentär ausgebildet. Das parlamentarische Interesse richtet sich auf die Erste Kammer und die Regierung. Das Interesse, in der Zweiten Kammer am politischen Geschehen mitzuwirken, ist als gering zu bewerten und für politisch Ambitionierte nicht erstrebenswert. Das als komplex zu bezeichnende und unter Demokratiedefiziten leidende Wahlsystem hat den Senat zu einer parteipolitischen Verdopplung des *Dáils* werden lassen – obwohl genau das nicht beabsichtigt war! Die korporatistischen Überlegungen, die dem Senat als Ständevertretung zugedacht worden waren, sind daher obsolet.

Da die Parteipolitik letztlich den Senat beherrscht, unterliegen die verfassungsrechtlich zugeschriebenen Aufgaben immer dem Primat des *Dáils* bzw. der Regierung. Lediglich der informelle Sektor erlaubt im gewissen Maße unabhängige Artikulation und Information. Eine wirkliche Kontrollfunktion läßt sich aber hier nicht ableiten. Der Senat vermag zwar mit Hilfe der Medien die öffentliche Meinung zu beeinflußen, verfügt aber umgekehrt über kein effizientes Instrumentarium, das Gewicht der Öffentlichkeit im Parlament einzubringen.

Es stellt sich daher die Frage, warum trotz der Funktionsproblematik an der Institution Senat festgehalten wird? Die Antwort verweist auf ein anderes Problemfeld irischer Politik: die Konzentration politischer Macht. „There have been substantial changes in Irish life in recent years [...] but they have not eroded the power of the Taoiseach and the government appreciably. The system remains one of the most highly centralized in the democratic world." [Ward, 1994: 320] Die Abschaffung des Senats würde also eine weitere Schwächung der Legislative gegenüber der Exekutive nach sich ziehen, selbst wenn man berücksichtigt, daß die legislativen Kompetenzen der Zweiten Kammer von marginaler Bedeutung sind. Damit wird der Senat als parlamentarische Institution der Reserve vorgehalten, deren Entwicklungspotential allerdings bis heute nicht klar umrissen ist. Mehrere Mitte der neunziger Jahre eingeleitete Untersuchungen zur Zukunft des Senats kamen u.a. zu dem Ergebnis: „[...] the Seanad should continue to exist but that a fresh innovative approach needed to be taken to what the Seanad should do and who the senators should be." [Dooney/O′Toole 1998: 69] Doch auch weiterhin soll der Senat eher dem *Dáil* zuarbeiten und so der Gesamtlegislative zu mehr Gewicht gegenüber der Exekutive verhelfen.

Andererseits bieten die politischen Entwicklungen sowohl in Europa als auch im Raum der Britischen Inseln dem irischen Senat Möglichkeiten, eigenständige regionale Repräsentativfunktionen zu übernehmen: Ob in einem zukünftigen „Europa der Regionen" und/oder konkreter im angestrebten „Rat der Inseln" im Rahmen der Nordirland-vereinbarungen von 1998, bleibt abzuwarten.

VII. Auswahlbibliographie

Boyce, D. George, 1992: Ireland 1828-1923 – From Ascendancy to Democracy, Oxford UK/ Cambridge USA.

Boyce, D. George, 1991: Nationalism in Ireland, London/ New York.

Bunreacht na hÉireann – Constitution of Ireland, Dublin.

Coakley, John, **Gallagher**, Michael (Hrsg.), 1996: Politics in the Republic of Ireland, Limerick.

Coakley, John, 1993: The Senate Election, in: **Gallager**, Michael/**Laver**, Michael (Hrsg.), 1993: How Ireland Voted 1992, Dublin/Limerick, S. 135-145.

Chubb, Basil (Hrsg.), 1983: A Source Book of Irish Government, Dublin.

Chubb, Basil, 1970: The Government & Politics of Ireland, Stanford/London.

Chubb, Basil, 1991: The Politics of the Irish Constitution, Dublin.

Dooney, Sean/**O′Toole**, John, 1998: Irish Government Today, Dublin.

Lee, J.J., 1995: Ireland 1912-1985 – Politics and Society, Cambridge.

Lydon, James, 1998: The Making of Ireland – From ancient times to the present, London/ New York.

Mansergh, Nicholas, 1934: The Irish Free State – Its Government and Politics, London.

O′Sullivan, Donald, 1972: The Irish Free State and its Senate, New York.

Penniman, Howard R. (Hrsg.), 1978: Ireland at the polls – The Dáil Elections of 1977, Washington, D.C.

Report of the Constitution Review Group, 1996, Dublin.

Schüttemeyer, Suzanne S./**Sturm**, Roland, 1992: Wozu Zweite Kammern? Zur Repräsentation und Funktionalität Zweiter Kammern in westlichen Demokratien, in: Zeitschrift für Parlamentsfragen, Heft 3, S. 517-536.

Ward, Alan J., 1994: The Irish Constitutional Tradition – Responsible Government and Modern Ireland 1782-1992, Dublin.

Wende, Peter, 1995: Geschichte Englands, Stuttgart/Köln/Berlin.

D. Neugeschaffene Zweite Kammern in den mittel- und osteuropäischen Staaten: neue Modelle oder alte Formen

Franka Maubach

„Learning by doing"
Der russische Föderationsrat im Prozeß der Institutionenbildung

I.   Einleitung[1]

Die Transitionsforschung, die sich unter anderem mit den postkommunistischen Gesellschaften und deren politischen Systemen beschäftigt, kann – gerade im Gefolge des Systemzusammenbruchs in den Staaten des „real existierenden Sozialismus" Anfang der neunziger Jahre – als blühender Zweig der Politikwissenschaft bezeichnet werden. Während meist die demokratischen und marktwirtschaftlichen Implikationen der Transformationsprozesse im Mittelpunkt des Forschungsinteresses stehen[2], kann auch ein Blick mit der Sonde in einzelne Systembausteine von Nutzen sein, um die Entwicklungen von einem System zu einem (gegenwärtig noch nicht konkret bestimmbaren) anderen bewerten zu können. In diesem Sinne soll im Folgenden eine Nahaufnahme der russischen Zweiten Kammer, des Föderationsrates (*Sowet Federazii*), versucht werden. Als Instrument und Forum territorialer Repräsentation ist der Föderationsrat in der deutschen Presse wie auch in der politikwissenschaftlichen Forschung kaum präsent; zu sehr richtet sich der Blick auf das Geschehen in der vermeintlich bedeutenderen Ersten Kammer, der Duma, und fokussiert dort beispielsweise die alle vier Jahre stattfindenden Wahlen, die 1999 zum dritten Mal angesetzt waren. Dabei hat der Föderationsrat als Zweite Kammer der Föderalversammlung (*Federalnoe Sobranije*), des russischen Parlaments, eine verstärkte Aufmerksamkeit durchaus verdient. In der Systemtypologie ehemaliger kommunistischer Staaten (die sich durch starke vertikale Machtstrukturen auszeichneten und insofern nahezu sämtlich Einkammerparlamente besaßen) finden sich auch gegenwärtig nur wenige bikamerale Varianten und unter diesen noch weniger, die eine so starke Legitimität aufweisen, daß die Frage nach ihrer Existenzberechtigung nicht gestellt wird.[3] Zu dieser letzten Klasse gehört ohne Zweifel die Russische Föderation[4], die strukturell „am ehesten den klassischen Regelungen für Bundesstaaten nahekommt", und in der – aufgrund einer komplexen ethnischen Situation – eine echte Föderalisierung und, damit einhergehend, dessen institutionelle Implementation unabdingbar erscheinen [Ziemer 1996: 155].

Eine Analyse des Föderationsrates, die strukturelle Kriterien ebenso wie verfassungsrechtliche und -praktische Stellung einbezieht, kann exemplarisch Aufschluß über den Status quo der Föderalisierung und der institutionellen Ausgestaltung des politischen Systems geben. Den Prozeß einer Institutionenbildung nachzuvollziehen, ist deswegen besonders interessant, weil stabile Institutionen eine Grundbedingung für ein funktionierendes politisches System

---

[1] Die Umschrift des Kyrillischen folgt nicht der wissenschaftlichen, sondern der besser lesbaren Dudentranskription, die mit Abweichungen auch in der Presse verwendet wird. Die Übersetzungen aus dem Russischen stammen sämtlich von mir.

[2] Vor allem ist an dieser Stelle auf den Politik- und Sozialwissenschaftler Claus Offe zu verweisen, der in seiner 1994 erschienenen Monographie „Der Tunnel am Ende des Lichts. Erkundungen der politischen Transformation im Neuen Osten" ideenreiche Gedanken äußert, die trotz der beschleunigten Veränderung in den postkommunistischen Systemen nichts von ihrer Aktualität eingebüßt haben und einen faszinierenden Theorierahmen vorgeben.

[3] Vgl. dazu den Aufsatz zum tschechischen Senat in diesem Band.

[4] Genauer müßte von der Rußländischen Föderation gesprochen werden, um mit dieser Terminologie zu verdeutlichen, daß nicht nur die Russen, die den größten Bevölkerungsanteil bilden, sondern auch die übrigen Nationalitäten und Völkerschaften zum Staatsvolk gehören. Hier wird der gewohnte Begriff beibehalten.

darstellen. Der Institutionalisierungsgrad läßt sich dabei nach J. W. Hahn unter anderem am *„degree of autonomy"* ablesen: „By degree of autonomy, we mean that defineable boundaries exist between legislative bodies and other institutions in the political system external to them. [...] The greater the degree of autonomy (or, the lower the level of subordination), the higher the level of institutionalization."[5] [Hahn 1996: 8] Im hier untersuchten Kontext lassen sich zwei Phasen der Institutionenbildung ausmachen. In einer ersten Phase, die nach der Annahme der neuen russischen Verfassung 1993 begann, wirkten nicht selten ‚Sowjetismen' weiter, die einer Abgrenzung der Institutionen untereinander im Weg standen. Seit 1995/96 hat sich dagegen das institutionelle Beziehungsgeflecht wesentlich stärker entwirrt und ausdifferenziert. Der Föderationsrat, der häufig als Verbündeter des Präsidenten beschrieben wird, zeigt, so die hier verfolgte These, langsame, aber deutliche Emanzipationstendenzen und konterkariert mittlerweile durchaus die präsidiale Politik. Natürlich ist nicht vorherzusehen, wie und wann der Prozeß der Institutionenbildung und der Ausgestaltung politischer Strukturen schließlich zu festen Formen gerinnt. Das Nachzeichnen der institutionellen Probeläufe, die häufig dem Prinzip des *learning by doing* gehorchten, verdeutlicht, wie problematisch sich die Schaffung politischer Strukturen in Transformationsstaaten gestaltet.

II.   Die Nivellierung föderaler Asymmetrien in der Zweiten Kammer

„Despite their formal equality, the constitution still recognizes some differences between the various types of constituent units. Thus, the eightynine units of federation are considered to be different but equal." [DeBardeleben, 1997: 44]

1. Der asymmetrische Föderalismus als Fundament

Die Entstehung und Funktionsweise des Föderationsrates kann nur auf der Folie des föderalen Staatsaufbaus in Rußland verstanden werden. Ein Aufriß des russischen Föderalismus ist deswegen nötig, weil die bestehenden föderativen Ungleichmäßigkeiten, die im weiteren beschrieben werden, die Grundlage für die territoriale Repräsentation im Zentrum, die dem Föderationsrat aufgetragen ist, bilden. Vordergründig weist die Entscheidung für einen solchen System-Baustein in Richtung der – so die Forschungsmeinung – stabileren Version Zweiter Kammern besonders in westlichen Regierungssystemen. Diese legitimieren sich ja häufig eben dadurch, daß sie im politischen Zentrum untergeordnete geographische Einheiten vertreten, und auf diese Weise spezifische regionale Interessen Eingang in den politischen Entscheidungsprozeß finden. Eine solche Einschätzung darf aber nicht dazu führen, den Föderationsrat vorschnell in die Logik westlicher bikameraler Varianten – bei denen durchaus Anleihen genommen wurden – einzuordnen, da das russische Modell besonderen Gesetzen unterworfen ist. In Rechnung zu stellen ist in diesem Kontext vor allem, daß die 89 Föderationssubjekte sich in ihrer Beziehung untereinander in eine Hierarchie einordnen lassen und verschiedene Vorrechte besitzen. Dies schlägt sich im Ausdruck des „asymmetrischen Föderalismus" nieder, der in der Forschungsliteratur Verwendung findet. Des öfteren wird dem Substantiv auch das Attribut ‚ad-hoc' beigefügt, um die spontane und reaktive Politik vor allem den Republiken gegenüber zu charakterisieren [DeBardeleben 1997; Mick 1994; Busygina 1998: passim].

Die Fakten sprechen für sich: Bei einer Gesamtbevölkerung von ungefähr 150 Millionen sind 84 Nationalitäten und Völkerschaften vertreten, die in etwa 16 Prozent ausmachen [Slatopolski 1997: 20]. Die 89 Föderationssubjekte lassen sich in 21 Republiken, 6 Regionen, 49 Gebiete, zehn autonome Bezirke, ein jüdisches autonomes Gebiet und zwei Städte mit

---

[5] Als weitere, der Institutionenlehre entnommene Kriterien nennt er *„complexity of internal organization"* und *„continuity of norms"* [Hahn 1996: 8].

föderalem Rang – Moskau und St. Petersburg – unterteilen. Die Republiken definieren sich über ihre jeweilige Titularnation, während die übrigen rein administrative Einheiten darstellen, in denen Russen die Mehrheit stellen. Ersteren räumt die Verfassung von 1993 weitgehendere Rechte als den übrigen Subjekten ein: So dürfen die Republiken beispielsweise eine eigene Verfassung, die anderen Gebiete aber nur ein Statut erstellen [Art. 5 Abs. 2 Verfassung der Russischen Föderation: VRF]. Da sich in der Vergangenheit in den Republiken vermehrt Souveränitätsbestrebungen geregt hatten und nationale Bewegungen entstanden waren, mußte das Zentrum die Republiken mit besonderen Rechten zufriedenstellen, um die Gefahr eines Auseinanderbrechens zu bannen. Paradigmatisch dafür stehen Prozesse in Tatarstan und besonders in Tschetschenien.

Bis zur Annahme der neuen russischen Verfassung herrschte über das zukünftig zu verfolgende Föderalismuskonzept noch weitgehend Uneinigkeit, zumal sowjetische Erb- und Altlasten weiterwirkten. Die dem westlich geschulten Ohr vertraut klingende Formel der „Föderation", der sich Rußland nach seiner Souveränitätserklärung verschrieben hat, soll indes nicht darüber hinwegtäuschen, daß auch die UdSSR, zumindest dem Namen nach und als vordergründige Legitimation, ein föderativ organisiertes Staatswesen darstellte. Realiter aber war die Sowjetunion zeit ihres Bestehens nichts anderes als ein „föderalistisch verbrämte[r] Zentralstaat mit ethnisch definierten ‚Titularnationen'" [Geyer 1998: III]. Es lohnt sich also, überkommen ‚Sowjetismen' und pseudoföderalen Elementen nachzuspüren und sich zu vergegenwärtigen, daß der russische Föderalismus nicht zuletzt aus diesem Grund durch vielfältige Problemlagen charakterisiert ist. So gibt es zum Beispiel autonome Bezirke, die in anderen Regionen liegen; dies stellt ein Relikt aus sowjetischen Tagen dar, das der Vorsitzende des Föderationsrates Strojew in einem Interview, das er 1997 einer juristischen Fachzeitschrift gab, passend als „Matrjoschka-Prinzip" (benannt nach den traditionellen russischen Steckpuppen) bezeichnet, da eine administrativ-territoriale Einheit Platz in der nächsten findet [Na puti... 1997: 5].

Prämisse bei den zahlreichen Föderalisierungsdebatten war, eine dem implodierten Sowjetreich ähnliche Entwicklung en miniature zu vermeiden und hier besonders den nach möglichst weitgehender Unabhängigkeit strebenden Republiken Genüge zu tun, ohne Konflikte mit den übrigen Föderationssubjekten heraufzubeschwören. Es wurde nach 1991 bis auf weiteres ein Vertragsföderalismus [Slatopolski 1997: 25] eingerichtet, in dessen Mittelpunkt Kompetenzabgrenzungsverträge mit den einzelnen Subjekten standen. Am 31. März 1992 wurde ein Föderationsvertrag mit den in drei Gruppen zusammengefaßten Subjekten abgeschlossen, eine Praxis, die mehr an die Einrichtung einer Konföderation denn einer Föderation erinnert. Im Vertrag mit den Republiken wurden deren weitgehende Sonderrechte festgeschrieben, dennoch wurde der Vertrag von Tschetschenien und Tatarstan nicht unterzeichnet. Diese Form des reaktiven „ad-hoc-Föderalismus" war hingegen nicht die einzige Variante, die in Betracht gezogen wurde: In der Verfassungskommission sprach man sich beispielsweise dafür aus, von oben nach unten zu föderalisieren und die Einheiten nach deutschem und österreichischem Vorbild in gleichberechtigte Länder (*semli*) umzuwandeln. Dagegen optierten wiederum die Republiken, die um ihre Sonderrechte bangten, von Anfang an nicht für einen „homogenen Bundesstaat", sondern für eine „asymmetrische Föderation" [Luchterhandt 1996: 245]. Obwohl einigen Forderungen, wie etwa der Aufnahme der Föderationsverträge von 1992 in die neue Verfassung, im Kontext der 1993 erstarkten Position des Präsidenten nicht stattgegeben wurde, blieb der hierarchische föderale Aufbau bestehen, und so finden sich neben den Verfassungsbestimmungen auch weiterhin vertrags-föderale Elemente. Der hier skizzierte Föderalisierungsprozeß erscheint aus der Retrospektive sowohl zwangsläufig als auch folgenschwer: Um die formale verfassungsmäßige Gleich-berechtigung der Föderationssubjekte [Art. 5 Abs. 1 VRF] zu realisieren, bleibt nun als ausgleichendes Element vor allem der Föderationsrat. Damit das politische System bundesstaatliche Asymmetrien zu tragen vermag, muß ein Instrument des Ausbalancierung einge-richtet werden, um möglichen Animositäten der territorialen Einheiten untereinander aus dem Weg zu gehen. Weiterhin geht die gegenwärtig zu beobachtende Tendenz einer „wachsenden Eigenständigkeit der autonomen nationalen Republiken wie einzelner Verwaltungsregionen" mit der Bedeutungszunahme des Föderationsrates parallel [Mommsen 1999: 303; zum Bedeutungszuwachs der Regionen auch Kryschtanowskaja 1999: 6].

2. „Trial and error": Die Entstehung des Föderationsrates

Der formal und institutionell gleiche Status, der den Föderationsmitgliedern verfassungs-rechtlich zugewiesen wird, hebt sich also signifikant von den bereits beschriebenen Asymmetrien ab, die der russische Föderalismus aufweist. Die eingangs zitierte Schluß-folgerung von Joan DeBardeleben macht dies sinnfällig. Diese eklatante Divergenz („[...] the eightynine units of federation are considered to be different but equal.") liegt in zwei Sachverhalten begründet: Auf der einen Seite soll der hierarchische Aufbau Sezessions-bestrebungen (die sich beispielsweise 1994 bis 1996 in Tschetschenien entluden) besonders in den Republiken verhindern, auf der anderen Seite hat die institutionalisierte Gleichheit im Zentrum eine einheitliche Politik Rußlands zum Ziel. Dies wird evident, wenn man den Blick auf den Föderationsrat richtet: Hier werden die Statusunterschiede zwischen den Republiken und den anderen Gebieten, die ökonomischen beispielsweise zwischen Geber- und Nehmersubjekten und die demographischen zwischen bevölkerungsschwachen und -starken Gebieten in eine formale Unterschiedslosigkeit überführt und so gänzlich eingeebnet. Im Föderationsrat sitzen für jede föderative Einheit jeweils zwei „Senatoren" (die in erster Linie in der Presse, aber nur selten in offiziellen Dokumenten nach US-amerikanischer Manier tituliert werden).

Claus Offe bezeichnet es als außerordentlich schwierig, „in dieser Situation des Übergangs universalistische institutionelle Strukturen und Verfassungsordnungen ins Leben zu rufen, auf deren Grundlage ethnische Konflikte in ihrer Relevanz gemindert und schließlich befriedet werden können" [Offe 1994: 136]. Er teilt die Befriedung solcher Konflikte in zwei Phasen ein, in deren erster ein „konsensfähiges *Verfahren*" gefunden werden muß, nach dem die Parteien zu einer Übereinstimmung geführt werden können. In einem zweiten Schritt müssen diese dann durchgesetzt werden [Offe 1994: 172]. Übertragen auf den russischen Föderationsrat wäre die Suche nach einem geeigneten Verfahren in den Diskussionen um dessen Ausgestaltung zu suchen. Über die institutionelle Vorarbeit hinaus verständigte man sich folglich auch über Formen der Beziehung zwischen Zentrum und Regionen, die nur mit der Zustimmung aller Zukunft haben können. Die dann festgelegten Grundsätze bilden das institutionelle Arrangement, das unten in seinen konkreten Verfahrensweisen dargestellt werden soll.

Die Entstehung des Föderationsrates nachzuzeichnen heißt, eine unvollständige Skizze anzufertigen, da sich der Institutionenbildungsprozeß – vor gerade einem halben Jahrzehnt begonnen – gegenwärtig noch fortsetzt. Zugegebenermaßen kann dieser Prozeß in allen Systemen kaum je als abgeschlossen gelten, aber dennoch beginnt er im Laufe der Jahre und mit der Ausgestaltung traditioneller Elemente langsamer fortzuschreiten. Bis diese Phase einer relativ stabilen Institution eingeläutet ist, geht es in erster Linie um die Suche nach geeigneten Verfahrensordnungen. Der Vorsitzende des Föderationsrates, Strojew, erläutert dann auch die Schwierigkeiten, die in einem solchen Prozeß auftauchen, verweist beispielsweise auf die im Föderationsrat fehlenden Fachleute und kommentiert im Anschluß treffend: „Und dann muß man eben den *trial-and-error*-Weg beschreiten und im Gehen lernen" [Na puti...1997: 4].[6] Das Prinzip des *trial-and-error* fand Anwendung bei der Diskussion der verschiedenen Pläne und Entwürfe hinsichtlich des Bestellungsmodus und setzt sich bis in die politische Tagespraxis hinein fort. Gerade bezüglich Institutionen ‚in den Kinderschuhen' ist es wichtig und notwendig, den Blick auf andere Staaten zu richten, um deren Erfahrungsschatz, wo möglich, als eigene Gehhilfe zu nutzen. Strojew: „Um ihre Frage vorwegzunehmen, sage ich sofort, daß fremde Erfahrungen genutzt werden müssen, aber Fremdes bleibt auch immer fremd." [Na puti...1997: 4-5] Es heißt also hier, Elemente anderer Regierungssysteme zwar an- und aufzunehmen, die Institution als Ganzes aber auf die Bedingungen im eigenen Land abzustimmen, zumal in einem Staat wie Rußland, dessen asymmetrisch-föderaler Staatsaufbau ein in der Welt einzigartiges Experiment darstellt. Besonders fällt dennoch die Orientierung am US-amerikanischen Modell ins Auge: Sowohl hinsichtlich des Bestellungsmodus wie auch der Funktionen finden sich einige bedeutende Übereinstimmungen mit dem Senat.

Die Entwicklung, die nach der Auflösung des Obersten Sowjets zur Ausgestaltung des Zweikammersystems in Rußland geführt hat, ist von der bereits beschriebenen Janusköpfigkeit von alten sowjetischen Elementen und dem Übergang zu westlichen Politikmustern gekennzeichnet. Mit der in der neuen Verfassung getroffenen Entscheidung für ein bikamerales System [Art. 95 Abs.1 VRF] verabschiedete man sich in der Terminologie deutlich vom sowjetischen Modell: Bis 1993 hieß das Parlament noch „Oberster Sowjet" gemäß der alten Bezeichnung; nun verständigte man sich auf den Begriff „Föderalversammlung", der den föderalen Charakter des Staatswesens besonders betont. Dennoch ist der Bikameralismus in Rußland „nicht gänzlich unbeeinflußt vom sowjetischen Verfassungsrecht und seiner Unterteilung des Obersten Sowjet in einen Unionssowjet und einen Nationalitätensowjet" [Westen 1994: 824].

Um – nach diesen generellen Überlegungen – chronologisch an den Anfang des Prozesses zurückzukehren: Bereits Mitte 1993, als der Machtkampf zwischen Oberstem Sowjet, also dem alten Parlament, und Jelzin sich zuspitzte, versuchte Jelzin, die regionalen Führungspersonen auf seine Seite zu ziehen. Im August fiel der Beschluß, diese in einem Beratungsorgan, dem Föderationsrat, zusammenzufassen, um an der Realisierung des Föderationsvertrages vom März 1992 zu arbeiten. Dieses Gremium sollte also neben dem Obersten Sowjet bestehen und eine reine Beratungsfunktion innehaben. Am 18. September fand die erste und, da die Regionen sich nicht vereinnahmen lassen wollten, auch letzte Sitzung dieses Organs statt, und drei Tage später hatten sich die politischen Konstellationen mit dem Erlaß über die Auflösung des Obersten Sowjets grundlegend verändert [Tschinarichina 1998: 10; Mommsen 1996: 188]. Dennoch läßt sich dieser erste Föderationsrat – nicht nur dem Namen, sondern auch der Idee nach – als Vorläuferinstitution des heutigen beschreiben, dem dann aber, als Zweiter Kammer des neuen russischen Parlaments, viel substantiellere Funktionen zugeschrieben wurden.

Mit den ersten Plänen und Entwürfen für eine Verfassung Anfang 1993 wurde auch über die Strukturprinzipien der Zweiten Kammer der Föderalversammlung debattiert. Die Republiken, die mit der Unterzeichnung des Föderationsvertrages im März 1992 ihren höheren Stellenwert innerhalb der Föderation zementiert hatten und nun keinen Bedeutungsverlust hinnehmen wollten, bestanden neben verschiedenen anderen Privilegien darauf, in einem späteren Oberhaus die Hälfte der Sitze für sich reklamieren zu können [Busygina 1998: 243].[7] Auch Jelzin, der im Frühjahr 1993 durch den Kampf mit der

---

[6] Strojew drückt dies nicht mit dem eingebürgerten englischen Begriff, sondern mit dem russischen Äquivalent aus: „Wot i prichoditsja idti putjom *prob i oschibok* [...]." [Hervorhebung F.M.]

[7] Diese Forderung läßt sich unter anderem auf das Gewicht der Republiken im sogenannten „Rat der Republikoberhäupter" zurückführen, der ebenfalls als eine Vorläuferinstitution des Föderationsrates

Legislative geschwächt war, erwog diese Variante, obwohl die Republiken insgesamt nur 15 Prozent der Bevölkerung stellen, ließ sie aber später wieder fallen: Er balancierte auf dem schmalen Grat zwischen der Eindämmung zentrifugaler Tendenzen auf der einen, und dem Werben um Unterstützung seiner Politik durch die föderalen Subjekte auf der anderen Seite [Mick 1994: 616; Tolz 1993: 4].

Die Entstehung des Föderationsrates nach der Annahme der neuen russischen Verfassung im Dezember 1993 ist besonders vor dem Hintergrund der konfliktgeladenen politischen Situation zu sehen und zu bewerten. Den Machtkampf mit der Legislative hatte Jelzin mit der Parlamentsauflösung am 21. September 1993 erst einmal für sich entscheiden können. Der Föderationsrat sollte nun als Gewicht der Exekutive in der Waagschale fungieren; Präsident und Regierung hofften, die territorialen Formationen und hier insbesondere die Republiken auf ihre Seite ziehen zu können. 1993 versuchte der Präsident, so läßt sich schlußfolgern, nahezu alles, um einen Zerfall des (durch die ethnische Gemengelage und die Vorbildfunktion der auseinandergebrochenen UdSSR höchst explosiv aufgeladenen) russischen Nationalitätenstaates zu verhindern. Da Jelzin zu diesem Zeitpunkt mit der Ernennung der Gouverneure in den Regionen ein funktionstüchtiges Instrument zur Hand hatte, um die dortige Politik zu beeinflussen, galt auch der die Gebietskörperschaften repräsentierende Föderationsrat als eher loyal gegenüber der Politik des Präsidenten.

Aus diesen politischen Konstellationen ergibt sich die verfassungsrechtliche Stellung des Föderationsrates: Dessen Nennung erfolgt grundsätzlich zuerst und seine (gegenüber der Ersten Kammer allerdings geringeren) Kompetenzen werden vor denen der Duma behandelt [Art. 102 VRF].[8] Aus diesem Grund wird der Föderationsrat in der Literatur sporadisch als Erste Kammer bezeichnet. Daß Jelzin eher auf den Föderationsrat als zuverlässigeren politischen Partner in spe setzte, illustriert die konstituierende Sitzung des Föderationsrates am 11. Januar 1994: Hier und nicht bei der ersten Dumasitzung hielt der russische Präsident eine Rede [Schneider 1994/95: 46]. Daß der Föderationsrat häufig als verhältnismäßig schwache Kammer bezeichnet wurde und wird, liegt einerseits an den verfassungsmäßigen Kompetenzen, wie andererseits an der realpolitischen Abhängigkeit vom Präsidenten. Der Föderationsrat hat dennoch einige durchaus schlagkräftige Instrumente in der Hand, die er in der hier postulierten zweiten Phase auch zur Anwendung gebracht hat: Als Beispiel sei die nötige Zustimmung zu personalpolitischen Entscheidungen des Präsidenten genannt [Art. 102 Abs.1 g.), h.), i.) VRF]. An einem konkreten Fall wird dies weiter unten illustriert.

Daß diese nach 1993 entstandene Situation der Zweiten Kammer sich in den folgenden Jahren verändern sollte, wird in den weiteren Kapiteln offensichtlich: Seitdem die regionalen Oberhäupter nicht mehr vom Präsidenten ernannt, sondern direkt gewählt werden, sind auch für den Föderationsrat neue Rahmenbedingungen entstanden. Vor allem hat sich das politische Selbstverständnis und -bewußtsein der Gouverneure geändert, und die 89 territorialen und nationalen Einheiten im vertikal-föderalen System haben wesentlich an Bedeutung gewonnen. Mehr als einmal hat der Föderationsrat seitdem seine

---

angesehen werden kann. Angetrieben von der Deklaration der staatlichen Souveränität von 15 der 16 autonomen Republiken (sowie von vier autonome Gebieten – Adygeja, Gorny Altai, Karatschajewo-Tscherkessija und Chakassija) wurde dieses Organ bereits 1990 zur Erhöhung ihrer politischen Durchsetzungsfähigkeit geschaffen [Slatopolski 1997: 23; Busygina 1998: 242]. Unter Vorsitz des Unionsoberhauptes Jelzin tagten dort die Republikoberhäupter sowie der Vorsitzende des Nationalitätenrates des Obersten Sowjets, die mit Zweidrittelmehrheit Beschlüsse fassen konnten, die dann als Präsidialdekret ergehen sollten [Mommsen, 1996: 121].

[8] Diese Tatsache beschreibt Klaus Westen in seinem Aufsatz über die russische Verfassung als merkwürdig [Westen 1994: 825]; aus der Perspektive der zeitgenössischen politischen Konstellationen heraus interpretiert nimmt sie sich demgegenüber als logische Konsequenz aus.

verfassungsmäßigen Rechte dazu benutzt, um gegen den Präsidenten zu agieren.

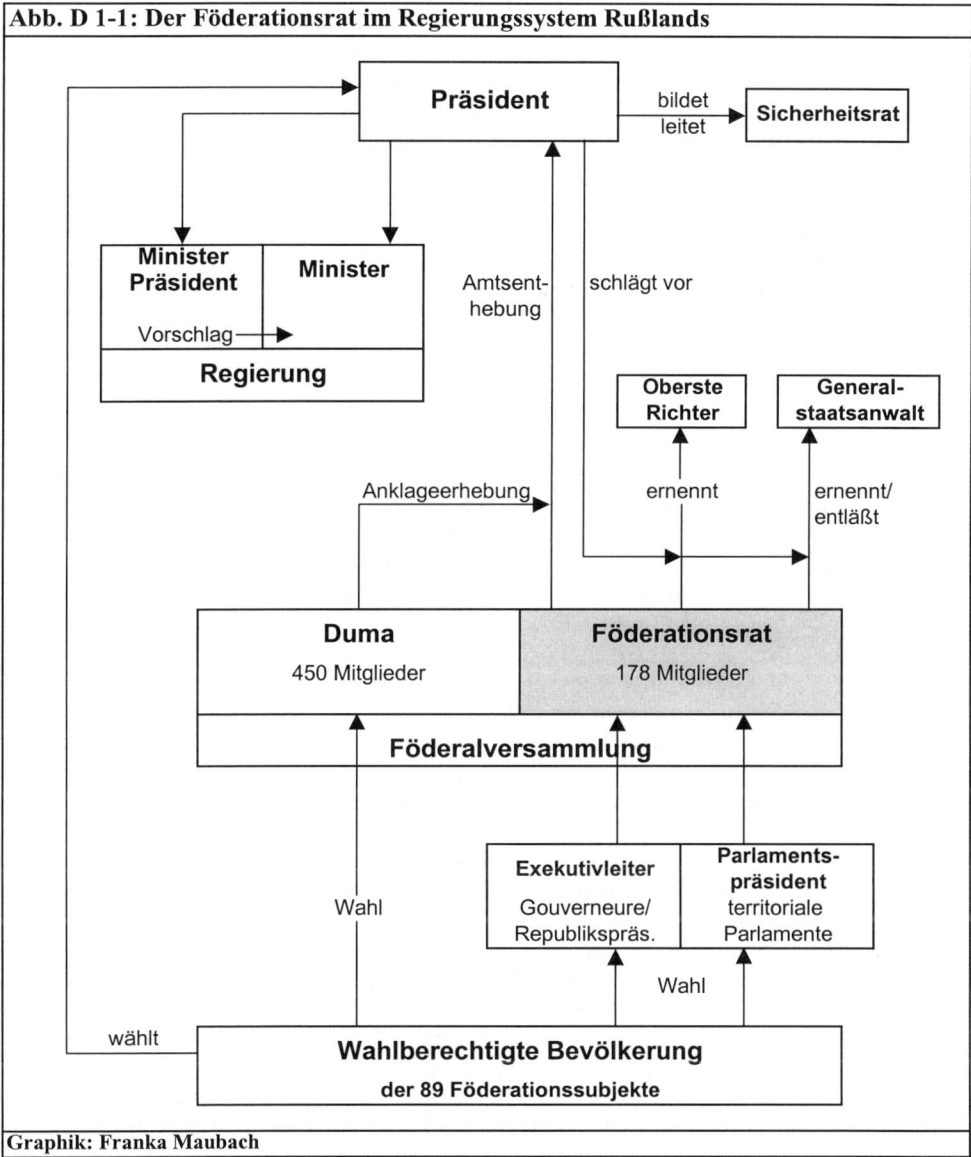

Abb. D 1-1: Der Föderationsrat im Regierungssystem Rußlands

Graphik: Franka Maubach

III.   Wahl und Zusammensetzung

Wie bereits bemerkt, beschickt jedes der 89 Föderationssubjekte den Föderationsrat mit jeweils zwei „Senatoren", wobei keinerlei regionale Repräsentationsdifferenzierung besteht. Dies ist dem US-amerikanischen System nachempfunden, unterliegt aber ganz anderen föderativen Auflagen. Die Mitglieder des Föderationsrates erhalten ihr (freies) Mandat jeweils automatisch als Leiter der Exekutive (der Präsident einer Republik oder der Gouverneur) und der Legislative (die jeweiligen Parlamentspräsidenten). Die Mitgliedschaft im Föderationsrat erneuert sich seit 1995 periodisch, parallel mit den in den einzelnen Subjekten stattfindenden Wahlen, nach denen die „Senatoren" eines Föderationssubjektes – je nach Wahlausgang – ausgewechselt werden oder ihren Sitz behaupten [Art. 4 Abs. 2 Geschäftsordnung des Föderationsrates: GO]. Die alle vier Jahre abzuhaltenden Parlamentswahlen (1999 beispielsweise waren 18 Wahlen angesetzt) finden in den 89 Einheiten aber nicht gleichzeitig, sondern verschoben statt, so daß ein ständiger Wechsel gegeben ist. Folglich sind die Mitglieder indirekt demokratisch legitimiert, wobei nochmals zwischen den direkt gewählten Gouverneuren und den jeweiligen Parlamentspräsidenten unterschieden werden muß. Erstere erlangen ihre Legitimation, obwohl nicht für ihr Amt im Föderationsrat gewählt, viel unmittelbarer durch die Bevölkerung selbst und sind damit sowohl Vertreter der regionalen Exekutive als auch – im Föderationsrat – der Legislative. Ein solcher Bestellungsmodus stellt in der Typologie bikameraler Systeme eine Ausnahme dar, erweckt aber den Eindruck einer effektiven Lösung: Trotz der Gewaltenverschränkung, die mit diesem Verfahren einhergeht, sind die Gouverneure doch dazu verpflichtet, die regionalen Bürgerinteressen zu vertreten, wenn sie wiedergewählt werden wollen. Der hier beschriebene derzeitige Bestellungsmodus bildete sich allerdings in einem längeren Prozeß heraus, da man auf dem noch unsicheren institutionellen Boden vorerst nur tastend den Weg fand. Diese Entwicklung soll nun skizziert werden.

Nach dem August-Putsch 1991, der die Erosion der alten Ordnung besiegelt und den losgetretenen Erdrutsch sezessionistischer Tendenzen beschleunigt hatte, wurden die Ersten Gebietssekretäre der nun verbotenen KPdSU in den Nicht-Republiken von Jelzin durch regionale Administrationschefs, die Gouverneure, ersetzt [Schneider 1997: 20]. Diese verfolgten einen Reformkurs im Sinne Jelzins, der hoffte, einem möglichen territorialen Zerfall auf diese Weise Einhalt gebieten zu können. Die Ernennungspraxis läßt sich deswegen als paradoxes Element bezeichnen, weil – auf der einen Seite – die Stellenbesetzung von oben der föderalen und demokratischen Reformpolitik zuwiderlief und so ein an das Sowjetsystem erinnerndes scheinföderales Element darstellte. Auf der anderen Seite sollte dieses Verfahren eben dazu dienen, die alte Nomenklatura durch Reformpolitiker zu ersetzen.[9] Nachdem Jelzin im Machtkampf mit dem Parlament und dessen Vorsitzendem Chasbulatow die Oberhand behalten und den Obersten Sowjet aufgelöst hatte, forderte er die lokalen und regionalen Sowjets auf, diesem Beispiel zu folgen. Er versuchte nun, im Sinne der Zementierung seiner Macht, die bis hinunter in die Regionen reichen sollte, das Sowjetsystem zur Gänze zu zerschlagen. Die Sowjets der drei untersten Verwaltungsebenen wurden auf seine Anordnung vom 9. Oktober hin aufgelöst [Mick 1994: 620-21]. Dementsprechend ungeordnet war der Raum der Territorialverwaltung, so daß bei den ersten Wahlen zu Duma und Föderationsrat, die am 12. Dezember (paradoxerweise gleichzeitig mit der Abstimmung über die neue Verfassung, in der die neue Institution überhaupt erstmals verankert war) stattfanden, eine besondere Regelung griff: Die Wählerinnen und Wähler mußten die Mitglieder des Föderationsrates direkt wählen [Zweiter Abschnitt, 7 VRF; DeBardeleben 1997: 51].[10] Die Wählbarkeit der Gouverneure, die seit 1995 als Vertreter der Exekutive einen festen Platz im Föderationsrat innehaben, war dabei fragwürdig. Jelzin gestattete ihnen dennoch, für das

---

[9] Claus Offe beispielsweise beschreibt die „effektive Wahrnehmung bestehender oder erweiterter Rechte des Präsidenten" als ein Verfahren zur Konsensbildung in heterogenen ethnischen Transformationsgesellschaften [Offe 1996: 173]. Dabei besteht bekanntermaßen die Gefahr eines Mißbrauchs derartig extensiver Vollmachten.

[10] Dabei beschickten weder Tatarstan noch Tschetschenien den Föderationsrat mit Abgeordneten, und ein Gebiet konnte – da sich nur ein Kandidat zur Wahl gestellt hatte – nur einen Vertreter entsenden, so daß sich die Mitgliederzahl im Föderationsrat auf 171 Mitglieder reduzierte. Tatarstan beispielsweise wählte seine zwei Vertreter erst am 13. März 1994, nachdem die Föderation im Februar einen sehr weitgehenden Kompetenzabgrenzungsvertrag mit der Republik abgeschlossen hatte [Michajlov 1999: 372-373].

Mandat zu kandidieren, wofür er kritisiert wurde, denn dieses Verfahren minimierte – aufgrund der Tatsache, daß die Gouverneure bis dato von Jelzin ernannt wurden – den demokratischen Effekt [Mick 1994: 625].[11] Damit die präsidialen Vollmachten sich nicht auf den Föderationsrat erstreckten, konnte Jelzin sie – wenn sie kandidierten und gewählt wurden – zwar als Gouverneure aus dem Amt entlassen, sie aber nicht aus dem Föderationsrat entfernen. Insgesamt waren unter den 171 Mitgliedern 33 Gouverneure, sechs Republikspräsidenten, acht Vorsitzende von Republiksowjets und zehn Regierungschefs vertreten [Mick 1994: 625]. Da der Bestellungsmodus der direkten Wahl aber nur in der Übergangsperiode Wirkung hatte, wartete 1995 – nach dieser ersten halbierten Legislaturperiode, als sowohl Föderationsrat und Duma neu zu wählen waren – erneut ein Verfahrensstreit. Es ging nun darum, die Verfassungsklausel, in der von jeweils einem Vertreter der Exekutive und der Legislative der einzelnen Subjekte im Föderationsrat die Rede ist [Art. 95 Abs. 2 VRF], auszudeuten und zu einem verstetigten Prozedere zu finden. Die Präzisierung der vagen Bestimmungen war in der Verfassung selbst auf ein späteres föderales Gesetz verschoben worden [Art. 96 Abs. 2 VRF].

1995 die Entscheidung für den Wahlmodus beider Parlamentskammern. Mit der Annahme von Gesetzen über die Wahlen zu Duma, Föderationsrat und auch zum Präsidenten durch die Föderalversammlung wurden die Bestellungsmodi festgeschrieben. Während der Präsident wie bisher direkt zu wählen war, wurde die Duma, dem deutschen Beispiel folgend, zur Hälfte über Listen- und zur anderen Hälfte über Direktkandidaten besetzt. Das Gesetz zur Formierung des Föderationsrates vom 5. Dezember 1995 [*Federalny sakon o porjadke formirowanija Soweta Federazii Federalnogo Sobranija Rossiskoi Federazii* SZRF 1995: Pos. 4849] sah vor, daß er sich aus den jeweiligen, direkt zu wählenden Oberhäuptern der Exekutive und aus den Leitern der Legislative zusammensetzen sollte [Lysenko 1998: 16]. Zugleich mit der Ausdeutung der Verfassung wurde durch die Direktwahl der Gouverneure eine Demokratisierungsebene eingezogen [Schneider 1997: 20]. Bis zum 1. Januar 1997 mußten alle 178 Mitglieder des Föderationsrates abgeordnet worden sein; hatten sich bis zu diesem Zeitpunkt die Regionalparlamente nicht konstituiert und waren die Gouverneure nicht gewählt, würden – so die Bestimmung – die jeweiligen Sitze des Territoriums verlorengehen [Lysenko 1998: 16]. Es bleibt festzuhalten, daß diese auf den ersten Blick progressive Demokratisierung und Dezentralisierung auch regressive Momente in sich barg, da bei den Gouverneurs- und Dumawahlen, die 1996 in 52 Regionen stattfanden, etwa die Hälfte der Gouverneure, die von Jelzin eingesetzt worden waren und dessen Politik stützten, eine Niederlage einstecken mußte, und an ihre Stelle vielfach Kaderpolitiker aus sowjetischen Tagen traten, die Reformen wieder entgegensteuerten.[12] Lysenko konstatiert: „Die Einführung der Gouverneurswahlen führte ohne die Schaffung effektiver Mechanismen zur Zügelung und als Gegengewichte zu einer Schwächung der vertikalen Exekutivmacht in einem noch unfertigen demokratisch föderalen Staat, was bestimmte Gefahren für die Einheit und politische Stabilität Rußlands in sich birgt." [Lysenko 1998: 16] Auf der anderen Seite ist es kaum möglich und wünschenswert, solange eine starke, vom präsidialen Zentrum ausgehende vertikale Politik zu verfechten, bis die Reformpolitik sich schlußendlich gegen mögliche rückschrittliche Elemente durchgesetzt hat. Die Einziehung solcher demokratischer Ebenen

---

[11] Dabei gab es allerdings Ausnahmen: So fanden beispielsweise im Orlowsker Gebiet (wie auch in einer Reihe anderer) bereits 1993 Gouverneurswahlen statt. Im Orlowsker Gebiet siegte J. Strojew, ehemaliges Mitglied des Politbüros im Zentralkomitee der KPdSU und heutiger Vorsitzender des Föderationsrates [Lysenko 1998: 15].

[12] Insgesamt wurden von den 52 Gouverneuren (inklusive fünf Präsidenten) 24 (46,2 Prozent) im Amt bestätigt; 28 (53,3 Prozent) lösten die alten Exekutivoberhäupter ab. Unter diesen wurden 15 von der kommunistischen KPRF und einem den Kommunisten nahestehenden Sammelbecken unterstützt [Schneider 1997: 23].

mag in Rußland mit seiner explosiven ethnischen Gemengelage gefährlich sein, aber es bleibt zu hoffen, daß die gegebenen Wahlmöglichkeiten zur Ausprägung einer demokratischen Mentalität führen. Und vor allem: Seit die Mitglieder des Föderationsrates sämtlich (indirekt) demokratisch legitimiert sind, und der russische Präsident weniger Zugriff auf die Regionalpolitik und damit auch auf die Zweite Kammer besitzt, setzen sie sich verstärkt für die Interessen ihres Territoriums ein und repräsentieren den föderalen Grundgedanken direkter [von Steinsdorff 1999: 30-31].

Betrachtet man die Mitgliederstruktur des Föderationsrates, läßt sich vorweg sagen, daß die Institution nicht parteipolitisch geprägt ist und keine Fraktionenbildung aufweist. Dies mag einer Blockade innerhalb der zweigeteilten Legislative, die unterschiedlichen Parteien-mehrheiten in den beiden Kammern folgen kann, vorbeugen. Ebenso kann der umgekehrte Fall ähnlicher oder gleicher parteipolitischer Mehrheiten und damit eine Doublierung der Entscheidungsprozesse verhindert werden. Die soziostrukturelle Zusammensetzung bietet für eine direkte Umsetzung und Reflexion der Interessen der jeweiligen Wählerschaft dennoch nicht unbedingt Gewähr, da sich die Mitglieder des Föderationsrates aus den regionalen Eliten rekrutieren, die durchaus sowohl ihre eigenen wie auch die Ziele verschiedener Lobbies verfolgen. Als Kontrollmechanismus dienen hier die Wahlen in den Subjekten, von denen die Mandate der Föderationsratsmitglieder mittelbar abhängen, so daß den Bürgerinteressen Rechnung getragen werden muß. Da aber jedes Gebiet, gleichviel welche Bevölkerungsdichte es aufweist, zwei Vertreter entsendet, sieht sich die Wählerschaft in ganz unterschiedlichem Maße vertreten [Tschinarichina 1998: 11]. So ist also die Zusammensetzung der Zweiten Kammer zuerst und vor allem Abbild regionaler Führungsschichten, stellt „ein Reservoir zur Auffüllung der föderalen Elite dar" [Tschinarichina 1998: 15] und besitzt durchaus Rekrutierungsfunktion für wichtige Posten auf der zentralen Ebene (man denke an den Moskauer Bürgermeister Luschkow oder an den Krasnojarsker Gouverneur Lebed). Eine geschlechterspezifische Analyse trägt nicht weit, da gegenwärtig nur eine Frau im Föderationsrat sitzt (0,56 Prozent), was im Vergleich zu anderen Zweiten Kammern deutlich unter dem Durchschnitt liegt.

IV.   Geschäftsordnung und Ausschüsse

Die Geschäftsordnung des Föderationsrates (*Reglament Soweta Federcii*) ist in ihrer heutigen Form erst im Februar 1996 in Kraft getreten. Damit fällt ihre Ausformulierung zeitlich in die hier beschriebene zweite Phase des Institutionenbildungsprozesses; seit 1995/96 hatten sich die Verfahren soweit verstetigt, daß die endgültige Ausarbeitung einer Geschäfts-ordnung sinnvoll erschien. Auf die substantielle Frage nach dem Bestellungsmodus des „Oberhauses" war mit der automatischen Mandatsvergabe an die exekutiven und legislativen Leiter der 89 Föderationssubjekte eine Antwort gefunden worden, und man hoffte nun, zum politischen Tagesgeschäft übergehen zu können. Die Geschäftsordnung läßt sich als erster Prüfstein bezeichnen, an dem sich der institutionelle Entwicklungsstand ablesen läßt, der in den knapp drei Jahren nach der Verabschiedung der Verfassung erreicht worden ist. Über den doch eher trockenen und papierenen Charakter hinaus, der solchen Verfahrensordnungen gemeinhin eigen ist, stellt die Geschäftsordnung des Föderationsrates ein Zeugnis von besonderem zeitgeschichtlichen und politischen Interesse dar. Da die den Föderationsrat betreffenden Verfassungsbestimmungen für eine Institution erstellt wurden, die im Wortsinn nur *de jure* bestand, nutzte man bei der Ausarbeitung der Geschäftsordnung die Chance, die in den vergangenen drei Jahren gemachten Erfahrungen schriftlich festzuhalten. Der prozessuale Charakter einer Institutionenbildung in Transformationsgesellschaften ist so an diesem Dokument abzulesen.

Im ersten Paragraphen ist dann auch der Bestellungsmodus festgelegt [Art. 1 Abs. 2 GO], womit die Verfassung ausgedeutet und ergänzt wird (natürlich ist diese Verfahrensweise auch Inhalt eines föderalen Gesetzes). Den Föderationsrat leitet der Vorsitzende oder, ist dieser verhindert, einer seiner vier Stellvertreter. In seinen Funktionsbereich fallen sämtliche Organisationsfragen: Er bestimmt beispielsweise den Gang der Gesetze, leitet sie an die entsprechenden Ausschüsse und – nach der Annahme durch den Föderationsrat – an den Präsidenten zur Unterschrift weiter [Art. 10 Abs. 1 f.) und g.) GO]. Hinsichtlich der personellen Besetzung des Vorsitzenden läßt sich ein Wechsel vom jelzintreuen ersten Vorsitzenden Schumeiko zu dem freier agierenden Strojew beobachten.

Ein praktischer Unterschied zur Staatsduma als ständig arbeitender Institution ist die Tatsache, daß die Mitglieder des Föderationsrates, die in ihrer Haupttätigkeit als regionale exekutive und legislative Leiter fungieren, nicht ständig im Föderationsrat arbeiten, sondern sich alle drei Wochen drei Tage lang sowohl zur Ausschußarbeit wie auch zu den in der Regel öffentlichen Plenumssitzungen treffen (mit einer Arbeitspause zwischen dem 15. Juli und 16. September). Da keine Anwesenheitspflicht besteht, und nur die Hälfte der Mitglieder teilnehmen muß, um eine Sitzung beschlußfähig zu machen [Art. 47 Abs. 1 GO], kommt es häufig vor, daß ein Großteil der Abgeordneten nicht anwesend ist. Das ändert allerdings nichts an der Tatsache, daß die elektronischen Abstimmungen in einem solchen Fall trotzdem von fast allen Mitgliedern vorgenommen werden, da einige Anwesende es sich nicht nehmen lassen, für ihre Kollegen abzustimmen.[13] Manipulationen und Verfahrensfehler dieser Art lassen sich im Föderationsrat häufig beobachten, so daß es an der für eine gelungene Institutionalisierung notwendigen „continuity of norms" [Hahn 1996: 8] offensichtlich noch mangelt und nur zu hoffen bleibt, daß mit der Zeit eine gewisse parlamentarische Routine Einzug hält. In diesem Zusammenhang hält es Ivanov für sinnvoll, die Geschäftsordnungen von Duma und Föderationsrat, die als einfache Beschlüsse angenommen wurden und so auch modifiziert werden können, in Gesetzesform zu gießen, um allzu leichtfertigen Änderungen Einhalt zu gebieten. Dies würde „das Gefühl aller am Gesetzgebungsprozeß Beteiligten stärken, für die Verletzung von Verfahrensnormen verantwortlich zu sein" [Ivanov 1996: 28].

Die Verfassung sieht die Bildung von Ausschüssen und Kommissionen in beiden Kammern des Parlaments vor [Art. 101 Abs. 3 VRF]; genauere Bestimmungen zu deren Konstituierung und Kompetenzbereich wie zu Verfahrensfragen finden sich in den jeweiligen Geschäftsordnungen. Nur auf dem Fundament einer effektiven und zielgerichteten Arbeit in diesen Gremien, die – öffentlich kaum wahrgenommen – die Hauptlast der Vor- und Nachbereitung tragen, können in den Plenardebatten zufriedenstellende Ergebnisse erzielt werden. Es läßt sich also postulieren, daß eine starke Zweite Kammer immer auch aktive und sinnvoll nach Politikfeldern ausdifferenzierte Ausschüsse aufweist [Gorobez 1998: 37]. Hinsichtlich der Geschäftsordnung stellt sich dabei die Frage nach dem Verhältnis zwischen normativen und praktischen Verfahrensregeln.

In der russischen Zweiten Kammer sind elf ständig arbeitende Ausschüsse[14] damit beauftragt, Gesetze, die von der Duma angenommen wurden, für die eventuelle Prüfung im

---

[13] Dies war z.B. bei der Annahme des russisch-ukrainischen Vertrages Ende Februar 1999 ein Problem; der Moskauer Bürgermeister Luschkow hatte sich gegen die Ratifikation ausgesprochen, offensichtlich hatte aber die Mehrheit der Mitglieder im Föderationsrat nicht mit ihm übereingestimmt. Später mehrten sich die Beschwerden verschiedener Mitglieder, die bei der Abstimmung gar nicht anwesend waren, aber auf der Liste derjenigen erschienen, die gewählt hatten. Ein „Senator" sagte, er habe mit Nein gestimmt und trotzdem sei auf der Anzeigentafel ein Ja erschienen. Die manchmal etwas rauhen Sitten im Föderationsrat werden zumal dadurch illustriert, daß dem Moskauer Bürgermeister am Tag der Abstimmung in einem fort das Mikrophon ausgeschaltet wurde, so daß Luschkow Strojew daran erinnern mußte, daß er „kein Vertriebener, sondern Mitglied des Föderationsrates" sei [Luschkow totschit... 1999: 2].

[14] In der Literatur werden diese auch als „Komitees" bezeichnet, was das russische Wort (komitet) zwar nahelegt, aber die (an westliche parlamentarische Verfahren angelehnte) Funktion nicht korrekt widergibt. Besonders wichtig sind die Ausschüsse für den Haushalt, für Angelegenheiten der Föderation, für

Plenum vorzubereiten, selbst Gesetzesprojekte auszuarbeiten, parlamentarische Anhörungen in die Wege zu leiten und andere organisatorische Aufgaben zu erledigen. Gemäß den Verfahrensbestimmungen müssen alle Mitglieder, mit Ausnahme des Vorsitzenden und dessen Stellvertretern, in einem Ausschuß mitarbeiten [Art. 14 Abs. 1 GO]. In der Geschäftsordnung werden die Kompetenzen eines jeden Ausschusses, anders als bei den 28 Ausschüssen der Duma, einzeln geregelt. Der Ausschuß für Angelegenheiten der Föderation, der natürlich einen besonderen Stellenwert einnimmt, schreibt beispielsweise Gutachten zu föderalen Gesetzen, die die Regionalpolitik und die föderalen Beziehungen betreffen, arbeitet an möglichen Gesetzesinitiativen und organisiert parlamentarische Anhörungen zu diesem Thema [Art. 25 a.), b.) und c.) GO]. Außerdem nehmen die Mitglieder der Ausschüsse jeweils an den Schlichtungskommissionen teil, die eingerichtet werden, wenn der Föderationsrat ein von der Duma genehmigtes Gesetz, das in den Arbeitsbereich des Ausschusses fällt, ablehnt. Zieht man in Betracht, daß der Föderationsrat kein ständig tagendes Gremium und häufig nur ein Teil der Abgeordneten vertreten ist, läßt sich sagen, daß in den Ausschüssen ein Großteil der parlamentarischen Planungsarbeit erledigt wird und ihnen aus diesem Grund eine herausragende Stellung innerhalb der Zweiten Kammer zugemessen werden muß.

Des weiteren sieht die Geschäftsordnung die Bildung von Kommissionen vor, die entweder ständig oder nur für begrenzte Zeit arbeiten [Art. 27 Abs. 1 GO]. Dabei werden die für begrenzte Zeit gewählten Kommissionen zur Lösung konkreter Probleme ein- und danach wieder abgesetzt [Art. 27 Abs. 3 GO]. Eine wichtige Kommission, die ständig arbeitet, ist die „Mandatskommission" (*mandatnaja komissija*): Diese prüft Fragen der Anerkennung, Beendigung und Bestätigung der Vollmachten der Föderationsratsmitglieder und kontrolliert die Einhaltung des oben erwähnten Gesetzes über die personelle Formierung des Föderationsrates [Art. 28 Abs. 1 und 2 GO]. Eine weitere ständige Kommission (*komissija po reglamentu i parlamentskim proceduram*) kontrolliert die Einhaltung der Geschäftsordnung und der parlamentarischen Verfahrensweisen [Art. 31 GO]. Zusammenfassend läßt sich sagen, daß in diesen Gremien, anders als in den inhaltlich arbeitenden Ausschüssen, das organisationstechnische Prozedere des Föderationsrates koordiniert wird.

Insgesamt wird die oben erwähnte „*complexity of internal organisation*", die eine bereits relativ stabile Institution auszeichnet, in der hier beschriebenen Ausdifferenzierung der Zweiten Kammer deutlich. Es läßt sich allerdings mutmaßen, daß beispielsweise für das im Vergleich gut durchstrukturierte Ausschußwesen Anleihen bei westlichen parlamentarischen Verfahrensordnungen eher in Rechnung zu stellen sind als der institutionelle Reifungsprozeß. So führt Gorobez einige Mängel hinsichtlich des Ausschuß- und Kommissionswesens ins Feld und fordert unter anderem eine zahlenmäßige Aufstockung um einige wichtige Ausschüsse (beispielsweise für die örtliche Selbstverwaltung). Auch eine genauere Festlegung der Kompetenzräume der Ausschüsse und Kommissionen sei Voraussetzung für eine Stärkung des Föderationsrates [Gorobez 1998: 37-38].

V.   Legislative und non-legislative Funktionen

Was den Kompetenzbereich des Föderationsrates anbelangt, ist dieser – über das Herzstück der genuin legislativen Funktionen hinaus – mit einer Reihe von Sonderrechten ausgestattet, die teilweise an die Zuständigkeiten des US-Senats erinnern und dort auch entlehnt wurden. Diese Funktionen, die in Artikel 102 der Verfassung festgehalten sind, liegen außerhalb des legislativen Arbeitsfeldes. Sie betreffen vor allem die Kontrolle

---

internationale Angelegenheiten und für Wirtschaftspolitik; darüber hinaus arbeiten Ausschüsse für Verfassungsgesetzgebung und gerichtsrechtliche Fragen; Fragen der Sicherheit und Verteidigung; Sozialpolitik; Agrarpolitik; Wissenschaft, Kultur, Bildung, Gesundheitswesen und Ökologie; Angelegenheiten des Nordens und ethnische Minderheiten sowie für Angelegenheiten der GUS.

präsidialer Politik: Der Föderationsrat muß Grenzänderungen zwischen den Föderations-
subjekten, Dekrete des Präsidenten über Krieg oder den Ausnahmezustand bestätigen und
über den Einsatz der Streitkräfte außerhalb der Russischen Föderation entscheiden [Art. 102
Abs. 1 a.), b.) und c.) VRF]. Außerdem obliegen der Zweiten Kammer exekutive
Vollmachten, die die Besetzung wichtiger Ämter umfassen [Art. 102 Abs. 1 g.), h.) und i.)
VRF], wobei der Präsident über das Vorschlagsrecht verfügt. Das *impitschment*, die
Amtsenthebung des Präsidenten, verweist als Anglizismus im Russischen am offen-
sichtlichsten auf den Ideengeber USA und deutet eine judikative Funktion an. Klagt die Duma
den Präsidenten des Hochverrats oder anderer schwerer Verbrechen an, kann, nach einigen
weiteren Verfahrensschritten, der Föderationsrat mit einer Zweidrittelmehrheit die
Amtsenthebung beschließen [Art. 93 und 102 Abs. 1 VRF; Kap. 19 GO]. An dieser Sitzung
nehmen neben anderen der Präsident, der Ministerpräsident und die Vorsitzenden des
Verfassungs- und des Obersten Gerichts teil, die zu den Vorwürfen Stellung nehmen [Art.
174-175 GO]. Durch diese Kontrollfunktionen gegenüber der Exekutive „sind Vorformen von
,checks and balances' Realität geworden" und „eine wünschenswerte horizontale
Gewaltenteilung nimmt Konturen an" [Mommsen 1999: 306]. Darüber hinaus fällt auch die
Anberaumung von Präsidentschaftswahlen in den Zuständigkeitsbereich des Föderationsrates.

Im Vergleich zu den Kompetenzen der Duma ist der Föderationsrat, wenn man den
Verfassungstext betrachtet, minderberechtigt. Zusammen mit der oft vertretenen
Einschätzung, daß der Föderationsrat in enger Abhängigkeit vom Präsidenten agiere, ergibt
sich daraus die These einer eher schwachen Zweiten Kammer. Diese kann für die erste
Legislaturperiode bis 1995, die hier als erste Phase beschrieben wird, durchaus bestätigt
werden. Während des Tschetschenienkrieges 1994 bis 1996 kam der Föderationsrat
beispielsweise unter dem Druck Jelzins noch nicht einmal seiner verfassungsmäßigen Pflicht
nach, was weiter unten zu beschreiben sein wird. Seit 1995 – und besonders nach den
flächendeckenden Wahlen in den Föderationssubjekten 1996/97 – hat der Föderationsrat seine
Position bedeutend gestärkt. Auch dies soll am einem Beispiel, nämlich dem Verhalten des
Föderationsrates hinsichtlich der (gescheiterten) Amtsabsetzung des Generalstaatsanwalts
Skuratow, erläutert werden. Diese Entwicklungen weisen in Richtung einer „nachhaltige[n]
Kräfteverschiebung innerhalb der Legislative" [von Steinsdorff 1999: 30].

1. Gesetzgebung

Die Kompetenzfülle der Duma bezüglich der Gesetzgebung ist größer als die des
Föderationsrates: Ein Gesetz wird zuerst von der Duma verabschiedet und dann an den
Föderationsrat zur Zustimmung weitergeleitet, die dieser natürlich auch versagen kann.
Ivanov bezeichnet in seinem Aufsatz über die Gesetzgebungstätigkeit der Föderalversammlung in der ersten Legislaturperiode aus diesem Grund die Gesetzgebung als
„unbestrittene Prärogative" der Ersten Kammer [Ivanov 1996: 6]. Es lassen sich zwei Arten
von Gesetzen unterscheiden: Die föderalen Verfassungsgesetze (oder – in der vertrauteren
Terminologie – Bundesverfassungsgesetze) unterliegen der zwingenden Behandlung durch
den Föderationsrat. Einfache föderale Gesetze (Bundesgesetze) müssen zwingend nur dann in
der Zweiten Kammer beraten werden, wenn sie bestimmte Themenbereiche berühren.[15]

Der Gesetzgebungsprozeß beginnt mit einer Gesetzesinitiative, die von Präsident und
Regierung, von den beiden Kammern und deren Mitgliedern, den Parlamenten in den
Föderationssubjekten und einigen judikativen Institutionen ausgehen kann. Zwischen 1993

---

[15] Dies sind Gesetze zu Fragen des Föderationshaushalts; der föderalen Steuern und Abgaben; der
Regelung von Finanz-, Währungs-, Kredit- und Zollangelegenheiten sowie der Geldemission; der
Ratifizierung und Aufkündigung internationaler Verträge der Russischen Föderation; des Status und
Schutzes der Staatsgrenze der Russischen Föderation; von Krieg und Frieden [Art. 106 VRF].

und 1995 wurden 15 Prozent der Gesetze von Mitgliedern des Föderationsrates, den Subjekten und den Gerichten initiiert [Ivanov 1996: 6]. Unter den Gesetzen, die 1998 bis Mitte 1999 verabschiedet wurden, finden sich nur vier, bei denen die Initiative von seiten des Föderationsrates erfolgte[16], so daß sich hinsichtlich dieses Rechts weiterhin eine sehr geringe Aktivität der Zweiten Kammer diagnostizieren läßt. Wurde ein Gesetz von der Duma angenommen, was üblicherweise nach drei Lesungen geschieht, in deren Verlauf das Gesetz gegebenenfalls nach den Vorschlägen der Dumaausschüsse modifiziert wird, ist es innerhalb von fünf Tagen an den Föderationsrat weiterzuleiten. Daß die Duma als ausschließlicher Ort der ersten Konzeption und Modifikation eines Gesetzes vorgesehen ist, wird von Strojew scharf kritisiert: „[...] gemäß der Geschäftsordnung sind der Föderationsrat und die Föderationssubjekte von der Überprüfung eines Gesetzesprojektes in erster Lesung leider ausgeschlossen. Das ist prinzipiell nicht richtig. Die Konzeption eines Gesetzes sollte in den Föderationssubjekten [...] bis zur Annahme des Gesetzes in erster Lesung erörtert werden." [Na puti...1997: 4] Auf diese Weise könnte verhindert werden, daß viele Gesetze vom Föderationsrat mit einem Veto belegt werden, wenn sie die Prozedur in der Ersten Kammer schon durchlaufen haben. Häufig kommt der Gesetzgebungsprozeß nämlich deswegen in der Zweiten Kammer zum Stillstand, weil die Mitglieder des Föderationsrates die Interessen der territorialen und nationalen Einheiten nicht genug berücksichtigt sehen. Dies geschieht in erster Linie bei Gesetzen über die Kompetenzverteilung zwischen Zentrale und föderalen Einheiten, die dann nicht selten einem mehrjährigen Ringen um die ‚beste' Form unterliegen. Bei einer verstärkten Zusammenarbeit könnten solche Hindernisse vorzeitig aus dem Weg geräumt werden.

Ist ein Gesetz im Föderationsrat eingetroffen, leitet es der Vorsitzende an den zuständigen Ausschuß weiter, wo innerhalb von drei Tagen ein Gutachten erstellt wird. Handelt es sich um ein Gesetz, das der zwingenden Überprüfung durch die Zweite Kammer nicht unterliegt, kann der Ausschuß vorschlagen, daß es das Plenum nicht mehr passieren muß; es wird ohne Änderungen vom Föderationsrat gebilligt. Laut Verfassung gilt die Regel, daß ein Gesetz als angenommen gilt, wenn es nicht innerhalb von zwei Wochen vom Föderationsrat behandelt wurde [Art. 105 Abs. 4 VRF]. Ist diese Frist verstrichen, wird das Gesetz dem Präsidenten zur Unterschrift vorgelegt, die dieser auch verweigern kann. Zieht man in Betracht, daß der Föderationsrat nur alle drei Wochen tagt, erkennt man schnell, daß diese Regelungen zeitlich kaum durchführbar sind.

Zur Annahme eines einfachen föderalen Gesetzes bedarf es der Zustimmung der Mehrheit aller Mitglieder (also mindestens 90 Stimmen). Wird ein Gesetz abgelehnt, ist eine Schlichtungskommission zu bilden, die paritätisch mit Mitgliedern beider Kammern besetzt ist und Änderungsvorschläge erarbeitet. Ist die Duma mit dem Föderationsratsbeschluß nicht einverstanden, kann sie das Gesetz in seiner früheren Form mit der Mehrheit von zwei Dritteln aller Abgeordneten, die allerdings nur schwer zu erreichen ist, zur Annahme bringen [Art. 105 Abs. 5 VRF]. Normalerweise beginnt die Prozedur nach einer Ablehnung seitens des Föderationsrates von neuem und endet schließlich nach einer erfolgreichen Annahme zur Unterschrift auf dem Schreibtisch des Präsidenten.

Ein anderes Verfahren greift bei den schon erwähnten föderalen Verfassungsgesetzen, die nur mit einer Dreiviertelmehrheit im Föderationsrat und einer Zweidrittelmehrheit in der Duma angenommen werden können [Art. 108 Abs. 2 VRF]. Auch hier wird die dem Föderationsrat zugedachte Stellung deutlich, da dieser bei Änderungen an der Verfassung (die ja als direkte Konsequenz aus Jelzins starker Position 1993 resultierte) eine nur schwer zu

---

[16] Gegenüber unter anderem 107 von der Duma, 117 der Regierung und 20 vom Präsidenten initiierten Gesetzen. Bei sechs Gesetzen ging die Initiative von den Föderationssubjekten aus [eigene Berechnungen; Quelle: www.akdi.ru/gd/proekt/fz.htm].

überwindende Hürde darstellt. Daß Strojew Mitte 1999 im Plenum des Föderationsrates eine Verfassungsänderung vorschlug, um die präsidialen Vollmachten, die zu wiederholten Entlassungen von Ministerpräsidenten durch Jelzin geführt hatten, zu restringieren, paßt sich somit in den hier verfolgten Argumentationsrahmen ein.

An den Föderationsrat wird häufig die Kritik herangetragen, daß er Gesetze blockiere und darüber hinaus vermutet, es bestünden zwischen den beiden Kammern Animositäten. Strojew kontert in dem bereits erwähnten Interview und hebt hervor, daß auf der einen Seite die bikamerale Struktur des russischen Parlaments (die die Implementation von Prinzipien der Gewaltenteilung und Kontrolle *innerhalb* der Legislative begünstigt!) kaum sinnvoll wäre, wenn der Föderationsrat Gesetze automatisch abnicken würde. Auf der anderen Seite betont er die allzu verschiedenen Interessen der einzelnen Föderationsratsmitglieder, die die Schaffung eines tragfähigen Konsenses für alle natürlich erschweren, und fügt hinzu, daß 1996 von 288 Gesetzen 56 ohne Prüfung an den Präsidenten weitergeleitet worden seien. Zwei Jahre später waren es bis Ende Oktober 47 von 199: „Es ist also so, daß wir keine künstlichen Schranken schaffen. Analysiert man die Praxis, so wird leicht deutlich, daß in den meisten Fällen die Gründe für die Ablehnung von Gesetzen darin liegen, daß unter ihnen einige existieren, die im Widerspruch zur Verfassung und zur föderalen Gesetzgebung stehen." Auch in den erwähnten Schlichtungskommissionen, in denen die Mitglieder des mit dem Gesetz betrauten Ausschusses vertreten sind, sei man bemüht, die Gegensätze zwischen den beiden Kammern, die einen Konsens verhindern, zu überwinden [Na puti 1997: 4, 8].

Obwohl die Duma auf dem Gebiet der Gesetzgebung der dominante Akteur ist, kann konstatiert werden, daß auch hier der Föderationsrat einen Bedeutungsschub erfahren hat: Er geht „wechselnde Interessenkoalitionen" ein [von Steinsdorff 1999: 31]. Je nach Themengebiet stellt er sich entweder auf die Seite der Regierung und des Präsidenten, vertritt die Ansicht der Duma, oder nimmt eine eigenständige Position ein. Von Steinsdorff nennt beispielsweise ein von der Duma beschlossenes Gesetz zur Rentenerhöhung, gegen das die Regierung im Föderationsrat durchaus einen Verbündeten findet, da weder Zentrum noch Föderationssubjekte an steigenden Haushaltsausgaben interessiert sind. Beim Beutekunstgesetz demgegenüber überstimmten Duma und Föderationsrat gemeinsam das Veto des Präsidenten. Und bei Gesetzen, die die Föderationssubjekte gegenüber dem Zentrum stärken würden, steht die Zweite Kammer allein gegen eine Front aus Duma und Regierung, da diese eine „weitere Schwächung des Zentralstaates zugunsten der Regionen" verhindern wollen [von Steinsdorff 1999: 31].

2. Exekutivfunktionen

Wie oben erwähnt, schreibt die Verfassung dem Föderationsrat einige weitere Kompetenzen zu, die als Exekutivfunktionen charakterisiert werden können. An zwei Beispielen aus diesem Bereich – dem Tschetschenienkrieg 1994/95 und dem Ringen um die Absetzung des Generalstaatsanwalts Skuratow 1999 – soll der Bedeutungswandel, den der Föderationsrat im Laufe der Zeit erfahren hat, illustriert werden.

2.1. Der Tschetschenienkrieg

Die Position, die die Zweite Kammer während des Kriegs in Tschetschenien eingenommen hat, war durch weitgehende Ohnmacht und loyales Verhalten dem Präsidenten gegenüber gekennzeichnet. Qua Verfassung muß die Zweite Kammer ein Dekret des Präsidenten zur Verhängung des Ausnahme- oder Kriegszustandes bestätigen [Art. 102 Abs. 1 b.), c.) und Kap. 16 GO] und hat somit eine Kontrollvorgabe bezüglich präsidialer Kompetenzen. Jelzin hatte, als die Situation im Dezember 1994 eskalierte, ein gewaltsames Eingreifen ohne jede Rücksprache mit dem Parlament veranlaßt und verkündete darüber hinaus während der gesamten Dauer des Krieges keinen Ausnahmezustand, um einem Veto des Föderationsrates aus dem Weg zu gehen [Schneider 1998: 10-11; von Steinsdorff 1999: 19]. Aber auch die andere Seite ergriff kaum – und wenn, dann nur halbherzig – Maßnahmen, um dem gewaltsamen Vorgehen des Präsidenten Einhalt zu gebieten; unter anderem rief der Föderationsrat das Verfassungsgericht an, um die Verfassungsmäßigkeit der ergangenen Dekrete prüfen zu lassen. Dieses stellte sich jedoch auf die Seite Jelzins und erklärte die Intervention ohne Verfügung des Ausnahmezustandes für legal [Heinemann-Grüder 1999: 172]. In Zusammenschau mit den vorangegangenen Ausführungen macht dies augenfällig, daß die präsidiale Macht 1994 noch kaum geschmälert und entgegen den bereits weitgehenden Bestimmungen der (ein präsidial-parlamentarisches System festschreibenden) Verfassung sogar ausgeweitet wurde. In diesen Kontext eingeordnet, läßt sich auch die Aussage Strojews nachvollziehen, der die Bestimmung in Artikel 102 als Beispiel dafür anführt, daß die Verfassung, wo möglich, umgangen wurde: „Die Kompetenzobjekte [des Föderationsrates in Art. 102, F.M.] sind natürlich wichtig und notwendig, aber sowohl der Präsident wie auch die Föderalversammlung und die Regierung tun alles, um die Anwendung dieser verfassungsmäßigen Bestimmungen zu umgehen." [Na puti... 1997: 3] Daß Strojew im weiteren die Verhängung des Ausnahme- und Kriegszustandes als Beispiel nennt und im eben Zitierten dann zuerst auf den Präsidenten verweist, macht seine Kritik an solchen Verfahrensweisen deutlich. Heinemann-Grüder konstatiert: „Der Tschetschenien-Krieg wurde so zum Sinnbild für die Grenzen der Föderalisierung Rußlands – vor allem für die geringe Kontrollmacht der legislativen Kammern und die präsidentielle Machtkonzentration. [...] Die Duma, der Föderationsrat und das Verfassungsgericht erwiesen sich in der Gesamtsicht als Vertreter unitarischer statt föderaler Werte." [Heinemann-Grüder 1999: 173-174]

2.2. Personelle Entscheidungen

Weiterhin ist der Föderationsrat verfassungsgemäß bei einer Reihe personalpolitischer Entscheidungen des Präsidenten zustimmungspflichtig: Das *d'accord* des Föderationsrates ist bei der Ernennung der obersten Richter, Amtsein- und absetzung des Generalstaatsanwalts, des stellvertretenden Vorsitzenden des Rechnungshofes sowie der Hälfte seiner Mitglieder notwendig [Art. 102 Abs. 1 g.) bis i.) VRF]. Am Beispiel der politischen Affäre um die Amtsenthebung des Generalstaatsanwalts Skuratow, die im März und April 1999 die Gemüter erregte und auch innerhalb der Presselandschaft zu hitzigen Diskussionen führte, kann die Position der Zweiten Kammer sechs Jahre nach deren Entstehung veranschaulicht werden. Das Ereignis kann als Symptom dafür gelten, daß das Zusammenspiel zwischen Exekutive und Legislative – im Sinne der hier verfolgten These – komplexere Formen angenommen hat, und die Stütze des Präsidenten in der zweigeteilten Legislative wegzubrechen droht.

Die Affäre, die – aufgrund einiger skandalöser Enthüllungen – eigentlich mehr einem politischen Schmierentheater als seriöser Politik gleicht, wurde indes sowohl in den deutschen wie den russischen Medien als „Bedrohung der präsidialen Macht" interpretiert [Avenarius 1999: 10]. Skuratow war mit seinen Korruptionsermittlungen offensichtlich bis in die höchsten Ränge des Kreml vorgedrungen und damit zu einer Gefahr für Jelzin geworden. Beispielsweise geriet der Fall der Schweizer Baufirma Mabetex in die Schlagzeilen, die Bestechungsgelder bezahlt haben soll, um an staatliche Großaufträge zu gelangen. Die Versuche Jelzins, Skuratow zu desavouieren und aus dem Amt zu drängen, scheiterten jedoch zuerst an dessen Weigerung und dann am zweimaligen Widerstand des Föderationsrates. Schon am Tag der ersten Abstimmung im russischen „Oberhaus" konstatierte eine russische Zeitung, daß der Föderationsrat, „der schon lange sein Streben nach mehr Einfluß nicht mehr versteckt, eine ausgezeichnete Chance bekommt, diesen zu vergrößern" [Serkov 1999: 2]. Und die Prognose traf zu: Der Föderationsrat stimmte im März zum ersten und im April 1999 in geschlossener Sitzung und geheimer Abstimmung mit 79 zu 61 Stimmen zum zweiten Mal gegen die Entlassung Skuratows, obwohl dieser, im Gegensatz zur ersten Abstimmung im Plenum, die Föderationsratsmitglieder darum gebeten hatte, ihn aus dem Amt zu entlassen.

Um die Amtsenthebung rechtskräftig zu machen, wäre die Mehrheit der Stimmen aller Abgeordneten nötig gewesen [Art. 194 Abs. 3 GO]. Auch das bereits oftmals erfolgreich angewandte Instrument, den Regionen mehr Macht zu versprechen, hat augenscheinlich an Wirksamkeit verloren: Obwohl Jelzin vor der zweiten Abstimmung im Föderationsrat 19 wichtige Gouverneure zu sich geladen und sogar die „Priorität der Regionen gegenüber dem föderalen Zentrum" in Aussicht gestellt hatte, blieb die Zweite Kammer standhaft [Hoffmann 1999: 6]. Christiane Hoffmann zeichnet in der Frankfurter Allgemeinen Zeitung ein sehr zutreffendes Bild der gegenwärtigen Lage, wenn sie schreibt: „Nie zuvor hat sich der Macht-zuwachs der Regionen so deutlich gezeigt wie am Mittwoch [21.4.1999, F.M.]. Die russische Regionenkammer hat über mehr als nur das Schicksal von Generalstaatsanwalt Skuratow entschieden." [Hoffmann 1999: 6] Und die russische Tageszeitung *Nezavisimaja gazeta* mutmaßt sogar: „Jetzt schon ist offensichtlich, daß auf der politischen Bühne eine neuer mächtiger, selbständiger und uneinschätzbarer Akteur erschienen ist."[17] [Ul'janov 1999: 1]

VI. Visionen: die Zweite Kammer als stabile legislative Instanz und Instrument föderalen Ausgleichs

In der Zusammenschau ist folglich der These von Steinsdorffs zuzustimmen, die einen „erstarkten Föderationsrat" diagnostiziert [von Steinsdorff 1999: 31]. Der immer noch häufig vertretenen Auffassung eines Föderationsrates, der eng an der Seite und im Interesse des Präsidenten agiert und so – anders als die eher opponierende Duma – als dessen Mitstreiter auf der politischen Bühne gesehen werden muß [Tschinarichina 1998: 12-13], ist zu wider-sprechen. Eine solche Ansicht speist sich offensichtlich aus der für den Föderationsrat in dessen Konstituierungsphase 1993 vorgesehenen Rollenzuweisung; die Praxis der institutionellen Interaktion nahm erst im Laufe der Zeit schärfere Konturen an und selbst-redend ist dieser Prozeß noch nicht an sein Ende gekommen. Die beschriebenen Tendenzen und tagespolitischen Momentaufnahmen verweisen auf eine institutionelle Stabilisierung, die trotz der gegenwärtig prekären wirtschaftlichen Lage anhält. Die verbesserte horizontale Gewaltenteilung geht mit einer sich verfestigenden vertikalen föderativen Ordnung einher, die aus dem Machtzuwachs der 89 Subjekte dem Zentrum gegenüber folgt. Die Frage nach einer Einkammerlegislative wird sich auch in Zukunft nicht stellen. Die bereits angeschobene Demokratisierung der Verfahren (wie die Durchführung ‚echter' Wahlen statt der sow-jetischen Ernennungspraxis) ist sicherlich wichtig und notwendig. Eine demokratische Politik folgt daraus aber nicht zwangsläufig, wie die Situation in vielen Föderationssubjekten deutlich macht: Die direkten Gouverneurswahlen haben immer wieder alte Kader- anstelle neuer Reformpolitiker in Amt und Würden gebracht, während die Amtseinsetzungen Jelzins auf das genaue Gegenteil zielten. Dieser paradoxe *double-bind*-Effekt ist indes nur aufzulösen, indem der neue institutionelle Status quo früher oder später in die Verfassungsordnung integriert wird. Verfestigte Verfahren und ein austariertes institutionelles Arrangement bilden die Voraussetzung für die Stabilisierung des politischen Systems in Rußland (wobei die in der Forschungsliteratur häufig als Zielbestimmung genannte Annäherung an die traditionellen westlichen Demokratien einer prinzipiellen Offenheit weichen sollte). Als Hemmschuh beispielsweise gegen die radikalen Entwürfe der Nationalisten vom Schlage Schirinowskis dienen in erster Linie feste institutionelle Barrieren. Dies müßte, auf der zentralen politischen Ebene weitergedacht, auf kurz oder lang zu einer Schwächung der starken Position des Präsidenten führen, dessen Machtfülle ohnehin dazu einlädt, eine Politik von oben und an anderen Institutionen vorbei zu verfolgen. Reformen

---

[17] Bei Redaktionsschluß hatte sich die noch im Frühjahr 1999 vor allem in Rußland selbst für Schlagzeilen sorgende Affäre bereits zu einem weltweit aufgenommenen milliardenschweren Korruptionsskandal ausgeweitet.

dieser Art würden dem (in Ansätzen bereits verwirklichten) Prinzip der *checks and balances* zu seinem Recht verhelfen: Eine stabile Zweite Kammer stellt in diesem System einen wichtigen Baustein dar.

Die neuralgischen Punkte innerhalb der föderalen Ordnung bleiben die äußerst sensible Beziehung zwischen Zentrum und Regionen und das durch die ethnische Heterogenität gezeichnete Staatsgebilde, dessen fragile Stellen mit dem Beginn des Tschetschenienkrieges 1994 deutlich wurden. Was geschehen kann, wenn latente ethnische Konflikte nicht durch die massive Institutionalisierung föderaler Repräsentation kanalisiert werden können, zeigt das jugoslawische Beispiel. Obwohl auch dort eine Zweite Kammer (*Vece Republika*) existiert, waren die Krisenherde innerhalb des „Föderalen Bundesstaates Jugoslawien" offensichtlich so explosiv, daß eine Einhegung auch nicht durch Institutionenbildung gelang. Um so mehr ist eine Ausgleichpolitik des russischen Föderationsrates von Bedeutung, um die (politischen) Unterschiede zwischen den Föderationssubjekten weitgehend zu nivellieren und in eine möglichst einheitliche föderale Politik auf der zentralen Ebene umzuwandeln. Die föderalen Beziehungen, die vielfältige und problematische Bruchstellen aufweisen, so zu gestalten und zu koordinieren, daß keiner am Ende als Verlierer dasteht, wird auch in Zukunft ein vorrangiges Problem der russischen Politik bleiben. Die Kunst besteht nun darin, die kulturelle Vielseitigkeit der 89 Einheiten, die während der Sowjetzeit unterdrückt worden war, zu erhalten, und die Spannungsfelder, die auf dem Fundament des asymmetrischen Föderalismus verborgen liegen, zu entschärfen. Um eine wirkungsvolle Integration regionaler Interessen zu ermöglichen, ist die Entwicklung hin zu einem emanzipierten und selbständig agierenden Föderationsrat also wünschenswert. Auf ihrem eigenen geographischen Einzugs-gebiet dagegen müssen den einzelnen Territorien weite politische Gestaltungsräume gewährt werden.

VII. Auswahlbibliographie

Avenarius, Tomas, 1999: Eine Ohrfeige für Boris Jelzin, Süddeutsche Zeitung Nr. 92 vom 22. April, S. 10.

Brunner, Georg, 1996: Präsident, Regierung und Parlament: Machtverteilung zwischen Exekutive und Legislative, in: **Luchterhandt**, Otto (Hrsg.), Neue Regierungssysteme in Osteuropa und der GUS: Probleme der Ausbildung stabiler Machtinstitutionen, Berlin, S. 63-114.

Busygina, Irina M., 1997: Die Gouverneure im föderativen System Rußlands, in: Osteuropa, Jg. 47, S. 544-556.

Busygina, Irina M., 1998: Der asymmetrische Föderalismus. Zur besonderen Rolle der Republiken in der Russischen Föderation, in: Osteuropa, Jg. 48, S. 239-252.

DeBardeleben, Joan, 1997: The Development of Federalism in Russia, in: **Stavrakis**, Peter J. u.a. (Hrsg.), Beyond the Monolith. The Emergence of Regionalism in Post-Soviet Russia, Washington, D.C., S. 35-56.

Geyer, Dietrich, 1998: Völker im Laboratorium. Der Nationalstaat im postkommunistischen Europa, in: Frankfurter Allgemeine Zeitung Nr. 164 vom 18. Juli, S. III.

Gorobez, B.D., 1998: Sistema komitetow i komissi palat Federalnogo Sobranija, in: Gosudarstwo i prawo, Nr. 8, S. 33-38.

Hahn, Jeffrey W. (Hrsg.), 1996: Democratization in Russia. The Development of Legislative Institutions, Armonk/London.

Heinemann-Grüder, Andreas, 1999: Ist Separatismus unvermeidlich? Ein Rückblick auf Ethnizität und Föderalismus im Tschetschenien-Konflikt, in: Osteuropa, Jg. 49, S. 160-174.

Hoffmann, Christiane, 1999: Der Föderationsrat entschied nicht nur über Skuratow, in: Frankfurter Allgemeine Zeitung Nr. 93 vom 22. April, S. 6.

Ivanov, Lev Olegovic, 1996: Die Gesetzgebungstätigkeit der Föderalversammlung der Rußländischen Föderation 1993-1995, in: Berichte des Bundesinstituts für ostwissenschaftliche und internationale Studien (BIOst), Nr. 49.

Kirkov, Peter, 1997: Im Labyrinth russischer Regionalpolitik: Ausgehandelter Föderalismus und institutionelle Veränderungen, in: Osteuropa, Jg. 47, S. 38-51.

Kryschtanowskaja, Olga, 1999: Regiony zabirajut wlast, in: Argumenty i fakty Nr. 10 vom 10. März, S. 6.

Luchterhandt, Otto, 1996: Zum Entwicklungsstand des Föderalismus in Rußland, in: **Kappeler**, Andreas (Hrsg.), Regionalismus und Nationalismus in Rußland, Baden-Baden, S. 243-269.

Luschkow totschit sub na Strojewa, 1999, in: Argumenti i fakti Nr. 9 vom 3. März 1999, S. 2.

Lysenko, V. N./**Lysenko**, L.M., 1998: Institut gubernatorstwa w istoriï i sowremennoi Rossiï: nekotorye obschtschije i otlitschitelnye tscherty, in: Gosudarstwo i prawo, Nr. 5, S. 13-16.

McFaul, Michael, 1999: Lessons from Russia's Protracted Transition from Communist Rule, in: Political Science Quarterly, Jg. 114, Nr. 1, S. 103-130.

Michajlov, Valentin, 1999: Tatarstan: Jahre der Souveränität. Eine kurze Bilanz, in: Osteuropa, Jg. 49, S. 366-386.

Mick, Christoph, 1994: Probleme des Föderalismus in Rußland, in: Osteuropa, Jg. 44, S. 611-629.

Mommsen, Margareta, 1996: Wohin treibt Rußland? Eine Großmacht zwischen Anarchie und Demokratie, München.

Mommsen, Margarete, 1999: Das „System Jelzin". Struktur und Funktionsweise des russischen „Superpräsidentialismus", in: Demokratie in Ost und West. Für Klaus von Beyme, hrsg. von Wolfgang **Merkel** und Andreas **Busch**, Frankfurt a.M., S. 290-309

Na puti soglasija w sakonotwortschestwe. (Interview mit J. S. Strojew) , 1997, in: Schurnal rossiskogo prawa, Jg. 1, S. 3-10.

Offe, Claus, 1994: Der Tunnel am Ende des Lichts. Erkundungen der politischen Transformation im Neuen Osten, Frankfurt a.M./New York.

Polyjewa, Dschachan, 1993: Föderationsrat. Vom Föderationsvertrag bis zur neuen Verfassung, in: Wostok, Nr. 6, S. 28-31.

Schneider, Eberhard, 1994/5: Politische und institutionelle Veränderungen in Rußland 1993-1995, in: Jahrbuch des Bundesinstituts für ostwissenschaftliche und internationale Studien (BIOst) (Hrsg.), Zwischen Krise und Konsolidierung. Gefährdeter Systemwechsel im Osten Europas, S. 40-51.

Schneider, Eberhard, 1997: Föderalismus in Rußland: Kompetenzabgrenzungsverträge und Gouverneurswahlen, in: Berichte des Bundesinstituts für ostwissenschaftliche und internationale Studien (BIOst), Nr. 21, S. 7-27.

Scheinis, W. L., 1993: Nazionalnye problemy i konstituzionnaja reforma w Rossiskoi Federaziï, in: Polititscheskije isledowanija, Nr. 3, S. 45-50.

Serkow, Igor, 1999: Kuda smotrit prokuror?, in: Literaturnaja gaseta vom 17. März, S. 2.

Slatopolski, D.L., 1997: Rossiskaja Federazija: osobennocti cowremennogo raswitija, in: Westnik Moskowskogo Uniwersiteta, serija 11: prawo, Jg. 51, S. 20-34.

Sobranije sakonodatelstwa Rossiskoi Federaziï (SZRF) [Sammlung der Gesetzgebung der Russischen Föderation].

Steinsdorff, Silvia von, 1999: Kalkulierter Konflikt und begrenzte Kooperation. Zum Verhältnis von Präsident, Regierung und Parlament in Rußland, in: Osteuropa, Jg. 49, S. 16-34.

Tolz, Vera, 1993: Thorny Road towards Federalism in Russia, in: RFE/RL Research Report, Jg. 2, Nr. 48, S. 1-8.

Trautmann, Ljuba, 1995: Rußland zwischen Diktatur und Demokratie. Die Krise der Reformpolitik seit 1993, Baden-Baden.

Tschinarichina, Galina, 1998: Der russische Föderationsrat im Gefüge der Macht, in: Wostok, Nr. 1, S. 10-15.

Uljanow, Nikolai, 1999: Sowet Federaziï resko obostril situaziju w Rossiï, in: Nesawisimaja gaseta vom 22. April, S. 1.

Verfassung der Russischen Föderation in der Übersetzung des Wostok-Verlages, Köln 1994.

Westen, Klaus, 1994: Die Verfassung der russischen Föderation, in: Osteuropa, Jg. 44, S. 809-932.

Ziemer, Klaus, 1996: Struktur- und Funktionsprobleme der Parlamente, in: **Luchterhandt**, Otto (Hrsg.), Neue Regierungssysteme in Osteuropa und der GUS: Probleme der Ausbildung stabiler Machtinstitutionen, Berlin, S. 151-180.

Michael Walter

Der tschechische Senat

I.   Einleitung

Im Zuge der politischen Transformation der ehemals kommunistischen Regime Mittel-
und Osteuropas zu demokratischen Systemen nach westlichem Vorbild wurde in allen
Reformstaaten über die Einführung Zweiter Kammern diskutiert. Letztlich entschieden sich
die Ungarn und die Slowaken gegen ein entsprechendes Organ, während Kroatien, Slowenien,
Rumänien und Polen ein Zweikammersystem etablierten [The International Institute for
Democracy 1996]. Am interessantesten war und ist die Debatte in der Tschechischen
Republik: Einerseits konnte man bei der Entscheidung für die Schaffung einer Zweiten
Kammer auf die Existenz eines Senats in der ersten, im tschechischen Geschichtsbild häufig
verklärten Tschechoslowakischen Republik der Zwischenkriegszeit zurückverweisen,
andererseits gibt es heute bereits wieder Initiativen, die auf eine Abschaffung der oberen
Parlamentskammer zielen.

II.   Historische Entwicklung und verfassungsrechtliche Stellung

1.   Historische Entwicklung

Nach der „samtenen Revolution" im Spätjahr 1989 erfolgte ein rascher Machtwechsel in
der Tschechoslowakei. Die ersten freien Wahlen seit 1948 zum Bundesparlament und zu den
Landesparlamenten im Juni 1990 gewann im tschechischen Landesteil das oppositionelle
Bürgerforum (OF), das eine Koalitionsregierung unter dem Dissidenten und späteren
Senatspräsidenten Petr Pithart bildete. Nach der Aufspaltung des Bürgerforums 1991 [Bock
1992; Kubin 1992: 139], welche die Entwicklung eines fragmentierten Vielparteiensystems
förderte und die Bildung stabiler Regierungsmehrheiten bis heute erschwerte[1], gewann im
Juni 1992 die aus dem OF hervorgegangene Demokratische Bürgerpartei (ODS) die
Neuwahlen zum Bundes- und zum Landesparlament [Vodička 1996: 102]. Ministerpräsident
wurde Václav Klaus. Mit der nach der Unabhängigkeitserklärung der Slowakischen Republik
beschlossenen friedlichen Auflösung der ČSFR wurde die Tschechische Republik zum 1.
Januar 1993 ein eigenständiger Staat, womit auch die erst kurz zuvor ratifizierte neue
Verfassung in Kraft trat. Zum ersten Präsidenten Tschechiens wurde im Januar 1993 Václav
Havel gewählt.

Im Zuge der Verfassungsdiskussion gehörte die Einrichtung des Senats zu den
umstrittensten Punkten. Grundsätzlich stellt sich die Frage, warum die Tschechen überhaupt
eine Zweite Kammer schufen, zumal es von der Verabschiedung des Verfassungsgesetzes
durch den Nationalrat bis zur Wahl des ersten Senats fast vier Jahre dauerte.[2] Die Befürworter
eines Zweikammerparlaments orientierten sich wie schon in der ersten Republik 1920 am
Modell des britischen und des US-amerikanischen Systems [Lipscher 1976: 62]. Nach dem
Ende der Habsburger-Monarchie sollte der tschechoslowakische Senat allerdings weder als
Adels- oder Ständekammer, noch als Länder- bzw. Regionalvertretung konstituiert werden,
weshalb er in Funktion und Struktur deutliche Unterschiede zu den Zweiten Kammern
westlicher Demokratien aufweist. In seinen Kompetenzen bestehen dagegen durchaus viele
Ähnlichkeiten. Die im Februar 1920 verabschiedete Verfassung legte fest, daß die legislative
Macht in der Tschechoslowakischen Republik von der Nationalversammlung ausgeübt wird,
die aus zwei Kammern bestand, dem Abgeordnetenhaus und dem Senat. Schon damals war

---

[1] Vgl. Merkel 1994: 3-11; Juchler 1994: 126; zum Parteiensystem ausführlich: Vodička 1996a: 254-321.

[2] Vgl. auch zum folgenden Kleine 1998.

die Konstituierung des Senats von politischen Auseinandersetzungen begleitet. Die Linke, die nach dem Ersten Weltkrieg eine starke Position besaß, befürchtete, daß die Zweite Kammer von den konservativen Kräften dominiert würde. In der 1919 gebildeten sozialdemokratischen Regierung unter Vlastimil Tusar besaß die Agrarpartei eine starke Stellung. Sie war es schließlich, welche die Schaffung des Senats als Bedingung für den Abschluß einer Koalitionsregierung durchsetzte. Die Kompetenzen dieses 150köpfigen Gremiums waren allerdings sehr beschränkt. Der Senat wählte gemeinsam mit der Abgeordnetenkammer den Staatspräsidenten und nahm Stellung zu einzelnen Gesetzen, besaß jedoch keine unabhängige Autorität oder Jurisdiktion [Olson 1996: 48]. Da die Wahlen zu beiden Kammern nach dem Verhältniswahlrecht erfolgten, waren die Kräfteverhältnisse im Gegensatz zu den Befürchtungen der linken Kräfte in Ober- und Unterhaus überdies sehr ähnlich.

Der Rückgriff auf die tschechoslowakische Verfassung von 1920 spielte auch bei der Verfassungsdiskussion der postkommunistischen Transformationsphase eine wichtige Rolle [Čepl/Franklin 1993: 59]. Die grundsätzliche Entscheidung für ein Zweikammersystem war mit der Verabschiedung der Verfassung im Dezember 1992 gefallen, doch geschah dies unter Zeitdruck und ohne substantielle Diskussion, zumal die Verfassungsväter über keine Erfahrung mit dem Verfassungsrecht verfügten. So orientierte man sich weitgehend am Grundgesetz von 1920, ohne letztendlich die Fragen nach der Zusammensetzung und der Art und Weise der Konstituierung des Senats zu beantworten [Olson 1996: 47]. Noch vor der Gründung der Tschechischen Republik lehnte der Nationalrat einen Gesetzesentwurf ab, nach dem der Senat aus Abgeordneten der bisherigen Föderalversammlung gebildet werden sollte [Čepl/Franklin 1993: 58]. Die Überlegung, zumindest einen Teil derjenigen, die zwar demokratisch gewählt waren, mit der Auflösung der Tschechoslowakischen Föderation aber ihre Aufgabe verloren, mit neuen Mandaten zu versorgen, war in der Öffentlichkeit auf Kritik gestoßen.

Wichtigstes Ziel der Senats-Befürworter war es, der Zweiten Kammer eine demokratische Kontrollfunktion zuzuweisen, zum einen gegenüber dem Präsidenten, zum andern gegenüber dem Abgeordnetenhaus. Ein Teil der tschechischen Konservativen verwies überdies auf Friedrich A. von Hayek [1968], der im Senat ein Instrument sah, die Ausgabenfreudigkeit des Abgeordnetenhauses im Zaume zu halten [Zak, Nov. 1998]. Daß beide Überlegungen grundsätzlich sinnvoll waren, zeigte sich in der Übergangsphase bis zur ersten Senatswahl: Zwar übertrugen die Übergangs- und Schlußbestimmungen der neuen tschechischen Verfassung die Ausübung der Funktion des Senats auf einen Provisorischen Senat, doch gelang es bis 1996 nicht, ein derartiges Organ in seine Rechte einzusetzen. Somit verfügte die Erste Kammer vier Jahre lang auch über die Funktionen des Oberhauses. Da nach Art. 106 Abs. 3 der Verfassung das Abgeordnetenhaus selbst im Falle einer schwerwiegenden politischen Krise nicht aufgelöst werden konnte, solange es die Funktion des Senats wahrnahm, verfügte es über eine nahezu uneingeschränkte Machtfülle. Im Extremfall hätte es sogar die Möglichkeit gehabt, über eine Anklage gegen den Präsidenten wegen Hochverrats zu beschließen. „Die verfassungsrechtliche Situation in der Tschechischen Republik war somit gekennzeichnet durch die Diskrepanzen zwischen Verfassungstext und Verfassungswirklichkeit, insbesondere was die Konzeption eines Zweikammerparlamentes angeht. Die gesamte Verfassungskonstruktion der Gewaltenteilung wurde dadurch deformiert, und die politischen Entscheidungsprozesse spielten sich zum großen Teil außerhalb der verfassungsmäßigen parlamentarischen Entscheidungsstrukturen ab." [Vodička 1996a: 359]

Die verfassungsrechtlichen Kompetenzen einer Zweiten Kammer, die bis dahin nur auf dem Papier existierten, hatten zur Folge, daß die Regierungskoalition im Gegensatz zu denen in den meisten anderen Transformationsstaaten während der vollen Legislaturperiode hielt: Solange weder der provisorische noch der endgültige Senat konstituiert waren, konnte die Unterkammer nicht aufgelöst werden [Olson 1996: 49]. Damit hatten die 200 Mitglieder des

Abgeordnetenhauses gemäß der Übergangsbestimmungen der Verfassung ihre Mandate absolut sicher, weshalb es kaum im persönlichen Interesse der Parlamentarier liegen konnte, auf eine zügige Einsetzung des Oberhauses zu drängen [Čepl/Franklin 1993: 60]. Das Verfahren verzögerte sich ständig, bis der Streit zwischen Befürwortern und Gegnern des Zweikammersystems schließlich eskalierte. War es zu Beginn der Verfassungsdiskussion vor allem die konservative Regierungskoalition, die sich in der Hoffnung, die linken Kräfte zurückdrängen zu können, für den Senat ausgesprochen hatte, so distanzierten sich nun selbst in ihren Reihen einige Politiker gemeinsam mit Abgeordneten der Opposition von der Zweiten Kammer. Selbst ODS-Ministerpräsident Klaus erklärte, daß der Senat in die Verfassung eigentlich versehentlich, als Folge seiner damaligen „Beanspruchung durch die slowakischen Angelegenheiten", d.h. der Vorbereitung der Staatsauflösung, „hineingerutscht" sei. Im Rundfunk erklärte der Regierungschef, daß er „vergeblich nach einer Funktion für den Senat suche" und eine Zweite Kammer für die Republik eine unnötige Institution darstelle [zit. nach Brokl/Mansfeldová 1995: 22-23]. Zwei Anträge auf Aufhebung des Verfassungs-artikels über die Einrichtung des Senats und die Einführung eines Einkammerparlaments, die von den rechtsradikalen Republikanern bzw. von einigen Sozialdemokraten vorgelegt wurden, fanden im Abgeordnetenhaus jedoch keine Mehrheit. Prominentester Befürworter des Senats war in dieser Phase Präsident Havel, dem das idealistische Modell eines am Gemeinwohl orientierten „Rates der Weisen" als Gegenmacht zum über aktuelle Fragen parteipolitisch zerstrittenen Abgeordnetenhaus vorschwebte. Während das von einer kleinen Gruppe um den Rektor der Prager Karls-Universität vorgeschlagene Modell einer nicht durch Wahlen, sondern durch Amtsautorität zu konstituierenden Vertretung, der anerkannte Persönlichkeiten wie der Prager Oberbürgermeister oder der Erzbischof von Olomouc angehören sollten [Čepl/Franklin 1993: 59], rasch verworfen wurde, überlebte Havels Idee zumindest in Form der längeren Mandatsdauer der Senatoren [Olson 1996: 47-48]. Havels damaliger Autorität sowie den Kompetenzstreitigkeiten zwischen Regierung, Abgeordnetenhaus und Parlament ist es wohl zu verdanken, daß sich die Abgeordnetenkammer im September 1995 auf ein Wahlgesetz für Abgeordnetenhaus und Senat[3] und im Frühjahr 1996 schließlich auch auf die Bildung der Zweiten Kammer einigte.

Bei den Wahlen zum Abgeordnetenhaus am 31. Mai und am 1. Juni 1996 gewannen die Parteien der bisherigen Regierungskoalition lediglich 99 Mandate, während die Opposition, bestehend aus Tschechischer Sozialdemokratischer Partei (ČSSD), Kommunistischer Partei für Böhmen und Mähren (KSČM) und der rechtsradikalen Vereinigung für die Republik – Republikanische Partei der Tschechischen Republik (SPR-RSČ), gemeinsam über 101 Sitze in der Ersten Kammer verfügte. In dieser Situation entschied sich die ODS unter Václav Klaus für die Bildung einer Minderheitskoalition mit der Christdemokratischen Union – Tschechische Volkspartei (KDU-ČSL) und der Demokratischen Bürgerallianz (ODA). Angesichts dieser Kräfteverhältnisse stieg die Bedeutung des Senats. Tatsächlich gewann die Regierungskoalition bei den ersten Senatswahlen am 15. und 16. sowie am 22. und 23. November 1996 eine eindeutige Mehrheit, was die politische Situation zunächst stabilisierte.

Nachdem allerdings Regierungschef Klaus im Dezember 1997 über eine Partei-spendenaffäre im Zusammenhang mit der Privatisierungspolitik sowie innerparteiliche Konflikte in der ODS gestolpert war, nahm das Unterhaus im Februar 1998 einen Gesetzentwurf der Sozialdemokraten an, mit dem die laufende Legislaturperiode des Abgeordnetenhauses verkürzt und Neuwahlen eingeleitet wurden. Da auch der Senat der Vorlage zustimmte, war das Ende der Amtszeit der Abgeordneten besiegelt. Aus den vorgezogenen Neuwahlen gingen am 21. Juni 1998 die Sozialdemokraten mit 32,3 Prozent der Stimmen als stärkste Partei hervor. Neuer Premier wurde der ČSSD-Vorsitzende Miloš

---

[3] Wahlgesetz: Sbírka Zákonu České Republiky 1995: 3529-3554; Parlament České republiky 1996.

Zeman. Da die Sozialdemokraten mit 74 Mandaten im Abgeordnetenhaus ebenfalls über keine eigene Mehrheit verfügten, schlossen sie einen sogenannten Oppositionsvertrag über eine langfristige politische Zusammenarbeit mit den ehemaligen Erzfeinden von der ODS. In diesem verpflichtete sich letztere, während der gesamten Legislaturperiode weder einen Mißtrauensantrag gegen die Regierung zu initiieren, noch einen solchen zu unterstützen. Im Gegenzug erhielt sie mehrere wichtige Ämter zugesprochen, so das Amt des Parlaments-präsidenten, das der ehemalige Ministerpräsident Klaus übernahm. Daß diese Absprache zwischen ČSSD und ODS äußerst umstritten war, zeigte sich bei den folgenden Senatswahlen im September 1998: Beide Parteien mußten empfindliche Verluste hinnehmen, konnten ihre Machtposition insgesamt jedoch behaupten.

2. Verfassungsrechtliche Stellung

Nach der doppelten Totalitarismuserfahrung der Tschechen im 20. Jahrhundert begründet die vom Nationalrat am 16. Dezember 1992 beschlossene, am 1. Januar 1993 in Kraft getretene und 1995 modifizierte Verfassung der Tschechischen Republik ein parlamentarisches Regierungssystem mit einer ausgeprägten institutionellen und funktionalen Gewaltenteilung [Vodička 1996a: 346]. So unterscheidet die Verfassung drei Staatsgewalten: im zweiten Teil der Verfassung [Art. 15-53] die gesetzgebende Gewalt (Parlament, das sich nach Art. 15 Abs. 2 aus zwei Kammern zusammensetzt, dem Abgeordnetenhaus und dem Senat), im dritten Teil [Art. 54-80] die vollziehende Gewalt (Präsident, Regierung als „das oberste Organ der vollziehenden Gewalt" und Staatsanwaltschaft) und im vierten Teil [Art. 81-96] die richterliche Gewalt (Verfassungs- und andere Gerichte). Wie in anderen

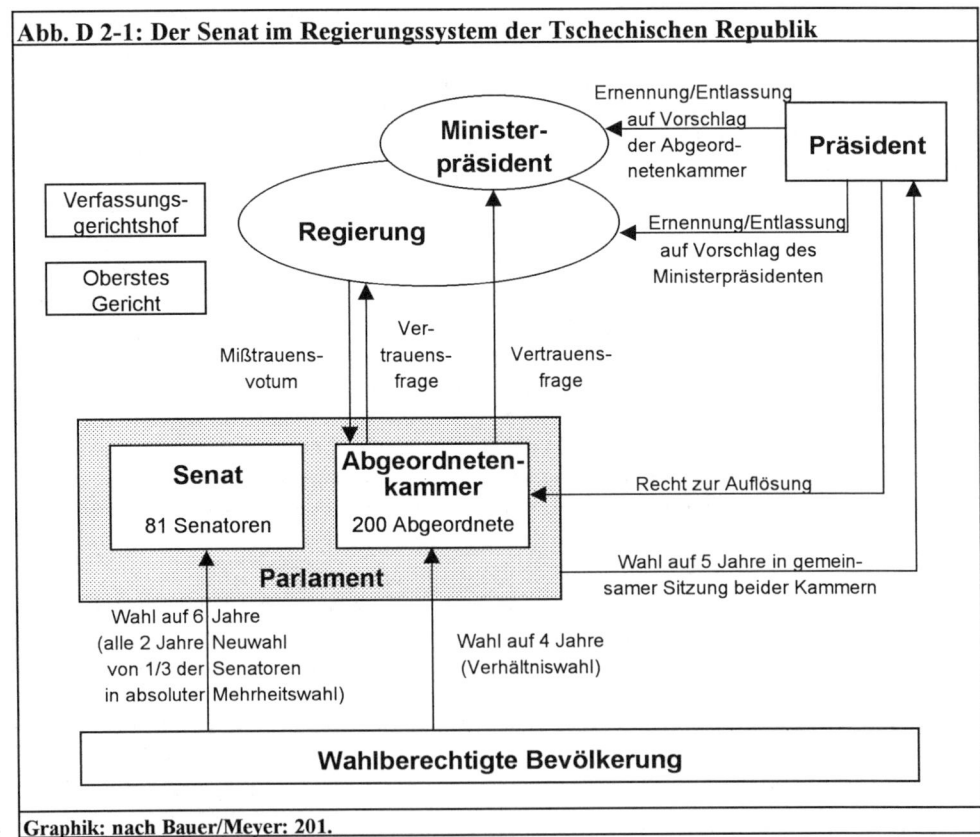

Abb. D 2-1: Der Senat im Regierungssystem der Tschechischen Republik

Ernennung/Entlassung auf Vorschlag der Abgeordnetenkammer

Minister-präsident

Präsident

Verfassungs-gerichtshof

Regierung

Oberstes Gericht

Ernennung/Entlassung auf Vorschlag des Ministerpräsidenten

Mißtrauens-votum

Ver-trauens-frage

Vertrauens-frage

Senat
81 Senatoren

Abgeordneten-kammer
200 Abgeordnete

Recht zur Auflösung

Parlament

Wahl auf 5 Jahre in gemein-samer Sitzung beider Kammern

Wahl auf 6 Jahre (alle 2 Jahre Neuwahl von 1/3 der Senatoren in absoluter Mehrheitswahl)

Wahl auf 4 Jahre (Verhältniswahl)

Wahlberechtigte Bevölkerung

Graphik: nach Bauer/Meyer: 201.

parlamentarischen Systemen wird diese institutionelle Gewaltenteilung durch die Gewaltenverschränkung zwischen Exekutive und Legislative überwunden, insofern die Regierung aus der Parlamentsmehrheit (hier: in der Abgeordnetenkammer) hervorgeht und dieser gegenüber verantwortlich ist [Abb. D 2-1]. Als *checks and balances* wirken daher vor allem die funktionale Gewaltenteilung zwischen Regierung und Opposition, aber auch die institutionelle Machtverschränkung durch die Spannungs- und Konkurrenzverhältnisse zwischen dem Staatspräsidenten, der Regierung, dem Verfassungsgericht und eben den beiden Parlamentskammern. Dabei unterscheiden sich die beiden Kammern in Zusammensetzung, Wahlrecht, Mandatsdauer der Parlamentarier und Kompetenzen deutlich, wie im Folgenden zu zeigen sein wird.

III.   Zusammensetzung

Nach Art. 16 der Verfassung besteht die Abgeordnetenkammer aus 200 auf die Dauer von vier Jahren gewählten Abgeordneten, der Senat aus 81 auf die Dauer von sechs Jahren gewählten Senatoren. Wie in den USA wird alle zwei Jahre ein Drittel der Senatoren ausgewechselt. Während die Abgeordnetenkammer nach dem Grundsatz der verhältnismäßigen Vertretung gewählt wird, verlangt das Gesetz für die Wahlen zum Senat das Mehrheitswahlrecht. Die Entscheidung für unterschiedliche Wahlverfahren bildete einen Kompromiß zwischen den Vertretern kleinerer Gruppierungen und der ODS-Führung, die in diesem Punkt vom parteienkritischen Präsidenten unterstützt wurde [Čepl/Franklin 1993: 59]. Für die Freiheitsunion zählt aber – aus nachvollziehbaren Gründen – die Einführung des Verhältniswahlsystems auch für die Senatswahlen bis heute zu den Grundpfeilern ihres Wahlprogramms. Wahlberechtigt ist jeder tschechische Bürger, der spätestens am (zweiten) Wahltag das 18. Lebensjahr erreicht hat. Wie in der Verfassung des Jahres 1920 wurde das passive Wahlalter für den Senat im Vergleich zur Abgeordnetenkammer deutlich angehoben: Für das Abgeordnetenhaus kann jeder Bürger der Tschechischen Republik kandidieren, der das Wahlrecht besitzt und das 21. Lebensjahr vollendet hat, für die Wahl zum Senat wie für die Kandidatur zum Präsidentenamt muß er das 40. Lebensjahr vollendet haben. Für den Senat kandidieren können Kandidaten von Parteien, Wahlbündnissen und Unabhängige. Parteien bzw. Kandidaten, die an der Wahl teilnehmen, müssen mindestens 10.000 Mitglieder bzw. Unterstützer nachweisen. Kandidaturen sind spätestens 60 Tage vor der Wahl einzureichen, dabei müssen 20.000 Kronen hinterlegt werden, die zurückerstattet werden, wenn der Kandidat mindestens sechs Prozent der Stimmen erhält [Brokl/Mansfeldová 1996: 310]. Im Unterschied zu den Abgeordnetenwahlen muß der Wähler bei den Senatswahlen an seinem ständigen Wohnsitz zur Urne gehen. Ein 1998 im Abgeordnetenhaus unternommener Versuch, das Wahlrecht dahingehend zu ändern, daß auch tschechische Staatsbürger, die zum Zeitpunkt der Wahl im Ausland leben oder sich im Ausland aufhalten, das Wahlrecht erhielten, scheiterte trotz entsprechender Appelle des Staatspräsidenten und des Auswärtigen Ausschusses des Senats am Widerstand von Kommunisten, Republikanern und Sozialdemokraten, die aus unterschiedlichen Gründen wenig Sympathien unter den zahlreichen Exil-Tschechen erwarten konnten [Radio Prag, 1.4.1998, 2.4.1998]. Grundsätzlich gilt, daß niemand gleichzeitig Mitglied beider Kammern sein darf. Auch gilt die Unvereinbarkeit von Parlamentsmandat und Präsidenten- und Richteramt sowie anderer gesetzlich festgelegter Ämter. Wenn ein Senator der Regierung angehört, darf er weder Vorsitzender, Stellvertretender Vorsitzender noch Mitglied eines Ausschusses oder einer Kommission sein. Das Mandat von Senatoren erlischt durch Verweigerung des Gelöbnisses oder durch Ablegung des Gelöbnisses mit Vorbehalt, durch Ablauf der Wahlperiode, durch Verzicht auf das Mandat oder durch Verlust der Wählbarkeit.

Nach all den Kontroversen über Sinn und Unsinn einer Zweiten Kammer, ihre Zusammensetzung und Funktionen sowie über das Wahlverfahren überrascht es nicht, daß auch der Termin der ersten Senatswahl lange Zeit umstritten war. Während ODS und KDS die Wahlen zu beiden Kammern im Jahre 1996 gleichzeitig durchführen wollten, bestanden die kleineren Koalitionspartner ODA und KDU-ČSL auf unterschiedlichen Wahlterminen. Abermals war es Havels Autorität, die den Ausschlag gab [Olson 1996: 48]. Im persönlichen Gespräch mit dem Premier trat der Präsident für zeitlich getrennte Wahlen ein, was schließlich auch von der ODS akzeptiert wurde.

Somit fanden die ersten Senatswahlen am 15. und 16. sowie am 22. und 23. November 1996 statt, als alle 81 Senatoren gewählt wurden. Insgesamt 570 Kandidaten, darunter 60 Frauen, traten zum ersten Wahlgang an. Die Wahlbeteiligung lag in der ersten Runde bei 35 Prozent, im zweiten Wahlgang, der in 77 Wahlbezirken erforderlich wurde, bei lediglich 30 Prozent [Radio Prag, 12.11.1998]. Dies wurde zum einen auf die fehlende Erfahrung mit dem Mehrheitswahlrecht, zum andern auf die Tatsache zurückgeführt, daß ein weitgehend unbekanntes Gremium gewählt werden sollte. Außerdem zeigte sich nach der Wahl zum Abgeordnetenhaus wenige Monate zuvor und nach der ersten Runde der Senatswahl auch eine gewisse Wahlmüdigkeit [Archiv der Gegenwart 1996: 41587; Pehe 1996: 39-40.] Wahlgewinner war die ODS (32 Mandate) mit einem großen Vorsprung vor der oppositionellen ČSSD (25 Mandate). Auch die kleineren Koalitionspartner der ODS konnten ihre Position verbessern: Die KDU-ČSL gewann 13, die ODA sieben Mandate. Die nicht im Abgeordnetenhaus vertretene Demokratische Union (DEU) erhielt einen Sitz, ebenso ein unabhängiger Kandidat. Da die Kommunisten nur zwei Mandate errangen und die Republikaner die Wahl boykottiert hatten, verfügte die damalige Regierungskoalition über eine stabile Mehrheit. Allerdings wurden die Stimmenanteile der Sozialdemokraten und der kleineren Parteien als Indiz dafür gewertet, daß die Wähler die politische Pluralität stärken wollten [Pokorny 1997: 50]. Im übrigen verringerte sich die Stärke der ODS-Fraktion im Laufe der Legislaturperiode noch einmal, als der Vizepräsident des Senats, Vladimír Zeman, und der Chef des Mandats- und Immunitätsausschusses, Ludek Zahradníček, aus der ODS-Fraktion austraten und Mitglieder der neugegründeten Freiheitsunion wurden – einer Abspaltung früherer Parteigänger von Klaus. Ein Versuch des ODS-Fraktionsvorsitzenden Milan Kondr, ein politisches Übereinkommen bezüglich der Abberufung der beiden Politiker aus ihren Ämtern zu erreichen, scheiterte [Radio Prag, 3.2.1998].

Die verfassungsrechtliche Regelung, alle zwei Jahre ein Drittel der Senatoren auszuwechseln, hatte bei der ersten Senatswahl eine „Drei-Klassen-Gesellschaft" zur Folge: 27 Senatoren wurden für die volle Mandatsdauer von sechs Jahren gewählt, 27 für vier Jahre und 27 Politiker mußten sich bereits zwei Jahre später wieder zur Wahl stellen. Turnusgemäß fanden im ersten Drittel der Wahlbezirke am 13. und 14. sowie am 20. und 21. November 1998 erneut Senatswahlen statt, zu der 18 Parteien bzw. Wahlbündnisse antraten. Die oppositionelle Demokratische Bürgerpartei von Ex-Regierungschef und Parlamentspräsident Václav Klaus ging als Siegerin aus der ersten Wahlrunde hervor. ODS-Kandidaten zogen in 22 der 27 Bezirke in die zweite Runde der Wahl ein, die regierenden Sozialdemokraten in 15 Bezirke. Auf dem dritten Platz lag mit 14 Kandidaten ein Viererbündnis aus Christdemokraten (KDU-ČSL), Demokratischer Bürgerallianz (ODA), Freiheitsunion (US) und Demokratischer Union (DEU). Die vier kleineren Parteien hatten nach Unterzeichnung des Oppositionsvertrages zwischen ČSSD und ODS beschlossen, als konservatives Wahlbündnis mit gemeinsamen Kandidatenlisten zur Wahl anzutreten. Die Kommunisten konnten in drei Bezirken noch einmal antreten [ČTK, 15.11.1998; The Prague Post, 18.11.1998].

Nachdem im ersten Wahlgang keiner der insgesamt 137 Kandidaten die notwendige absolute Mehrheit der Sitze hatte gewinnen können, wurde überall eine Stichwahl zwischen den beiden erfolgreichsten Kandidaten notwendig. Das Wahlergebnis der zweiten Runde brachte einige Überraschungen. So mußten die regierenden Sozialdemokraten der ČSSD ebenso wie die ODS eine deutliche Niederlage hinnehmen, was als Referendum gegen den

Oppositionsvertrag gewertet wurde [Central Europe Online, Archive, 23.11.1998]. Besonders empfindlich trafen die ODS, die nur neun Sitze gewann, die Niederlagen ihrer zwei Zugpferde, des Prager Oberbürgermeisters Jan Koukal, und des Chefs der Senatsfraktion, Milan Kondr. Die ČSSD, auf die lediglich drei Mandate entfielen, hatte zudem die Quittung dafür erhalten, daß sie stets die Nutzlosigkeit der Zweiten Kammer unterstrichen hatte [Radio Prag, 23.11.1998]. Zugewinne brachte die Wahl für die Kommunisten, die vereinzelt Wahlabsprachen mit Sozialdemokraten getroffen hatten, mit zwei neuen Mandaten, vor allem aber für die Viererkoalition aus KDU-ČSL, US, ODA und DEU, die 13 der 27 zu vergebenden Sitze erhielt. Erklärtes Ziel dieser Allianz war es, wenigstens im Senat die Dreifünftel-Mehrheit von ODS und ČSSD zu brechen und auf diese Weise Verfassungs-änderungen verhindern zu können. Trotz deutlicher Gewinne mißlang dieses Vorhaben: Nach der Wahl stellen die ODS insgesamt 28 Senatoren, die ČSSD 20, die KDU-ČSL zwölf, die ODA fünf, die Kommunisten vier Senatoren und die Freiheitsunion einen, während elf Senatoren sich als parteipolitisch unabhängig (*bez politicke přílusnosti*) bezeichnen, auch wenn sie auf einer Parteiliste angetreten waren und entsprechenden Fraktionen angehören.[4] In Brno, wo die ehemalige Oberbürgermeisterin der Stadt, Dagmar Lastovecká (ODS), gewonnen hatte, wurde eine Wahlwiederholung notwendig, da das Oberste Gericht auf Antrag der Sozialdemokraten die Wahl wegen der Verletzung des Wahlgesetzes für ungültig erklärte.[5] Erst im März 1999 konnte Lastovecká endlich vereidigt werden.

Tab. D 2-1: Gewählte Senatoren in Tschechien nach parteipolitischer Ausrichtung		
	1998	**1996**
ODS	28	32
ČSSD	20	25
KDU-ČSL	12	13
BEZPP	11	-
ODA	5	7
KSČM	4	2
US	1	-
NK	-	1
DEU	-	1
Quelle: www.volby.cz/volbyen/volbyen.htm		

Die stille Große Koalition konnte jedenfalls nach der zweiten Wahlrunde aufatmen und weiterhin entsprechend ihrer Absprachen vorgehen: Zwar bemühte sich als drittstärkste Parlamentspartei auch die Christlich-Demokratische Volksunion um den Posten des Senats-präsidenten [Radio Prag, 17.11. 1998]. Der Oppositionsvertrag zwischen Sozialdemokraten und ODS sicherte letzterer jedoch die Besetzung des höchsten Amtes im Senat zu [Radio Prag, 17.11.1998]. Somit sprachen sich im zweiten Wahlgang 40 der 79 anwesenden Senatoren für die stellvertretende Vorsitzende der Demokratischen Bürgerpartei, Libuše Benešová, aus [dpa, 17.12.1998]. Sicherlich trug auch die ablehnende Haltung vieler Bürger zum Oppositionsvertrag zur geringen Wahlbeteiligung von lediglich 20,7 Prozent bei:

---

[4] Das Ergebnis der nach dem Tod des Senators Benda erforderlichen Nachwahl im Wahlkreis Prag-Mitte war bei Abschluß des Manuskriptes noch nicht bekannt.

[5] Bei dem problematischen Präzedenzfall entschied das Gericht, daß die Kandidatin gesetzeswidrig bevorzugt worden war, da noch am Wahltag in einer regionalen Fernsehsendung ein Bericht über Lastovecká ausgestrahlt wurde. Am gleichen Tag erschien ein Zeitungsartikel über die Politikerin. Da sie keine subjektive Verantwortung dafür trug, löste das Gerichtsurteil heftige Proteste aus. Vgl. Radio Prag, 8.12.1998, 10.12.1998.

„Warum noch die Wahlurne behelligen, wenn sich die beiden großen Chefs eh miteinander absprechen." [Pravo, 16.11.1998]

Untersucht man die Sozialstruktur des tschechischen Senats, so ergibt sich folgendes Bild: In einem Land, in dem der Regierungschef – fernab jeder Quotendiskussion – offensichtlich keine Probleme damit hat, ein reines Männerkabinett zusammenzustellen, überrascht es nicht, daß Frauen auch im Senat eine verschwindende Minderheit bilden. Von 81 Mitgliedern des 1996 gewählten Senats waren nur neun Frauen, das entspricht einem Anteil von rund elf Prozent. Diese Zahl blieb auch nach der Wahl des Jahres 1998 gleich [Inter-Parliamentary Union: IPU 1999]. Von diesen neun Frauen gehören fünf der ODS-Fraktion an, zwei der ODA und jeweils eine der KDU-ČSL sowie der regierenden ČSSD.

Nach dem Wahlgang des Jahres 1998 erhöhte sich der Altersdurchschnitt der Senats-mitglieder naturgemäß, da nur relativ wenige Sitze ausgetauscht wurden. Der Altersgruppe von 40 bis 49 Jahren gehören danach 27 Senatsmitglieder an (nach der ersten Senatswahl 29), 41 Senatoren sind zwischen 50 und 59 Jahre alt (1996: 39), während unverändert 13 das 60ste Lebensjahr bereits überschritten haben.

Tab. D 2-2: Gewählte Senatoren in Tschechien nach Alters- und Geschlechtsstruktur			
Alter	Frauen	Männer	Gesamt
40-49 Jahre	5	22	27
50-59 Jahre	3	38	41
60 Jahre und mehr	1	12	13
Gesamt	9	72	81
Quelle: http://www.volby.cz/volbyen/volbyen.htm			

Ob Havels Wunsch in Erfüllung ging, mit der Zweiten Kammer einen „Rat der Weisen" zu etablieren, mag dahingestellt bleiben. Jedenfalls schmücken sich im amtierenden Senat 30 Senatoren mit einem Doktortitel, 26 mit einem Ingenieurstitel und fünf mit einem Magister. Dabei scheint eine gewisse interpretatorische Zurückhaltung angebracht: „Im Jahre 1996 wurden mehrere Fälle von Abgeordneten bekannt, die sich einen Dr. nicht nach einer Promotion, sondern nach einem Eitelkeitsanfall zulegten." [Burgerstein 1998: 58] Selbst ein Minister mußte nach einer entsprechenden „Titelaffäre" seinen Hut nehmen. Immerhin 20 Senatoren kommen ohne akademischen Namenszusatz aus. Von den 81 Senatoren ordnete sich knapp die Hälfte, nämlich 39, der Berufsgruppe der Staatsbediensteten zu. Wie in anderen Transformationsstaaten, die bei der Besetzung politischer Ämter nicht auf die alte Nomenklatura der kommunistischen Ära zurückgreifen wollte [Strubar 1998], finden sich auch in der neuen tschechischen Elite zahlreiche Angehörige relativ politikferner Berufs-gruppen. So sitzen im Senat sieben Ärzte, sechs Lehrer, sechs Geschäftsleute, fünf Juristen, fünf Wissenschaftler, drei Ökonomen und zehn Angehörige sonstiger Berufe.

IV.   Innere Organisation

Die Hauptgebäude des tschechischen Senats befinden sich im Wallenstein-Palast in der Prager Kleinseite, der zum Teil auch für Besucher geöffnet ist [Parliament of the Czech Republic 1997: 5]. Hier sind der Plenarsaal, die Arbeitsbereiche, die Empfangsräume, die Büros des Senatspräsidiums und der Speisesaal der Senatoren untergebracht. Im Kolovrat-Palast befinden sich Sitzungsräume für die Kommissionen und weitere Senatoren-Büros, im kleinen Fürstenberg-Palast vor allem die Büros der Senatsverwaltung. Das Feldov-Haus schließlich beherbergt die Küche und einen weiteren Speisesaal für Senatoren und Mitarbeiter. Den Senatoren stehen Sekretariate, Assistenten, Post-, Telefon- und Fahrdienste zur Verfügung; dem Präsidenten außerdem eine Amtsresidenz und Leibwächter.

Die innere Organisation des Senats umfaßt drei Ebenen: erstens die politische Organisation der Senatoren in sogenannten Klubs, die Fraktionen entsprechen, zweitens die fraktionsübergreifende Organisation nach Politikfeldern in Ausschüssen und Kommissionen sowie drittens die Selbstorganisation des Oberhauses durch die Senatskanzlei.

1. Die Klubs

Auch wenn die Senatoren nach Art. 26 der Verfassung über ein freies Mandat verfügen, haben sich im amtierenden Senat mit Ausnahme eines Mitglieds selbst diejenigen Fraktionen angeschlossen, die sich als parteipolitisch unabhängig bezeichnen. Gegenwärtig gibt es in der Zweiten Kammer fünf Klubs: den der ODS (25 Senatoren, Vorsitzender: Mirek Topolánek), den der ČSSD (23 Senatoren, Vorsitzender: Zdenik Vojíř), den der KDU-ČSL (17 Senatoren, Vorsitzender: Jiři Šenkýř), einen gemeinsamen Klub von US und ODA (elf Senatoren, Vorsitzende: Jitka Seitlová) sowie den der KSČM mit vier Senatoren.

2. Die Ausschüsse und Kommissionen

Nach Art. 29 der Verfassung beruft der Senat seinen Vorsitzenden und dessen Stellvertreter und besitzt auch das Recht zur Abberufung dieser Funktionsträger. Vorsitzende des amtierenden Senats ist Libuše Benešová (ODS), ihre Stellvertreter sind Ivan Havlíček (ČSSD), Přemysl Sobotka (ODS), Petr Pithart (inzwischen parteilos, aber zur Fraktion der KDU-ČSL gehörig) sowie Jaroslav Musial (ČSSD). In der protokollarischen Ordnung des politischen Systems der Tschechischen Republik rangiert der Senatspräsident auf Platz 2 nach dem Staatspräsidenten, die Stellvertretenden Senatsvorsitzenden auf Platz 7 und die übrigen Senatoren auf Platz 11 [IPU 1999]. In der internen Senatshierarchie sind die Vorsitzenden der Kommissionen und der Fraktionen (in der Reihenfolge ihrer Größe) dem Präsidenten und den Vizepräsidenten nachgeordnet.

Vorsitzende und Stellvertreter des Senats werden in ihrer Arbeit durch das Sekretariat der Senatsvorsitzenden bzw. durch das Sekretariat der Stellvertretenden Senatsvorsitzenden unterstützt. Wie in Art. 31 der Verfassung festgelegt, errichtet die Kammer Ausschüsse und Kommissionen als ihre Organe, deren Tätigkeit das Gesetz regelt.[6] Für die Mitglieder dieser Ausschüsse und Kommissionen besteht ebenso wie bei Plenarsitzungen eine Anwesenheitspflicht. Bei Nichtteilnahme an den in der Regel öffentlichen Sitzungen können Strafen verhängt werden.

Hier soll nur auf zwei Ausschüsse etwas näher eingegangen werden, die häufiger in den Medien auftauchen, nicht immer ohne kritischen Unterton:

So zeichnen sich die Mitglieder des Ausschusses für Auswärtige Angelegenheiten, Verteidigung und Sicherheit durch eine rege Reisetätigkeit aus. Einige Beispiele aus dem Jahresprogramm 1998: Im Februar besuchte eine Senatsdelegation Moskau, wo sie u.a. vom Premierminister der Russischen Föderation, Wiktor Tschernomyrdin, empfangen wurde

---

[6] Zu den Ausschüssen zählen: der Organisationsausschuß, der die Tätigkeit der anderen Ausschüsse koordiniert, d.h. Sitzungen vorbereitet, die Tagesordnung aufstellt und die Lesung der Vorlagen organisiert, der Mandats- und Immunitätsausschuß, der Verfassungsrechts-Ausschuß, der Ausschuß für Auswärtige Angelegenheiten, Verteidigung und Sicherheit, der Ausschuß für Petitionen, Menschenrechte, Wissenschaft, Bildung und Kultur, der Ausschuß für Raumentwicklung, öffentliche Verwaltung und Umwelt, der Ausschuß für Wirtschaft, Landwirtschaft und Verkehr, der Ausschuß für Gesundheits- und Sozialpolitik sowie der Ausschuß für Fragen der Europäischen Integration. Diesen Ausschüssen steht das Sekretariat für die Senatsausschüsse zur Verfügung.
Daneben bestehen folgende Kommissionen: die Ständige Kommission für die Arbeit der Senatskanzlei, die Ständige Kommission für Auslandstschechen und die Kommission für die Verfassung der Tschechischen Republik, die vom Sekretariat der Senatskommissionen unterstützt werden.

[Radio Prag, 16.2.1998, 17.2.1998, 19.2.1998; Interfax, 18.2.1998]. Wenig später weilte der Senatspräsident in Österreich, im Juni stand Israel auf dem Programm, im Juli Slowenien, im August wieder Rußland, einen Monat später reiste eine Senatsdelegation nach Zypern [Radio Prag, 9.3.1998, 4.6.1998, 15.7.1998, 19.8.1998, 20.8.1998 und 22.9.1998]. Zumeist wurden Fragen des EU- und des NATO-Beitritts erörtert. In den USA nahm eine Senatsdelegation an Feiern anläßlich des 80. Gründungsjubiläums der Tschechoslowakischen Republik teil [Radio Prag, 28.10.1998]. Angesichts der geringen Kompetenzen des Senats wurde Kritik an diesen Reisen laut, was an folgendem Beispiel verdeutlicht werden soll: Anfang September 1998 reisten gleich zwei Senatsdelegationen unter sozialdemokratischer Führung nach Deutschland, angeblich um diplomatische Verwicklungen zu klären, die nach in beiden Ländern heftig kritisierten Äußerungen von Ministerpräsident Zeman über die sudetendeutsche Landsmann-schaft entstanden waren. Indes wurden in der Öffentlichkeit Zweifel an diesem Reisemotiv geäußert, führte der Weg der Senatoren doch nach Brandenburg und Sachsen, und nicht – wie beim Thema Sudetendeutsche naheliegend – nach Bonn oder München [Lidové Noviny, 7.9.1998; Radio Prag, 10.9.1998].

Umgekehrt stehen allerdings auch bei Besuchen wichtiger Vertreter des Auslands in Prag Gespräche mit Senatoren auf dem Programm: Ob NATO-Generalsekretär Javier Solana, der schwedische Verteidigungsminister, der Präsident Kirgisiens oder weißrussische Oppositionelle [Radio Prag, 18.2.1998, 4.3.1998, 5.3.1998, 6.3.1998, 10.3.1998 und 24.11.1998] – sie alle machten zumindest dem Senatspräsidenten ihre Aufwartung. Auch Bundestagspräsident Wolfgang Thierse traf sich beim ersten Besuch eines deutschen Spitzen-politikers in Prag nach dem Bonner Regierungswechsel nicht nur mit Havel und Zeman, sondern auch mit Senatspräsident Pithart, um Fragen der EU-Osterweiterung zu besprechen [Radio Prag, 16.11.1998].

Ein weiterer Ausschuß, der im Zusammenhang mit Negativschlagzeilen häufiger in den Medien erwähnt wird, ist der Mandats- und Immunitätsausschuß. Dies ist die Folge der auch im europäischen Vergleich äußerst umfassenden Immunität der Volksvertreter.[7] Das Problem der Immunität wurde nicht zuletzt im Zusammenhang mit Affären prominenter Senatoren diskutiert: So erlangte der inzwischen verstorbene ODS-Senator Václav Benda, ehemals Direktor des Amtes für die Untersuchung und Dokumentation der kommunistischen Verbrechen (UDV), eine gewisse internationale Prominenz, da er zu denjenigen gehörte, die – fälschlicherweise – eine Mitarbeit des ehemaligen Wiener Bürgermeisters Helmut Zilk für die tschechoslowakische Staatssicherheit (StB) bestätigten. Obwohl sich der Exekutivrat seiner Partei schon vor der Rücknahme der Anschuldigung öffentlich vom Vorgehen des Senators distanziert hatte, schenkte die Präsidialkanzlei den Anschuldigungen volles Vertrauen [Radio Prag, 27.10.1998, 19.10.1998]. Der „Fall Zilk" hatte für den Senator ein juristisches Nachspiel, insofern der zuständige Untersuchungsrichter in Prag beim Mandats- und Immunitätsausschuß des Senats die Aufhebung der parlamentarischen Immunität Bendas wegen des Verdachts auf Geheimnisverrats und übler Nachrede beantragte [ČTK, dpa, 10.3.1999]. Noch gravierender war der Fall des sozialdemokratischen Senators und späteren Außenministers Jan Kavan. Dieser hatte im Januar 1998 auf der Prager Kleinseite mit seinem Wagen mehrere Autos gestreift und stark beschädigt. Die folgende Polizeiuntersuchung unterband er unter Hinweis auf seine Senatorenimmunität. Trotz der großen öffentlichen Empörung scheiterte im Februar 1998 eine parlamentarische Initiative von fünf Abgeordneten, die Immunität einzuschränken [Radio Prag, 9.2.1998].

---

[7] Vgl. zum Problem der Immunität auch Bohata 1994: 31.

3. Die Senatskanzlei

Im Unterschied zu den politischen Gremien des Senats ist die Senatskanzlei weitgehend für Verwaltungsaufgaben zuständig, weshalb auf ihre Tätigkeit nicht weiter eingegangen werden soll. In der Senatskanzlei arbeiten: der Leiter der Senatskanzlei, das Sekretariat des Leiters der Senatskanzlei, die Legislativabteilung, die unabhängige Personalabteilung und der unabhängige Kontrolleur. Diesen Organen untergeordnet sind die Senatssektion und die Wirtschaftsverwaltung. Zur Senatssektion gehören: die Organisationsabteilung, die Auslandsabteilung, die Abteilung für den Senatsdienst, die Informationsabteilung und die unabhängige Protokollabteilung. Die Wirtschaftssektion umfaßt: die Wirtschaftsabteilung, die Verwaltungsabteilung, die Informatikabteilung, die Abteilung für den gastronomischen Dienst und die unabhängige Rechtsabteilung.

V. Funktionen der Zweiten Kammer im politischen System

1. Gesetzgebungsfunktion

Auch wenn der Senat selbst in der Gesetzgebungsfunktion seine wichtigste Kompetenz sieht [Parliament of the Czech Republic 1997: 2], so ist diese nicht sehr ausgeprägt. Tatsächlich sind – abgesehen vom Recht des Senats (nicht einzelner Senatoren), eigene Gesetzentwürfe in die Abgeordnetenkammer einzubringen – die Möglichkeiten des Senats gering, den Gesetzgebungsprozeß zu beeinflussen. Grundsätzlich hat das Oberhaus vier Möglichkeiten, innerhalb einer vorgegebenen Frist von 30 Tagen auf einen vom Abgeordnetenhaus gebilligten und der Zweiten Kammer zugeleiteten Gesetzentwurf – davon ausgeschlossen sind die Entwürfe der Gesetze über den Staatshaushalt und über den staatlichen Haushaltsabschluß, die nur von der Ersten Kammer beschlossen werden – zu reagieren: Der Senat kann das Gesetz durch Beschluß billigen, verwerfen, der Abgeordnetenkammer mit Änderungsvorschlägen zurückleiten oder den Willen äußern, den Gesetzentwurf nicht zu erörtern. Falls sich der Senat nicht binnen 30 Tagen äußert, gilt das Gesetz als verabschiedet. Die Zweite Kammer kann also durch Untätigkeit darauf verzichten, am Gesetzgebungsverfahren teilzunehmen. Ausgenommen davon sind Verfassungsgesetze, Wahlgesetze, Gesetze über Kontakte und Aktivitäten der beiden Kammern untereinander und nach außen sowie Gesetze über die Geschäftsordnung des Senats [Schmid/Horský 1995: 56]. Wenn das Oberhaus den Gesetzentwurf verwirft, wird in der Abgeordnetenkammer erneut abgestimmt. Der Entwurf gilt als beschlossen, wenn ihm die einfache Mehrheit aller Abgeordneten zustimmt. Leitet der Senat den Gesetzentwurf der Abgeordnetenkammer mit Änderungsvorschlägen zurück, stimmt das Unterhaus darüber in dem vom Senat gebilligten Wortlaut ab. Durch ihren Beschluß gilt das Gesetz als verabschiedet. Billigt die Abgeordnetenkammer den Entwurf in dem vom Senat gebilligten Wortlaut nicht, stimmt sie über den Gesetzentwurf erneut ab, und zwar in dem Wortlaut, in dem er an den Senat weitergeleitet wurde. Das Gesetz gilt als verabschiedet, wenn er von der einfachen Mehrheit aller Abgeordneten gebilligt wurde. Änderungsvorschläge sind bei der Behandlung eines verworfenen oder zurückgeleiteten Gesetzentwurfes in der Abgeordnetenkammer nicht zulässig. Hat der Senat den Willen ausgedrückt, sich mit dem Gesetzentwurf nicht zu befassen, ist der Gesetzentwurf durch diesen Beschluß verabschiedet. Über Gesetze, denen der Präsident in Wahrnehmung seines suspensiven Vetorechtes seine Unterschrift verweigert, stimmt nur die Abgeordnetenkammer erneut ab.

Da die knappe Zeitspanne von 30 Tagen in der Praxis kaum die Möglichkeit läßt, einen Gesetzestext ausreichend zu erörtern, beschränkt sich die legislative Funktion des Senats weitgehend auf ein Suspensivrecht. Dennoch gab der Senat in den ersten zwei Jahren nach seiner Konstituierung von rund 200 Gesetzen 16 mit Änderungsauflagen zurück. Von diesen 16 Vorlagen wiederum passierte die Hälfte das Unterhaus, ohne daß die Abgeordneten die

Auflagen des Senats berücksichtigten [Zak, Nov. 1998]. So wurde im Juni 1998 die Neuauflage des Lotteriegesetzes trotz der Proteste der Senatoren und des Präsidenten von den Abgeordneten des Unterhauses verabschiedet. Wie vom Senat befürchtet, reagierten die Europäische Union und die USA mit Kritik am Ausschluß ausländischer Beteiligungen an der tschechischen Lotterie, da diese Diskriminierung dem Geist der europäischen Vereinbarungen widersprach [Radio Prag, 1.9.1998]. Daß eine neue Vorlage vom November 1998 schließlich die Beteiligung ausländischer Firmen erlaubte, mag als Beispiel dafür stehen, daß der Senat bisweilen weitsichtiger agiert als die Erste Kammer.

2. Wahlfunktion

Die Wahlfunktion des Senats äußert sich vor allem bei der Wahl des Staatspräsidenten und bei der Ernennung der Richter des Verfassungsgerichtes. Einen Präsidentschaftskandidaten können mindestens zehn Abgeordnete oder zehn Senatoren vorschlagen. Zum Präsidenten der Republik ist derjenige Kandidat gewählt, der auf einer gemeinsamen öffentlichen Sitzung der beiden Kammern die einfache Stimmenmehrheit aller Abgeordneten und die einfache Stimmenmehrheit aller Senatoren erlangt hat. Konnte keiner der Kandidaten die einfache Stimmenmehrheit aller anwesenden Abgeordneten und Senatoren erreichen, findet binnen vierzehn Tagen ein zweiter Wahlgang statt. Dies wurde bei der Wiederwahl Havels 1998 notwendig, obwohl er der Kandidat der drei früheren Koalitionsparteien und der ČSSD war. In den zweiten Wahlgang steigt derjenige Kandidat auf, der die höchste Stimmenzahl in der Abgeordnetenkammer erreicht hat, und der Kandidat, der die höchste Stimmenzahl im Senat erreicht hat. Havel, der 1998 im ersten Wahlgang 130 Stimmen auf sich vereinen konnte, erhielt im zweiten Wahlgang lediglich die genau erforderliche Anzahl von 99 Abgeordnetenstimmen. Der Senat war ihm etwas wohlgesonnener: Hier erhielt er 47 Stimmen [Radio Prag, 20.1.1998]. In Pressekommentaren wurde das Verhalten der Parlamentarier kritisiert: „Die Posse mit der zweiten Runde war wirklich umsonst. In der ersten Runde stimmten gegen den altneuen Präsidenten diejenigen, deren Parteien Havel vorgeschlagen hatten. In der zweiten Runde stimmten sie aber dann dafür, weil ihnen die dritte wohl keinen Spaß mehr gemacht hätte." [Mlada Fronta Dnes, 21.1.1998] Im Unterschied zu den ersten beiden Wahlgängen würden die beiden Kammern in einer dritten Runde gemeinsam abstimmen.

Nach der Verfassung kann nur der Senat durch Mehrheitsbeschluß den Präsidenten wegen Hochverrats vor dem Verfassungsgericht anklagen. Dementsprechend sorgte die Äußerung Havels, er habe erfahren, daß die ODS nach der Unterzeichnung des Oppositionsvertrages auf diesem Wege seine Entmachtung plane, im Juli 1998 für einige Aufregung. Zwar beeilte sich die ČSSD-Vizevorsitzende Petra Buzkova, die Äußerung des Präsidenten als Scherz zu verharmlosen, aber so richtig amüsieren wollte sich darüber niemand. Im Gegenteil, die tschechische Presse reagierte mit harscher Kritik am unverantwortlichen Handeln Havels: So warnte die auflagenstärkste Zeitung Mlada Fronta Dnes vor den möglicherweise im Ausland auftretenden Zweifeln an der Stabilität der tschechischen Demokratie. Dies könne die Aufnahme des Landes in die Europäische Union gefährden [Radio Prag, 16.7.1998].

Aufgrund des chronisch schlechten Gesundheitszustandes des Staatspräsidenten, der zwischenzeitlich sogar im Koma lag, wurde vor der Parlamentswahl vom Juni 1998 diskutiert, ob dadurch die Ernennung einer neuen Regierung gefährdet sei. Die Verfassung sieht jedoch für solch einen Fall vor, daß bei vorübergehender Amtsunfähigkeit des Präsidenten die Präsidialfunktionen vom Premier und vom Vorsitzenden der Abgeordnetenkammer gemeinsam übernommen werden. Konkret würde dies bedeuten, daß sich das neue Abgeordnetenhaus am dreißigsten Tag nach der Wahl konstituiert, um den Regierungschef zu wählen. Anschließend beschließen Abgeordnetenhaus und Senat gemeinsam die Übernahme der

Präsidialfunktionen durch den Ministerpräsidenten und den Vorsitzenden der Ersten Kammer, woraufhin letzterer die neue Regierung ernennt [Radio Prag, 23.4.1998].

Eine weitere Wahlfunktion besitzt der Senat hinsichtlich der Mitglieder des Verfassungsgerichtes: Die 15 Richter des Obersten Gerichtes werden vom Präsidenten mit Zustimmung des Senats auf zehn Jahre ernannt. Die Ernennung erfolgt, wenn die Mehrheit der Mitglieder der Zweiten Kammer innerhalb von 60 Tagen für den Kandidaten bzw. innerhalb dieser Frist nicht gegen ihn votiert. Entscheidet sich der Senat im vorgegebenen Zeitraum mehrheitlich gegen den Vorschlag des Präsidenten, so kann der Kandidat nicht Verfassungsrichter werden.

3. Kontrollfunktion

Die Kontrollfunktion des Senats ist wesentlich schwächer ausgeprägt als die des Abgeordnetenhauses. Die Exekutive ist nur der Abgeordnetenkammer verpflichtet und allein diese kann ihr das Vertrauen durch Ablehnung der Vertrauensfrage oder durch einen Mißtrauensantrag verweigern. Auch ein Interpellationsrecht gegenüber der Regierung besitzen nur die Mitglieder des Abgeordnetenhauses. Im Unterschied zum Unterhaus kann der Senat keine Untersuchungskommissionen einrichten. Wenn die entsprechenden Gremien dies verlangen, sind Regierungsmitglieder verpflichtet, Sitzungen der Ersten Kammer bzw. ihrer Ausschüsse, Kommissionen oder Untersuchungskommissionen beizuwohnen. Dieses Recht steht dem Senat nach der Verfassung nicht zu. In der Praxis aber stehen auch hier Regierungsmitglieder Rede und Antwort, zumal sie umgekehrt das Recht haben, an Sitzungen beider Kammern, ihrer Ausschüsse und Kommissionen teilzunehmen und jederzeit das Wort zu ergreifen.[8]

4. Rekrutierungsfunktion

Inwieweit der tschechische Senat eine Rekrutierungsfunktion besitzt, kann aufgrund der relativ kurzen Existenz dieser Kammer bisher kaum beurteilt werden. Einzelne Beispiele mögen aber darauf hindeuten, daß diese Funktion in Zukunft eine gewisse Rolle spielen könnte: So wurde der ČSSD-Senator und außenpolitische Experte der Partei Jan Kavan in der Regierung Zeman zum Außenminister ernannt. Senator Pavel Rychetský (ČSSD) übernahm als Vizepremier das Justizressort. Mit Zemans Berater Egon T. Lánský wurde ein weiterer ČSSD-Senator stellvertretender Regierungschef mit der Aufgabe, Außen-, Innen- und Verteidigungspolitik zu koordinieren. Daß insbesondere die Sozialdemokraten den Senat als Bewährungsfeld für ihre Parteikader betrachten, äußert sich auch darin, daß ihr Vorsitzender Zeman das schlechte Abschneiden ihrer Kandidaten bei den Senatswahlen 1998 zum Anlaß nahm, ‚Köpfe rollen‘ zu lassen: Erfolglose Kandidaten mußten ebenso wie die Funktionäre der Parteiorganisationen, die sie nominiert hatten, mit dem Verlust ihrer Parteiämter rechnen [Radio Prag, 16.10.1998].

5. Repräsentationsfunktion

Die Mitglieder des Senats repräsentieren weder Stände oder Minderheiten noch Länder oder Regionen. Selbst die 81 Wahlkreise stimmen nicht mit den 76 Distrikten der territorialen Selbstverwaltung überein. Insofern nimmt er eine Repräsentationsfunktion eher nach außen wahr, wie die zahlreichen offiziellen Begegnungen zwischen Senatoren und politischen Funktionsträgern des Auslands zeigen. Diese Funktion ist durchaus nicht ohne Bedeutung. So

---

[8] Vgl. z.B. Radio Prag, 26.11.1998: Vizepremier Egon Lánský und Außenminister Jan Kavan mußten vor dem Auswärtigen Ausschuß des Senats einräumen, daß der anvisierte EU-Beitritt der Tschechischen Republik zum Jahre 2003 unrealistisch sei, nachdem die EU-Kommission mangelnde Fortschritte beim Anpassungsprozeß des Beitrittskandidaten bemängelt hatte.

hat es natürlich diplomatisches Gewicht, wenn sich der tschechische Senatspräsident auf einem deutsch-tschechischen Kolloquium gegen eine radikale Aufhebung der umstrittenen Beneš-Dekrete ausspricht, mit denen u.a. die Vertreibung und Enteignung der Sudetendeutschen nach dem Zweiten Weltkrieg legitimiert wurde [Radio Prag, 4.4.1998].

Formal und in der Praxis aber besitzt das Oberhaus gegenüber der Ersten Kammer eine nachgeordnete Stellung. Das Abgeordnetenhaus ist nicht nur die entscheidende Instanz im Gesetzgebungsprozeß, allein ihr gegenüber ist letztlich auch die Regierung verantwortlich. Somit ist der tschechische Bikameralismus durch eindeutig asymmetrische Strukturen gekennzeichnet [Olson 1996: 49]. Allerdings besitzt die Zweite Kammer eine wichtige Funktion in Ausnahmesituationen:

6. Ersatzfunktion

Nach Art. 35 der tschechischen Verfassung kann der Präsident in bestimmten Fällen die Abgeordnetenkammer auflösen. Tritt dieser Fall ein, so übernimmt der Senat Funktionen der Ersten Kammer. Er kann gesetzliche Maßnahmen verabschieden, die keinen Verzug dulden und andernfalls die Verabschiedung eines Gesetzes erforderlich machen würden. Ausgenommen von diesem Recht sind gesetzliche Maßnahmen in Angelegenheiten der Verfassung, des Staatshaushalts, des staatlichen Haushaltsabschlusses, des Wahlgesetzes und internationaler Abkommen zum Schutz der Menschenrechte und Grundfreiheiten, durch die die Tschechische Republik gebunden ist. Nur die Regierung kann dem Senat gesetzliche Maßnahmen vorschlagen. Anstelle des Vorsitzenden der Abgeordnetenkammer ist nun der Senatsvorsitzende befugt, gemeinsam mit dem Staatspräsidenten und dem Regierungschef Gesetze zu unterzeichnen. Gesetzliche Maßnahmen des Senats müssen von der Ersten Kammer auf ihrer ersten Sitzung gebilligt werden, andernfalls verlieren sie ihre Gültigkeit. Solange das Abgeordnetenhaus aufgelöst ist, bleiben die vom Senat beschlossenen Gesetze in Kraft.

Eine Ersatzfunktion besitzt der tschechische Senat bzw. sein Präsident auch in Fällen, in denen der Staatspräsident, der Parlamentspräsident und der Regierungschef gleichzeitig an der Ausübung ihrer Amtsgeschäfte verhindert sind. Dieser Fall trat erstmals im April 1999 ein: Da Havel und Klaus in Washington weilten, Zeman aber noch nicht aus Kirgisien zurückgekehrt war, übernahm verfassungsgemäß Libuše Benešova für 30 Stunden die Regierungsgeschäfte [dpa, 22.4.1999].

Ebenfalls für Ausnahmesituationen vorgesehen ist die Zustimmungspflicht des Senats bei der Erklärung des Kriegszustands, während die Genehmigung des Aufenthalts fremder Streitkräfte auf dem Territorium der Tschechischen Republik durch den NATO-Beitritt des Landes mittlerweile auf veränderten Rahmenbedingungen basiert.

VI.   Problemfelder/Reformansätze

Das Hauptproblem des tschechischen Senats besteht zweifellos in seiner äußerst geringen Popularität. Auch hier knüpft die Zweite Kammer an Traditionen der Zwischenkriegszeit an, als der Senat im Volksmund als „Tabakladen" bezeichnet wurde. Dies rührte aus dem Vergleich mit Kriegsversehrten des Ersten Weltkriegs, die oftmals mit einem Tabakladen für ihre Verdienste entschädigt wurden. „Für den Senat kandidieren in der Regel solche Politiker, von denen nicht mehr erwartet wird, daß sie in der Politik noch eine bedeutendere Rolle spielen, und vor allem, daß sie noch Minister werden könnten. Die Mitgliedschaft im Senat gilt als verdienter Ruhestand." [Lipscher 1979: 63] In ähnlicher Weise betrachtet die Öffentlichkeit den Senat bis heute – nicht ganz zu Unrecht [Brokl/Mansfeldová 1995: 23] – als Abschiebebahnhof für ausgediente Politiker.

Das Vertrauen der Tschechen in ihre Volksvertreter ist gering. Dazu tragen die im Vergleich zum Durchschnittslohn ständig wachsenden Monatseinkommen der Parlamentarier ebenso bei wie die Tatsache, daß viele Mandatsträger lukrativen Lobbyistentätigkeiten nachgehen. Um dem Vorwurf der Selbstbedienungsmentalität zu begegnen, einigten sich die Präsidiumsmitglieder des Abgeordnetenhauses im September 1998 darauf, das 14. Monatsgehalt von Abgeordneten und Senatoren zu streichen [Radio Prag, 10.9.1998; Pravo, 10.9.1998].

Ein Indikator für die Haltung der Bürger gegenüber der Zweiten Kammer ist die Wahlbeteiligung. So zeigten sich nach der letzten Senatswahl alle Kommentatoren entsetzt über die extrem niedrige Zahl derjenigen, die den Appellen der Politiker gefolgt waren, von ihrem Wahlrecht Gebrauch zu machen. Während sich bei der ersten Parlamentswahl 1990 noch 97 Prozent der Wahlberechtigten im tschechischen Landesanteil an der Wahl beteiligt hatten, sank die Wahlbeteiligung bei der ersten Runde der Senatswahlen nach Angaben der Zentralen Wahlkommission bereits auf 42 Prozent ab [Radio Prag, 16.11.1998]. Wenn nicht zugleich neue Vertreter für die Kommunen gewählt worden wären, hätte das Ergebnis wahrscheinlich schon zu diesem Zeitpunkt noch schlechter ausgesehen. Eine Beteiligung von nur 20,7 Prozent im zweiten Wahlgang dürfte jedenfalls „europaweit wohl einen neuen Minusrekord darstellen. [...] Dies bedeutet, daß die nach dem Mehrheitswahlrecht gewählten Kandidaten im Schnitt nur 10 Prozent der Wahlberechtigten hinter sich scharen konnten, oder anders ausgedrückt, von 90 Prozent der Wähler abgelehnt wurden." [Radio Prag, 23.11.1998] Obwohl auch die Abgeordnetenkammer wenig Vertrauen in der Öffentlichkeit besitzt, gibt es nach Untersuchungen des Meinungsforschungsinstitutes STEM entscheidende Unterschiede zwischen den Wahlen zur Ersten und denen zur Zweiten Kammer. Ursache für die geringe Beteiligung an den Senatswahlen seien nicht in einer generellen Politikverdrossenheit zu suchen, sondern darin, daß der Senat für viele Bürger eine kaum greifbare Institution darstelle. Seine Bedeutung sei unklar und seine Aktivitäten wenig deutlich. Daher werde das Oberhaus für überflüssig und teuer gehalten. So kommentierte ein Journalist zynisch: „Bislang beschränkt sich der Kreis der Befürworter dieser Institution in erster Linie auf die Senatoren selbst." [Daniel Steinmetz, in: Radio Prag, 23.11.1998] Tatsächlich meinten in Umfragen 73 Prozent der Befragten, der Senat sei reine Geldverschwendung und 69 Prozent hielten die Zweite Kammer für überflüssig. Rund 60 Prozent glaubten, daß der Senat dazu diene, die Position der Parteien zu stärken, während eine Minderheit Verzögerungen im Gesetzgebungsprozeß durch das Oberhaus kritisierte [ČTK, 12.11.1998]. Den bislang im Senat wirkenden Politikern sei es – so STEM – nicht gelungen, „die Öffentlichkeit von der Sinnfälligkeit des Senats zu überzeugen." [Radio Prag, 24.11.1998]

Während bei den Wahlen zum Abgeordnetenhaus auffällig viele junge Menschen der Urne fernblieben, war der Nichtwähleranteil bei den Senatswahlen in allen Altersgruppen annähernd gleich, d.h. daß die Ablehnung des Senats quer durch alle Bevölkerungsgruppen verläuft. Eine Differenzierung nach parteipolitischen Sympathien ergab, daß vor allem die Anhänger der Sozialdemokraten kaum für die Stimmabgabe zu mobilisieren waren, wohingegen die Anhänger der ODS in überdurchschnittlicher Zahl zu den Wahlen gingen. „Es zeigte sich also wieder einmal, daß die Institution Senat bei der übergroßen Mehrheit der Bevölkerung auf Ablehnung stößt, und dies nicht aus einer allgemeinen Politikverdrossenheit heraus, sondern aus spezifisch auf diese Situation bezogenen Gründen." [Radio Prag, 24.11.1998]

Ganz offensichtlich ist die derzeitige Position des tschechischen Senats für alle Beteiligten unbefriedigend. Neben einer besseren Öffentlichkeits- und Aufklärungsarbeit, die das Image der Zweiten Kammer verbessern soll [Radio Prag, 1.9.1998; Frekvence 1, 1.9.1998], gibt es daher Überlegungen, den Senat im Rahmen einer Verfassungsreform zu einer Länderkammer umzugestalten, um den einzelnen Regionen eine stärkere Stellung im traditionell Prag-zentrierten politischen System zu verschaffen. Da dies sicherlich die Akzeptanz des politischen Systems insgesamt erhöhen würde, scheint dieser Weg erfolgversprechender im Sinne der vieldiskutierten Stärkung der politischen Kultur als die zuletzt vor allem von sozialdemokratischen Gruppierungen angestrebte ersatzlose Abschaffung der Zweiten Kammer [Radio Prag, 9.12.1998].

VII. Auswahlbibliographie

Archiv der Gegenwart, 23.11.1996, S. 41587.

Bock, Ivo, 1992: Scheidung auf tschechisch: Der Zerfall des Bürgerforums, in: Osteuropa Jg. 42, Heft 1, S. A 36-A 45.

Bohata, Petr, 1994: Die Verfassung der Tschechischen Republik, in: Jahrbuch Ostrecht, 35. Jg., Heft 1, S. 25-35.

Brokl, Lubomír/**Mansfeldová**, Zdenka, 1996: Czech Republic, in: European Journal of Political Research. Vol. 30, S. 307-314.

Brokl, Lubomír/**Mansfeldová**, Zdenka, 1995: Bilanz der tschechischen Innenpolitik im Jahre 1993, in: Berichte des Bundesinstituts für ostwissenschaftliche und internationale Studien 8-1995.

Burgerstein, Jiří, 1998: Tschechien, München 1998.

Čepl, Vojtech/**Franklin**, David, 1993: Senate, anyone?, in: East European Constitutional Review. Vol. 2, No. 2, S. 58-60.

Hayek, Friedrich A. von, 1968: „Die Verfassung eines freien Staates", in: Ordo. Jahrbuch für die Ordnung von Wirtschaft und Gesellschaft, Jg. 19, S. 3-11.

Inter-Parliamentary Union, 1999: Czech Republic.

Juchler, Jakob, 1994: Schwierige Demokratisierungsprozesse. Zur politischen Entwicklung in den Reformländern Osteuropas, in: Osteuropa Jg. 44, Heft 1, S. 125-141.

Kleine, Alexander, 1998: Der tschechische Senat, Ms., Freiburg.

Kubin, Miroslav, 1992: Zur Überlast der untrainierten Demokraten, in: **Thaysen**, Uwe/**Kloth**, Hans-Michael (Hrsg.), Wandel durch Repräsentation – Repräsentation im Wandel, Baden-Baden, S. 139-144.

Lipscher, Ladislav, 1976: Verfassung und politische Verwaltung in der Tschechoslowakei 1918-1939, München/Wien.

Merkel, Wolfgang, 1994: Systemwechsel: Probleme der demokratischen Konsolidierung in Ostmitteleuropa, in: Aus Politik und Zeitgeschichte, B 18-19, S. 3-11.

Meyer, Gerd/**Bauer**, Michael/**Krause**, Ellen, 1997: Die Regierungssysteme Ostmitteleuropas im Überblick, in: Der Bürger im Staat. Ostmitteleuropa, 47. Jg., Heft 3, hrsg. von der Landeszentrale für politische Bildung Baden-Württemberg, S. 199-205.

Olson, David, 1996: The Czech Senate: From Constitutional Inducement to Electoral Challenge, in: East European Constitutional Review, Vol. 5, No. 4, S. 47-50.

Parlament České republiky, Act on elections to the parliament of the Czech Republic, May 1996.

Parliament of the Czech Republic, 1997: The Senate, Prague.

Pauer, Jan, 1996: Die Senatswahlen in der Tschechischen Republik – Die Erfüllung der Verfassung?, in: Forschungsstelle Osteuropa an der Universität Bremen, Informationen zu aktuellen Entwicklungen, Dezember 1996.

Pehe, Jiří, 1996: Senate fails to win the voter's trust, in: Transition, 26. Jg., Heft 2, S. 39-40.

Pokorny, Jiří, 1997: Die böhmischen Länder 1918-1997, Prag.

Radio Prag, verschiedene Meldungen.

Radio Prag, Senats- und Kommunalwahlen, November 1998.

Sbírka Zákonu České Republiky, 1995: S. 3529-3554.

Schmid, Karin/**Horský**, Vladimir (Hrsg.), 1995: Das Ende der Tschechoslowakei in verfassungsrechtlicher Sicht, Berlin.

Schüsselbauer, Gerhard, 1998: Privatisierungsmethoden. Eine Analyse ihrer Ausgestaltung in den ehemals sozialistischen Ländern, Bern/Stuttgart/Wien.

Strubar, Ilja, 1998: Elitenwandel in der Tschechischen Republik, in: Aus Politik und Zeitgeschichte, B 8, S. 21-33.

The International Institute for Democracy, 1996: The Rebirth of Democracy, 2.Aufl., Strasbourg.

Vodička, Karel, 1996a: Politisches System Tschechiens. Vom kommunistischen Einparteiensystem zum demokratischen Verfassungsstaat, Münster.

Vodička, Karel, 1996b: Das Parteiensystem Tschechiens, in: **Segert**, Dieter/**Stöss**, Richard/ **Niedermeyer**, Oskar (Hrsg.), Parteiensysteme in postkommunistischen Gesellschaften Osteuropas, Opladen, S. 90-134.

Zak, November 1998.

E. Abgeschaffte Zweite Kammern

Ursula Degener

Der dänische Landsting –
nur von historischem Interesse?

I.   Einleitung

„Seit der Grundgesetzrevision von 1953 besteht die Repräsentation des dänischen Volkes aus einer einzigen Versammlung, dem *Folketing*. Das traditionelle Zweikammersystem ist damit abgeschafft, und die Argumente für und gegen die Aufrechterhaltung der zweiten Kammer, des *Landsting[1]*, die eine so herausragende Rolle in der Debatte um die Grundgesetzrevision gespielt hatten, *sind nun nur noch von historischem Interesse*" [Sørensen 1987: 95][2]. So schreibt der dänische Staatsrechtler Max Sørensen in einem Lehrbuch zum Verfassungsrecht. Sein Kollege Alf Ross ist dagegen der Ansicht, daß vor allem das politische Bewußtsein der Öffentlichkeit, in dem der *Landsting* „mit den undemokratischen Elementen der Verfassung verbunden" war, der Hauptgrund für die Abschaffung des *Landsting* gewesen sei. Er hält es für „möglich, daß aus diesem Grund die historischen Voraussetzungen nicht ganz vorurteilsfrei bewertet wurden" und besteht darauf, daß nach wie vor „gute Gründe für das Zweikammersystem sprechen" [Ross 1980: 125].

Ganz verstummt ist die Diskussion in diesem ersten europäischen Fall der Abschaffung eines Zweikammersystems jedoch offenbar nicht. Die instabilen politischen Verhältnisse im Dänemark der 80er Jahre haben „einige prominente Politiker dazu veranlaßt [...], die Wiedereinführung des dänischen Zweikammersystems vorzuschlagen", um die stark dezentralisierte dänische Kommunal- und Regionalpolitik besser in den Gesetzgebungsprozeß einzubinden. Außerdem soll so das Parteiensystem stabilisiert werden, weil – jedenfalls nach dem alten System – die Neubildung von Parteien durch die verzögerte Repräsentation in der Zweiten Kammer stark erschwert wird, und weil die gesetzgeberischen Aufgaben besser verteilt werden [Marker 1994: 57-58]. Diesen Vorschlägen steht die These gegenüber, daß das Zweikammersystem praktisch mit der Kommunalreform von 1970 wieder eingeführt worden sei, als fast zwei Drittel der öffentlichen Ausgaben in die Hände der Kreise und Kommunen gelegt wurden. Diese institutionelle Verschiebung sei lediglich nicht verfassungsmäßig verankert [Christensen 1998: 1]. Der Politikwissenschaftler Christensen vergleicht die beratende Funktion der beiden kommunalen Interessenorganisationen mit der des deutschen Bundesrates, denn sie sind sowohl in die Gesetzgebung als auch in die Verwaltung eingebunden. Die instabilen Minderheitenregierungen seit der Kommunalreform hätten der Unterstützung durch diese Organisationen bedurft. Dieser „kommunale Korporatismus" erfülle sogar den mäßigenden Effekt von Zweikammersystemen, da die Kommunalverbände sachlich argumentierten, anstatt Parteiloyalitäten und -strategien durchzufechten oder zu starke Rücksicht auf die Kurzsichtigkeit der Medien zu nehmen [Christensen 1998: 6].

Der dänische *Landsting*, der ursprünglich den Wohlhabenden Einfluß sichern sollte, die einen größeren finanziellen Beitrag zum Gemeinwesen leisteten, unterschied sich schließlich seit den Reformen von 1915 vom *Folketing* nur noch durch das weltweit höchste Wahlberechtigungsalter und die lange, achtjährige Amtszeit der Abgeordneten. Seit der Einführung gemeinsamer Fraktionstreffen der Fraktionen beider Kammern jedoch glichen sich Auseinandersetzungen und Parteienverhältnisse mehr und mehr aneinander an; die Zweite Kammer verschwand mit der Zeit aus der öffentlichen Wahrnehmung. Vielleicht ist es auch

---

[1] Der Landsting, in der dänischen Sprache wie im Schwedischen als Erste Kammer tituliert, wird hier gemäß der politikwissenschaftlichen Typisierung als Zweite Kammer bezeichnet.

[2] Hervorhebungen und Übersetzungen sind hier und im Folgenden von der Autorin.

dieser Tatsache zu verdanken, daß in der Forschungsliteratur Untersuchungen über die Funktionsfähigkeit und Abschaffung der Zweiten Kammer so rar geblieben sind. In Dänemark ebenso wie in Schweden wird die Verfassungsreform vorwiegend als Resultat des Eigeninteresses der Parteien gesehen [Arter 1991: 78], die sich ohne viel ideologische Auseinandersetzungen und vor allem weitgehend ohne sachliche Diskussionen über Funktion und Nutzen von Zweikammersystemen recht reibungslos auf dessen Abschaffung einigten.

II.   Historische Entwicklung und verfassungsrechtliche Stellung

Ebenso wie in den meisten westeuropäischen Ländern ist auch in Dänemark das Zweikammersystem aus einem Ständesystem entstanden, um der zahlenmäßig geringeren gesellschaftlichen Elite ein politisches Forum zu sichern und die „Tyrannei der Mehrheit" abzufedern. Im Jahr 1848 hatte König Christian VIII. kurz vor seinem Tod seinem vielfach als unzurechnungsfähig betrachteten Sohn [Hvidt 1998: 3] den Auftrag weitergegeben, eine Verfassungskommission einzusetzen. Der Vorschlag dieser Kommission folgte dem Vorbild der sächsischen Ständeverfassung von 1831 mit einer Zweiten, vom König zu besetzenden Kammer mit Großgrundbesitzern, dem Präsident des Obersten Gerichtes und einigen Vertretern des Klerus. Die Erste Kammer, der *Folketing*, war in diesem Vorschlag, abgesehen von den Privilegien des Zensuswahlrechts, recht demokratisch zusammengesetzt. Die liberaldemokratischen Reformforderungen der Februarrevolution allerdings – in Verbindung mit den nationalistischen Auseinandersetzungen um den Status der Herzogtümer Schleswig, Holstein und Lauenburg – setzten diesen Vorschlägen ein abruptes Ende; die Verfassungspolitik ließ sich daraufhin von der Schleswigfrage nicht mehr trennen.

1. Die Juni-Verfassung von 1849

Die politische Landschaft teilte sich entlang den folgenden Positionen: Die „*Eiderstaatspolitik*" sah entsprechend den Vorstellungen von Österreich-Preußen die Gleichberechtigung der Herzogtümer und die fortgesetzte Sonderstellung gegenüber Dänemark vor. Die Befürworter der „*Gesamtstaatspolitik*" dagegen forderten die „Dänisierung" des nördlichsten von ihnen (Schleswig); dies bedeutete jedoch eine Kriegserklärung an Österreich-Preußen und die deutsch-nationale Bewegung in Schleswig, die in den Deutschen Bund drängte. Aus diesem Grund zögerten König und Regierung, den dänisch-nationalen Forderungen aus dem liberalen Lager nachzugeben. Die Nationalliberalen, Förderer der Gesamtstaatspolitik und Protagonisten einer erstarkenden nationalen Bewegung in Dänemark, forderten eine freie und einheitliche Verfassung für das Königreich und Schleswig. Die aufgelösten Ständeversammlungen des Königreichs Dänemark trafen sich in Rendsborg und verfaßten unter dem Eindruck der französischen Februarrevolution ein Forderungsschreiben an den König, in dem die Bildung einer neuen Regierung gefordert wurde, die das Vertrauen des Volkes haben sollte. Als am 21. März das Volk in einem großen Zug zum Schloß Christiansborg zog, um das Forderungsschreiben zu übergeben, hatte der König schon aufgegeben und ließ verkünden, daß er auch er eine gemeinsame, freie Verfassung für das künftig an Dänemark voll angeschlossene Schleswig wünschte. Die konstituierende Reichsversammlung und die von der Regierung eingesetzte Verfassungskommission stritten in der Folge lange um Wahlrechtsfragen und die Frage nach einem Ein- oder Zweikammersystem, während die Aufrüstung für den dreijährigen Krieg um Schleswig begann.

Mit der radikalen Entscheidung für den Übergang vom Absolutismus zur Demokratie in der Juni-Verfassung von 1849, deren 250-jähriges Jubiläum 1999 gefeiert wurde, entschied sich Dänemark für das Zweikammersystem sowie für freie und gleiche Wahlen. Die Exekutive teilten sich der König und die von ihm ernannte Regierung, und die beiden Kammern des Reichstags (*Rigsdag*), *Landsting* und *Folketing,* waren ihm in der Gesetzgebung, der Besteuerung und der Kompetenz, Kriege zu erklären, formell gleichberechtigt. Einzige Ausnahme waren die Haushaltsbeschlüsse, die allein dem *Folketing* oblagen. Der *Landsting* unterschied sich in der Bildung vom *Folketing* durch höhere Alters- und Zensusauflagen für die Kandidatur (über vierzig Jahre) und die längere Wahlperiode (acht statt der drei Jahre im *Folketing*). Der König ernannte und entließ die Minister und konnte entweder die einzelnen Kammern oder den ganzen Reichstag auflösen. Gemeinsame Vermittlungsausschüsse, deren Bildung von beiden Kammern initiiert werden konnte, sollten Konflikte zwischen beiden Kammern lösen. Die Radikalität der Juni-Verfassung aber bestand vor allem im Wahlrecht zum *Folketing*. Die Wahlberechtigung zur Wahl beider Kammern erhielten alle Männer über dreißig Jahre. Die Größe des *Folketing* richtete sich nach der Bevölkerungszahl. Ein Mitglied vertrat 14.000 Einwohner [Arter 1991: 79]. König Fredrik VII. soll nach der Einsetzung der neuen Regierung erklärt haben, daß er nun, da der Absolutismus ein Ende habe, sich selbst als konstitutionellen König betrachte und daher nur an den Treffen der Regierung teilnehmen werde, wenn er dazu eingeladen sei. Nach diesen ereignisreichen Tagen beschrieb das ermüdete Staatsoberhaupt seine Situation lakonisch folgendermaßen: „So, nun kann ich wohl schlafen, solange ich mag."

2. Die Abschaffung der Zweiten Kammer durch die oktroyierte Verfassung

Für Schleswig sollte dieses Grundgesetz jedoch nie gelten dürfen. Österreich und Preußen zwangen die dänische Regierung 1851 in den Friedensverhandlungen nach dem Dreijährigen Krieg, in den Herzogtümern die Ständerepräsentation wieder einzuführen und für sie andere verfassungsmäßige Bestimmungen gelten zu lassen als für das Königreich. Vor allem sollten die drei Herzogtümer Schleswig, Holstein und Lauenburg in Zukunft gleich behandelt werden. Hier sollte auch die Ressortverantwortung nicht mehr gelten; die Freiheitsrechte wurden aus der Verfassung gestrichen. Ørsted, Premierminister seit 1853, sah darin die Gelegenheit, die Exekutive auch im Königreich auf Kosten der Freiheit der Bürger zu stärken. Als ihm auf seinen Vorschlag zur Revision der Verfassung hin ein Mißtrauens- votum einen Strich durch die Rechnung zu machen drohte, brachte er den König dazu, mit Hilfe der Unterschriften der Minister und des Thronfolgers eine „oktroyierte Verfassung über die gemeinsamen Angelegenheiten durch Verordnung vom 26. Juli 1854" in Kraft zu setzen [Ross 1980: 112].

Diese Verfassung sah die Bildung des „*Rigsraad*" als repräsentativer Versammlung vor, die nach dieser Verfassung bloß ratgebende Kompetenzen in der Gesetzgebung innehatte. Mit der Verfassungsreform von 1855 wurden diese jedoch ausgeweitet; hiernach oblag die Gesetzgebung dem *Rigsraad* und dem König in Einheit, wobei ersterer keine Initiativrechte besaß. Seine Mitglieder waren zum Teil vom König ernannt, zum Teil durch direkte Wahl gewählt, begrenzt durch strenge Zensusauflagen. Auch diese Verfassung erzielte nicht die nötige Anerkennung durch die holsteinischen Stände und die deutsch-österreichischen Mächte, denn auch sie war auf der Linie der „Gesamtstaatspolitik". Auf den Druck des Deutschen Bundestags hin mußte König Fredrik VII. die Verfassung, soweit sie Holstein und Lauenburg anging, wieder aufheben. Diese Trennung der Herzogtümer vom „Gesamtstaat" brachte die Nationalisten auf und führte letztendlich dazu, daß das nationalliberale Regierungsoberhaupt Hall in der neuen Verfassungsrevision nur Schleswig in die „Gesamt- staatspolitik" fest mit einband. Das „Grundgesetz vom 18. November 1863 für die gemeinsamen Angelegenheiten des Königreichs Dänemark und das Herzogtum Schleswig", die sogenannte „Novemberverfassung", wurde von Fredriks Thronfolger König Christian IX. in dem Wissen unterschrieben, daß sie mit dem Verstoß gegen das Abkommen von 1851/52 eine erneute Kriegserklärung an Österreich-Preußen war.

3. Die Wiedereinführung des Zweikammersystems in der Verfassung von 1866

1864 brach als Folge der Niederlage im Krieg gegen Österreich und Preußen die nationalliberale Regierung zusammen. Dänemark mußte Schleswig, Holstein und Lauenburg an Preußen abgeben. Die Konservativen ergriffen danach in Dänemark die Regierungsmacht und führten in der Verfassungsreform von 1866 das Zweikammersystem wieder ein, allerdings trug es jetzt deutlicher die Züge der Ständerepräsentation: Von nun an sicherten die Wahlverfahren zum *Landsting* der besitzenden Elite die Macht. Dies geschah vor allem durch ein höheres Wahlalter, hohe Zensusauflagen und die langsame Neubesetzung. Von 66 Mitgliedern wurden zwölf vom König ernannt, die restlichen 54 wurden durch ein Wahlmännerkollegium vorwiegend aus Großgrundbesitzern gewählt. Die selbständige und nacheinander erfolgende[3] Behandlung eines Vorschlags in zwei Kammern sollte eine gewisse Gründlichkeit in der Diskussion garantieren. Alf Ross ist der Meinung, daß „hiermit erst der soziale Reifungsprozeß und Machtkampf begann, den man 1849 meinte überspringen zu können. Er sollte fast einhundert Jahre lang anhalten, von 1866-1953. Seine entscheidenden Phasen waren der Kampf für den Parlamentarismus, d.h. die Demokratisierung der Regierung (Systemwechsel 1901) und der Kampf um die Abschaffung des *Landsting*, d.h. die vollständige Demokratisierung der Gesetzgebung (Abschaffung des privilegierten Wahlrechts 1915, Abschaffung des *Landsting* 1953)" [Ross 1980: 103].

4. Der Kampf um den Parlamentarismus – die Provisorienzeit

Es folgte die sogenannte „*Provisoriumsphase*" [Dübeck 1994: 47] der Auseinandersetzungen um den Parlamentarismus. Die linksliberale Bauernpartei „*Venstre*", die im *Folketing* von Anfang an eine sichere und steigende Mehrheit hatte, zwang im innenpolitischen Kampf die konservative, die Zweite Kammer dominierende Partei der Großgrundbesitzer (*„Højre")*, praktisch ununterbrochen mit nur vorläufigen, „provisorischen" Haushaltsgesetzen zu regieren, indem sie ihnen nicht zustimmte. *Højre* hatte hierfür die Unterstützung des Königs, der die provisorischen, nur vom *Landsting* beschlossenen Haushalte unterzeichnete und im Notfall den *Folketing* einfach auflöste [Mastias 1987: 433]. Hier zeigte sich, daß ein verfassungspolitisches Instrument fehlte, um den Konflikt zwischen den beiden Kammern zu lösen. Dieses ständige Veto gegen die regierende Konservative Partei konnte nicht zuletzt deswegen so konsequent eingesetzt werden, weil diese sich nur auf eine sinkende Mehrheit im *Landsting* stützen konnte, während die Linken, die im *Folketing* von Anfang an über eine Mehrheit verfügten (1884 hatten sie z.B. 73 von 102 Mandaten inne), auf die Einführung des Parlamentarismus-Prinzips pochten („Folketingsparlamentarismus"), wonach sich die Regierungsbildung an den Wahlen zur Ersten Kammer orientieren sollte. Als 1901 die Partei der Großgrundbesitzer im *Folketing* nur acht Sitze gewann, war die Zeit reif für den „Systemwechsel" – die liberale Partei durfte ihre erste Regierung aufgrund der Mehrheit im *Folketing* bilden [Ross 1980: 121]. Hiermit war dem Prinzip der parlamentarischen Kontrolle zumindest faktisch der Sieg eingeräumt, auch wenn es noch einige Zeit brauchen würde, bis es in die Verfassung Eingang fand. Der *Landsting* trat nun als „letzte Festung der Rechten" auf und begann, die sozialen Reformen der im *Folketing* dominierenden linksliberalen Parteien zu blockieren.

---

[3] Die sukzessive Behandlung von Gesetzesvorschlägen – zuerst in der Kammer, welche den Vorschlag eingebracht hatte – ist ein interessanter Unterschied zum schwedischen Zweikammersystem, das dem dänischen sonst in vielem sehr ähnlich ist. In Schweden war immer Wert auf die gleichzeitige Behandlung gelegt worden; dies galt als Unterpfand für den Grundsatz der Gleichberechtigung der beiden Kammern.

5. Der Kampf gegen den Landsting – die Reformdiskussionen

a) Die Wahlrechtsreform von 1915

Die zur bürgerlichen Mitte hinstrebende liberale Bauernpartei „*Venstre*" näherte sich seit dem Systemwechsel in Abgrenzung von Sozialdemokraten und Radikalen den Konservativen an und überließ den beiden anderen Parteien die „eigentliche Linke". In der Folge entwickelten sich die Parteienverhältnisse stark blockorientiert, so daß die beiden bürgerlichen Parteien bis in die dreißiger Jahre hinein die Mehrheit im *Landsting* hatten, während die beiden linken Parteien die direkt gewählte Erste Kammer dominierten. Daraufhin wurden Forderungen nach der Demokratisierung des *Landsting* laut, parallel zu einer Demokratisierungswelle, die in ganz Skandinavien zu beobachten war; die Schweden hatten schon 1909 begonnen, ihr Wahlrecht zu reformieren [Herlitz 1972: 30]. Die Konservativen sprachen sich dagegen aus; es gelang ihnen jedoch nur, den Vorschlag für kurze Zeit auf Eis zu legen, indem sie durch Fernbleiben den *Landsting* beschlußunfähig machten. Regierungschef Zahle von der Radikalen Linken jedoch löste ihn kurzerhand auf, und 1915 einigten sich Vertreter aller vier Parteien auf eine neue Verfassung und ein neues Wahlrecht.

Von nun an waren die Wahlen gleich und allgemein, man verfuhr nun auch per Verhältniswahl statt – wie vorher – nach dem Mehrheitswahlmodus. Das Wahlrecht des *Landsting* unterschied sich aber noch immer von dem zum *Folketing* durch die Wählbarkeits- und Wahlrechtsvoraussetzungen (ein Mindestalter von 35 statt 25 Jahren), die indirekte Wahl und die Länge der Wahlperiode (acht statt vier Jahre). Außerdem wurde die Auflösbarkeit der Zweiten Kammer gegenüber der Ersten deutlich erschwert. Die Konservativen befürworteten als Gegengewicht zur parlamentarischen Mehrheitsentscheidung eine von einer parlamentarischen Minderheit zu initiierende Volksabstimmung. Vorher war das von ihnen bevorzugte Instrument für diesen Zweck immer die Stärkung des *Landsting* gewesen [Thorsen 1974: 192]. Außerdem wurden die Freiheitsrechte ausgeweitet und die Volksabstimmung eingeführt, durch die mit mindestens 45 Prozent der Wählerstimmen eine neue Verfassung oder Verfassungsänderungen beschlossen werden konnten.

Mit der Wahlrechtsreform von 1915 endete die Ära des „konservativen Oberhauses"; damit begann die Zeit der „demokratischen Zweiten Kammer" [Ross 1953: 3748]. Von nun an durften auch „Frauen und Dienstboten" wählen und der Reichstag führte fast gleiche Wahlverfahren für die Wahlen zu beiden Kammern ein. Die Obstruktionsverhältnisse zwischen den Kammern wurden dadurch entschärft, daß die Möglichkeit zur Bildung von Vermittlungsausschüssen eröffnet wurde. Durch die mit dem entprivilegierten Wahlrecht erreichte Annäherung der beiden Kammern aneinander, die durch die weitere Angleichung der Gesetzgebungskompetenzen noch verstärkt wurde[4], wurden aber auch Fragen nach dem Sinn des Zweikammersystems laut; es begann der „Kampf gegen den *Landsting*" [Ross 1980: 121-125]. Wenn beide Kammern die gleiche Legitimationsbasis hätten, werde die Erste Kammer zum bloßen „*Ekko-Ting*" [Ross 1953: 3747], also zum Echoparlament, degradiert. Vor allem auf seiten der Linken betrachtete man den *Landsting* als bloßes historisches Rudiment [Thorsen 1974, 192] und das Einkammersystem als die Vollendung eines demokratischen politischen Systems. Diese Position fand ihre Bestätigung darin, daß die Verteidigung des Zweikammersystems meist mit Forderungen nach konservativen Garantien für wohlhabende Minderheiten und dem Schutz vor der „Tyrannei der Mehrheit" einhergegangen war. Diese Ansichten standen auch häufig hinter den Argumenten für die

---

[4] Nur in der Finanzgesetzgebung war der *Folketing* dem *Landsting* übergeordnet, diese Gesetze durfte die Zweite Kammer nur in einer kurzen Lesung behandeln. Ein Verfahren für ihre Ablehnung war nicht vorgesehen; die einzige Möglichkeit, es zu kippen, war die Versammlung des Vereinten Reichstags, die gemeinsame Versammlung beider Kammern. Natürlich war dies eine Reaktion auf die Provisorienzeit.

größere Sachkenntnis und das Expertentum einer Zweiten Kammer, die reinen Mehrheits-parlamentarismus verhindern und übereilten Entscheidungen vorbeugen sollten [Ross 1946: 3750].

Mit der Einführung des Verhältniswahlrechts war die Zusammensetzung des *Folketing* deutlich stabiler geworden, so daß die Ausgleichsfunktion des *Landsting* in dieser Hinsicht an Bedeutung verlor: Auch von der Zusammensetzung her glichen sich die Kammern aneinander an [Thorsen 1974: 193]. Die Auswahl seiner Mitglieder führte zwar immer noch dazu, daß hier bei der Rekrutierung die Parteikarriere nicht das einzige Kriterium war, aber über diese negative Abgrenzung hinaus schien es keine positive Rechtfertigung für die indirekte Wahl mehr zu geben. Ungefähr zur gleichen Zeit war in den USA die indirekte Wahl zum Senat abgeschafft worden, weil sie „Parteienherrschaft und politische Korruption" begünstigt habe. Auch in Dänemark begann die indirekte Wahl an Unterstützung durch die Bürger zu verlieren, während durch die Verhältniswahl die Zahl der Parteien anstieg und mit ihrer Zahl die Konkurrenz unter ihnen [Thorsen 1974: 193]. Die Verfassungsreform von 1915 erreichte ihr Ziel: die zwei Kammern des Parlaments den modernen Konventionen demokratischer Legitimation anzupassen und die Probleme des obstruktiven Verhältnisses zwischen den Kammern zu lösen.

b) Die gescheiterte Verfassungsreform von 1939

Nachdem die Sozialdemokraten und die Radikale Linke 1936 im bislang von bürgerlichen Parteien dominierten *Landsting* erstmals die Mehrheit hatten, verlor jedoch auch ein Großteil der erneuerten Konservativen Partei (früher „*Højre*", inzwischen umbenannt in „*Konservative Folkeparti*") das Interesse an der unveränderten Aufrechterhaltung des *Landsting*. 1939 gab es einen ersten Reformvorschlag (vorgebracht von der Regierung Stauning und Vertretern der Konservativen, der Sozialdemokraten und der Radikalen Linken) der nach norwegischem Muster die Umwandlung des Parlaments in ein modifiziertes Einkammersystem vorsah: Der gleichzeitig gewählte dänische Reichstag, der *Rigsdag,* sollte sich nach der Wahl in zwei Kammern aufteilen, den *Folketing* und den *Rigsting,* dessen halbe Besetzung jedoch durch mit Personenwahl gewählte Abgeordnete vervollständigt werden sollte. Dieser Vorschlag, der außerdem das Wahlalter auf 23 Jahre herabsetzen sollte, wurde jedoch in einer Volksabstimmung abgeschmettert; er erhielt nur 44,5 Prozent der Stimmen der gesamten Wahlbevölkerung. Der Anteil der zustimmenden Teilnehmer an der Abstimmung hatte zwar 90,8 Prozent betragen, aber nach Paragraph 94 des Grundgesetzes von 1915 war das vorgeschriebene Mindestergebnis von 45 Prozent der Gesamtzahl der Wahlberechtigten um 0,54 Prozent verfehlt worden [Arter 1991: 104].

Die niedrige Beteiligung am Referendum von 48,9 Prozent war vor allem im Vergleich mit der Wahlbeteiligung von 79 Prozent bei der Wahl nur einen Monat zuvor besonders enttäuschend. Die mit circa 18 Prozent hohe Arbeitslosigkeit und andere wirtschaftliche und soziale Fragen interessierten die Öffentlichkeit weit mehr als die Änderungen der Staatsorganisation, ganz zu schweigen von der Unruhe, die vom Dritten Reich ausging: Die Volksabstimmung über die Verfassungsänderungen fand am Tag des Nichtangriffs- und Bündnispaktes mit Italien statt, die Besetzung Dänemarks begann nicht einmal ein Jahr später. Sowohl die Ablehnung als auch die Abstinenz von der Abstimmung waren in den ländlichen Gebieten Jütlands am höchsten, in denen die Liberale Partei traditionell besonders stark war, denn die Bauern lehnten die Finanzpolitik der Sozialdemokraten ab. Die liberale Partei war mit ihrem eigenen Vorschlag gescheitert, der die konservativen Forderungen des höheren Wahlalters und der niedrigen Schwelle für Volksabstimmungen mit den eher sozialdemokratischen Forderungen des Einkammersystems verbinden sollte. Daraufhin hatten die Liberalen ihre Wähler aufgefordert, den Vorschlag des Drei-Parteien-Abkommens durch Nichtteilnahme an der Volksabstimmung zu boykottieren, indem sie ihnen nahelegten, daß es nach einer Ablehnung erneute Verhandlungen geben werde, in denen sie größeren Einfluß geltend machen könnten [Arter 1991: 106]. Die Wahlbeteiligung wurde vermutlich auch durch die Unpopularität von Christmas Møller, des Vorsitzenden der Konservativen Partei und Hauptarchitekten des Reformvorschlags, deutlich verringert, der angekündigt hatte, daß er nach einem negativen Ergebnis sein Amt aufgeben werde. Der sozialdemokratische Premierminister Stauning erklärte, das Ergebnis sei „ein Sieg für die Politikverdrossenheit, und vor allem in bezug auf die Außenwahrnehmung der Nation ist dieser Triumph der Passivität enttäuschend" [zit. nach Arter 1991: 108]. Auch er gab sein Amt in diesem Jahr ab.

c) Die Verfassungskommission von 1946

In der Verfassungskommission von 1946, die, eingesetzt von der liberalen Minderheitenregierung Knud Kristensens, nach der Erfahrung von 1939 auf einen breiteren Parteienkonsens ausgerichtet war, verschob sich der Schwerpunkt auf die Wahlrechtsreform. In der Öffentlichkeit erregte auch die Einführung der weiblichen Erbfolge besondere Aufmerksamkeit. Etwas halbherzig eingesetzt, wurde die Kommissionsarbeit unter der folgenden sozialdemokratischen Regierung Hedtoft zunächst zugunsten der Außenpolitik vernachlässigt. Mit dem sogenannten März-Abkommen von 1949 allerdings wurde ihr ein organisatorischer Schub gegeben; es wurden fünf Ausschüsse gebildet, die sich mit 1. parlamentarischer Zusammensetzung, 2. ministerieller Bürokratie und Ressortverantwortung, 3. Gewaltenteilung und Verfassungsgerichtsbarkeit, 4. der Manifestierung von Freiheitsrechten in den Abschnitten VII und VIII der Verfassung und 5. Redaktionsarbeit und Koordination befassen sollten. Die Aussicht auf ein „sozialdemokratisches Grundgesetz" jedoch schürte vor allem bei den bürgerlichen Parteien nicht gerade den Verhandlungswillen. Einen weiteren Vorwärtsschub bekamen die Verhandlungen erst nach den ersten Aufbaujahren der Nachkriegszeit 1951, als sich die neue, liberal-konservative Regierung Eriksen bereit erklärte, in der Verfassungsänderung das Einkammersystem zu unterstützen und das Wahlrechtsalter bei 23 Jahren zu belassen. In dieser Konstellation, mit der Sozialdemokratie als eigentlicher Initiatorin in der Opposition, waren auch die Konservativen und vor allem die Liberalen bereit zu verhandeln. Daß am Ende große Einigkeit herrschte – nur einige Abgeordnete der Kommunisten und vereinzelte Liberale waren schließlich gegen die Abschaffung des *Landsting* – ist dadurch zu erklären, daß vor allem den bürgerlichen Parteien Konzessionen gemacht wurden, insbesondere die Einführung einer Aufschiebungsmöglichkeit der dritten Lesung nach finnischem Beispiel (Paragraph 41) und den Zugang zu Volksabstimmungen über soeben vom Folketing beschlossene Gesetzesvorschläge auf die Initiative eines Drittels der Mitglieder hin (Paragraph 42 des dänischen Grundgesetzes).

d) Der Vorschlag der Kommission vom 29.01.1953

Am 29. Januar 1953 lieferte die Kommission ihren Vorschlag ab. Im Gegensatz zum Vorschlag von 1939 wurde hier ein „konsequentes" Einkammersystem vorgeschlagen, dessen Reichstag 179 Mitglieder haben sollte, je zwei gewählt von Grönland und den färöischen Inseln. Das modifizierte Einkammersystem nach dem Modell des Nachbarlandes hatte bei der erneuten Untersuchung der norwegischen Verhältnisse nicht mehr so gut abgeschnitten – die Kritik daran galt der Transformation eines als Expertengremium konzipierten *Lagting* in eine parteipolitisch strukturierte Kammer, die die Verhältnisse im *Odelsting* eher nachbildete als ergänzte. Auch in Norwegen hatte es daher eine Diskussion um die Notwendigkeit der Aufteilung der Gesetzgebungsarbeit in zwei Kammern gegeben [Arter 1991: 112]. Die Ergebnisse der Kommission waren zum größten Teil von Erfahrungen anderer Länder inspiriert: die Parteipolitisierung von *Lagting* und *Odelsting* in Norwegen, die die Attraktivität des Zwischenmodells schmälerte und der konservative Ausgleich zur Mehrheitsentscheidung des finnischen Parlamentes *Eduskunta* in Form eines suspensiven Vetos eines Fünftels der Abgeordneten. In diesem Fall darf dort die dritte Lesung umstrittener Gesetze frühestens zwölf Werktage nach der zweiten stattfinden. Diese finnische Lösung überzeugte vor allem die bürgerlichen Parteien davon, daß effektive *checks and balances* auch in einem Einkammersystem möglich wären und im Notfall ein Instrument zur Vermeidung der gefürchteten sozialistischen Planwirtschaft darstellen könnten. In der finnischen *Eduskunta* war das suspensive Veto als Zugeständnis an die alte ständische Elite eingeführt worden, die mit der Einführung der Mehrheitsdemokratie und des Einkammersystems ihre Einflußmöglichkeiten schwinden sah [Arter 1991: 113].

e) Opposition gegen die Verfassungsreform

Aus dem breiten Parteienkompromiß vom Januar 1953 scherten diesmal nur die Kommunisten aus, sie stimmten im *Folketing* und im *Landsting* gegen die Verfassungsreform. Unter den Liberalen allerdings gab es noch einige Vertreter, die den Sinneswandel ihres Premierministers Erik Eriksen nicht akzeptieren konnten und bei der dritten Lesung im *Landsting* ihre Unterstützung verweigerten. Sechs Liberale stimmten gegen den Entwurf, und einer enthielt sich. Der Liberale J.P. Stensballe begründete seine Ablehnung mit dem seiner Meinung nach unzureichenden Minderheitenschutz in der künftigen Verfassung [Arter 1991: 116]. Auch mehrere Mitglieder der Verfassungskommission drückten ihr Bedauern über die Entscheidung aus, vor allem die Staatsrechtler Alf Ross und Poul Andersen sowie Parlamentssekretär Jens Møller [Eigaard 1993: 273]. Ihre Skepsis war ebenfalls von der Angst vor linken Mehrheitsregierungen geprägt, die Enteignungen durchführen und die Planwirtschaft einführen könnten. Die Chance für eine transparente Gesetzgebung sei in einem Einkammersystem durch die wichtige Position der geheim tagenden Ausschüsse besonders gering, während die Diskussion eines Vorschlags in beiden Kammern der Öffentlichkeit mehr Gelegenheit und Zeit biete, die Debatte zu verfolgen. Außerdem hatte vor allem Alf Ross während seiner vergleichenden Untersuchung über Ein- und Zweikammersysteme beobachtet, daß in der Nachkriegszeit das Zweikammersystem international keinesfalls auf dem Rückzug war; im Gegenteil zeigte es sich vielerorts als besonders stabil [Ross 1953: 3907-3909][5]. Besonders aussagekräftig schien das Beispiel Frankreichs, wo 1946 mit der Ablehnung des Zweikammersystems zum ersten Mal ein Referendum gescheitert war. Ein weiteres Argument der „Experten" war die Möglichkeit der Arbeitsteilung zwischen den Kammern, die mit der stetig anwachsenden Gesetzgebungsarbeit gefordert sein werde. Seit der Grundgesetzänderung von 1915 war zum Beispiel der Anteil der vom *Landsting* eingebrachten Gesetzesvorschläge von weniger als 18 Prozent auf etwa 40 Prozent angestiegen [Ross 1953: 3908]. Trotz der inzwischen zusammengelegten Fraktionsarbeit beider Kammern habe es weiterhin in verschiedenen Fällen Differenzen zwischen *Landsting* und *Folketing* gegeben. Die Modernisierung des *Landsting* sei seiner Abschaffung vorzuziehen, um kurzfristigen Mehrheiten weniger Handlungsspielraum zu geben und für eine sachliche, nachhaltige und reflektierte Gesetzgebung zu sorgen.

f) Die Wahl im April 1953

Nachdem der Reformvorschlag in beiden Kammern angenommen worden war, mußte nach Paragraph 94 der Verfassung von 1915 bei einer Verfassungsänderung noch einmal eine Wahl ausgeschrieben werden, um unter veränderter Zusammensetzung des *Rigsdags* neu abzustimmen. Die Wahlkampagnen allerdings wurden von anderen Themen beherrscht: Die Auseinandersetzungen um Außen- und Verteidigungspolitik ließen die Verfassungsreform in den Hintergrund treten. Das Wahlergebnis beschwor eine Regierungskrise herauf, obwohl die

---

[5] Diese Untersuchung ist in Form einer „Schematischen Übersicht über Ein- und Zweikammersysteme im Ausland" als Beilage des Ergebnisberichtes der Verfassungskommission erschienen, hier zitiert als Ross 1953: 3763-3794.

Bewegung in der Wählerschaft nicht sehr groß war; außer der kleinen Gerechtigkeitspartei gewann oder verlor keine Partei mehr als 0,8 Prozent. Die geringen Verluste der Konservativen brachten der Minderheitenregierung Eriksen trotz der Gewinne des liberalen Koalitionspartners im *Folketing* deswegen Schwierigkeiten, weil die Pattsituation der letzten Legislaturperiode aufgelöst war: 59 Sitze der Sozialdemokraten hatten ebensovielen der liberal-konservativen Koalition gegenübergestanden. Die Gerechtigkeitspartei und die Radikalen hatten ebenfalls gleich viele Sitze. Nun hatte im April 1953 die Sozial-demokratische Partei zwei Sitze auf Kosten der Gerechtigkeitspartei gewonnen, und Staatsminister Erik Eriksen reichte seinen Rücktritt ein. Der König jedoch bat ihn, das Gesuch zurückzuziehen, als sich herausstellte, daß die Radikale Partei unter der Bedingung in eine Koalition einwilligte, daß bis nach dem Referendum über die Verfassungsreform keine kontroversen Gesetze mehr eingebracht würden. Motiv dafür war wohl die Angst vor dem Auseinanderbrechen des „bürgerlichen" Blocks [Arter 1991: 121]. Die Sozialdemokraten, enttäuscht über den ausgebliebenen Regierungswechsel, beharrten auf einer separaten Abstimmung über das Wahlberechtigungsalter, appellierten aber an ihre Wähler, die Unzufriedenheit über den Ausgang der Regierungsbildung nicht auf die Abstimmung über die Verfassungsänderung zu übertragen.

g) Die Volksabstimmung

Mit der Versicherung, die Reformen würden zu einer „guten sozialdemokratischen Verfassung" führen, taten die Sozialdemokraten sich allerdings in der beginnenden Kampagne für die Volksabstimmung keinen Gefallen: Es ist möglich, daß die Ausnutzung dieses Arguments durch die Opponenten der Verfassungsreform zur Demobilisierung einiger Wähler beigetragen hat [Eigaard 1993: 306]. Die Oppositionsbewegung allerdings versuchte mit Erfolg, die Strategie von der Demobilisierung der Wähler auf deren sogenannte „negative Mobilisierung" umzuleiten. Statt die Abstimmung zu boykottieren, sollten also die Bürger Neinstimmen abgeben. Der frühere Premierminister Knud Kristensen, ein Liberaler, war eine Integrationsfigur in der Opposition der Verfassungsreform, die sich unter dem Namen „Komitee des 7. April" organisierte und mit Diskussionsveranstaltung und Flugblättern in Erscheinung trat, zeitweise unterstützt von der liberalen Zeitung „*Jyllands-Posten*". Kristensen trat gegen die von ihm als typisch wahrgenommene Haltung der Regierung ein, Kompromisse mit den Sozialdemokraten zu deren Gunsten zu schließen [Arter 1991: 128]. Die kommunistische Partei war nach wie vor unzufrieden mit der mangelnden und einseitigen öffentlichen Diskussion über die Verfassungsreform, vor allem in den „kapitalistischen" Medien, aber auch innerhalb der Politik. Der Vorschlag zur Verfassungsreform ging dem Vorsitzenden der Kommunistischen Partei, Aksel Larsen, nicht weit genug in den Garantien für ein Recht auf Bildung, die Freiheit von Diskriminierung und die Unterstützung kleiner Parteien. Vor allem aber wandte er sich gegen den Art. 20, der Dänemark den Beitritt zu einer supranationalen Organisation ermöglicht. Dabei sei keine Garantie enthalten, daß eine solche Mitgliedschaft auf Gegenseitigkeit und Gleichberechtigung beruhen müsse. Er schlug eine separate Abstimmung über diesen Artikel vor, auf deren Scheitern hin er die Wähler seiner Partei dazu aufforderte, das ganze Paket abzulehnen, um „die dänische Souveränität vor fremden Mächten zu schützen" [Arter 1991: 125]. Die Opposition der Kommunisten galt hier, wie in allen drei Lesungen nach der Wahl vom April 1953, also nicht der Abschaffung des Zweikammersystems, sondern der Bekämpfung des „amerikanischen Imperialismus" zu Zeiten des Marshallplans und des beginnenden Kalten Krieges.

Im Mai 1953 war es dann soweit: Die Volksabstimmung würde darüber entscheiden, ob das Wahlalter bei 21 oder 23 Jahren liegen und ob der *Landsting* abgeschafft werden sollte. Außerdem wurde über die bedingte weibliche Erbfolge abgestimmt. Die beliebte, erst dreizehnjährige Prinzessin Margrethe würde nach der Einführung der weiblichen Erbfolge in Paragraph 2 des Grundgesetzes Königin werden können. Auch deswegen habe diesmal das

Volk zugestimmt, heißt es im Vorwort des Grundgesetzes des Dänischen Königreichs [1996: 6][6], wenn auch mit nur wenig mehr als einem Prozentpunkt Vorsprung gegenüber der letzten Abstimmung: mit 45,8 Prozent lag das Ergebnis genau 0,8 Prozentpunkte über der von der Verfassung vorgeschriebenen Grenze. Der Anteil der Ja-Stimmen an der Menge der Abstimmenden allerdings betrug 77,5 Prozent, ein an sich überzeugendes Ergebnis. 1939 hatten allerdings keine zehn Prozent den Entwurf abgelehnt, diesmal war der Anteil der Nein-Stimmen doppelt so hoch: Die Kampagne „negative Mobilisierung statt Demobilisierung" zeigte hier ihr Ergebnis. Die Opposition war wieder im liberalen Jütland am stärksten, aber auch in den traditionell konservativen Stadtteilen von Kopenhagen war der Anteil der Ja-Stimmen besonders gering. Die Zeitung *Berlingske Tidende* kommentierte: „Grundgesetz-Sieg ohne Grundgesetz-Begeisterung", die liberale *Jyllands-Posten* berichtete von einer „Niederlage für die dänische Demokratie und die gesunde Vernunft"; das neue Grundgesetz sei allein Resultat parteipolitischer Interessen [Eigaard 1993: 306]. Premierminister Eriksen freute sich mit Blick auf seinen Vorgänger Kristensen darüber, daß die „Anschläge auf unseren Vorschlag abgewiesen wurden, vor allem weil sie in den wesentlichen Punkten auf Mißverständnissen beruhten" [Eigaard 1993: 307]. Vielleicht war es Kristensens Rache an seinem Nachfolger, daß er genau am Tag der Verabschiedung des Gesetzes durch den König Eriksen einen Brief schickte, in dem er ihm seinen Parteiaustritt mitteilte.

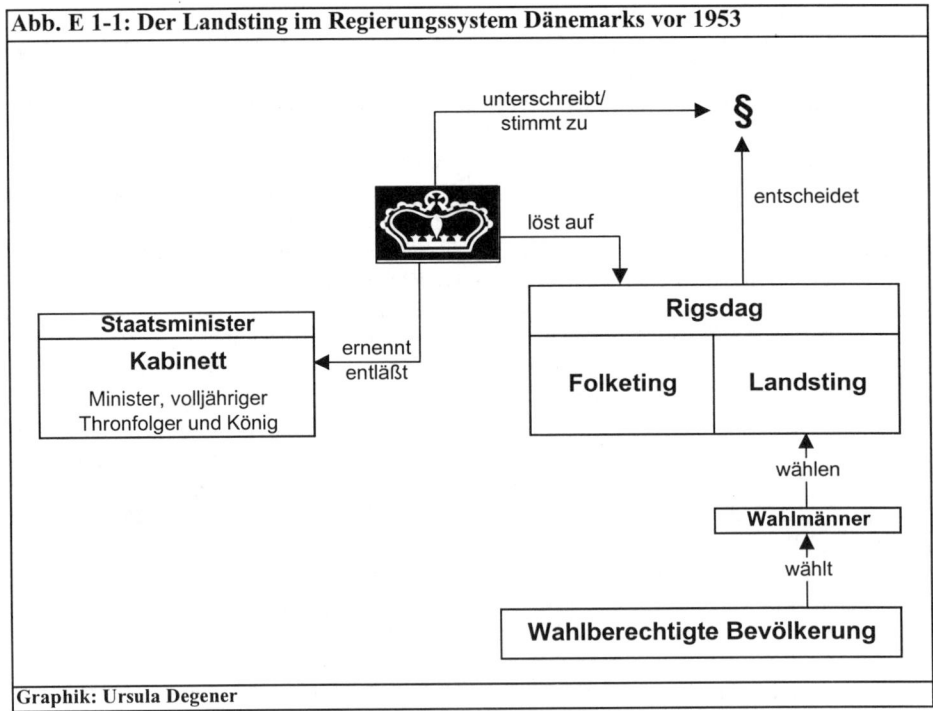

Abb. E 1-1: Der Landsting im Regierungssystem Dänemarks vor 1953

Graphik: Ursula Degener

---

[6] Eigaard ist der Ansicht, daß vor allem die Bedingtheit der weiblichen Thronfolge ausschlaggebend war, da viele Konservative einer unbedingten weiblichen Thronfolge nicht zugestimmt hätten [Eigaard 1993: 308].

III. Zusammensetzung und Wahlen

1. Wahlen

Gegenüber dem Grundgesetz von 1849 hatte sich nach der Verfassungsreform von 1866 vor allem geändert, daß das Wahlrecht zum *Landsting* weit höheren Begrenzungen unterlag. Nach dem Grundgesetz von 1849 hatte jeder dänische Mann ab einem Alter von 30 Jahren das Wahlrecht zum *Landsting* gehabt, der eine gewisse Summe an Steuern an Staat oder Kommune gezahlt hatte oder ein gewisses Einkommen nachweisen konnte. Damit war der Anteil der Wahlberechtigten an der Gesamtbevölkerung wesentlich höher als in den anderen skandinavischen Staaten [Herlitz 1972: 35]. Diese Summen waren in den Wahlrechtsbestimmungen der Verfassung von 1866 beträchtlich gestiegen. Vor allem aber wurden die Stimmen stärker nach diesen Zensusbestimmungen gewichtet. Für die Zweite Kammer durften dänische Bürger nun allerdings schon mit 25 statt mit vierzig Jahren kandidieren; hier war ein Unterschied zwischen Erster und Zweiter Kammer abgeschafft worden. Die Anzahl der Mitglieder des *Landsting* betrug 66 gegenüber 167 Mitgliedern im *Folketing*. Zwölf Mitglieder wurden vom König benannt; sieben wurden in Kopenhagen gewählt, 45 in größeren Wahlkreisen, einer auf Bornholm, einer auf den färöischen Inseln. Die vom König ernannten Mitglieder wurden auf Lebenszeit ernannt, die anderen wurden je zur Hälfte alle vier Jahre ersetzt.

Nach Paragraph 30 des neu reformierten Grundgesetzes von 1915 hatten jeder Mann und jede Frau mit dänischer Staatsbürgerschaft und festem Wohnsitz im Land das Wahlrecht. Im Gegensatz zum *Folketing* war aber seit der Wahlrechtsreform von 1915 bei den Wahlen zum *Landsting* Voraussetzung für die Wahlberechtigung und die Kandidatur ein Alter von 35 Jahren, im *Folketing* eine schrittweise Absenkung der Altersvoraussetzung auf 25 Jahre vorgesehen. Seit 1915 wurde nach Verhältniswahlrecht gewählt. Die vom König ernannten Mitglieder entfielen zugunsten vom bestehenden *Landsting* gewählter Mitglieder. Auf den färöischen Inseln wurden die Mitglieder des *Landsting* durch den dortigen *Lagting* gewählt. Kandidieren durfte für den *Landsting* jeder, der die Voraussetzungen für das Wahlrecht dieser Kammer erfüllte. Die einzige weitere Voraussetzung war der feste Wohnsitz in seinem Wahlkreis. Die Wahlen zum *Folketing* fanden alle vier Jahre statt, der *Landsting* wurde in zwei Gruppen ebenfalls alle vier Jahre zur Hälfte erneuert, so daß für die meisten Abgeordneten des *Landsting* die Amtszeit acht Jahre betrug. Von diesen beiden Gruppen umfaßte eine 26 Mitglieder, die aus dem zweiten, dritten, fünften und siebten Landstingswahlkreis kamen, während die 28 Mitglieder der zweiten Gruppe aus dem ersten, vierten und sechsten Wahlkreis kamen. Durch Los wurde festgestellt, welche der Gruppen zuerst abgehen sollte.

Die Zahl der zu wählenden Wahlmänner bestimmte der Innenminister nach der zuletzt durchgeführten Volkszählung. Dann wurde ein Wahlmann für eine Gruppe von 1000 Einwohnern mittels freier, gleicher und geheimer Verhältniswahlen im Folketingswahlkreis gewählt. Diese fanden spätestens zehn Tage vor den eigentlichen Landstingswahlen statt. Nach dem Wahlgesetz von 1915 hatte der *Landsting* 72 Mitglieder 1920, wurde ihre Anzahl noch einmal auf 78 erhöht. Die Anzahl der Mitglieder des *Folketing* sollte 140 nicht übersteigen, 1920 wurde auch diese Zahl auf 152 erhöht. 54 der Mitglieder des *Landsting* wurden durch Verhältniswahl von vorher gewählten Wahlmännern gewählt, 18 weitere Abgeordnete wurden durch die Mitglieder des alten *Landsting* gewählt. Diese Abgeordneten gaben ihr Amt alle gemeinsam nach acht Jahren ab. Von den durch Wahlmänner bestimmten Abgeordneten wurden zehn im Kreis Kopenhagen und Frederiksberg gewählt, zwölf in Seeland und Maribo, einer in Bornholm, sechs kamen aus Fünen, Vejle und Skanderborg. Århus, Ringkøbing und Ribe wählten zusammen weitere zwölf, ebenso wie die zu einem Landstingswahlkreis zusammengeschlossenen Regierungsbezirke Randers, Ålborg, Hjørring,

Thisted und Viborg. Die färöischen Inseln entsandten einen vom *Landsting* gewählten Abgeordneten.

2. Soziale Zusammensetzung

Im Gegensatz zum *Folketing* war der *Landsting* im Jahre 1950 vor allem von Bauern, Kaufleuten, Beamten und Selbständigen dominiert, während in der direkt gewählten Kammer vor allem Berufspolitiker und Angestellte saßen [Mastias 1987: 435]. Vor allem aber fällt der Altersunterschied ins Auge: Im *Landsting* waren, wenn man die Abgeordneten in drei Altersklassen einteilt, die Verhältnisse umgekehrt wie im *Folketing*: die 35-39jährigen machten hier etwa ein Drittel der Abgeordneten aus, während im *Landsting* ein Drittel der Abgeordneten 65 Jahre und älter war („*gammelmandsting*" – Altmännerparlament). Die Altersgruppe zwischen 50 und 64 Jahre war – in beiden Kammern gleichermaßen – die stärkste: Sie machte wenig mehr als die Hälfte der Mitglieder des Parlaments aus. Der ehemalige Folketingsabgeordnete Thorsen, der in seinen Erinnerungen die Situation schildert, vergleicht die Wahl der Landstingsabgeordneten mit einem Viehmarkt, auf dem der Gemeindedirektor als Wahlleiter die Wahlmänner der einzelnen Parteien wie Herden von Schlachtvieh an sich vorbeiziehen läßt. Dies sei in einem Land mit einer hundertjährigen Tradition der Demokratie nicht duldbar [Thorsen 1974: 193]. Der typische Kandidat für den *Landsting* sei ohnehin ein ausgedienter Folketingsabgeordneter, der, um sich einen Rest „parlamentarisches Leben" zu retten, über Nacht in den Wahlkreis umgezogen sei, in dem seine Wahlchancen vermutlich am besten seien.

IV.   Arbeitsweise und Geschäftsordnung

Der dänische Bikameralismus wies – wie auch der schwedische – einige Übergangsformen zum Einkammersystem auf. Hierzu gehörte, daß es einige Kompetenzen gab, die der „vereinte Reichstag" aus beiden Kammern erfüllte. Hierzu gehörten besonders wichtige und dringliche Neuregelungen wie zum Beispiel in der Verfassung von 1915 die Wahl eines neuen Staatsoberhauptes und einer neuen Thronfolgeregelung, falls es nach dem Ausscheiden eines Königs keinen Thronfolger geben sollte.

Jede der Kammern war berechtigt, Gesetze vorzuschlagen und zu beschließen sowie Anfragen an den König zu richten. Beide Kammern konnten Ausschüsse einrichten. Ihre weitgehende Gleichberechtigung machte es möglich, Beschlüsse der jeweils anderen Kammer zu blockieren, was durch die Abwesenheit von Vermittlungsausschüssen, Einigungsverfahren o.ä. verstärkt wurde. Die 1915 beschlossenen Reformen wurden spät und zögernd umgesetzt. Nachdem nun Vermittlungsausschüsse vorgesehen waren (Paragraph 52 des dänischen Grundgesetzes), schien plötzlich die Alternative zur Obstruktion nur noch Indifferenz zu sein. Man kann sich fragen, so Mastias, was für sie gefährlicher war: „von einer politischen Partei verachtet zu werden oder von allen als unnötig betrachtet zu werden..." [Mastias/Grangé 1987: 438]

V.   Funktionen des Landsting

In seinem „Memorandum über die Ausgestaltung des Zweikammersystems in demokratischen Staaten machte einer der prominentesten Befürworter dieses Systems in der Verfassungskommission deutlich, daß es ihm nicht um „konservative Garantien" ging; dies lehnt er mit dem Paradox des „Minderheitenschutzes für nur eine – die besitzende – Minderheit" ab. Seine Vorstellung des dänischen Zweikammersystems firmierte im Gegensatz zu einem konservativen Oberhaus unter der Bezeichnung „demokratische Zweite Kammer" und läßt sich als Expertengremium und Kontrollorgan charakterisieren:

„Anhänger der repräsentativen Demokratie glauben also daran, daß der ‚wirkliche‘, der ‚wahre‘ Volkswille, den es zu verwirklichen gilt, nicht immer mit der augenblicklichen, stimmungs- und propagandabeeinflußten öffentlichen Meinung identisch ist, sondern daß er oft am besten durch die gewählten Repräsentanten einer Führungselite erkannt werden kann, die in höherem Grad als einfache Menschen über Überblick, Sachkenntnis und Gründlichkeit verfügen." [Ross 1953: 3750]

Die Zweite Kammer sollte, diesem Ansatz folgend, eine „Elite in zweiter Potenz" darstellen und in erster Linie für Expertise und reflektierte Sachkenntnis stehen. „In einer Zweiten Kammer, die sich auf angemessene Weise zusammensetzt, wird es die Möglichkeit geben, ein politisches Führungspotential zu nutzen, das vielleicht nicht in gleichem Maße volksnah sein muß wie die Abgeordneten, die [als direkt gewählte Mitglieder des Parlaments] in engem Kontakt zum Volk stehen, das aber trotzdem zu den besten Kräften des Volkes gehört" [Ross 1953: 3751]. Hiermit würden vor allem Kontinuität und Qualität in der Politik gewährleistet.

Die Kontinuität werde im allgemeinen durch längere Wahlperioden[7], sukzessive Neubesetzung, höhere Altersvoraussetzungen für die Wahlberechtigung, teilweise eigene Wahl der Mitglieder durch die abgehenden Abgeordneten und die Unauflösbarkeit der Kammer garantiert (all diese Elemente waren im dänischen System erhalten). Die Qualität dagegen sah Ross dadurch gefördert, daß bei indirekter Wahl demagogische Wahlkämpfe und die oberflächliche Popularität der Politiker eine geringere Rolle spielen, wodurch die fachliche Qualifikation zum tragenden Kriterium werde [Ross 1953: 3754]. Daß aber die in Dänemark damals aktuelle indirekte Wahl durch Wahlmänner diese Funktion erfüllt, bezweifelte der Verfassungsjurist vor allem aus Gründen der Parteigebundenheit dieser Methode. Er hielt die Rekrutierung aus kommunalen Gremien, wie in Belgien, Holland und Schweden praktiziert, für die bessere Methode, besonders qualifizierte Politiker einzusetzen. Vor allem aber sollte die Zweite Kammer die Arbeit der Ersten überwachen, überdenken und überprüfen. Dies sei ebenso wichtig wie das Bedürfnis von Individuen, „sich bei wichtigen Entscheidungen nicht von augenblicklichen Impulsen leiten zu lassen, sondern erst nach reiflicher Überlegung zu handeln" [Ross 1953: 3751].

VI. Vorschläge zur Wiedereinführung

Von verschiedenen Seiten kam in den letzten Jahren der Vorschlag, das Zweikammersystem unter veränderten Vorzeichen wieder einzuführen. Durch die stärkere Kontrolle der Regierung sollte eine größere Transparenz in der Europa-Politik erreicht werden sowie die Arbeitslast des hier zuständigen, stark überbelasteten „Markt-Ausschusses"[8] neu verteilt werden [so Petersen in der Berlingske Tidende vom 12.02.1992]. Der frühere EU-Kommissar Henning Christophersen schlägt das Zweikammersystem als Mittel zur politischen Stabilisierung in einem seit Jahren von Minderheitenregierungen regierten Land vor. Außerdem sieht er hier Möglichkeiten zur Erweiterung der Partizipationsmöglichkeiten und zur weiteren Stärkung der Kommunen und Bezirke [Christophersen 1989: 110]. Als

---

[7] Als Extrembeispiel führt Ross das schwedische als das „wohl kontinuierlichste Parlament der Welt" an. Die Zweite Kammer Schwedens hatte, wie die dänische auch, eine achtjährige Amtszeit [Ross 1946: 3755].

[8] In Dänemark hat man für stärkere Transparenz und zur Bewahrung der Gewaltenteilung einen eigenen Ausschuß (den sogenannten Marktausschuß, *Markedsudvalg*) beim Parlament eingerichtet, in dessen Auftrag die Regierung im Ministerrat der EU verhandelt.

Eckpunkte der Vorteile eines neuen Zweikammersystems werden von Peter Marker folgende Punkte genannt:

1. Seit der Parlamentswahl 1973 hat das früher stabile Vierparteiensystem sich zu einem fragmentierten Parteiensystem mit stark veränderlichen Koalitionsbündnissen entwickelt. Seitdem finden Parlamentswahlen gut alle zwei Jahre statt, und die wechselnden Minderheitenregierungen haben es schwer, konsequente Politik zu betreiben. Diese Situation hat das Vertrauen in die Politiker stark geschwächt [Petersen 1992: 19]. Eine neue, antiökonomische oder postmaterialistische Dimension der „Neuen Politik" findet ihre Fürsprecher in den kleinen Parteien, in der sozialistischen Volkspartei und bei den Radikalliberalen auf der linken sowie in der Fortschrittspartei auf der rechten Seite. Die alten klassenspezifischen Volksparteien sind nach wie vor die Sozialdemokraten, die Liberalen und die Konservativen [Borre 1995: 187]. Allerdings sind auch andere Methoden zur Stabilisierung der Parteienlandschaft und der Regierungen denkbar. Hier seien nur einige genannt: Verlängerung der (festen) Wahlperioden, Mehrheitswahlrecht, Sperrklausel etc.

2. Seitdem die politische Tagesordnung auch von Interessenverbänden und vor allem den Medien maßgeblich mitbestimmt wird, haben auch übereilte und unreflektierte Gesetzgebung die politische Autorität und Legitimität eingeschränkt. Des weiteren hat sich (durch die Zusammenarbeit auf supranationaler Ebene, aber auch durch die Expansion des öffentlichen Sektors) die Vielfalt der im Parlament zu behandelnden Anliegen stark erhöht [Marker 1994: 58]. Eine bessere Arbeitsorganisation im Parlament sei sowieso nötig. Allerdings könnte sicherlich auch durch eine Reform des Gesetzgebungsverfahrens deliberatives Handeln gefördert werden.

3. Durch die Verlagerung vieler Kompetenzen nach Brüssel sei die Bürgernähe stark eingeschränkt worden, was die Marginalisierung der Lokalpolitik zur Folge habe. Der Schluß der Befürworter des Zweikammersystems ist, daß bessere Reaktionsfähigkeit und mehr Bürgernähe durch geographische Repräsentation zu erreichen seien, also durch ein föderatives System. Die Kritik an zu wenig Bürgernähe und das Bedürfnis nach einer Stärkung der Kommunen im politischen System scheint allerdings angesichts der weitgehenden Dezentralisierung in Dänemark und der eingangs erwähnten starken Stellung der kommunalen Interessenverbände schwer nachvollziehbar.

4. Da der mit den Aufgaben der europäischen Integration betraute Marktausschuß nicht öffentlich tagt, wie ja im übrigen auch nicht der Ministerrat, hat seine Einrichtung nicht viel zur Transparenz beitragen können. Die Verhandlungspositionen der einzelnen Regierungen im Ministerrat sind außerdem nicht kontrollierbar, weil sie nicht verpflichtet sind, die Abstimmungsverhältnisse offenzulegen. Dieses Problem allerdings ist wohl kaum dem dänischen Institutionengefüge anzulasten. Adressaten für Reformen müssen hier die Institutionen der Europäischen Union sein.

Eher als diese Argumente leuchtet die anfangs zitierte These Christensens ein, daß das dänische System der Kommunalreform durch die Verflechtung der kommunalen Verbände mit den Entscheidungsträgern in politischen Institutionen, besonders bei der Vorbereitung von Gesetzesvorschlägen, sich faktisch einen Ersatz für einige Funktionen des *Landsting* geschaffen hat, jedenfalls in bezug auf die Punkte Gründlichkeit und in gewisser Hinsicht auch Stabilität. Die Fraktionierung der Parteienlandschaft und die Häufigkeit der Minderheitenregierungen sind weniger durch das Einkammersystem als vielmehr durch das Wahlsystem bedingt; eine hinreichende Begründung für die Wiedereinführung des Zweikammersystems sind diese Probleme jedenfalls nicht. Auch für das Erreichen einer größeren Transparenz ist das Zweikammersystem nicht das einzige Mittel. Alle oben genannten Schwächen des dänischen Systems sind nur schwer monokausal auf die Abschaffung des *Landsting* zurückzuführen.

Die einzig realistische Form eines einzuführenden Zweikammersystems wäre wohl ein föderatives System. Die wenigen – bisher meist in der Presse vorgebrachten – Vorschläge, ein solches für das politische System in Dänemark zu erfinden, sind aber noch so vage und so wenig konkret, daß es schwer fällt, sie ernst zu nehmen. Die fehlende Analyse der Gründe für die Abschaffung desselben Systems vor beinahe fünfzig Jahren – in Dänemark gilt die Vermutung, daß alle fünfzig Jahre das Grundgesetz reformiert werden sollte – überrascht dabei genauso wie die mangelnde Phantasie bezüglich der Ausprägung eines föderativen Repräsentationsorgans. Würde der abgeschaffte dänische Landsting mit mehr als nur historischem Interesse betrachtet und untersucht, wäre vielleicht auch ein pragmatisches Nachdenken über ein föderatives Zweikammersystem in Dänemark möglich. Ein Schritt in die richtige Richtung ist es hier sicherlich, sich zu fragen, ob nicht und inwieweit der *kommunale Korporatismus* die gleichen Funktionen erfüllen kann, die man sich von einer Zweiten Kammer erwünscht.

VII. Auswahlbibliographie

Arter, David, 1991: One Ting Too Many: The Shift to Unicamerlism in Denmark, in: **Longley**, Lawrence D./**Olson**, David M. (Hrsg.), Two Into One. The Politics and Processes of National Legislative Cameral Change, Boulder/San Francisco/ Oxford, S. 77-142.

Borre, Ole, 1995: Old and New Politics in Denmark, in: Scandinavian Political Studies, 18, S. 187-205.

Christensen, Jørgen Grønnegaard, 1992: Institutionelle sider af forfatningsdiskussionen, in: **Petersen**, Niels Helveg: På sporet af det nye grundlov, Kopenhagen.

Christophersen, Henning, 1989: Tanker om Danmark i det nye Europa, Kopenhagen.

Danmarks Riges Grundlov, 1996. Lov nr. 169 af 5. juni 1953, Kopenhagen.

Eigaard, Søren, 1993: Idealer og Politik. Historien om Grundloven af 1953, Odense.

Elder, N.C.M., 1975: The Scandinavian States, in: **Finer,** S.E. (Hrsg.), Adversary Politics and Electoral Reform, London, S. 185-202.

Herlitz, Nils, 1972: Nordisk folkstyrelse, Stockhholm.

Hvidt, Kristian, 1998: Grundloven: Historie og statstanker (www.grundloven.folketinget.dk).

Johansen, Lars Nørby, 1979: Denmark, in: **Hand,** Geoffrey/**Goergel,** Jacques/**Sasse,** Christoph (Hrsg.), European Electoral Systems Handbook, London.

Kraft, Rolf/**Nohlen,** Dieter 1969: Dänemark, in: **Sternberger**, Dolf/**Vogel**, Bernhard (Hrsg.), Die Wahl der Parlamente und anderer Staatsorgane. Ein Handbuch. Bd.I: Europa. Erster Halbband, Berlin, S. 153-187.

Mastias, Jean/**Grangé**, Jean, 1987: Les secondes chambres du parlement en europe occidental, Paris.

Marker, Peter, 1994: Skal tokammersystemet genindføres? In: Politica 26, 1994, S. 57-70.

Ross, Alf, 1953: Memorandum om tokammersystemets udforming i demokratiske stater (1946), in: Betænkning afgivet af Forfatningskommissionen af 1946. Rigsdagstidende 1953, Kopenhagen, S. 3743-3886.

Ross, Alf/**Andersen**, Poul/**Møller**, Jens, 1953: Udtalelser fra professor dr. jur. Poul Andersen og folketingssekretær Jens Møller med bemærkning af professor dr. jur. og phil. Alf Ross. Bilag til forslag til Danmarks Riges Grundlov, Rigsdagstidende 1953, Kopenhagen, S. 3907-3911.

Ross, Alf, 1980: Dansk Statsforfatningsret, 3., überarb. Aufl., Kopenhagen.

Sørensen, Max, 1987: Statsforfatningsret, 6. Aufl. (1973), hrsg. von Peter Germer, Kopenhagen.

Thorsen, Sven, 1974: Folketinget i Nærbillede 1950-70, Kopenhagen.

Ursula Degener

Die Abschaffung des Zweikammerreichstags in Schweden

I. Einleitung

Seit dem Inkrafttreten der Reichstagsordnung vom 22. Juni 1866 bestand der schwedische Reichstag aus zwei Kammern, einer ersten, indirekt gewählten Kammer mit Elementen regionaler Repräsentation und einer Amtszeit von 8 Jahren (*Första Kammaren*) und einer zweiten direkt gewählten Kammer (*Andra Kammaren*). Die Bezeichnungen „Erste und Zweite Kammer" entsprechen im Schwedischen wie im Dänischen und Niederländischen dem alten Sprachgebrauch, dessen Erste Kammer die indirekt gewählte war. Der Namenswechsel ist in anderen Ländern vermutlich auf den Legitimationsvorsprung der Direktwahl zurückzuführen, der es mit dem Siegeszug der parlamentarischen Demokratie nicht mehr opportun erscheinen ließ, die „volksnähere" Kammer hinter die ständisch oder aristokratisch privilegierte zurücktreten zu lassen. Am 16.12.1970 trat die schwedische Erste Kammer (hier also das indirekt gewählte „Oberhaus" des Reichstags) zum letzten Mal zusammen; damit hatte das Zweikammersystem nach gut hundert Jahren offiziell ausgedient.

Das Zweikammermodell schwedischer Prägung stand trotz des Grundsatzes der Gleichberechtigung der Kammern für Stabilität, gründliche und weitsichtige politische Planung und Expertise sowie für die parlamentarische Stärkung der Regierung. Aufgrund dieser Gleichberechtigung haben sich die beiden Kammern außer durch die Reflexionsfunktion in der Gesetzgebung kaum als eigenständige Organe profilieren können, sie waren und blieben bis zu ihrem Ende Teile des schwedischen *Riksdags* (Reichstags) ohne wirklich gebräuchliche Eigennamen. Nach den Wahlreformen von 1907/09 und 1921/23, seit beide Kammern auf dem allgemeinen und gleichen Wahlrecht gründeten und mit Abgeordneten der gleichen Parteien besetzt waren, entstanden die Schwierigkeiten der Ersten Kammer, sich gegenüber der „Volkskammer" als funktional und demokratisch genügend legitimierte Institution zu behaupten. Das Hauptargument gegen das Zweikammersystem war vor allem in der politisch stabilen Nachkriegszeit das repräsentative Manko der Ersten Kammer durch die indirekte Wahl, die, wie man meinte, auch systematisch die größte Partei begünstige. Die lange Wahlperiode führte zu einer Verzögerung in der Abbildung der Wahlergebnisse; bald mokierte sich die Opposition über dieses Hemmnis für Regierungswechsel.

Angesichts dieser Legitimationsprobleme erscheinen in den Entscheidungsprozessen zur Verfassungsreform der siebziger Jahre die Auseinandersetzungen um Funktionsfähigkeit und systematische Vor- und Nachteile des Zweikammersystems eher als untergeordnete Fragen gegenüber der mit der Abschaffung ohnehin eng zusammenhängenden Wahlrechtsreform [von Sydow 1989: 287]. In den meisten Analysen zum Thema wird der Vorrang kurzfristiger machtstrategischer Entscheidungsmotive vor sachlichen Erwägungen betont. Hauptstreitpunkt dabei waren die Regeln der Regierungsbildung, der „parlamentarische Eigennutz" der Parteien [von Sydow 1989: 317[1]].

II. Die Geschichte des de Geer'schen Zweikammermodells

1. Erste Diskussionen um das Zweikammersystem

Die Diskussionen um die Einführung eines Zweikammersystems begannen in Schweden im Rahmen der Verfassungsreformdebatten um 1809/10. Schon damals forderte der Verfassungsausschuß, daß der ständische Reichstag von einem Zweikammersystem ersetzt werden solle; dieser Vorschlag wurde von den Ständen beim nächsten Reichstag ohne große

---

[1] Alle Zitate aus fremdsprachigen Quellen sind von der Autorin übersetzt.

Diskussion abgeschmettert. Inhaltliche Unterstützung suchte man für diese Debatten oft bei den ausländischen Klassikern der politischen Theorie: Montesquieu, Sieyès[2], Tocqueville und Rousseau. Nach Montesquieu war das Zweikammersystem ein Mittel zur Durchsetzung der Gewaltenteilung; eine Erste Kammer mit erblicher Mitgliedschaft für die Aristokratie und eine Zweite für das gemeine Volk sollten garantieren, daß bei der Repräsentation des Souveräns gleichzeitig das politische und intellektuelle Potential des ressourcenstarken Adels nicht verloren ging. Die Erste Kammer sollte außerdem für Weitsichtigkeit, Zurückhaltung und Überlegtheit (*chambre de réflexion*) stehen. Diese Funktion, von Tocqueville in „Über die Demokratie in Amerika"[3] beispielhaft beschrieben, spielt auch noch im nachfeudalen Schweden eine wichtige Rolle. Der schwedische Politikwissenschaftler Stig Hadenius schreibt noch über die Zeit kurz vor der Abschaffung der Ersten Kammer: „Die Diskussionsstile in der Ersten und Zweiten Kammer waren [...] unterschiedlich: In der Ersten Kammer drückte man sich vornehmer und akademischer aus als in der Zweiten." [Hadenius 1994: 186] Natürlich ist, von heute aus gesehen, die einfachste Antwort auf die Frage nach dem „Warum" des Zweikammersystems die Interessenwahrung der oberen Stände, die in der Kompromißfindung nach der Abschaffung des Feudalsystems die Erste Kammer als ihre Einflußsphäre konstituierten, ebenso wie die konservative Angst vor der nivellierenden Massendemokratie, der es an Urteilskraft mangele, eine Angst, die ja auch hinter der Funktion der *chambre de réflexion* steht [Stjernquist 1996: 14].

1840/41 flammte die Debatte um das Zweikammersystem erneut auf. Man konnte sich aber nur auf die Grundsätze eines Vorschlags einigen, der ein modifiziertes Einkammersystem nach norwegischem Modell vorsah. Norwegens *Storting* teilt sich in der Gesetzgebung (außer in Grundrechts- und Haushaltsfragen) in zwei Kammern auf, die im Konfliktfall die Entscheidung unter Auflage einer Zweidrittelmehrheit wieder dem *Storting* überlassen. Dieses Modell gilt als eine Zwischenform zwischen Ein- und Zweikammersystem, wird aber im allgemeinen den Einkammersystemen zugerechnet [Andersson 1966: 87]. Dabei sind allerdings die beiden Kammern nicht gleichberechtigt, im *Odelsting* werden die Gesetzesinitiativen zuerst eingebracht, der *Lagting* bildet eine „Kontrollinstanz" [Petersson 1989: 78]. Drei Jahre später wurde die bis dahin ruhende Initiative durch den Widerstand des Adels und des Priesterstandes wieder abgeblockt. Das Ständesystem sollte abgeschafft werden, Klassenunterschiede würden von nun an politisches Handeln bestimmen. Das Wahlrecht sollte nach dem Gesetzesvorschlag der Regierung nicht nur durch eine generelle Zensusbeschränkung „dem politisch denkenden Teil" der Bevölkerung besonders Rechnung tragen [Stjernquist 1996: 33]. Die Volkskammer sollte darüber hinaus durch eine Zweite, mit einem noch strengeren Zensus besetzte Kammer in Schranken gehalten werden. Die liberalen Reformer, die dem Vorschlag der Konservativen gegenüber eine Ausweitung des Wahlrechts befürworteten, verwahrten sich auch dagegen, „abhängigen, rauhen, losen Personen" das Wahlrecht einräumen zu wollen, wie ihnen bald vorgeworfen wurde.

Daß nach Schüttemeyer und Sturm Zweite Kammern historisch als „institutionalisierte Kompromisse zwischen alten und neuen Legitimitätsüberzeugungen" [1992: 517] zu

---

[2] Mit Sieyès ließ sich natürlich vor allem nach der Einebnung der „Charakterunterschiede" der beiden Kammern durch die Wahlrechtsreform Anfang des Jahrhunderts trefflich gegen die schwedische erste Kammer argumentieren, so Olle Nyman 1954: „Die grundlegenden Argumente gegen das Zweikammersystem formulierte schon Abbé Sieyès während der französischen Revolution: Der Wille des Volkes soll Gesetz sein, und ein Volk kann in bezug auf eine Sache nicht gleichzeitig zwei Willen haben. Wozu sind dann zwei Kammern nütze? Wenn sie sich einig sind, ist eine überflüssig. Wenn sie uneins sind, muß eine von ihnen den Volkswillen in seinem Recht behindern und ist daher schädlich" [168].

[3] „Warum vereinigt die erste Versammlung so viele durchschnittliche Elemente, während die Zweite wirkt, als habe sie das Monopol der Talente und der Bildung? [...] Ich sehe dafür nur eine Erklärung: Die Repräsentantenkammer geht aus direkter, der Senat aus indirekter Wahl hervor."[Tocqueville 1985: 117]

betrachten sind, gilt also auch in diesem Fall. Nachdem immer weniger Personen neu geadelt wurden, der Adel durch die wachsende Kraft des Bürgertums zunehmend unter Druck geriet und der Priesterstand durch die in Schweden sehr starken freikirchlichen Bewegungen mehr und mehr in Frage gestellt wurde, ließ sich das Legitimationsdefizit des Ständereichstags durch die Stärkung des Zensus als politisches Repräsentationsprinzip vorerst ausräumen.

2. Die Einführung des Zweikammersystems durch Louis de Geer

Louis De Geer, seit 1858 Justizminister unter Carl XV., lieferte diesem im Jahre 1861 ein Promemoria ab, indem er eine Repräsentation nach den „Grundsätzen des neuen europäischen Staatsrechts" forderte. Die tragenden Prinzipien der repräsentativen Staatsform sollten gleiches Wahlrecht und das Zweikammersystem sein, das „einseitigen und vorschnellen Beschlüssen vorbeuge" [Stjernquist 1996: 23]. Die Dringlichkeit des Vorhabens unterstrich er mit der Drohung, von seinem Amt zurückzutreten, wenn die Regierung in der Sache nicht aktiv werde. Carl XV. soll auch von Napoleon III. den Rat erhalten haben, die Repräsentationsreform anzugehen. Im Justizministerium begannen daraufhin die Vorbereitungsarbeiten. 1862 – im gleichen Jahr erschienen John Stuart Mills „Considerations on Representative Gouvernment" in schwedischsprachiger Ausgabe – wurden nach einem strengen Zensuswahlrecht die ersten *Landstings* gewählt, Landtage der Provinzen, die später neben Stadträten die Mitglieder der Ersten Kammer wählen sollten. Jeder Landtag bzw. Stadtrat wählte pro 30.000 Einwohner einen Abgeordneten.

Den Ständen wurde der Gesetzesvorschlag zur Repräsentationsreform 1863 vorgelegt, am nächsten Reichstag im Dezember 1865 fanden die Abstimmungen statt. Die Bauern nahmen ihn einstimmig an, auch die Bürgern stimmten mit großer Mehrheit zu. Ihnen war im Gesetzesvorschlag entgegengekommen worden durch die Bevorteilung der Städte gegenüber ländlichen Wahlkreisen: sie erhielten wesentlich mehr Repräsentanten pro Einwohnerzahl. Im *Riddarhus*, seinem traditionellen Tagungsort, debattierte der Adel vier Tage lang und stimmte dann mit einer knappen Mehrheit ebenfalls für de Geers Vorschlag. Durch die strengen Zensusbeschränkungen im Wahlrecht dominierte der wohlhabende Adel weiterhin vor allem die Erste Kammer. Einzig im Priesterstand war man sich uneinig – hier beschloß man, den vom Adel gefällten Beschluß nicht zu gefährden und verzichtete auf ein Votum [Stjernquist, 1996: 26]. Dafür versprach man dem Klerus Kompetenzen in der Schul- und Kirchenpolitik und die Orientierung der kommunalen Neugliederung an den alten Gemeindegrenzen. Am 22. Juni 1866 trat die Reform zur Abschaffung des Feudalsystems in Kraft. Von nun an bezeichnete man mit dem Wort *Riksdag* (Reichstag) nicht mehr das Treffen von Delegierten der Ständekammern, sondern das Staatsorgan, bestehend aus nunmehr zwei funktional unterschiedenen (statt vier ständisch differenzierten) Kammern, und seine Treffen.

Die beiden Kammern, die durch das unterschiedlich strenge Zensuswahlrecht zwei verschiedene Bevölkerungsschichten repräsentierten, hatten vor allem in den ersten Jahrzehnten starke Konflikte auszutragen. Die Erste Kammer verlangte mehr Geld für Aufrüstungspolitik, während sich aus der Zweiten Kammer heraus eine Partei bildete (die liberale *Lantmannapartiet*), die vor allem für weniger Ausgaben und Steuerabschreibung kämpfte. Der König hatte bis 1917 das Recht, den Reichstag aufzulösen unter der Voraussetzung, daß er Neuwahlen anordnete. König Oscar ordnete so 1887 eine Neuwahl für

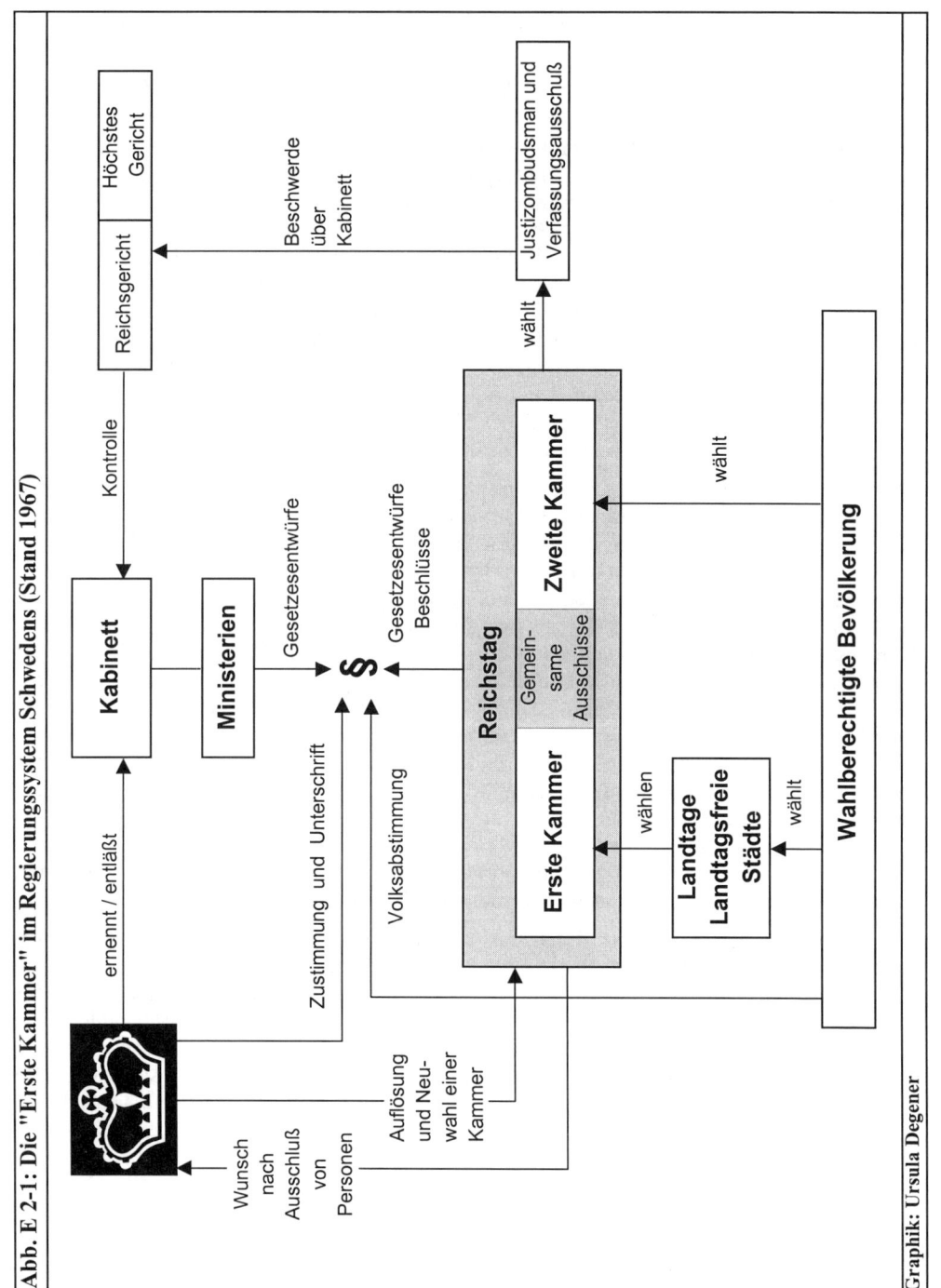

Abb. E 2-1: Die "Erste Kammer" im Regierungssystem Schwedens (Stand 1967)

Graphik: Ursula Degener

die Zweite Kammer an, als nach stark gestiegenem Getreideexport ein Streit um Einfuhrzölle ausbrach, der zwischen beiden Kammern nicht lösbar schien. Der Liberale Karl Staaff, der 1905 der erste Staatsminister in einer echten Parteienregierung wurde, war Anfang dieses Jahrhunderts auch der erste, der auf eine Schwächung der Ersten Kammer drängte, weil er die Personenwahl der indirekten vorzog, während die Konservativen noch lange das Gleichberechtigungsprinzip der Kammern hochhielten. Mit den Debatten um die Wahlrechtsreformen, die 1907 begannen, endete eine Ära: gegenüber der *ersten Phase* des Zweikammerreichstags 1866-1907 bekamen die Parteien nun immer mehr Gewicht, und mit dem endgültigen Inkrafttreten der Reformen 1923 hielten sie auch langsam Einzug in die Erste Kammer, in der sie bisher eine weit geringere Rolle gespielt hatten als in der Zweiten. Damit sank das Konfliktniveau in der *zweiten Phase* des Zweikammersystems beträchtlich; im nur wenig kürzeren Zeitraum zwischen 1923-1960 gab es wesentlich weniger Mißtrauensvoten, wie Stjernquist [1996: 261] berichtet. Mit dem Siegeszug der Parteiendemokratie auf der Regierungsebene begann die Zweite Kammer durch die stärkere Parteienorientierung faktisch die größere Rolle zu spielen, ohne daß diese Gleichgewichtsverlagerung geplant gewesen wäre.

III.   Zusammensetzung

1.   Zusammensetzung und Wahlen

Die Hauptprinzipien des de Geer'schen Zweikammersystems waren **Ursprungsgleichheit** (Gleichheit in bezug auf die Wählerbasis), **Charakterunterschied** (Unterschiede in Wahlverfahren, Legislaturperiode und Kandidaturvoraussetzungen sowie Mitgliederzahl) und **Gleichberechtigung**. Von diesen Prinzipien wurde dem der Ursprungsgleichheit durch die ungleichen Wahlen am wenigsten Rechnung getragen, während das Prinzip der Gleichberechtigung am stärksten berücksichtigt wurde. Der faktische Charakterunterschied zeigte sich neben den genannten formalen Unterschieden vor allem in der sozialen Unterscheidung zwischen der „Kammer der Reichen" und der der ärmeren Klassen [Andersson 1966: 89].

Die Wahlen zur Ersten Kammer waren indirekt (§6-12 der Reichstagsordnung). Landtage und Gemeinderäte der „landtagsfreien" Städte und Gemeinden wählten die Abgeordneten, mindestens 150 an der Zahl, für acht Jahre. Die Landtage und Gemeinderäte wurden alle vier Jahre in den Kommunalwahlen unmittelbar gewählt. Sie teilten sich in 19 Wahlkreise und acht Gruppen, bestehend aus zwei oder drei Wahlkreise ein. Nach §7 der Reichstagsordnung fanden jedes Jahr im Oktober in einer dieser Gruppen die Wahlen für die Erste Kammer statt. Die Besetzung der Kammer wurde sukzessive erneuert, mit etwa einem Achtel jedes Jahr. So betrug die durchschnittliche „Verzögerung der Volksmeinung" ungefähr sechs Jahre [SOU 27: 105]. Die Mandatszeit der aus den Landtagen bestimmten Abgeordneten betrug sechs, später acht Jahre. Die Kommunalwahlen und die Wahlen zur zweiten Kammer fanden wechselweise alle zwei Jahre statt. Voraussetzungen für die Kandidatur zur Ersten Kammer waren ein Alter von 23 Jahren und die Voraussetzungen für das kommunale Wahlrecht. Die Ansässigkeit im Wahlkreis wurde nicht verlangt.

2.   Parteien und Sozialstruktur

Bis zu den Wahlrechtsreformen von 1907/09 und 1921/23 war die Erste Kammer ein echtes Oberhaus, dominiert von Adligen, Gutsbesitzern, höheren Beamten und wohlhabenden Stockholmern (es gab für die Kandidatur zur Ersten Kammer nicht die Voraussetzung, im Wahlkreis ansässig zu sein), während in der Zweiten Kammer viele Bauern verteten waren. Aber auch nach der Einführung von allgemeinen und gleichen Wahlen, die diese sozialen Unterschiede relativierten, war der Anteil der höheren Beamten in der Ersten Kammer noch auffallend hoch, behielt sie den Charakter eines „Herrenclubs" [Stjernquist 1996: 332]. Lewin

[1988: 54] geht sogar soweit zu behaupten, daß „the First Chamber became even more dominated by high-born aristocrats and plutocrats than the Estate of the Nobility before 1866"; das sei nicht mehr in de Geers Sinne gewesen.

Diese Verhältnisse änderten sich wie oben beschrieben nach den Wahlrechtsreformen. Mit der stärkeren Proportionalität in der Repräsentation verringerte sich die soziale Kluft zwischen Erster und Zweiter Kammer, auch wenn prinzipiell Unterschiede bestehen blieben. Die Zweite, direkt gewählte Kammer rückte immer mehr in den Mittelpunkt der Öffentlichkeit: hier saßen von nun an die parteipolitisch aktivsten, die bürgernächsten Politiker ebenso wie die meisten Parteivorsitzenden. In der Ersten Kammer saßen die – im Durchschnitt älteren – sachkundigen Politiker, die Experten; das Niveau war akademischer als in der Zweiten Kammer. Viele der Mitglieder der Ersten Kammer waren schon einmal Abgeordnete der Zweiten Kammer gewesen [Andersson 1966: 94].

IV. Arbeitsweise und Geschäftsordnung

Nach §1 der Reichstagsordnung war festgelegt worden, daß die beiden Kammern in allen Fragen gleiche Zuständigkeit haben sollten. Eine Konsequenz des Gleichberechtigungsprinzips war das einzigartige System der ständigen gemeinsamen Ausschüsse, die von beiden Kammern paritätisch besetzt waren. Diese Ausschüsse glichen das zahlenmäßige Übergewicht der Zweiten Kammer in den Beratungen dadurch wieder aus, daß in ihnen im Verhältnis zur geringeren Zahl der Sitze in der Ersten Kammer mehr Abgeordnete beteiligt waren. Vor allem bei Steuer- und Haushaltsfragen waren gemeinsame Abstimmungen der beiden Kammern die Regel, ein „Importartikel aus Norwegen" und Element des Einkammersystems im Bikameralismus [Andersson 1966: 89, 91]. Zur Gleichberechtigung der Kammern trugen ebenso die gleichzeitige Behandlung, die gemeinsamen Abstimmungen und die Ressortverantwortung der Minister gegenüber beiden Kammern bei. So formulierte K.C. Wheare [1968: 140]: „It might almost be said that, whereas in Norway they have one chamber and pretend to have two, in Sweden they have two and pretend to have one."

Die Gleichberechtigung galt vor allem in Fragen der Gesetzesinitiativen und des Beschlußrechts. Hauptregel – und ein Novum im internationalen Vergleich – war die gleich*zeitige* Behandlung, außer bei den von außerordentlichen (von den einzelnen Kammern eingesetzten) Ausschüssen behandelten Fragen. Die gemeinsamen Ausschüsse hatten auch die Funktion der Vermittlung zwischen den Kammern in Dissensfällen. Dafür gab es drei Methoden: (1) die Vermittlung durch gemeinsame Debatte, wobei die eine Kammer die andere zur gemeinsamen Debatte einlud, um anschließend zum Beschluß zu kommen, (2) das Ausschlußverfahren, bei dem die strittigen Passagen aus der Beschlußvorlage herausgestrichen wurden und (3) das Kompromißverfahren – dies war die gewöhnlichste Methode, bei der beide Kammern durch gegenseitig Zugeständnisse zur Einigung kommen sollten. Der zuständige Ausschuß war nach §63 der Regierungsordnung verantwortlich dafür, schon im Voraus nach Kompromißmöglichkeiten zu suchen. Diese Möglichkeiten wurden verschieden kombiniert, und nach de Geers Auffassung sollte die gemeinsame Abstimmung erst die ultima ratio zur Lösung einer Uneinigkeitssituation sein (v.a. bei Steuer- und Haushaltsfragen). Sie wurde jedoch in der Realität auch häufig direkt angewendet, und insgesamt gesehen wurde sie öfter angewendet als die Vermittlung durch den Ausschuß [Stjernquist 1996: 219-228]. Die Minister waren beiden Kammern gemeinsam verantwortlich. Neu war auch, daß der Reichstag jedes Jahr statt alle drei Jahre zusammentreten sollte, daß mithin auch der Haushalt für eine Periode von einem Jahr beschlossen werden mußte. Interessant ist in dem Zusammenhang, daß in beiden Kammern keine Beschlüsse mit qualifizierten Mehrheiten getroffen werden mußten, eine Tatsache, die ebenfalls für das geringe Konfliktniveau verantwortlich gemacht wird [Stjernquist 1996: 338].

Diese Mechanismen politischen Verhandelns sind so symptomatisch wie grundlegend für die fast schon legendär „konsensorientierte" politische Kultur Schwedens: die „*politics of compromise*", auch „*government by discussion*" genannt, die ausländische Beobachter an diesem politischen System schon seit den dreißiger Jahren so fasziniert [Stjernquist 1996: 324-325]. Der „Kompaß der Steuerungskunst sei es, sich zu einem Kompromiß vorzuarbeiten, den alle Parteien annehmen können" [Lewin 1998: 43]. Von Sydow [1989: 314] bemerkt zurecht, daß der Ausdruck „konsensorientiert" suggerieren kann, daß es Einigkeit schon von vornherein gebe; statt dessen ist jedoch das „Pragmatische" im politischen Verhandeln gemeint. Daß das Erzielen von Kompromissen in der Regel nicht konfliktlos vor sich geht und Einigungen auch „Konflikte unterdrücken" können, sollte sich dabei von selbst verstehen. Der konsensorientierte, pragmatische politische Stil wird oft mit dem anhaltenden wirtschaftlichen Wachstum begründet, das ungefähr bis zum Ende des Zweikammersystems anhielt. Aber noch heute sprechen Beobachter von konsensualer und deliberativer Demokratie; der Staatswissenschaftler Leif Lewin [1998: 24] ist sogar der Meinung, daß „die ‚Zusammenarbeitsdemokratie' blüht wie nie zuvor, seit der Streit um die planwirtschaftlichen Vorhaben der Sozialdemokraten nach dem Zusammenbruch der sozialistischen Regime im Osten ebenso in sich zusammenfiel". Die Verhandlungsinstrumente zwischen beiden Kammern haben sicher einen guten Teil zu diesem Charakteristikum der politischen Kultur Schwedens beigetragen.

In der zweiten Phase des Zweikammersystems (1923-1970) bestand anfangs der Großteil der Regierungen aus Koalitionsregierungen mit Mehrheiten in beiden Kammern (insgesamt 16 von 49 Jahren). Über eine gleich lange Spanne hinweg gab es aber auch Einparteienregierungen ohne Mehrheit in beiden Kammern; hierbei handelt es sich um die Jahre zwischen 1920 und 1936, in der es nicht nur besonders viele Minderheitenregierungen gab, sondern auch außerordentlich viele Regierungswechsel. Zum Ende hin stabilisierte sich die Situation einer Einparteienregierung mit einer Mehrheit in nur einer Kammer (insgesamt 21 Jahre, 1945-51 und 1957-70, davon die letzten zwei mit einer Mehrheit in beiden Kammern). Gleichzeitig ist aber die letzte Variante selbstverständlich die konfliktreichste, da hier die Dissenssituationen zwischen den Kammern am häufigsten sind [von Sydow 1989: 30]. Insgesamt war durch die größere Abgeordnetenzahl bei gemeinsamen Abstimmungen die Zweite Kammer begünstigt, während die Erste Kammer eine größere Intimität und Intensität ausstrahlte. Die geringere Anzahl der Abgeordneten war ja dort insgesamt in gleichem Ausmaß in Ausschüssen aktiv. Man kann also sagen, daß die demokratisch direkter legitimierte Kammer beim Gesetzesbeschluß die größere Rolle spielte, während die indirekt gewählte Erste Kammer entsprechend ihrer Funktion als *chambre de rèflexion* in der Vorarbeit in den Ausschüssen ein leichtes Übergewicht hatte [Nyman 1954: 164-165].

V.   Funktionen der Zweiten Kammer im politischen System Schwedens

Louis de Geer war der Meinung gewesen, daß es einen Zusammenhang zwischen Vermögen und Bildung gebe, und daß es daher zu rechtfertigen sei, daß die Erste Kammer plutokratische Züge trug und als Minoritäts- bzw. Elitenrepräsentation fungierte, um den „Konservatismus der Vermögenden" sowie die höhere Bildung und die „umfassendere Erfahrung" politisch nutzen zu können. Nils Stjernquist [1996: 33] identifiziert drei Hauptmotive, die mit der Einführung des Zweikammersystems verfolgt wurden:

1. Die Zweite Kammer sollte in ihrer Machtposition eingeschränkt werden, um die Nachteile der Mehrheitsentscheidungen zu verhindern (Gewaltenteilung). Allerdings handelt es sich ja bei den meisten Konflikten um Konflikte zwischen Parteien, deren Positionen in beiden Kammern gleich sind und die jedem Fall über Mehrheiten entschieden werden. Die Konflikte zwischen den Kammern sind daher nicht dazu angetan, die Parteien zu sachbezogenen statt machtstrategischen Diskussionen zu ermahnen.

2. In der Ersten Kammer Schwedens kann man von arbeitstechnischen Vorteilen in Form einer ruhigeren Arbeitsatmosphäre sprechen, die vor allem dadurch zustande kamen, daß die eigentlichen politischen Machtkämpfe in der Zweiten Kammer stattfanden [Andersson 1966.: 97]. Als Folge dieser Vorteile meinte man die Qualität der Beschlüsse durch Mäßigung und Weitsicht zu verbessern. „Es gibt guten Grund für die Annahme, daß eine Frage besser durchdacht wird und eine lebenstauglichere Lösung erfährt, wenn zwei Individuen oder Gremien sich auf eine Lösung einigen müssen, als wenn eine Person allein den Beschluß faßt." [Ulla Lindström in der Ersten Kammer am 16.5.1953] Der zeitliche Rahmen der Beschlußfassung wurde sicher nicht nur durch die Abschaffung der Ersten Kammer verkürzt; daß diese Entwicklung auch mit Aufrechterhaltung der Ersten Kammer nicht aufzuhalten gewesen wäre, dürfte vor allem seit dem Eintritt Schwedens in die Europäische Union außer Frage stehen.

3. Für eine gewisse Kontinuität und Weitsicht sollte gesorgt werden, indem der Ersten Kammer nicht nur längere Wahlperioden zugeordnet waren, sondern auch ein stabilerer Einzugs- und Einflußbereich (Stabilität). Diese Funktion relativiert auch Wahlergebnisse, die von kurzfristigen Ereignissen beeinflußt sind, und begünstigt die Regierungen, die mit besonderem Nachdruck vom Volk bestätigt werden [Andersson 1966: 92]. Gleichzeitig war es aber vor allem diese Art von Stabilität, die in den Mittelpunkt der Kritik geriet, da sie verantwortlich für die Verzögerung in der Repräsentation war und dadurch zu politischer Unbeweglichkeit führte [Nyman 1954: 171].

4. Es war vor allem zu Beginn des Zweikammerreichstags eine Funktion desselben, die wertvolle Minderheit der politischen und intellektuellen Elite zu schützen und damit für eine Politik nach den Interessen der Bildungs- und ökonomischen Elite zu garantieren (Elitenförderung). Diese Funktion entfiel in Zeiten der parlamentarischen Demokratie, als die Zweite Kammer im Brennpunkt der Öffentlichkeit war und die Parteivorsitzenden, die wichtigsten Personen in der öffentlichen Diskussion, sich vor allem hier profilierten.

VI.   Die Diskussion um die Abschaffung des Zweikammerreichstags

1.   Erste Kritik am Zweikammersystem

Das Thema einer weitreichenden Verfassungsreform wurde traditionellerweise von der liberalen Partei (*Folkpartiet*) auf die Tagesordnung gebracht. Schon Karl Staaff hatte 1904 gefordert, daß der direktgewählten Kammer besonderes Gewicht zukommen sollte, da sie für den politischen Fortschritt stehe [Stjernquist 1996: 263] Er wollte der Ersten Kammer durch die bewußte Ausnahme von Demokratisierungsreformen nach und nach die Legitimationsbasis entziehen [von Sydow 1991: 148]. Sozialdemokraten befürworteten gegen Anfang des 20. Jahrhunderts, als die Erste Kammer noch von konservativen Kräften dominiert war, eine Kompetenzbeschränkung durch die Einführung eines suspensiven Vetorechts für die Erste Kammer. Vereinzelt gab es auch Vorschläge von Sozialdemokraten zur Abschaffung des Zweikammersystems [von Sydow 1991: 148]. Dagegen war die konservative Partei (*Högern*) immer für die Gleichberechtigung beider Kammern eingetreten, ihre verfassungspolitischen Forderungen konzentrierten sich in den fünfziger Jahren vorerst mehr auf die Einführung des Referendums aus der Initiative von parlamentarischen Minderheiten.

Der politische Anlaß für verstärkte Aktivitäten zur Abschaffung des Zweikammersystems war für die Liberalen die Wahl zur Zweiten Kammer von 1948, nach der sie trotz starker Stimmenzuwächse aufgrund der unveränderten Sitzverteilung in der Ersten Kammer kaum erweiterte politische Handlungsmöglichkeiten sahen. 1953 sprachen sich viele prominente Abgeordnete der Liberalen für einen Übergang zum Einkammersystem aus, aber auch einzelne Sozialdemokraten befürworteten eine vorurteilsfreie Untersuchung der

Verfassung [Nyman 1954: 165-166]. Der Vorsitzende der Liberalen, Bertil Ohlin, und andere Kritiker argumentierten, das Oberhaus sei eine überflüssige Einrichtung in einer modernen parlamentarischen Demokratie. Die indirekte Wahl zum Oberhaus indirekt bewirke eine Überrepräsentation der großen Parteien. Da durch die lange Amtszeit nur ein Achtel der Mitglieder jedes Jahr neu zur Wahl stehe, reflektiere seine Besetzung veraltete Wahlergebnisse [Bergman 1994: 205]. Die kommunistische Partei (*Vänsterpartiet Kommunisterna, vpk*) pflichtete dem sogleich bei. Die Forderung der Konservativen nach von Minderheiten initiierten Volksabstimmungen war eine Reaktion auf die von den Sozialdemokraten betriebene Expansion des öffentlichen Sektors, vor allem in der Sozialpolitik. Die konservative Partei war sich sicher, daß sich für diese Politik in einem Referendum keine Mehrheit finden würde. Dies war ebenso wie die liberale Forderung nach Abschaffung der Ersten Kammer ein Angriff gegen den Mehrheitsparlamentarismus, den sich die Sozialdemokraten durch stabile Mehrheiten bis 1957 in beiden, danach noch in der Ersten Kammer leisten konnten.

Das Oberhaus war zu einer Hochburg der Sozialdemokratischen Partei (*Socialdemokratiska Arbetarpartiet, SAP*) geworden, nachdem sie seit 1941 durchgehend in den Kommunalwahlen bessere Ergebnisse erzielt hatten als in den Wahlen zur Zweiten Kammer. Die Oppositionsparteien sahen daher im Oberhaus ein Hindernis für ihr Bemühen um die Regierungsübernahme, denn bis zur Abschaffung dieser Kammer war die Verhandlungsposition der Sozialdemokraten durch ihre Stärke im Oberhaus tatsächlich günstiger [Bergman 1994: 205]. In den Oppositionsparteien nährte dies mit der Zeit den Verdacht, es gebe eine „konstitutionelle Begünstigung" für die Sozialdemokraten [Stjernquist 1996: 280]. Zwar stützte sich die Regierung in der Hauptsache auf ihre parlamentarische Basis in der Zweiten Kammer, ein Kabinett jedoch wäre ohne Unterstützung aus dem Oberhaus kaum lebensfähig gewesen. Während für Haushaltsentscheidungen eine Mehrheit im Unterhaus wie in der gemeinsamen Sitzung ausreichte, brauchte die Regierung die Mehrheit in den separaten Abstimmungen beider Kammern, um Gesetze erlassen zu können [von Sydow 1989: 29].

Daß es insofern strategisch ungünstig für die Sozialdemokraten war, sich für die Abschaffung des Zweikammersystems auszusprechen, liegt ebenso auf der Hand wie die Tatsache, daß sich auch der Rest des „bürgerlichen Parteienblocks" (die Konservativen und *Bondeförbundet,* die Bauernpartei, heute *Centerpartiet*) im Laufe der sozialdemokratischen Regierungskontinuität mit der Idee anfreundete, daß eine solche Reform ihnen Regierungschancen einräumen könnte. Die fast totale Machtlosigkeit der Opposition in der langen sozialdemokratischen Regierungszeit brachte es mit sich, daß sie an den konstitutionellen Voraussetzungen für ihre Rolle zweifelte: die Abschaffung des Zweikammersystems und die Reform des Volksabstimmungsinstituts waren zwei Instrumente, mit denen die Opposition die eigene Position in der politischen Meinungsbildung zu sichern suchte [von Sydow 1989: 293]. 1952 brachten die bürgerlichen Parteien eine Wahlrechtsreform zugunsten höherer Proportionalität in den Wahlen zur Zweiten Kammer durch; die Stimmen der bisherige Überrepräsentation der Sozialdemokraten fielen nun je zur Hälfte den bürgerlichen Parteien und den Kommunisten zu [von Sydow 1989: 295]. Die Konfliktsituation, daß 1952/53 die Sozialdemokraten nur in der Ersten Kammer, nicht aber in der Zweiten eine Mehrheit hatten und insgesamt bei gemeinsamen Abstimmungen den kürzeren gezogen hätten, kam durch die Koalition mit der agrarischen Partei nicht zum Ausbruch. Ob sich die Sozialdemokraten zur Not von den Kommunisten hätten unterstützen lassen, ist nicht ganz klar; die Koalition aus *Bondeförbundet* und Sozialdemokraten führte jedoch nicht zu einer Regierungskrise, sondern hielt diesen Konflikt zurück [von Sydow 1991: 158].

2. Die Verfassungsreformkommission von 1954

Eine parlamentarische Kommission, *Författningsutredningen* [SOU 1963: 16-18], war 1954 gegen den Willen des ständigen Verfassungsausschusses – dieser hatte kurz vorher die Zweite Kammer in ihrer Repräsentativität bestätigt –, aber mit Absegnung der Regierung mit der Revision der Verfassung beauftragt worden. Neben der Direktive, die Prinzipien des Parlamentarismus in die Verfassung hineinzuschreiben, die in der Praxis längst umgesetzt waren, sollte sie „einen Überblick zu den Funktionsproblemen der Demokratie erstellen und auf dieser Grundlage eine Modernisierung der ganzen Verfassung planen" [Stjernquist 1996: 288]. Nicht alle ihrer Mitglieder unterstützten die Abschaffung des Oberhauses. Der Vorsitzende der konservativen Partei, Gunnar Heckscher, schlug vor, das Zweikammersystem beizubehalten, aber unter Relativierung des Gleichberechtigungsprinzips der beiden Kammern; klar war jedoch, daß es in der Bauernpartei und unter Sozialdemokraten noch eine Mehrheit für die Gleichberechtigung gab. So wurde der 1963 vorgelegte Vorschlag geteilt in eine Mehrheitsalternative mit Einkammersystem und eine bikameralistische Minderheitenalternative. Der Vorschlag umfaßte außerdem ein neues Wahlrecht, doch auch hier konnte man sich noch nicht auf eine von allen unterstützte Lösung einigen.

Obwohl in der Zwischenzeit die politische Entwicklung Zweifel an der Funktionalität des Zweikammersystems hätte nähren können – im Zusammenhang mit der geplanten Rentenreform hatte die Uneinigkeit der Koalition bei gleichzeitiger Ungleichverteilung der Mehrheiten in den Kammern zu einer Regierungskrise mit Auflösung der Zweiten Kammer und Anordnung von Neuwahlen durch die Sozialdemokraten geführt –, hatten die Vorschläge der Kommission doch wenig Aussicht auf Durchsetzung, nicht zuletzt deshalb, weil der Vorsitzende der Sozialdemokratischen Partei der Abschaffung des Oberhauses skeptisch gegenüberstand. Er befürchtete neben einer Schwächung der Regierung, daß die Überrepräsentation auch der anderen großen Parteien die drei nicht-sozialistischen Parteien dazu bewegen würde, sich zusammenzuschließen [von Sydow 1989: 299]. Ein weiteres Argument Erlanders war die Anbindung an die Kommunalpolitik, die er in der aus den Landstings entsendeten Mitgliedern zusammengesetzten Ersten Kammer gegeben sah, ein Argument, das sich auch die einen großen Teil der Landbevölkerung repräsentierende Bauernpartei zu eigen machte. In der Kommission war man anderer Ansicht: Die Kommunalwahlen seien durch ihre allgemeinpolitische Relevanz bisher viel zu sehr von nationalen Themen beherrscht; dadurch werde den Bürgern die Möglichkeit vorenthalten, die Kommunalpolitik zu beeinflussen [Stjernquist 1996: 294].

Erlanders Argumentation, daß eine „enge und natürliche Koppelung zwischen nationaler und regionaler Politik am besten durch das Weiterbestehen des Oberhauses gesichert sei" [Bergman 1994: 205], ist nicht als „föderatives" Argument mißzuverstehen. Die Tatsache, daß die schwedischen Landtage und Stadträte der „landtagsfreien" Städte ihre Abgeordneten in die Erste Kammer entsandten, war deswegen nicht als territoriale Interessenvertretung zur Legitimation des Zweikammersystem herangezogen worden (außer bei den Reformen von 1907/09 von der kleinen Bauernpartei), weil die nationalen Interessenverbände der Landtage und Stadträte ohnehin eine starke Stellung unter den Interessenverbänden und damit Einfluß auf die Gesetzgebung hatten. Es geht hier vielmehr um die Koppelung der Kommunal- und der nationalen Politik durch die gleichzeitigen Wahlen. Gegen eine systematische Repräsentation der Regionen sprach auch die Entbindung der Kandidatur zur Ersten Kammer von der Voraussetzung des Wohnsitzes im Wahlkreis. Die kommunale Anbindung war schon in mehreren Versuchen ausgehöhlt worden, ohne die Legitimation der Ersten Kammer antasten zu können: Nils Herlitz, Abgeordneter der Konservativen, war 1953 nicht der erste, der eine Ausweitung der „Wahlmännerbasis" forderte, weil „die Zahl der Abgeordneten in den kommunalen und regionalen Körperschaften zu klein" sei; einige Stadträte hatten dies auch schon praktiziert. Herlitz, Nyman und andere hatten den Partikularismus in der Ersten

Kammer durch die unangemessene Bindung an die Lokalpolitik durch die Herkunft der Abgeordneten aus den Landtagen kritisiert: „Bei den Wahlen sollte man sich jedoch vor allem auf die wirklich an nationaler Politik Interessierten konzentrieren [Nyman 1954: 173-175]. Nach dem Bericht einer parlamentarischen Kommission zur Demokratie in den Regionen, die sich mehrheitlich für die Koppelung der kommunalen und nationalen Wahlen aussprach, standen die Politiker der kommunalen Vertretungen und des Reichstages gemeinsam in der Verantwortung gegenüber ihren Wählern [SOU 1965: 54]. Die Kommission lobt die Anreize des alten Systems für die nationale Politik durch die gleichzeitigen Wahlen, sich kommunalpolitisch zu engagieren.

In Schweden wird für den Beschluß einer Verfassungsänderung nur eine einfache Mehrheit benötigt (bisher war jedoch noch keine Grundgesetzänderung durchgesetzt worden ohne weitgehende Einigkeit der vier größten Parteien), allerdings in zwei Abstimmungen in zwei aufeinanderfolgenden Legislaturperioden. Vorher jedoch geht der Entwurf an verschiedene Interessenverbände, deren Kritik noch in die Vorlage eingearbeitet werden kann (Remissionsverfahren). Schon vor Eintreffen dieser (im allgemeinen für das Einkammer-system positiven) Reaktionen war 1963 klar, daß nicht mit einer ausreichenden Mehrheit für die Einkammerversion gerechnet werden konnte. Nach den Neuwahlen hatten die Sozialdemokraten geringfügig bessere Mehrheitsverhältnisse; sowohl hier als auch in der Volksabstimmung zur Rentenreform ließen sie das Volk den Konflikt vorerst schlichten [von Sydow 1989: 300]. Die Wende kam jedoch erst Mitte der sechziger Jahre. Die beiden bürgerlichen Parteien hatten sich auf einen Kurs zumindest weitgehend im Sinne des Einkammersystems und auf ein neues Wahlrecht geeinigt. Kurz darauf beschlossen die Parteivorsitzenden aller Parteien in einer Besprechung die Einsetzung einer neuen parlamen-tarischen Kommission zur Verfassungsreform, diesmal „Grundgesetzkommission" genannt [Stjernquist 1996: 294]. Im Januar 1966 erklärte Erlander, daß die Sozialdemokraten nun die Einführung des Einkammerreichstags und direkte Wahlen befürworteten; im Februar ergriffen die Sozialdemokraten die Initiative mit dem Vorschlag einer totalen Verfassungsrevision, ihre Version des Einkammersystems, die sogenannte „Zweiphasenkammer", umfaßte 350 Mitglieder, von denen 250 direkt und 100 im Zusammenhang mit den Kommunalwahlen gewählt werden sollten (also ebenfalls eine sukzessive Neubesetzung, diesmal in zwei Phasen). Ansonsten setzten sie sich für stärkere Proportionalität im Wahlsystem ein. Wenige Wochen später reichten die bürgerlichen Parteien einen Gegenvorschlag ein. Sie lehnten die Koppelung von National- und Kommunalwahlen ab, da dies die lokalen Themen marginalisiere. Aber erst im März 1966 einigten sich Vertreter aller Parteien darauf, daß eine neue, „totale" Verfassungsreform in einem ersten Schritt, der partiellen Verfassungsreform, das Einkammersystem einführen und gleichzeitig das Wahlsystem so reformieren sollte, daß Parteienzersplitterung erschwert werde.

3. Die Grundgesetzkommission und ihr Vorschlag von 1967

Damit hatten die Sozialdemokraten wieder, wie bei der Einsetzung der Verfassungs-reformkommission 1954, den bürgerlichen Parteien die Initiative abgenommen. In der Folge wurde auch von den regierenden Sozialdemokraten kaum noch über die Punkte Effizienz und Regierungsstärke sowie politische Stabilität diskutiert; die lapidare Antwort auf die frühere Rechtfertigung des Wahl- und Zweikammersystems durch diese Punkte war jetzt: „Ein Wahlverfahren, durch das vor allem die größte Partei überrepräsentiert wird, wird die Regierungsstärke eher vermindern, sobald diese große Partei sich in der Opposition befindet" [von Sydow 1989: 232]. Außerdem begründeten die Sozialdemokraten ihren Stimmungs-umschwung mit der Feststellung, daß die bürgerlichen Parteien durch technische Wahl-zusammenarbeit (über sogenannte Kartelle, zu denen sie sich in einzelnen Wahlkreisen zusammenschließen konnten) in der Zweiten Kammer überrepräsentiert waren. Konsequent blieben sie nur darin, daß sie von Anfang an die Überrepräsentation der bürgerlichen Parteien und deren verstärkte Zusammenarbeit nicht dulden wollten [von Sydow 1989: 31]. Die plötzliche Aktivität der Sozialdemokraten in Sachen Verfassungsreform überraschte die Oppositionsparteien, denen vor allem das stärker proportionale Wahlsystem und die Abschaffung des sozialdemokratisch dominierten Oberhauses sehr entgegenkamen, da sie ihnen die Regierungsübernahme erleichtern würden [Wentz 1976: 12-18].

Die Hauptforderung beim Wahlsystem war die sogenannte „Reichsproportionalität". So einigte man sich als erstes über das Wahlsystem. Dabei ging es um die Stimmen aus kleinen Wahlkreisen, die beim bisherigen Verfahren ‚verloren' waren, wenn kleine Parteien hier geringe Unterstützung fanden. Die modifizierte „Saint-Laguë-Methode", die in den fünfziger Jahren von der regierenden Koalition von Bauernpartei und Sozialdemokraten zuungunsten der kommunistischen Partei und der bürgerlichen Opposition eingeführt worden war [von Sydow 1989: 16] und sich vom d'Hondtschen Höchstzahlverfahren nur durch höhere Divisoren unterscheidet, wurde durch 40 Ausgleichsmandate ergänzt [Petersson 1989: 38-39]. Das bedeutet, daß nicht alle Mandate genutzt werden und die verbleibenden Ausgleichs-mandate gemäß der nationalen Stimmenverteilung vergeben werden. Diese Begünstigung der kleinen Parteien wurde durch eine Sperrklausel von vier Prozent relativiert. Für die Sozialdemokraten wurde dies nach der Wahlschlappe von 1966 (sie hatten mit 42 Prozent in den Kommunalwahlen das schlechteste Ergebnis seit den dreißiger Jahren) plötzlich konsensfähig; sie verwarfen den „Zweiphasenreichstag" und übertrafen sogar die bürgerlichen Parteien in ihrem Vorschlag noch an „Reichsproportionalität", da sich durch den Verlust der sicheren Mehrheit in der Zweiten Kammer das Blockdenken verstärkte und die kommunistische Partei als Koalitionspartner für sie strategisch an Bedeutung gewann [von Sydow 1989: 178; Stjernquist 1996: 311]. So kam der Kompromiß dadurch zustande, daß beide Blöcke den Gegner damit zu schwächen meinten; die bürgerlichen Parteien durch die Erleichterung von Regierungswechseln und der sozialistisch-sozialdemokratische Block durch die Stärkung der Kommunisten.

Der Kompromiß bestand weiterhin in der Einführung eines „gemeinsamen Wahltags" [von Sydow 1989: 286] von National-, Landtags- und Kommunalwahlen nach den Vorstellungen der Sozialdemokraten und der Sperrklausel von vier Prozent nach dem Vorschlag der Opposition. Die Sozialdemokraten, die ihre Wahlkampforganisation für besonders gut und effektiv hielten, stimmten für relativ kurze, dreijährige Legislaturperioden (1994 wieder auf vier Jahre geändert), eine Sperrklausel von drei Prozent zur Vermeidung von Parteienzersplitterung. Die strikte Proportionalität sollte durch die Verhinderung der Konzentration großer Parteien die Konkurrenz auch der kleineren Parteien untereinander vergrößern, um ein Wahlbündnis der drei nicht-sozialistischen Parteien zu verhindern [von Sydow 1989: 178]. Die Zahl der Abgeordneten im Einkammerreichstag bestimmte man auf 350. Nach einer Pattsituation zwischen den beiden Blöcken wurde 1976 die Zahl auf 349 festgelegt. Weitere, weniger strittige Punkte in der Reformvorlage waren die Senkung des Wahlalters um ein Jahr auf 20 Jahre, die Abschaffung der Erstwohnsitzvoraussetzung für die Kandidatur in den Wahlkreisen und Integration des Parlamentarismusprinzips in die Verfassung. 1968 bzw. 1969 einigten sich die Parteien in den zwei Kammern mit der Zustimmung zur „partiellen Verfassungsreform" auf die Abschaffung des Zweikammer-systems. Die Presse war mit anderen Dingen beschäftigt: dem Davis-Cup-Match zwischen Schweden und Rhodesien und den Båstadskrawallen, die einige Tage vor der Entscheidung in der Ersten Kammer große Bestürzung ausgelöst hatten. So wurde das Ereignis kaum wahrgenommen – ein konservatives Mitglied der Ersten Kammer formulierte: „Leise geht sie, sachte schreitet sie, diese indirekt gewählte Kammer, in die Welt der Schatten" [Första Kammare 25/1968: 52]. Die konsensorientierte Beschlußfassung nach schwedischem Politikstil mag der Grund dafür sein, daß die längst vorgefaßte „Entscheidung im

Einvernehmen", in der politischen Kultur Schwedens ein zentraler Begriff, kaum mehr das Interesse der Öffentlichkeit fand [Stjernquist 1996: 315].

Die Wahlkampagnen von 1968 – dies war die letzte Wahl zur Zweiten Kammer – waren so hitzig wie schon lange nicht mehr. Ein heißes Thema war die „Regierungsfrage". Erlander gab fünf unterschiedliche Statements dazu ab, bei wieviel verlorenen Mandaten er mit seiner Regierung abtreten würde. Aber auch die bürgerlichen Parteien machten keine starke Figur: es fehlte ihnen an Einigkeit. Die Wahlergebnisse brachten die Bestätigung für die Sozialdemokraten: Nun, da die Erste Kammer kurz vor ihrem Ende war, und kurz nach der Katastrophe von 1966, hatten sie plötzlich – das erste Mal in der Nachkriegszeit – wieder eine Mehrheit in der Zweiten Kammer. Das wurde im Nachhinein vor allem als Vertrauensbeweis gegenüber Staatsminister Erlander nach 23 Jahren Amtszeit gedeutet, der angekündigt hatte, daß dies seine letzte Kandidatur sein werde. Bemerkenswert war auch die rekordhohe Wahlbeteiligung, die jedoch wohl auch auf die zunehmende Verbreitung der Wahlkampagnen durch Massenmedien zurückzuführen ist [Esaiasson 1990: 250-252]. Am 16.12.1970 trat die Erste Kammer zum letzten Mal zusammen.

4. Auswirkungen der Verfassungsreform – Parlamentarismus in Schweden heute

Die Wahl von 1970 war die erste nach neuem Recht. Da bei der Wahl von 1968 die Reform schon beschlossen war, ist sie nicht als Reaktion auf die Reform betrachten. Thema war die Reform dann auch allenfalls in Informationsbroschüren und -veranstaltungen sowie Karikaturen, die sich über die verschiedenen Farben der drei Wahlzettel lustig machten. Aber die Auswirkungen der Reform auf den Wahlausgang und die Entwicklung der nächsten Jahre ist dennoch nicht zu unterschätzen: Nach erheblichen Verlusten in der Wahl von 1970 brauchten die Sozialdemokraten Unterstützung von Seiten der Kommunisten, um eine Regierung bilden zu können, denn nun waren die bürgerlich-liberalen Parteien zusammen stärker als die Sozialdemokraten (47 Prozent statt vorher 52 Prozent in der Oberhaus und 54 Prozent im Unterhaus[4]). Trotz aller Vorbeugungsversuche begannen die erstarkten und personell erneuerten Oppositionsparteien des bürgerlichen Blocks, ihre Zusammenarbeit zu systematisieren.

Regierungswechsel sind – wie vermutet und von vielen gehofft – seit der partiellen Verfassungsreform von 1968/69 deutlich häufiger geworden. Die Tatsache, daß der Übergang zum Einkammersystem jede Wahl zur Frage nach der Regierungsmacht werden ließ, brachte allerdings auch mit sich, daß wieder Zweifel über die abnehmenden Steuerungsmöglichkeiten der Regierung auftauchten – Vergleiche mit der politischen Instabilität der zwanziger Jahren wurden laut. Das Konfliktniveau stieg durch die Aufwertung der kleineren Parteien. Nicht viele neue Parteien sind langfristig in den Reichstag eingezogen, die Schwelle zum Eintritt jedoch ist niedriger geworden und die Koalitionsneigung ist weniger festgelegt [Stjernquist 1996: 315]. Unterstützt wurde diese Entwicklung aber sicherlich auch durch das sich davon unabhängig ändernde Wählerverhalten, das wie in anderen Ländern auch von geringerem Vertrauen zu Parteien und Politikern gezeichnet ist. Im Einkammerreichstag haben Regierungsparteien in Wahlen immer verloren; hier war deutlich zu sehen, daß mit Abschaffung des Zweikammerreichstags ein Stück Stabilität und Regierungsstärke verloren gegangen war.

---

[4] Seit 1941 hatten die Sozialdemokraten im Oberhaus nie die 50-Prozent-Marke unterschritten, im Unterhaus war das niedrigste Ergebnis 46 Prozent, der Durchschnitt jedoch 49,6 Prozent. Seit 1932 und bis 1976 hatten sie alle Regierungen gebildet, eine einzigartig lange Regierungszeit einer Partei unter demokratischen Ländern [Hadenius 1994: 197, 210].

5. Das Einkammersystem – bis heute unumstritten?

In den achtziger Jahren wurde die Verfassungsdebatte wieder aufgenommen, und es wurde wieder über Möglichkeiten zur Stärkung der Regierung diskutiert. Die Lindbeck-Kommission von 1993 schlug eine Reihe Verfassungsänderungen zur Begrenzung der Möglichkeiten des Reichstages zur Obstruktion der Gesetzesvorschläge der Regierung vor. So sollte u.a. die Abgeordnetenzahl im Parlament reduziert werden, die Haushaltsbeschlüsse beschleunigt und die Entscheidungskompetenz des Finanzausschusses in bezug auf ökonomische Entscheidungen gestärkt werden [SOU 1993: 16]. Eine Untersuchung unter Mitgliedern des Reichstags zeigte allerdings, daß es im Parlament einen parteiübergreifenden Konsens darüber gab, daß statt der Regierung das Parlament gestärkt werden müsse, um die Kontrollen der Gewaltenteilung effizient durchführen zu können und selbständig legislativ tätig zu sein [Holmberg/Esaiasson 1993: 246]. Auch Vorschläge der Regierung, die starke Proportionalität des Wahlsystems zugunsten der Beschlußfähigkeit wieder zurückzufahren, stießen im Parlament nicht auf Gegenliebe.

> „Die Abschaffung der Ersten Kammer mit ihrer verzögerten Abbildung der Mehrheitsverhältnisse hatte eben die Konsequenz, daß sich die zeitliche Perspektive der parlamentarischen Arbeit verkürzte. Ich sehe einen deutlichen Zusammenhang zwischen dieser politischen Reform und der Verschlechterung des wirtschaftlichen Wachstums bei gleichzeitig verstärktem Konsumverhalten in der Bevölkerung, die seitdem die Entwicklung der schwedischen Wirtschaft kennzeichnen." [Åberg 1994: 139]

Das Einkammersystem wird hier von Carl Johan Åberg, damals Vorsitzender des Allgemeinen Rentenfonds, auf den Prüfstand gestellt. Zwei Mitglieder der konservativen Partei, Margit Gennser und Stig Rindborg, haben 1995 in einem Antrag gefordert, daß aus diesen Gründen – Kompetenzverlust und Kurzsichtigkeit in der politischen Perspektive – eine Rückkehr zum Zweikammersystem anzustreben sei [Reichstagsprotokolle 1994/95: K 317]. Mit ihrem Vorschlag, einen Expertenrat von 30 Personen einzurichten, ernteten sie beim Verfassungsausschuß allerdings nur Mißbilligung. Die Abschaffung der Ersten Kammer für die wirtschaftliche Rezession verantwortlich zu machen, dürfte eine etwas einfache Rechnung sein; umgekehrt gibt es in Zeiten wirtschaftlicher Krisen mehr langfristig wirkende unpopuläre Entscheidungen, die nur auf Kosten der Wählerstimmen getroffen werden können. Insofern ist hier vor allem die wirtschaftliche Lage eine Erklärung für die Krise der Verfassung, weniger wohl umgekehrt. Ob die Verlangsamung des politischen Entscheidungs-prozesses in einem Zweikammersystem in Zeiten starken Zeit- und Entscheidungsdrucks durch Globalisierung und die Einbindung in supranationale Organisationen noch verant-wortbar ist, wäre ebenfalls zu bezweifeln.

Das Argument der Schwächung der Regierung ist wohl im schwedischen Fall das schlagkräftigste Argument gegen das Einkammersystem, vor allem aus der heutigen Perspektive. Lange war es auch das wichtigste Argument der Sozialdemokraten gewesen. Es fiel jedoch plötzlich unter den Tisch, als wahrscheinlicher wurde, daß auch die Opposition diese günstige Situation nutzen könnte und indirekte Wahlen immer weniger konsensfähig schienen. Daß sich die Zahl der Minderheitenregierungen erhöht hat, ist eine der auffälligsten Veränderungen im verfassungspolitischen Lauf der Dinge seit der Verfassungsreform. Das Verhalten der politischen Akteure in den Entscheidungsprozessen zur Verfassungsreform läßt darauf schließen, daß sie kurzfristigen machtstrategischen Parteiinteressen offenbar eine höhere Priorität einräumten als längerfristig ausgelegten Sachargumenten oder gar demokratietheoretischen Überlegungen, wenn es darum ging, die Weichen für die zukünftige Regierungsbildung zu stellen und den eigenen politischen Einfluß maximal zu stärken. Die Minderheitenregierung war dabei einfach die Form der Regierungsbildung, die allen Parteien ein Mehr an politischen Mitsprachemöglichkeiten sichern würde [von Sydow 1989: 316]. In dieser Hinsicht war die Entscheidung für das Einkammersystem eine für den „kleinsten gemeinsamen Nenner" und damit ein besonders gutes Beispiel für ein Zweikammersystem, dessen Weitsicht nicht besonders weit reicht, und dessen Kompromisse machtstrategischer Art sind.

VII. Auswahlbibliographie

Andersson, Leif, 1966: En eller två kamrar?, in: **Back**, Pär-Erik: Modern Demokrati. Problem och debattfrågor, Lund, S. 85-108.

Bergman, Torbjörn, 1994: Der Verfassungskompromiß von Torekov, in: **Pappi**, Franz Urban/**Schmitt**, Hermann (Hrsg.), Parteien, Parlamente und Wahlen in Skandinavien, Frankfurt a.M./New York.

Elder, N.C.M., 1975: The Scandinavian States, in: **Finer**, S.E. (Hrsg.), Adversary Politics and Electoral Reform, London.

Esaiasson, Peter, 1990: Svenska valkampanjer 1866-1988, Stockholm.

Franke, Lutz, 1969: Schweden, in: **Sternberger**, Dolf/**Vogel**, Bernhard (Hrsg.), Die Wahl der Parlamente und anderer Staatsorgane. Ein Handbuch. Bd.I: Europa. Zweiter Halbband, Berlin.

Hadenius, Stig, 1994: Riksdagen. En svensk historia, Stockholm.

Holmberg, Sören/**Esaiasson**, Peter, 1993: Power in the Swedish Parliament, Scandinavian Political Studies 16, S. 227-250.

Lewin, Leif, 1988: Ideology and Strategy: A Century of Swedish Politics, Cambridge.

Lewin, Leif, 1998: „Bråka inte!"- Om vår tids demokratisyn. Stockholm.

Nyman, Olle, 1954: Förstakammarproblemet, in: Statsvetenskaplig Tidskrift, 37, S. 129-180.

Petersson, Olof, 1989: Die politischen Systeme Nordeuropas. Eine Einführung, Baden-Baden.

Schüttemeyer, Suzanne/**Sturm**, Roland, 1995: Wozu Zweite Kammern? Zur Repräsentation und Funktionalität Zweiter Kammern in westlichen Demokratien, in: Zeitschrift für Parlamentsfragen 23, S. 517-536.

SOU 16, 1993 (Statens Offentliga Utredningar): **Lindbeck**, Assar, 1993: Nya villkor för ekonomi och politik, Stockholm.

Stjernquist, Nils, 1996: Tvåkammartiden: Sveriges Riksdag 1867-1970, Stockholm.

Sydow, Björn von, 1991: Sweden`s Road to a unicameral parliament, in: **Olson**, David M./**Longley**, Lawrence (Hrsg.), Two into one. The politics and processes of legislative cameral change, Boulder.

Sydow, Björn von, 1989: Vägen till enkammarriksdagen, Stockholm.

Wentz, N.O., 1976: Den partiella författningsreformen, in: Statsvetenskaplig tidskrift 79, S.12-18.

Wheare, K.C., 1968: Legislatures. 2. Aufl., London.

Åberg, Carl Johan, 1994: Beslutsfattande och långsiktighet, in: **Bergström**, Hans (Hrsg.), Makten över framtiden. Tolv inlägg om långsiktiga politiska beslut, Stockholm, S. 139-141.

André Kaiser

Die Zweite Kammer in Neuseeland.
Funktionsprobleme, Auflösung und Folgewirkungen

I.   Einleitung

Neuseelands Parlament besteht heute aus einer Kammer, dem *House of Representatives*. Dies ist an sich nicht weiter verwunderlich. Denn die Existenz einer zweiten Kammer korreliert, wie Arend Lijphart für die etablierten Demokratien gezeigt hat, mit Bevölkerungszahl, Größe eines Landes sowie unitarischer oder föderaler Staatsorganisation [Lijphart 1984: 91-94]. Allerdings verfügte das Land in den Jahren 1852 bis 1950, also für beinahe 100 Jahre, über eine Zweite Kammer, den *Legislative Council*, wie es auch in den ersten 24 Jahren mit der Einrichtung von sechs *Provincial Councils* zunächst den Weg zu einer Föderalisierung des politischen Systems eingeschlagen hatte [Belich 1996: 437-446]. Ähnlich wie schon bei der Abschaffung dieser regionalen Parlamente im Jahr 1876 war jedoch die Entscheidung, den *Legislative Council* aufzulösen, keineswegs nur von prinzipiellen verfassungspolitischen Überlegungen geleitet, sondern auch Folge äußerst pragmatischer, ja taktischer Motive der Regierung. Was also von heute aus betrachtet als institutionelle Normalität erscheint, erweist sich bei näherer Betrachtung als Ergebnis einer Mischung von immer offenkundiger werdenden Funktionsproblemen des *Legislative Council*, die zu Reformdiskussionen Anlaß gaben, und kurzfristigen Machtkalkülen der Regierungs-partei. Die Entscheidung von 1950 war weder eine klare Absage an das Bikameralismus-prinzip noch Startpunkt einer grundsätzlichen Reformdiskussion. Sie führte aber dazu, daß in den wellenartig auftretenden Verfassungsdiskussionen die Frage einer Zweiten Kammer bis heute immer wieder auf die Tagesordnung kommt: „The ghost of bicameralism has never been wholly exorcised." [Jackson 1994: 339] Keith Jackson, der Chronist des *Legislative Council* und führende neuseeländische Parlamentsforscher bezeichnet daher die mit der Auflösung entstandene Situation als „a truncated bicameral system, for no one knew whether the new arrangements were to be temporary or permanent" [Jackson 1972: 198].

II.   Verfassungsgeschichtliche Entwicklung

Der vom Westminster-Parlament 1852 erlassene *New Zealand Constitution Act* sah für die neu zu schaffenden Strukturen der Kolonie eine den lokalen Verhältnissen angepaßte Replikation des britischen Regierungssystems vor. An der Spitze stand der *Governor* (ab 1917 *Governor-General*), der Vertreter des Monarchen. Dieser ernannte zwar den Regierungschef, doch bereits ab 1856 war das nur noch eine Bestätigung des Willens der Mehrheit der in das *House of Representatives* gewählten Abgeordneten. Schon zu diesem frühen Zeitpunkt war in Neuseeland das Prinzip der Repräsentativregierung, die dem Parlament gegenüber verantwortlich ist, weitgehend verwirklicht. Das Parlament selbst war bikameral strukturiert. Die Zweite Kammer, der *Legislative Council* bestand allerdings anders als das *House of Lords* in Ermangelung eines lokalen Erbadels aus vom *Governor* ernannten Persönlichkeiten des öffentlichen Lebens. Eine zumindest potentielle Föderalisierung des Landes mit Hilfe von sechs *Provincial Councils*, die zunächst der schlichten Tatsache entsprang, das die Kommunikation und die Transportwege zwischen den verstreuten Siedlungskernen noch sehr mühselig war, wurde vor allem wegen finanzieller Probleme einiger Provinzregierungen bereits 1876 wieder abgebrochen.

Das so entstandene Institutionenarrangement war mithin eine typische Konstruktion des britischen Kolonialministeriums. Allerdings gibt es Belege dafür, daß Kolonialminister Earl Grey in bezug auf die Zweite Kammer Zweifel hegte, ob eine Orientierung am *House of Lords* sinnvoll sei. In einem internen Schreiben an den ersten *Governor* von Neuseeland, Sir

George Grey, verwies er auf den – indirekt gewählten – amerikanischen Senat als mögliches Modell für Neuseeland [Jackson 1991: 46-47]. Ein Regierungswechsel in Großbritannien beendete dann solche Überlegungen. Mit der Ausbildung eines stabilen, nationalen Parteiensystems um die Jahrhundertwende veränderte der *Legislative Council* seinen Charakter. Hatten die Regierungen bis dahin in der Tat nach Persönlichkeiten des öffentlichen Lebens gesucht, wenn ein neuer Councillor zu ernennen war, so bildete die Zweite Kammer von nun an im wesentlichen eine wichtige Patronageressource. Politiker, denen aus welchen Gründen auch immer die Eroberung eines Wahlkreismandats für das *House of Representatives* nicht gelungen war oder die mit einem finanziell abgesicherten Ruhestand abgefunden werden sollten, wurden nun der Einfachheit halber zu *Councillors* ernannt.

Die ursprünglichen Zweifel Earl Greys, ob eine vollständig ernannte Zweite Kammer als Quasi-*House of Lords* in Neuseeland dauerhaft akzeptiert werden würde, erwiesen sich schon bald als sehr begründet. Erste Reformüberlegungen lassen sich für die 1870er, Forderungen nach einer gänzlichen Abschaffung der Zweiten Kammer für die 1890er Jahre nachweisen. Aber all diese Pläne entsprangen dem in Neuseeland äußerst engen Kreis der politischen Elite und der politischen Journalisten. In der Öffentlichkeit verzeichneten sie keine Resonanz. Im Jahr 1911 schließlich bestand zwischen den Parteien Konsens darüber, daß der Status quo auf Dauer inakzeptabel sei. Die *Liberal Party* und die *Reform Party* traten für eine Reform, die zu dieser Zeit schnell erstarkende *Labour Party* für eine Abschaffung des *Legislative Council* ein. Nach mehreren Anläufen, die entweder bereits in der Regierungsfraktion der Reform Party oder am Veto des *Legislative Council* selbst gescheitert waren, war 1914 ein von Sir Francis Bell, Mitglied des *Legislative Council* und Minister in der von der *Reform Party* getragenen Regierung Massey, eingebrachter Gesetzentwurf endlich erfolgreich. Die Zweite Kammer sollte fortan aus 40 Mitgliedern bestehen, die über das zu dieser Zeit in Ozeanien in Mode gekommene *Single Transferable Vote*-System in vier Wahlkreisen für sechs Jahre gewählt werden sollten. Dieser Kammer wurde bei *money bills* ein aufschiebendes Veto von einem Monat, bei allen anderen Gesetzentwürfen ein nur durch eine Mehrheitsentscheidung in einer gemeinsamen Sitzung beider Kammern aufzuhebendes einfaches Veto zuerkannt. Doch zu einer Inkraftsetzung des Gesetzes kam es dann doch nicht [Jackson 1972: 166-176; Palmer 1987: 233]. Ausschlaggebend dafür waren einmal interne Zweifel im Kabinett, zum anderen aber auch anderslautende Reformpläne der 1915 in das Kriegskabinett eingetretenen *Liberal Party*. Dieser Zustand, daß ein bereits vom Parlament verabschiedetes Gesetz der Regierung zur jederzeitigen Weiterleitung an den Governor zur Unterzeichnung vorlag, sollte sich die Zweite Kammer irgendwie als widerspenstig erweisen, hielt bis zur Auflösung des *Legislative Council* im Jahr 1950 an.

Neue Reformdiskussionen waren erst wieder in den 1940er Jahren zu verzeichnen. Inzwischen hatte sich das Parteiensystem auf den bipolaren Wettbewerb zwischen der *Labour Party* und der 1935 aus der *Liberal Party* und der *Reform Party* hervorgegangenen *National Party* verfestigt. Labour regierte infolge der in Neuseeland besonders harten Auswirkungen der Weltwirtschaftskrise unangefochten bis 1949. Aus der Sicht der *National Party* hatte sich der *Legislative Council* in dieser Zeit zu einem „nominated fiefdom of Labour" [Templeton[1] 1997] entwickelt. Damit hatte er in der ansonsten in Verfassungsangelegenheiten strikt konservativ orientierten Partei deutlich an Ansehen verloren. Auf Parteitagen wurde daher ab 1941 über Auflösung oder Reform der Zweiten Kammer nachgedacht. Der Oppositionsführer und ab 1949 amtierende Premierminister der *National Party*, Sidney Holland, allerdings

---

[1] Hugh Templeton, Ministerialbeamter 1954 bis 1969, Abgeordneter für die *National Party* 1969 bis 1972 und 1975 bis 1984, 1972 bis 1975 Fraktionsgeschäftsführer der *National Party*, 1975 bis 1984 Kabinettsminister in der Regierung Muldoon. Interview in Wellington, 16. September 1997. Die Forschungen für diesen Beitrag wurden von der Fritz Thyssen-Stiftung unterstützt.

optierte pragmatisch für die Abschaffung der zweiten Kammer. Kurzzeitig erwog er ein Referendum zu dieser Frage. Unter Hinweis auf das Scheitern dieses Wegs in Queensland, wo eine Australian *Labor Party*-Regierung schließlich 1921 per Mehrheitsbeschluß die Zweite Kammer auflöste, entschied er sich dann aber für die Aufnahme dieser Forderung in das Wahlprogramm, um nach einem Wahlsieg auf ein damit vom Wähler übertragenes Mandat verweisen zu können. Im Wahlprogramm der *National Party* von 1949 hieß es entsprechend: „The Legislative Council as at present constituted has failed in its purpose as a revisory Chamber and should be abolished. As the Government, the National Party will examine the possible alternatives to provide for some form of safeguard against hasty, unwise or ill-considered legislation." [Harris/Levine 1994: 149] Diese Formel versprach denjenigen in der *National Party*, die eine gewählte Zweite Kammer anstrebten, daß die neue Regierung eine solche Option prüfen würde, gab der Holland-Regierung aber zunächst einmal freie Hand bei der Auflösung des *Legislative Council*. Zu diesem Zweck ließ Holland den *Governor* 25 neue *Councillors* ernennen, deren einzige Aufgabe als sogenannte „suicide squad" es war sicherzustellen, daß sich die Zweite Kammer diesem Plan nicht widersetzte. Mit 26 zu 16 Stimmen machte der *Legislative Council* 1950 schließlich den Weg für seine Selbstauflösung frei [Jackson 1991: 58]. Das Repräsentantenhaus hatte dem Gesetzentwurf zuvor ohne größere Debatte auf Zuruf zugestimmt, die Öffentlichkeit hatte von dieser grundsätzlichen verfassungspolitischen Revision fast keine Notiz genommen [Stockley 1986: 377].

Warum erfolgte die Auflösung zu diesem Zeitpunkt? Zwar kann durchaus darauf verwiesen werden, daß der *Legislative Council* bereits seit geraumer Zeit keine wirkliche Funktion mehr im Gesetzgebungsprozeß erfüllt hatte. Premierminister Holland konnte so durchaus mit Recht in der Parlamentsdebatte ausführen: „The Council as at present constituted, is a costly farce. It no longer initiates legislation. It no longer revises legislation. None of us can say that the Council has amended legislation in our time." [New Zealand Parliamentary Debates 1950: 289, 540] Was hier als grundsätzliche Erwägung formuliert wird, hatte allerdings eine ganz andere, vorwiegend taktisch motivierte Vorgeschichte. Holland war es in seiner Zeit als Oppositionsführer vor allem darum gegangen, die seit 1946 nur mit einer knappen Mehrheit im *House of Representatives* ausgestattete *Labour*-Regierung dadurch zu destabilisieren, daß er mit der Abschaffung der Zweiten Kammer eine Forderung erhob, die von einer kleinen, radikalen Minderheit in der *Labour*-Fraktion geteilt wurde. Die verfassungsrechtliche Voraussetzung für die eigenständige Auflösung der Zweiten Kammer durch das neuseeländische Parlament war von der *Labour*-Regierung mit der 1947 erfolgten Ratifizierung des Westminster-Statuts von 1931 geschaffen worden - dies allerdings unter ganz anderen Vorzeichen. Der *Labour*-Regierung war es darum gegangen, nach erfolgreich bestandenem Zweiten Weltkrieg auch verfassungsrechtlich die Eigenständigkeit des Landes zu dokumentieren. Wichtig für die Bereitschaft jedenfalls der *National*-Fraktion war darüber hinaus ein von der Vorgängerregierung ebenfalls 1947 verabschiedetes Pensionsgesetz für ehemalige Abgeordnete. Auf dieser Grundlage war der *Legislative Council* nun nicht mehr als Versorgungseinrichtung für Abgeordnete im Ruhestand erforderlich [Jackson 1991: 56]. Im ganzen erweist sich die Abschaffung des *Legislative Council* so als ein besonders eindrucksvolles Beispiel für den in Zweiparteiensystemen angelegten adversativen Parteienwettbewerb, der mitunter Opportunitätsgesichtspunkten den Vorzug vor prinzipiellen Erwägungen einräumt. Die *Labour Party*, traditionell unikameralistisch orientiert und das Prinzip der majoritären „ballot-box democracy" vertretend, trat in der Auflösungsdebatte als „staunch defender" der Zweiten Kammer auf, während die sonst verfassungspolitisch konservative National Party die Gegenposition einnahm [Jackson 1972: 183]. Was verschiedentlich als erster wichtiger Fall der verfassungspolitischen Entscheidung für den Unikameralismus in kleinen parlamentarischen Demokratien interpretiert wird, erweist sich bei näherem Hinsehen als Folge einer Reihe von parteipolitisch motivierten Kalkülen. Anders als in Dänemark 1953 und in Schweden 1971 war der Übergang zum Unikameralismus weder

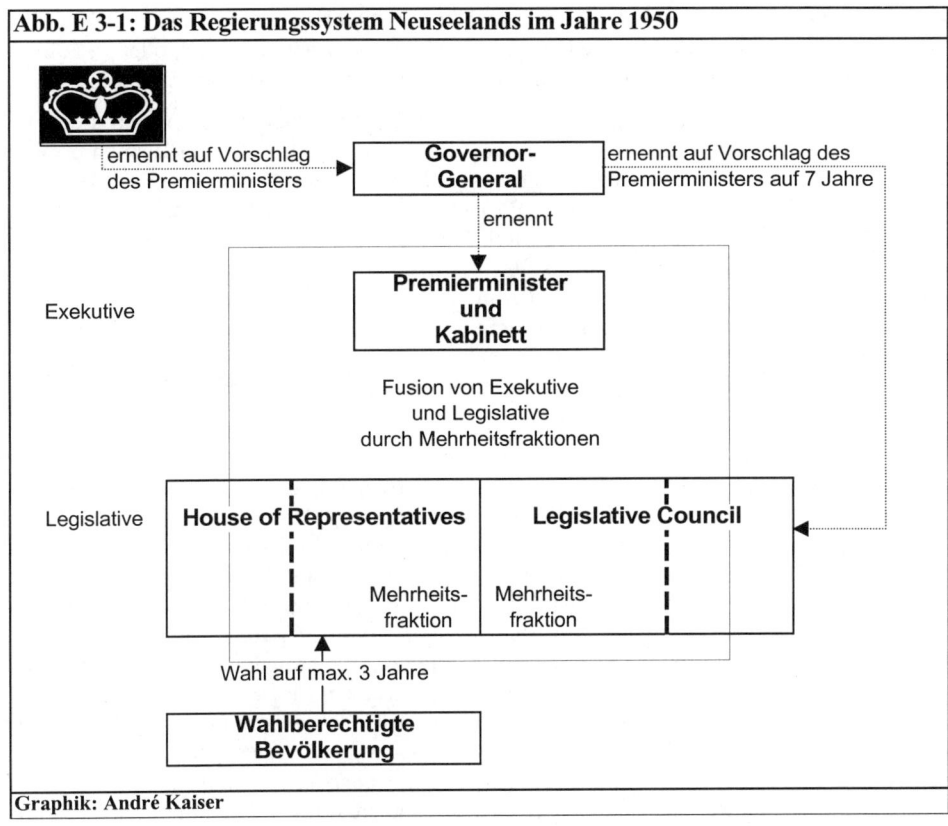

Abb. E 3-1: Das Regierungssystem Neuseelands im Jahre 1950

ernennt auf Vorschlag
des Premierministers

**Governor-
General**

ernennt auf Vorschlag des
Premierministers auf 7 Jahre

ernennt

**Premierminister
und
Kabinett**

Exekutive

Fusion von Exekutive
und Legislative
durch Mehrheitsfraktionen

Legislative

House of Representatives

Legislative Council

Mehrheits-
fraktion

Mehrheits-
fraktion

Wahl auf max. 3 Jahre

**Wahlberechtigte
Bevölkerung**

Graphik: André Kaiser

Ergebnis einer umfassenden verfassungspolitischen Debatte noch getragen von einem ausgehandelten Kompromiß zwischen den wichtigsten politischen Kräften. „People like Holland were practical people, businessmen, farmers, not really interested in constitutional reform." [Templeton 1997]

III.   Zusammensetzung

Die Mitglieder des *Legislative Council* wurden vom *Governor-General*, dem Stellvertreter des britischen Monarchen, ernannt. Mit der Durchsetzung des Prinzips der dem Parlament gegenüber verantwortlichen Repräsentativregierung ging diese Ernennungskompetenz faktisch auf den Premierminister über. War das Rekrutierungsfeld ursprünglich auf Persönlichkeiten des öffentlichen Lebens bezogen, die, um eine berühmt gewordene Charakterisierung der Mitglieder des britischen Oberhauses zu übertragen, niemanden repräsentierten als sich selbst, so führte die Etablierung eines stabilen Zweiparteiensystems dazu, daß die Zweite Kammer vor allem Patronagezwecken diente. Das ursprüngliche Ziel, eine Art lokaler Aristokratie herauszubilden, scheiterte völlig.[2] Bereits in den 1870er Jahren ist ein Trend zur Ernennung von Parteipolitikern feststellbar, die entweder kein Mandat im Repräsentantenhaus erreicht hatten oder eine Alterssicherung benötigten. Entsprechend hoch war quasi von Beginn an die Fluktuationsrate [Jackson 1991: 48]. Daß die Mitglieder des *Legislative Council* in der Öffentlichkeit nicht gerade über großen Respekt verfügten, ist

---

[2] Ein wesentlicher Grund hierfür ist wohl auch in der ausgeprägt egalitaristischen politischen Kultur der neuseeländischen Siedlergesellschaft zu suchen.

somit nicht weiter verwunderlich. Zeitgenössische Charakterisierungen lauteten daher „a club or lounge of large runholders, retired military men, and **nouveaux riches**" oder „a collection of political old fogies and rich respectable nobodies" [zit. nach McLintock/Wood 1987: 40].

Bis zu einer Gesetzesänderung im Jahr 1891 erfolgte die Ernennung auf Lebenszeit. Wegen der Verwendung der zweiten Kammer als Ausweichstation für bei Wahlen erfolglose Kandidaten führte dies aber nicht zu der eigentlich angestrebten personellen Kontinuität. Nach 1891 erfolgte die Ernennung dann für sieben Jahre mit Wiederernennungsmöglichkeit. Die Zahl der Mitglieder war dabei nie fixiert. Faktisch oblag es der jeweiligen Regierung, so viele Mitglieder zu ernennen, wie sie es für richtig hielt. Verfügte eine Regierung nach einem Regierungswechsel in der Zweiten Kammer nicht über die Mehrheit, konnte sie dies durch ein „swamping", die Ernennung einer größeren Anzahl von *Councillors* auf einen Schlag, korrigieren. Im Parlamentsjahr 1885/86 erreichte der Legislative Council mit 53 Mitgliedern seinen Höchststand, in den 1940er Jahren kurz vor der Auflösung stand die Mitgliederzahl bei rund 40 [Jackson 1991: 58].

Kurz vor seinem Ende diente der *Legislative Council* in zwei Hinsichten als Möglichkeit, spezifische, vom politischen System ansonsten nicht ausreichend gewährleistete Repräsentationsaufgaben zu erfüllen; in beiden Fällen ging dazu die Initiative von *Labour*-Regierungen aus. Nachdem mit einer Gesetzesänderung ab 1941 Frauen als *Councillors* ernennbar waren, wurden zwei Frauen, Mary Anderson und Mary Dryer, berufen.[3] Ein anders geartetes Repräsentationsproblem löste die *Labour*-Regierung 1942 mit der Berufung des Vorsitzenden des Gewerkschaftsdachverbandes *Federation of Labour*, Angus McLagan, in den *Legislative Council*. Im Rahmen der Umstellung der neuseeländischen Wirtschaft auf die Kriegsbelange war ihr daran gelegen, den Arbeitskräfteeinsatz McLagan als Minister im Kriegskabinett zu übertragen, um die radikalen Gewerkschaften einbinden zu können. Da für McLagan kurzfristig kein Wahlkreismandat verfügbar war, wurde er zum *Councillor* ernannt [Jackson 1972: 134]. Beide Initiativen hätten dem *Legislative Council* für die Zukunft wichtige ergänzende Repräsentationsaufgaben übertragen können, doch die kurze Zeit später erfolgte Abschaffung beendete solche Experimente abrupt.

IV. Arbeitsweise

Der *New Zealand Constitution Act* von 1852 hatte hinsichtlich der Arbeitsweise und der Organisationsstruktur des *Legislative Council* keinerlei Festlegungen getroffen. Man orientierte sich, wo immer dies möglich war, an der Praxis des *House of Lords*. Anders als das im Zuge der Etablierung eines Zweiparteiensystems von der jeweiligen Regierung vollständig dominierte und kontrollierte *House of Representatives* konnte Neuseelands Zweite Kammer zumindest im Hinblick auf die internen Angelegenheiten einen Rest an Eigenständigkeit behaupten. So richtete der *Legislative Council* zum Beispiel für die Dauer des Parlamentsjahrs ein *Standing Orders Committee* ein, das regelmäßig die Angemessenheit der Geschäfts-ordnungsregeln prüfen und dem Plenum gegebenenfalls Änderungsvorschläge unterbreiten konnte [McRae 1994: 52]. Für das Repräsentantenhaus (und anders als in vergleichbaren Westminster-Demokratien) gilt dagegen bis heute, daß das *Standing Orders Committee* nur ad hoc eingerichtet wird, was faktisch darauf hinausläuft, daß die Regierungsmehrheit darüber befindet, wann und welche Aspekte der Geschäftsordnung diskutiert werden können.

---

[3] Dies sollte unter anderem als Ausgleich für die notorische Unterrepräsentation von Frauen im *House of Representatives* dienen. Obwohl ab 1919 Frauen das passive Wahlrecht besaßen, gelang erst 1933 einer Frau der Gewinn eines Wahlkreismandats und damit der Einzug in das Repräsentantenhaus. 1949, zur Zeit der Auflösung des *Legislative Council*, saßen im Repräsentantenhaus ebensoviele Frauen in der Ersten Kammer wie in der Zweiten, nämlich jeweils zwei!

V. Aufgaben

Der *Legislative Council* konnte seine am britischen *House of Lords* des 19. Jahrhunderts orientierten, formal sehr weitreichenden Kompetenzen faktisch nie wirklich in Anspruch nehmen. Formal repräsentierte er niemanden, real wurde er zu einer Patronageressource der jeweiligen Regierungspartei umfunktioniert. In der Öffentlichkeit wurde seine Arbeit nicht zur Kenntnis genommen. Die prekäre Legitimationsbasis als nichtgewählte Kammer, die zunehmende parteipolitische Durchdringung und die hohe personelle Fluktuation führten dazu, daß sich die *Councillors* immer häufiger auf eine Pro-forma-Erfüllung ihrer Aufgaben zurückzogen. Während also das ursprüngliche Modell, das britische *House of Lords*, mit den *Parliament Acts* von 1911 und 1949 eine Reduzierung seiner Kompetenzen auf die potentielle Verzögerung des Gesetzgebungstempos hinnehmen mußte, dafür aber trotz zahlreicher Anachronismen bis in unsere Zeit überlebt hat, behielt die Kopie, der neuseeländische *Legislative Council*, seine ursprünglichen, formal uneingeschränkten Kompetenzen, die er allerdings im Prozeß der Massendemokratisierung und Parteipolitisierung nicht mehr legitim einsetzen konnte, so daß er am Ende als untaugliche Institution einfach aufgelöst werden konnte.

Bezüglich der Gesetzgebungsfunktion kann deutlich zwischen zwei Phasen unterschieden werden. Wurden im Zeitraum zwischen 1854[4] und 1890 noch bei rund 50 Prozent aller vom *House of Representatives* überwiesenen Gesetzentwürfe Änderungen beschlossen, so sank dieser Anteil in der Zeit zwischen 1891 und 1950 auf 26 Prozent. Bei der Interpretation dieser Daten muß allerdings berücksichtigt werden, daß der Großteil der Änderungen von der Regierung selbst im *Legislative Council* eingebracht wurde, um Detailverbesserungen oder Klarstellungen vornehmen zu können. Ähnliches kann für Gesetzesinitiativen gesagt werden. Der Großteil der vom *Legislative Council* vorgelegten Gesetzentwürfe stammt faktisch von der Regierung, die auf diese Weise kostbare Beratungszeit im Repräsentantenhaus einsparen wollte. Der heute verschiedentlich im britischen *House of Lords* vorgebrachte Vorwurf, es werde von der Regierung als „legislative sausage-machine" mißbraucht, kann daher auch für die neuseeländische Zweite Kammer gelten. In der ersten Hälfte seiner Lebenszeit machte der *Legislative Council* noch gelegentlich von seinem Vetorecht Gebrauch, in der zweiten Hälfte nahm auch diese Aktivität drastisch ab. Mit der vollständigen Dominanz des parteipolitischen Prinzips auch in der Zweiten Kammer war diese schließlich „little more than an echo of the elected lower house" [Wood 1983: 334]. Erste Ansätze der Nutzung des *Legislative Council* zur Rekrutierung von politischem Personal, das im Repräsentantenhaus nicht ausreichend zur Verfügung stand, darauf wurde schon hingewiesen, zeigten sich erst in den vierziger Jahren. Das war viel zu spät, um der Zweiten Kammer doch noch eine alternative Legitimation zu verschaffen. Eine andere Möglichkeit wäre die konsequente Verfolgung der Rolle einer Kammer der parteipolitisch unabhängigen Expertise gewesen. Doch die Logik des Parteienwettbewerbs und die ausgeprägt egalitaristische politische Kultur des Landes standen der Entwicklung einer solchen *sanior pars*-Konzeption im Wege.

---

[4] Beide durch den *New Zealand Constitution Act* von 1852 eingesetzten Kammern des Parlaments trafen sich 1854 zu konstituierenden Sitzungen.

VI. Reformdiskussion

Es wurde bereits darauf hingewiesen, daß die Abschaffung des *Legislative Council* mit einem bemerkenswert geringen Interesse an den sich daraus ergebenden verfassungspolitischen Implikationen einherging. Eine umfassende Diskussion der Reformalternativen fand schlicht nicht statt, weil der Regierung Holland 1950 daran nicht gelegen war. Formal war die Entscheidung von 1950 nicht einmal eine klare Festlegung auf eine unikamerale Parlamentsstruktur, sondern die bloße Suspendierung der Zweiten Kammer und das Offenhalten aller Optionen für die Zukunft. „New Zealand did not even use the **occasion** of abolition as an opportunity for a reassessment of the working of its machinery of government" [Jackson 1972: viii]. Paradoxerweise führte dieser Vorgang aber langfristig zu einem wellenartig aufflackernden Interesse an einer reformierten Zweiten Kammer. Alle diese Anläufe waren durch ein gemeinsames Motiv gespeist. Mit der Auflösung des *Legislative Council*, der letzten jedenfalls theoretisch verfügbaren machtbegrenzenden Institution gegen die gewählte Regierung in einem Land ohne kodifizierte[5] Verfassung, hatte sich eine Situation ergeben, die Verfassungsreformern Anlaß zur Sorge gab. Was in den siebziger Jahren unter dem Stichwort „elective dictatorship" in Großbritannien diskutiert wurde, die unumschränkte Handlungsfreiheit einer einmal ins Amt gewählten Regierung, war in Neuseeland Realität geworden. Konkrete Überlegungen zur Neueinrichtung einer Zweiten Kammer sind bis heute folgenlos geblieben, aber eine Reihe von anderen institutionellen Neuerungen können in diesem Licht als funktionale Äquivalente für die verlorengegangenen machtbegrenzenden Kompetenzen des *Legislative Council* interpretiert werden. Zu unterscheiden sind dabei zwei intensive Phasen der verfassungspolitischen Debatte. In den fünfziger und sechziger Jahren ging die Initiative von Politikern der *National Party* aus, die zwar den Beschluß der Regierung Holland, den *Legislative Council* aufzulösen, mitgetragen hatten, es bei der bloßen Suspendierung aber nicht belassen wollten, sondern an einer reformierten Kammer interessiert waren. In den achtziger Jahren bot die ursprünglich von der *Labour Party* angeregte Diskussion um eine – dann 1993 tatsächlich per Volksabstimmung vollzogene – Reform des Wahlsystems Anlaß, andere institutionelle Reformoptionen mitzubedenken.

1. Die fünfziger und sechziger Jahre

Ausgangspunkt der Reformüberlegungen in der ersten Phase war ein Zugeständnis Premierminister Hollands an seine innerparteilichen Kritiker, die einer schlichten Abschaffung der Zweiten Kammer Skepsis entgegengebracht hatten. Noch vor Auflösung des *Legislative Council* war auf deren Drängen ein *Joint Constitutional Reform Committee* beider Häuser eingerichtet worden, das die Optionen prüfen sollte. Der Ausschuß rekonstituierte sich nach Abschaffung der Zweiten Kammer als *House Constitutional Reform Committee*. Die *Labour Party* entschied sich gegen eine Beteiligung, weil sie mit der geschaffenen unikameralen Situation zufrieden war. Der Ausschuß entwickelte sich unter dem Vorsitz des *National Party*-Abgeordneten Robert Algie daher in der Folge als Bastion der Verfassungsreformer in der *National Party*-Fraktion gegen die eigene Regierung. Im 1952 dem Plenum vorgelegten Abschlußbericht schlug das *Constitutional Reform Committee* einstimmig die Einrichtung eines Senats vor, der aus 32 von den Parteiführern proportional nach den Fraktionsstärken im *House of Representatives* für eine Legislaturperiode ernannten

---

[5] Der *New Zealand Constitution Act* von 1852 konnte bis zur Ratifizierung des Westminster-Statuts 1947 vom britischen Parlament auf Antrag der neuseeländischen Regierung jederzeit mit einfacher Mehrheit geändert werden. Danach ging diese Kompetenz, mit der gleichen Änderungsregel, an das neuseeländische Parlament selbst über. Auch der *Constitution Act* von 1986, der das Kolonialdokument von 1852 endgültig abgelöst hat, kann nicht als kodifizierte Verfassung gelten, weil auch dessen Bestimmungen wie bei jedem Gesetz mit einfacher Mehrheit geändert werden können.

Mitgliedern bestehen sollte. Diese Zweite Kammer sollte das Initiativrecht besitzen und bei allen Gesetzen ein suspensives Veto von zwei Monaten einlegen können, um die Regierung und die Erste Kammer zu nochmaligem Nachdenken zu zwingen. Dieser Vorschlag wurde vom *House of Representatives* formal angenommen und an die Regierung zur weiteren Beratung verwiesen. Die Regierung lehnte eine Befassung jedoch ab. Der Grund für dieses Vorgehen ist ebenfalls in innerparteilichen Debatten in der *National Party* zu suchen. Ein Parteitag hatte sich nämlich mittlerweile gegen eine bikamerale Lösung und stattdessen für eine *Bill of Rights* und eine kodifizierte Verfassung ausgesprochen.

Die Nichtbefassung führte dazu, daß sich in den fünfziger Jahren einige an Verfassungsfragen interessierte Gruppen wie die *Second Chamber League* und die *Legislature Reform League* bildeten, die nun über die Öffentlichkeit Druck auf die Regierung auszuüben versuchten. Vorsitzender der wichtigsten dieser Gruppen, der *Constitutional Society*, war derselbe Robert Algie, der uns schon als Parlamentsausschußvorsitzender begegnet ist. In den frühen sechziger Jahren erreichte diese vorwiegend von Mitgliedern der *National Party* getragene Gruppe ihren Bedeutungshöhepunkt. Im Rahmen eines als Petition an das *House of Representatives* gerichteten Verfassungsentwurfs schlug sie die Einrichtung eines Senats mit 36 Mitgliedern vor, von denen 16 vom *Governor-General* auf Vorschlag für drei Jahre ernannt und 20 in vier Wahlkreisen auf der Grundlage eines *Single Transferable Vote*-Systems für sechs Jahre gewählt werden sollten. Dem Senat sollten außer bei *money bills* gleiche Kompetenzen wie der Ersten Kammer zugestanden werden, bei Nichteinigung sollte eine gemeinsame Abstimmung beider Häuser in der darauffolgenden Sitzungsperiode mit einfacher Mehrheit entscheiden [Constitutional Society 1961: 10]. Dieser Versuch wie auch ein weiterer Anlauf im Jahr 1963 [Constitutional Society 1964a; 1964b], bei dem als Wahlmodus auf das traditionelle relative Mehrheitswahlsystem zurückgegriffen wurde, blieben erfolglos. War die Petition von 1961 noch von der Parlamentsmehrheit brüsk zurückgewiesen worden, so fand im zweiten Fall wenigstens eine Anhörung statt, bei der der zuständige Ausschuß allerdings alle Argumente der Anhänger einer Zweiten Kammer ablehnte. Für einen Senat gebe es keinen sachlichen Bedarf, die Öffentlichkeit zeige dafür kein Interesse, und die vorgeschlagene Lösung führe nur zu einer parteipolitischen Doppelung der Verhältnisse im *House of Representatives* [Constitutional Society 1964b].

Die *Constitutional Society* gab schließlich Ende der sechziger auf. Immerhin aber kann verzeichnet werden, daß diese Aktivitäten ein beträchtliches Unbehagen in der *National Party* an der entstandenen verfassungspolitischen Situation widerspiegelten, so daß Parteigremien vereinzelt auch gegen den Willen des Parteiführers Mehrheitsbeschlüsse zugunsten von Verfassungsreformen faßten. 1959 etwa sprach sich der *Dominion Council* der *National Party* für die Wiedereinrichtung der Zweiten Kammer aus [Jackson 1972: 206]. Man wird auch nicht davon sprechen können, daß die Bemühungen insgesamt folgenlos geblieben seien. Die beständige Thematisierung der Verfassung führte nämlich zu einigen wichtigen Innovationen. Einige wichtige Wegmarken seien hier genannt: Im *Electoral Act* von 1956 wurde eine sogenannte „entrenchment"-Klausel eingefügt, die vorsah, daß Grundsätze des Wahlsystems nur mit einer Dreiviertelmehrheit im Parlament oder über eine Volksabstimmung geändert werden dürfen. Zwar war diese geschützte Klausel nicht selbst wieder vor einer Änderung mit einfacher Mehrheit geschützt, der Gesetzgeber damit rechtlich nicht wirklich gebunden, sie führte aber, wie spätere Änderungen des Wahlgesetzes gezeigt haben, zu einer moralischen Selbstbindung der parlamentarischen Mehrheit. 1993 schließlich wurde das Wahlsystem, orientiert am deutschen Modell der teilpersonalisierten Verhältniswahl, dann der „entrenchment"-Klausel entsprechend nach erfolgreichem Referendum vollständig reformiert. 1951 und 1962 wurden Parlamentsausschüsse zur Reform der Geschäftsordnung eingesetzt. Da sie aber jeweils von den „frontbenches" der Regierungs- und der Oppositionsseite dominiert wurden, verwundert es nicht, daß ihre Vorschläge nicht so sehr die Rolle des

Parlaments im Gesetzgebungsprozeß stärkte, um so unter anderem die weggefallene Beratungsphase der Zweiten Kammer zu kompensieren, sondern praktisch der Exekutiv-dominanz sogar noch zuarbeiteten. Die tatsächlich verabschiedeten Maßnahmen dienten einseitig der Steigerung der Effizienz im Gesetzgebungstempo. Geoffrey Palmer, Professor für Verfassungsrecht und in den achtziger Jahren Justizminister und schließlich Premierminister der *Labour*-Regierung, hat daher zu Recht den neuseeländischen Gesetzgebungsprozeß als das „fastest law of the West" [Palmer 1987: 139; zu den teilweise bizarren prozeduralen Handlungsmöglichkeiten der Regierungsmehrheit vgl. McRae 1994]. karikiert. Hinzuweisen ist schließlich auch auf die Einsetzung eines *Parliamentary Ombudsman* nach skandinavischem Vorbild im Jahr 1962. Da die Ernennungskompetenz faktisch bei der Regierungsmehrheit im *House of Representatives* liegt, änderte auch diese Reform nichts an der politischen Allmacht der Mehrheit.

2. Die aktuelle Reformdiskussion

Bis in die achtziger Jahre waren dann verfassungspolitische Themen fast vollständig von der Agenda verschwunden. Dies änderte sich erst mit der Erfahrung eines in der Tat alle Handlungsmöglichkeiten nutzenden „gewählten Diktators" mit Robert Muldoon als Premierminister einer *National Party*-Regierung in den Jahren 1975 bis 1984 [Templeton 1997]. Ausgangspunkt war dieses Mal eine von Geoffrey Palmer für die Wahlprogramme der *Labour Party* von 1981 und 1984 ausgearbeitete „Open Government Policy", in der unter anderem eine Überprüfung des Wahlsystems durch eine Expertenkommission angekündigt wurde. Die nach dem Wahlsieg der *Labour Party* eingerichtete *Royal Commission on the Electoral System* sprach sich dann für die weitgehende Übernahme des deutschen Wahlsystems aus, lehnte aber eine Zweite Kammer ab, wie sie von einer Reihe von Personen und Gruppen bei Anhörungen erneut in das Gespräch gebracht wurde. Die *Royal Commission* begründete ihre Position einerseits mit dem Hinweis, daß Zweite Kammern mit den Grundsätzen einer parlamentarischen Demokratie in Spannung stünden, andererseits mit dem Verweis auf effektivere funktionale Äquivalente. In einer unitarischen parlamentarischen Demokratie sei das Dilemma „of either having an elected chamber which is too powerful or a nominated chamber which is too weak" [Report of the Royal Commission on the Electoral System 1986: 282] institutionell nicht auflösbar. Etwaige positive Effekte wie eine umfassendere Revision der Gesetzgebung, die Repräsentation von in der Ersten Kammer kaum vertretenen Gruppen wie Frauen oder ethnische Minderheiten oder die Begrenzung des Handlungsspielraums der Regierung seien durch andere Institutionen wie ein Verhältniswahlsystem, ein effektiveres Ausschußsystem im *House of Representatives*, die Stärkung der Kompetenzen von Ombudsman und *Human Rights Commission* besser zu gewährleisten. Dieser Argumentation wurde sofort entgegengehalten, daß die Einführung eines Verhältniswahlsystems viel zu umstritten sei und daher eine bikamerale Lösung leichter erreicht werden könne. R.J. O'Connor [1988: 7] schlug in Anlehnung an das Reformgesetz von 1914 zum Beispiel einen über Verhältniswahl gewählten Senat vor, der mit einem suspensiven Veto ausgestattet werden solle, in Konfliktfällen aber hinter dem Willen des *House of Representatives* zurückstehen müsse, um das in der Westminster-Demokratie zentrale Prinzip der Verantwortlichkeit der aus der Ersten Kammer hervorgegangenen Regierung nicht zu gefährden.

Anders argumentiert der Politikwissenschaftler G.A. Wood. Da es nicht von der Hand zu weisen sei, daß nur eine politisch schwache Zweite Kammer mit den Grundsätzen der parlamentarischen Demokratie vereinbar sei, könne diese nicht mit umfassenden Gesetzgebungskompetenzen ausgestattet werden, sondern müsse bewußt auf eine beratende Tätigkeit beschränkt bleiben. Hinsichtlich des politischen Personals hält Wood, ähnlich wie bereits Riddiford während der Beratungen des *Constitutional Reform Committees* Anfang der fünfziger Jahre [Riddiford 1951], eine auf der Grundlage der Repräsentation funktionaler

Gruppen gestaltete Kammer für überlegenswert – interessanterweise jedoch ohne den hier einschlägigen irischen Senat auch nur zu erwähnen. Dieses individuelle Versäumnis weist uns auf einen allgemeineren Umstand der jüngsten Bikameralismusdebatte in Neuseeland hin. Diese Diskussion zeichnet sich gerade auf seiten der Anhänger einer solchen Option durch ein ausgeprägtes Desinteresse an den Erfahrungen anderer parlamentarischer Demokratien mit Zweiten Kammern aus. Die Gegner haben so regelmäßig leichtes Spiel, wenn sie auf das äußerst spannungsgeladene Verhältnis von Regierungen und Senat in Australien – sozusagen in der unmittelbaren Nachbarschaft – verweisen und daraus schließen, daß eine ähnliche Konstellation entstehen könnte, würde Neuseeland zum Bikameralismus zurückkehren. In Australien wuchs sich bekanntlich ein „deadlock" zwischen den beiden Kammern 1975 zu einer regelrechten Verfassungskrise aus. Und da australische Regierungen inzwischen regelmäßig zwar in der Ersten Kammer, nicht aber in der Zweiten über eine Mehrheit verfügen, tobt immer nach Wahlen zwischen der Regierung, die ihr Wahlprogramm als Mandat zum Handeln interpretiert, und den in der Zweiten Kammer für eine Mehrheitsfindung ausschlaggebenden Senatoren der Kleinparteien und unabhängigen Senatoren, die ihrerseits auf ein Wählermandat zur Beschränkung des Regierungshandelns hinweisen, ein „mandate war" – im Kern also ein Konflikt darüber, welcher Kammer gegenüber die Regierung letztlich die politische Verantwortung trägt. Eine für den äußerst einflußreichen neoliberalen *Business Roundtable* angefertigte Studie etwa kommt zu dem Schluß, daß Bikameralismus mit dem bestehenden neuseeländischen Regierungssystem nur dann kompatibel sei, wenn die Zweite Kammer wie in Kanada aus nominierten Mitgliedern zusammengesetzt sei. Für eine solche Konstruktion laute die Kosten-Nutzen-Bilanz aber in jedem Fall negativ. Wer sich für den Bikameralismus einsetze, müsse das Regierungssystem als Ganzes entweder in Richtung Föderalismus oder in Richtung präsidentielle Demokratie verändern [Brook Cowen/Cowen/Tabarrok 1992: §4.24].

Die vorerst letzte Etappe in der neuseeländischen Bikameralismusdiskussion nimmt ihren Ausgangspunkt von der vom Oppositionsführer der *National Party*, Jim Bolger, Ende der achtziger Jahre entwickelten Taktik, den Forderungen nach einer Wahlsystemreform die Option eines Senats entgegenzuhalten [Bolger 1988]. Die *National Party* trat in den Verhandlungen des parlamentarischen *Electoral Law Committee* 1988 für die Einführung eines Senats ein, konnte sich damit aber gegen die *Labour*-Mehrheit nicht durchsetzen [Electoral Law Committee 1988: 84-87, 133]. Man einigte sich schließlich darauf, eine solche Option in ein indikatives Referendum aufzunehmen. Ausschlaggebend dafür war das von den Abgeordneten der *National Party* vorgebrachte Argument, daß unter solchen Umständen viele Wähler, denen es um eine Machtbegrenzung der Regierung gehe, eine Zweite Kammer der Einführung eines Verhältniswahlsystems vorziehen würden [Catt/Harris/Roberts 1992: 119]. Auch der ehemalige *Labour*-Politiker und Premierminister Geoffrey Palmer bekannte kurz vor den Wahlsystemreferenden von 1992[6] und 1993: „If proportional representation is defeated in [...] 1992 I would vote for a second chamber as a second best." [Palmer 1992: 125]

Nachdem die *National Party* 1990 an die Regierung gekommen war, setzte Premierminister Jim Bolger seine Kampagne beharrlich fort. Zwar war die Forderung nach Wiedererrichtung einer Zweiten Kammer im Wahlprogramm [National Party 1990: 2] ein in der Öffentlichkeit weitgehend unbeachteter Aspekt gewesen, und selbst in der eigenen Fraktion stellte sich in dieser Frage nur Justizminister Doug Graham öffentlich hinter seinen

---

[6] 1992 fand zunächst ein indikatives Referendum statt, das den Abstimmenden die Wahl zwischen vier verschiedenen alternativen Wahlsystemen eröffnete. Die dem deutschen Modell nachgebildete siegreiche Variante erhielt dann in einem die Regierung bindenden Referendum 1993 eine Mehrheit der Stimmen gegen das relative Mehrheitswahlsystem.

Premierminister, doch gelang es Bolger, das Thema in einen engen Zusammenhang mit den anstehenden Wahlsystemreferenden zu rücken. 1991 ließ die *National Party*-Regierung die ursprüngliche Idee fallen, eine „second chamber"-Option in das Wahlsystemreferendum aufzunehmen und plante stattdessen ein gesondertes, aber paralleles Senats-Referendum. Diese Position wurde in einem nächsten Schritt dahingehend präzisiert, daß nur dann ein Senat errichtet werden sollte, wenn im Wahlsystemreferendum der Status quo, das System der relativen Mehrheitswahl, die Oberhand behalten sollte und gleichzeitig die Mehrheit der Abstimmenden die Senatsoption unterstützte. Das parlamentarische *Electoral Law Select Committee* lehnte aber in in seinem Bericht 1993 auch diesen Vorschlag ab und optierte stattdessen für ein zeitlich getrenntes Senatsreferendum im Falle der Bestätigung der relativen Mehrheitswahl in der Volksabstimmung von 1993. Da sich aber eine knappe Mehrheit für die Ersetzung der relativen Mehrheitswahl durch ein am deutschen Modell orientiertes „mixed member proportional"-System aussprach, erübrigten sich solche Pläne schließlich.

Im Gegensatz zur Verfahrensdebatte blieb die inhaltliche Diskussion über mögliche Modelle für den Senat äußerst vage. Bolger hatte 1990 vorgeschlagen, die Zweite Kammer anders als die erste nach einem Verhältniswahlsystem wählen zu lassen. Dies führe dazu, daß Vertreter gesellschaftlicher Minderheiten leichter Senatssitze erringen könnten. Außerdem müsse über eine überproportionale Vertretung bevölkerungsschwacher Regionen, vor allem der Südinsel, sowie der Maori nachgedacht werden [McRobie 1992: 458]. Die Frage der Kompetenzen einer solchen Kammer wollte Bolger der weiteren Diskussion überlassen. Der vom *Electoral Law Select Committee* 1993 vorgelegte Bericht skizzierte einen per Verhältniswahl gewählten Senat, dem vier Aufgaben zukommen sollten: die Gesetzes-beratung, wobei ein suspensives Veto von einem Monat bei *money bills*, bei allen anderen Gesetzen ein Aufschub von sechs Monaten zur Verfügung stehen sollte; die Gesetzesinitiative bei weniger umstrittenen Themen; die längerfristige Durchführung parlamentarischer Untersuchungen; schließlich die Repräsentation von kleineren Parteien [Jackson/McRobie 1998: Kapitel 6]. Ganz andere Überlegungen werden von seiten des *Maori Council* angestellt. Dieser hat gefordert, daß eine Zweite Kammer der offiziellen Bikulturalismus-Politik Neuseelands Rechnung tragen und die Hälfte der Sitze Maori-Repräsentanten zuweisen müsse. Außerdem habe diese Kammer im Gegensatz zum *House of Representatives* den stärker konsensuell verfahrenden Politikstil des *Tikanga Maori* zu pflegen [Jackson 1994: 342].

Nach der Einführung des neuen Wahlsystems 1993 und seiner erstmaligen Anwendung in der Repräsentantenhauswahl von 1996 ist die Debatte um eine Zweite Kammer in Neuseeland vorerst zum Erliegen gekommen. Ob sie in Zukunft einmal ernsthaft wieder aufgenommen wird, hängt sicherlich davon ab, wie sich das neue Wahlsystem bewährt. Für die ersten Jahre nach der Jahrtausendwende ist eine parlamentarische Überprüfung anberaumt, die nach heutigem Stand voraussichtlich zu einem erneuten Wahlsystemreferendum führen wird. Dies könnte das Thema wieder auf die Tagesordnung setzen. Ob sich dann in der Öffentlichkeit mehr Interesse regt, darf aber bezweifelt werden. Zwar sind Umfragedaten aus der jüngeren Vergangenheit hierzu rar, die vorliegenden zeigen aber ein erhebliches Maß an Skepsis auf, ob Neuseeland eine Zweite Kammer und vor allem noch mehr Berufspolitiker benötigt. In einer Repräsentativbefragung im Jahr 1988 entschieden sich 26 Prozent für eine Zweite Kammer, 38 Prozent dagegen und 36 Prozent hatten dazu keine Meinung [New Zealand Herald 1988].

VII. Auswahlbibliographie

Belich, James, 1996: Making Peoples. A History of the New Zealanders. From Polynesian Settlement to the End of the Nineteenth Century, Auckland.

Bolger, Jim, 1988: An Upper House for New Zealand. Speech Given to the Rotary Club of Auckland, 18 April 1988, Auckland.

Brook Cowen, Penelope/**Cowen**, Tyler/**Tabarrok**, Alexander, 1992: An Analysis of Proposals for Constitutional Change in New Zealand. Prepared for the New Zealand Business Roundtable, Wellington.

Catt, Helena/**Harris**, Paul/**Roberts**, Nigel S., 1992: Voter's Choice. Electoral Change in New Zealand?, Palmerston North.

Constitutional Society, 1961: Suggested Constitution for New Zealand, Auckland.

Constitutional Society, 1964a: The Case for a Second Chamber of Parliament, Auckland.

Constitutional Society, 1964b: Returning to the Attack, Auckland.

Electoral Law Committee, 1988: Report of the Electoral Law Committee. Inquiry into the Report of the Royal Commission on the Electoral System. Appendices to the Journals of the House of Representatives, 1987-1990, I. 17B, Wellington.

Harris, Paul/**Levine**, Stephen (Hrsg.), 1994: The New Zealand Politics Source Book, 2. Aufl., Palmerston North.

Jackson, Keith, 1972: The New Zealand Legislative Council. A Study of the Establishment, Failure and Abolition of an Upper House, Dunedin.

Jackson, Keith, 1991: The Abolition of the New Zealand Upper House of Parliament, in: **Longley**, Lawrence D./**Olson**, David M. (Hrsg.), Two into One. The Politics and Processes of National Legislative Cameral Change, Boulder, S. 43-76.

Jackson, Keith, 1994: Problems of Democracy in a Majoritarian System: New Zealand and Emancipation from the Westminster Model?, in: **Longley**, Lawrence D. (Hrsg.), Working Papers on Comparative Legislative Studies, Appleton, S. 335-347.

Jackson, Keith/**McRobie**, Alan, 1998: New Zealand Adopts Proportional Representation. Accident? Design? Evolution?, Aldershot.

Lijphart, Arend, 1984: Democracies. Patterns of Majoritarian and Consensus Government in Twenty-One Countries, New Haven/London.

McLintock, A.H./**Wood**, G.A., 1987: The Upper House in Colonial New Zealand: A Study of the Legislative Council of New Zealand in the Period 1854-1887, Wellington.

McRae, Tom, 1994: A Parliament in Crisis. The Decline of Democracy in New Zealand, Wellington.

McRobie, Alan, 1992: Electoral System Options: Three Proposals for Reforming the Electoral System, in: **Gold**, Hyam (Hrsg.), New Zealand Politics in Perspective, 3. Aufl., Auckland, S. 452-472.

New Zealand Herald, 1988: New Zealand Herald-National Research Bureau Survey, 27 July 1988, Auckland.

New Zealand National Party, 1990: Improving New Zealand's Democracy (Manifesto 1990), Wellington.

New Zealand Parliamentary Debates, 1950, Bd. 289, Wellington.

O'Connor, R.J., 1988: A Second Chamber of the New Zealand Parliament?, in: New Zealand Law Journal, 64, S. 4-7.

Palmer, Geoffrey, 1987: Unbridled Power. An Interpretation of New Zealand's Constitution and Government, 2. Aufl., Auckland.

Palmer, Geoffrey, 1992: New Zealand's Constitution in Crisis. Reforming our Political System, Dunedin.

Report of the Royal Commission on the Electoral System, 1986: Towards a Better Democracy, Wellington.

Riddiford, D.J., 1951: A Reformed Second Chamber, in: Political Science, 3, S. 23-33.

Stockley, Andrew, 1986: Bicameralism in the New Zealand Context, in: Victoria University of Wellington Law Review , 16, S. 377-403.

Templeton, Hugh, 1997: Interview mit dem Autor, 16. September 1997, Wellington.

Wood, G.A., 1983: New Zealand Single Chamber Parliament: An Argument for an Impotent Upper House, in: Parliamentary Affairs, 36, S. 334-347.

F. Schlußbetrachtung

Zur Funktion von Zweiten Kammern in modernen Demokratien

Gisela Riescher/Sabine Ruß

Gisela Riescher/Sabine Ruß

Schlußbetrachtung:
Zur Funktion von Zweiten Kammern in modernen Demokratien

I.   Zweite Kammern – eine „unvergleichliche" Vielfalt?

Die Auswertung von insgesamt 21 Fallbeispielen – 16 langjährige bikamerale politische Systeme, zwei neu errichtete und drei abgeschaffte – fördert neben der frappierenden Vielfalt der jeweiligen politischen Realitäten einen gemeinsamen Kernbefund zutage: Zweite Kammern erweisen sich in der Gesamtschau als wandlungsfähige Institutionen, die auch heute noch wesentliche Systemfunktionen erbringen (können), die bei Nichtexistenz oder Abschaffung der bikameralen Struktur von anderen Institutionen übernommen werden müßten. Was Schüttemeyer/Sturm Anfang der neunziger Jahre über Zweite Kammern schrieben, kann man unterstreichen: „Wenn es sie nicht gäbe, müßten sie erfunden werden" [1992: 536].

Dabei gilt der positive Befund der fortdauernden Funktionalität nicht nur hinsichtlich der Gruppe föderaler Systeme, für die sie in Forschung wie öffentlicher Meinung stets relativ unstrittig war. Bisher wurde in der politikwissenschaftlichen Literatur eine differenzierende Kategorisierung des Zweikammersystems in bundesstaatlich und einheitstaatlich organisierte Gemeinwesen [Stammen 1970: 545] immer als grundlegend betrachtet, da daraus resultierend der Ländervertretung (bundesstaatliches Modell) oder der Gewaltenteilung und -kontrolle (einheitsstaatliches Modell) die jeweils zentrale Funktion zugewiesen wurde.[1] Auch die Gliederung der Länderstudien in diesem Band folgt dieser Kategorisierung. Im Folgenden soll jedoch der auf den *polity*-Aspekt fokussierte, klassisch-institutionelle Blick versuchsweise zugunsten einer mehr *politics*-orientierten Sichtweise ausgeweitet werden. Damit stellt sich die Frage nach der Bedeutung Zweiter Kammern für den politischen Entscheidungsprozeß. Läßt man unter diesem Aspekt die verschiedenen Länderprofile Revue passieren, schält sich eine dominante Funktionslogik heraus: „Kompromiß" scheint nicht nur die strukturelle Ursprungsformel Zweiter Kammern zu sein – bekanntlich verdanken sie ihren Ursprung historischen Umbruchphasen und dem Kompromiß zwischen alten und neuen Souveränitätsvorstellungen bzw. alten und neuen Eliten –, sondern auch die funktionelle Schlüsselformel für ihre Bedeutung hinsichtlich der *politics*-Dimension. Wie zu zeigen sein wird, verliert die Unterscheidung zwischen föderalen und unitarischen Kammern damit ihren Charakter als unüberwindbare kategorische Schranke. Vielmehr läßt sich die a priori „unvergleichlich" scheinende Vielfalt an Formen und Funktionen Zweiter Kammern über die systemtypologischen Binnengrenzen ihrer Herrschaftsordnungsklasse hinweg in ein heuristisches Raster integrieren und so einem empirischen Vergleich zuführen.

Ein solches **übergreifendes Analyseraster** soll in der vorliegenden Schlußbetrachtung in vier Schritten entwickelt werden. Der erste Schritt setzt bei einer allgemeinen Auseinandersetzung mit den Grundformen und -bedingungen moderner Demokratien an. Darauf theoretisch aufbauend wird die These entwickelt, derzufolge die **gemeinsame Bedeutung Zweiter Kammern in der (fallweise mehr oder weniger starken) Strukturierung der Handlungsumwelt politischer Akteure zugunsten verhandlungs- und kompromißorientierter Strategien** liegt.[2] Sie besteht also, anders formuliert, in der

---

[1] Der australische Senat bietet ein augenfälliges Beispiel dafür, wie beide Aspekte bewußt in einer Institution verschmolzen wurden [*Australien*, Abschnitt II].

[2] Die Bedeutung Zweiter Kammern geht damit beträchtlich über die verschiedenen Legitimations-begründungen als Ständevertretung, territorialer Repräsentation oder gemischter Vertretungsmodelle hinaus, wie sie von Schüttemeyer/Sturm [1992] in einer vergleichenden Studie schwerpunktmäßig untersucht wurde.

Begrenzung von Mehrheitsherrschaft und dem Schutz vor einer Reduktion von *politics* auf hierarchisch-majoritäre Interessendurchsetzung. Die diesbezügliche Bedeutung Zweiter Kammern läßt sich begrifflich gut auf den Punkt bringen, nämlich mit Hilfe des neoinstitutionalistischen Konzepts der **Vetopunkte**.

Im folgenden zweiten Schritt soll das Datenmaterial der Länderstudien herangezogen werden, um die These von der **Relevanz Zweiter Kammern als Vetopunkte der modernen Demokratie** empirisch zu unterfüttern. Mit dieser ‚Brille‘ läßt sich dann auch die **Reformdiskussion** um diese Institutionen betrachten. Zu vermuten ist, daß Zweite Kammern dort ins Kreuzfeuer der öffentlichen Kritik geraten, wo ihre **Vetopunkt-Qualität** im politischen System fragwürdig geworden oder aber von anderen Institutionen effizienter übernommen wird. Dies wird der Gegenstand des dritten Teils unserer Überlegungen sein.

Im vierten Teil werden wir den Blickwinkel nochmals leicht verschieben. Wir kehren auf die abstrahierende konzeptuelle Ebene zurück und fragen, wie denn im Licht der vorausgegangenen Überlegungen die herkömmliche, an statischen institutionellen Merkmalen orientierte Unterteilung in „starke" und „schwache" Kammern „dynamisiert" werden kann. Das heißt, wir fragen, welche Variablen die tatsächliche Rolle Zweiter Kammern im politischen Prozeß – und damit auch ihre Nutzbarkeit und Relevanz als „Vetopunkt" – bestimmen und skizzieren ein **Modell**, das es ermöglicht, den **Einfluß Zweiter Kammern** von Fall zu Fall systematisch aufzuschlüsseln. Abschließend soll kurz aufgezeigt werden, für welche Fragestellungen unsere Überlegungen Bausteine liefern könnten und welche Perspektiven für die Forschung sich hier bieten.

II.   Demokratie zwischen Mehrheits- und Verhandlungslogik: eine Frage der Vetopunkte

Das von uns vorgeschlagene Raster zur Erfassung der Rolle Zweiter Kammern in modernen Demokratien basiert einerseits auf Überlegungen, die Giovanni Sartori zu einer **Entscheidungstheorie der Demokratie** entwickelt hat [Sartori 1994], andererseits auf der kritischen Weiterentwicklung von Arend Lijpharts **Unterscheidung zwischen Mehrheits- und Konsensdemokratien** [Lijphart 1984]. Sartori geht davon aus, daß politische Systeme beim Fällen kollektivierter Entscheidungen unter der Maßgabe demokratischer Legitimation ein grundsätzliches Dilemma zu bewältigen haben: Die Entscheidungskosten dürfen nicht zu hoch sein – was bei einer buchstäblichen Umsetzung der Volkssouveränität der Fall wäre – und die externen Risiken der Entscheidung sollen minimiert werden. Prinzipiell wird das Problem in den liberalen Demokratien dadurch gelöst, daß das kostengünstige Mehrheitsprinzip angewandt wird und repräsentative Entscheidungsträger bestellt werden. Das bloße Mehrheitsprinzip hat aber den Nachteil, daß unter Umständen hohe externe Kosten bzw. -risiken anfallen, und zwar durch die Nichtbefriedigung der Interessen der unterlegenen Minderheit. Außerdem mißt es, wie schon Dahl in seinen „Vorstufen einer Demokratietheorie" 1963 feststellte, zwar die Verteilung von Präferenzen, nicht aber ihre Intensität [Dahl 1976: 85-99]. Ein Entscheidungsmodus, der beiden Problemen Rechnung trägt, ist dagegen der der Verhandlung zwischen direkt interagierenden Gruppen, die die Möglichkeit zur Nutzung dieser Intensitätsdifferenzen im Sinne eines Kompromisses und einer zeitverschobenen Kompensation besitzen, also Ausschüsse und Gremien. Institutionalisierte Versammlungen wie Parlamente halten sich zwar notwendigerweise an die Mehrheitsregel, können ihre Entscheidungsfällung aber im Sinne eines Positivsummenspiels gestalten, nämlich bei zyklischen oder nicht festgefügten Mehrheiten, durch die Untergliederung in Ausschüsse oder eben auch durch zwei nicht kongruente Kammern mit entsprechenden Kompetenzen.

Um also einerseits entscheidungsfähig zu sein, andererseits aber niedrige externe Risiken und Kosten zu haben, finden sich in demokratischen Systemen stets auch Elemente von Verhandlungsspielen, und herrscht niemals nur die blanke und bloße Mehrheitslogik. Wenn eine Demokratie als solche überleben soll, ist die fragliche Mehrheitsherrschaft immer eine beschränkte Mehrheitsherrschaft. Die Beschränkung der Mehrheitsherrschaft ist nicht nur ein Grundsatz der Verfassungskonventionen, sondern in hohem Maße ein Ergebnis der politischen Entscheidungsfindung in Ausschüssen und Gremien von Exekutive und Legislative. „In Wirklichkeit sind also in allen Demokratien die meisten Entscheidungen keine Nullsummen-Mehrheitsentscheidungen." [Sartori 1992: 240] Und Heidrun Abromeit betont, die optimale Mehrheit sei in der Regel größer als die einfache: „Demokratie mit der einfachen Mehrheitsregel gleichzusetzen, ist durch nichts gerechtfertigt als durch Ungeduld." [Abromeit 1995: 51]

Durch diese Sichtweise wird jenes klar getrennte und vorgeblich empirisch gefundene Demokratietheoriemodell aufgebrochen, mit dem 1984 Arend Lijphart „Patterns of Majoritarian and Consensus Government in Twenty-one Countries" analysierte. Sartori fordert, diese Unterscheidung zwischen Mehrheitsdemokratie und Konsensdemokratie ausschließlich als idealtypische Polarisierung gelten zu lassen, denn der „Gegensatz [sei] empirisch etwas überspannt" [Sartori 1992: 240].[3] Daß eine streng an Lijphart orientierte Sichtweise auf die politische Wirklichkeit den Blick unter Umständen eher verstellen kann, zeigt gerade die nähere Auseinandersetzung mit Zweiten Kammern und mit Lijpharts Einschätzung dieser Institutionen. Zu den vorgeschlagenen wesentlichen Merkmalen seiner *consensus democracy* – Manfred Schmidt schlägt als deutsche Bezeichnung „Verhandlungsdemokratie" vor, die hier im weiteren auch vorgezogen wird [Schmidt 1995: 241] – zählt Lijphart eine starke Zweite Kammer, der er als wichtigste Funktion in diesem Kontext die Vertretung von Minderheiten zuschreibt:

> „The principal justification for instituting a bicameral instead of a unicameral legislature is to give special representation to certain minorities in the second chamber or upper house. Two conditions have to be fulfilled if this minority representation is to be meanful: the upper house has to be elected on a different basis than the lower house, and it must have real power – ideally as much as the lower house." [Lijphart 1984: 25]

Mit „real power" meint Lijphart vor allem die gleiche Beteiligung der beiden Kammern im Gesetzgebungsprozeß. Diese beiden Merkmale eines starkem Bikameralismus sind in Lijpharts Untersuchung signifikant verbunden mit föderativen Systemen [Lijphart 1984: 104]. Die USA, Australien, die Schweiz und die Bundesrepublik Deutschland weisen in seiner Untersuchung die stärksten Merkmale eines „strong bicameralism" auf [Lijphart 1984: 99, Table 6.4.].

Dieser Befund, der vor allem aus der Differenzierung politischer Systeme in Westminster- oder Mehrheitsdemokratien und Konsens- oder Verhandlungsdemokratien resultiert, weist Zweiten Kammern eine schwache, systeminkonforme Position in unitarischen Mehrheits-demokratien zu. Roland Sturm spricht gar von „institutionellen Pathologien", wenn

---

[3] Trotzdem unterscheidet sich der jeweilige ‚Mix' von Land zu Land offenbar erheblich, was nicht zuletzt mit der spezifischen politischen Kultur und dem dort herrschenden Verständnis von Souveränität zu tun hat. Der Rückgriff auf den genannten Gegensatz bleibt zum Vergleich von Demokratien deswegen außerordentlich nützlich, wenn man ihn in eine Skala überführt, die in den Lijpartschen Typen sozusagen ihre Extrempunkte findet. Damit hat man auch einen Bezugsrahmen, um das strukturelle Umfeld Zweiter Kammern zu vergleichen.

Westminsterdemokratien bikameral organisiert sind: „Zweite Kammern in den untersuchten Westminstersystemen[4] sind entweder funktionslos oder systemsprengend, auf alle Fälle aber ein institutioneller Konstruktionsfehler." [Sturm 1996: 9] Die Länderstudien in diesem Band bestätigen das nicht: Die föderale Repräsentation erhöht zwar den Legitimationsgrad von Zweiten Kammern, doch umgekehrt kann nicht gesagt werden, daß ohne Vertretung der subnationalen Ebene der Bikameralismus schwach und funktionslos würde. Er erfüllt dort ebenso wichtige Systemfunktionen, wo er den Entscheidungsmechanismus der Mehrheitsdemokratie, das Majorzprinzip, aufbricht, Entscheidungen rationalisiert und unterschiedliche parteipolitische, ethnische, gesellschaftliche und auch ständische Gruppierungen in den legislativen und exekutiven Prozeß einbindet. Die Zweite Kammer wird damit zu einer Institution, die Verhandlungsdemokratien ohnehin, aber auch den „beschränkten" [Sartori 1992: 240] Mehrheitsdemokratien formale oder auch informelle „Vetopunkte" anbieten kann.[5]

Vetopunkte sind, nach André Kaiser, Kontakt- und Entscheidungsmuster, die politischen Akteuren eine institutionell angelegte Anreizstruktur bieten, um Einflußchancen zu nutzen [Kaiser 1998: 537-538]. Sie ermöglichen „die Stärkung konsensualer Entscheidungsfindung, die Delegation politischer Handlungsbefugnisse auf funktional oder territorial definierte Akteure, die Übertragung von Entscheidungskompetenz auf Experten" und den „Schutz von minoritären Akteuren im Entscheidungsprozeß" [Kaiser 1998: 529-530]. Je mehr Vetopunkte eine Demokratie besitzt, desto näher rutscht sie auf der Demokratie-Skala zum idealtypischen Pol der Verhandlungsdemokratie. Betrachtet man Zweite Kammern, die den politischen Akteuren je nach Demokratietyp und politischem System ein unterschiedliches Set an formellen und informellen Aktionsmöglichkeiten bieten, so kann man ihnen entweder ein Potential der Politikverzögerung zuschreiben oder aber – und dies korrespondiert stärker mit der oben konstatierten Einschränkung der Lijphartschen Mehrheitsdemokratie in Politikwissenschaft und - praxis – die Funktion, zu einer verstärkten Legitimation des Gesamtsystems beizutragen, denn:

> „[...] bicameralism works to minimize majority tyranny. As other methods of delay, it allows majority decision when an unequivocal majority choice exists. Thus it captures the advantages and avoids the disadvantages of the methods of majority rule." [Riker 1992: 113]

III.   Die Funktionsprofile Zweiter Kammern und ihre Relevanz als verhandlungsfördernde „Vetopunkte der Demokratie"

Ohne nun an dieser Stelle die einzelnen Beiträge und alle Funktionanalysen des vorliegenden Sammelbandes im Detail zu wiederholen und auszuwerten,[6] soll nun die funktionale Relevanz Zweiter Kammern zur Durchsetzung verhandlungsdemokratischer Mechanismen und zur Abschwächung des Mehrheitsprinzips herausgearbeitet werden. Als Bewertungskategorien werden neben den formalen, verfassungsmäßigen Möglichkeiten die

---

[4] Sturm untersucht Großbritannien, Irland, Kanada und verweist darauf, daß „nur Neuseeland relativ elegant mit der Abschaffung seiner Zweiten Kammer im Jahr 1951" dieses Problem löste [Sturm 1996].

[5] Davon zu unterscheiden ist das Konzept des *vetoplayer*. Tsebelis definiert *vetoplayer* im politischen System als „individual or collective actor whose agreement (by majority rule for collective actors) is required for a change in policy" [Tsebelis 1995: 301]. Zweite Kammern zählt Tsebelis nur unter die *vetoplayers* eines politischen Systems, wenn sie absolutes Vetorecht besitzen – was bei unserer Fallauswahl nur bei einer Minderheit der Fall ist. Vetopunkte stellen demgegenüber ein Handlungspotential zur Verfügung, das direkt oder indirekt als Veto wirken kann. Ein Beispiel wären Zweite Kammern, die kein legislatives Veto besitzen, aber über ihre Öffentlichkeitsfunktion indirekt ein Gesetzesvorhaben verhindern.

[6] Die einheitliche Gliederung der Länderstudien in diesem Band und die Rasteranalyse im Anhang, die die jeweiligen Systemfunktionen vergleichend darstellt, bieten dem Leser dazu Gelegenheit.

potentiellen und informellen Verfahrenstechniken einbezogen, die im Sinne von Vetopunkten im Zusammenspiel von Institutionen und einzelnen Akteuren genutzt werden können. Denn, so faßt Sabine Jung pointiert zusammen, „mit jedem zusätzlichen Mehrheitserfordernis wird die Position von Minderheiten privilegiert, wächst deren Macht, Entscheidungen zu blockieren. Auch wenn – wie Sartori betont – die Macht, etwas zu blockieren, etwas völlig anderes ist als die Macht, etwas durchzusetzen, so bleibt doch richtig, daß Nichtentscheidungen (Verhinderung von Aktionen) das Herrschen der Mehrheit behindern und beschränken." [Jung 1996: 636]

1. Zweite Kammern und legislative Funktion

Die Beteiligung am Gesetzgebungsverfahren trägt wesentlich zu den herkömmlichen Bewertung Zweiter Kammern als „stark" oder „schwach" bei. Unter „Beteiligung" lassen sich die formalen, z.B. in Verfassungen definierte Aufgaben, aber auch eine Reihe von möglichen Verhaltensoptionen subsumieren:

- A) **die vollkommene Gleichstellung** in der Gesetzgebung mit der Ersten Kammer in Initiativrecht, Gesetzesberatung und Verabschiedung wie z.B. in den USA, der Schweiz und in Italien.

- B) **die Ein- bzw. Ausgrenzung mit Verweis auf die Gesetzgebungsmaterie**, wie z.B. die Nichtbeteiligung des *House of Lords* und der indischen *Rajya Sabha* bei der Finanzgesetzgebung oder die Reduzierung der Vetomöglichkeiten des deutschen Bundesrates auf verfassungsändernde und die Bundesländer betreffenden Gesetze (zur Zeit etwa 60 Prozent der Gesetzgebungstätigkeit des Bundes).

- C) **das aufschiebende Veto** als die häufigste Form der legislativen Mitwirkung, z.B. in Großbritannien, Irland und Österreich oder die Mitwirkungsgesetze in der Bundesrepublik Deutschland.

- D) **die Mitberatungsfunktion** als *chambre de reflexion* in Belgien oder auch Japan, des begleitenden Kontrolleurs in Frankreich oder die Funktion als *reviewer* des darüber hinaus stark kritisierten kanadischen Senats.

Außer für die A-Gruppe entspricht der legislative Prozeß aus der Sicht der Zweiten Kammer in weiten Teilen einer „Verhandlung im Schatten von Hierarchie oder Mehrheit", zu der Fritz W. Scharpf schreibt, sie seien

> „Konstellationen [...], in denen eine formal hierarchische oder majoritäre Instanz zwar aus pragmatischen (politischen, informationellen) Gründen eine einvernehmliche Regelung suchen muß, aber notfalls auch weiterhin (wenn auch mit hohen politischen Kosten oder mit geringerer Effizienz) zur einseitigen Entscheidung in der Lage wäre. Hier werden die Herrschaftsrisiken durch den faktischen Zwang zur Suche nach einvernehmlichen Lösungen entschärft, während zugleich Transaktionskosten von Verhandlungen durch das Drohpotential der (für beide Seiten unerwünschten aber möglichen) einseitigen Entscheidung reduziert werden." [Scharpf 1992: 25]

Die von uns aufgelisteten „Teilbeteiligungen" der Zweiten Kammern am legislativen Prozeß sind mit detailliert ausformulierten Zeitmustern verbunden, die innerhalb einer bestimmten Frist die Mitwirkung ermöglichen, sie zu einem späteren Zeitpunkt aber ausschließen (z.B. beim Nationalrat in Südafrika oder beim tschechischen Senat). Die obligatorischen oder fakultativen Formen der Vermittlungs-/Navetteverfahren zwischen den Kammern sind ebenfalls in einen Zeitrahmen mit bestimmten Fristen eingeordnet, um mögliche Entscheidungsblockaden zwischen beiden Kammern zu lösen.

Gemäß der Denkfigur der Vetopunkte im Regierungssystem sind es nicht allein die normativ fixierten, sondern vor allem auch die potentiellen Möglichkeiten, die in bikameralen Systemen zur Verfügung stehen, um neben der parteipolitisch zusammengesetzten Ersten Kammer ein erweitertes Repräsentationsforum im Gesetzgebungsverfahren zu bieten. Das können „potentielle" Vetomöglichkeiten, Gutachten oder die Herstellung einer Gegenöffentlichkeit durch die Zweite Kammer, sein. Das kann aber auch das politische Interesse der regierenden Mehrheit an einer erweiterten Legitimationsbasis für weitreichende oder umstrittene Gesetzesvorhaben sein. Diese informellen Formen des Legislativvetos werden heute in bikameralen Mehrheitsdemokratien ebenso genutzt wie in Verhandlungsdemokratien, unabhängig von der Repräsentationsbasis (ständisch oder föderal) der Zweiten Kammer. In diesem Zusammenhang ist es natürlich interessant, den Blick auf die (vermeintlich) „schwachen" Zweiten Kammern zu lenken, also jene, die nicht über eine formal gleichberechtigte Position im Gesetzgebungsverfahren verfügen, die aber dennoch die politische Situation bei schwierigen Gesetzesvorhaben mitbeeinflussen können.

So hängt es nicht nur mit den auch öffentlichkeitswirksamen, parteipolitisch genutzten Blockademöglichkeiten bei Zustimmungsgesetzen zusammen, daß man beim deutschen Bundesrat von „starkem Einfluß" in der Gesetzgebung spricht [Kilper/Lhotta 1996: 122], obgleich er keine „echte" und in weiten Bereichen der Legislative keine gleichberechtigte Kammer ist. Verhandlungen mit dem Bundesrat und die frühe Beteiligung der Ministerialbürokratie aus Bund und Ländern haben zu einer „gewissen Stärkung konkordanzdemokratischer Elemente im bundesdeutschen Regierungssystem beigetragen" [Deutschland Abschnitt V]. In der spanischen Gesetzgebung, die nahezu ausnahmslos von der Ersten Kammer dominiert wird, beginnen zwei Gesetzgebungsverfahren grundsätzlich im Senat: die Beratungen des Gesetzes zum Ausgleichsfonds und die Genehmigung von Abkommen zwischen den Autonomen Gemeinschaften [Spanien Abschnitt IV]. Für Frankreich konnte der stärkste legislative Einfluß der Zweiten Kammer in „Zeiten friedlicher Kooperation" mit konservativen Regierungen ausgemacht werden [Frankreich Abschnitt V]. Unter Balladur und Juppe (1993-1997) kamen 70 Prozent der erfolgreichen Gesetzesänderungen aus dem Senat. Selbst dem kanadischen Senat, der in unserer Analyse zu den am stärksten kritisierten Zweiten Kammern gehört, wurde in den sechziger und siebziger Jahren noch eine wichtige Investigativfunktion zugesprochen. Die Regierung profitierte nicht nur von den detaillierten Empfehlungen des Senats, sie wurde auch von seinen Sonderausschüssen zu policy-Initiativen im sozialen Bereich angeregt [Kanada Abschnitt IV]. Hier stößt man auf eine Funktion Zweiter Kammern, die über das Gesetzgebungsverfahren hinausgreift und von grundsätzlicher Natur ist: Zweite Kammern haben die Möglichkeit, Agenda-Setter zu kontrollieren und damit schon im Bereich der Themenauswahl ein Verhandlungselement einzuführen sowie später im Entscheidungsprozeß zumindest zu erschweren, daß ein Agenda-Setter mit seiner Formulierung einer Frage bzw. eines Gesetzesprojekts die Lösung abschließend vorgibt [Levmore 1992].

Sucht man nach einer Ausnahme von dieser umfassenden und positiven Leistungsbilanz Zweiter Kammern hinsichtlich der Legislativfunktion, so ist Österreich zu nennen: Der Beitrag von Franz Fallend in diesem Band unterstreicht den in Politik und Wissenschaft vorherrschenden Befund eines als ohnmächtig bezeichneten Bundesrates, der sich nicht bewährt hat [Österreich Abschnitt VI]. Große Koalitionen und die politisch starke Einbindung der Verbände stellen bereits jenseits des Bundesrates – der ohnehin durch parteipolitische Doppelung und „Klubdisziplin" an die Nationalratsmehrheit gebunden ist – einen breiten Konsens bereit. Ähnliches gilt für die Zweite Kammer Japans, die wegen besonderer politisch-kultureller Formen der vorparlamentarischen Konsenssuche eine schwache Position im legislativen Prozeß einnimmt [Japan Abschnitt V]. Hier bestätigt sich, daß nicht allein die Konstruktion der Institution ihre Bedeutung bestimmt, sondern ihre Plazierung innerhalb des systemspezifischen

Arrangements von formellen und informellen Entscheidungsregeln bzw. des Sets von
Vetopunkten ausschlaggebend ist.

2. Zweite Kammern und ihre multidimensionale Repräsentationsfunktion

Betrachtet man anschließend sowohl die den Zweiten Kammern zugeschriebene als auch
ihre faktische Repräsentationsbasis, so zeichnet sich ein ähnliches Bild ab, wie im oben
analysierten Legislativverfahren: Die Länderstudien in diesem Band stützen die Befunde der
Bikameralismusforschung weitgehend [von Beyme 1974: 369-370] und sehen in „föderal
organisierten Staaten [...] die gleichsam natürliche Umwelt für Zweite Kammern"
[Schüttemeyer/Sturm 1992: 524]. Die legitimatorische Basis und die Bedeutung der Zweiten
Kammern ist bei territorialer Repräsentation am größten, während ständische Repräsentationsprinzipien wie das *House of Lords* und der irische *Seanad Éireann* natürlich an Bedeutung
verloren haben.

Fragt man unter dem Paradigma der Vetopunkte nach dem Beitrag Zweiter Kammern für
die Stärkung der Verhandlungslogik, gewinnt deren Repräsentationsfunktion eine mehrdimen-
sionale Bedeutung. Ihrer Bewertung kann nicht ausschließlich eine dauerhafte territoriale,
ständische, berufsständische oder parteipolitische Bezugsbasis zugrunde gelegt werden, für deren
Interessenvertretung eine Zweite Kammer verantwortlich verpflichtet wäre: Oft genug ist die
Repräsentationsbasis von Zweiten Kammern nicht eindeutig zu bestimmen. Wen genau vertreten
beispielsweise die Mitglieder des britischen Oberhauses oder vertritt der kanadische Senat?
Selbst die Repräsentationsbasis des Deutschen Bundesrates oder gar des US-amerikanischen
Senats ist de facto nicht so einfach auszumachen [*Deutschland, USA*]. Allein die Diskussion um
Länder- bzw. Einzelstaatsinteressen vs. Parteipolitik verdeutlicht das Problem, das mit der
Anwendung eindimensionaler Repräsentationsmodelle nicht zu lösen ist. In die Analyse der
Repräsentationsfunktion einzubinden sind deshalb aktuelle Vertretungen und Vertretungs-
zuschreibungen, die die Zweiten Kammern unabhängig von ihrer manifesten Funktionszuschreibung wie etwa der Vertretung territorialer Interessen etc. tatsächlich wahrnehmen. Außer
parteipolitischen Färbungen sind damit auch längerfristig überdauernde Strukturen zu beachten
wie etwa die Sozialstruktur der Zweiten Kammer. Die aktuelle Interessenvertretungsleistung der
Zweiten Kammern wäre dann mit Hilfe einer Analyse von Einzelentscheidungen zu ermitteln,
die nach Zusammenhängen mit den jeweils existierenden beruflichen, parteilichen oder
territorialen Asymmetrien fahndet.

So zeigt das *House of Lords* mit seiner zweifellos anachronistischen Zusammensetzung aus
heute fast 60 Prozent Erbadel und einer formalen Selbstrepräsentation [*Großbritannien*
Abschnitt III] ein für unsere Problemstellung interessantes Bild, wenn man die parteipolitische
Zuordnung der Peers betrachtet. Mit einem Anteil von 28 Prozent unabhängigen *crossbenchers*
zeigt sich trotz eines hohen konservativen Anteils vor allem der *lifepeers* ein schwierig
einzuschätzendes Stimmpotential. So sind „Abstimmungsniederlagen bei Gesetzesvorlagen
konservativer Regierungen nicht ausgeschlossen", gleichzeitig ist die „Abneigung der
Labourpartei gegenüber der eingebauten konservativen Mehrheit leicht nachvollziehbar"
[*Großbritannien* Abschnitt III]. In der britischen Mehrheitsdemokratie, in der zwar seit dem
Regierungsantritt von Tony Blair bei wichtigen und weitreichenden Vorhaben die Mehrheits-
entscheide auf eine breitere außerparlamentarische Basis gestellt werden (Einbeziehung der
Liberals in die Verfassungsreformdiskussion, Referenden zum *Wales*- und zum *Scotland-Act*)
erweitert das *House of Lords* die Beratungs- und Zustimmungsbasis. Auch wenn es nur die
faktische Möglichkeit des suspensiven Vetos kennt und *bills* für ein Jahr blockieren kann, hat
das *House of Lords* ein „nicht zu unterschätzendes Drohpotential, da es für die Regierung oft
einfacher ist, Änderungsvorschläge der Lords zu akzeptieren als auf die zeitraubende
Anwendung der Parlamentsgesetze zu bestehen" [*Großbritannien* Abschnitt V]. Der Weg, der
für die britische Verfassungsreform nun diskutiert wird, verbindet interessanterweise die Reform

des Oberhauses mit der Einführung von Konsensstrukturen [Lijphart 1984: 21-36]: die Verlagerung von Mitwirkungsmöglichkeiten auf Regionalparlamente (*Devolution*), das Verhältniswahlsystem und eine daraus sehr wahrscheinlich resultierende Koalitionsregierung: eine institutionelle Einbindung minoritärer Positionen, möglicherweise ein Ersatz für diesen Aufgabenbereich des Oberhauses.

Irlands Zweite Kammer, der nach der Verfassungsidee von 1937 mit dem aus der katholischen Soziallehre entlehnten Konzept der berufsständischen Vertretung betraute *Seanad Éireann*, bezieht neben Universitätsvertretern die Bereiche Kultur und Erziehung, Landwirtschaft, Arbeit, Industrie und Handel und die öffentliche Verwaltung ein [*Irland* Abschnitt IV]. Im Widerspruch oder doch zumindest in einer Spannung zum formalen Repräsentationsauftrag steht der Umstand, daß außer den Universitäten (hier wählen die Absolventen) nicht die berufsständischen Organisationen das Wahlgremium darstellen, sondern Parlamentsmitglieder und Kommunalpolitiker. Das Resultat sind – wie so häufig – vorrangig parteipolitisch orientierte Senatsmitglieder, die statt der intendierten Vertretung von Berufs- gruppen für eine parteipolitische Doppelung der Ersten Kammer sorgen. Hier zeigen sich trotz unterschiedlicher Repräsentationsidee starke Ähnlichkeiten mit dem österreichischen Bundesrat, der, obgleich seine Repräsentationsbasis formal föderal ist, durch die ausschließliche Dominanz der Parteien zu einem unbedeutenden Gremium geworden ist. Wo – wie das irische und das österreichische Beispiel zeigen – durch Parteieneinfluß eine zusätzliche parlamentarische Repräsentationsebene nivelliert wird, bleibt die Möglichkeit der Minderheitenrepräsentation durch legislative Vetomöglichkeiten ungenutzt.

Bei parteipolitischer Doppelung kann nur eine umfassende und mit der Ersten Kammer gleichberechtigte Kompetenzaufteilung eine starke Zweite Kammer herstellen. So gilt der italienische Senat trotz gleicher Mehrheiten allerdings bei gleicher Legitimation und gleichen Aufgaben als „machtvoller Zwillingsbruder der Abgeordnetenkammer" [*Italien*]. Seine auch formal nur schwach ausgeprägte Vertretung der regionalen Einheiten Italiens wird in der politischen Praxis ersetzt durch den Anspruch, die „Kammer der Erfahrung" zu sein. Der hohe Anteil an Professoren, *elder statesmen* und Selbständigen bringt der durch häufige Regierungsumbildungen geprägten italienischen Politik Kompetenz, Kontinuität und Alltags- und Legislaturperioden übergreifendes Wissen. Durch die mächtige Position des *Senato* und durch seine Sozialstruktur verstärken sich im parlamentarischen Regierungssystem Italiens Reflexionsmechanismen, Kontroll- und Expertisefunktionen. Der italienische Bikameralismus erfüllt damit die von Samuel Levmore formulierte Funktion einer „supermajority". Levmore betrachtet Zweite Kammern „as a means of preventing some kinds of government intervention based on the support of a simple majority of the members of a legislature. Understood in this way, bicameralism is a substitute for some form of a supermajoritanism." [Levmore 1992: 146]

Die Vetopunkt-Perspektive öffnet den Blick dafür, daß Zweite Kammern auch ohne die in der Bikameralismusforschung so stark gewichtete territoriale Repräsentationsbasis ein hohes Maß an funktionaler Relevanz erreichen. Damit können für Zweite Kammern mit ganz unterschiedlicher Repräsentationsbasis ähnliche Wirkungen im politischen System erzielt werden. So kann der französische Senat, der im unitarischen Frankreich als alles andere als eine föderale Kammer angesehen werden kann, wegen der Wahlmodalitäten, seiner Zusammensetzung und seinen Arbeitsschwerpunkten (Raumordnung und Dezentralisierung) als Vertretungsorgan der „ländlichen Räume" gelten. Er nimmt damit eine dem Schweizer Ständerat, einer föderalen Kammer par excellence, sehr ähnliche Interessenvertretung wahr. Durch die gleiche Gewichtung der Kantone im Ständerat ist die ländliche Wählerschaft der Schweizer Volkspartei überproportional vertreten und stellt jene „zweite Mehrheit" dar, die vom Nationalrat – die umfassenden Referendumsmöglichkeiten der Schweiz einmal dahingestellt – nicht umgangen werden kann.

Zusammengefaßt liegt die Leistung Zweiter Kammern auf dem Gebiet der Repräsentation darin, einen strukturellen Ansatzpunkt zum Abgleichen von ideellen und materiellen Interessendivergenzen innerhalb eines Gemeinwesens zu bieten, da sie in allen Fällen – selbst im Fall der auf den ersten Blick spiegelgleichen Zweiten Kammer Italiens – gegenüber den Ersten Kammern verschobene Relationen und Mehrheiten aufweisen, und zwar hinsichtlich so verschiedener Dimensionen wie der des Sozial- oder Altersprofils oder parteipolitischer Kräfteverhältnisse. Das Gesamtparlament bringt mittels seiner konfliktiven oder kooperativen Beziehungen auf diese Weise eine Repräsentation zustande, die immer noch nicht unbedingt „das Ganze" effizient vertritt, aber auch mehr ist als eine einfache „Mehrheit".

3. Zur Arbeitsweise Zweiter Kammern: Zwischen Effizienzsteigerung und Blockade

Die lange Zeit vorherrschende Ansicht, es handele sich bei Zweiten Kammern um überflüssige und untätige Gremien, die die Gesetzgebungsprozesse unnötig verlängern und verteuern, kann mit einem Blick auf ihre Arbeitsweise und das politische Zusammenspiel beider Kammern in den meisten Fällen schnell entkräftet werden. Erst die Untersuchung der meist außerhalb des Blickfelds öffentlicher Aufmerksamkeit liegenden internen Organisation und Arbeitsweise Zweiter Kammern macht vollends deutlich, welche „Tore des Einflusses" zugunsten der Öffnung des politischen Prozesses in Richtung einer Verhandlungslogik Zweite Kammern sind.

Unter allen Zweiten Kammer ragt der kompetenzenreiche US-Senat weit heraus. Ausgestattet mit der Zustimmungspflicht in allen Bereichen der Gesetzgebung, mit umfassenden Vetomöglichkeiten im exekutiven Bereich – Ernennung von Regierungspersonal und bei internationalen Verträgen – und als Jury beim *Impeachment*, arbeitet hier eine „Zweite Kammer erster Klasse" [*USA*]. Die Arbeitsorganisation in Ausschüssen, ein Gliederungsprinzip, das inzwischen allen Zweiten Kammern eigen ist und in der Regel das Ausschußsystem der Ersten Kammer und damit die Ressortgliederung der Exekutive nachbildet, ermöglicht es dem US-Senat, mit seinem *output* dem Repräsentantenhaus gleich zu sein, wenn nicht gar, es zu übertreffen. Berechnet man die eingebrachten Gesetze nach der Zahl der Mitglieder des jeweiligen Hauses, so wie Haas das in seinem Beitrag tut [*USA* Abschnitt V], zeigt sich sehr schnell die Effizenz des Senates. Ein durchschnittlich über 40 Personen großer Mitarbeiterstab der Senatoren ermöglicht diese Leistungsfähigkeit in Gesetzesinitiative, Beratung und Verabschiedung. Dagegen zeigt uns ein kurzer Blick auf Österreich eine Zweite Kammer, deren personelle Ausstattung dürftig ist: Ihm stehen keine wissenschaftliche Hilfskräfte zur Verfügung [*Österreich* Abschnitt IV]. Die Bedeutungslosigkeit des österreichischen Bundesrates hat zwar in erster Linie strukturelle Ursachen, doch ist schnell einzusehen, daß ohne einen funktionierenden Mitarbeiterstab die Möglichkeiten zur innovativen Politikgestaltung per se eingeschränkt sind. Dagegen veranlaßten einflußreiche Senatsausschüsse der USA, hier vor allem die Haushaltsausschüsse und das *Committee on Foreign Relations* und die besondere Stellung, die die Vorsitzenden bei der Beschleunigung oder der Verhinderung von Gesetzen einnehmen, Ernst Fraenkel zu urteilen, der Vorsitzende des *Foreign Relations Committee* sei einer der mächtigsten Männer der Welt [*USA* Abschnitt IV].

Es ist auch im *House of Lords* die Ausschußarbeit, die besondere Beachtung findet und im aktuellen Reformprozess als Beleg für die Relevanz des Oberhauses herangezogen wird. Inbesondere der Wissenschaft- und Technik- und der Europa-Ausschuß gelten als Expertengremien, in denen mit besonderem Sachverstand und ohne zeitlichen Druck Gesetzgebungsarbeit geleistet wird. Parteipolitisch nicht kontroverse, aber gesetzgebungstechnisch schwierige Initiativen werden hier zuerst eingebracht [*Großbritannien* Abschnitt V]. Einen ständigen Ausschuß besonderer Art hat jüngst das japanische Oberhaus eingerichtet: Als Reaktion auf die anhaltenden Korruptionsskandale in der Verwaltung besitzt es nun einen Ausschuß zur Verwaltungskontrolle [*Japan* Abschnitt IV].

Auch wenn im Legislativprozeß nachgeordnete Senatsausschüsse für zeit- und arbeitskostenintensive Regierungsexpertisen eingesetzt werden, wie dies in den letzten Jahren zunehmend in Kanada der Fall war [*Kanada* Abschnitt IV], kann dies als Indiz für die von Mughan und Patterson [1999] als dominanten Beziehungsmodus zwischen den Kammern konstatierte gegenseitige Wertschätzung angesehen werden.[7] Die aktuelle Reformdiskussion zum kanadischen Senat präferiert unter anderem ein interessantes Modell, das der Gesetzesreflexion und der Konsenssuche zwischen beiden Kammern eine besonders konsensdemokratische Note verleiht: Das Vetorecht soll abgelöst werden duch ein Konkordanzverfahren, das dem Senat das Recht gibt, bei Uneinigkeiten in der Gesetzgebung gemeinsame Sitzungen mit den *Commons* zu fordern [*Kanada* Abschnitt VI]. Die bei der Reform angestrebte Vertretung der Provinzen könnte dadurch zu einem effizienten, aber nicht blockierenden Forum auf kanadischer Bundesebene werden, zumal sich die besondere Bedeutung der gemeinsamen Ausschüsse und/oder Vermittlungsausschüsse im institutionellen Zusammenspiel vieler bikameraler Systeme bewährt hat.

Die Aufgabe eines Vermittlungsausschusses ist es, als drittes meist paritätisch besetztes, aber unabhängig arbeitendes Gremium zwischen den beiden Kammern bei Konflikten, Meinungsverschiedenheiten und strittiger Gesetzgebung konsensuale Lösungen zu suchen. Diesem Verfahren geht meist ein Pendel- oder Navetteprozeß des strittigen Gesetzesvorhabens zwischen Erster und Zweiter Kammer voraus, bevor von einer der beiden Kammern der Vermittlungsausschuß angerufen wird. Er kann seine ganze Wirkung dann entfalten, wenn die Vetomöglichkeiten beider Kammern sehr groß sind. In der Bundesrepublik Deutschland steigt die Quote der Vermittlungsverfahren in Zeiten unterschiedlicher Mehrheiten auf über 20 Prozent der Bundestagsbeschlüsse [*Deutschland* Abschnitt IV]. Während der sozialliberalen Koalition fielen fast alle wesentlichen Entscheidungen zur Steuergesetzgebung im Vermittlungsausschuß. Die Bezeichnung „Dritte Kammer" für die *conference committees* in den USA [*USA* Abschnitt V] könnte auf diese Situationen ihre berechtigte Übertragung finden. In der Schweizer Konkordanzdemokratie dagegen fand die „Einigungskonferenz" seit der Einführung 1902 erst 22 Mal statt. In allen anderen strittigen Fällen genügte das „Differenzbereinigungsverfahren", aus dem der Ständerat häufiger als Sieger hervorging [*Schweiz* Abschnitt IV und V].

Die Aufgaben und Formen der Vermittlung differieren in den bikameralen Systemen, in denen die Zweite Kammer in der Gesetzgebung nachgeordnet ist oder ihr nur ein aufschiebendes Veto zukommt. In den Aufgabenbereich von Belgiens *comité de concertation* fällt z.B. die Prüfung der Frage, in welchen Fällen beide Kammern für die Gesetzgebung zuständig sind [*Belgien* Abschnitt IV]. In Südafrika fallen die Provinzangelegenheiten in den Bereich der konkurrierenden Gesetzgebung, in dem der Nationalrat als Zweite Kammer Initiativrecht hat. Nur innerhalb dieses Bereichs kann ein paritätisch aus Provinzdelegierten und Abgeordneten der Nationalversammlung zusammengesetzter Vermittlungsausschuß eingesetzt werden. Nur eine Zweidrittelmehrheit der Ersten Kammer kann im Falle seines Scheiterns das Gesetz doch noch verabschieden. Im rationalisierten Parlamentarismus der V. Republik Frankreichs ist es die Regierung, die fast bei einem Viertel der Gesetzesvorhaben den Vermittlungsausschuß aus je sieben Mitgliedern der Nationalversammlung und des Senates einberuft [*Frankreich* Abschnitt IV]. Auch hier, wie bei fast allen Konsensverfahren, ist der Erfolg der gütlichen Einigung sehr hoch.

Konsequent anders, ihrer konkurrenzdemokratischen Funktionslogik folgend, verhalten sich die bikameralen Westminstersysteme: Die mit nur kurzzeitigem suspensiven Veto ausgestatteten Oberhäuser Großbritanniens, Irlands und Kanadas kennen keinen Vermittlungs-

---

[7] Wie Armin Nolting in seinem Beitrag zu diesem Band beschreibt, bildet Südafrika in puncto gegenseitigem Respekt (noch?) eine Ausnahme [*Südafrika* Abschnitt VI].

ausschuß. Noch nicht, denn eine entsprechende Verfahrensreform wird in Kanada bereits diskutiert und selbst für das *House of Lords* scheint angesichts der weitreichenden Reformvorhaben vieles möglich.

Die Gefahr der institutionalisierten Vermittlung liegt in ihrem Scheitern. Nach einem erfolglosen Vermittlungsverfahren ist bei absoluten Vetomöglichkeiten beider Kammern das Gesetzesvorhaben, das in Regel bereits hohe Zeit- und Arbeitskosten verursacht hat, gescheitert. Tsebelis [1995] und Schmidt [1999] verweisen darauf, daß „viele Vetopositionen und Vetospieler den Spielraum der zentralstaatlichen Legislative und Exekutive beträchtlich einengen. [...] [Sie] beeinflussen die Politikformulierung, den Politikoutput und die Politikresultate sehr stark." Obgleich dadurch das Potential für einen Politikwechsel geringer ist und für das politische System daraus „niedrigere Anpassungsfähigkeit, geringe Elastizität und unzulängliche Modernisierungskapazität erwachsen" können [Schmidt 1999: 194-195], bleiben die Vorzüge von Vetostrukturen und Vetoplayern, die in der politikwissenschaftlichen Diskussion vielfach genannt werden [Lehmbruch, Schmidt, Offe u.a.]: die Fähigkeit zur Integration von opponierenden Minderheiten, seien sie parteipolitisch, politisch-kulturell, ethnisch oder territorial zu verorten; die Repräsentation einer segmentierten Gesellschaft; eine hohe politische Konstanz und die geringere Vollzugskosten, wodurch die höheren Zeitkosten im Gesetzgebungsprozeß ausgeglichen werden [Riescher 1994].[8] Doch die Garantiefunktion für Minderheiten und die Stabilität, die Zweite Kammern mit starken Vetorechten bieten, bleiben unleugbar mit einem Risiko behaftet: dem des völligen Stillstands eines Entscheidungsprozesses, für den einige Beispiele vorliegen [*Australien, Kanada, Niederlande, Neuseeland*]. Sartori [1994: 187] fiel in seinem Werk „Comparative Constitutional Engineering" für diesen Fall nur ein Ratschlag ein: die Vermeidung symmetrischer Kammern in parlamentarischen Regimen.

4. Alternativen und Reformansätze

Die Quasi-Alternativlosigkeit Zweiter Kammern[9] in föderalen Systemen begründet Levmore mit dem Kontrollbedarf, der bei Zusammenschlüssen dadurch entsteht, daß staatliche Interventionen infolge der entstehenden Überlappung bestimmter Zuständigkeiten wahrscheinlicher werden. Außerdem steigt seiner Einschätzung nach in föderalen Systemen die Chance kleiner Koalitionen, eine Legislative zu erobern. Bikameralismus stellt eine Möglichkeit dar, zu hohe externe Kosten zu vermeiden. Auch Sartori [1994: 188] hält bei föderalen Systemen schon allein wegen der nötigen Repräsentation der Glieder des Bundes ein Einkammersystem für indiskutabel. Vetopunkte, wie sie Zweite Kammern bieten, scheinen in föderalen Systemen somit schwer verzichtbar. Tatsächlich betrifft die Diskussion um die Abschaffung Zweiter Kammern in der von uns untersuchten Länderauswahl auch nur unitarische Systeme. Gibt es tatsächlich bessere Alternativen? Welchen funktionellen Ersatz fanden die Länder, die die Zweite Kammer abgeschafft haben?

Betrachtet man die politischen Systeme, die sich in jüngerer Zeit für die Abschaffung der Zweiten Kammer entschieden haben, so zeigen sich mit Dänemark, Schweden und Neuseeland relativ homogene Gesellschaften [Lijphart 1984: 93], die ein hohes Maß an Konsensmechanismen aufweisen. So beinhaltete die schwedische Verfassungsreform zur Aufhebung des Bikameralismus 1968/69 gleichzeitig eine Wahlreform, die für größeren Parteienproporz sorgte und Koalitionsregierungen auf breiterer parteipolitischer Basis nach sich zog [*Schweden*

---

[8] Es läßt sich feststellen, daß die Neigung von Politikwissenschaftlern, das eine oder andere System (und seine Risiken) vorzuziehen, nicht unabhängig von der aktuellen politischen Agenda und Konjunktur ist: So scheint derzeit vor dem Hintergrund des notwendigen Umbaus der Wohlfahrtsstaaten die relative Reformoffenheit der Mehrheitsdemokratie in Großbritannien wieder stärker geschätzt zu werden.

[9] Zumindest in der zeitgenössischen Diskussion – historisch gesehen gab es Staatenbünde mit nur einer Kammer und speziellen Verfahrensregeln wie Konsensentscheidungen [Tsebelis/Money 1997: 31].

Abschnitt VI]. Koalitionsregierungen spielen laut Tsebelis ausdrücklich eine Rolle als „partisan veto-players". Auch in der Verfassungsreformdiskussion der achtziger Jahre in Neuseeland werden die Argumente für eine Wiedererrichtung der 1950 aufgelösten Zweiten Kammer interessanterweise mit dem Hinweis auf andere Institutionen, die die Arbeit des Senates übernommen haben, zurückgewiesen. Genannt werden neben der Verhältniswahl das effektivere Ausschußsystem im *House of Representatives* und die Stärkung der Kompetenzen des *Ombudsman* und der *Human Rights Commission* [*Neuseeland* Abschnitt VI]. Die von den Verteidigern Zweiter Kammern hochgelobte Bremswirkung im Gesetzgebungsprozeß, die das ‚Überfahren' der Interessen von Minderheiten zu verhinden vermag, wird in den monokameralen Parlamenten Neuseelands wie auch Dänemarks durch das Festschreiben besonders qualifizierter Mehrheiten angestrebt. Darüber hinaus wird in der Literatur immer wieder darauf hingewiesen, daß die in vielen Ländern zu beobachtende Bedeutungszunahme von Institutionen der Verfassungsgerichtsbarkeit ihrerseits die Funktion des Minderheitenschutzes und Eingrenzung der Mehrheitsherrschaft übernehmen könne. Auch Institutionen direkter Demokratien können – abhängig von der strategischen Logik ihres politischen Umfelds und ihren genauen Anwendungsmodalitäten – verhandlungsstärkende Konsequenzen für den politischen Prozeß zeitigen – allerdings eben auch das Gegenteil [Jung 1996: 639-640].

All diese Elemente bieten partiell einen funktionellen Ersatz für Zweite Kammern, können aber kaum die Bündelung von Funktionen, die diese Strukturen bieten, in ihrer Breite übernehmen. Mastias/Grangé [1987: 98-99] betonen vor allem auch die hohe symbolische Wirkkraft und psychologische Stabilisierungs- und Garantiefunktion, die Zweite Kammern für politische Systeme besitzen bzw. wahrnehmen können. Außerdem macht allein die Existenz Zweiter Kammern in Entscheidungsverfahren einen Unterschied, der nicht in derselben Weise von Verfahren oder Regeln, die von Fall zu Fall eingesetzt werden, ersetzbar ist: Levmore diskutiert ihre Rolle als Kontrolleur der *Agenda-Setter* – ein Aspekt, der weiter oben bezüglich der Legislativfunktion schon angesprochen wurde [Levmore 1992]. Oft wird bei der Diskussion um den Nutzen Zweiter Kammern auch übersehen, daß diese Institutionen nicht nur den Vorzug haben, als eine Art „Super-Mehrheit" zu wirken und so externe Entscheidungskosten zu senken, weil Minderheiten sich so besser berücksichtigt finden. Levmore hebt hervor, daß Zweite Kammern im Gegensatz zu qualifizierten Mehrheitsregeln gleichzeitig sichern können, daß Minderheiten „echte" Mehrheitspräferenzen nicht auf die Dauer verhindern können: „Both bicameralism and supermajorities can serve to stop legislation of special interests, but only bicameralism can at the same time preserve all strong Condorcet alternatives." [Levmore 1992: 158] Bei dieser Institution handelt es sich also im Gegensatz zur qualifizierten Mehrheitsregel um die leistungsfähigere Schleuse im politischen Prozeß.

Was des weiteren die Institution der Verfassungsgerichtsbarkeit angeht, die in jüngerer Zeit international einen Bedeutungszuwachs erfuhr und teilweise historische Funktionen Zweiter Kammern erbte und insofern ebenfalls als funktionelles Substitut für die Garantiefunktion Zweiter Kammern diskutiert werden könnte, so übernimmt sie als vermeintliche heimliche dritte Kammer nur teilweise die Funktionen der Zweiten Kammer: Politische Opportunitäts-überlegungen oder das Erwägen von alternativen politischen Zielformulierungen sind normalerweise nicht ihre Sache [Mastias/Grangé 1987: 97]. Allerdings macht gerade das Beispiel der Institution Verfassungsgerichtsbarkeit klar, daß die Erwartungen an Institutionen von Land zu Land sehr stark differieren können und letztlich von den dort vorherrschenden Souveränitätsvorstellungen und mehr oder weniger mehrheitsdemokratisch geprägten Entscheidungsmustern abhängen. Das gilt entsprechend für Zweite Kammern. Schließlich ist – neoinstitutionalistisch formuliert – die Reform ‚nur' einer Institution schon ein folgenreicher Eingriff in das Netzwerk ineinander verwobener Entscheidungsmuster, wie sie das Handeln der politischen Akteure prägen.

Ob die ‚Totalreform' der Zweiten Kammer, nämlich ihre Abschaffung, eine Alternative sein kann, ist also nur in bezug auf ein bestimmtes politisches System zu ermitteln, und zwar unter Berücksichtigung der Bedeutung, die die Zweite Kammer als Vetopunkt dort hatte. Wenn man sich mit André Kaiser Lijpharts Mehrheitsdemokratien und Verhandlungsdemokratie als Extrempunkte einer Skala vorstellt, könnte man die einzelnen Demokratien je nach der Anzahl ihrer „Veto-Punkte" dort einordnen und hätte dann bei Reformüberlegungen zu berücksichtigen, daß die Transaktionskosten einer Reform sich mit der Entfernung vom Vorzustand erhöhen: Eine Reform hat vor allem dann eine Chance, wenn sie das strukturelle Umfeld, das Institutionen für politische Akteure darstellen, insgesamt nicht allzusehr verschiebt und das Land in der Gesamtwertung auf der genannten Skala nicht völlig verrutscht. Das Beispiel der abgeschafften Kammern macht deutlich, daß Zweite Kammern nicht das Monopol der Wahrnehmung der ihnen zugeschriebenen Funktionen, insbesondere der von uns hervorgehobenen Begrenzung der einfachen Mehrheitsherrschaft, haben. Die Länderstudien in diesem Band zeigen Zweite Kammern aber als komplexe Strukturen, die abgesehen von ihren manifesten oder ihnen zugeschriebenen Funktionen latente Funktionen übernehmen können, mit denen sie das System an neue Umwelterfordernisse anpassen und so stabilisieren können: Oft handelt es sich nur um temporäre Funktionsübernahmen in Abhängigkeit von der Entwicklung des übrigen politischen Systems – als Beispiel wäre die Investigationsfunktion der kanadischen Zweiten Kammer in den sechziger und siebziger Jahren zu nennen [*Kanada* Abschnitt V]. Ein anderer Fall wäre die Übernahme der subsidiären Funktion einer Personalreserve und eines Trainingsfelds oder auch einer Alterssicherung von Politikern [*Neuseeland* Abschnitt II]: Damit können sie unter Umständen zur Professionalisierung von Politik beitragen und die Modernisierung des politischen Systems unterstützen. Eine solche Flexibilität durch internen Institutionswandel können einzelne Verfahrensmodalitäten wie qualifizierte Mehrheitsregeln nicht bieten – für den Erhalt von Zweiten Kammern spricht also auch die Wandlungsfähigkeit ihrer Nutzung bei vergleichsweise geringen Transaktionskosten.

Die meisten Reformvorschläge fordern auch nicht radikal die Abschaffung, sondern die Überholung Zweiter Kammern und zielen vor allem auf eine modifizierte Rekrutierung und Zusammensetzung [*Spanien, Frankreich, Großbritannien, Italien*] zur Stärkung ihrer legitimatorischen Basis. Auf seiten der Zweiten Kammern selbst ist der Versuch einer Rationalisierung der Arbeit und die Erarbeitung inhaltlicher Schwerpunkte zu beobachten. Bei den Zweiten Kammern Europas stellt dabei offensichtlich die europäische Union einen Arbeitsschwerpunkt dar [*Großbritannien, Frankreich*]. Möglich scheint für diese Fälle ein Bedeutungszuwachs im legislativen Bereich, da die nationalen Parlamente mit der Kontrolle der europäischen Regelungen und ihrer Umsetzung [Patterson/Mughan 1999: 347] und der komplexer werdenden Vermittlung zwischen territorialen Herrschaftseinheiten einen Zuwachs an Aufgaben zu erwarten haben. Vor allem bei außereuropäischen Zweiten Kammern[10] kommt die nach wie vor aktuelle Herausforderung des *nation-building* zum Tragen: Hier geht es zwar zum einen ebenfalls um die Vermittlung und Verarbeitung territorialer oder regionaler Unterschiede [*Indien*], zum anderen um den Ausgleich und die Berücksichtigung kultureller und ethnischer Unterschiede. Hier ist auch die Diskussion um die Wiedereinführung einer Zweiten Kammer in Neuseeland von Interesse, die unter anderem nicht allein die Sicherung der Repräsentation autochtoner Interessen fordert, sondern auch den dadurch bewerkstelligten Einbau des „stärker konsensuell verfahrenden Politikstil[s] des *Tikanga Maori*" [*Neuseeland* Abschnitt VI] in das sonst äußerst mehrheitsdemokratische System Neuseelands. Solche Überlegungen scheinen uns hinsichtlich der Demokratisierung einiger multiethnischer Staaten in Afrika (Tradition des Konsensverfahrens *Palaver*) und Asiens im Sinne eines kulturell angepaßten „constitutional engineering" durchaus anregend.

---

[10] Aber auch in europäischen Ländern, etwa Spanien und Belgien.

Freilich ist die Einrichtung von Vetopunkten, die Verhandlungssysteme etablieren oder zumindest Verhandlungsmuster in kompetitive Muster oder hierarchische Entscheidungs-verfahren einweben, nicht per se konfliktlösend, sondern kann ganz im Gegenteil auch konfliktverschärfend wirken. Verhandlung setzt schließlich Kooperationswillen voraus, der „Erfolg" für die beteiligten Akteure und der Anteil am Kooperationsgewinn kann aber mit dem strategischen Einsatz von „Bargaining" oder „Konfrontation" steigen:

> „Wenn die Beteiligten es nicht schaffen, dieser (dem Gefangenendilemma entsprechenden) Falle zu entgehen, werden die Verhandlungen langwierig, konflikthaft – und – wenn sie nicht ohnehin scheitern – im Ergebnis weit hinter dem erreichbaren Optimum zurückbleiben. Im Vergleich dazu erscheint dann die (gemeinwohlorientierte) hierarchische oder majoritäre Entscheidung in der Tat als Muster an Problemlösungs-Effizienz, demgegenüber Verhandlungssysteme allenfalls zweitbeste Lösungen darstellen können. Aber hierarchisch-majoritäre Institutionen lassen sich nicht immer schaffen, und wo sie existieren, sind sie nicht immer gemeinwohlorientiert." [Scharpf 1992: 23]

Verfassungsingenieure betreiben deshalb ein schwieriges Optimierungsgeschäft. Vetopunkte sind nicht in jedem Fall Pluspunkte.[11]

IV.   Forschungsperspektiven

1.   „Starke" Kammern, „schwache" Kammern – ein anderer Blick auf bekannte Schemata

Im vorangegangenem Punkt unserer Überlegungen ging des darum, die grundsätzliche Relevanz von Zweiten Kammern als Vetopunkte im politischen System anhand unserer Fallbeispiele zu reflektieren und plausibel zu machen. Hält man diese Betrachtungsweise für überzeugend, so stellt sich die Frage, wie sie für konkrete empirische Studien nutzbar gemacht werden könnte. Daß dies wünschenswert wäre, steht außer Zweifel, denn „Veto-positionen und Vetospieler beeinflussen die Politikformulierung, den Politikoutput und die Politikresultate sehr stark" [Schmidt 1999: 194].

Wenn man also Politik aus der dritten, von uns bisher ausgeblendeten Perspektive der *policy* analysieren möchte, ist man auf das Wissen um Institutionen und die Einflußlogiken, die durch sie oder in ihnen wirken, angewiesen. Dazu gehört auch die Frage, welchen Einfluß die Zweite Kammer jeweils hat. Daß dazu eine Unterteilung in „starke" und „schwache" Kammern, die nach dem Kriterium der Kompetenzausstattung folgt, nur ein sehr grobes und unzureichendes Verständnis der tatsächlich ablaufenden Prozesse liefern könnte, scheint nach der Sichtung der Funktionsprofile der verschiedenen Länder evident. Vergleicht man die einzelnen Fälle, so treten aus all den Details deutliche, sich wiederholende Zusammenhänge hervor, die sich als Variable zu einem heuristischem Raster zusammenfügen. Mit ihrer Hilfe läßt sich die Vielfalt der Situationen systematisch aufschlüsseln und erklären, wann oder warum auch „schwache" Kammern Einfluß auf den politischen Prozeß nehmen können.

Grundsätzlich ergibt sich der Einfluß einer Zweiten Kammer aus der Art und Weise, wie das jeweils spezifische, sich aus einer bestimmten Ressourcenausstattung ergebende

---

[11] Am deutschen Beispiel läßt sich solch eine Optimierungsdebatte regelmäßig verfolgen: Obwohl die konkordanzdemokratischen Zwänge, die von der Blockademacht des Bundesrats und den Verflechtungen des unitarisierten Föderalismus ausgehen, der konsensorientierten Kultur entsprechen, wird immer wieder angesicht der zahlreichen Veto-Positionen im System die Sorge um die Fähigkeit „politischer Zukunftsgestaltung" laut [Paul Kevenhörster in: Frankfurter Allgemeine Zeitung vom 8. September 1999: 11].

Handlungspotential in einem bestimmten strukturellen und konjunkturellen Umfeld genutzt wird. Kurz:

> Die „windows of influence", die die Veto-Punkt-Struktur Zweite Kammer bieten, sind aufgrund der „harten" (strukturellen) Variablen ungleich groß und aufgrund der „weichen" (konjunkturellen) Variablen ungleich weit geöffnet.

Doch welche Ressourcen sind ausschlaggebend? Schon die ländervergleichende Studie von Mastias und Grangé aus dem Jahre 1987 hatte hinsichtlich der Ressourcenausstattung Zweiter Kammern auf die zentrale Bedeutung einer Art „magischen Dreiecks" verwiesen, das wir etwas erweitern möchten. Nach Mastias/Grangé wirkt sich die Höhe des Übereinstimmungsgrads der Zusammensetzung und Bestellung einer Zweiten Kammer mit dem dominierenden Prinzip der Repräsentativität generell als Legitimations- und somit zentrale Handlungsressource aus. Allerdings kommt dies nur dann voll zum Tragen, wenn diese Repräsentativität nicht zu einer Kongruenz mit der Ersten Kammer führt und somit auf Kosten der Spezifität geht, die er als zweite Variable für Rolle und politisches Gewicht einer Zweiten Kammer nennt. Dabei soll hier nicht nur die verfassungsrechtlich definierte Art der Zusammensetzung gemeint sein, sondern auf einer zweiten Ebene auch die aktuelle Ausfüllung, so daß hier innerhalb ein und desselben Systems Schwankungen in der Ressourcenausstattung vorliegen. Daß Spezifität im Sinne der Nichtkongruenz zur Ersten Kammer das politische Gewicht der Zweiten Kammer verstärkt, zeigt etwa die jüngste Entwicklung im (schwachen) japanischen Oberhaus, wo bei prinzipiell gleicher demokratisch-egalitärer Repräsentationsbasis in den neunziger Jahren erstmals eine abweichende Mehrheit vorhanden ist und somit die Vetopunkt-Qualität des Hauses aktiviert, weil die Regierung das Oberhaus nun mangels einer eigenen absoluten Mehrheit in Kooperationsverhandlungen einbinden muß [*Japan* Abschnitt V]. Welche Folgen für die Vetopunkt-Qualität die Änderung ‚nur' des einen Pols Spezifität hat, zeigt auch das Beispiel Australiens [*Australien* Abschnitt II].

Generell sind föderale Zweite Kammern hinsichtlich der Spannung zwischen den Polen von Repräsentativität und Spezifität (also dem schon von Abbé Sièyes formuliertem Dilemma, entweder überflüssige Doppelung oder gefährliche Behinderung des Volkswillens zu sein [*Einführung*] tatsächlich immer im Vorteil gegenüber unitarischen Kammern, bei denen eine entsprechende Balance schwerer zu erreichen ist. Der US-amerikanische Senat kombiniert diese beide Ressourcen in wohl kaum zu übertreffender Weise, da durch die direkte Wahl eine Anbindung an einer Demokratie dominierenden Repräsentativitätsvorstellungen gegeben ist, andererseits durch die Bestellung nach Staaten aber auch die Spezifität und die gleichrangige Legitimation als Institution territorialer Repräsentation [*USA*]. Dazu kommt – als dritter den Handlungsspielraum bestimmender Faktor – eine Ausstattung an Kompetenzen, die international ebenfalls ihresgleichen sucht und mit der starken Legitimation in Einklang steht. An der vergleichsweise jungen spanischen Zweiten Kammer läßt sich dagegen demonstrieren, wie Ungleichgewichte im „magischen Dreieck" auf Kosten ihrer Rolle und Einflußmöglichkeiten gehen. Die Spezifität des *Senado* wird durch die zur Ersten Kammer synchrone Wahl eingeschränkt. Außerdem wird seine legitimatorische Basis durch die ungenügende Anpassung an das für ihn von der Verfassung vorgesehene Legitimationsprinzip der territorialen Repräsentation (Problem der Berücksichtigung der autonomen Regionen) geschmälert sowie zusätzlich dadurch, daß die demokratische Repräsentativität wegen der groben demographischen Ungleichheit der als Wahlkreise fungierenden Provinzen fragwürdig scheint [*Spanien* Abschnitte III, IV]. Dazu kommt das Fehlen eines weiteren Faktors, der die legitimatorische und operative Basis theoretisch stärken kann: das institutionelle Alter, das traditionelle Legitimität sichert und sich zudem als Tiefe der Verankerung im Handlungsfeld der politischen Akteure positiv auf die operative Basis auswirkt. Daß dieser letzte Aspekt wichtig ist, zeigt auch der Blick auf Japan, dessen Zweite Kammer wie auch die vom Westen übernommenen Verfassungsinstitutionen überhaupt nur eine begrenzte Verwurzelung in der politischen Kultur haben und denen a priori nur eine begrenzte Bedeutung als strategische Stellgröße im politischen Prozeß zukommt. Das Beispiel Belgien zeigt darüber hinaus. wie schlichtweg auch fehlende personelle Ressourcen und chronische Arbeitsüberlastung zum Problem werden können.

Die in der Lijphartschen Systematik [Lijphart 1984: 99] als „schwach"[12] eingeordneten Zweiten Kammern in unitarischen Mehrheitsdemokratien eint die spärliche Ausstattung an „real power" im Sinne einer bescheidenen Ausstattung an verfassungsrechtlichen Kompetenzen, oder in einer klassischen Formel ausgedrückt: Gemeinhin ist ihnen geringe *potestas* eigen. Damit liegt jedoch ihre Ressourcenausstattung noch lange nicht bei Null. Auf der Basis ausreichender Spezifität vermögen diese Kammern *auctoritas* zu entwickeln. In unserem Schema käme sie aus einer geglückten Koppelung von Spezifität und Nicht-Kongruenz mit der Ersten Kammer, einem besonderen Know-how ihres Personals und vor allem dem Modus der Nutzung dieser Ressourcen zustande.

Tatsächlich hängt der Einfluß einer Zweiten Kammer ganz entscheidend von ihrer Einbindung in ein bestimmtes Umfeld und seine Möglichkeiten ab. Modus, Timing und Verkoppelung mit anderen Vetopunkten bestimmen letztlich seine Größe. Ein Beispiel wäre etwa der französische Senat, der unter Nutzung seiner beschränkten, aber reellen Möglichkeiten der Verzögerung im Gesetzgebungsprozeß 1984 zu einem Relais der in der Bevölkerung erheblichen Opposition gegen die Pläne der sozialistischen Regierung wurde und so zu ihrem Scheitern beitrug – als ein Vetopunkt im System [*Frankreich*]. An dieser Stelle wird auch deutlich, daß in dem hier gemeinten Sinne „Veto" nicht im Sinn einer fixen Verbotsschranke und Sanktions-gewalt zu verstehen ist, sondern als Einfluß- und Blockademöglichkeit. Von diesem Vetopunkt-Begriff zu unterscheiden ist die strenge Definition von Tsebelis, der als institutionelle Veto-Player ausschließlich solche mit formaler Veto-Möglichkeit betrachtet [Tsebelis 1995: 305]. Die Mehrzahl der in diesem Band vorgestellten Zweiten Kammern würde aus dieser Kategorie herausfallen.

Im genannten französischen Beispiel bestand das „Veto" in der Mobilisierung konkurrierender Mehrheiten – die Mehrheiten in der Bevölkerung bzw. ,auf der Straße' und im Senat konkurrierten mit der Mehrheit der Nationalversammlung. Bei solchen erfolgreichen Einflußnahmen geht es nicht unbedingt um den Schutz von Minderheiten, sondern unter Umständen um den Schutz einer eventuell in der Bevölkerung existierenden Mehrheitsmeinung, die aber in der ,eigentlichen' Volksvertretung der Ersten Kammer nicht abgebildet bzw. möglicherweise gar nicht thematisiert wird.

Wenn „schwache" Zweite Kammern vor dem Hintergrund konkurrierender Mehrheiten agieren und den konsensfähigen Bereich nicht verlassen, können sie Einfluß gewinnen, ohne ihre Autorität und letztlich ihre Existenz zu gefährden. So bewegt sich das britische Oberhaus problemlos innerhalb der Grenzen seiner Einflußmöglichkeiten, wenn es sich etwa für Konsumentenschutz stark macht und in solchen Fällen sogar gestaltend tätig sein kann. Die in seinem Ressourcenprofil klaffende Lücke – seine fehlende demokratische Repräsentativität – erlaubt es nur zum möglichen Preis der eigenen Existenz, frontal gegen eine Entscheidung der Volksvertretung der *Commons* anzugehen. Dies zeigt die jüngste Verfassungskrise, die das Oberhaus 1998 durch seinen Widerstand gegenüber dem Wahlverfahren für die Europawahlen ausgelöst hat [Frankfurter Allgemeine Zeitung 20.11.1998: 2]. Wie beim französischen Senat ist seine wichtigste Waffe die Zeit bzw. die Verzögerung, doch der unnachgiebige Einsatz ruft unweigerlich zuungunsten des Oberhauses die Diskussion um die höhere Legitimation der

---

[12] „Schwache" Kammern agieren als „Qualitätssicherung" in der Gesetzgebung. Tsebelis/Money würden in diesem Fall von einer Dominanz der „efficiency"-Dimension Zweiter Kammern sprechen. Dem entspricht auf der anderen Seite die „politische" Dimension als Austragung der Interessendifferenz beider Kammern. Sie dominiert bei Lijpharts „starken" Kammern [1984:16]. Beide Dimensionen ermöglichen ebenfalls einen Vergleich der Kammern jenseits der Dichotomie von Bundesstaaten-Kammern und Kammern unitarischer Staaten.

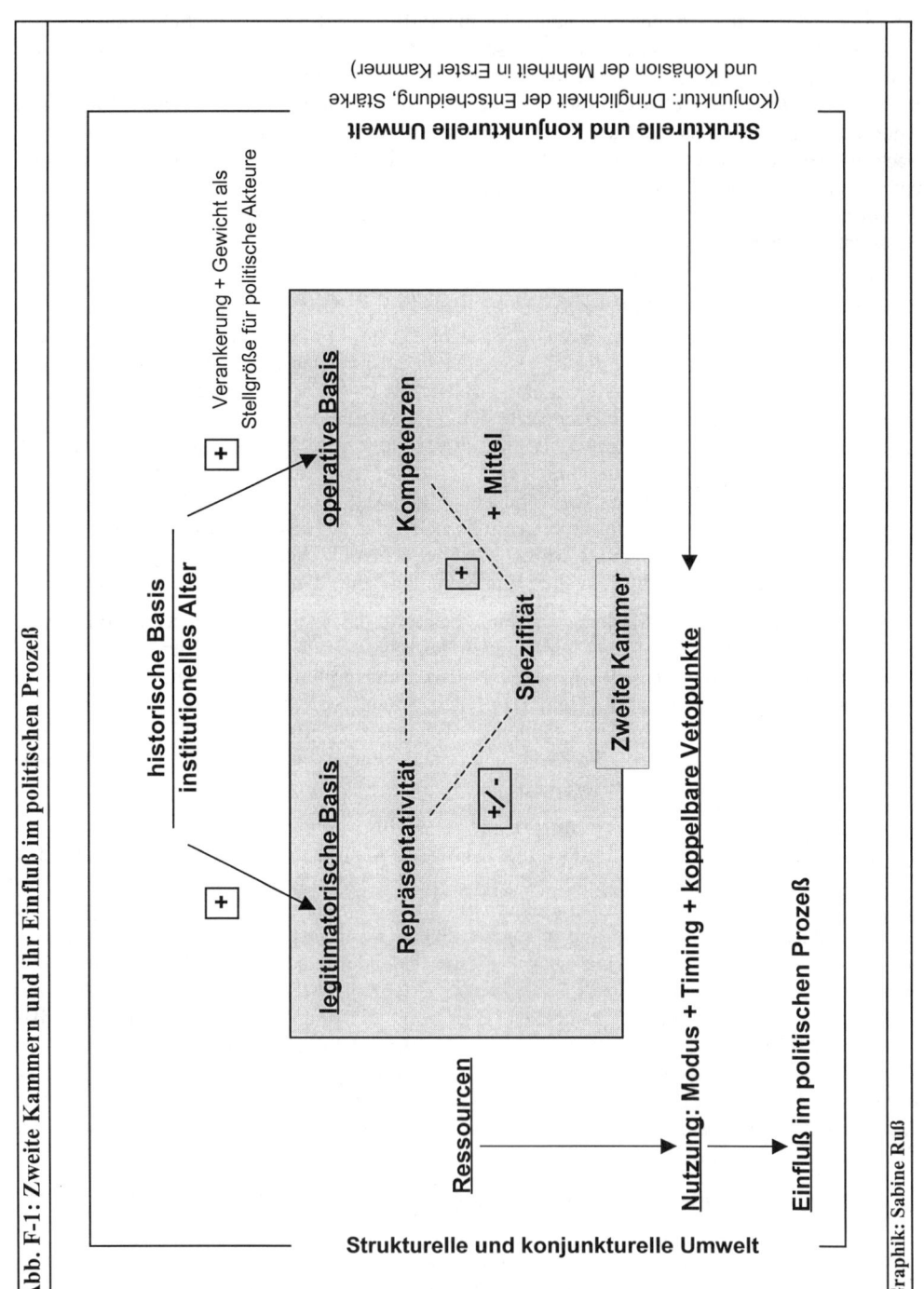

Abb. F-1: Zweite Kammern und ihr Einfluß im politischen Prozeß

Graphik: Sabine Ruß

Kontrahenten aus. Deshalb scheint es im allgemeinen für eher schwache Kammern in unitarischen Systemen ratsam, ihre *potestas* nie voll auszuschöpfen[13] und so mit ihrer *auctoritas*-Ressource schonend umzugehen: „Aufgrund der legitimatorisch abgesicherten Prädominanz der Ersten Kammer wird von der Zweiten Zurückhaltung erwartet" [Schüttemeyer/Sturm 1992: 536].

Last but not least muß der Blick auf die Rahmenbedingungen gerichtet werden. Sie legen nicht nur die konkreten Einsatzoptionen für die Ressourcen einer Zweiten Kammer fest, sondern bestimmen auch den Effizienzgrad des jeweils gewählten Handlungsmodus. Zu unterscheiden ist dabei zwischen den strukturellen und den konjunkturellen Vorgaben des Handlungsfeldes Zweiter Kammern. Zum strukturellen Umfeld gehört die Frage nach den herrschenden Entscheidungsmustern und weiteren Vetopunkten bzw. Vetoplayern.[14] Zum konjunkturellen Umfeld gehört, wie George Tsebelis und Jeanette Money es in ihrer empirischen Analyse von bikameralen Verhandlungen herausgearbeitet haben [1997: 125-229], die Frage nach der Dringlichkeit einer Entscheidung und die nach der Stärke und Kohäsion der Mehrheit in der Ersten Kammer bzw. allgemeiner nach den die Schaltstellen der Macht besetzenden politischen Kräften. Diese zentralen Faktoren der politischen Konjunktur – man könnte sie als die ganz spezifische „weiche" Chancenstruktur für Zweite Kammern bezeichnen – sind für sie die Indikatoren für „impatience". Damit wird deutlich, daß der Einfluß Zweiter Kammern ganz entschieden mit dem Faktor Zeit zusammenhängt. [Riescher 1994]

2. Ausblick

Dieser Band hatte sich zum Ziel gesetzt, die oft als historische „Überbleibsel" betrachteten Institutionen aus dem Schatten des Systemvergleichs zu holen. Dies scheint auch durch eine Entwicklung in der politischen Praxis gerechtfertigt: Die jüngste Studie von Patterson und Mughan, die im April dieses Jahres [1999] erschienen ist und von der Mehrzahl unserer Autorinnen und Autoren für ihre Beiträge nicht mehr berücksichtigt werden konnte, diagnostiziert, daß unser Untersuchungsgegenstand in jüngster Zeit an Bedeutung gewonnen hat. Als Ursachen nennen die Autoren „partisan competition, private and public respect, and divergent concepts of democracy" [Mughan/Patterson 1999: 346]. Auch wenn die beiden Autoren dies nicht weiter ausführen, dürften hier hinsichtlich der Aspekte Parteienwettbewerb und unterschiedliche Vorstellungen von Macht- oder Demokratiekonzeptionen Anschluß-möglichkeiten zu unserem Konzept der Vetopunkte liegen.

Die Perspektive der Vetopunkte regt zudem dazu an, die Auswirkung der Existenz Zweiter Kammern auf den Politikprozeß und seine *outcomes* anhand konkreter *policies* und Konflikte zu überprüfen. An drängenden Fragen aus der politischen Praxis mangelt es nicht. Ein Problembereich betrifft die Anpassung des Parlamentarismus an die zunehmende Bedeutung internationaler Integrationsprozesse [Blom 1992: 31]. Untersuchungen wären auch hinsichtlich der These interessant, derzufolge die „Garantie- und Bremsfunktion" Zweiter Kammern unter den Rahmenbedingungen der Globalisierung, die erhöhte Anforderungen an die Steuerungsfähigkeit und Reformfreudigkeit von Regierungssystemen stellt, eher kontraproduktiv wirkt [so ein Argument der Reformdiskussion in *Schweden,* Abschnitt VI]. Die Gegenthese lautet, daß diese Institutionen ganz im Gegenteil durch den mittel- und längerfristigen Zeithorizont, den sie repräsentieren, erst eine nachhaltige Reformfähigkeit ermöglichen, die

---

[13] Wie gefährlich dies ist, illustriert das Beispiel des belgischen Senats, der 1841 trotz kontroverser eigener Legitimationsbasis die Regierung stürzte und wegen der dadurch ausgelösten öffentlichen Empörung anschließend an Handlungsmöglichkeiten verlor [*Belgien*, Abschnitt II.1.].

[14] Im Falle des russischen Föderationsrates würde sich auf dieser Ebene beispielsweise vor allem die Frage nach der Unterstützung der Duma oder aber des Präsidenten stellen.

ansonsten möglicherweise von der Ersten Kammer, die an relativ kurzen Wahlzyklen und an der Eroberung der Gunst von Mehrheiten ausgerichtet ist, der Versuchung des Opportunismus geopfert würde.

Für weiterführende Forschungen scheint uns der aus der Handlungsperspektive analysierende und Konzepte aus *rational choice-* und *policy*-Forschung integrierende Ansatz des Neoinstitutionalismus, dem die Veto-Punkt-Perspektive zuzurechnen ist, vielversprechend. Die in diesem Nachschlagewerk aus der klassisch-institutionalistischen Perspektive präsentierten Informationen könnten so „dynamisiert" als Elemente für Prozeßanalysen dienen. In Zusammenhang mit Fragen der Vermittlung zwischen verschiedenen territorialen und/oder ethnisch-kulturellen Einheiten sowie der Steuer- und Innovationsfähigkeit politischer Systeme erschlösse sich ein ebenso weites wie fruchtbares Forschungsfeld. In ihm wären Zweite Kammern nur noch ein Untersuchungspunkt neben anderen – doch ein beachtenswerter.

V. Auswahlbibliographie

Abromeit, Heidrun, 1995: Volkssouveränität, Parlamentssouveränität, Verfassungssouveränität: Drei Realmodelle staatlichen Handelns, in: Politische Vierteljahresschrift, 36. Jg., H. 1, S. 49-66.

Beyme, Klaus von, 1974: Die Funktionen des Bundesrats. Ein Vergleich mit Zweikammersystemen des Auslands, in: Bundesrat (Hrsg): Der Bundesrat als Verfassungsorgan und politische Kraft, Bad Honnef/Darmstadt, S. 365-395.

Blom, Hans W., 1992: Bicameralism – history – theory – problems, in: **Blom**, Hans W./ **Blockmans**, Willem P./**Scheper**, Hugo de (Hrsg.), Bicameralisme. Tweekamerstelsel vroeger en nu. Handelingen van de Internationale Conferentie ter gelegenheid van het 175-jarig bestaan van de Eerste Kamer der Staten-Generaal in de Nederlanden, 's Gravenhage, S. 19-32.

Dahl, Robert A., 1976: Vorstufen zur Demokratietheorie, Tübigen.

Hofmann, Wilhelm/**Riescher**, Gisela, 1999: Einführung in die Parlamentarismustheorien, Darmstadt.

Jung, Sabine, 1996: Lijpharts Demokratietypen und die direkte Demokratie, in: Zeitschrift für Politik, 6.Jg., H. 3, S. 623-645.

Kaiser, André, 1997: Types of Democracy. From Classical to New Institutionalism, in: Journal of Theoretical Politics, Vol. 9, No. 4, S. 419-444.

Kaiser, André, 1998: Veto-Punkte der Demokratie. Eine Kritik neuer Ansätze der Demokratietypologie und ein Alternativvorschlag, in: Zeitschrift für Parlamentsfragen, Heft 3, S. 525-541.

Kevenhörster, Paul, 1999: In der Theaterwelt des politischen Entertainment, in: Frankfurter Allgemeine Zeitung vom 8. September, S. 11.

Kilper, Heiderose/**Lhotta**, Roland, 1996: Föderalismus in der Bundesrepublik Deutschland, Opladen.

Lijphart, Arend, 1984: Democracies: Patterns of Majoritarian and Consensus Government in Twenty-One Countries, New Haven.

Levmore, Saul, 1992: Bicameralism: When are Two Decisions Better Than One?, in: International Review of Law and Economics, Vol. 12, S. 145-162.

Mastias, Jean/**Grangé**, Jean, 1987: Les secondes chambres du parlament en Europe occidentale, Paris.

Patterson, Samuel C./**Mughan**, Anthony, 1999: Senates: Bicameralism in the Contemporary World, Columbus.

Riescher, Gisela, 1994: Zeit und Politik. Die institutionelle Bedeutung von Zeitstrukturen im parlamentarischen und präsidentiellen Regierungssystem, Baden-Baden.

Riker, William H., 1992: The Justification of Bicameralism, in: International Political Science Review, Vol. 13, No. 1, S. 110-116.

Sartori, Giovanni, 1994: Comparative Constitutional Engineering, New York.

Scharpf, Fritz W., 1992: Horizontale Politikverflechtung. Zur Theorie von Verhandlungssystemen, Frankfurt a. M.

Schmidt, Manfred G., 1995: Demokratietheorien, Opladen.

Schmidt, Manfred G., 1999: Ist die Demokratie wirklich die beste Staatsverfassung?, in: Österreichische Zeitschrift für Politikwissenschaft, Vol. 28, S. 187-200.

Schüttemeyer, Susanne S./**Sturm**, Roland, 1992: Wozu Zweite Kammern? Zur Repräsentation und Funktionalität Zweiter Kammern in westlichen Demokratien, in: Zeitschrift für Parlamentsfragen, 23. Jg., H. 3, S. 517-536.

Stammen, Theo, 1970: Zwei-Kammern-Systeme, in: **Sontheimer**, Kurt/**Röhring**, Hans-Helmut: Handbuch des Parlamentarismus, München, S. 544-547.

Sturm, Roland, 1996: Zweite Kammern in Westminstermodellen – ein Konstruktionsfehler?, Vortrag zur Tagung „Regieren in Westminster-Demokratien" in Mannheim (unveröffentlicht).

Tsebelis, George, 1995: „Decision-Making in Political Systems", in: British Journal of Political Science, Vol. 25, No. 3, S. 289-325.

Tsebelis, George/**Money**; Jeanette, 1997: Bicameralism, Cambridge.

Tsebelis, George, 1999: Veto-Players and Law Production in Parliamentary Democracies: An Empirical Analysis, in: American Political Science Review, Vol. 93, No. 3, S. 591-609.

G. Anhang

Staaten der Welt – Unikameral/Bikameral

Land	Unikameral	Bikameral	Besetzung Zweite Kammer	Mitglieder ZK
1. Afghanistan	-	*	Verfassungsordnung seit 1992 außer Kraft gesetzt	192
2. Ägypten	X	-		
3. Albanien	X	-		
4. Algerien	-	X	Regionalparlamente/Nominierung (Präs)	144 (96/48)
5. Andorra	X	-		
6. Angola	X	-		
7. Antigua & Barbuda	-	X	Nominierung (GovGen/PM/OP/Barbuda Council)	17 (1/11/4/1)
8. Äquatorial Guinea	X	-		
9. Argentinien	-	X	Provinzlegislativen (ab 2001 Direktwahl)	72
10. Armenien	X	-		
11. Aserbaidschan	X	-		
12. Äthiopien	-	X	Einzelstaatsparlamente	108 bzw. 117[1]
13. Australien	-	X	Direktwahl in Einzelstaaten	76
14. Bahamas	-	X	Nominierung durch GovGen; Vorschlag: OP/PM	16 (4/12)
15. Bahrain	-	-	Kein Parlament	
16. Bangladesch	X	-		
17. Barbados	-	X	Nominierung (GovGen/OP/PM)	21
18. Belgien	-	X	Direktwahl/Nominierung/Kooptation/ Erbfolge bzw. Verfassung	71+x (40/21/10/x)
19. Belize	-	X	Nominierung (GovGen/OP/PM)	8
20. Benin	X	-		
21. Bhutan	X	-		
22. Bolivien	-	X	Direktwahl	27
23. Bosnien-Herzegowina	-	X	Nominierung durch EK (Bosnische, Kroatische, Serbische Parlamentarier)	15 (5/5/5)
24. Botswana	-	X	Nominierung (Stammesführer)	15
25. Brasilien	-	X	Direktwahl in EZ	81
26. Brunei	-	-	Kein Parlament	
27. Bulgarien	X	-		
28. Burkina Faso	-	X	Nominierung oder indirekte Wahl	178
29. Burundi	X	-		
30. Chile	-	X	Direktwahl/Nominierung/ehemaliger Präs (Senator auf Lebenszeit)	48(38/9/1)
31. China	X	-		
32. Costa Rica	X	-		
33. Dänemark	X	-	ZK 1953 abgeschafft	
34. Deutschland	-	X	Landesregierungen	69
35. Dominica	X	-		
36. Dominik. Republik	-	X	Direktwahl	30
37. Dschibuti	X	-		
38. Ecuador	X	-		
39. El Salvador	X	-		
40. Elfenbeinküste	X	-		
41. Eritrea	X	-		
42. Estland	X	-		
43. Fidschi	-	X	Nominierung (Präsident)	34
44. Finnland	X	-		
45. Frankreich	-	X	Wahlgremium (u.a. EK)	321
46. Gabun	-	X	Direktwahl; ZK 1997 eingerichtet	91

[1] Inter Parliamentary Union spricht von 108, Europa World Year Book 1997 von 117 Mitgliedern.

Land	Unikameral	Bikameral	Besetzung Zweite Kammer	Mitglieder ZK
47. Gambia	X	-		
48. Georgien	X	-		
49. Ghana	X	-		
50. Grenada	-	X	Nominierung (GovGen/PM/OP)	13
51. Griechenland	X	-		
52. Großbritannien	-	X	Erbadel/Nominierung (PM)	Ca. 1300
53. Guatemala	X	-		
54. Guinea	X	-		
55. Guinea-Bissau	X	-		
56. Guyana	X	-		
57. Haiti	-	X	Direktwahl	27
58. Honduras	X	-		
59. Hong Kong	X	-		
60. Indien	-	X	Einzelstaatsparlamente/Präsident	245 (233/12)
61. Indonesien	-	*	Klassifizierung als ZK unklar	1000
62. Irak	X	-		
63. Iran	X	-		
64. Irland	-	X	Wahl/Nominierung (PM)	60 (49/11)
65. Island	X	-		
66. Israel	X	-		
67. Italien	-	X	Direktwahl/Nominierung (Präs)	325 (315/10) (Stand 1999)
68. Jamaika	-	X	Nominierung (PM/OP)	21 (13/8)
69. Japan	-	X	Direktwahl	252
70. Jemen	X	-		
71. Jordanien	-	X	Nominierung (König)	40
72. Jugoslawien	-	X	Parlamente EZ (Parteiproporz)	40 (je 20 aus Serbien und Montenegro)
73. Kambodscha	X	-		
74. Kamerun	-	*	ZK in Verfassung seit 1995 vorgesehen; 1998 noch nicht eingerichtet	
75. Kanada	-	X	Nominierung (GovGen)	104
76. Kap Verde	X	-		
77. Kasachstan	-	X	Regionalparlamente/Nominierung (Präs)	47 (40/7)
78. Kenia	X	-		
79. Kirgisistan	-	X	Direktwahl	70
80. Kiribati	X	-		
81. Kolumbien	-	X	Direktwahl	102
82. Komoren	-	*	ZK in Verfassung von 1992 vorgesehen, Nominierung (EZ); Situation aber unklar	15
83. Demokratische Republik Kongo (ehem. Zaire)	-	-	Verfassungssituation unklar	
84. Republik Kongo	-	*	ZK in Verfassung von 1992 vorgesehen; Verfassung jedoch 1997 außer Kraft gesetzt	
85. Kroatien	-	X	Direktwahl (3 pro Wahldistrikt)/SO	68 (63/5)
86. Kuba	X	-		
87. Kuwait	X	-		
88. Laos	X	-		
89. Lesotho	-	X	Stammesführer/Nominierung (König)	33 (22/11)
90. Lettland	X	-		
91. Libanon	X	-		
92. Liberia	-	X	Direktwahl	26
93. Libyen	X	-		
94. Liechtenstein	X	-		
95. Litauen	X	-		
96. Luxemburg	X	-		

Land	Unikameral	Bikameral	Besetzung Zweite Kammer	Mitglieder ZK
97. Madagaskar	-	*	ZK in Verfassung von 1992 vorgesehen aber noch nicht eingerichtet; Wahlgremium/Nominierung (Präs)	(⅔ - ⅓)
98. Malawi	X	-		
99. Malaysia	-	X	Einzelstaatsparl./Nominierung (SO)	69(26/43)
100. Malediven	X	-		
101. Mali	X	-		
102. Malta	X	-		
103. Marokko	X	-		
104. Marschall Inseln	X	-		
105. Mauretanien	-	X	Regionalregierungen	56
106. Mauritius	X	-		
107. Mazedonien	X	-		
108. Mexiko	-	X	Direktwahl in EZ	128
109. Mikronesien	X	-		
110. Moldawien	X	-		
111. Monaco	X	-		
112. Mongolei	X	-		
113. Mosambique	X	-		
114. Myanmar	X	-	Verfassungssituation unklar	
115. Namibia	-	X	Regionalparlamente	26
116. Nauru	X	-		
117. Nepal	-	X	Nominierung (Monarch)/EK/Wahlgremium	60 (10/35/15)
118. Neuseeland	X	-	ZK 1950 abgeschafft	
119. Nicaragua	X	-		
120. Niederlande	-	X	Provinzlandtage	75
121. Niger	X	-	Parlament 1999 durch Militär aufgelöst	
122. Nigeria	-	X	Direktwahl	109
123. Nordkorea	X	-		
124. Norwegen	X	-		
125. Oman	-	-	Kein Parlament	
126. Österreich	-	X	Parteienproporz in Landtagen	64
127. Pakistan	-	X	Provinzparlamente	87
128. Palau	-	X	Direktwahl	14
129. Panama	X	-		
130. Papua-Neuguinea	X	-		
131. Paraguay	-	X	Direktwahl	45
132. Peru	X	-	ZK 1993 abgeschafft	
133. Philippinen	-	X	Direktwahl	24
134. Polen	-	X	Seit 1989; Direktwahl in Provinzen	100
135. Portugal	X	-		
136. Quatar	-	-	Kein Parlament	
137. Ruanda	X	-		
138. Rumänien	-	X	Seit 1991; Direktwahl	143
139. Rußland	-	X	Parlamentspräs und Regierungschef in EZ	178
140. Sambia	X	-		
141. San Marino	X	-		
142. São Tomé & Príncipe	X	-		
143. Saudi Arabien	-	-	Kein Parlament	
144. Schweden	X	-	ZK 1970 abgeschafft	
145. Schweiz	-	X	Direktwahl in EZ	46
146. Senegal	X	-		
147. Seychellen	X	-		
148. Sierra Leone	X	-		
149. Simbabwe	X	-		
150. Singapur	X	-		
151. Slowakei	X	-		

Land	Unikameral	Bikameral	Besetzung Zweite Kammer	Mitglieder ZK
152.Slowenien	-	X	Wahl nach Berufsgruppen	40
153.Solomon Inseln	X	-		
154.Somalia	-	-	Verfassungssituation unklar	
155.Spanien	-	X	Direktwahl/Autonome Gemeinschaften	257 (208/49)
156.Sri Lanka	X	-		
157.St Christopher & Nevis	X	-		
158.St Lucia	-	X	Nominierung (GovGen/PM/OP)	11
159.St Vincent & die Grenadinen	X	-		
160.Südafrika	-	X	Parlamente der EZ	90
161.Sudan	X	-		
162.Südkorea	X	-		
163.Surinam	X	-		
164.Swasiland	-	X	Wahl EK/Nominierung (König)	30 (10/20)
165.Syrien	X	-		
166.Tadschikistan	X	-		
167.Taiwan	-	X	Direktwahl	334
168.Tansania	X	-		
169.Thailand	-	X	Nominierung (PM)	260
170.Togo	X	-		
171.Tonga	X	-		
172.Trinidad & Tobago	-	X	Nominierung (Präs./PM/OP)	31 (9/16/6)
173.Tschad	-	*	ZK in Verfassung seit 1996 vorgesehen; 1998 noch nicht eingerichtet	
174.Tschechien	-	X	Direktwahl	81
175.Tunesien	X	-		
176.Türkei	X	-		
177.Turkmenistan	X	-		
178.Tuvalu	X	-		
179.Uganda	X	-		
180.Ukraine	X	-		
181.Ungarn	X	-		
182.Uruguay	-	X	Direktwahl (30) + Vizepräs	31
183.USA	-	X	Direktwahl in EZ	100
184.Usbekistan	X	-		
185.Vanuatu	X	-		
186.Vatikan	-	-	Kein Parlament	
187.Venezuela	-	X	Direktwahl in EZ/frühere Präs	52 (50/2)
188.Vereinigte Arabische Emirate	X	-		
189.Vietnam	X	-		
190.Weißrußland	-	X	Regionalparlamente/Präs	64 (56/8)
191.West Samoa	X			
192.Zentralafrikanische Republik	X	-		
193.Zypern	X	-		
Gesamt	112	66/7*	6 Staaten ohne Parlament/2 Staaten unklar	

Quelle: Europa World Year Book 1997: Vol. I&II; Inter Parliamentary Union 1998: Parliaments. World Directory.
Zusammengestellt von Christoph M. Haas und Christopher Haag

Legende:

EK: Erste Kammer
EZ: Einzelstaaten
GovGen: Governor General
OP: Oppositionsführer
PM: Premierminister
Präs: Präsident
SO: Staatsoberhaupt

ZK: Zweite Kammer

*: ZK in Verfassung vorgesehen, aber noch nicht eingerichtet

In den Band aufgenommen (3/18)

Land	Name der Zweiten Kammer	Zahl der Sitze	Wahlmodus	Wahlperiode	momentane Sitzverteilung (Stand: 31.12.98)	Status	Dauer des Bestehens (von - bis)	Homepage http://...
Australien	Senate	76: 12/Bundesstaat 2/Territorium	Verhältniswahl	4 Jahre	• Australian Dem.: 9 • Labor Party: 29 • Liberal Party: 31 • National Party: 4 • Sonstige: 3	föderal	1901-	www.aph.gov.au/senate
Belgien	Sénat de Belgique / Belgische Senaat	71 + x: (40 direkt gewählte Senatoren, 21 Gemeinschafts-senatoren, 10 ko-optierte Senatoren; x Senatoren von Rechts wegen)	• Verhältniswahl (für direkt gewählte Senatoren) • Designation durch die Gemeinschafts-räte (Gemeinschafts-senatoren) • Kooptation • Erbfolge / Ver-fassung (Senatoren von Rechts wegen)	4 Jahre	• CVP: 11 • PS: 10 • VLD: 10 • SP: 7 • PRL: 9 • PSC: 7 • Vlaams Block: 6 • Ecolo: 4 • VU: 3 • Agalev: 4 • Senatoren von Rechts wegen: 2	chambre de réflexion mit föderalem Anstrich	1831-	www.senate.be
Dänemark	Landsting	78: 54 gewählt durch Wahlmänner, 18 durch abgehende Abgeordnete	Verhältniswahl	8 Jahre	-----	unitarisch	1849-1953	-----
Deutschland	Bundesrat	69 Stimmen: je nach Landes-größe: 3, 4, 5 oder 6 Stimmen	Delegierung durch Landesregierungen	permanent	→ Tab. B II.2-1	föderal	1949-	www.bundesrat.de
Frankreich	Sénat	321	Je ⅓ alle drei Jahre; indirekte Wahl durch 145000 Mandats-träger: ⅔ nach zwei-stufigem Mehrheits-wahlrecht, ⅓ nach Verhältniswahl	9 Jahre	• Kommunistem und Linke: 16 • Sozialist. Partei: 78 • Liberal-Konserv. Parteien: 74 • Gaullisten: 99 • Republikaner u. Unabhängige: 47	unitarisch	1959-	www.senat.fr

Land	Name der Zweiten Kammer	Zahl der Sitze	Wahlmodus	Wahlperiode	momentane Sitzverteilung (Stand: 31.12.98)	Status	Dauer des Bestehens (von – bis)	Homepage http://...
Großbritannien	House of Lords	1297 (Stand: 1. Dezember 1998)	Geburtsrecht und Ernennung	-----	• 759 erbliche Peers (hereditary peers) • 484 Peers auf Lebenszeit (life peers) • 26 Erzbischöfe und Bischöfe • 28 Lord-Richter (Law lords)	ständisch	seit dem 14. Jh.	www.parliament.uk
Indien	Rajya Sabha	bis zu 250	Je ⅓ alle zwei Jahre; indirekte Verhältniswahl durch Parlamente der Unionsstaaten	6 Jahre	n. v.	föderal	1950-	alfa.nic.in/rsmp/rs.htm
Irland	Seanad Éireann	60	Elektorat: Proporz	5 Jahre	• Fianna Fáil: 30 • Fine Gael: 16 • Progressive Democrats: 4 • Labour: 4 • Independents: 7	ständisch	1937-	www.irlgov.ie
Italien	Senato della Repubblica	315 + unbestimmte Zahl ernannter Senatoren (1999: 10)	Mehrheitswahlrecht mit proportionalem Ausgleichsmechanismus	5 Jahre	• Democratici di Sinistra: 105 • Partito Populare Italiano: 31 • Unione Democratica: 20 • Verdi 14 • Communisti: 6 • Rinnovamento italiano: 8 • Forza Italia: 39 • Alleanza Nazionale: 41 • Centro Cristiano Democratico: 12 • Lega Nord: 24 • Gruppo Misto: 25	national	1948-	www.senato.it

Land	Name der Zweiten Kammer	Zahl der Sitze	Wahlmodus	Wahlperiode	momentane Sitzverteilung (Stand: 31.12.98)	Status	Dauer des Bestehens (von - bis)	Homepage http://...
Japan	Sangiin	252: 100 national 152 lokal in 47 Präfekturen	• national: Verhältniswahl • lokal: einfache Mehrheitswahl	6 Jahre - ½ alle 3 Jahre	• LDP: 104 • Liberale: 12 • Dem. Partei: 55 • New Komeito: 22 • Kommunisten: 22 • Sozial-demokraten: 14 • Sangii-no-kai: 11 • Sonstige: 9	national	ab 1889 Adels-kammer, seit 1947 in heuti-ger Form	www.sangiin.go.jp
Kanada	Senate	104: 24/Region 1/Territorium	Ernennung	Altersruhestand (75 Jahre)	• Liberal: 52 • Progressive-Conservative: 42 • Unabhängige: 5 (5 Sitze vakant)	föderal	1867-	www.parl.gc.ca/english /index.html
Neuseeland	Legislative Council	nicht fixiert	Ernennung durch Premierminister über Governor-General	bis 1891: auf Lebenszeit nach 1891: für 7 Jahre	-----	unitarisch	1852-1950	-----
Niederlande	Eerste Kamer	75	Indirekt durch Provinzlandtage	4 Jahre	• Rechtsliberale (VVD): 19 • Christdemokrat. (CDA): 20 • Sozialdemokrat. (PvdA): 15 • Linksliberale (D66): 4 • Sonstige: 17	nicht-föderal	1815-	www.eerstekamer.nl
Österreich	Bundesrat	derzeit 64 (richtet sich nach der Bürgerzahl, kann sich nach jeder Volkszählung ändern); jedes Land hat je nach Größe 3-12 Sitze	Verhältniswahl durch die 9 Landesparlamente (Landtage); die zweitstärkste Landtagspartei erhält wenigstens einen Sitz	richtet sich nach der Gesetzgebungsperiode der Landtage (5 oder 6 Jahre): Grundsatz der Partial-erneuerung	• Öster. Volkspartei (ÖVP): 27 • Sozialdem. Partei Österreichs (SPÖ): 22 • Freiheitliche Partei Österreichs (FPÖ): 15	föderal	1920-1934; 1945-	www.parlinkom.gv.at

Land	Name der Zweiten Kammer	Zahl der Sitze	Wahlmodus	Wahlperiode	momentane Sitzverteilung (Stand: 31.12.98)	Status	Dauer des Bestehens (von – bis)	Homepage http://...
Russische Föderation	Föderationsrat	178: 89 Exekutivleiter 89 Legislativleiter	indirekter Bestellmodus (Exekutiv- und Legislativleiter ex officio)	periodischer Wechsel; ergibt sich in den Föderationssubjekten	siehe Erläuterung im Beitrag (Kapitel III)	föderal	1993 erste Wahl; konstituierende Sitzung Januar 1994	www.duma.ru/sovfed.htm
Schweden	„Första Kammare" (Erste Kammer) im Riksdag	151	Verhältniswahl, indirekt durch regionale Kammern (Landsting)	8 Jahre sulzzessive Neubesetzung	----	unitarisch	1866-1970	----
Schweiz	Ständerat	46: 2/Kanton 1/Halbkanton	Mehrheitswahl, außer: Kanton Jura → Verhältniswahl	4 Jahre	• FDP (Freisinn.): 17 • Schweizer Volkspartei (SVP): 5 • Sozialdemokrat. (SP): 5 • Christdemokrat. Volkspartei (CVP): 16 • Liberale Partei (LPS): 2 • Landesring der Unabhängigen (LdU): 1	föderal	1848-	www.parliament.ch
Spanien	Senado Español	257: 208 Provinz 49 Autonome Gemeinschaften	• Senatoren der Provinzen: Mehrheitswahl • Senatoren der Autonomie: durch die Parlamente der Autonomen Gemeinschaften nach eingeschränkter Verhältniswahl	4 Jahre	• Partido Popular: 112 • Partido Socialista Obrero: 81 • Convergegencia i Unió: 8 • Partido Nacionalista Vasco: 4 • Coalición Canaria: 1 • Partido Independiente de Lanzarote: 1 • Agrup. de Electores: 1	nicht eindeutig: Vermischung von zentralen und dezentralen Elementen	1978-	www.senado.es

Land	Name der Zweiten Kammer	Zahl der Sitze	Wahlmodus	Wahlperiode	momentane Sitzverteilung (Stand: 31.12.98)	Status	Dauer des Bestehens (von - bis)	Homepage http://...
Südafrika	National Council of Provinces / Nationalrat der Provinzen	90: 10/Provinz (davon 6 permanent und 4 wechselnde Sonderdelegierte	Indirekt: Delegierte werden nach Parteienproporz von den Provinzparlamenten nominiert	5 Jahre Amtszeit der Delegierten aber gekoppelt an Legislaturperioden in Provinzen	• African Nat. Congr. (ANC): 60 • National Party (NP): 17 • Inkatha Freedom Party (IFP): 5 • Freedom Front: 5 • Democratic Party: 3	föderal	Februar 1997-	www.parliament.gov.za /ncop
Tschechische Republik	Senat	81	je ⅓ alle 2 Jahre; Mehrheitswahl	6 Jahre	• ODS: 28 • ČSSD: 20 • KDU-ČSL: 12 • BEZPP: 11 • ODA: 5 • KSČM: 4 • US: 1	national	1996-	www.senat.cz
USA	U.S. Senate	100: 2/Bundesstaat	je ⅓ alle 2 Jahre; Mehrheitswahl	6 Jahre	• Republikaner: 55 • Demokraten: 45	föderal	1789-	www.senate.gov

Zweite Kammer	Repräsentations-funktion	Gesetzgebungsfunktion	Kontrollfunktion	Jurisdiktion	Administrativ-funktion	Rekrutierungs-funktion	Kommunikations-/Öffentlichkeitsfkt.
Australien	• formal: Repräsentation der Einzelstaaten auf Bundesebene • real: Vertretung der Bevölkerung eines Einzelstaats nach parteipolitischen Präferenzen	eingeschränktes Gesetzesinitiativrecht (Finanzgesetze); Zustimmung bei allen Gesetzen erforderlich	• ggü. der Ersten Kammer und der Regierung durch die starke Position innerhalb des Gesetzgebungsverfahrens • Einrichtung von Untersuchungsausschüssen	------	• Zugehörigkeit von Senatoren in der Regierung • begleitende Kontrolle beim Gesetzesvollzug • Prüfung von Regierungsverordnungen durch Ausschüsse	aus dem Senat rekrutiert sich rund ⅓ der Regierung	• Herstellung von Transparenz durch offenes Ausschußwesen • Betonung darauf, im Sinne der Bevölkerung nachprüfende und überwachende Kammer zu sein
Belgien	Formal vertritt jeder Senator die gesamte Nation. Die Rekrutierungsregeln führen zu einer bedingten Repräsentation der föderalen Subeinheiten. Selbst stellt sich der Senat zunehmend als föderaler Begegnungsort dar.		• soweit wie möglich über die Gesetzgebung • ansonsten nur eingeschränkte Kontrollmittel: - schriftliche und mündliche Anfragen - Enquete-Kommissionen - Gezielte Suche nach Öffentlichkeit	begründete Gutachten bei Interessenkonflikten zwischen Föderalstaat, Gemeinschaften und Regionen	Regelung für Vormundschaft / Regentschaft / Thronfolge des Monarchen in den vereinigten Kammern	• Postenreservoir für Regierungsämter und Rettungsring für glücklose Chambre-Kandidaten • abwechselndes Vorschlagsrecht für den Kassationsgerichtshof, Schiedshof und Staatsrat	• erheblich gesteigerte Öffentlichkeitsarbeit seit letzter Reform • Versuch der Profilierung als Kammer für Grundsatzfragen
Dänemark	ursprünglich Ständevertretung, später nur noch bedingt Repräsentation der politischen Elite durch Kooptation	uneingeschränkt: Gleichberechtigung beider Kammern bis auf Finanzgesetzgebung	• ggü. Erster Kammer • ggü. der Regierung in Zusammenarbeit mit dem Folketing	------	------	nein; eher 'Sprungbrett' für ältere Parlamentarier in die Pension	Mäßigung, Weitsicht, Gründlichkeit, Öffentlichkeit der Sachauseinandersetzung

Zweite Kammer	*Repräsentations-funktion*	*Gesetzgebungsfunktion*	*Kontrollfunktion*	*Jurisdiktion*	*Administrativ-funktion*	*Rekrutierungs-funktion*	*Kommunikations-/Öffentlichkeitsfkt.*
Deutschland	Vertretung der Landesregierungen auf Bundesebene	• zustimmungspflichtig bei Gesetzen die die Interessen der Länder berühren (Zustimmungsgesetze) • uneingeschränktes Iniativrecht	• gegenüber Bundestag und Bundesregierung innerhalb des Gesetzgebungsverfahrens • Informationsanspruch gegenüber der Bundesregierung	Beteiligung bei der Wahl der Bundesverfassungsrichter	zustimmungspflichtig zu allg. Verwaltungsvorschriften die die Interessen der Länder berühren	schwach	-----
Frankreich	• territoriale Repräsentation (vor allem ländlicher Raum) • real auch eventuelles parteipolitisches Gegengewicht (stets konservativ-liberale Mehrheit)	suspensives Veto bei einfachen Gesetzen, absolutes Veto bei verfassungsergänzenden Gesetzen zum Senat sowie bei Verfassungsreformen	kein Mißtrauensvotum, sonst Symmetrie zur Ersten Kammer	zusammen mit Erster Kammer Bildung des Hohen Gerichtshof für Minister- und Präsidentenanklagen	• Evaluierung von Gesetzen • Teilhabe an Nominierung von Mitgliedern (unabh.) Verwaltungsbehörden	eher schwach: meist Krönung lokaler Karriere oder 'Parkplatz' für Minister	• geschlossener als Erste Kammer • Betonung des mäßigenden Elements • eher geringe öffentliche Sichtbarkeit
Großbritannien	-----	formal gleichberechtigt (delegated legislation): eingeschränkt durch Parlamentsgesetze 1911 und 1949 sowie durch Konventionen	Hüter der Verfassung	Oberstes Bundesgericht – Law Lords	Justizwesen: Lord Chancellor in seiner Funktion als Justizminister	Seit 1902 entstammt kein Premier mehr dem Oberhaus. Vielmehr werden Sitze verliehen, um Nichtparlamentarier in die Regierung holen zu können. Ebenso Sitz für verdiente Politiker (elder statesmen), so z.B. ehem. Premierminister	-----

Zweite Kammer	Repräsentations-funktion	Gesetzgebungsfunktion	Kontrollfunktion	Jurisdiktion	Administrativ-funktion	Rekrutierungs-funktion	Kommunikations-/Öffentlichkeitsfkt.
Indien	formal: • Repräsentation der Einzelstaaten auf Unionsebene • Repräsentation einzelner Bereiche (Kultur, Wirtschaft, Wissenschaft) durch ernannte Mitglieder	• fast uneingeschränkt zustimmungspflichtig, mit Ausnahme von Finanz- und Steuergesetzgebung • Sonderfunktion bei aufgelöster Erster Kammer	• innerhalb Gesetzgebungsverfahren wie Erste Kammer über Fragestunden • Sonderfunktion der Einflußnahme in Unionsstaaten	-----	• Kontrolle über „subordinate law" • Überwachung der Regierungsarbeit	eher schwach: Möglichkeit der Bereitstellung von Regierungsmitgliedern	• Betonung des mäßigenden Elements • hoher Einfluß der Parteipolitik, weniger Interessenvertretung der Unionsstaaten • Betonung der Funktion als „soziale Plattform"
Irland	formal: Ständevertretung	eingeschränkt: • suspensives Veto gegen Gesetzesbeschlüsse der Ersten Kammer • Recht auf Gesetzesinitiierung (selten gebraucht)	schwach: nur theoretisch Überprüfungsinstanz (revising chamber)	zustimmungspflichtig bei: Absetzung Präsident, Richter	zustimmungspflichtig bei Ausrufung des Notstands	schwach	parteipolitische Verdoppelung Erster Kammer
Italien	allgemeiner Wählerwillen	uneingeschränkt: zustimmungspflichtig bei allen Gesetzen	• ggü. Erster Kammer innerhalb des Gesetzgebungsverfahrens • Regierung kann durch Mißtrauensvotum des Senats gestürzt werden	gemeinsam mit Erster Kammer Anklage gegen Staats- oder Ministerpräsidenten bzw. Minister möglich – Verfassungsgericht als Richterinstanz	keine	Senatoren als mögliche Regierungsmitglieder, in Ausnahmefällen auch Regierungs- oder Staatschef	• Kammer der „elder statesmen" und Professoren • Betonung der kultivierteren parlamentarischen Umgangsformen • effektive Gesetzgebungsarbeit • geringe Medienpräsenz

Zweite Kammer	Repräsentations-funktion	Gesetzgebungsfunktion	Kontrollfunktion	Jurisdiktion	Administrativ-funktion	Rekrutierungs-funktion	Kommunikations-/Öffentlichkeitsfkt.
Japan	Repräsentation des ganzen Volkes	• zustimmungspflichtig bei allen Gesetzen, allerdings Vorrang des Unterhauses bei Haushaltsgesetzen und völkerrechtlichen Verträgen • alleinige Entscheidungsbefugnis im Falle einer nationalen Notlage	• ggü. Erster Kammer innerhalb des Gesetzgebungsverfahrens • Zustimmung zu internationalen Verträgen allerdings mit Vorrang des Unterhauses • ggü. Exekutive: Recht, Ermittlungen über die Staatspolitik anzustellen	keine	Kontrolle der Verwaltung	eher schwach	geschlossen als Kammer oder einzeln gegenüber der Bevölkerung der lokalen Wahlkreise
Kanada	• aufgrund des Berufungssystems keine direkte Repräsentation der Bevölkerung • Repräsentation von Minderheiten und der Regionen umstritten	formal nahezu uneingeschränkt: • zustimmungspflichtig bei allen Gesetzen • bei Verfassungsänderungen suspensives Vetorecht von 180 Tagen	• ggü. Regierung und Erster Kammer durch Möglichkeit von Gesetzesblockaden • jedoch keine Kompetenz zur Regierungsauflösung • Zustimmung zu internationalen Verträgen	----	----	in Ausnahmefällen z. B. Berufung von Ministern aus dem Senat, um regionale Ausgewogenheit des Kabinetts sicherzustellen	schwach: Bedeutung der Sonderausschüsse für die Initiierung öffentlicher Policy-Diskussionen hat in letzter Zeit stark abgenommen
Neuseeland	• formal: - • real: in Ansätzen Ausgleich von Repräsentationsdefiziten der Ersten Kammer	• formal: uneingeschränkt zustimmungspflichtig • real: stark zurückgehende, vollständig von der Regierung kontrollierte Aktivitäten	ggü. Erster Kammer und der Regierung innerhalb des Gesetzgebungsverfahrens	----	----	schwach: Absicherung gescheiterter Wahlkreiskandidaten; vereinzelt Ausgleich von Repräsentationsdefiziten der Ersten Kammer	gering ausgeprägt, vor allem wegen der prekären Legitimationsbasis

Zweite Kammer	Repräsentations-funktion	Gesetzgebungsfunktion	Kontrollfunktion	Jurisdiktion	Administrativ-funktion	Rekrutierungs-funktion	Kommunikations-/Öffentlichkeitsfkt.
Niederlande	kein Organ regionaler Mitwirkung trotz indirekter Wahl über Provinzlandtage	• uneingeschränkt zustimmungspflichtig • kein Recht zur Gesetzesinitiative oder Abänderung von Gesetzesvorlagen seit 1980er aber informelle Novellierungspraxis	• ggü. Exekutive Vertrauenserfordernis umstritten • zurückhaltende Ausübung der Kontrollrechte (Budget- und Enqueterecht ungenutzt)	prüft Rechtsqualität von Gesetzesvorlagen (kein eigenständiges Verfassungsgericht)	keine	schwach: eher 'Recycling von Altpolitikern'	im Gesetzgebungsverfahren auch eine Art 'Notbremse' einer sich zu spät regenden öffentlichen Meinung
Österreich	formal: Repräsentation der Länder auf Bundesebene	• suspensives Veto gegen Gesetzesbeschlüsse der Ersten Kammer • nur bei Änderungen der Struktur des Bundesrates und bei Kompetenzverschiebungen zu Lasten der Länder absolutes Veto (finanzielle Angelegenheiten generell ausgenommen)	• ggü. Erster Kammer: innerhalb des Gesetzgebungsverfahrens und bei Zustimmung zu internationalen Verträgen (eingeschränkt) • ggü. Bundesregierung: nur bei Anfrage- und Entschließungsrecht (kein Untersuchungs- und Mißtrauensrecht) • ggü. Bundespräsidenten: Mitwirkung an dessen Absetzung (gemeinsam mit der Ersten Kammer), de facto ‚totes Recht'	------	• Vorschlagsrecht für 3 Mitglieder des Verfassungsgerichtshofes (von Parteienvereinbarungen überlagert) • Stellungnahmerecht zu EU-Vorhaben der Bundesregierung (bisher kaum genutzt)	'Sprungbrett' für Erste Kammer	gering: Klub-, Koalitionsdisziplin sorgen für einheitliches Stimmverhalten in Erster und Zweiter Kammer
Russische Föderation	territoriale Repräsentation der 89 Föderationssubjekte	Gesetzesinitiativrecht; minderberechtigt, da Gesetzesbehandlung immer zuerst in Erster Kammer; zustimmungspflichtig bei best. einfachen Gesetzen [Art. 106 VRF] und Verfassungsänderungen	• ggü. Erster Kammer bei der Gesetzgebung • Ernennung oberster Richter, Generalstaatsanwalt • Zustimmung zu Fragen von Krieg und Frieden [Art. 102 VRF]	Amtsenthebung des Präsidenten	bislang nicht erkennbar	Rekrutierung für Posten auf zentralstaatlicher Ebene	Stärkung der Kommunikation zwischen föderalen Einheiten

Zweite Kammer	Repräsentations-funktion	Gesetzgebungsfunktion	Kontrollfunktion	Jurisdiktion	Administrativ-funktion	Rekrutierungs-funktion	Kommunikations-/Öffentlichkeitsfkt.
Schweden	formal: Repräsentation der intellektuellen und ökonomischen Elite (bis zur Wahlrechtsreform 1907/1921)	der Ersten Kammer gleichberechtigt	ggü. Erster Kammer und Regierung			informell: schwach bis etwa Mitte des Jahrhunderts	• chambre de réflexion • Mäßigung, Weitsicht, Stabilität
Schweiz	Repräsentation der Kantone auf Bundesebene	uneingeschränkt; für Verfassungsänderungen, Bundesgesetze und Bundesbeschlüsse ist die Zustimmung beider Räte erforderlich	• ggü. Erster Kammer und Regierung im Gesetzgebungsprozeß • als Vereinigte BV: Wahl der Regierung (Bundesrat) • mündliche und schriftliche Befragung von Departementsvorstehern	als Vereinigte BV: • Begnadigungsrecht • Entscheidung von Kompetenzstreitigkeiten	prüft den Geschäftsbericht des Bundesrates und der eidgenössischen Gerichte	nein	
Spanien	Repräsentation der Provinzen und Autonomen Gemeinschaften	Schwach: • Initiativrecht: steht beiden Kammern zu, de facto beginnt das Verfahren aber im Kongreß • Beratung: abgesehen von Verfassungsänderungen kann ein Veto des Senats vom Kongreß leicht abgewendet werden	Eingeschränkt: • schriftliche und mündliche Anfragen • Untersuchungsausschüsse • Zustimmung zu internationalen Verträgen	-----	Zusammen mit dem Kongreß: • Ernennung von vier Verfassungsrichtern • Ernennung von vier Mitgliedern des obersten Leitungsorgans der Justizgewalt	• teilweise Postenreservoir • als 'Sprungbrett' eher schwach	• wird als Kammer der zweiten Lesung verstanden • Vertretung der Provinzen respektive Autonomien • ist starker Kritik ausgesetzt

Zweite Kammer	Repräsentations-funktion	Gesetzgebungsfunktion	Kontrollfunktion	Jurisdiktion	Administrativ-funktion	Rekrutierungs-funktion	Kommunikations-/Öffentlichkeitsfkt.
Südafrika	Repräsentation der Provinzen auf Ebene des Nationalstaates	• Initiativrecht sehr begrenzt • abgestufte Veto-möglichkeiten, absolutes Veto nur bei vom NCOP selbst eingebrachten Gesetzesinitiativen, sowie einigen Verfassungsänderungen	• ggü. Nationalversammlung (Erste Kammer) im Rahmen des Gesetzgebungsprozesses • gegenüber Exekutive durch: – „Vorladungen"; Kabinettsmitglieder sind gegenüber dem Parlament verantwortlich (92(2)). – Zustimmung zu internationalen Verträgen (231(2)). – Überwachung von Eingriffen der nationalen Exekutive in Provinzverwaltungen (100(2)).	-----	-----	bisher nicht erkennbar	• Kommunikation zwischen Parlament und den Provinzlegislativen durch „pendelnde" Sonderdelegierte • Provinzrat hat die Aufgabe, öffentliche Beteiligung zu unterstützen; grundsätzlich freier Zugang der Öffentlichkeit und Medien zu Sitzungen des Provinzrates und seiner Komitees
Tschechische Republik	eher außenpolitisch	formal: • Senat kann eigene Gesetzesentwürfe in die Abgeordnetenkammer einbringen • übernimmt nach Auflösung der Ersten Kammer deren Funktionen real: beschränkt sich in der Praxis weitestgehend auf ein Suspensivrecht	• ggü. Erster Kammer innerhalb des Gesetzgebungsverfahrens • bei der Wahl des Präsidenten und der Ernennung der Verfassungsrichter	Senat kann den Präsidenten wegen Hochverrats anklagen		aufgrund der kurzen Existenz des Senats noch nicht zu beurteilen – Tendenz: Wandel vom Abstellgleis zum Bewährungsfeld	soll als mäßigendes Element das politische System stabilisieren

Zweite Kammer	Repräsentations-funktion	Gesetzgebungsfunktion	Kontrollfunktion	Jurisdiktion	Administrativ-funktion	Rekrutierungs-funktion	Kommunikations-/Öffentlichkeitsfkt.
USA	formal: Repräsentation der Einzelstaaten auf Bundesebene	uneingeschränktes Gesetzesinitiativrecht Zustimmung bei allen Gesetzen erforderlich	• ggü. Erster Kammer innerhalb des Gesetzgebungsverfahrens; • ggü. Exekutive: (a) bei der Ernennung von Ministern, Richtern und Botschaftern; (b) durch Untersuchungsausschüsse • Zustimmung zu internationalen Verträgen	Jury bei Amtsenthebungsverfahren gegen den Präsidenten, oberste Bundesbeamte und Bundesrichter	zusammen mit Erster Kammer *legislative oversight* beim Gesetzesvollzug sowie Aufsicht über den District of Columbia	eher schwach: 'Sprungbrett' für die Präsidentschaft	• geschlossen als Kammer: Betonung des mäßigenden Elements; • einzelne Senatoren gegenüber der Bevölkerung des jeweiligen Einzelstaats

Glossar

Auctoritas: Die über offizielle Kompetenzen hinaus vorhandene Autorität als Einflußmöglichkeit. →**EINF.; F**

Bikameralismus (Zweikammersystem): Existenz von zwei Parlamentskammern im politischen System. →**EINF.**

Boletín oficial de las Cortes Generales: Gesetzesblätter des spanischen Parlaments. →**E**

Botschaft: Regierungsvorlage an die Bundesversammlung. Mit ihr beginnt die parlamentarische Phase des Gesetzgebungsprozesses. →**CH**

Budgethoheit: Das letztendliche Entscheidungsrecht eines Parlaments bzw. einer Parlamentskammer über die Verabschiedung des Haushalts. →**GB; NL**

Bundesrat: Regierungsteam der Schweiz bestehend aus sieben Bundesräten (Ministern). →**CH**

Bundesversammlung (BV): Das schweizerische Parlament, das sich aus den zwei Kammern, dem Nationalrat (NR) als Volksvertretung und dem Ständerat (SR) als Kantonsvertretung, zusammensetzt. →**CH**

Candidati paracaduti: Bezeichnung in Italien für Kandidaten, die von der Parteiführung in aussichtsreiche Wahlkreise gesetzt werden, damit sie über ein Direktmandat sicher ins Parlament einziehen. Man spricht von *candidati paracaduti* (wörtlich: per Fallschirm abgesprungenen Kandidaten), weil sie häufig zum Wahlkreis, für den sie kandidieren, keinerlei persönlich-politischen Bezug haben. →**I**

Checks and Balances: Prinzip der Gewaltenteilung und -verschränkung im amerikanischen Regierungssystem. Danach sollen die institutionelle Trennung und die funktionelle Verschränkung der Verfassungsorgane den Zwang zum Zusammenwirken erhöhen und zugleich einem Machtmißbrauch vorbeugen. →**AUS; CZ; DK; RUS; USA**

Cloture: Verfahren zur Beendigung oder Abkürzung einer Senatsdebatte, die offenkundig das Ziel verfolgt, mißliebige Gesetzesvorhaben durch *filibuster* zu Fall zu bringen; die erfolgreiche Durchführung dieses Verfahrens erfordert die Zustimmung von drei Fünftel der anwesenden Senatoren. →**USA**

Condorcet-Alternative: Die Alternative, die bei gleichzeitig angebotenen, konkurrierenden Alternativen an erster Stelle der Präferenzen der Entscheidungsberechtigten steht. →**Schluß**

Consensus Democracy: Gegenmodell zur *majoritarian democracy* [Lijphart 1984]. →**Schluß**

Cortes Generales: Mit diesem Begriff werden die beiden spanischen Kammern – Kongreß und Senat – gemeinsam umschrieben. →**E**

Cumplimiento forzoso: Sollte eine Autonome Gemeinschaft die ihr von der Verfassung oder anderen Gesetzen auferlegten Verpflichtungen nicht erfüllen, oder so handeln, daß ihr Verhalten einen schweren Verstoß gegen die allgemeinen Interessen Spaniens darstellt, so kann die Regierung mit Zustimmung des Senats die aus ihrer Sicht erforderlichen Maßnahmen ergreifen. →**E**

Doppeltes Mandat: Kumulierung zweier Mandate; seit der Föderalisierung des Landes ist das Kumulieren eines nationalen Mandats mit dem einer Gemeinschaft oder Region ein weitverbreitetes Phänomen. Das doppelte Mandat wurde zunächst als Anbindung der neuen Einheiten verstanden, seit der jüngsten Reform richtet sich der Blick von unten nach oben: Die „Gemeinschaftssenatoren" erwerben zunächst das Mandat der Gemeinschaft und werden anschließend von dieser in den Senat gewählt. →**B**

Double Dissolution: Gleichzeitige Auflösung beider Parlamentskammern (i.d.R. auf Vorschlag des PM) durch den *Governor General* nach zweifacher Nichtverabschiedung eines Gesetzes durch den Senat. →**AUS**

Erstrat/Zweitrat: Die Kammer (Nationalrat/Ständerat), die als erste bzw. zweite einen Gesetzentwurf behandelt. →**CH**

Europäische Union: Ein derzeit 15 Mitgliedsstaaten umfassender Staatenverbund, der sich mit den Maastrichter Verträgen 1993 aus den Europäischen Gemeinschaften gründete.→**CZ; D; F; GB; Schluß**

Evokation: Antrag von mindestens 15 Senatoren, sich mit einem Gesetzentwurf aus dem abgeschwächt bikameralen Bereich zu beschäftigen. Wird dieser Antrag nicht innerhalb von 15 Tagen gestellt („Evokationsfrist"), gilt der Entwurf automatisch als angenommen. Im Falle einer Dringlichkeitserklärung seitens der Regierung kann die Evokationsfrist verkürzt werden. →**B**

Ex officio: Das Innehaben einer Funktion von Amts wegen. →**AUS; GB; IND; USA**

Filibuster: Die durch das Prinzip uneingeschränkter Redezeit im Senat ermöglichte Praxis, die Abstimmung über eine Gesetzesvorlage durch Dauerreden zu verzögern oder zu verhindern. Das *filibuster* wurde während der 1960er Jahre insbesondere von Senatoren der Südstaaten praktiziert, die die Bürgerrechtsgesetze zu Fall bringen wollten. Die Einführung des *cloture*-Verfahrens hat zu einer Beschränkung dieser Praxis geführt. →**USA; vgl. auch GB; I**

Folketing (Volksversammlung): Das dänische Parlament; zu Zeiten des Zweikammersystems Erste Kammer, gegründet 1849, abgeschafft durch die oktroyierte Verfassung von 1854 und wiedereingeführt 1866. →**DK**

Franchi tiratori: In Italien Bezeichnung für Abgeordnete aus den Reihen der Mehrheitsfraktionen, die bei geheimen Abstimmungen gegen die eigene Regierung votieren. →**I**

Gemeinschaftssenatoren: Seit dem Inkrafttreten der Reform von 1993 wählen der Flämische Rat und der Rat der französischen Gemeinschaft jeweils zehn Senatoren sowie der Rat der deutschsprachigen Gemeinschaft einen Senator aus ihrer Mitte. →**B**

Gesamtstaatspolitik: Bezeichnung für die politische Auffassung, daß vor allem Schleswig zu „dänisieren" sei. Das hieß zunächst, es unter die gleiche Verfassung zu stellen. →**DK**

Gewaltenteilung: Tragendes Organisationsprinzip des Rechtsstaates zur Verhütung von Machtmißbrauch und zur Sicherung von Freiheit. Der Begriff der G. beinhaltet nicht nur eine Teilung der Gewalten und deren Zuweisung an verschiedene Organe, sondern er schreibt darüber hinaus eine gegenseitige Hemmung und Kontrolle der Gewalten vor. Der Begriff der Gewalten bezeichnet dabei die staatlichen Hauptfunktionen der Gesetzgebung (Legislative), der vollziehenden Gewalt (Exekutive) und der Rechtssprechung (Judikative).

Grand électeurs: Mandatsträger, die das Wahlgremium für den französischen Senat bilden. →**F**

GVG: Bundesgesetz über den Geschäftsverkehr der Bundesversammlung (Geschäftsverkehrsgesetz). →**CH**

Impeachment (russ.: Impitschment): Amtsenthebungsanklage gegen den Präsidenten (und in den USA auch gegen oberste Bundesbeamte und -richter). →**USA; vgl. auch RUS; Schluß**

Junta de Portavoces: Fraktionsvorsitzende. →**E**

Kabinettsprinzip (Kollegialprinzip): Der Grundsatz, daß die Mitglieder eines Kabinetts unter dem Vorsitz eines Premierministers, Kanzlers oder sonstigen Regierungschefs gleichberechtigt die Regierungsgewalt ausüben, gemeinsam entscheiden und kollektiv die Verantwortung für die getroffenen Entscheidungen tragen.

Koalition: Ein zweckgerichtetes, befristetes oder unbefristetes Bündnis unabhängiger Partner. In parlamentarischen Regierungssystemen Bezeichnung für die enge Zusammenarbeit zweier oder mehrerer Parlamentsfraktionen zum Zwecke der Bildung und Stützung der Regierung. Koalitionen werden notwendig, wenn eine Fraktion allein nicht über die absolute Mehrheit verfügt und eine Minderheitsregierung vermieden werden soll.

Konkordanz: Gütliches Einvernehmen; Konfliktregelungsmechanismus, in dem Konflikte nicht primär im Parteienkonkurrenz sondern durch Kompromißsuche und Verhandeln im politischen System und auf allen gesellschaftlichen Ebenen geregelt werden. →**CH; vgl. auch D; A; Schluß**

Kooptation: Mit der Revision von 1921 eingeführter Rekrutierungsmodus. Die direkt gewählten und die Provinzsenatoren bestimmten weitere Senatoren, deren Anzahl der Hälfte der Provinzsenatorenmandate entsprach. Seit 1993/95 werden zehn Senatoren *kooptiert*: sechs von den flämischen und vier von den französischsprachigen Senatoren. →**B**

Lagting (Gesetzesversammlung): Bezeichnung für die repräsentativen Versammlungen Grönlands und der färöischen Inseln, aber auch für die Kammer des norwegischen Parlaments (*Storting*), die als Kontrollinstanz über die vom *Odelsting* eingebrachten Gesetzesvorschläge mitentscheidet. Die beiden Kammern sind in Norwegen jedoch nur temporär getrennt; als *Storting* bilden sie zum Beispiel bei Haushaltsentscheidungen ein unikamerales Parlament. →**DK**

Lagting: Die Kammer des norwegischen Parlaments, die als Kontrollinstanz die vom *Odelsting* eingebrachten Gesetzesvorschläge mitentscheidet. Beide Kammern sind jedoch nur temporär getrennt, als *Storting* bilden sie zum Beispiel bei Haushaltsentscheidungen ein unikamerales Parlament. Ist der *Lagting* nicht einverstanden, kann er den Gesetzesvorschlag mit Anmerkungen in den *Odelsting* zurücksenden. Wenn sich beide Kammern weiterhin nicht einigen können, wird im Plenum des *Stortings* unter Auflage einer Zweidrittelmehrheit abgestimmt. →**S**

Landsgemeinde: Die jährliche Versammlung des Kantonvolkes, um über die Belange des Kantons zu beraten und abzustimmen; heute noch Appenzell/Innerrhoden und Glarus. →**CH**

Legitimität: Bezeichnet den Glauben an bzw. das Vertrauen auf die Rechtmäßigkeit politischer Herrschaft. Jede Form politischer Herrschaft basiert nicht nur auf dem Herrschaftsanspruch, sondern auch auf der Bereitschaft der Beherrschten zur Anerkennung der Herrschaftsbeziehung. Bei nicht demokratisch gewählten Zweiten Kammern wird diese Legitimität oft angezweifelt.

Ley de fondo de Compensación territorial (FCI): Gemäß derVerfassung dient der FCI der Verwirklichung des Solidaritätsprinzips – verankert in Art. 2 – und hat den Ausgleich der ökonomischen Entwicklungs-disparitäten zwischen den Regionen zum Ziel. →**E**

Leyes de bases: Gemäß Art. 82 begrenzen die Basisgesetze präzise das Ziel und die Reichweite der Gesetzgebungsermächtigung. Sie legen die Grundsätze und Materien fest, nach denen zu verfahren ist. →**E**

Leyes Orgánicas: Die sogenannten Organgesetze – auch verfassungsausführende Gesetze genannt – nehmen in der Verfassung eine intermediäre Stellung zwischen normalen Gesetzen und verfassungsausführenden Gesetzen ein. Materiell beziehen sie sich insbesondere auf die Entwicklung der Grundrechte und die öffentlichen Freiheiten, auf die Autonomiestatute, das allgemeine Wahlgesetz und auf weitere Gesetze zur Grundordnung des politischen Systems. Zur Abänderung einer *ley orgánica* wird vom Kongreß immer eine absolute Mehrheit verlangt. →**E**

Loi organique: Verfassungsergänzende Gesetze, in der französischen Normenhierarchie zwischen Ver-fassungsrecht und einfachem Recht angesiedelt. →**F**

Mandat, freies: Die nicht an Weisungen gebundene Ausübung des Amts eines Parlamentsabgeordneten.

Mandat, imperatives: Die an den Willen der Wählerschaft gebundene Ausübung des Amts eines Parlamentsabgeordneten.

Mehrheitsprinzip: Das demokratische Prinzip, nach dem sich bei Abstimmungen bzw. Wahlen der Wille der Mehrheit gegenüber der Minderheit durchsetzt und für alle Verbindlichkeit erlangt.

Milizparlament: Das Parlament setzt sich nicht aus Berufspolitikern zusammen. Die Abgeordneten behalten hauptamtlich ihre Berufe bei und arbeiten ehrenamtlich als National- oder Ständeräte. →**CH**

Minderheitsregierung: Diese Regierungen werden nur von einer parlamentarischen Minderheit getragen und sind bei allen Abstimmungen auf zusätzliche Unterstützung anderer Parlamentsmitglieder angewiesen.

Mißtrauensvotum: Ein parlamentarisches Votum darüber, ob die Regierung insgesamt bzw. ein Regierungsmitglied noch das Vertrauen der Mehrheit des Parlaments besitzt. →**B; CZ; F; I; J; NL**

Money bill (Finanzgesetzentwurf): In Westminster-Systemen hat der *Speaker* der Ersten Kammer häufig die Kompetenz, Gesetzentwürfe mit ausgabewirksamen Implikationen als *money bills* einzustufen. Damit tritt ein besonderes Gesetzgebungsverfahren in Kraft, in dem die jeweilige Zweite Kammer über deutlich geringere Kompetenzen verfügt als bei einfachen Gesetzentwürfen. Dies zeigt sich unter anderem daran, daß Zweite Kammern keine *money bills* einbringen dürfen, sehr beschränkte Änderungskompetenzen haben und deutlich schwächere Vetomöglichkeiten besitzen. →**CDN; GB; NZ**

Navette-System/Shuttle-System: (*Navette*: frz. „Weberschiffchen") Abwechselnde Prüfung und Lesung eines Gesetzentwurfs in den beiden Parlamentskammern. →**EINF.; AUS; B; CH; F; Schluß**

Odelsting: Die Kammer des norwegischen Parlaments, die Gesetzesvorschläge zuerst einbringt und sie dann dem *Lagting*, der Zweiten Kammer des *Storting* genannten norwegischen Parlamentes, weitergibt. →**DK; S**

Palais de Luxembourg: Tagungsort des französischen Senats sowie seine gebräuchliche metonymische Bezeichnung. →**F**

Palaver: Erörterung eines Problems bis zur einvernehmlichen Lösung. Konsensverfahren in afrikanischen Gesellschaften, z.B. in früheren Gesellschaften im heutigen Zimbabwe. →**Schluß**

Palazzo Madama: Sitz und populäres Synonym für den italienischen Senat. →**I**

Parlamentarischer Konzertierungsausschuß: Schiedsinstanz zur Schlichtung von Zuständigkeitskonflikten zwischen Senat und Abgeordnetenkammer. Der Ausschuß setzt sich aus elf Senatoren und elf Abgeordneten im Verhältnis der Fraktionenstärke zusammen und entscheidet einstimmig oder mit Zweidrittelmehrheit. →**B**

Parlamentarisches Regierungssystem: Ein politisches System, in dem die Regierung von der Unterstützung des Parlaments abhängt und von diesem auch wieder gestürzt werden kann.

Parlamentssouveränität: Das Parlament hat das Recht, jedes beliebige Gesetz zu beschließen oder abzuschaffen. Das Parlament ist also durch keine seiner vorherigen Entscheidungen gebunden. Es gibt außerhalb des Parlaments kein Gremium und keine Person, die das Recht haben, Parlamentsentscheidungen zu verändern oder zu mißachten [Sturm 1994: 185]. →**GB; vgl. auch AUS**

Partizipation: Steht für die Teilhabe der Bevölkerung an politischen Willensbildungsprozessen, vor allem durch Wahlen und Referenden.

Peerschub: Präzedenzfall: Queen Anne ernannte 1712 zwölf neue Peers, um den Vertrag von Utrecht gegen den innerparlamentarischen Widerstand der *Whigs* (später *Liberals*) durchzusetzen. →**GB**

Policy: Inhaltliche Dimension von Politik.

Polity: Strukturelle/formale Dimension von Politik.

Politics: Prozessuale Dimension von Politik.

Potestas (Amtsgewalt): Die institutionalisierte Macht und Kompetenz zur Durchsetzung von Entscheidungen. →**EINF.**

Präsidentielles Regierungssystem: Der Institution des Präsidenten wird eine sich deutlich aus der Regierungsstruktur hervorhebende, alle anderen Merkmale überragende Funktion zugewiesen. Dabei werden sowohl der Präsident als auch das Parlament vom Volk direkt gewählt, was zu einer relativen Unabhängigkeit voneinander führt.

Provinzsenatoren: Mit der Verfassungsrevision von 1892/93 entstandene Kategorie von Senatoren, die von den Provinzräten gewählt wurden. Jede Provinz durfte nach Maßgabe ihrer Einwohnerzahl zwei bis vier Senatoren entsenden. Seit der Reform von 1993/95 wurde die direkte Repräsentation der Provinzen im Senat zugunsten von „Gemeinschaftssenatoren" abgeschafft. →**B**

Repêchage: Versorgung eines erfolglosen Kandidaten mit einem Ersatzposten. Insbesondere die *Kooptation* ist als Rettungsring für durchgefallene *Chambre*-Kandidaten in einen gewissen Verruf geraten. →**B**

Referendum (Volksentscheid): Als Instrument der direkten Demokratie stellen R. eine unmittelbare Entscheidung der stimmberechtigten Bürgerschaft über öffentliche Angelegenheiten mit Gesetzeskraft bis hin zur Verfassungsgebung und Parlamentsauflösung dar. →**CH**

Regime d'assemblée: frz. Versammlungsregierung, bezeichnet Regierungsform, in der der Schwerpunkt der Macht beim Parlament liegt. →**F**

Repräsentation: Ist die rechtlich autorisierte Ausübung von Herrschaftsfunktionen durch verfassungsmäßig bestellte, im Namen des Volkes, jedoch ohne dessen bindenden Auftrag handelnde Organe eines Staates oder sonstigen Trägers öffentlicher Gewalt, die ihre Autorität mittelbar oder unmittelbar vom Volk ableiten und mit dem Anspruch legitimieren, dem Gesamtinteresse des Volkes zu dienen und dergestalt dessen wahren Willen vollziehen [Ernst Fraenkel].

Responsible Government: Verantwortlichkeit der Regierung gegenüber dem Parlament mit ausgeprägter Dominanz der Exekutiven. →AUS; USA

Rigsdag (Reichstag): Überbegriff für das dänische Parlament bis 1953, also *Folketing* und *Landsting* in Einheit. →DK

Riksdag (Reichstag): Name des schwedischen Parlaments mit Sitz in Stockholm. →S

Royal Assent: Zustimmung des Königs/der Königin. Jeder von den beiden Parlamentskammern verabschiedete Gesetzentwurf benötigt den *Royal Assent*, um britisches Recht zu werden. Die Zustimmung wurde letztmalig 1707 von Queen Anne verweigert; seither gilt der *Royal Assent* als selbstverständlich. →GB

Saint-Laguë-Methode: Verfahren zur Berechnung der Sitze bei schwedischen Parlamentswahlen, eingeführt 1952. Sie unterscheidet sich vom D'Hondtschen Höchstzahlverfahren durch die Höhe der Divisoren. →S

Salisbury Convention: Diese Konvention zwischen Oberhaus und Unterhaus sagt aus, daß ein von der amtierenden Regierung im Unterhaus eingebrachter Gesetzesentwurf, der im Wahlprogramm angekündigt wurde, im Oberhaus nicht unnötig verzögert bzw. aufgehalten werden darf. →GB

Sede deliberante: Kompetenz der Ausschüsse im italienischen Parlament, im Auftrag des Plenums abschließend über ein Gesetzesvorhaben zu entscheiden. →I

Senatoren von Rechts wegen: Als einziger Senator ohne Wahllegitimation besaß ursprünglich der Thronfolger ein von der Verfassung garantiertes Mandat. Die *Constituants* von 1830/31 verstanden es als eine Art Vorbereitung auf die späteren Herrschaftsaufgaben. Inzwischen ist die Kategorie auf die männlichen und weiblichen Nachkommen des Königs ausgeweitet worden. →B

Seniorität: Das Prinzip, daß sich eine Rangfolge alleine aufgrund des Alters ergibt. →J; USA

Session: Sitzungsperiode des kanadischen Parlaments, die von einem bis zu zweieinhalb Jahren dauern kann. Gesetzesvorhaben, die innerhalb einer *Session* nicht abgeschlossen werden, müssen zu Anfang der nächsten neu eingebracht werden. →CDN; vgl. auch CH; USA

Síndrome de Pandora: (dt. Büchse der Pandora) Bezeichnet eine Unheilsquelle. Pandora ist der Name der ersten Frau in der griech. Mythologie, sie trägt alles Unheil in einem Gefäß, um es auf Zeus' Befehl unter die Menschen zu bringen. →E

SOU (Statens Offentliga Utredningar): Veröffentlichungen der Kommissionsergebnisse und Expertenuntersuchungen sowie Gesetzesvorschläge und Reaktionen der Interessenverbände. →S

Spezifität: Hier das Ausmaß der Nicht-Kongruenz von Erster und Zweiter Kammer. →Schluß

Sprachgruppen: Seit 1970 werden die Parlamentarier (mit Ausnahme der Senatoren von Rechts wegen) in eine flämische und eine französische Sprachgruppe eingeteilt. Die Sprachgruppen spielen vor allem bei „mit besonderer Mehrheit zu verabschiedenden Gesetzen" und beim „Verfahren der Alarmglocke" eine zentrale Rolle. →B; vgl. auch CH; IND

Ständemehr: Die Mehrheit der Kantone (12 von 23); Revisionen der Bundesverfassung treten in Kraft, wenn sie von der Mehrheit der Bürger und der Mehrheit der Kantone (Ständemehr) angenommen sind. Das Ergebnis der Volksabstimmung im einzelnen Kantonen gilt als Standesstimme. →CH

Storting: Das norwegische Parlament. Bei den meisten Gesetzgebungsabstimmungen teilt es sich in *Odelsting* und *Lagting*, die gemeinsam über die neuen Gesetze entscheiden. Wenn ein neuer *Storting* zusammentritt, wird aus seiner Mitte ein Viertel der Repräsentanten in den *Lagting* gewählt. Die verbleibenden drei Viertel bilden den *Odelsting*. →S

Toma en consideración: Nachdem eine Gesetzesinitiative in ordnungsgemäßer Form im Senat ergangen ist, wird sie auf Veranlassung des Präsidenten des Senats veröffentlicht. Innerhalb der folgenden 15 Tage können zu dieser Initiative Veränderungsanträge eingebracht werden, die in die Tagesordnung des Plenums mit aufgenommen werden. Nach Ablauf dieser Frist wird über die gesamte Initiative sowie einzelne Anträge abgestimmt. Diese Abstimmung wird als *toma en consideración* bezeichnet. →E

Trikameralismus (Dreikammersystem): Existenz von drei Parlamentskammern im politischen System. →ZA

Triple-E-Senat: Reformvorschlag für den kanadischen Senat, dessen Mitglieder gewählt werden sollen (*elected*), für die kanadischen Provinzen gleich (*equal*) oder zumindest gerecht (*equitable*) vertreten und seine legislativen Kompetenzen effektiv nutzen soll (*effective*). →CDN

Unikameralismus (Einkammersystem):Es existiert nur eine Parlamentskammer. →EINF.

Verfahren der Alarmglocke: Dieses Verfahren soll Gesetzesinitiativen verhindern, die „die Beziehungen zwischen den Gemeinschaften ernsthaft gefährden" können [Art. 54]. Zu seiner Einleitung müssen drei Viertel der Mitglieder einer Sprachgruppe einen begründeten Antrag stellen, der anschließend an die (paritätisch besetzte) Regierung zur Stellungnahme überwiesen wird. Das Verfahren kann nur einmal in bezug auf denselben Gesetzentwurf angewendet werden. →B

Vermittlungsausschuß: Im Falle eines Konfliktes zwischen Erster und Zweiter Kammer kann ein V. als Verhandlungs- und Ausgleichsorgan unterschiedlicher Interessen und Gesetzesvorhaben eingesetzt werden.

Vernehmlassungsverfahren: Ein im vorparlamentarischen Raum des Gesetzgebungsprozesses institutionalisiertes Verfahren, in dem u.a. Parteien, Verbände, Interessengruppen, Kantone, also referendumsrelevante Gruppen, ihre Meinungen und Änderungsvorschläge zu Gesetzesvorlagen vortragen. →**CH**

Veto: Allgemeine Bezeichnung für besonderen Schutz von Minderheiten bei Abstimmungsverfahren, wobei der Beschluß am Einspruch eines oder eines Teils der Abstimmungsberechtigten scheitern kann.

Veto, absolutes: Führt zum Scheitern einer Gesetzesvorlage.

Veto, suspensives: Führt zur Verzögerung eines Gesetzesbeschlusses.

Vetoplayer: Individueller oder kollektiver Akteur, dessen Zustimmung für einen *policy*-Wechsel oder eine Änderung des Status quo erforderlich ist. →**Schluß**

Vetopunkt: Kontakt- und Entscheidungsmuster, die politischen Akteuren eine institutionelle Anreizstruktur bieten, um Einflußmöglichkeiten zu nutzen. →**Schluß**

Volksentscheid: Siehe Referendum.

Volkssouveränität: Das demokratische Verfassungsprinzip, nach dem alle Gewalt vom Volk ausgeht. Somit ist das Staatsvolk die höchste Quelle der Legitimität.

Westminstersystem: Ein politisches System, dessen Struktur sich aus dem britischen Regierungssystem ableitet und somit durch eine der gewählten (Ersten) Kammer verantwortliche, starke Exekutive gekennzeichnet ist. Der Name weist auf den Sitz des britischen Parlaments in London hin – den Palace of Westminster. →**GB; vgl. auch AUS; NZ; Schluß**

Zweiparteiensystem: Kennzeichen des Z. ist die Dominanz zweier Parteien im Regierungssystem. →**J; NZ; USA**

Legende:

A:	Österreich
AUS:	Australien
B:	Belgien
CDN:	Kanada
CH:	Schweiz
CZ:	Tschechien
D:	Deutschland
DK:	Dänemark
E:	Spanien
EINF.:	Einführung
F:	Frankreich
GB:	Großbritannien
I:	Italien
IND:	Indien
IRL:	Irland
J:	Japan
NL:	Niederlande
NZ:	Neuseeland
RUS:	Russische Föderation
S:	Schweden
ZA:	Südafrika

Personenregister

Adams, John Quincy →**USA**
Agnelli, Giovanni →**I**
Aguiar de Luque, Luis →**E**
Alfons XII. →**E**
Algie, Robert →**NZ**
Anderson, Mary →**NZ**
Andreotti, Giulio →**I**
Asquith, Herbert Henry →**GB**
Attlee, Clement →**GB**
Bagehot, Walter →**EINF.; GB**
Barra, Jules →**B**
Barwick, Garfield →**AUS**
Bell, Sir Francis →**NZ**
Benda, Václav →**CZ**
Benešová, Libuše →**CZ**
Benn, Anthony (zeitweilig Lord Stansgate) →**GB**
Berlusconi, Silvio →**I**
Bertinotti, Fausto →**I**
Blair, Tony →**GB**
Blum, Leon →**F**
Bobbio, Norberto →**I**
Bolger, Jim →**NZ**
Bork, Robert →**USA**
Bossi, Umberto →**I**
Bourassa, Henri →**CDN**
Bozzi, Aldo →**I**
Buthelezi, Mangosuthu →**ZA**
Buzkova, Petra →**CZ**
Byrd, Robert →**USA**
Campbell, Ben Nighthorse →**USA**
Castro, Fidel →**USA**
Charles, Prince of Wales →**GB**
Chasbulatow, Ruslan →**RUS**
Chretien, Jean →**CND**
Cicero, Marcus Tullius →**EINF.**
Clinton, Bill →**EINF.; USA**
Cossiga, Francesco →**I**
Coveliers, Hugo →**B**
Cromwell, Oliver →**IRL**
D'Alema, Massimo →**I**
Danneberg, Robert →**A**
de Klerk, F. W. →**ZA**
De Mita, Ciriaco →**I**
De Valera, Eamonn →**IRL**
Dehaene, Jean-Luc →**B**
Devaux, Paul →**B**
Dini, Lamberto →**I**
Dryer, Mary →**NZ**
Earl Grey →**NZ**
Edward I. →**EINF.**
Edward VII. →**GB**
Eriksen, Erik →**DK**
Erlander, Tage →**S**
Fanfani, Amintore →**I**
Fini, Gianfranco →**I**

Foret, Michel →**B**
Fraga, Manuel →**E**
Franco →**E**
Franklin, Benjamin →**EINF.; USA**
Fraser, Malcolm →**AUS**
Gambetta, Leon →**F**
Gaulle, Charles de →**F**
Geer, Louis de →**S**
General Primo de Rivera →**E**
George V. →**GB**
Gerry, Elbridge →**USA**
González, Felipe →**E**
Graf Mirabeau →**B**
Graham, Doug →**NZ**
Grey, Sir George →**NZ**
Günes, Ali →**SC**
Hamilton, Alexander →**USA**
Harrington, James →**EINF.**
Havel, Václav →**CZ**
Havlíček, Ivan →**CZ**
Hayek, Friedrich A. von →**CZ**
Hedtoft, Hans →**DK**
Heinrich VIII. →**GB**
Hermoso, Manuel →**E**
Holland, Sidney →**NZ**
Jelzin, Boris →**RUS**
Johnson, Andrew →**USA**
Jonckheer, Pierre →**B**
Jospin, Lionel →**F**
Kavan, Jan →**CZ**
Kerr, John →**AUS**
Klaus, Václav →**CZ**
Kok, Wim →**NL**
Kondr, Milan →**CZ**
König Leopold I. →**B**
Königin Isabella →**E**
Königin María Christina →**E**
Koukal, Jan →**CZ**
Kristensen, Knud →**DK**
Lánský, Egon T. →**CZ**
Lastovecká, Dagmar →**CZ**
Lebeau, Joseph →**B**
Lebed, Aleksandr →**RUS**
Lekota, Mosiuoa Patrick →**ZA**
Leone, Giovanni →**I**
Lloyd George, David →**GB**
Lubbers, Ruud→**NL**
Luschkow, Juri →**RUS**
Lyons, Enid →**AUS**
Macdonald, Sir John A. →**CDN**
Mackenzie King, Alexander →**CDN**
MacLagan, Angus →**NZ**
Macmillan, Harold (Earl of Stockton) →**GB**
Madison, James →**USA**
Mancino, Nicola →**I**

Autorenverzeichnis

Berndt, Uwe, Dr. phil., geb. 1960, wissenschaftlicher Mitarbeiter am Arnold-Bergstraesser-Institut für kulturwissenschaftliche Forschung in Freiburg.

Braune, Florian, geb. 1972, wissenschaftlicher Mitarbeiter am Institut für Geschichte der Medizin der Universität Freiburg.

Cordes, Sandra, M.A., geb. 1970, Verlagsassistentin, Verfasserin einer vom spanischen Außenministerium geförderten Magisterarbeit zur Reform des spanischen Senats.

Degener, Ursula, geb. 1973, wissenschaftliche Mitarbeiterin am Seminar für Wissenschaftliche Politik der Universität Freiburg.

Eith, Ulrich, Dr. phil., geb. 1960, wissenschaftlicher Assistent am Seminar für Wissenschaftliche Politik der Universität Freiburg.

Fallend, Franz, Dr. phil., geb. 1965, Assistent am Institut für Politische Wissenschaft am Internationalen Forschungszentrum für Grundfragen der Wissenschaften Salzburg, Universitätslehrer und Projektmitarbeiter am Institut für Politikwissenschaft der Universität Salzburg.

Froehling, Catherine Isabel, M.A., geb. 1969, Projektassistentin bei der Gesellschaft für Technische Zusammenarbeit (GTZ), derzeit in Nicaragua.

Gebauer, Bernt, geb. 1971, wissenschaftlicher Assistent am Seminar für Wissenschaftliche Politik der Universität Freiburg.

Haas, Christoph M., M.A., geb. 1968, wissenschaftlicher Assistent am Seminar für Wissenschaftliche Politik der Universität Freiburg.

Kaiser, André, Dr. phil., geb. 1960, wissenschaftlicher Assistent am Lehrstuhl für Politische Wissenschaft der Universität Mannheim.

Maubach, Franka, geb. 1974, wissenschaftliche Mitarbeiterin am Seminar für Wissenschaftliche Politik der Universität Freiburg.

Nolting, Armin K., M.A., geb. 1971, Doktorand im Rahmen eines Graduiertenkollegs am Institut für Entwicklungsforschung und Entwicklungspolitik der Ruhr-Universität Bochum.

Riescher, Gisela, Professor Dr. phil., geb. 1957, Lehrstuhlinhaberin am Seminar für Wissenschaftliche Politik der Universität Freiburg.

Rosenzweig, Beate, Dr. phil., geb. 1962, wissenschaftliche Angestellte am Studienhaus Wiesneck. Institut für politische Bildung Baden-Württemberg e.V. in Buchenbach bei Freiburg.

Ruß, Sabine, Dr. phil., geb. 1962, wissenschaftliche Assistentin am Seminar für Wissenschaftliche Politik der Universität Freiburg.

Seisselberg, Jörg, geb. 1961, Diplompolitologe, Politischer Redakteur beim Norddeutschen Rundfunk.

Walter, Michael, Dr. phil., geb. 1965, pädagogisch-wissenschaftlicher Mitarbeiter am Gesamteuropäischen Studienwerk e.V. (GESW) in Vlotho.

Zink, Wolfgang, geb. 1971, derzeit Elève an der Ecole Nationale d'Administration (ENA), Strasbourg/Paris.

Zinterer, Tanja, geb. 1970, Doktorandin der Politikwissenschaft am Institut für Kanada-Studien der Universität Augsburg.